最高人民法院

生态环境侵权禁止令保全措施、惩罚性赔偿司法解释的理解与适用

最高人民法院环境资源审判庭　编著

法律出版社
LAW PRESS · CHINA
北京

图书在版编目(CIP)数据

最高人民法院生态环境侵权禁止令保全措施、惩罚性赔偿司法解释的理解与适用 / 最高人民法院环境资源审判庭编著. -- 北京 : 法律出版社, 2023
ISBN 978-7-5197-6956-7

Ⅰ. ①最… Ⅱ. ①最… Ⅲ. ①环境保护法-侵权行为-法律保护-法律解释-中国②环境保护法-侵权行为-法律保护-法律适用-中国 Ⅳ. ①D922.685

中国版本图书馆CIP数据核字(2022)第137293号

最高人民法院生态环境侵权禁止令保全措施、惩罚性赔偿司法解释的理解与适用
ZUIGAO RENMIN FAYUAN SHENGTAI HUANJING QINQUAN JINZHILING BAOQUAN CUOSHI、CHENGFAXING PEICHANG SIFA JIESHI DE LIJIE YU SHIYONG

最高人民法院环境资源审判庭 编著

责任编辑 赵明霞 王 斓
装帧设计 汪奇峰

出版发行 法律出版社
编辑统筹 法商出版分社
责任校对 晁明慧 王 皓
责任印制 胡晓雅
经 销 新华书店

开本 710毫米×1000毫米 1/16
印张 28 **字数** 460千
版本 2023年3月第1版
印次 2023年3月第1次印刷
印刷 天津嘉恒印务有限公司

地址:北京市丰台区莲花池西里7号(100073)
网址:www.lawpress.com.cn
投稿邮箱:info@lawpress.com.cn
举报盗版邮箱:jbwq@lawpress.com.cn

销售电话:010-83938349
客服电话:010-83938350
咨询电话:010-63939796

书号:ISBN 978-7-5197-6956-7
定价:128.00元

凡购买本社图书,如有印装错误,我社负责退换。电话:010-83938349

编 委 会

前　言

司法作为生态环境治理体系的重要组成部分，担负化解生态环境矛盾纠纷，保护生态环境国家利益和社会公共利益，保障人民群众环境权益的重要职责。环境污染、生态破坏行为具有突发性、瞬时性、不可逆转性，危害后果具有滞后性、长久性、难以修复性等特征。同时，长期以来生态环境领域违法成本低的问题突出，这决定了预防性救济和惩罚性措施在预防环境损害发生，制裁恶意侵权人，保护生态环境方面的重要性。

如何及时制止侵权行为、防范生态环境风险，是各级人民法院面临的重要问题。最高人民法院针对生态环境保护的自身特点，为回应环境司法实践中对行为保全措施的特殊需求，以《民事诉讼法》行为保全制度为依据，制定《最高人民法院关于生态环境侵权案件适用禁止令保全措施的若干规定》，于2021年11月29日经审委会讨论原则通过，并于2021年12月27日对外发布。《最高人民法院关于生态环境侵权案件适用禁止令保全措施的若干规定》切实落实环境司法"保护优先、预防为主"原则，是民事诉讼保全制度在生态环境保护领域的拓展，其规范适用将有助于在生态环境司法保护中发挥积极作用。

为了进一步解决实践中存在的守法成本高、违法成本低的突出问题，明确《民法典》环境生态侵权惩罚性条款的具体适用规则，最高人民法院制定《最高人民法院关于审理生态环境侵权纠纷案件适用惩罚性赔偿的解释》，并已于2021年12月27日经审委会讨论原则通过，于2022年1月12日对外发布。《最高人民法院关于审理生态环境侵权纠纷案件适用惩罚性赔偿的解释》细化生态环境惩罚性赔偿的适用范围、特别要件、计算基数、量定因素、倍数限定等具体问题，充分发挥惩罚性赔偿制度功能，严惩突出的环境违法行为，让恶意侵权人付出应有代价。

为使司法人员和社会各界更好地了解两部司法解释出台的背景、意义，准确适用具体规则，我们组织部分从事生态环境审判司法实务、参与司法解释制定的同志共同编写本书，并就文稿进行了反复研究和多次修改，尽可能对审判实践中的突出问题予以回应。本书的写作遵循了理论与实践相结合、时效性与针对性相结合、开放性和前瞻性相结合的原则，系统阐释了两部司法解释的具体规定和适用要点，并对近年来司法实践中的相关问题进行了详细的梳理、阐述。希望本书的出版能够为准确理解、正确适用司法解释提供参考，为更好地保护国家利益和社会公共利益有所助益。本书代表了我们目前为止对生态环境侵权禁止令保全措施、惩罚性赔偿制度的理解与认识，疏漏之处在所难免。欢迎广大读者批评指正、提出宝贵意见，共同促进我国生态环境审判事业不断发展完善。

最高人民法院环境资源审判庭

2023 年 1 月

凡　　例

一、法律、法规、规章和规范性文件名称中的“中华人民共和国”省略，其余一般不省略，例如，《中华人民共和国民法典》简称《民法典》。

二、叙述法律、法规、规章和规范性文件，必要时在名称前标明其制定机关和制定、修改年份。例如，2017 年《民事诉讼法》。但如无特别说明，2021 年《民事诉讼法》不再注明修改年份，一律简称《民事诉讼法》。

三、全文引用法律条文时，一个条文的各个款、项之间不分段、不分行。

四、对于本书以下出现较多的司法解释和规范性文件，使用缩略语：

1.《最高人民法院关于适用〈中华人民共和国民事诉讼法〉的解释》，简称《民事诉讼法司法解释》。

2.《最高人民法院关于审理环境民事公益诉讼案件适用法律若干问题的解释》，简称《环境民事公益诉讼司法解释》。

3.《最高人民法院关于审理环境侵权责任纠纷案件适用法律若干问题的解释》，简称《环境侵权司法解释》。

4.《最高人民法院关于审理生态环境损害赔偿案件的若干规定（试行）》，简称《生态环境损害赔偿规定》。

5.《最高人民法院关于审理人身损害赔偿案件适用法律若干问题的解释》，简称《人身损害赔偿司法解释》。

《民事诉讼法》条文对照[①]

2017 年	2021 年
第一百条　人民法院对于可能因当事人一方的行为或者其他原因，使判决难以执行或者造成当事人其他损害的案件，根据对方当事人的申请，可以裁定对其财产进行保全、责令其作出一定行为或者禁止其作出一定行为；当事人没有提出申请的，人民法院在必要时也可以裁定采取保全措施。 人民法院采取保全措施，可以责令申请人提供担保，申请人不提供担保的，裁定驳回申请。 人民法院接受申请后，对情况紧急的，必须在四十八小时内作出裁定；裁定采取保全措施的，应当立即开始执行。	**第一百零三条**　人民法院对于可能因当事人一方的行为或者其他原因，使判决难以执行或者造成当事人其他损害的案件，根据对方当事人的申请，可以裁定对其财产进行保全、责令其作出一定行为或者禁止其作出一定行为；当事人没有提出申请的，人民法院在必要时也可以裁定采取保全措施。 人民法院采取保全措施，可以责令申请人提供担保，申请人不提供担保的，裁定驳回申请。 人民法院接受申请后，对情况紧急的，必须在四十八小时内作出裁定；裁定采取保全措施的，应当立即开始执行。
第一百零一条　利害关系人因情况紧急，不立即申请保全将会使其合法权益受到难以弥补的损害的，可以在提起诉讼或者申请仲裁前向被保全财产所在地、被申请人住所地或者对案件有管辖权的人民法院申请采取保全措施。申请人应当提供担保，不提供担保的，裁定驳回申请。 人民法院接受申请后，必须在四十八小时内作出裁定；裁定采取保全措施的，应当立即开始执行。 申请人在人民法院采取保全措施后三十日内不依法提起诉讼或者申请仲裁的，人民法院应当解除保全。	**第一百零四条**　利害关系人因情况紧急，不立即申请保全将会使其合法权益受到难以弥补的损害的，可以在提起诉讼或者申请仲裁前向被保全财产所在地、被申请人住所地或者对案件有管辖权的人民法院申请采取保全措施。申请人应当提供担保，不提供担保的，裁定驳回申请。 人民法院接受申请后，必须在四十八小时内作出裁定；裁定采取保全措施的，应当立即开始执行。 申请人在人民法院采取保全措施后三十日内不依法提起诉讼或者申请仲裁的，人民法院应当解除保全。

① 本解释条文、后附文书样式中《民事诉讼法》第一百条、第一百零一条为 2021 年《民事诉讼法》第一百零三条、第一百零四条。如指代解释条文或起草过程的内容，标注为 2017 年《民事诉讼法》。如无特殊说明，引用《民事诉讼法》法条均为 2021 年《民事诉讼法》。

目　　录

第一部分

第二部分

第三部分　裁判文书选登

第四部分　相关法律节选

第一部分

一、《最高人民法院关于生态环境侵权案件适用禁止令保全措施的若干规定》条文

最高人民法院
关于生态环境侵权案件
适用禁止令保全措施的若干规定

（2021 年 11 月 29 日最高人民法院审判委员会第 1854 次会议通过，
自 2022 年 1 月 1 日起施行）
法释〔2021〕22 号

为妥善审理生态环境侵权案件，及时有效保护生态环境，维护民事主体合法权益，落实保护优先、预防为主原则，根据《中华人民共和国民法典》《中华人民共和国环境保护法》《中华人民共和国民事诉讼法》等有关法律规定，结合审判实践，制定本规定。

第一条　申请人以被申请人正在实施或者即将实施污染环境、破坏生态行为，不及时制止将使申请人合法权益或者生态环境受到难以弥补的损害为由，依照民事诉讼法第一百条、第一百零一条规定，向人民法院申请采取禁止令保全措施，责令被申请人立即停止一定行为的，人民法院应予受理。

第二条　因污染环境、破坏生态行为受到损害的自然人、法人或者非法人组织，以及民法典第一千二百三十四条、第一千二百三十五条规定的“国家规定的机关或者法律规定的组织”，可以向人民法院申请作出禁止令。

第三条　申请人提起生态环境侵权诉讼时或者诉讼过程中，向人民法院申请作出禁止令的，人民法院应当在接受申请后五日内裁定是否准予。情况紧急的，人民法院应当在接受申请后四十八小时内作出。

因情况紧急，申请人可在提起诉讼前向污染环境、破坏生态行为实施地、损害结果发生地或者被申请人住所地等对案件有管辖权的人民法院申请作出禁止令，人民法院应当在接受申请后四十八小时内裁定是否准予。

第四条　申请人向人民法院申请作出禁止令的，应当提交申请书和相应的证

明材料。

申请书应当载明下列事项：

（一）申请人与被申请人的身份、送达地址、联系方式等基本情况；

（二）申请禁止的内容、范围；

（三）被申请人正在实施或者即将实施污染环境、破坏生态行为，以及如不及时制止将使申请人合法权益或者生态环境受到难以弥补损害的情形；

（四）提供担保的财产信息，或者不需要提供担保的理由。

第五条 被申请人污染环境、破坏生态行为具有现实而紧迫的重大风险，如不及时制止将对申请人合法权益或者生态环境造成难以弥补损害的，人民法院应当综合考量以下因素决定是否作出禁止令：

（一）被申请人污染环境、破坏生态行为被行政主管机关依法处理后仍继续实施；

（二）被申请人污染环境、破坏生态行为对申请人合法权益或者生态环境造成的损害超过禁止被申请人一定行为对其合法权益造成的损害；

（三）禁止被申请人一定行为对国家利益、社会公共利益或者他人合法权益产生的不利影响；

（四）其他应当考量的因素。

第六条 人民法院审查申请人禁止令申请，应当听取被申请人的意见。必要时，可进行现场勘查。

情况紧急无法询问或者现场勘查的，人民法院应当在裁定准予申请人禁止令申请后四十八小时内听取被申请人的意见。被申请人意见成立的，人民法院应当裁定解除禁止令。

第七条 申请人在提起诉讼时或者诉讼过程中申请禁止令的，人民法院可以责令申请人提供担保，不提供担保的，裁定驳回申请。

申请人提起诉讼前申请禁止令的，人民法院应当责令申请人提供担保，不提供担保的，裁定驳回申请。

第八条 人民法院裁定准予申请人禁止令申请的，应当根据申请人的请求和案件具体情况确定禁止令的效力期间。

第九条 人民法院准予或者不准予申请人禁止令申请的，应当制作民事裁定书，并送达当事人，裁定书自送达之日起生效。

人民法院裁定准予申请人禁止令申请的，可以根据裁定内容制作禁止令张贴在被申请人住所地，污染环境、破坏生态行为实施地、损害结果发生地等相关场所，并可通过新闻媒体等方式向社会公开。

第十条 当事人、利害关系人对人民法院裁定准予或者不准予申请人禁止令申请不服的，可在收到裁定书之日起五日内向作出裁定的人民法院申请复议一次。人民法院应当在收到复议申请后十日内审查并作出裁定。复议期间不停止裁定的执行。

第十一条 申请人在人民法院作出诉前禁止令后三十日内不依法提起诉讼的，人民法院应当在三十日届满后五日内裁定解除禁止令。

禁止令效力期间内，申请人、被申请人或者利害关系人以据以作出裁定的事由发生变化为由，申请解除禁止令的，人民法院应当在收到申请后五日内裁定是否解除。

第十二条 被申请人不履行禁止令的，人民法院可依照民事诉讼法第一百一十一条的规定追究其相应法律责任。

第十三条 侵权行为实施地、损害结果发生地在中华人民共和国管辖海域内的海洋生态环境侵权案件中，申请人向人民法院申请责令被申请人立即停止一定行为的，适用海洋环境保护法、海事诉讼特别程序法等法律和司法解释的相关规定。

第十四条 本规定自2022年1月1日起施行。

二、新闻发布稿

《最高人民法院关于生态环境侵权案件适用禁止令保全措施的若干规定》新闻发布稿

（2021年12月28日）

各位记者朋友：

大家好！《最高人民法院关于生态环境侵权案件适用禁止令保全措施的若干规定》（本新闻发布稿以下简称《规定》）已于2021年11月29日由最高人民法院审判委员会第1854次会议审议通过，并于今天正式发布。下面，我就这部司法解释的起草情况、主要内容作简要介绍说明。

一、《规定》起草的背景意义

生态环境与每个人息息相关，人民群众对美好生活的向往包含了对良好生态环境的期待。优美的生态环境是最普惠的民生福祉，是中华民族永续发展的可靠保证，只有尊重自然、顺应自然，才能实现人与自然和谐共生。党的十八大以来，习近平总书记高度重视生态环境保护，开展了一系列根本性、开创性、长远性工作，美丽中国建设迈出重大步伐，生态环境保护发生历史性、转折性、全局性变化。十九届六中全会、中央经济工作会议对生态环境保护提出了新要求，协同推进经济高质量发展与生态环境高水平保护需求更加迫切。

司法作为生态环境治理体系的重要组成部分，担负化解生态环境矛盾纠纷，保护生态环境国家利益和社会公共利益，保障人民群众环境权益的重要职责。生态环境侵权行为具有突发性、瞬时性、不可逆转性，危害后果具有滞后性、长久性、难以修复性，如何在民事诉讼保全制度框架下，及时制止侵权行为、防范生态环境风险，是各级人民法院面临的重要问题。

最高人民法院针对生态环境保护的自身特点，为回应环境司法实践中对行为保全措施的特殊需求，以《民事诉讼法》行为保全制度为依据，将延伸探索采取生态环境禁止令措施作为一项重要工作部署，指导各级法院积极开展工作实践。在认真总结各地法院司法实践的基础上，经过反复调研论证和广泛征求意见，就禁止令保全措施的法律依据、申请主体、适用范围、审查标准等问题予以规范，制定出台本解释，以实现禁止令保全措施对生态环境的预防性、及时性保护和对侵权行为的震慑作用，统一法律适用。

二、《规定》起草的指导思想和原则

习近平总书记指出："只有实行最严格的制度、最严密的法治，才能为生态文明建设提供可靠保障。"在《规定》起草过程中，我们始终坚持习近平生态文明思想、习近平法治思想，深入贯彻落实党的十九大以及十九届历次全会精神，找准环境司法审判与保护人民群众切身利益和服务经济社会高质量发展的最佳结合点，丰富完善生态环境司法保护制度体系。主要遵循的原则：

一是坚持以人民为中心。在《规定》起草过程中，坚持以人民群众对惩治环境污染、生态破坏行为的迫切需求为出发点，明确为防止申请人合法权益或者生态环境受到难以弥补的损害，可以采取禁止令保全措施给予救济，及时制止损害的发生或继续扩大。将民事裁定的内容以禁止令的形式张贴在污染环境、破坏生态行为实施地，损害结果发生地等相关场所，加大禁止令保全措施的公示力度，既对被申请人形成有力震慑，督促其及时停止侵权行为，又强化公众参与和监督，保障禁止令保全措施的执行和落实。

二是坚持"保护优先、预防为主"。生态环境具有一旦受到损害，难以恢复到原有状态，甚至完全丧失生态服务功能的特点。因此，"保护优先、预防为主"是生态环境保护的重要原则之一。为切实落实此原则，及时有效防止或者减少生态环境损害影响，《规定》明确了诉讼前和诉讼过程中均可以申请采取禁止令保全措施。对"情况紧急"给予可以缩短作出禁止令保全措施时间的特殊规定，强化预防性保全措施功能。

三是服务国家社会发展需要。申请人申请采取禁止令保全措施时，案件往往尚未进入审理阶段，禁止被申请人一定行为可能会对其合法权益以及社会经济发展带来一定影响。《规定》明确在确定禁止令保全措施的适用范围、考量因素、审查期限时，要把握时、度、效，既要考虑对生态环境的保护，也要考量对国家社会发展及被申请人合法权益的影响，合理平衡各方利益关系。

三、《规定》的主要内容

《规定》共十四条，主要包括法律依据、申请主体和程序、审查需考量的因素、效力期间、文书形式、提前解除、不履行的法律责任等相关内容。

（一）明确了禁止令保全措施的法律属性

禁止令保全措施的法律依据是2017年《民事诉讼法》第一百条、第一百零一条规定的行为保全。在生态环境保全裁定基础上制作单独的禁止令予以公示，既体现了行为保全制度的一般特征，又体现了生态环境保护的特殊需要。

（二）明确了禁止令保全措施的申请主体和适用情形

《规定》第二条明确禁止令保全措施的申请主体，包括直接受到污染环境、破坏生态行为损害或者损害风险的自然人、法人或者非法人组织，以及《民法典》第一千二百三十四条、第一千二百三十五条规定的“国家规定的机关”和“法律规定的组织”。《规定》第三条明确在提起生态环境侵权诉讼时或者过程中可以申请诉中禁止令。同时，也考虑到生态环境受到损害的紧急情况，在提起诉讼前可以申请诉前禁止令。

（三）明确了采取禁止令保全措施的考量因素

申请人申请人民法院采取禁止令保全措施的前提是被申请人污染环境、破坏生态行为具有现实而紧迫的重大风险，不及时制止将使申请人合法权益或者生态环境受到难以弥补的损害。在此基础上，《规定》第五条细化了人民法院作出禁止令保全措施需综合考量的因素。一是被申请人污染环境、破坏生态行为是否被行政机关依法处理而仍继续实施；二是被申请人污染环境、破坏生态行为对申请人合法权益或者生态环境造成的损害是否会超过禁止被申请人一定行为对其造成的损害；三是禁止被申请人一定行为对国家利益、社会公共利益或者他人合法权益产生的不利影响；四是申请人的诉求应有基本的依据等其他应当考量的因素。

（四）明确了各方当事人的权利保障

《规定》总结环境司法实践经验，对禁止令保全措施实施过程中各方当事人的权利保障予以规定。一是第六条、第十条规定了询问、勘查、复议程序，保障当事人陈述、申辩等诉讼权利。二是第七条规定了申请人的担保责任，防止恶意申请和权利滥用。三是第十一条规定了禁止令保全措施的提前解除，避免当事人或者利害关系人受到不必要的损害。四是第十二条明确了不履行禁止令保全措施须依法承担相应法律责任，以保障禁止令保全措施的履行效果。

各位记者，禁止令保全措施是民事诉讼保全制度在生态环境保护领域的拓展，其规范适用将有助于在生态环境司法保护中发挥积极作用。各级人民法院将以《规定》的出台为契机，深入学习贯彻习近平生态文明思想、习近平法治思想，切实落实环境司法“保护优先、预防为主”原则，为协同推进人民富裕、国家强盛、中国美丽提供更加有力司法服务和保障！

三、理解与适用文章

《〈关于生态环境侵权案件适用禁止令保全措施的若干规定〉的理解与适用》[①]

摘要 2021年12月27日发布的《最高人民法院关于生态环境侵权案件适用禁止令保全措施的若干规定》落实保护优先、预防为主原则，就禁止令保全措施的法律依据、申请主体、审查需考量的因素、效力期间、文书形式、提前解除、不履行的法律责任等相关内容进行了规范，在生态环境保护领域确立了适用禁止令保全措施的相关规则。

关键词 禁止令保全措施 生态环境 污染环境破坏生态

《最高人民法院关于生态环境侵权案件适用禁止令保全措施的若干规定》（以下简称《环境侵权禁止令规定》）于2021年11月29日由最高人民法院审判委员会第1854次会议讨论通过，自2022年1月1日起施行。《环境侵权禁止令规定》对于贯彻落实习近平生态文明思想、习近平法治思想，落实保护优先、预防为主原则，及时有效保护生态环境，维护民事主体合法权益，具有重要的现实意义。笔者现对《环境侵权禁止令规定》的制定背景、指导思想和原则、主要内容作如下解读。

一、《环境侵权禁止令规定》的制定背景

生态环境与每个人息息相关，人民群众对美好生活的向往包含了对良好生态环境的期待。良好生态环境是最公平的公共产品、最普惠的民生福祉，是中华民族永续发展的可靠保证，只有尊重自然、顺应自然，才能实现人与自然的和谐共生。党的十八大以来，习近平总书记高度重视生态环境保护，开展了一系列根本性、开创性、长远性工作，美丽中国建设迈出重大步伐，生态环境保护发生历史性、转折性、全局性变化。党的十九届六中全会、中央经济工作会议对生态环境保护提出了新要求，协同推进经济高质量发展与生态环境高水平保护需求更加迫切。

---

① 刘竹梅、贾清林、刘慧慧：《〈关于生态环境侵权案件适用禁止令保全措施的若干规定〉的理解与适用》，载《法律适用》2022年第3期。

司法作为生态环境治理体系的重要组成部分，担负化解生态环境矛盾纠纷，保护生态环境国家利益和社会公共利益，保障人民群众环境权益的重要职责。环境污染、生态破坏具有突发性、瞬时性、不可逆转性，危害后果具有滞后性、长久性、难以修复性等特征，决定了预防性救济在生态环境保护领域的极端重要性，当侵害正在进行中或者损害尚未最终发生时，应给予及时有效的救济，以维护个人、公众的环境权益及民事主体的其他合法权益，保护生态环境。

从世界范围看，欧美国家在长期的司法实践中已经形成一套较为成熟完善的禁令救济制度，并在环境保护领域发挥重要作用。"美国环境司法实践中，环境诉讼禁令既是一种临时保全措施，又是一种救济手段。"①就我国而言，《刑法修正案（八）》②以及相关司法解释已经明确规定了刑事司法领域的禁止令制度，但此类禁止令系在刑事判决的同时颁发的禁止令，在性质上属于终局救济的范畴，与生态环境保护领域作为预防性、临时性救济措施的禁止令并不相同。我国《民法典》规定了人格权禁令制度，但在生态环境领域尚未有明确法律规定。环境司法理论界认为，"环境保护禁止令的适用，具有及时阻却环境损害发生或扩大的客观效果。在此意义上，环境保护禁止令的适用，作为对民事行为保全基本制度的沿袭，对应了环境保护实践的内在要求，具有合理性"③。但司法理论的研究成果并未被立法所吸纳，民事法律中并未有"生态环境保护禁止令"的具体规定。

实践中，贵州、云南、重庆、江苏、浙江、福建、山东、河南等地法院针对环境污染、生态破坏案件的特点，为及时制止生态环境侵权行为，预防环境损害的发生或者扩大，有效维护当事人的合法利益和公众的环境权益，结合审判实践需求，在生态环境司法实践中不断探索适用禁止令措施，并制定了相应的规范性文件，取得了良好的法律效果。但是各地法院采取禁止令措施的法理基础并不完全相同，适用范围不尽相同，急需统一和规范。全国人大代表、政协委员近几年也针对生态环境保护的实践需求提交了关于建立完善禁止令制度的相关建议或者提案。

最高人民法院高度重视环境司法对生态环境保护、生态文明建设的服务和保障作用，2014 年 6 月设立专门的环境资源审判庭，统一指导全国的环境资源审判工

---

① 杨凯：《民行一体化：环境司法诉讼禁令制度的重构与完善》，载《武汉大学学报（哲学社会科学版）》2019 年第 4 期。

② 《刑法修正案（八）》第二条：在《刑法》第三十八条中增加一款作为第二款："判处管制，可以根据犯罪情况，同时禁止犯罪分子在执行期间从事特定活动，进入特定区域、场所，接触特定的人。"原第二款作为第三款，修改为："对判处管制的犯罪分子，依法实行社区矫正。"增加一款作为第四款："违反第二款规定的禁止令的，由公安机关依照《中华人民共和国治安管理处罚法》的规定处罚。"

③ 王晶：《环境保护禁止令之适用审视》，载《甘肃政法学院学报》2019 年第 2 期。

作。为了进一步丰富和完善预防性救济措施在生态环境领域的适用,在根植于我国环境司法理论发展土壤,吸收、借鉴域外经验的基础上,针对环境司法实践对禁止令措施的特殊需求,最高人民法院以《民事诉讼法》行为保全制度为基本依据,将探索适用生态环境保护禁止令作为一项重要工作部署,先后在《最高人民法院关于认真学习贯彻党的十九届四中全会精神的通知》(法〔2019〕244 号)、《最高人民法院关于为黄河流域生态保护和高质量发展提供司法服务与保障的意见》(法发〔2020〕19 号)、《最高人民法院关于支持和保障深圳建设中国特色社会主义先行示范区的意见》(法发〔2020〕39 号)等司法政策性文件中明确提出"探索环境保护禁止令"和"探索建立环境保护禁止令制度"等工作要求,指导各地法院积极开展工作实践;并在认真总结各地法院司法实践的基础上,经反复调研论证和广泛征求意见,就生态环境禁止令保全措施的法律依据、申请主体、审查需考量的因素、效力期间、文书形式、提前解除、不履行的法律责任等问题进行规范,制定出台本解释,以实现对生态环境的预防性、及时性保护和对侵权行为的震慑作用,统一法律的适用。

二、《环境侵权禁止令规定》制定的指导思想和原则

习近平总书记指出:"只有实行最严格的制度、最严密的法治,才能为生态文明建设提供可靠保障。"《环境侵权禁止令规定》的起草制定始终以习近平生态文明思想、习近平法治思想为指导,深入贯彻落实党的十九大以及十九届历次全会精神,找准环境司法审判与保护人民群众切身利益和服务经济社会高质量发展的最佳结合点,丰富完善生态环境司法保护制度体系。《环境侵权禁止令规定》的制定主要遵循了以下原则:

一是坚持以人民为中心。在《环境侵权禁止令规定》制定过程中,坚持以人民群众对严厉惩治环境污染、生态破坏行为的迫切需求为出发点,明确为防止申请人合法权益或者生态环境受到难以弥补的损害,可以采取禁止令保全措施给予救济,及时制止生态环境损害的发生或继续扩大。《环境侵权禁止令规定》明确将民事裁定的内容以禁止令的形式张贴在被申请人住所地,污染环境、破坏生态行为实施地,损害结果发生地等相关场所,加大禁止令保全措施的公示力度,既对被申请人形成有力震慑,督促其及时停止生态环境侵权行为,又强化公众参与和社会监督,保障禁止令保全措施的执行和落实。

二是坚持"保护优先、预防为主"。《环境侵权禁止令规定》针对生态环境具有一旦受到损害则难以恢复,甚至完全丧失生态服务功能的特点,将"保护优先、预防为主"作为起草制定的重要原则之一。《环境侵权禁止令规定》明确申请人在提起诉讼前和诉讼过程中均可以申请人民法院采取禁止令保全措施,并对"情况紧急"

予以缩短采取禁止令保全措施的时间，以强化禁止令保全措施的预防性权利救济功能，及时制止生态环境侵权行为，有效避免或者减少生态环境损害的影响。

三是坚持服务国家社会发展需要。申请人申请人民法院采取禁止令保全措施时，案件往往尚未进入审理阶段，甚至尚未受理，禁止被申请人一定行为可能会对其合法权益以及社会经济发展带来一定影响。《环境侵权禁止令规定》明确在确定禁止令保全措施的适用范围、考量因素、审查期限时，要把握时、度、效，既要考虑禁止令保全措施对申请人合法权益和生态环境的保护，也要考量对国家社会发展及被申请人合法权益产生的影响，以合理平衡各方利益关系，避免利益保护过度失衡，影响国家社会发展大局。

三、《环境侵权禁止令规定》的主要内容

《环境侵权禁止令规定》共 14 条，对禁止令保全措施的法律依据、申请主体、类型、考量因素、文书形式、权利保障等相关内容进行了规定。现结合《环境侵权禁止令规定》的具体条文，对其主要内容阐释如下。

（一）禁止令保全措施的法律依据、基本内涵

《环境侵权禁止令规定》第一条明确了禁止令保全措施的法律依据。最高人民法院对《民事诉讼法》框架下的行为保全制度在生态环境领域的适用进行解释，将 2017 年《民事诉讼法》第一百条、第一百零一条关于民事诉讼保全的规定作为《环境侵权禁止令规定》起草制定的直接法律依据①。在起草《环境侵权禁止令规定》过程中，因尚无民事法律对“禁止令”予以明确规定，故从“禁止令”的本质系采取禁止一定行为的措施，达到制止或者预防某种生态环境损害的发生和扩大目的角度进行制度设计。民事行为保全制度与《环境侵权禁止令规定》的起草目的相一致，故依据《民事诉讼法》行为保全制度为框架进行《环境侵权禁止令规定》条文起草和制度设计具有上位法依据。

《环境侵权禁止令规定》第一条明确了禁止令保全措施的基本内涵，即禁止令保全措施是为及时制止被申请人正在实施或者即将实施的污染环境、破坏生态行为，避免申请人合法权益或者生态环境受到难以弥补的损害，申请人向人民法院申请的临时性救济措施。其核心内容是责令被申请人立即停止一定行为，不得继续实施相关行为。就此而言，禁止令保全措施可以理解为民事诉讼保全制度在生态

---

① 2021 年 12 月 24 日，《第十三届全国人民代表大会常务委员会第三十二次会议关于修改〈中华人民共和国民事诉讼法〉的决定》（2022 年 1 月 1 日施行）对《民事诉讼法》（2017 年）进行了修订，原第 100 条、第 101 条序号相应变更为第 103 条、第 104 条，内容未变。

环境领域中的延伸适用，且是一种禁止类的行为保全措施。禁止令保全措施在生态环境侵权案件中的适用既体现了民事诉讼行为保全制度的一般特征，又满足了生态环境保护、建设生态文明的特殊需要。《环境侵权禁止令规定》在起草过程中，对如何界定禁止令的内涵，是否把责令被申请人实施一定行为，即强制被申请人为一定行为亦归入禁止令的范畴，存在不同的认识。经初步考察，禁止令最早起源于罗马法，是指由地方行政官发给某一特定人的命令或禁令。[①] 之后，禁止令沿着两条不同的路径发展：在英美法系演变成为非常复杂的禁止令或禁令（injunction）制度，在大陆法系则以"假处分"的行为保全方式将禁止令内容包含其中。按一般理解，禁止令的原始含义是停止侵权，也称禁令、强制令，是指在诉讼过程中，在侵权行为明显成立的情况下，法院要求侵权当事人实施某种行为，或禁止其为一定行为的命令；目的是在实质争议解决前，防止侵权行为的重复或预期发生，保护当事人的合法权益。在英美法系中，中间性禁令是指在诉讼终结之前，为了维持现状或变更现状所采取的暂时性救济方式，包括临时禁令和初步禁令。[②] 应该说，大陆法系中的"假处分"制度中"制止侵权行为的继续"等内容作为诉讼中的行为保全，与英美法系禁止令制度中的中间禁令（临时禁令和初步禁令）基本对应。"无论是中间禁令制度还是'假处分'制度，都是相对终极救济而言的暂时性救济手段"。[③] 由此，尽管两大法系法的传统不同，但在及时制止侵权行为、防止难以弥补损害方面殊途同归。

基于上述分析，尽管欧美国家关于禁止令或者禁令的制度多将责令停止一定行为和命令实施一定行为均包含在其中，但就我国而言，考虑到禁止令系针对生态环境侵权行为的一种临时性救济措施，并非终局救济，其目的是及时制止侵害，以避免造成难以弥补的环境损害。如果此时案件尚未受理或者受理但尚未正式审理、裁判，一旦采取禁止令保全措施可能会对被申请人以及国家社会发展造成一定影响甚至较大影响，故在禁止令保全措施实施初期适当控制适用范围有利于平衡各方利益，确保该措施的适用效果和目的得以顺利实现。而"禁止令"的中文字面含义仅包含"不得为"，不包含"必须为"的内容，若将"必须为"亦包含在禁止令内涵中则显得名不符实。为此，《环境侵权禁止令规定》将禁止令保全措施的内涵限缩为"立即停止一定行为"，即禁止或者不得为一定行为，未包含强制被申请人为一

---

① ［英］戴维·M. 沃克：《牛津法律大辞典》，北京社会与科技发展研究所译，光明日报出版社 1988 年版，第 453 页。

② 叶明、吴太轩：《论环境侵权救济中的排除侵害制度——兼谈利益衡平原则的适用》，载《广西政法管理干部学院学报》2002 年第 1 期。

③ 龚海南：《环境保护禁止令制度的构建》，载《人民司法·应用》2015 年第 1 期。

定行为。实际上,《民法典》第九百九十七条关于人格权保护禁令也仅规定了“责令行为人停止有关行为”,禁止令保全措施与人格权保护禁令的表述方式基本一致。

当然,若司法实践中基于具体个案,确实需要行为人作出某种积极行为才能实现制止环境侵害的目的,可以通过转换禁止令的表述方式而实现:将需要行为人实施的某种积极行为作为禁止令的前提条件置于禁止令之中。比如,若需要行为人建设并运行污水处理设施,则禁止令可表述为:责令(生态环境侵权行为人)在污水处理设施竣工验收合格并投入使用前停止或者不得排放污水。

(二)禁止令保全措施的申请主体、申请材料

1. 申请主体。“基于司法的中立性、被动性的特征,生态行为司法禁令依当事人申请而开启,这也是民事诉讼‘诉权处分’原则的要求。”①生态环境侵权诉讼,既涉及生态环境私益侵权案件,也涉及生态环境公益侵权案件;既涉及法律规定的机关、社会组织和人民检察院提起的环境民事公益诉讼案件,也涉及省级、地市级政府及其指定的部门或机构提起的生态环境损害赔偿诉讼案件。理论上,依法有权提起这些诉讼的主体均有权向人民法院申请采取禁止令保全措施,《环境侵权禁止令规定》第二条基于前述不同诉讼程序明确了相关申请主体。

就生态环境私益侵权诉讼而言,受到环境污染、生态破坏行为损害或损害之虞的民事主体(自然人、法人或者非法人组织)有权提起诉讼,并基于具体实际情况在诉讼前或者诉讼过程中依法申请人民法院采取禁止令保全措施。

就生态环境公益侵权诉讼而言,根据现有法律和司法解释规定,有权提起诉讼的主体包括四类:一是《民事诉讼法》第五十八条第一款所列的“法律规定的机关”,比如《海洋环境保护法》第八十九条第二款规定的“依照本法规定行使海洋环境监督管理权的部门”,《森林法》第六十八条规定的“县级以上人民政府自然资源主管部门、林业主管部门”,《固体废物污染环境防治法》第一百二十二条第一款规定的“设区的市级以上地方人民政府或者其指定的部门、机构组织”;二是《民事诉讼法》第五十八条第一款所列的“有关组织”,比如《环境保护法》第五十八条规定的,依法在设区的市级以上人民政府民政部门登记、专门从事环境保护公益活动连续五年以上且无违法记录的社会组织;三是《民事诉讼法》第五十八条第二款所规定的人民检察院;四是根据中共中央办公厅、国务院办公厅《生态环境损害赔偿制度改革方案》的规定,国务院授权的省级、市地级人民政府及其指定的部门、机构,以及受

① 赖声利、郭娜:《生态环境损害行为司法禁令制度探究》,载《上饶师范学院学报》2015 年第 5 期。

国务院委托代行全民所有自然资源资产所有权的部门。[1]《民法典》作为民事实体法律，在第一千二百三十四条、第一千二百三十五条概括规定了上述各类主体的生态环境公益请求权，将生态环境公益请求权主体明确为“国家规定的机关”和“法律规定的组织”两大类型。故《环境侵权禁止令规定》第二条采用《民法典》的概括表述，包括了前述可以提起生态环境公益侵权诉讼的各类主体。

2. 申请材料。《环境侵权禁止令规定》第四条明确了申请人申请人民法院作出禁止令需要提交的材料以及相关要求。主要包括三层含义：

一是符合条件的申请人申请禁止令时应提交书面申请书。法院是否作出禁止令原则上应由当事人申请启动，法院不宜直接以职权采取禁止令措施；申请书作为申请人的正式意思表示，被提交给法院后，法院才可以依法审查并作出相应的处理。考虑到禁止令保全措施可能会对被申请人利益以及国家社会发展产生一定影响，甚至较大影响，当事人不能口头申请禁止令。

二是申请书应当具备必要的内容。当事人申请禁止令，首先需将双方的基本情况，尤其被申请人的信息应清楚载明，如被申请人不明确、地址不详或者无法联络，则禁止令就难以对被申请人产生效力。其次要明确申请作出禁止令的具体内容，即请求法院责令被申请人停止的具体行为，是一项还是数项行为，以及请求禁止实施的具体行为范围，是部分停止还是全部停止等。其三要表明被申请人正在实施或者即将实施生态环境侵权行为，若不及时制止将使申请人合法权益或者生态环境受到难以弥补损害的具体情形。其四要明确基于申请禁止令所拟提供担保的财产信息，并提供相应的证照手续供法院核查，若存在无须提供担保的法定事由，也需予以明确说明，事前已经人民法院同意不提供担保的除外。司法实践中，若受理禁止令申请的人民法院根据不同案件的具体情况，需了解相关事项，申请人亦应按法院的要求予以载明或另行说明。

三是应向法院提交相应的证明材料。除法律法规或者司法解释特别规定的以外，“谁主张，谁举证”系民事诉讼的一般举证规则。申请人向法院申请禁止令应遵循基本的举证规则，除需要提供被申请人基本信息的相关证明材料以及其他程序性材料外，最主要的是要提供被申请人正在实施或者即将实施生态环境侵权行为，以及若不及时制止将使申请人或者公众的合法权益受到难以弥补损害的初步证明材料。当然，由于此时案件尚未实质审理，甚至尚未受理，申请人提供的证明材料不一定要达到确证的程度，只要能初步证明存在前述情形或者具有较大可能性即可。

---

① 最高人民法院民法典贯彻实施工作领导小组主编：《中华人民共和国民法典侵权责任编理解与适用》，人民法院出版社2020年版，第556～557页。

若申请人提交的申请不符合前述规定要求，或者不能提供初步证明材料的，经人民法院要求限期补交，逾期不补交的，人民法院对其申请不予受理。

（三）禁止令保全措施的类型、管辖

1. 禁止令保全措施的类型。2017年《民事诉讼法》第一百条、第一百零一条分别规定了诉中和诉前两种行为保全类型，与此相对应，《环境侵权禁止令规定》第三条亦明确禁止令保全措施包括诉中禁止令和诉前禁止令，不包括终局禁止令，即人民法院经过审理最终判令生态环境侵权人停止侵害的情形不包含其中。诉中禁止令是申请人在提起诉讼时、诉讼过程中申请人民法院作出的禁止令；诉前禁止令是因紧急情况来不及起诉的，申请人在提起诉讼前申请的禁止令。关于人民法院受理申请后作出禁止令的期限，根据禁止令类型的不同而有所不同。参照《民事诉讼法》及相关解释关于保全的规定，《环境侵权禁止令规定》第三条明确规定人民法院在接受当事人的诉中禁止令申请后五日内裁定是否作出禁止令，紧急情况下应在接受申请后48小时内作出是否准予的裁定；诉前接受禁止令申请的，因情况紧急，亦要在接受申请48小时内作出是否准予的裁定。

2. 禁止令保全措施的管辖。当事人申请禁止令应向有管辖权的人民法院申请，就诉中禁止令而言，鉴于当事人的诉讼已经被人民法院受理，案件已经进入诉讼程序，则自然要向审理该案的人民法院提出申请，由该法院审查判断是否作出禁止令，此为诉中禁止令的应有之义。就诉前禁止令而言，由于情况紧急来不及向人民法院提起诉讼，但又急需采取及时措施，制止生态环境侵权行为，故允许当事人遵循就近便利原则，选择与污染环境、破坏生态行为密切关联的侵权行为实施地、损害结果发生地或者侵权行为人所在地等对案件有管辖权的法院提出申请，由该法院审查决定是否作出禁止令。该规定一方面考虑到禁止令作出后实际执行的效果，需要由与生态环境侵权行为密切关联的法院受理诉前禁止令申请；另一方面也考虑到由对案件有管辖权的法院受理诉前禁止令申请，会尽可能避免诉前禁止令的作出法院与审理案件的法院不一致，可能导致后续工作衔接不畅的问题。实际上，该项规定也是回应多地法院所提的反馈意见，即不少地方环境资源案件实施跨行政区划集中管辖，由这些地方实行集中管辖的法院审查处理更为妥当。

当然，若基于具体个案，受理诉前禁止令申请并作出禁止令的法院并非之后受理并审理案件的法院，则作出禁止令的法院应将相关材料及时移交给审理案件的法院，鉴于此种操作属于法院内部工作协调的范围，囿于条文篇幅，《环境侵权禁止令规定》对此没有具体规定。

(四)采取禁止令保全措施的基本条件、考量因素

《环境侵权禁止令规定》第五条明确了人民法院作出禁止令的基本条件、考量因素。该条规定基于生态环境损害的特殊性以及我国生态环境保护现状和现阶段基本国情,借鉴参考了:(1)英美国家法院通过判例逐步形成的中间禁令四要素,即不可弥补的损害、损失衡量、对公共利益的影响和胜诉可能性;[①](2)作出预防性禁令的三要件,即损害发生的重大性(substantial)、损害发生的高度盖然性(sufficient degree of probability)、损害发生的紧迫性(at no remote period)[②];(3)我国知识产权行为保全司法解释的相关规定[③]。同时采纳吸收了各方意见建议。其核心目的在于既要通过禁止令保全措施及时制止生态环境侵权行为或者重大生态环境风险,有效避免申请人合法权益、公众环境权益受到难以弥补的损害,同时也要考虑被申请人的合法权益、国家社会发展的大局,坚持稳中求进,防止出现保护不足和过度保护两种倾向。具体而言:

1. 采取禁止令保全措施的基本条件。人民法院采取禁止令保全措施,禁止被申请人实施一定行为,可能会对被申请人及国家社会发展造成一定影响,甚至还存在恶意申请禁止令、借此打击竞争对手的情形,故人民法院审查判断作出禁止令时,应审慎为之。《环境侵权禁止令规定》制定过程中,曾试图确定具体的审查判断标准,但由于生态环境侵权案件类型众多、案情各异,在征求意见过程中争议很大,难以统一。后经综合各方意见,以高度概括的方式确定了作出禁止令须具备的基本条件,即污染环境、破坏生态行为具有现实而紧迫的重大风险,不及时制止会造成难以弥补的损害。该基本条件是人民法院审查决定作出禁止令的基础或者前提,若禁止令申请不符合这一基本条件,人民法院应不予准许。基于文义理解,环境损害必须是真实、现实存在的,不是虚构、想象的,具有时空上的迫切性,所产生的风险具有重大性,不及时制止将很可能导致申请人合法权益或者生态环境受到难以弥补的损害。"现实而紧迫的重大风险"的具体判断,可从以下几个层面予以考虑:一

---

① 薛淼:《我国环境司法对美国环境法禁令制度之借鉴》,载《人民司法·应用》2017年第31期;杨凯:《民行一体化:环境司法诉讼禁令制度的重构与完善》,载《武汉大学学报(哲学社会科学版)》2019年第4期。

② 杜颖:《英美法律的禁令制度》,载《广东行政学院学报》2003年第3期。

③ 《最高人民法院关于审查知识产权纠纷行为保全案件适用法律若干问题的规定》第7条规定:"人民法院审查行为保全申请,应当综合考量下列因素:(一)申请人的请求是否具有事实基础和法律依据,包括请求保护的知识产权效力是否稳定;(二)不采取行为保全措施是否会使申请人的合法权益受到难以弥补的损害或者造成案件裁决难以执行等损害;(三)不采取行为保全措施对申请人造成的损害是否超过采取行为保全措施对被申请人造成的损害;(四)采取行为保全措施是否损害社会公共利益;(五)其他应当考量的因素。"

是被申请人是否违反了《环境保护法》《森林法》《长江保护法》等环境资源法律法规,实施了污染环境、破坏生态行为;二是被申请人实施的污染环境、破坏生态行为是否已经被相关环境资源法律法规明确规定在应承担法律责任的范围内;三是被申请人因污染环境、破坏生态行为应当被行政主管机关予以行政处理但尚未处理,或者已被行政处理但环境污染、生态破坏尚未得到有效控制。满足上述三方面的要求,即可认定"现实而紧迫的重大风险"的基础已基本具备;在此基础上是否最终作出禁止令,受理法院尚须综合考虑《环境侵权禁止令规定》第五条所涉四项因素,并结合具体个案实际情况进行审查判断。

2. 采取禁止令保全措施的考量因素。在污染环境、破坏生态行为具有"现实而紧迫的重大风险",不及时制止将受到难以弥补损害的基本条件下,人民法院作出禁止令尚须综合考量的因素主要涉及:一是被申请人污染环境、破坏生态行为是否被行政机关依法处理而仍继续实施。被申请人因生态环境违法行为已经被行政主管机关予以责令改正、责令停止或采取限制生产、停产整治、限期拆除等行政处理,而环境污染、生态破坏并未得到有效控制,其中主要原因在于被申请人阳奉阴违,被行政处理后仍继续实施生态环境违法行为,既包括根本没有履行或者没有完全履行行政处理决定或者相关措施,也包括先履行后又恢复实施违法行为等情形。该因素的有无有利于人民法院强化是否应作出禁止令的内心判断。当然,若行政主管机关对被申请人的生态环境违法行为尚未作出行政处理,则该项因素可不予考量。

二是被申请人污染环境、破坏生态行为对申请人合法权益或者生态环境造成的损害是否会超过禁止被申请人一定行为对其造成的损害。《环境侵权禁止令规定》始终坚持平等保护各方当事人的合法权益,注重考虑申请人合法权益、公众环境权益与被申请人合法权益的关系,注意各方利益和损失的衡量。具体而言:

(1)考量具体的环境损害类型,区分不同的生态环境损害予以救济。生态环境损害千差万别,尤其是环境污染与生态破坏类型不同,造成损害的行为方式差异较大,在具体个案中需要法官发挥司法智慧,对当事人的申请和被申请人的抗辩予以认真审查判断,审慎适用禁止令保全措施。(2)适当控制适用范围,发挥禁止令保全措施"调节器"功能。人民法院在审查判断是否作出禁止令时,要审查比较被申请人污染环境、破坏生态行为对申请人合法权益或者生态环境在裁判前可能遭受的损害,与禁止被申请人一定行为可能会对被申请人造成的损害,以衡量双方合法权益,避免出现利益失衡。特别说明的是,对"损害"的认定不需要精确认定双方损失的具体金额,而是应当在现有证据材料基础上对双方损失范围、大小、程度进行综合比较判断。(3)注重程序保障。为平衡申请人、被申请人以及利害关系人之间可能产生的利益冲突，防止权利滥用，《环境侵权禁止令规定》明确了询问、勘查、申请复议、提前解除禁止令保全措施等程序，保障被申请人和其他利害关系人的合法权益。

三是禁止被申请人一定行为对国家利益、社会公共利益或者他人合法权益产生的不利影响。鉴于生态环境侵权领域采取禁止令保全措施，不仅会影响当事人双方之间的利益，而且具有较强的影响外溢性，可能会对涉及社会经济发展的国家利益、社会公共利益以及其他民事主体的合法利益产生一定影响。尤其在生态环境侵权公益诉讼中，诉讼本身就关涉生态环境国家利益和公共利益，人民法院无论是否作出禁止令，都可能会对国家利益、社会公共利益产生影响。因此，人民法院在决定是否采取禁止令保全措施时，“应当考虑当事人所争议的私益和社会公共利益之间的平衡，在一些案件中，更应当考虑代表社会不同层面的公共利益之间的平衡”①；审慎统筹各种利益保护，认真审查禁止令保全措施对相关国家利益、社会公共利益或者他人合法权益是否造成不利影响，综合考量相关因素作出应有的判断。

四是其他应当考量的因素。在其他应考量的因素中，申请人的诉求应有基本的依据是重点。鉴于禁止令保全措施是对被申请人利益的一种剥夺或限制，即便是临时的，可能也会造成被申请人的损失，甚至重大损失；如果最终申请人败诉，则可能导致被申请人的索赔问题。为此，人民法院在作出禁止令前要对案件初步证据材料进行认真审查，依法进行询问、现场勘查等，以尽可能全面客观地了解案情。只有经初步审查认定申请人的诉讼请求有基本的事实和法律依据，具有较大胜诉可能性时，受理法院才存在作出禁止令的问题。若申请人的诉讼请求明显不能成立或者现有证据难以确定，缺乏基本的事实和法律依据，则人民法院不宜作出禁止令或者要更为慎重处理。当然，在不能作出禁止令的情况下，对于所涉生态环境风险，人民法院可循一定途径通报相关行政主管机关。

（五）禁止令保全措施的文书形式

对于禁止令保全措施的文书形式，在《环境侵权禁止令规定》起草制定过程中存在两种观点。一种观点认为，禁止令从作用和功能上看，既属于民事诉讼行为保全措施，同时也是一种实体权益救济措施，且最新的民事案由已将人格权保护禁令案件作为一项独立案由，故可制作单独的禁止令，其效力等同于民事裁定。另一种观点认为，《民事诉讼法》明确规定采取行为保全措施要制作民事裁定书，禁止令作为行为保全制度在环境司法领域的延伸适用，亦应遵循该规定，故作出禁止令亦应

---

① 薛淼：《我国环境司法对美国环境法禁令制度之借鉴》，载《人民司法·应用》2017年第31期。

制作民事裁定书。考虑到环境司法实践的需要,依据2017年《民事诉讼法》第一百条、第一百零一条关于诉讼保全的规定,受理禁止令申请的人民法院依法应出具民事裁定书,同时参照海事强制令的方式,制作在环境司法领域的禁止令。故《环境侵权禁止令规定》最终采取了第二种观点,明确了禁止令行为保全措施的具体形式。民事裁定加禁止令的形式,是民事诉讼行为保全制度在生态环境诉讼领域的创新适用,丰富了民事诉讼行为保全制度,推动了民事诉讼保全制度体系化进程。

《环境侵权禁止令规定》第九条第一款明确无论人民法院是否准予申请人禁止令申请,均应制作民事裁定书,并送达当事人,以保障当事人的诉讼权利。此外,诉前禁止令作出后30日内在申请人不依法提起诉讼,禁止令据以作出的事由发生变化、申请人申请提前解除,禁止令作出后被申请人的抗辩成立,以及当事人申请复议后的处理等情况下,人民法院均应出具相应的民事裁定书。该条第二款进一步明确人民法院裁定准予申请人禁止令申请后,可以根据民事裁定制作单独的禁止令予以公示。特别说明的是,此处制作的禁止令是基于环境司法实践需要根据民事裁定的内容而制作,并非强制要求制作,可以由受理禁止令申请的人民法院选择适用。该单独制作的禁止令相当于民事裁定书的附件,可理解为简化版的裁定书。参照海事强制令等其他"令"的文书样式,基于民事裁定制作的禁止令应写明根据裁定的内容,责令当事人立即停止实施的具体行为。鉴于生态环境侵权案件的公众参与多、社会影响大等特点,对禁止令张贴的地点进行了列举,可以在被申请人的住所地,或者污染环境、破坏生态行为的实施地、损害结果发生地等相关场所,通过张贴公示、新闻媒体报道等方式,让公众知晓相关情况,威慑潜在污染环境、破坏生态行为人,扩大公众参与程度,依法接受社会监督。

为确保禁止令保全措施的适用效果,《环境侵权禁止令规定》同时附录了三份民事裁定书、一份禁止令文书样式,并附有相应说明,供受理禁止令申请的人民法院参考选用。

(六)当事人及利害关系人的权利保障

《环境侵权禁止令规定》总结环境司法实践经验,对禁止令保全措施实施过程中当事人及利益相关方的权利保障予以明确,作出了多项具体的规范。一是第六条、第十条规定了询问、勘查、复议程序,保障当事人陈述、申辩等诉讼权利以及利害关系人的合法权益。二是第七条规定了申请人的担保责任,防止恶意申请禁止令和权利滥用,平衡双方合法利益的保护。三是第十一条规定了禁止令保全措施的提前解除,在禁止令据以作出的事由发生变化的情况下,申请人、被申请人或者利害关系人均可以申请提前解除禁止令,人民法院应在规定期限内审查是否予以解除,以避免当事人或者利害关系人受到不必要的损害。四是第十二条明确了不履行禁止令保全措施须依法承担相应法律责任，以保障禁止令保全措施的履行效果。

四、其他需要特别说明的问题

关于禁止令保全措施的执行，在《环境侵权禁止令规定》起草过程中，一直有相关讨论。《环境侵权禁止令规定》第九条明确“裁定书自送达之日起生效”，而作为“发生法律效力”的民事裁定，在被申请人拒不履行的情况下，自然亦存在强制执行的问题。但经调研发现，目前各地法院的环境资源审判体制机制尚在不断完善发展中，既有单独民事、行政分立，也有民事、行政“二合一”，民事、行政、刑事“三合一”，民事、行政、刑事、执行“四合一”，甚至再加上立案“五合一”的归口审理模式。有的法院尽管没有明确将执行纳入环境资源审判庭职能范围，但部分法院环境资源审判部门也会延伸审判职能，积极参与环境公益诉讼案件的执行活动。当然，也有不少法院根据内部职能分工，涉及执行事宜均由执行局负责执行。考虑到生态环境侵权案件的执行往往具有较强的专业性，且各地法院的做法不一，为避免“一刀切”，《环境侵权禁止令规定》未对禁止令的执行进行规定，各地法院可根据法律法规及相关司法解释的相关规定，遵循各地已有的行之有效的执行方式对禁止令保全措施予以落实。

四、解释条文理解与适用

为妥善审理生态环境侵权案件，及时有效保护生态环境，维护民事主体合法权益，落实保护优先、预防为主原则，根据《中华人民共和国民法典》《中华人民共和国环境保护法》《中华人民共和国民事诉讼法》等有关法律规定，结合审判实践，制定本规定。

【条文主旨】

本部分是关于本解释的宗旨和依据的规定。

【条文理解】

该部分作为本解释的前序，主要明确本解释起草制定的宗旨和法律依据。

一、关于本解释的宗旨

宗旨是指主要的思想或意图、主意，法律的宗旨既是目标也是实现目标过程中所应把握的尺度。[①]“立法宗旨是指制定法律之指向（方向）和最终追求；它是一部法律的纲。”[②]就本解释的宗旨而言，可从三个层面理解。

（一）为妥善审理生态环境侵权案件

环境问题是指由于人类活动或者自然原因作用于周围环境所引起的环境质量变化，以及这种变化对人类的生产、生活和健康以及其他生物的生存和发展造成影响和破坏的问题；人为因素造成的环境问题，主要包括环境污染与生态破坏。[③] 我国原有环境侵权立法多聚焦在环境污染领域，原《侵权责任法》第八章只规定了“环境污染责任”，未涉及生态破坏责任；《环境保护法》第六十四条关于“因污染环境和破坏生态造成损害的，应当依照《侵权责任法》的有关规定承担侵权责任”的规定，系通过引致的立法技术将破坏生态行为纳入侵权责任法的调整范围。2015 年《环境侵权司法解释》尽管在第十八条中规定“本解释适用于审理因污染环境、破坏生态造成损害的民事案件”，但该解释主要条文针对的还是污染环境行为。2021 年 1 月 1 日施行的《民法典》正式将环境污染和生态破坏责任一并作出规定，作为“侵权

---

① 徐梦堃：《经济法上的秩序与正义价值》，载《行政与法》2017 年第 8 期。

② 马忠法、孟爱华：《论我国〈著作权法〉立法宗旨的修改——以促进文化产业发展为视角》，载《同济大学学报（社会科学版）》2013 年第 3 期。

③ 孟媛媛、田其云：《法学视野下的环境问题》，载《中国人口 · 资源与环境》2016 年第 S1 期。

责任编”的一章。为配合《民法典》的施行，2020 年 12 月最高人民法院对《环境侵权司法解释》作出修订，将“破坏生态”添加到主要条文中，与“污染环境”并列。尤为重要的是，本解释作为环境司法领域落实习近平生态文明思想的一项具体举措，应凸显生态保护的重要性，故本解释在后期起草过程中，接受部分专家学者和相关部门的意见，将原条文中的“环境侵权案件”的表述调整为“生态环境侵权案件”。

生态环境侵权案件，既包括生态环境私益侵权案件，也包括生态环境公益侵权案件。生态环境私益侵权案件是因生态环境受损进而导致合法利益被侵害的自然人、法人和非法人组织提起的诉讼；生态环境公益侵权案件则是因生态环境公共利益受损而由“国家规定的机关或者法律规定的组织”提起的诉讼。无论生态环境私益侵权案件，还是公益侵权案件，基于环境污染、生态破坏具有的不可逆性、难以修复性等自身特点，均存在禁止令救济适用的广阔空间。从世界范围看，欧美国家在长期的司法实践中已经形成较为完善的禁止令或禁令（injunction）救济制度，并在生态环境保护领域发挥了重要的作用。“美国环境司法实践中，环境诉讼禁令既是一种临时保全措施，又是一种救济手段。”[①]就我国而言，《刑法修正案（八）》[②]以及相关司法解释已经明确规定了刑事司法领域的禁止令制度，但此类禁止令系在刑事判决的同时颁发的禁止令，在性质上属于终局救济的范畴，与生态环境保护领域作为预防性、临时性救济措施的禁止令并不相同。我国《民法典》规定了人格权保护禁令制度，但在生态环境保护领域尚未有明确的禁止令法律规定。环境司法理论界认为，“环境保护禁止令的适用，具有及时阻却环境损害发生或扩大的客观效果。在此意义上，环境保护禁止令的适用，作为对民事行为保全基本制度的沿袭，对应了环境保护实践的内在要求，具有合理性”[③]。但司法理论的研究成果尚未被立法吸纳，民事法律中并未有“环境保护禁止令”或“生态环境保护禁止令”的具体规定。司法实践中，自 2007 年贵州省清镇市成立环境保护法庭，开启我国环境司法专门化审判以来，贵州、云南、重庆、江苏、浙江、福建、河南、山东等地人民法院针对环境污染、生态破坏的案件特点，为及时制止生态环境侵权行为，维护当事人合法权益，保护生态环境，借鉴境外国家和地区的环境司法实践，结合审判实践需求，不断

① 杨凯：《民行一体化：环境司法诉讼禁令制度的重构与完善》，载《武汉大学学报（哲学社会科学版）》2019 年第 4 期。

② 《刑法修正案（八）》第二条：在《刑法》第三十八条中增加一款作为第二款：“判处管制，可以根据犯罪情况，同时禁止犯罪分子在执行期间从事特定活动，进入特定区域、场所，接触特定的人。”原第二款作为第三款，修改为：“对判处管制的犯罪分子，依法实行社区矫正。”增加一款作为第四款：“违反第二款规定的禁止令的，由公安机关依照《中华人民共和国治安管理处罚法》的规定处罚。”

③ 王晶：《环境保护禁止令之适用审视》，载《甘肃政法学院学报》2019 年第 2 期。

探索适用环境保护禁止令制度,取得了良好的法律和社会宣示效果。但是,各地人民法院颁发环境保护禁止令的司法实践多依据的是各地自行制定的相关规范性文件,缺乏明确的上位法依据,且这些规范性文件制定的法理基础并不完全相同,有的基于行为保全,有的基于先予执行,还有的是基于环境司法能动性发挥的提前介入等;同时,环境保护禁止令适用案件的范围也各不尽相同,甚至同一省市不同法院之间也有差异,有的仅适用行政非诉执行案件,有的仅适用环境公益诉讼案件,有的既可以适用环境公益诉讼案件,也可以适用私益诉讼案件;而适用的标准和程序更是千差万别,急需统一和规范,以更好地指导相关司法实践,妥善审理生态环境侵权案件。

(二)为及时有效保护生态环境,维护民事主体合法权益

环境污染、生态破坏具有突发性、瞬时性、不可逆转性,危害后果具有滞后性、长久性、难以修复性等特征,而生态环境侵权诉讼,尤其是公益侵权案件,历经一审、二审甚至再审才能最终审结,延续期间往往数月甚至数年;届时原告的诉求即便被支持,当事人获得一定的财产补偿或者生态环境侵权人支付了一定的金钱赔偿,但生态环境侵权行为对当事人合法权益或者生态环境的损害可能已经造成或者扩大,而且往往难以弥补,环境的生态服务功能甚至可能完全丧失,进而导致生态环境侵权诉讼进行的价值和意义大打折扣,诉讼的目的也难以实现。本解释规范的禁止令保全措施作为人民法院在案件终审裁判甚至受理之前允许当事人提起的一项临时救济措施,可以有效应对生态环境侵权案件的较长审限,妥善处理好此类案件中司法程序与环境正义之间潜在的矛盾冲突,对案件审结前当事人合法权益或者生态环境利益给予及时有效的保障,避免难以弥补损害的发生或扩大。全国人大代表、政协委员近几年也针对生态环境保护的实践需求提交了关于建立、完善禁止令制度的相关提案或者建议,也表明禁止令制度在生态环境保护领域的价值和作用正逐步得到社会认可。

(三)落实保护优先、预防为主原则

"保护优先、预防为主"是《环境保护法》确立的环境保护基本原则之一。环境保护法的基本原则,是通过环境法律法规明确规定或体现的,反映环境法基本理念、价值、特点和目的的,对环境资源工作或活动具有普遍指导作用的准则。[①] 环境保护禁止令作为环境司法领域一项重要的预防性救济措施,本就是"保护优先、预防为主"原则的具体体现。

---

① 蔡守秋主编:《环境资源法教程》,高等教育出版社2010年版,第113页。

保护优先原则在不同角度往往也被表述为生态优先原则、环境优先原则或者生态环境优先原则等。该原则主要包含以下三方面的内容:(1)优先保护人的生命、健康,保障居民生活、劳动、休息的良好的生态环境;(2)在经济利益与生态利益冲突时,优先考虑生态利益的需要;(3)利用一种或几种自然客体,不应对其他自然客体和总体的环境造成损害。[①] 预防为主原则,是指国家在环境保护工作中采取各种预防措施,以防止环境问题的产生和恶化,或者把环境污染和生态破坏控制在能够维持生态平衡、保护人体健康和社会物质财富及保障经济、社会持续发展的限度之内,并对已造成的环境污染、生态破坏进行积极治理的原则。[②] 本解释针对生态环境具有的一旦受到损害则难以恢复,甚至完全丧失生态服务功能的特点,将落实"保护优先、预防为主"原则作为起草制定的宗旨之一,明确申请人在提起诉讼前和诉讼过程中均可以申请人民法院采取禁止令保全措施,并对"情况紧急"予以缩短采取禁止令保全措施的时间,以强化禁止令保全措施的预防性权利救济功能,及时制止生态环境侵权行为,有效避免或者减少生态环境损害的影响。

二、本解释的法律依据

就本解释制定的法律依据而言,既包括程序法也包括实体法。就程序法而言,2017 年《民事诉讼法》第一百条、第一百零一条[③]对行为保全提供了直接的法律依据,禁止令保全措施实际上就是行为保全制度在生态环境侵权诉讼中的具体适用,本解释所规范的禁止令作为一项诉讼行为保全措施,是申请人为避免其合法权益或者生态环境造成难以弥补的损害而申请人民法院采取的临时性救济措施;《民事诉讼法》关于管辖、期间、担保、复议等规定亦成为本解释起草制定的程序法依据。就实体法而言,《民法典》第三条关于"合法权益受法律保护"原则、第九条关于"节约资源、保护生态环境"的绿色原则,以及"环境污染和生态破坏责任"一章;《环境保护法》第五条关于"环境保护坚持保护优先、预防为主、综合治理、公众参与、损害担责的原则",第六条中关于"一切单位和个人都有保护环境的义务。……企业事业单位和其他生产经营者应当防止、减少环境污染和生态破坏,对所造成的损害依法承担责任",以及第四章"防治污染和其他公害"、第六章"法律责任"等涉及生态环境保护、防止生态环境损害的规定为本解释提供了实体法律渊源。此外,《大气

---

① 王树义:《俄罗斯生态法》,武汉大学出版社 2001 年版,第 213 页。

② 周珂、高桂林、楚道文主编:《环境法》,中国人民大学出版社 2013 年版,第 32 页。

③ 2021 年 12 月 24 日,《第十三届全国人民代表大会常务委员会第三十二次会议关于修改〈中华人民共和国民事诉讼法〉的决定》(2022 年 1 月 1 日施行)对《民事诉讼法》(2017 年)进行了修订,原第一百条、第一百零一条序号相应变更为第一百零三条、第一百零四条,内容未变。

污染环境防治法》《水污染环境防治法》《固体废物污染环境防治法》《森林法》《长江保护法》等环境资源法律法规中的相关规定也成为本解释起草制定的实体法依据的一部分。

关于司法解释引述法律依据的顺序，最高人民法院有明确的要求：(1)司法解释需要同时引用多部法律作为依据的，先引用基本法律，后引用其他法律；(2)引用同一位阶数部法律作为依据的，按照与该司法解释的关联性强弱，先引用关联性强的法律，后引用关联性弱的法律；(3)引用的法律依据中既有实体法，又有程序法的，先引用实体法，后引用程序法。基于上述规则，因《民法典》作为民事基本法律属于实体法，故作为第一顺位的法律依据；《环境保护法》作为环境保护基本法律主要亦是实体法规范，且本解释不仅是对《环境保护法》"保护优先、预防为主"原则，而且也是对其中防止环境污染、生态破坏相关规定的具体落实，故《环境保护法》亦作为本解释的法律依据之一，排在《民法典》之后；《民事诉讼法》作为诉讼程序法，放置到主要内容为实体法律规范的《环境保护法》之后。由此，本解释引述的法律依据顺序依次为：《民法典》《环境保护法》《民事诉讼法》。同时，考虑到前序囿于篇幅，不宜罗列过多法律，故对于《大气污染环境防治法》《水污染环境防治法》《固体废物污染环境防治法》《森林法》《长江保护法》等环境资源法律法规就不再一一列明，均包含在"等有关法律规定"中。

【审判实务中应注意的问题】

一、资源类纠纷案件与禁止令的适用

环境司法实践中，一般分为环境和(自然)资源两大类纠纷案件。2021年1月4日，最高人民法院印发的《环境资源案件类型与统计规范(试行)》(法〔2021〕9号)将环境资源案件进一步具体区分为环境污染防治类案件、生态保护类案件、资源开发利用类案件、气候变化应对类案件、生态环境治理与服务类案件。实际上，上述具体类型的案件往往环境与资源因素相互交织，很难精准区分纯粹的环境案件或者资源案件，环境污染、生态破坏有可能导致资源的损失，资源开发利用也可能导致环境污染、生态破坏。但考虑到资源案件因主要涉及自然资源的开发利用，且多为合同交易，系当事人基于意思自治就双方权利义务进行的安排，此类案件中并无适用禁止令或者给予禁止令救济的必要性；至于在资源开发利用中涉及对环境的污染、资源的破坏、生态利益的侵害等，可归属到环境侵权的范畴之内。此外，环境资源案件的外延可包括环境资源民事、行政、刑事甚至行政非诉执行案件，而本解释仅适用于环境资源民事案件。故本解释后期将禁止令适用的案件范围界定为"环

境侵权案件”,后为了突出生态的特殊意义,又调整为“生态环境侵权案件”。如此,司法实践中若资源开发利用、生态环境治理与服务等涉及的相关合同纠纷,原则上不适用本解释,除非合同一方的违约行为同时构成生态环境侵权,受约方作为受害者选择提起侵权之诉,并在该侵权诉讼中申请禁止令保全措施。

二、涉生态环境资源行政诉讼、行政非诉执行案件与禁止令的适用

经初步考察,欧美国家环境保护禁止令或禁令司法实践中,不少案例属于行政案件,禁止令多针对的是负有生态环境监督监管职责行政机关的行政行为;我国环境保护禁止令在早期司法探索实践中,则更多发生在行政非诉执行案件中,主要目的在于克服行政机关作出行政决定到申请人民法院强制执行的法定期限限制,以及时实施行政决定,有效防止污染或者破坏行为对生态环境造成难以弥补的损害。也有学者建议将民事、行政诉讼中的禁止令制度一并作出规定:“环境诉讼禁令制度完善的必要性在于这项司法制度行为保全预防功能的进一步拓展,现有民事和行政诉讼环境司法制度的行为保全制度均需要重构一个功能更加凸显的制度。……为促进环境诉讼禁令制度充分发挥绿色生态环境治理预防功能,需要重构民事诉讼与行政诉讼相衔接的一体化环境诉讼禁令制度。”①因此,本解释在起草制定之初,曾考虑将环境民事、行政以及行政非诉执行案件一并考虑纳入禁止令适用范围,甚至也草拟了行政非诉执行案件适用禁止令部分的条文。但是,经进一步研究讨论,我国涉生态环境资源行政诉讼、行政非诉执行案件均适用禁止令的条件尚不成熟,主要理由在于该两类案件直接涉及行政权与司法权分界的重大理论和现实问题,而行政权与司法权的配置、权限分工等问题远远超出了司法解释可规范的范围,在法律对此未作出明确规定的情况下司法解释不宜对此进行规范;且涉生态环境资源行政诉讼、行政非诉执行案件与生态环境侵权案件在当事人、请求权基础、诉讼程序、法律适用、裁判方式等方面均存在较大差异,也难以在一个司法解释中一体作出规定。综上,本解释未对涉生态环境资源行政诉讼、行政非诉执行案件是否适用禁止令的问题作出规范,若当事人在涉生态环境资源行政诉讼、行政非诉执行案件中依据本解释向人民法院申请禁止令,人民法院不应予以准许。

当然,因司法实践中具体个案千差万别,生态环境可能遭受的损害风险也各不相同,若提起涉生态环境资源行政案件、行政非诉执行案件的当事人,尤其是提起环境行政公益诉讼案件的检察机关在诉讼中或提起诉讼前,依据《最高人民法院关

① 杨凯:《民行一体化:环境司法诉讼禁令制度的重构与完善》,载《武汉大学学报(哲学社会科学版)》2019 年第 4 期。

于适用〈中华人民共和国行政诉讼法〉的解释》第七十六条、第七十七条关于行为保全的规定，向人民法院申请采取具有实质禁止令性质的相关保全措施，人民法院可根据各地实际并结合具体案情依法酌情处理。

【法条链接】

《民法典》

第三条 民事主体的人身权利、财产权利以及其他合法权益受法律保护，任何组织或者个人不得侵犯。

第九条 民事主体从事民事活动，应当有利于节约资源、保护生态环境。

第一百二十条 民事权益受到侵害的，被侵权人有权请求侵权人承担侵权责任。

第九百九十七条 民事主体有证据证明行为人正在实施或者即将实施侵害其人格权的违法行为，不及时制止将使其合法权益受到难以弥补的损害的，有权依法向人民法院申请采取责令行为人停止有关行为的措施。

第一千二百二十九条 因污染环境、破坏生态造成他人损害的，侵权人应当承担侵权责任。

第一千二百三十四条 违反国家规定造成生态环境损害，生态环境能够修复的，国家规定的机关或者法律规定的组织有权请求侵权人在合理期限内承担修复责任。侵权人在期限内未修复的，国家规定的机关或者法律规定的组织可以自行或者委托他人进行修复，所需费用由侵权人负担。

《环境保护法》

第一条 为保护和改善环境，防治污染和其他公害，保障公众健康，推进生态文明建设，促进经济社会可持续发展，制定本法。

第五条 环境保护坚持保护优先、预防为主、综合治理、公众参与、损害担责的原则。

第六条 一切单位和个人都有保护环境的义务。

地方各级人民政府应当对本行政区域的环境质量负责。

企业事业单位和其他生产经营者应当防止、减少环境污染和生态破坏，对所造成的损害依法承担责任。

公民应当增强环境保护意识，采取低碳、节俭的生活方式，自觉履行环境保护义务。

第六十四条 因污染环境和破坏生态造成损害的，应当依照《中华人民共和国侵权责任法》的有关规定承担侵权责任。

《民事诉讼法》

第一百零三条 人民法院对于可能因当事人一方的行为或者其他原因，使判决难以执行或者造成当事人其他损害的案件，根据对方当事人的申请，可以裁定对其财产进行保全、责令其作出一定行为或者禁止其作出一定行为；当事人没有提出申请的，人民法院在必要时也可以裁定采取保全措施。

人民法院采取保全措施，可以责令申请人提供担保，申请人不提供担保的，裁定驳回申请。

人民法院接受申请后，对情况紧急的，必须在四十八小时内作出裁定；裁定采取保全措施的，应当立即开始执行。

第一百零四条 利害关系人因情况紧急，不立即申请保全将会使其合法权益受到难以弥补的损害的，可以在提起诉讼或者申请仲裁前向被保全财产所在地、被申请人住所地或者对案件有管辖权的人民法院申请采取保全措施。申请人应当提供担保，不提供担保的，裁定驳回申请。

人民法院接受申请后，必须在四十八小时内作出裁定；裁定采取保全措施的，应当立即开始执行。

申请人在人民法院采取保全措施后三十日内不依法提起诉讼或者申请仲裁的，人民法院应当解除保全。

《最高人民法院关于适用〈中华人民共和国行政诉讼法〉的解释》

第七十六条 人民法院对于因一方当事人的行为或者其他原因，可能使行政行为或者人民法院生效裁判不能或者难以执行的案件，根据对方当事人的申请，可以裁定对其财产进行保全、责令其作出一定行为或者禁止其作出一定行为；当事人没有提出申请的，人民法院在必要时也可以裁定采取上述保全措施。

人民法院采取保全措施，可以责令申请人提供担保；申请人不提供担保的，裁定驳回申请。

人民法院接受申请后，对情况紧急的，必须在四十八小时内作出裁定；裁定采取保全措施的，应当立即开始执行。

当事人对保全的裁定不服的，可以申请复议；复议期间不停止裁定的执行。

第七十七条 利害关系人因情况紧急，不立即申请保全将会使其合法权益受到难以弥补的损害的，可以在提起诉讼前向被保全财产所在地、被申请人住所地或者对案件有管辖权的人民法院申请采取保全措施。申请人应当提供担保，不提供担保的，裁定驳回申请。

人民法院接受申请后，必须在四十八小时内作出裁定；裁定采取保全措施的，应当立即开始执行。

申请人在人民法院采取保全措施后三十日内不依法提起诉讼的，人民法院应当解除保全。

当事人对保全的裁定不服的，可以申请复议；复议期间不停止裁定的执行。

第一条 申请人以被申请人正在实施或者即将实施污染环境、破坏生态行为，不及时制止将使申请人合法权益或者生态环境受到难以弥补的损害为由，依照民事诉讼法第一百条、第一百零一条规定，向人民法院申请采取禁止令保全措施，责令被申请人立即停止一定行为的，人民法院应予受理。

【条文主旨】

本条是关于禁止令保全措施直接依据、基本内涵的规定。

【条文理解】

一、禁止令的历史渊源

禁止令最早起源于罗马法，是指由地方行政官发给某一特定人的命令或禁令。[①] 之后，禁止令沿着两条不同的路径发展：在英美法系演变成为非常复杂的禁止令或禁令（injunction）制度，在大陆法系则以“假处分”的行为保全方式将禁止令内容包含其中。按一般理解，禁止令的原始含义是停止侵权，也称禁令、强制令，是指在诉讼过程中，在侵权行为明显成立的情况下，法院要求侵权当事人实施某种行为，或禁止其为一定行为的命令；目的是在实质争议解决前，防止侵权行为的重复或预期发生，保护当事人的合法权益。[②] 在英美法系中，中间性禁令是指在诉讼终结之前，为了维持现状或变更现状所采取的暂时性救济方式，包括临时禁令和初步禁令。[③] 在大陆法系中，行为保全制度称为假处分制度，可以细分为确保性的假处分和确定临时状态的假处分。其中，确定临时状态的假处分，指的是为了避免重大损害或者防止急迫的强暴行为，对于有争执的法律关系，特别是持续的法律关系，有必要确定临时状态时，可以实施假处分。[④] 应该说，大陆法系中的假处分制度中

---

① ［英］戴维·M. 沃克：《牛津法律大辞典》，北京社会与科技发展研究所译，光明日报出版社 1988 年版，第 453 页。

② 吴登楼：《论知识产权诉讼中的禁止令制度》，载《政治与法律》2000 年第 2 期。

③ 叶明、吴太轩：《论环境侵权救济中的排除侵害制度——兼谈利益衡平原则的适用》，载《广西政法管理干部学院学报》2002 年第 1 期。

④ 王珂：《比较法视域下我国民事行为保全制度的完善》，载《法制博览》2015 年第 7 期。

确定临时状态的假处分,与英美法系禁令制度中的中间禁令(临时禁令和初步禁令)基本对应。“无论是中间禁令制度还是‘假处分’制度,都是相对终极救济而言的暂时性救济手段。”[①]由此,尽管两大法系的法传统不同,但在及时制止侵权行为、防止难以弥补损害方面殊途同归。就美国法律关于环境保护禁止令或者禁令的相关规定而言,除《联邦民事诉讼规则》有相应的程序性规定外,《清洁空气法》《清洁水法》《安全饮用水法》《濒危物种法》《环境综合性反应、赔偿和责任法》《资源保护和再生法》等实体法律均有相应的规定,美国联邦最高法院还通过一系列判例逐步发展确立了一套审查判断、作出禁止令的具体规则。美国通过实体与程序法律规范相互结合,构建了一套相对比较完整的环境保护禁止令制度体系。

目前,我国在法律层面,《刑法》《社区矫正法》以及相关司法解释已经明确采用禁止令的表述,但前述语境下禁止令的基本内涵是对判处管制的犯罪分子,可以根据犯罪情况,同时禁止其在执行期间从事特定活动,进入特定区域、场所,接触特定的人。此类禁止令系在刑事判决的同时作出的命令,在性质上属于终局救济的范畴,与《民事诉讼法》规定的诉中或者诉前行为保全,在性质、内容、功能、作出条件等方面均有重大差异。禁止令制度尽管在我国刑事司法领域已经确立并已经开始施行,但民事司法领域并无具体的规定可以直接适用;知识产权领域存在诉前禁令制度,但也并未明确使用禁令或者禁止令的表述。不过,在生态环境司法保护领域,贵州、云南、重庆、河南、广东等地法院自 2007 年以来出台的相关环境保护禁止令规范性文件,均采用了禁止令的表述。最高人民法院近年发布的《关于人民法院贯彻落实党的十九届四中全会精神推进审判体系和审判能力现代化的意见》(法发〔2020〕9 号)、《关于为黄河流域生态保护和高质量发展提供司法服务与保障的意见》(法发〔2020〕19 号)(已被修改)、《关于支持和保障深圳建设中国特色社会主义先行示范区的意见》(法发〔2020〕39 号)等司法政策性指导性文件,也多称为“禁止令”或者“环境保护禁止令”。

我国整体属于大陆法系,但这并不影响我们借鉴吸收英美法系中已被实践证明行之有效的具体法律制度。相比较大陆法系中常用的假处分或者行为保全,英美法系中的禁止令或者禁令的表述更为直观,也更易为人民群众所理解和遵守,且已经在我国司法实践中取得良好的社会效果;同时,为与现有环境保护禁止令司法实践更好地衔接,本解释没有采用“禁令”的简化表述,而是继续沿用目前我国司法实践中习惯使用的“禁止令”的表述,以保持环境司法实践的连续性。

---

① 龚海南:《环境保护禁止令制度的构建》,载《人民司法·应用》2005 年第 1 期。

二、禁止令保全措施的直接法律依据

本解释起草制定过程中，我国尚无民事法律对禁止令予以明确规定。鉴于环境损害具有的不可逆转性、难以修复性等特征，禁止令作为可及时有效保护受害人合法权益和生态环境利益的预防性、临时性救济措施，具有明显的诉讼行为保全特性。行为保全"作为民事诉讼中的重要制度之一，该规范的设立初衷在于防止权利救济因诉讼程序的时耗而得不到有效进行，意图全方位、及时有效地保障当事人权利。民事行为保全通过突破一般情况下的诉讼救济，在诉讼开始前或进行中对损害进行及时处置，防止申请人或国家、社会的利益遭受损失"；"多数相关的研究成果中也指出环境保护禁止令属于行为保全措施，并认为法院在诉讼程序启动前或诉讼过程中所作出的环境保护禁止令，是民事行为保全制度在环境保护相关案件中的具体化"。[①] 由此，本解释基于民事诉讼法框架下的行为保全制度，从禁止令本质系采取禁止侵权人一定行为的措施，以制止或者预防生态环境损害的发生或扩大为目的的角度进行框架设计，将 2017 年《民事诉讼法》第一百条、第一百零一条关于民事诉讼行为保全的规定作为申请人申请人民法院采取禁止令保全措施的直接法律依据；同时，为进一步凸显禁止令的行为保全性质，将原解释题目及第一条中的"禁止令"的表述完善为"禁止令保全措施"。

本解释起草过程中，除将上述 2017 年《民事诉讼法》第一百条、第一百零一条作为直接法律依据外，还曾考虑将《民法典》第九百九十七条关于"人格权保护禁令"的规定[②]亦作为重要的制定依据，主要的论理基础在于：环境保护禁止令不仅仅是程序上的一种诉讼行为保全措施，而且也是实体上一项非常重要的权利救济措施，所保护的法益既包括当事人的诉讼权利，也包括当事人或公众享有的环境权益，而环境权益系包含人格权在内的复合型权利，具有纳入《民法典》第九百九十七条适用范围的法理基础。《民法典》虽然没有明确规定环境权或者环境权益，但无论是《民法典》总则编对绿色原则的确立，还是各分编对有关条款的绿色化修订，均实际贯彻了习近平生态文明思想，将习近平生态文明思想融汇体现在具体规范之中。习近平总书记指出，环境就是民生，青山就是美丽，蓝天也是幸福，发展经济是为了民生，保护生态环境同样是为了民生。1972 年《联合国人类环境宣言》亦明确，

---

① 王晶：《环境保护禁止令之适用审视》，载《甘肃政法学院学报》2019 年第 2 期。

② 《民法典》第九百九十七条规定："民事主体有证据证明行为人正在实施或者即将实施侵害其人格权的违法行为，不及时制止将使其合法权益受到难以弥补的损害的，有权依法向人民法院申请采取责令行为人停止有关行为的措施。"

人类有权在一种能够过着尊严和福利的生活的环境中，享有自由、平等和充足的生活条件的基本权利，并且负有保护和改善这一代和将来的世世代代的环境的庄严责任。党的十九大正式宣布新时代我国社会主要矛盾已经转化为人民日益增长的美好生活需要和不平衡不充分的发展之间的矛盾，而人民日益增长的美好生活需要包含对良好生态环境的需要，包含人民群众期盼对明媚的阳光、新鲜的空气、清洁的水源、绿色的植被、安全的食品等环境权益的享有，和有尊严、有品位、有快乐生活的追求。“享受良好的生态环境是维护基本人格尊严的应有之义，人的尊严为环境权益提供了权利正当性的价值基础。”①对于前述环境权益是否界定为环境权，尽管尚存一定的争议，但环境权益作为一种应受法律保护的法益，蕴含基于人格尊严而产生的人格权益，相对而言并无大的分歧。《民法典》及其他相关法律法规的实施，不仅使宪法中有关生态环境保护的要求得以具体化，而且为环境权益司法保护提供了可以直接适用的法律依据。王利明教授在评论《民法典》的鲜明特色时指出：“在人格权编中规定一般人格权，就是要维护人格尊严，实现人的发展。民法典对一般人格权作出规定，不仅可以实现对各项人格权益的兜底保护，而且可以对各种新型人格权益提供保护。”②因此，将环境权益的保护纳入《民法典》人格权编的适用范围，是贯彻习近平生态文明思想、顺应公众环境权益保护需求、推进美丽中国建设、提升人民福祉的必然要求。基于上述分析，本解释起草之初，曾考虑将《民法典》第九百九十七条和 2017 年《民事诉讼法》第一百条、第一百零一条分别作为禁止令在环境司法领域适用的直接的实体法和程序法依据。但是，由于《民法典》并未明确规定环境权益，更未规定环境权益的性质和内涵，环境权益包含人格权益的理解尚属于法理论证，不能作为司法解释制定的依据；而且环境权益作为一项综合性权益，不仅仅包含环境人格权益，尚包括其他民事权益，《民法典》第九百九十七条不能完全涵盖本解释所涉内容，不宜作为整个解释的直接法律依据。故后期，接受多方意见、建议，不再将《民法典》第九百九十七条关于人格权保护禁令的规定作为本解释的制定依据。

三、禁止令保全措施的基本内涵

本解释所规范的禁止令保全措施是为及时制止被申请人正在实施或者即将实施的污染环境、破坏生态行为，避免对受害人合法权益或者生态环境受到难以弥补的损害，有权提起生态环境侵权诉讼的主体申请人民法院采取的临时性救济措施。

---

① 江必新：《环境权益的司法保护》，载《人民司法 · 应用》2017 年第 25 期。

② 王利明：《彰显时代性：中国民法典的鲜明特色》，载《东方法学》2020 年第 4 期。

禁止令保全措施的核心内容是责令被申请人立即停止一定行为,不得继续实施相关行为。就此而言,禁止令保全措施可以理解为民事诉讼保全制度在生态环境领域中的延伸适用,且是一种禁止性的行为保全措施。禁止令保全措施在生态环境侵权案件中的适用既体现了民事诉讼行为保全制度的一般特征,又满足了生态环境保护、建设生态文明的特殊需要。

本解释在起草制定过程中,对如何界定禁止令保全措施,是否把责令被申请人实施一定行为,即强制被申请人为一定行为亦归入禁止令的适用范围,一直存在不同的认识。尽管欧美国家关于禁止令或者禁令的制度多将责令停止一定行为和实施一定行为均包含在其中,但就我国而言,考虑到禁止令系针对生态环境侵权行为的一种临时性救济措施,并非终局救济,其目的是及时制止侵害,以避免造成难以弥补的环境损害。如果案件尚未受理或者虽已受理但尚未正式审理、裁判,一旦采取禁止令保全措施可能会对被申请人以及国家社会发展造成一定影响甚至较大影响,故在禁止令保全措施实施初期适当控制适用范围有利于平衡各方利益,确保该措施的适用效果和目的得以顺利实现。而且"禁止令"的中文字面含义仅包含"不得为",不包含"必须为"的内容,若将"必须为"亦包含在禁止令内涵中则显得名不符实。实际上,《民法典》第九百九十七条关于人格权保护禁令也仅规定了"责令行为人停止有关行为",亦不包括"责令行为人实施有关行为"的内容。为此,本条解释参照《民法典》第九百九十七条的规定并结合 2017 年《民事诉讼法》第一百条的相关表述,将禁止令保全措施的内涵限缩为"责令被申请人立即停止一定行为",即禁止或者不得为一定行为,与人格权保护禁令的表述方式基本一致,而没有采取"海事强制令"以及一般行为保全规定将责令行为人作为或者不作为均包含的模式。

当然,若司法实践中基于具体个案,确实需要行为人作出某种积极行为才能实现制止环境侵害的目的,也可以通过转换禁止令的表述方式而实现,即将需要行为人实施的某种积极行为作为禁止令的前提条件置于禁止令之中,比如若需要行为人建设并运行污水处理设施,则禁止令可表述为:责令(生态环境侵权行为人)在污水处理设施竣工验收合格并投入使用前停止或者不得排放污水。对此,我国一些地方法院已经摸索出了相应的禁止令模式,域外环境保护禁止令也有类似做法。

实际上,本条规定原分为两款,第一款界定禁止令的基本内涵,第二款则对第一款中所述禁止令的法律依据、性质作进一步阐释,即禁止令是人民法院基于当事人的申请,依据 2017 年《民事诉讼法》第一百条、第一百零一条的规定作出的一种行为保全措施。因前后两款语义有所重复,后经研究将第二款融合到第一款中,合二为一。同时,为避免立法式表述,以更符合司法解释是对法律具体应用问题作出的解释的特征，我们接受相关部门的建议，吸收专家学者的研究成果，参考各地已经发布的规范性文件，将本条内容按司法解释的表述方式进行了相应调整，对禁止令保全措施的基本内涵结合直接法律依据作了一般性规定。如此，整个条文更为简洁，语义更为清晰，也更符合司法解释的行文特征。

【审判实务中应注意的问题】

一、人民法院能否依职权主动作出禁止令

2017 年《民事诉讼法》第一百条中明确规定："当事人没有提出申请的，人民法院在必要时也可以裁定采取保全措施。"而本解释仅规定了禁止令保全措施经由申请人申请，由人民法院受理后进行审查决定，并未涉及人民法院能否依职权作出禁止令的情形，本解释其他条文对此亦没有相关规定。对此，本解释并非有意疏漏。事实上，本解释在起草制定初期，也曾针对生态环境侵权公益诉讼案件专门规定了人民法院可以依职权颁发禁止令的内容，即人民法院在审理环境民事公益诉讼、生态环境损害赔偿诉讼案件过程中，可以根据环境污染、生态破坏情况的紧急程度，依职权颁发禁止令；必要时可征求环境资源保护监督管理相关主管部门的意见。当时主要考虑生态环境侵权公益诉讼的目的是维护公众的环境权益、保护生态环境，故在提起公益诉讼的主体没有申请的情况下，人民法院基于生态环境遭受损害或损害风险的紧急程度可以依职权主动作出禁止令。尽管该规定将人民法院依职权作出禁止令局限于环境民事公益诉讼和生态环境损害赔偿诉讼案件，且仅限于诉中禁止令，但在征求意见过程中依然引起较大争议，不少"意见"建议对此暂不规定，主要理由在于：一是禁止令系人民法院在生态环境侵权案件尚未审理、裁判情况下作出的临时性、预防性救济措施，会对被申请人的利益造成一定，甚至重大影响，而此时被申请人是否实际构成侵权尚不能确定，一旦采取禁止令保全措施有误，必然涉及对被申请人损失的赔偿问题，若人民法院依职权作出禁止令，可能会被卷入不必要的矛盾与纠葛之中，甚至需要赔偿被申请人因此造成的损失。二是生态环境侵权案件往往案情复杂、类型众多，在具体案件中是否应作出禁止令应根据具体案情并结合相关考量因素综合作出审查判断；在没有明确具体判断标准的情况下，若允许人民法院依职权自行裁量作出禁止令，承办法官可能存在较大的职业风险，也可能导致自由裁量权的滥用，甚至产生利益输送的道德风险。对此，经综合考虑，本解释在最后定稿条文中删除了原有的人民法院依职权作出禁止令的具体规定。实际上，就人民法院采取禁止令保全措施而言，本解释相当于作了限缩性解释，主要是为了刚刚施行的禁止令保全措施能够稳中求进、行稳致远，在逐步积

累实践经验后再适时跟进对司法解释条文的修改、补充和完善。

当然,人民法院不能基于本解释依职权主动作出禁止令,但不影响在具体案情符合作出禁止令的条件或者客观需要作出禁止令的情形下,人民法院可向提起生态环境侵权公益诉讼的相关主体释明,由其向人民法院提出申请。事实上,生态环境侵权公益诉讼提起的目的就是保护生态环境、国家利益、社会公共利益,若存在需要通过禁止令保全措施予以临时救济的情况,提起公益诉讼的"国家规定的机关或者法律规定的组织"往往亦会主动向人民法院申请作出禁止令;即便诉讼之初未申请,在人民法院释明下也会积极采取行动的,毕竟申请人民法院采取禁止令保全措施与其提起公益诉讼的目的是一致的,若人民法院支持其禁止令申请,相当于其提起公益诉讼的阶段性目标已经实现。

二、人民法院如何审查判断是否应受理禁止令申请

本条规定与本解释第四条的规定相结合可理解为人民法院受理禁止令申请的条件。本条系基于禁止令的直接法律依据、基本内涵作出的人民法院应予受理的一般性规定,第四条则是从申请人提交申请材料的角度对人民法院受理条件作出的具体规定。现就本条所包含的禁止令申请的一般性受理条件阐释如下。

(一)被申请人正在或者即将实施污染环境、破坏生态行为,急需制止

这是申请人向人民法院申请采取禁止令保全措施的前提条件,包括正在实施和尚未实施但即将实施污染环境、破坏生态的情形。一般理解,环境污染是指自然环境中混入了对人类或其他生物有害的物质,其数量或程度达到或超出环境承载力,从而改变环境正常状态的现象;具体包括水污染、大气污染、土壤污染、噪声污染、放射性污染等。生态破坏则是人类社会活动引起的生态退化及由此衍生的环境效应,导致了环境结构和功能的变化,对人类生存发展以及环境本身发展产生不利影响的现象;主要包括水土流失、沙漠化、荒漠化、森林锐减、土地退化、生物多样性的减少,此外还有湖泊的富营养化、地下水漏斗、地面下沉等。① 申请人向人民法院申请采取禁止令保全措施首先要明确被申请人存在正在或者即将实施上述污染环境、破坏生态行为的相关情形,而且所述污染环境、破坏生态行为属于急需予以制止的行为,并提供初步证明材料予以佐证。考虑到禁止令保全措施的功能定位,以及往往事发突然,人民法院在受理禁止令申请时应尽可能灵活掌握。若申请人暂无证明材料或者初步证明材料不足,可根据实际情况在受理后、审查过程中要求申

① 左玉辉编著:《环境学》,高等教育出版社 2002 年版,第 14 页。

请人进一步补充,人民法院必要时也可以结合后续询问、现场勘查获取第一手资料。

（二）生态环境侵权行为不及时制止将造成难以弥补的损害

这是申请人申请人民法院采取禁止令保全措施需要陈述的损害要件,即申请人需明确被申请人正在实施或者即将实施的污染环境、破坏生态行为若不及时制止,将可能对申请人合法权益或者生态环境造成难以弥补的损害情况。所谓难以弥补的损害,一般是指生态环境侵权行为一旦实施或者进一步实施不予制止,则对申请人或者生态环境造成的损害难以在事后以金钱方式予以弥补,或者虽可以用金钱方式予以一定程度的弥补,但申请人的人身、特定财产或者生态环境也不可能再恢复原状,全部或部分丧失原有功能、效用。申请人对此亦需要提供初步的证明材料。对于这些需要申请人提交的初步证明材料的审查亦应参照对前述生态环境侵权行为急需制止的证明材料的处理。

（三）申请人请求人民法院责令被申请人立即停止一定行为

这是申请人申请人民法院采取禁止令保全措施的内容要件。诚如前述,禁止令保全措施的基本内涵仅包括责令被申请人立即停止一定行为或者禁止被申请人实施一定行为,不包括责令或者强制被申请人实施一定行为。申请人提交禁止令申请时需要明确请求人民法院责令停止或禁止实施的具体行为内容,若不止一项时均要详细列明。若申请人提交的禁止令申请内容不符合本解释规定,或者请求人民法院责令停止或禁止实施的行为不明确,人民法院应要求申请人补充、完善。经申请人补充、完善后依然难以确定其请求责令停止或者禁止实施的具体行为内容时,人民法院可不予受理。

此外,鉴于本解释所规定的相关期限与人民法院受理禁止令申请的具体时间密切有关,受理禁止令申请的人民法院应对此引起重视。本解释第三条明确规定关于人民法院裁定是否准予禁止令申请的期限为 5 日,情况紧急的期限为 48 小时,均从“人民法院接受申请后”开始起算,即人民法院已经认为申请人提交的禁止令申请符合本条和本解释第四条规定的要求,受理了申请人的禁止令申请。根据《民事诉讼法司法解释》第一百二十五条关于“依照民事诉讼法第八十二条第二款规定,民事诉讼中以时起算的期间从次时起算;以日、月、年计算的期间从次日起算”的规定,前述 5 日期限应自人民法院受理禁止令申请之日的次日起算,48 小时期限应自人民法院受理禁止令申请之时的次时起算。人民法院在收到申请人的禁止令申请材料后,若申请不符合本条和本解释第四条规定的受理条件,应一次性向申请人释明,由其尽快补正、补充和完善,并在符合或基本符合受理条件时予以受理并开始进行审查,尽快在法定期限内作出是否准予禁止令申请的裁定。

综上，本条解释实质上是对人民法院受理禁止令申请的一般性规定，而具体个案中禁止令申请的受理，尚需结合本解释第四条关于对申请书及相应证明材料的具体审查的规定才能确定。在受理阶段，申请书所载内容及相应证明材料原则上应限于形式或者外观审查，只要形式上符合第一条和第四条的规定，人民法院对禁止令申请即应予以受理。至于申请人所述事实及证明材料是否真实，能否达到人民法院作出禁止令的证明标准，人民法院能否据此作出禁止令等，应属于后续审查判断的事项。

【法条链接】

《民法典》

第九百九十七条 民事主体有证据证明行为人正在实施或者即将实施侵害其人格权的违法行为，不及时制止将使其合法权益受到难以弥补的损害的，有权依法向人民法院申请采取责令行为人停止有关行为的措施。

《民事诉讼法》

第一百零三条 人民法院对于可能因当事人一方的行为或者其他原因，使判决难以执行或者造成当事人其他损害的案件，根据对方当事人的申请，可以裁定对其财产进行保全、责令其作出一定行为或者禁止其作出一定行为；当事人没有提出申请的，人民法院在必要时也可以裁定采取保全措施。

人民法院采取保全措施，可以责令申请人提供担保，申请人不提供担保的，裁定驳回申请。

人民法院接受申请后，对情况紧急的，必须在四十八小时内作出裁定；裁定采取保全措施的，应当立即开始执行。

第一百零四条 利害关系人因情况紧急，不立即申请保全将会使其合法权益受到难以弥补的损害的，可以在提起诉讼或者申请仲裁前向被保全财产所在地、被申请人住所地或者对案件有管辖权的人民法院申请采取保全措施。申请人应当提供担保，不提供担保的，裁定驳回申请。

人民法院接受申请后，必须在四十八小时内作出裁定；裁定采取保全措施的，应当立即开始执行。

申请人在人民法院采取保全措施后三十日内不依法提起诉讼或者申请仲裁的，人民法院应当解除保全。

《商标法》

第六十五条 商标注册人或者利害关系人有证据证明他人正在实施或者即将实施侵犯其注册商标专用权的行为，如不及时制止将会使其合法权益受到难以弥补的损害的,可以依法在起诉前向人民法院申请采取责令停止有关行为和财产保全的措施。

《刑法修正案(八)》

二、在刑法第三十八条中增加一款作为第二款:"判处管制,可以根据犯罪情况,同时禁止犯罪分子在执行期间从事特定活动,进入特定区域、场所,接触特定的人。"

原第二款作为第三款,修改为:"对判处管制的犯罪分子,依法实行社区矫正。"

增加一款作为第四款:"违反第二款规定的禁止令的,由公安机关依照《中华人民共和国治安管理处罚法》的规定处罚。"

《刑法》

第三十八条 管制的期限,为三个月以上二年以下。

判处管制,可以根据犯罪情况,同时禁止犯罪分子在执行期间从事特定活动,进入特定区域、场所,接触特定的人。

对判处管制的犯罪分子,依法实行社区矫正。

违反第二款规定的禁止令的,由公安机关依照《中华人民共和国治安管理处罚法》的规定处罚。

《社区矫正法》

第二十九条 社区矫正对象有下列情形之一的,经县级司法行政部门负责人批准,可以使用电子定位装置,加强监督管理:

(一)违反人民法院禁止令的……

第三十一条 社区矫正机构发现社区矫正对象正在实施违反监督管理规定的行为或者违反人民法院禁止令等违法行为的,应当立即制止;制止无效的,应当立即通知公安机关到场处置。

《最高人民法院、最高人民检察院、公安部、司法部关于对判处管制、宣告缓刑的犯罪分子适用禁止令有关问题的规定(试行)》

第一条 对判处管制、宣告缓刑的犯罪分子,人民法院根据犯罪情况,认为从促进犯罪分子教育矫正、有效维护社会秩序的需要出发,确有必要禁止其在管制执行期间、缓刑考验期限内从事特定活动,进入特定区域、场所,接触特定人的,可以根据刑法第三十八条第二款、第七十二条第二款的规定,同时宣告禁止令。

第二条 人民法院宣告禁止令,应当根据犯罪分子的犯罪原因、犯罪性质、犯罪手段、犯罪后的悔罪表现、个人一贯表现等情况,充分考虑与犯罪分子所犯罪行的关联程度,有针对性地决定禁止其在管制执行期间、缓刑考验期限内"从事特定活动,进入特定区域、场所,接触特定的人"的一项或者几项内容。

第二条 因污染环境、破坏生态行为受到损害的自然人、法人或者非法人组织，以及民法典第一千二百三十四条、第一千二百三十五条规定的“国家规定的机关或者法律规定的组织”，可以向人民法院申请作出禁止令。

【条文主旨】

本条是关于禁止令申请主体的规定。

【条文理解】

一、禁止令申请主体的限定

环境问题区分为环境污染和生态破坏，无论是在环境科学上，还是各国的研究和实践中，目前都取得了广泛的认同。[①] 但长期以来，基于对环境污染损害及其防治迫切性的认知，我国环境立法一直将环境侵权的原因行为限定在污染环境，而对于因生态破坏导致的环境侵权责任关注不够。《民法典》侵权责任编中第七章明确定位为“环境污染和生态破坏责任”的这一修改，既是对我国生态环境治理需要的立法回应，也是对环境资源法学理论研究与司法实践经验的总结吸收。

对于何为污染环境和破坏生态，抑或何为环境污染和生态破坏，立法并没有给出明确的定义。可以说这是两个既有重合又存在明显区别的概念。（1）污染环境。根据经济合作与发展组织（OECD）环境委员会在1974年最早提出的定义，环境污染指被人们利用的物质或者能量直接或者间接进入环境，导致对自然的有害影响，以致危及人类健康、危害生命资源和生态系统，以及损害或者妨碍舒适和环境的其他合法用途的现象。[②] 而人类实施的那些导致“被人们利用的物质或者能量直接或者间接进入环境”的行为，包括向大气、水、土壤和海洋等环境介质排放废气、废水、废渣、粉尘、垃圾、放射性物质、噪声、震动、恶臭等有毒有害物质、其他物质及能量的行为，就是污染环境行为。（2）破坏生态。与污染环境的结果概念是环境污染一样，破坏生态亦往往被从结果角度谓之生态破坏。一般而言，生态破坏是指由于人类不合理地开发利用资源损坏了自然生态环境，从而使人类、动物、植物、微生物等的生存条件发生恶化的现象，如水土流失、土壤沙化、动植物资源和渔业资源枯竭、气候变化异常、生物多样性减少等。这些不合理地开发利用资源损坏自然生态环

① 余耀军、张宝、张敏纯：《环境污染责任：争点与案例》，北京大学出版社2014年版，第11页。
② 汪劲：《环境法学》，北京大学出版社2011年版，第155页。

境的行为,即为破坏生态行为。比如,乱捕滥猎、过度采挖珍稀动植物;乱砍滥伐、过度放牧;毁林造田、过度垦荒;围湖造田、填海造地;建设大坝导致流域生态系统破坏;开采矿产造成土地塌陷、水土流失;不合理地引进物种;破坏遗传(基因)等。[①]

从人与环境的关系层面看,污染环境的核心特征为"过度排放",通常是由于人类活动直接或者间接向环境排入了超过环境自净能力的物质和能量,导致环境危害人类生存和发展;而破坏生态的核心特征为"过度索取",主要表现为人类过量地向自然索取物质和能量或者不合理的使用自然资源,使生态平衡受到破坏而危及人类生存和发展。因此,《民法典》侵权责任编增加规定破坏生态行为并将之与污染环境行为并列,对于落实绿色原则、促进资源合理开发利用、保护修复生态环境具有重要意义。

与此同时,从行为方式上看,污染环境是人类没有合理利用资源进而使有用的资源变为废物排入环境,而破坏生态则是人类开发、使用资源超出了环境生态平衡的限度。两者都是对自然环境的利用行为,其构成具有"人—自然—人"的互动性。[②] 从行为结果上看,环境污染和生态破坏都是人类不合理开发利用自然资源的结果,两者相互重合,且时常互为因果。严重的环境污染可以导致生态破坏,生态破坏又会降低环境自净能力进而加剧污染的程度。由此,污染环境和破坏生态在侵权法上就有了显著的共同之处,两者在侵权行为结果上均导致生态环境质量发生不利变化,同样具有致人损害上的间接性、连续性、广泛性、复杂性、潜伏性等特征,进而在法律上归属一体并形成了一个整体性的概念。

本解释规范的禁止令保全措施是为遭受污染环境、破坏生态行为损害的民事主体提供的临时性救济,故在本条起草时,将"因污染环境、破坏生态行为受到损害"作为生态环境私益侵权诉讼中禁止令申请主体的定语,以限定适用主体的范围;而针对生态环境公益侵权诉讼,将《民法典》第一千二百三十四条、第一千二百三十五条规定的"国家规定的机关或者法律规定的组织"限定为禁止令申请的主体。除上述申请主体之外的其他自然人、法人和非法人组织,均不能依据本解释向人民法院申请禁止令。

二、禁止令申请主体的类型

在我国,民法调整平等主体之间的人身关系和财产关系,《民法典》确认的平等

---

① 最高人民法院环境资源审判庭编著:《最高人民法院关于环境民事公益诉讼司法解释理解与适用:条文主旨·条文理解·审判实务》,人民法院出版社 2015 年版,第 30 - 33 页。

② 余耀军、张宝、张敏纯:《环境污染责任:争点与案例》,北京大学出版社 2014 年版,第 151 页。

主体包括自然人、法人和非法人组织。[1] 对于生态环境侵权而言，原《侵权责任法》第六十五条规定："因污染环境造成损害的，污染者应当承担侵权责任。"该条规定的"造成损害"，是仅指自然人、法人或者非法人组织的人身、财产损害，还是包括生态环境自身的损害，存在争议。《民法典》侵权责任编中第七章"环境污染和生态破坏责任"，基于侵害对象的不同作了区分性规定。该章将原《侵权责任法》第六十五条规定的"造成损害"修正为"造成他人损害"，限缩为仅仅针对造成他人人身、财产损害之私益的环境侵权责任；并专门通过第一千二百三十四条、第一千二百三十五条将生态环境公益侵权责任予以规范，明确了"国家规定的机关或者法律规定的组织"可以主张生态环境公益侵权责任。由此，生态环境侵权案件既涉及生态环境私益侵权案件，亦涉及生态环境公益侵权案件，本解释根据公益与私益的不同请求权基础以及不同的诉讼程序，明确了不同的禁止令申请主体。

（一）自然人、法人或者非法人组织

《民法典》第三条规定，"民事主体的人身权利、财产权利以及其他合法权益受法律保护，任何组织或者个人不得侵犯"；第一百一十条第一款规定，"自然人享有生命权、身体权、健康权、姓名权、肖像权、名誉权、荣誉权、隐私权、婚姻自主权等权利"；第九百九十五条规定，"人格权受到侵害的，受害人有权依照本法和其他法律的规定请求行为人承担民事责任。受害人的停止侵害、排除妨碍、消除危险、消除影响、恢复名誉、赔礼道歉请求权，不适用诉讼时效的规定"。自然人享有的生命权、身体权、健康权等物质性人格权应当受到法律的保护。自然人的生态环境侵权行为主要包括了对自然人的生命权、身体权、健康权等权利的侵害，比如，环境污染、生态破坏造成自然人生命安全利益受损，身体组织不完整（肢体、器官和其他身体组织受损），身体无法正常运作生理机能等；同时自然人的财产权利及其他合法权益也可能会因生态环境侵权而受损。无论是物质性人格权还是财产权受到生态环境侵权行为的侵害，受害人均有权请求侵害人承担民事责任。

环境污染、生态破坏对于法人和非法人组织的侵害主要体现在对财产权的侵害。《民法典》第一百一十三条规定，"民事主体的财产权利受法律平等保护"；第一百二十条规定，"民事权益受到侵害的，被侵权人有权请求侵权人承担侵权责任"；第二百三十八条规定，"侵害物权，造成权利人损害的，权利人可以依法请求损害赔偿，也可以依法请求承担其他民事责任"。环境污染、生态破坏行为可能会造成法人、非法人组织的财产权利及其他合法权益受到侵害，受到生态环境侵权侵害的法

---

① 参见《民法典》第二条。

人、非法人组织有权依法要求侵害人承担损害赔偿等民事责任。

综上，受环境污染、生态破坏行为损害的自然人、法人或者非法人组织有权提起生态环境侵权诉讼，这些民事主体基于其合法权益受损或者受损之虞的事实，可在诉前或者诉中依据本解释申请人民法院作出禁止令。

（二）国家规定的机关或者法律规定的组织

世界各国法律规定的公益侵权请求权主体主要有几种类型：第一，国家公权力机关。英国为法务长官、检察总长、公共卫生监察员等，依法行使公益请求权，阻止公共性不正当行为，如环境公害。法国《民事诉讼法典》赋予检察机关环境公益请求权主体地位，可以依法追究侵权人的环境侵权责任。巴西《公共民事诉讼法》《联邦宪法》赋予了检察机关公益保护请求权主体地位，将检察机关保护公共利益的职权提到了宪法层面。此外，西班牙国家律师、国家诉讼总署法务，葡萄牙检察官，瑞士联邦法务等①，均依据法律规定可以作为公益侵权的请求权主体。第二，社会组织。德国法律赋予环境保护团体公益侵权请求权主体地位，可以追究侵权人损害赔偿责任。第三，公民个人。美国包括《清洁水法》在内的环境法就赋予了公民对违法排放污染者或者未履行义务的政府机关行使公益侵权请求权的主体地位，可以要求被告按照国家规定的排放标准排污，赔偿污染造成的损失或者履行法定义务。

就生态环境公益侵权诉讼而言，根据现有法律和司法解释规定，有权提起诉讼的主体包括四大类：一是《民事诉讼法》第五十八条第一款所列的“法律规定的机关”，比如《海洋环境保护法》第八十九条第二款规定的“依照本法规定行使海洋环境监督管理权的部门”，《森林法》第六十八条规定的“县级以上人民政府自然资源主管部门、林业主管部门”，《固体废物污染环境防治法》第一百二十二条第一款规定的“设区的市级以上地方人民政府或者其指定的部门、机构组织”；二是《民事诉讼法》第五十八条第一款所列“法律规定的有关组织”，比如《环境保护法》第五十八条规定的，依法在设区的市级以上人民政府民政部门登记，专门从事环境保护公益活动连续五年以上且无违法记录的社会组织；三是《民事诉讼法》第五十八条第二款所规定的人民检察院；四是根据中共中央办公厅、国务院办公厅《生态环境损害赔偿制度改革方案》的规定，国务院授权的省级、市地级人民政府及其指定的部门、机构，受国务院委托代行全民所有自然资源资产所有权的部门。《民法典》作为民事实体法律，在第一千二百三十四条、第一千二百三十五条概括规定了上述各类主

---

① 潘申明：《比较法视野下的民事公益诉讼——兼论我国民事公益诉讼制度的建构》，华东政法大学2009年博士学位论文。

体的生态环境公益请求权,将生态环境公益请求权主体明确为“国家规定的机关”和“法律规定的组织”两大类型。故本条采用《民法典》的表述,包括了前述可以提起诉讼的各类主体。

【审判实践中应注意的问题】

损害是侵权责任必备的构成要件,无损害即无赔偿。任何人只有在因他人的行为受到实际损害之时才能获得法律上的救济,而行为人也只有在因自己的行为及自己所控制的物件致他人损害时,才有可能承担损害赔偿责任。[①] 环境污染、生态破坏致他人损害的事实,是指污染环境、破坏生态行为致使自然人、法人或者非法人组织的人身、财产等合法权益受到损害的事实。

环境污染、生态破坏所导致的损害,以人身损害最为常见。污染水源、空气等,都可能造成自然人的人身及其财产损害,甚至可导致大范围人身伤害或者死亡的严重后果。基于环境损害所具有的潜在性和隐蔽性,被侵权人往往在受侵害之初显露不出明显的损害。但随着时间的推移,损害会逐渐显露,比如,受到影响的自然人开始出现早衰、人体功能减退等损害后果,对于这种潜在的危害,也应作为人身损害的事实。[②] 环境污染、生态破坏所导致的财产损害,主要是指自然人、法人、非法人组织等民事主体的财产本身的毁损。比如,排放污水导致他人鱼塘养殖鱼虾死亡,煤矿采煤导致地面塌陷致使他人房屋开裂毁损等。这些环境污染、生态破坏使相关财产丧失了价值和使用价值,其组成的损害既包括直接损失,也包括间接损失,这与其他类型侵权行为造成的财产损害有相同之处。

因申请禁止令保全措施的条件之一是被申请人正在实施或者即将实施污染环境、破坏生态行为,故具体到本解释所针对的损害,应当包含两种情形。一种为实际产生的损害,即被申请人正在实施的污染环境、破坏生态行为所造成的损害;一种为尚未实际产生的“损害”,但如不及时制止被申请人行为则会造成难以弥补的损害,该“损害”不以实际发生为限,只要申请人可以证明被申请人的行为或者其即将实施的行为不及时制止将造成“损害”即可。比如,北京市人民检察院第四分院与北京多彩联艺国际钢结构工程有限公司大气污染责任纠纷环境民事公益诉讼案,被告公司的生产加工基地未办理环境审批手续,亦未依据大气污染防治法的规定安装防治设施或采取相应措施,在其进行钢结构焊接、喷漆作业过程中,废气未经处理直接外排大气环境,对周围大气环境造成污染,对人体健康造成危害,损害了社会公共利益。生态环境一旦受到污染破坏,即具有不可逆性和难以治理恢复的

---

① 王利明:《侵权行为法研究》(上册),中国人民大学出版社 2004 年版,第 349 页。

② 杨立新:《侵权法论》(第 5 版),人民法院出版社 2013 年版,第 734 页。

特征。对于污染环境、破坏生态可能发生或已经具有损害社会公共利益重大风险的行为，应当及时采取停止侵害、消除危险的措施，对将要发生的污染、破坏行为予以预防，对正在发生污染、破坏行为予以制止，满足对生态环境公共利益的最大保护。被告公司虽然已经停止喷涂、焊接等产生漆雾和有机废气的生产经营活动，并表示今后坚决杜绝此类污染的再次发生，但并不影响本院在公益诉讼中对其具有损害公共利益的重大风险行为作出预防性裁判。具体的判断标准在本解释第五条中具体阐述，本条不予赘述。

【法条链接】

《民法典》

第一千二百三十四条　违反国家规定造成生态环境损害，生态环境能够修复的，国家规定的机关或者法律规定的组织有权请求侵权人在合理期限内承担修复责任。侵权人在期限内未修复的，国家规定的机关或者法律规定的组织可以自行或者委托他人进行修复，所需费用由侵权人负担。

第一千二百三十五条　违反国家规定造成生态环境损害的，国家规定的机关或者法律规定的组织有权请求侵权人赔偿下列损失和费用：(一)生态环境受到损害至修复完成期间服务功能丧失导致的损失；(二)生态环境功能永久性损害造成的损失；(三)生态环境损害调查、鉴定评估等费用；(四)清除污染、修复生态环境费用；(五)防止损害的发生和扩大所支出的合理费用。

《民事诉讼法》

第五十八条　对污染环境、侵害众多消费者合法权益等损害社会公共利益的行为，法律规定的机关和有关组织可以向人民法院提起诉讼。

人民检察院在履行职责中发现破坏生态环境和资源保护、食品药品安全领域侵害众多消费者合法权益等损害社会公共利益的行为，在没有前款规定的机关和组织或者前款规定的机关和组织不提起诉讼的情况下，可以向人民法院提起诉讼。前款规定的机关或者组织提起诉讼的，人民检察院可以支持起诉。

《海洋环境保护法》

第八十九条第二款　对破坏海洋生态、海洋水产资源、海洋保护区，给国家造成重大损失的，由依照本法规定行使海洋环境监督管理权的部门代表国家对责任者提出损害赔偿要求。

《环境保护法》

第五十八条　对污染环境、破坏生态，损害社会公共利益的行为，符合下列条件的社会组织可以向人民法院提起诉讼：(一)依法在设区的市级以上人民政府民政部门登记;(二)专门从事环境保护公益活动连续五年以上且无违法记录。符合前款规定的社会组织向人民法院提起诉讼,人民法院应当依法受理。

提起诉讼的社会组织不得通过诉讼牟取经济利益。

第三条 申请人提起生态环境侵权诉讼时或者诉讼过程中,向人民法院申请作出禁止令的,人民法院应当在接受申请后五日内裁定是否准予。情况紧急的,人民法院应当在接受申请后四十八小时内作出。

因情况紧急,申请人可在提起诉讼前向污染环境、破坏生态行为实施地、损害结果发生地或者被申请人住所地等对案件有管辖权的人民法院申请作出禁止令,人民法院应当在接受申请后四十八小时内裁定是否准予。

【条文主旨】

本条是关于禁止令申请的规定。

【条文理解】

本条解释系依据2017年《民事诉讼法》第一百条、第一百零一条的规定,明确本解释界定的申请主体可以在提起生态环境侵权诉讼时、诉讼过程中申请人民法院作出禁止令,即诉中禁止令;紧急情况下来不及起诉的也可以在提起诉讼前申请禁止令,即诉前禁止令。本条系将原对外征求意见稿条文中的禁止令类型与管辖两条合并而成。征求意见稿第二条就禁止令的类型拟规定:"申请人在提起诉讼时或者诉讼过程中,可依据本规定向人民法院申请作出诉中禁止令。人民法院应在接受申请后五日内审查决定是否作出诉中禁止令。因情况紧急,申请人可在提起诉讼前向人民法院申请作出诉前禁止令。人民法院应在接受申请后四十八小时内审查决定是否作出诉前禁止令。"征求意见稿第三条就禁止令的管辖拟规定:"申请诉中禁止令的,由审理案件的人民法院审查决定。申请诉前禁止令的,由污染环境、破坏生态行为实施地、损害结果发生地或者被申请人住所地等对案件有管辖权的人民法院审查决定。"经进一步研究,考虑到2017年《民事诉讼法》第一百条、第一百零一条并未就受理保全申请的法院管辖单独作为一条予以规定,为与法律行文保持一致,使司法解释条文更为凝练,将原两条合并为一条,即本条规定,并同时规定了人民法院审查禁止令申请并作出裁定的期间。

一、禁止令的具体类型

我国民事诉讼行为保全制度系2012年《民事诉讼法》修改增加,2017年修正时未作调整。2017 年《民事诉讼法》第一百条、第一百零一条规定中分别包含了诉中行为保全和诉前行为保全。本条解释系依据 2017 年《民事诉讼法》第一百条、第一百零一条的规定而制定,明确禁止令申请既可以在提起生态环境侵权诉讼时或者诉讼过程中提出,亦可以在紧急情况下于提起诉讼前提出。相应地,本解释所规范的禁止令包括诉中禁止令和诉前禁止令,不包括终局禁止令,即人民法院经过审理最终判令生态环境侵权行为人停止侵害的情形不包含其中。关于不包含终局禁止令的主要理由,在于终局禁止令是经由法院确认的被申请人应承担的法律责任,而本解释所规范的禁止令则仅是案件最终裁判前的一种临时性救济和行为保全措施,若本解释将禁止令包括终局救济,则禁止令就转化成为一种法律责任,与本解释的立论基础不符,也与禁止令的功能定位相悖。而且终局禁止令需要对案件纠纷进行全面性审理后才能作出,而本解释规范的禁止令在案件纠纷审理过程中,甚至提起诉讼前既可作出,二者的判断标准、价值考量均存在明显差异。故考虑到生态环境侵权诉讼的特殊性,本解释未将终局禁止令纳入规范范围。

二、诉中禁止令

本条解释第一款依据 2017 年《民事诉讼法》第一百条关于诉中保全的规定,明确了诉中禁止令的申请和人民法院作出裁定的时间。

(一)申请时间和启动方式

2017 年《民事诉讼法》第一百条第一款规定:“人民法院对于可能因当事人一方的行为或者其他原因,使判决难以执行或者造成当事人其他损害的案件,根据对方当事人的申请,可以裁定对其财产进行保全、责令其作出一定行为或者禁止其作出一定行为;当事人没有提出申请的,人民法院在必要时也可以裁定采取保全措施。”由此,诉讼中申请行为保全的时间必须是在法院受理案件后,判决作出前,既可以在第一审程序中进行,也可以在第二审程序中进行。[①] 关于启动方式,诉中行为保全原则上须由当事人提出申请,当事人没有提出申请的,人民法院在必要时也可以依职权主动采取行为保全措施。由于行为保全较财产保全更难以判断,影响更大,风险更大,法院在依职权采取行为保全措施时,需要更加谨慎。原则上,人民法院只有在涉及侵害当事人的重大利益(如人身权利遭受侵害)或者公共利益时,才有必要依职权采取行为保全措施。也就是说,我国《民事诉讼法》在诉中行为保全的启动方式上原则上需由当事人申请,必要时可以由人民法院依职权启动。

① 王胜明主编:《中华人民共和国民事诉讼法释义》,法律出版社 2012 年版,第 233 页。

基于诉中保全的基本原理，本条第一款对诉中禁止令作出规定，即“申请人提起生态环境侵权诉讼时或者诉讼过程中，向人民法院申请作出禁止令的，人民法院应当在接受申请后五日内裁定是否准予。情况紧急的，人民法院应当在接受申请后四十八小时内作出”。据此，诉中禁止令申请既可以在提起诉讼时提出，也可以在诉讼过程中提出。关于启动方式，本解释所规范的诉中禁止令应由符合规定的申请人提起，并未明确规定人民法院依职权启动的方式。实际上，在本解释起草过程中，就诉中禁止令是否可以由人民法院依职权启动的问题，一直存在不同观点。赞成的意见认为，法院可基于维护公共利益的目的而依据职权决定采取诉中禁止令保全措施，依职权采取禁止令保全措施应以生态环境正在持续地受到侵权行为的损害或者行为人即将实施侵犯生态环境的行为为前提，被禁止的行为将给生态环境造成难以弥补的损害，在法院阐明后仍无当事人申请，不及时采取保全措施，将严重损害第三人或社会公共利益；在此情况下，法院应当依职权作出禁止令。司法实践中有的地方法院曾经探索在生态环境侵权诉讼，尤其公益诉讼中依职权作出禁止令，社会效果很好，积累了一定经验。故建议规定法院依职权启动诉讼禁止令的方式，具体处理方式可由受诉法院根据案件具体情况、国家政策等灵活把握。本解释起草制定过程中也曾就此作出规定，并将法院可依职权采取禁止令保全措施的情况限定为生态环境公益侵权诉讼。反对的意见则认为，生态环境侵权纠纷案件中的被申请人往往是从事生产经营活动的企业主体，其在排污的同时，还创造财富、提供就业机会，禁止令保全措施可能会对被申请人的生产生活造成较大影响，且责令停止排污等禁止令措施一般也应通过行政执法部门进行执行，本解释中若规定法院可依职权采取禁止令，可能导致司法权越界，影响行政权的行使；而且禁止令保全措施毕竟属于案件纠纷尚未经过审理、裁判前的临时救济，一旦有误将面临赔偿被申请人损失的问题，如此依职权作出禁止令的法院就有可能被涉入其中，进而影响裁判机关的权威。经进一步研究，考虑到生态环境侵权不同于一般的民事侵权，侵权行为本身往往同时具有社会有用性，如企业生产经营活动不可避免地具有环境负外部性，在污染环境、破坏生态的同时，也在为社会创造财富、提供就业；而且禁止令保全措施往往对被申请人权益造成较大影响，在禁止令适用初期慎重推进更符合我国当前的基本国情。故本条解释最终未规定法院依职权启动诉中禁止令的方式，将诉中禁止令的启动更多留给被侵权人或者有权提起生态环境侵权公益诉讼的主体，由其根据自身利益诉求和生态环境侵权的具体案情进行判断选择。

（二）管辖法院

鉴于诉中禁止令申请提出时，当事人已经向人民法院提起诉讼或者案件已经进入诉讼程序，此种情况下申请禁止令自然要向受理或者审理该案的人民法院提出，由该人民法院审查决定是否作出禁止令，此为诉中禁止令的应有之义。同时，诉中禁止令申请由已经受理或者审理案件的人民法院审查处理，也便于人民法院依据案件审理情况对当事人申请作出妥当审查处理，以节约司法资源，避免出现不同人民法院之间司法裁量结果的冲突。

（三）审查期限

根据本条解释第一款的规定，人民法院接受申请后，应当在5日内裁定是否准予，对情况紧急的，必须在48小时内作出裁定。禁止令保全措施是对当事人合法权利的临时性救济，审查时间应当与环境污染、生态破坏产生损害或者损害之虞的紧急程度相适应，根据案件性质和具体情况予以区分。之所以根据是否存在紧急情况区分不同的诉中禁止令申请审查期限，是因为禁止令对当事人利益影响的重大性和保全错误的可能性。人民法院既要及时审查判断是否作出禁止令，同时又要依法保障被申请人利益，防止因不当申请甚至恶意申请造成被申请人合法权益的无谓损害。为此，要区分紧急情况和非紧急情况，进而作出不同的程序设计。在非紧急情况下，除人民法院认为不适宜的情形外，一般应通过询问等程序听取双方当事人的意见后再决定是否作出禁止令，以提高禁止令裁定与终局裁判的一致性，降低采取禁止令保全措施错误的可能性。在紧急情况下作出禁止令后，也应当及时听取被申请人意见，被申请人抗辩理由成立的，应及时解除禁止令。因此，由于程序设计不同，非紧急情况下人民法院应当在接受禁止令申请后5日内作出裁定，紧急情况下则应当在48小时内作出裁定。由于污染环境、破坏生态行为往往具有后果严重、难于修复、损害不可逆转等特点，对于正在实施或者即将实施的污染环境、破坏生态行为，应当尽快作出裁定，以防产生难以弥补的损害。

三、诉前禁止令

本条解释第二款依据2017年《民事诉讼法》第一百零一条关于诉前保全的规定，明确了诉前禁止令的申请和人民法院作出裁定的时间。

（一）申请时间和启动方式

诉前保全，是指在提起诉讼前或者申请仲裁前，因出现法定的事由，经利害关系人申请，人民法院裁定对被申请人的财产或者行为采取控制性强制措施，防止利害关系人的合法权益受到难以弥补的损害的诉讼保障制度，包含诉前财产保全和诉前行为保全。诉前行为保全，是指在提起诉讼前，因情况紧急，不立即申请保全将会使其权益受到难以弥补的损害，经利害关系人申请，人民法院裁定责令被申请人作出一定的行为或者禁止其作出一定的行为,以防止申请人的合法权益受到难以弥补损害的诉讼保障制度。① 2017 年《民事诉讼法》第一百零一条规定:“利害关系人因情况紧急,不立即申请保全将会使其合法权益受到难以弥补的损害的,可以在提起诉讼或者申请仲裁前向被保全财产所在地、被申请人住所地或者对案件有管辖权的人民法院申请采取保全措施。申请人应当提供担保,不提供担保的,裁定驳回申请。人民法院接受申请后,必须在四十八小时内作出裁定;裁定采取保全措施的,应当立即开始执行。申请人在人民法院采取保全措施后三十日内不依法提起诉讼或者申请仲裁的,人民法院应当解除保全。”依据该条规定,申请诉前行为保全必须在向法院提起诉讼之前或者在向仲裁委员会申请仲裁之前提出申请。关于启动方式,诉前行为保全只能由利害关系人提出申请。在诉前行为保全中,因尚未进入诉讼或者仲裁程序,法院无法了解基本案情,不宜赋予法院依职权采取行为保全的权力。②

基于诉前禁止令的基本原理,本条解释第二款对诉前禁止令作出规定,即“因情况紧急,申请人可在提起诉讼前向污染环境、破坏生态行为实施地、损害结果发生地或者被申请人住所地等对案件有管辖权的人民法院申请作出禁止令,人民法院应当在接受申请后四十八小时内裁定是否准予”。据此,符合条件的申请人可以在提起诉讼前向有管辖权的人民法院申请作出禁止令。关于启动方式,与《民事诉讼法》相关规定一致,诉前禁止令应由申请人向人民法院提起申请,人民法院不能依职权启动。

(二)申请条件

诉前禁止令的申请条件与诉中禁止令相比,更为强调“情况紧急”。一般情况下,“情况紧急”是指不立即采取保全措施将会导致利害关系人的合法权益遭受难以弥补的损害,即利害关系人的损害具有难以弥补性。这一条件的本质要求在于,等待利害关系人起诉并由法院作出终局裁决时所给予的救济是否能够对其在此期间内所受的损害提供充分的法律补偿。关于“情况紧急”的具体条件,因个案情况较为复杂,可由受理法院根据申请的具体情况予以判断。实践中,有的地方法院对此进行了探索。如在昆明市的司法实践中,情况紧急一般包括:(1)可能严重危及自然资源、生态和生活环境安全;(2)可能造成自然资源生态和生活环境难以修复;(3)可能加重自然资源、生态和生活环境的破坏;(4)其他应当下达环保禁令的情形。此外,因诉前禁止令申请是在紧急情况下提出,由于时间和条件的限制,往往难

① 杨荣馨主编:《〈中华人民共和国民事诉讼法〉释义》,清华大学出版社 2012 年版,第 159 页。
② 王胜明主编:《中华人民共和国民事诉讼法释义》,法律出版社 2012 年版,第 240 页。

以通过事前询问程序听取双方当事人意见，禁止令裁定内容与终局裁判不一致的可能性进一步增大。为此，人民法院在审查判断作出诉前禁止令时，应当比诉中禁止令更为谨慎；要尽可能通过事前询问、现场勘查，或者事后及时听取被申请人意见等程序，全面调查了解真实情况，避免利益保护过于失衡，造成当事人或者利害关系人合法权益受到不应有的损害。对此，本解释第六条对相关程序保障也作出了进一步的规定。

（三）管辖法院

与一般民事侵权相比，生态环境侵权具有流动性、扩散性、潜伏性等特点，行为侵害的范围与侵害的领域更为广泛，致使生态环境侵权民事诉讼的管辖法院也具有不确定性与广泛性，对此应予充分关注。若某一具体人民法院对生态环境侵权纠纷案件具有管辖权，则对基于该案件提出的诉前禁止令申请亦应具有管辖权。2017年《民事诉讼法》第二十八条（现行《民事诉讼法》第二十九条）规定："因侵权行为提起的诉讼，由侵权行为地或者被告住所地人民法院管辖"；第一百零一条第一款规定：诉前保全的管辖法院包括被保全财产所在地、被申请人住所地或者对案件有管辖权的法院。《民事诉讼法司法解释》第二十四条规定：2017年《民事诉讼法》第二十八条规定的侵权行为地，包括侵权行为实施地、侵权结果发生地。依据上述法律和司法解释关于诉前保全管辖和侵权案件管辖的规定，本条解释第二款明确了申请诉前禁止令的管辖法院，包括污染环境、破坏生态行为实施地、损害结果发生地或者被申请人住所地等对案件有管辖权的人民法院。

同时，本条解释在确定诉前禁止令管辖时亦考虑了以下两方面因素：一是便于当事人请求司法保护，使当事人在合法权益受到侵害或者发生争议时，能够便捷、及时地在法院提出申请；二是保障各法院在划定的职权和职责范围内及时行使职权，考虑各法院职能与工作分担，避免管辖冲突。若因情况紧急来不及提起诉讼，但又急需采取及时措施制止生态环境侵权行为的，允许当事人遵循就近便利原则，选择与环境污染、生态破坏行为密切关联的侵权行为人所在地、侵权行为实施地、损害后果发生地等对案件有管辖权的法院提出申请，由该法院审查决定是否颁布禁止令。该规定一方面考虑到禁止令作出后实际执行的效果，需要由与环境侵权行为密切关联地区的法院受理诉前禁止令申请；另一方面也考虑到由对案件有管辖权的法院受理诉前禁止令申请，会尽可能避免诉前禁止令作出法院与事后审理案件的法院不一致可能导致后续工作衔接不畅的问题。实际上，该规定也是回应本解释在征求地方法院意见过程中多地高院所提意见，即不少地方环境资源案件实施跨行政区划集中管辖，应由这些地方实行集中管辖的法院审查处理更为妥当。

(四)审查期限

根据本条解释第二款的规定,对于诉前禁止令申请,人民法院应当在接受申请后48小时内作出裁定。该规定与2017年《民事诉讼法》第一百零一条的规定一致。因诉前禁止令的申请的前提条件系情况紧急,不立即制止污染环境、破坏生态行为将使申请人合法权益或者生态环境受到难以弥补的损害,故对于诉前禁止令申请的审查时间应当与损害或者损害之虞的紧急程度相适应,人民法院必须在48小时内作出是否准予申请人禁止令申请的裁定。为避免因诉前禁止令作出程序的本案审理化造成程序的过分拖延,人民法院经过对申请人与被申请人双方权利的慎重考量,可以事前不经过询问、不听取被申请人意见就发出诉前禁止令,但应当按照本解释第六条的规定,在作出准许禁止令申请裁定后48小时内及时听取被申请人意见,并根据被申请人抗辩情况作出相应的审查处理。

【审判实务中应注意的问题】

本解释征求意见过程中,有专家建议明确规定实行环境资源案件集中管辖的,应由集中管辖法院受理禁止令申请。我们认为,基于禁止令的不同类型,受理禁止令申请的管辖法院也应有所不同,不宜作硬性规定。就诉中禁止令申请而言,由受诉法院审查自无疑义;而对于诉前禁止令申请,特别是生态环境侵权行为不在集中管辖法院所在地的诉前禁止令申请是否均由集中管辖法院受理,是否可以向不是集中管辖法院申请禁止令,可能会存在不同的理解。根据本条解释第二款规定,诉前禁止令申请的管辖法院应为对案件有管辖权的人民法院,在实行环境资源案件跨区域集中管辖的地方,依据集中管辖规定,生态环境侵权案件的管辖权应由集中管辖的法院行使,故原则上诉前禁止令申请亦应由这些集中管辖法院一并审查处理。但是,考虑到生态环境侵权具有的自身特点以及禁止令措施的时效性、紧迫性,对于该条解释中"对案件有管辖权的人民法院"应作适当从宽解读,不宜苛求当事人只能向集中管辖法院申请禁止令救济,应允许当事人就近向污染环境、破坏生态行为实施地、损害结果发生地或者被申请人住所地的人民法院提出申请,这些法院应根据具体个案情况对诉前禁止令申请进行审查处理。当然,若受理诉前禁止令申请并作出禁止令的法院并非之后受理并审理生态环境侵权案件的法院,则作出禁止令的法院应将相关材料及时移交给受理、审理该案的法院。此外,随着智慧法院建设,非集中管辖环境资源案件的法院在接收到当事人的禁止令申请后,也可以引导当事人运用网上立案等信息化手段在线提交申请,由集中管辖法院一并审查处理,以解决环境资源案件实行集中管辖可能给当事人申请诉前禁止令带来的不便,切实维护当事人的合法权益或者生态环境国家利益、社会公共利益。

【法条链接】

2017年《民事诉讼法》

第二十八条 因侵权行为提起的诉讼，由侵权行为地或者被告住所地人民法院管辖。

第一百条 人民法院对于可能因当事人一方的行为或者其他原因，使判决难以执行或者造成当事人其他损害的案件，根据对方当事人的申请，可以裁定对其财产进行保全、责令其作出一定行为或者禁止其作出一定行为；当事人没有提出申请的，人民法院在必要时也可以裁定采取保全措施。

人民法院采取保全措施，可以责令申请人提供担保，申请人不提供担保的，裁定驳回申请。

人民法院接受申请后，对情况紧急的，必须在四十八小时内作出裁定；裁定采取保全措施的，应当立即开始执行。

第一百零一条 利害关系人因情况紧急，不立即申请保全将会使其合法权益受到难以弥补的损害的，可以在提起诉讼或者申请仲裁前向被保全财产所在地、被申请人住所地或者对案件有管辖权的人民法院申请采取保全措施。申请人应当提供担保，不提供担保的，裁定驳回申请。

人民法院接受申请后，必须在四十八小时内作出裁定；裁定采取保全措施的，应当立即开始执行。

申请人在人民法院采取保全措施后三十日内不依法提起诉讼或者申请仲裁的，人民法院应当解除保全。

《最高人民法院关于人民法院办理财产保全案件若干问题的规定》

第四条 人民法院接受财产保全申请后，应当在五日内作出裁定；需要提供担保的，应当在提供担保后五日内作出裁定；裁定采取保全措施的，应当在五日内开始执行。对情况紧急的，必须在四十八小时内作出裁定；裁定采取保全措施的，应当立即开始执行。

《民事诉讼法司法解释》

第二十四条 民事诉讼法第二十九条规定的侵权行为地，包括侵权行为实施地、侵权结果发生地。

《环境民事公益诉讼司法解释》

第六条第一款 第一审环境民事公益诉讼案件由污染环境、破坏生态行为发生地、损害结果地或者被告住所地的中级以上人民法院管辖。

《最高人民法院、最高人民检察院关于检察公益诉讼案件适用法律若干问题的解释》

第五条第一款 市(分、州)人民检察院提起的第一审民事公益诉讼案件,由侵权行为地或者被告住所地中级人民法院管辖。

《生态环境损害赔偿规定》

第三条第一款 第一审生态环境损害赔偿诉讼案件由生态环境损害行为实施地、损害结果发生地或者被告住所地的中级以上人民法院管辖。

第四条 申请人向人民法院申请作出禁止令的,应当提交申请书和相应的证明材料。

申请书应当载明下列事项:

(一)申请人与被申请人的身份、送达地址、联系方式等基本情况;

(二)申请禁止的内容、范围;

(三)被申请人正在实施或者即将实施污染环境、破坏生态行为,以及如不及时制止将使申请人合法权益或者生态环境受到难以弥补损害的情形;

(四)提供担保的财产信息,或者不需要提供担保的理由。

【条文主旨】

本条是关于禁止令申请材料的规定。

【条文理解】

依照本解释第一条规定,禁止令系依申请人申请而由人民法院作出的一种行为保全措施,申请书则是申请人提出禁止令申请的书面载体,也是法院审查判断是否作出禁止令的必要依据。因此,申请人提交禁止令申请书必须清晰表明申请意图、申请的理由和禁止的具体事项,并提交相应证明材料,说明材料来源,以便于人民法院调查核实。依照本解释第七条的规定,申请人申请禁止令以提供担保为原则,免予担保为例外,故申请人在申请书中还应当提供担保财产信息或就不需要提供担保说明理由。具体来说,本条关于禁止令申请书的具体内容主要包括四个方面。

一、当事人的身份、送达地址、联系方式等基本情况

本解释第一条规定:“申请人以被申请人正在实施或者即将实施污染环境、破坏生态行为,不及时制止将使申请人合法权益或者生态环境受到难以弥补的损害为由,依照民事诉讼法第一百条、第一百零一条规定,向人民法院申请采取禁止令

保全措施,责令被申请人立即停止一定行为的,人民法院应予受理。"由此,禁止令属于民事诉讼中一项禁止类的行为保全措施。通常情况下,保全的申请人一般应当为诉讼中的原告,但本解释采用"申请人"而非"原告"的表述,主要考虑:一是沿袭《民事诉讼法》的规定。2017 年《民事诉讼法》第一百条、第一百零一条关于申请保全的规定中均采用了"申请人"的表述,以该规定为直接依据的禁止令保全措施自应予以遵循,在学理和实践中也更易被接受。二是"申请人"的外延不能为"原告"所涵括。根据本解释第二条的规定,禁止令可以由因污染环境、破坏生态行为受到损害的自然人、法人或者非法人组织,以及《民法典》第一千二百三十四条、第一千二百三十五条规定的"国家规定的机关或者法律规定的组织"向人民法院申请,适用于生态环境私益侵权诉讼和生态环境公益侵权诉讼。依照《关于检察公益诉讼案件适用法律若干问题的解释》第四条关于"人民检察院以公益诉讼起诉人身份提起公益诉讼,依照民事诉讼法、行政诉讼法享有相应的诉讼权利,履行相应的诉讼义务"的规定,在检察公益诉讼中,检察机关的法律地位属于公益诉讼起诉人。故人民检察院在提起检察民事公益诉讼前或者诉讼中申请禁止令,是以公益诉讼起诉人的身份。综上,本解释采用"申请人"的表述更为妥当。

依照本解释第三条的规定,申请人可以在诉讼前或诉讼过程中提交禁止令申请。若申请人在诉讼前提交禁止令申请的,因案件尚未进入诉讼,故申请书对申请人与被申请人的身份、送达地址、联系方式的内容应当尽可能详细,并提供必要的佐证。具体来说,可以参照 2017 年《民事诉讼法》第一百二十一条关于"起诉状应当记明下列事项:(一)原告的姓名、性别、年龄、民族、职业、工作单位、住所、联系方式,法人或者其他组织的名称、住所和法定代表人或者主要负责人的姓名、职务、联系方式;(二)被告的姓名、性别、工作单位、住所等信息,法人或者其他组织的名称、住所等信息……"的规定予以列明。而对于在生态环境侵权诉讼中提交禁止令申请的,由于当事人双方信息人民法院已经掌握,故而可以相对简略。

二、申请禁止的内容和范围

依照 2017 年《民事诉讼法》第一百条规定,保全包括"裁定对其财产进行保全""责令其作出一定行为或禁止其作出一定行为"两种类型。在学理上,前者被称为财产保全,而后者被称为行为保全。依照立法理由,行为保全与财产保全主要在执行内容和申请目的上有所不同:财产保全的措施指向财产,主要目的在于保证将来的生效判决能够得以执行;而行为保全的措施指向作为或不作为,目的主要在于避免债权人遭受其他不可弥补的损害。禁止令作为一种行为保全措施,在本解释起草过程中,曾有观点认为应当包括要求被申请人作出一定生态环境保护行为和禁止作出损害生态环境行为两种情形。经认真研究，考虑到禁止令在文义上一般应理解为"止"而不包括"为"，最终解释在第一条仅规定了责令被申请人立即停止一定行为，即禁止实施一定行为。在此意义上，禁止令的范围较行为保全相对狭窄，仅系禁止类的行为保全措施。故就禁止令申请而言，申请人在申请书中需要明确其申请人民法院责令被申请人停止或者禁止被申请人实施的具体行为，而非强制被申请人实施的具体行为。

禁止令申请的事项应当具体明确且具有可操作性，即必须载明被申请人应当停止的具体民事法律行为或事实行为，不能使用"停止污染环境"等过于简单、具体指向不明的表述。如在北京市第四中级人民法院(2017)京04民初73号案中，按照公益诉讼起诉人申请，人民法院对被申请人位于北京市大兴区北臧村镇皮各庄二村村西的生产加工基地明确要求，在办理环境审批手续或者向法院提交继续生产符合环境保护标准，不存在污染环境、破坏生态的证明之前，禁止在该生产加工基地从事涉及喷漆、焊接及废气排放的生产行为，其中"禁止在该生产加工基地从事涉及喷漆、焊接及废气排放的生产行为"即为具有可操作性的内容。若申请需要禁止的具体行为不止一项，也需要在申请书中一并列明。

本解释第九条第二款规定，人民法院裁定准予申请人禁止令申请的，可以根据裁定内容制作禁止令张贴在被申请人住所地，污染环境、破坏生态行为实施地、损害结果发生地等相关场所，并可通过新闻媒体等方式向社会公开。根据上述规定，申请人提交的禁止内容和范围，还应当包括污染环境、破坏生态行为的实施地、损害结果发生地等具体信息。

三、被申请人正在实施或者即将实施污染环境、破坏生态行为，以及如不及时制止将使申请人合法权益或者生态环境受到难以弥补损害的情形

禁止令制度承担着预防性权利保护的功能。[①] 鉴于禁止令对当事人的利益影响较大，在确定其适用条件时，既要保证该制度的及时性和快捷性，又要防止禁止令被滥用，对被申请人合法权益造成不必要的侵害。特别是在生态环境侵权案件中，还要妥当把握生态环境保护和经济社会发展之间的平衡，对各方利益的保护需要慎重考量。因此，申请人提交禁止令申请的，应当指明被申请人正在实施或者即将实施污染环境、破坏生态行为，以及如不及时制止将使申请人合法权益或者生态环境

---

① Zoller/Vollkommer. Kommentar zur Zivilprozessordung[M]. 30. Aufl. 2014：§ 940 Rn. 1. 转引自周翠：《行为保全问题研究——对〈民事诉讼法〉第100—105条的解释》，载《法律科学(西北政法大学学报)》2015年第4期。

环境受到难以弥补损害的具体情形。所谓"难以弥补的损害",一般是指若不通过禁止令予以制止,将会产生事后法院可以作成的任何裁决均无法弥补的损害。在学说上,这种损害,既包括"因难以量化而产生的不可补救性"和"因欠缺充分之救济而产生的不可补救性"。本解释第五条规定,人民法院应当依照以下四项考量因素决定是否作出禁止令,即被申请人污染环境、破坏生态行为被行政主管机关依法处理后仍继续实施;被申请人污染环境、破坏生态行为对申请人合法权益或者生态环境造成的损害超过禁止被申请人一定行为对其合法权益造成的损害;禁止被申请人一定行为对国家利益、社会公共利益或者他人合法权益产生的不利影响;其他应当考量的因素等。为便于人民法院依法审查,申请人原则上亦应尽可能根据上述因素,按照本条解释的规定提交相关证明材料。

四、提供担保的财产信息,或者不需要提供担保的理由

一般而言,行为保全申请人往往在客观上处于相对的弱势或者不利状态。行为保全制度的目的在于保证将来判决的执行和防止申请人的合法权益遭受难以弥补的损害。因此,原则上不应以申请人提供担保作为裁定采取行为保全措施的要件。不过,由于行为保全对被申请人影响较大,恐难避免对被申请人的合法权益造成损害,故在诉中保全的情况下,应赋予法院要求申请人提供担保的裁量权。依据2017年《民事诉讼法》第一百条第二款、第一百零一条第一款中关于诉讼保全担保的规定,申请人申请法院作出诉中禁止令,原则上要提供担保;申请诉前禁止令,必须要提供担保。故申请人在向法院提交禁止令申请时,必须进行相应的准备,提供相应的担保财产信息。担保财产,既可以是自己有权处分的财产,也可以是第三人的财产(第三人提供担保的情形);可以是物保,也可以是保证担保。如果人民法院认为申请人提交的担保财产违反法律的强制性规定,或尚不足以担保禁止令可能给被申请人造成的损失,申请人还应当按照人民法院的要求重新提供担保或予以增加补充。如果申请人申请诉中禁止令时认为没有必要或因特殊原因无法提供担保的,应在申请书中说明不提供担保的理由。受理申请的人民法院可根据具体案件的实际情况审查申请人不提供担保的理由是否成立,裁量是否准予其不提供担保。

【审判实务中应注意的问题】

一、对作出禁止令必要性的证明标准

证明材料应达到何种证明程度?德国有的学者提出"刻度盘理证"起始与终端为0%和100%,具体分为四级:第一级为1%—24%;第二级为25%—49%;第三级

为50%—69%；第四级为70%—99%。其中0%为绝对不可能，50%为可能与不可能同等程度存在，100%为绝对肯定。而第一级为非常不可能，第二级为不太可能，第三级为大致可能，第四级为非常可能。民事诉讼中的证明标准应定在第四级，即在穷尽了可获得的所有证据后，如果仍然达不到75%的证明程度，法官就应当认定待证事实不存在；如果达到或者超过75%，则应认为待证事实的存在已获得证明。日本学者中岛弘道也把法官的心证程度分为四级：第一级为微弱的心证；第二级为盖然的心证；第三级为盖然的确实心证；第四级为必然的确实心证。他认为，微弱的心证是不完全的心证，该心证程度不能作出肯定待证事实的判断；盖然的心证为大概的心证，在没有反证的情况下，可以作出事实好像如此的判断；基于盖然性确实心证，可以推断事实存在；而基于必然的确实心证，则可作出事实必然如此的判断。

依照通说观点，行为保全的证明标准无须达到高度盖然性，而以达到优势盖然性为足矣。[①] 本条采用“证明材料”而非“证据”或“证据材料”，也说明了“证明材料”的证明力要低于民事诉讼证据证明力的一般要求。当然，此种标准亦非绝对，还应当根据案件的具体情况个案衡量。从比较法来看，在德国，申请人必须对假处分请求权进行证实性的正当陈述，以便法院基于其陈述就可以对请求权进行全面审查；如果申请人拥有该请求权仅具有盖然性，法院就不得作出假处分命令。[②] 也就是说，申请人应当对假处分请求权进行疏明（Glaubhaftmachung），疏明是一种降低的证明标准，其通常标准等级为“优势盖然性”，但在特定情况下可能达到高度盖然性的程度。具体个案中应当采纳何种疏明标准，应当由法官依假处分目的确定。而英国判例也要求申请人应当证明存在“有待审理的严肃问题”，不过各判例设定了不同的证明要求，例如使用了表面证据（prima facie case）、可能性（probability）等表述。[③]

由于生态环境侵权存在不同样态的行为和结果，因而对必要性的证明标准亦应当有所区别。例如，因生态环境侵权可能造成人身损害结果的，必要性证明标准应当低于造成财产损害结果。因为人身权利在位阶上要高于财产权利。因噪声、振动、恶臭类等能量型环境污染的，必要性证明标准应当高于大气、水、土壤等物质性环境污染。这是因为能量型环境污染的损害具有直接性，当事人举证更为容易，因而对于必要性的证明标准更高。总之，人民法院对申请人申请禁止令时提交的证

---

① 最高人民法院民事诉讼法修改研究小组编著：《〈中华人民共和国民事诉讼法〉修改条文理解与适用》，人民法院出版社2012年版，第226页。

② Zoller/Vollkommer. Kommentar zur Zivilprozessordung[M]. 30. Aufl. 2014：§ 940 Rn. 6. 转引自周翠：《行为保全问题研究——对〈民事诉讼法〉第100—105条的解释》，载《法律科学（西北政法大学学报）》2015年第4期。

③ 周翠：《中外民事临时救济制度比较研究》，清华大学出版社2014年版，第108页。

明材料的审查,应当根据个案做妥当衡量。当然,由于此时案件尚未实质审理,甚至尚未受理,申请人提供的证明材料不一定要到确证的程度,只要能初步证明或者证明具有较大可能性即可。若申请人提交的申请不符合前述规定要求,或者不能提供初步证明材料的,经法院要求限期补交,逾期不补交的,法院对其申请不予受理。

二、必要性的实体利益衡量

依照本解释第五条规定,人民法院决定是否作出禁止令,应当就"被申请人污染环境、破坏生态行为对申请人合法权益或者生态环境造成的损害超过禁止被申请人一定行为对其合法权益造成的损害";"禁止被申请人一定行为对国家利益、社会公共利益或者他人合法权益产生的不利影响"等因素予以充分衡量。也就是说,即使申请人举证已经达到了"不及时制止将使申请人合法权益或者生态环境受到难以弥补损害的情形"的证明标准,若人民法院经综合考量前述因素后,认为不作出禁止令给申请人利益造成的损失明显低于作出禁止令给被申请人合法权益,或者对国家利益、社会公共利益造成的损失,则仍不应作出禁止令。对各种利益综合考量的处理,可借鉴行政法上的比例原则予以释明。

比例原则作为实体利益衡量的理论基础,依照通说,包括适当性原则、必要性原则和均衡性原则。比例原则是公法中的概念,本质是对因公共利益需要而限制公民权利的国家权力的限制,因而属于"权利限制的限制"①。近年来,有学者将比例原则拓展到民法领域。主要理由在于:(1)比例原则是对社会行为"目的理性"的凝练,是成本效益分析方法的另一种表达。比例原则中的适度、均衡、正义等思想,在法学领域具有普适性,故该原则值得在私法中推定。② (2)现代民法领域中也存在强制力,这些强制力既可能来自国家,也可能来自私主体,对私法自治构成威胁。有必要通过比例原则的适用,将民法领域中各种强制力关进制度的笼子,确保民事法律关系中主体地位实质平等,维护私法意思自治。③ 例如,当事人为避免造成更大危险而损害他人合法权益构成紧急避险时,仅承担补偿而非赔偿责任。这实际可以视为比例原则对因避险行为而造成损失的赔偿请求权的限制。同样,申请人请求行为人停止污染环境、破坏生态的行为是一种私法上的强制力。但当这种私法上的强制力可能损害更值得保护的利益时,就可能要受到限制。如在美国 Boom-

---

① 梅扬:《比例原则的适用范围与限度》,载《法学研究》2020 年第 2 期。

② 纪海龙:《比例原则在私法中的普适性及其例证》,载《政法论坛》2016 年第 3 期。

③ 郑晓剑:《比例原则在现代民法体系中的地位》,载《法律科学(西北政法大学学报)》2017 年第 6 期。

er v. Atlantic Cement Ca,26N. Y. 2d 1020(N. Y. 1970)案中,被告开了一家很大的水泥厂,靠近纽约奥尔巴尼,被相邻的土地所有者起诉,原因在于水泥厂产生的污垢、烟和工厂的振动伤害了这些土地所有者的财产。原告寻求禁令和赔偿金,但被拒绝。法院裁决被告存在妨碍行为,原告受到实质上的损害,但否定禁令的根据是"妨碍行为和禁令造成的经济后果存在重大悬殊";法院指出被告对工厂的投资超过4500万美元并且雇用了300名员工,法院确信使工厂不产生妨碍的运行的技术是不存在的,在可预见的未来这种技术也不太可能开发出来;法院明确表示现在要衡平因妨碍行为造成的损害和停止妨害行为的成本。如果这项经济费用巨大,那么没有禁止令会被批准。[①] 申请人根据本条解释提供相应的证明材料,仅是为证明其申请禁止令的必要性,但受理法院是否准予其禁止令申请尚需综合考量相关因素作出审查判断。

三、对"不提供担保的理由"的列举

根据美国普通法域的经验,担保对于申请人而言,一般是没有能力担保,或者对诉讼风险有顾虑,一旦保全错误,则担保财产可能不能收回。这种对于申请保全要提供担保的规定一方面可以防止滥用禁止令申请、维护被申请人的合法权益;另一方面也会影响申请人救济权利的行使。为了能够在双方之间达到利益保障平衡点,美国司法实践中将是否提供担保的变通权赋予法官,由受理法官综合考虑各自因素后作出相应的裁判。这些综合考虑的因素可以包括以下几个方面:(1)申请人的财产不足以支付担保;(2)担保会影响申请人提起诉讼的动力,从而影响社会公共利益的保护;(3)保全措施不会对被申请人造成金钱损失;(4)申请人胜诉的可能性非常高;(5)申请人财务情况良好,完全能够弥补被告的损失;(6)被申请人没有要求担保。[②] 就我国而言,借鉴比较法的经验,在生态环境侵权诉讼中,申请人申请诉中禁止令时请求不提供担保的,可以从以下几个方面陈述理由:请求禁止的行为对被申请人的损害相对较小,没有必要提供担保;申请人与被申请人相比,明显处于弱势地位,且无力提供担保;申请人为国家机关,或者大型银行、非银行等金融机构,大型国有企业等,申请人经济状况良好,完全有能力承担因错误保全造成损失;申请人为国家规定的机关或法律规定的组织,申请禁止被申请人的相关行为关涉生态环境国家利益和社会公共利益;案件事实清楚,申请人胜诉可能性极高;等等。当然,上述事实和理由能否成立,能否成为申请人不提供担保的正当理由,应当由

① 转引自龚海南:《环境保护禁止令制度的构建》,载《人民司法》2015年第1期。
② 李曼:《民事行为保全担保制度的完善路径》,载《当代法学》2018年第3期。

受理申请的人民法院依法审查确定。

【法条链接】

2017 年《民事诉讼法》

第一百二十一条 起诉状应当记明下列事项：

（一）原告的姓名、性别、年龄、民族、职业、工作单位、住所、联系方式，法人或者其他组织的名称、住所和法定代表人或者主要负责人的姓名、职务、联系方式；

（二）被告的姓名、性别、工作单位、住所等信息，法人或者其他组织的名称、住所等信息；

（三）诉讼请求和所根据的事实与理由；

（四）证据和证据来源，证人姓名和住所。

《最高人民法院关于审查知识产权纠纷行为保全案件适用法律若干问题的规定》

第四条 向人民法院申请行为保全，应当递交申请书和相应证据。申请书应当载明下列事项：

（一）申请人与被申请人的身份、送达地址、联系方式；

（二）申请采取行为保全措施的内容和期限；

（三）申请所依据的事实、理由，包括被申请人的行为将会使申请人的合法权益受到难以弥补的损害或者造成案件裁决难以执行等损害的具体说明；

（四）为行为保全提供担保的财产信息或资信证明，或者不需要提供担保的理由；

（五）其他需要载明的事项。

第五条 被申请人污染环境、破坏生态行为具有现实而紧迫的重大风险，如不及时制止将对申请人合法权益或者生态环境造成难以弥补损害的，人民法院应当综合考量以下因素决定是否作出禁止令：

（一）被申请人污染环境、破坏生态行为被行政主管机关依法处理后仍继续实施；

（二）被申请人污染环境、破坏生态行为对申请人合法权益或者生态环境造成的损害超过禁止被申请人一定行为对其合法权益造成的损害；

（三）禁止被申请人一定行为对国家利益、社会公共利益或者他人合法权益产生的不利影响；

（四）其他应当考量的因素。

【条文主旨】

本条是关于作出禁止令的基本条件、考量因素的规定。

【条文理解】

该条解释是基于生态环境损害的特殊性以及我国生态环境保护现状和现阶段基本国情，借鉴参考了英美国家法院通过判例逐步形成的中间禁令作出的四要素，即不可弥补的损害、损失衡量、对公共利益的影响、胜诉可能性①，作出预防性禁令的三要件，即损害发生的重大性（substantial）、损害发生的高度盖然性（sufficient degree of probability）、损害发生的紧迫性（at no remote period）②，以及我国知识产权临时禁令（行为保全）司法解释的相关规定③，并采纳吸收了各方意见建议，经多次研究论证后确定的。其核心目的在于既要通过禁止令保全措施及时制止生态环境侵权行为或者重大生态环境风险，有效避免申请人合法权益、公众环境权益受到难以弥补的损害，同时也要考虑被申请人的合法权益、国家社会发展的大局，坚持稳中求进，防止出现保护不足和过度保护两种倾向。具体阐释如下。

一、作出禁止令的基本条件

人民法院基于当事人的申请，经审查决定采取禁止令保全措施、作出禁止令，责令被申请人立即停止一定行为，可能会对被申请人及经济社会发展造成一定影响，甚至还可能存在当事人恶意申请禁止令、借此打击竞争对手的情形，故人民法院审查是否作出禁止令时，要审慎为之，在受理禁止令申请后应认真审查，谨慎作出判断。由于生态环境侵权案件类型众多、案情各异，是否需要作出禁止令往往具有很强的个案特征。为避免规定过细对受理法院造成不必要的束缚，影响禁止令保全措施实施的效果，在借鉴采纳各方意见建议基础上，本条解释以高度概括的方式规定了作出禁止令须具备的基本条件，即污染环境、破坏生态行为具有现实而紧迫的重大风险，不及时制止会造成难以弥补的损害。这是人民法院审查决定作出

---

① 薛森：《我国环境司法对美国环境法禁令制度之借鉴》，载《人民司法·应用》2017年第31期；杨凯：《民行一体化：环境司法诉讼禁令制度的重构与完善》，载《武汉大学学报（哲学社会科学版）》2019年第4期。

② 杜颖：《英美法律的禁令制度》，载《广东行政学院学报》2003年第3期。

③ 《最高人民法院关于审查知识产权纠纷行为保全案件适用法律若干问题的规定》第七条规定："人民法院审查行为保全申请，应当综合考量下列因素：（一）申请人的请求是否具有事实基础和法律依据，包括请求保护的知识产权效力是否稳定；（二）不采取行为保全措施是否会使申请人的合法权益受到难以弥补的损害或者造成案件裁决难以执行等损害；（三）不采取行为保全措施对申请人造成的损害是否超过采取行为保全措施对被申请人造成的损害；（四）采取行为保全措施是否损害社会公共利益；（五）其他应当考量的因素。"

禁止令的基础或者前提，若禁止令申请不符合该基本条件，人民法院应不予准许，也就无须进一步综合考量其他因素。就该基本条件的文义理解，生态环境侵害必须是真实、现实存在的，不是虚构、想象的，具有时空上的迫切性，所产生的风险具有重大性，不及时制止将很可能导致申请人合法权益或者生态环境受到难以弥补的损害。

关于“现实而紧迫的重大风险”的具体判断，可从以下几个层面予以考虑：一是被申请人是否违反了《环境保护法》《固体废物污染环境防治法》《森林法》《长江保护法》等环境资源法律法规，实施了具体的污染环境、破坏生态行为；二是被申请人实施的污染环境、破坏生态行为是否已经被相关环境资源法律法规明确规定在应承担法律责任的范围内；三是被申请人因污染环境、破坏生态行为应当被行政主管机关予以行政处理但尚未处理，或者已被行政处理但环境污染、生态破坏尚未得到有效控制。满足上述三方面的要求，即可认定生态环境侵权行为具有“现实而紧迫的重大风险”。当然，由于此时案件尚未实质审理、裁判，甚至尚未受理，不能要求申请人提供的证明材料一定要达到确证的程度，只要能初步证明具有“现实而紧迫的重大风险”，不及时制止将造成难以弥补的损害的情形或者具有较大可能性即可。

实际上，本解释在起草制定过程中，为增强可操作性和实用性，曾试图对人民法院作出禁止令确定具体的审查判断标准，并针对“现实而紧迫的重大风险”的认定单列了一条规定，采取列举加兜底的方式对其外延予以细化。最初将具有“现实而迫切的重大风险”限定于《环境保护法》第五十九条、第六十条、第六十一条、第六十三条等规定的应依法承担法律责任的部分环境违法行为，如“超过污染物排放标准或者超过重点污染物排放总量控制指标排放污染物，被责令采取限制生产、停产整治等措施，拒不执行”；“未依法提交建设项目环境影响评价文件或者环境影响评价文件未经批准，擅自开工建设，被责令停止建设，拒不执行”；”通过暗管、渗井、渗坑、灌注或者篡改、伪造监测数据，或者不正常运行防治污染设施等逃避监管的方式违法排放污染物”等；随后又采纳相关部门的意见，将《固体废物污染环境防治法》《森林法》《长江保护法》等环境资源法律法规中的相关重大生态环境违法行为亦列入其中，如“将危险废物提供或委托给无许可证的单位或其他生产经营者从事经营活动，或者无许可证从事收集、贮存、利用、处置危险废物经营活动，或者擅自倾倒、堆放危险废物的，被责令改正，拒不整改”；“违法进行开垦、采石、采砂、采土或者其他活动造成林木毁坏，或者未依法取得许可从事采砂活动，或者在禁止采砂区和禁止采砂期从事采砂活动，被责令停止违法行为，拒不执行”；“非法侵占河湖水域，或者违法利用、占用河湖岸线，或者在河湖岸线限定范围内违法建设化工项目、尾矿库及违反生态环境准入清单规定进行生产建设活动,被责令停止违法行为,拒不执行”等。最后,考虑到解释适用的灵活性,避免出现应作出禁止令而缺乏明确依据的情况出现,又规定了一项兜底条款,即“实施其他不及时制止将使申请人合法权益或者生态环境受到难以弥补损害的污染环境、破坏生态行为”。此种表述方式相对而言更为清晰具体,但后期因罗列过多具体生态环境违法行为(最多达到10项,且每一项尚包含数个小项),导致条文过于冗长,与解释的体系和结构极不协调;而且所列举的生态环境违法行为多明确被责令改正、停止但拒不改正、停止等,易使人产生行政前置的表象,即生态环境违法行为须由行政主管机关先行处理后才存在人民法院采取禁止令保全措施的问题,进而可能误导受理禁止令申请法院的审查判断。同时考虑到原该条规定也仅仅是对“现实而紧急的重大风险”的具体诠释,即便能够认定“现实而紧急的重大风险”,人民法院是否要作出禁止令依然要考量其他因素。故综合各方意见,本解释将原该条文内容压缩提炼后融入审查判断需考量的因素一条中,并对其内容及表述进行了相应的完善、调整,形成目前本条解释规定的内容。

二、作出禁止令的考量因素

在污染环境、破坏生态行为具有“现实而紧迫的重大风险”,不及时制止将造成难以弥补损害的基本条件下,人民法院作出禁止令尚须综合考量的因素主要涉及:

一是被申请人污染环境、破坏生态行为是否被行政机关依法处理而仍继续实施。被申请人因生态环境违法行为已经被行政主管机关予以责令改正、责令停止或采取限制生产、停产整治、限期拆除等行政处理,而环境污染、生态破坏并未得到有效控制,其中主要原因在于被申请人阳奉阴违,被行政处理后仍继续实施生态环境违法行为,既包括根本没有履行或者没有完全履行行政处理决定或者相关措施,也包括先履行后又恢复实施违法行为等情形。若被申请人的生态环境侵权行为已经被行政处理后依然继续实施,则有利于人民法院强化作出禁止令的内心判断,人民法院准予申请人禁止令申请的概率将大为增加。当然,若行政主管机关对被申请人的生态环境违法行为尚未作出行政处理,则该项因素可不予考量。

二是被申请人污染环境、破坏生态行为对申请人合法权益或者生态环境造成的损害是否会超过禁止被申请人一定行为对其造成的损害。因此,人民法院审查判断是否作出禁止令,需要认真衡平比较双方当事人的利益。实际上,本解释始终坚持平等保护各方当事人的合法权益,注重衡平考虑申请人合法权益、公众环境权益与被申请人合法权益的关系,注意各方利益和损失的衡量。具体而言:(1)考量具体的环境损害类型,区分不同的生态环境损害予以救济。生态环境损害千差万别，尤其是环境污染与生态破坏类型不同，造成损害的行为方式差异较大，在具体个案中需要法官发挥司法智慧，对申请人的禁止令申请和被申请人的抗辩事由予以认真审查判断，审慎适用禁止令保全措施。（2）适当控制适用范围，发挥禁止令保全措施“调节器”功能。人民法院在审查判断是否作出禁止令时，要审查比较被申请人污染环境、破坏生态行为对申请人合法权益或者生态环境在裁判前可能造成的损害，与禁止被申请人一定行为可能会对被申请人造成的损害，以衡量双方合法权益得失，避免出现明显的利益失衡。特别说明的是，对“损害”的认定不需要精确认定双方损失的具体金额，而是应当在现有证据材料基础上对双方损失范围、大小、程度进行综合比较，以判断是否有必要对被申请人采取禁止令保全措施。（3）辅之以程序保障。为平衡申请人、被申请人以及利害关系人之间可能产生的利益冲突，防止权利滥用，本解释明确了询问、勘查，申请复议，提前解除禁止令、担保等程序规定，以保障被申请人和其他利害关系人的合法权益。

三是禁止被申请人一定行为对国家利益、社会公共利益或者他人合法权益产生的不利影响。鉴于生态环境侵权领域采取禁止令保全措施，不仅会影响当事人双方之间的利益，而且具有较强的影响外溢性，可能会对涉及社会经济发展的国家利益、社会公共利益以及其他民事主体的合法利益产生一定不利影响。尤其在生态环境侵权公益诉讼中，鉴于诉讼本身就关涉生态环境国家利益和公共利益，人民法院无论是否作出禁止令，都可能会对国家利益、社会公共利益产生影响。因此，人民法院在决定是否采取禁止令保全措施时，“应当考虑当事人所争议的私益和社会公共利益之间的平衡，在一些案件中，更应当考虑代表社会不同层面的公共利益之间的平衡”①；审慎统筹各种利益保护，认真审查禁止令保全措施对相关国家利益、社会公共利益或者他人合法权益是否造成不利影响，综合考量相关因素作出应有的判断。实际上，诉讼程序中适用禁止令或禁令制度（injunction）较多的美国法院，对于作出禁止令后可能对相关国家利益、社会公共利益的影响也极为关注，只是不同层级法院关注的角度有所差异而已。如在美国 Winter v. Natural Res. Def. Council, Inc. , 129 S Ct. 365, 382（2008）案②中，被告海军部队在训练中使用了太阳能装置，原告（自然资源保护委员会）认为海军的这一行为破坏了海洋哺乳动物的生存环境，向联邦地区法院请求判令海军停止使用该装置，并申请初步禁令（preliminary injunction）；地区法院认为原告证明了胜诉可能性，海军的行为确实可能对环境造成难以挽回的损害，公共利益受到了损害，因此发出了初步禁令；被告上诉至联邦

① 薛淼：《我国环境司法对美国环境法禁令制度之借鉴》，载《人民司法 · 应用》2017 年第 31 期。

② https://supreme. justia. com/cases/federal/us/555/7/，最后访问日期：2021 年 10 月 20 日。

第九巡回上诉法院，第九巡回上诉法院维持了这一禁令；之后案件进入美国联邦最高法院，美国联邦最高法院（多数意见）认为海军有效训练的利益和国防公共利益大于因海军训练对（海洋哺乳动物）造成的不可弥补损害，整个海军和国家的安全比哺乳动物受到的伤害更为重要，最终联邦最高法院推翻了下级法院的初步禁令。①

四是其他应当考量的因素。在其他应考量因素中，申请人的诉求应有基本的依据是重点。鉴于禁止令保全措施是对被申请人利益的一种剥夺或限制，即便是临时的，可能也会造成被申请人的损失，甚至重大损失；如果最终申请人败诉，则可能导致被申请人的索赔问题。为此，人民法院在作出禁止令前要对案件初步证明材料进行认真审查，依法进行询问、听证、现场勘查等，以尽可能全面客观地了解案情。只有经初步审查认定申请人的诉讼请求有基本的事实和法律依据，具有较大胜诉可能性时，受理法院才存在作出禁止令的问题。若申请人的诉讼请求明显不能成立或者现有证明难以确定，缺乏基本的事实和法律依据，则人民法院不宜作出禁止令或者要更为慎重处理。当然，在不能作出禁止令的情况下，对于所涉生态环境风险事宜，人民法院可循一定途径通报负有监督管理职责的相关行政主管机关或部门。

综上，生态环境侵权行为具备采取禁止令保全措施的基本条件的情况下，人民法院审查判断是否作出禁止令尚需考量前述四项因素；该四项因素不一定全部具备，但一定要考量。人民法院基于综合考量的情况，并结合具体案情，谨慎决定是否采取禁止令保全措施、作出禁止令。

【审判实务中应注意的问题】

一、禁止令保全措施与行政非诉执行

针对本解释所规范的禁止令保全措施，有资格申请人民法院作出禁止令的主体中包括相关行政主管机关，而部分行政机关作出行政决定后在符合法定条件下亦可以申请人民法院强制执行。如何理解和协调行政机关申请人民法院作出禁止

---

① Majority Opinions：Regarding the other elements of the standard, it is clear that any irreparable harm caused by the training exercises would be trumped by the defendant's interest in effectively training its sailors and the public interest in national defense. The preliminary injunction must be denied on these grounds. Sonar is absolutely critical to preparing for the potential threat posed by enemy submarines, which is a serious hazard to national security. While these activities likely will cause serious harm to the environment and the public's recreational interests, the safety of the entire fleet and the nation are more important in a balance of equities than injuries to marine mammals.

令与行政非诉执行二者之间的关系,需要在司法实践中密切关注。

（一）二者具有一定的共同性

禁止令保全措施与行政非诉强制执行申请的主体均包含或者就是行政机关,在特定情形下某些特定行政机关可能既有权申请人民法院采取禁止令保全措施,也有权申请人民法院强制执行其行政决定;人民法院受理申请后经审查均要作出是否准予的裁定,若行政机关依法申请人民法院强制执行其作出的责令行政相对人停止生产、停产整治等行政决定,则可能会与本解释所规范的申请人民法院采取的禁止令保全措施相同或者相近,所产生的法律效果可能也具有一致性。

（二）二者具有明显的差异

尽管本解释规范的禁止令保全措施与行政非诉执行具有一定的共同性,但二者之间的差异亦很明显。1. 法理基础不同。本解释在起草之初基于环境保护禁止令司法实践较多发生在行政非诉执行案件中,曾考虑对行政非诉执行程序中适用禁止令的情形作出相应的规定,但鉴于行政非诉执行程序中适用禁止令在性质上属于先予执行行政决定,实质上系司法的提前介入,而此种先予执行、提前介入均缺乏明确的法律依据,与本解释规范的禁止令保全措施的法理基础明显不同,故后续完善解释过程中就将该部分内容舍弃了。2. 期限要求不同。依据《行政强制法》第五十三条、第五十四条规定,没有行政强制权的行政机关申请人民法院强制执行相关行政决定,有相应的期限限制要求,即行政机关作出行政决定后,需要等当事人不申请行政复议或者提起行政诉讼又不履行行政决定才能自期限届满之日起三个月内申请人民法院强制执行,且在申请强制执行前尚需给予10日的催告期限,而申请禁止令是没有这些期限条件的限制。即便依据《行政强制法》第五十九条规定,若情况紧急,为保障公共安全,行政机关可以申请人民法院立即执行,经院长批准,人民法院自作出执行裁定之日起5日内执行,但缺乏具体的配套规则指引。3. 申请主体不同。申请人民法院强制执行仅限于作出行政决定且没有行政强制执行权的行政机关,而本解释所述"国家规定的机关"既包括有权提起环境民事公益诉讼的检察机关,也包括获得授权有资格提起生态环境损害赔偿诉讼的省级、市地级人民政府及其指定的部门、机构、受国务院委托代行全民所有自然资源资产所有权的部门,以及《固体废物污染环境防治法》《森林法》等环境资源法律规定的负有相关监督管理的行政主管机关,二者的申请主体并非完全一致,甚至差异很大。即便在特定情况下二者的申请主体有交叉,也并不影响两制度并行不悖。如此规定实际上相当于赋予该行政机关相应的选择权:既可以依据《行政强制法》的规定申请人民法院强制执行其已经作出的行政决定,也可以依据《民法典》和相关司法解释的规定提起生态环境损害赔偿诉讼并基于本解释申请人民法院采取禁止令保全措施,其目的均为更好地保护生态环境,维护人民群众的环境权益。

二、人民法院作出禁止令不以行政处理为前提

本解释第五条明确要求人民法院在作出禁止令时要考量"被申请人污染环境、破坏生态行为被行政主管机关依法处理后仍继续实施"的情形,是否意味着人民法院作出禁止令需要以行政处理为前置条件。实际上,该问题在本解释起草过程中一直有讨论、争议,一种意见认为污染环境、破坏生态行为具有很强的专业性、技术性,审理案件的法官往往缺乏相关的专业知识,对于生态环境违法行为应由负有监督管理职责的行政主管机关先行处理,人民法院不宜直接冲到第一线,在行政机关尚未处理时即依当事人申请对被申请人采取禁止令保全措施,可能会产生司法权僭越行政权的问题,且行政机关先行处理也有利于人民法院防范不必要的职业风险,故行政前置有其必要性;另一种意见则认为,生态环境侵权诉讼,尤其公益诉讼,所保护的法益包含或者就是生态环境国家利益和社会公共利益,人民法院在生态环境保护领域即应充分发挥司法能动性,担当作为,且禁止令作为一种行为保全措施,依法审查作出本就是人民法院的职权范围,不存在司法权僭越行政权的问题,行政机关是否已经作出行政处理不影响人民法院依申请采取禁止令保全措施。实际上,国家近几年创设的生态环境损害赔偿诉讼制度,在某种意义上就是因行政执法中存在的一些问题,希冀借助司法的力量推进生态环境保护。应当说,两种意见各有其立论依据,各有其道理。自上而下的环境行政规制与自下而上的环境司法规制,在为当事人设定最佳注意激励的运作方式上存有差异,这些差异决定着法院和政府在环境规制议题上各自的优劣。相比较而言,环境司法规制在减小规制人员机会主义倾向、信息获取、个案判断灵活性和职权配置清晰性上具有比较优势。① 经认真比较研究,本解释在借鉴吸收两种意见合理内容的基础上,将被申请人被行政处理后依然继续实施生态环境违法行为作为人民法院作出禁止令的考量因素之一予以规定。也就是说,若被申请人存在此种情形,则人民法院作出禁止令的几率将会大大增加;但若被申请人不存在此种情形,甚至尚未受到行政处理,人民法院基于具体个案、综合考量其他因素依然可以作出禁止令。由此,行政主管机关对被申请人生态环境违法行为的行政处理并非人民法院作出禁止令的前置条件。

尽管人民法院作出禁止令并非以行政主管机关对生态环境违法行为先行处理

---

① 何江:《论环境规制中的法院角色——从环境公益诉讼的模式选择说开去》,载《北京理工大学学报(社会科学版)》2020 年第 1 期。

为前提,但是人民法院在审查判断是否对被申请人作出禁止令时,在时间和条件允许的情况下还是应尽可能听取或征求当地行政主管机关意见,以确保禁止令的作出符合客观实际,避免出现重大失误。

【法条链接】

《环境保护法》

第五十九条第一款 企业事业单位和其他生产经营者违法排放污染物,受到罚款处罚,被责令改正,拒不改正的,依法作出处罚决定的行政机关可以自责令改正之日的次日起,按照原处罚数额按日连续处罚。

第六十条 企业事业单位和其他生产经营者超过污染物排放标准或者超过重点污染物排放总量控制指标排放污染物的,县级以上人民政府环境保护主管部门可以责令其采取限制生产、停产整治等措施;情节严重的,报经有批准权的人民政府批准,责令停业、关闭。

第六十一条 建设单位未依法提交建设项目环境影响评价文件或者环境影响评价文件未经批准,擅自开工建设的,由负有环境保护监督管理职责的部门责令停止建设,处以罚款,并可以责令恢复原状。

第六十三条 企业事业单位和其他生产经营者有下列行为之一,尚不构成犯罪的,除依照有关法律法规规定予以处罚外,由县级以上人民政府环境保护主管部门或者其他有关部门将案件移送公安机关,对其直接负责的主管人员和其他直接责任人员,处十日以上十五日以下拘留;情节较轻的,处五日以上十日以下拘留:

(一)建设项目未依法进行环境影响评价,被责令停止建设,拒不执行的;

(二)违反法律规定,未取得排污许可证排放污染物,被责令停止排污,拒不执行的;

(三)通过暗管、渗井、渗坑、灌注或者篡改、伪造监测数据,或者不正常运行防治污染设施等逃避监管的方式违法排放污染物的;

(四)生产、使用国家明令禁止生产、使用的农药,被责令改正,拒不改正的。

《固体废物污染环境防治法》

第一百一十二条第一款 违反本法规定,有下列行为之一,由生态环境主管部门责令改正,处以罚款,没收违法所得;情节严重的,报经有批准权的人民政府批准,可以责令停业或者关闭:

(一)未按照规定设置危险废物识别标志的;

(二)未按照国家有关规定制定危险废物管理计划或者申报危险废物有关资料的;

（三）擅自倾倒、堆放危险废物的；

（四）将危险废物提供或者委托给无许可证的单位或者其他生产经营者从事经营活动的；

（五）未按照国家有关规定填写、运行危险废物转移联单或者未经批准擅自转移危险废物的；

（六）未按照国家环境保护标准贮存、利用、处置危险废物或者将危险废物混入非危险废物中贮存的；

（七）未经安全性处置，混合收集、贮存、运输、处置具有不相容性质的危险废物的；

（八）将危险废物与旅客在同一运输工具上载运的；

（九）未经消除污染处理，将收集、贮存、运输、处置危险废物的场所、设施、设备和容器、包装物及其他物品转作他用的；

（十）未采取相应防范措施，造成危险废物扬散、流失、渗漏或者其他环境污染的；

（十一）在运输过程中沿途丢弃、遗撒危险废物的；

（十二）未制定危险废物意外事故防范措施和应急预案的；

（十三）未按照国家有关规定建立危险废物管理台账并如实记录的。

《森林法》

第七十四条　违反本法规定，进行开垦、采石、采砂、采土或者其他活动，造成林木毁坏的，由县级以上人民政府林业主管部门责令停止违法行为，限期在原地或者异地补种毁坏株数一倍以上三倍以下的树木，可以处毁坏林木价值五倍以下的罚款；造成林地毁坏的，由县级以上人民政府林业主管部门责令停止违法行为，限期恢复植被和林业生产条件，可以处恢复植被和林业生产条件所需费用三倍以下的罚款。

违反本法规定，在幼林地砍柴、毁苗、放牧造成林木毁坏的，由县级以上人民政府林业主管部门责令停止违法行为，限期在原地或者异地补种毁坏株数一倍以上三倍以下的树木。

向林地排放重金属或者其他有毒有害物质含量超标的污水、污泥，以及可能造成林地污染的清淤底泥、尾矿、矿渣等的，依照《中华人民共和国土壤污染防治法》的有关规定处罚。

《长江保护法》

第八十七条　违反本法规定，非法侵占长江流域河湖水域，或者违法利用、占用河湖岸线的，由县级以上人民政府水行政、自然资源等主管部门按照职责分工，责令停止违法行为，限期拆除并恢复原状，所需费用由违法者承担，没收违法所得，并处五万元以上五十万元以下罚款。

第八十八条 违反本法规定，有下列行为之一的，由县级以上人民政府生态环境、自然资源等主管部门按照职责分工，责令停止违法行为，限期拆除并恢复原状，所需费用由违法者承担，没收违法所得，并处五十万元以上五百万元以下罚款，对直接负责的主管人员和其他直接责任人员处五万元以上十万元以下罚款；情节严重的，报经有批准权的人民政府批准，责令关闭：

（一）在长江干支流岸线一公里范围内新建、扩建化工园区和化工项目的；

（二）在长江干流岸线三公里范围内和重要支流岸线一公里范围内新建、改建、扩建尾矿库的；

（三）违反生态环境准入清单的规定进行生产建设活动的。

第九十一条 违反本法规定，在长江流域未依法取得许可从事采砂活动，或者在禁止采砂区和禁止采砂期从事采砂活动的，由国务院水行政主管部门有关流域管理机构或者县级以上地方人民政府水行政主管部门责令停止违法行为，没收违法所得以及用于违法活动的船舶、设备、工具，并处货值金额二倍以上二十倍以下罚款；货值金额不足十万元的，并处二十万元以上二百万元以下罚款；已经取得河道采砂许可证的，吊销河道采砂许可证。

《行政强制法》

第五十三条 当事人在法定期限内不申请行政复议或者提起行政诉讼，又不履行行政决定的，没有行政强制执行权的行政机关可以自期限届满之日起三个月内，依照本章规定申请人民法院强制执行。

第五十四条 行政机关申请人民法院强制执行前，应当催告当事人履行义务。催告书送达十日后当事人仍未履行义务的，行政机关可以向所在地有管辖权的人民法院申请强制执行；执行对象是不动产的，向不动产所在地有管辖权的人民法院申请强制执行。

第五十九条 因情况紧急，为保障公共安全，行政机关可以申请人民法院立即执行。经人民法院院长批准，人民法院应当自作出执行裁定之日起五日内执行。

《环境侵权司法解释》

第十二条 被申请人具有环境保护法第六十三条规定情形之一，当事人或者利害关系人根据民事诉讼法第一百条或者第一百零一条规定申请保全的，人民法院可以裁定责令被申请人立即停止侵害行为或者采取防治措施。

《最高人民法院关于审查知识产权纠纷行为保全案件适用法律若干问题的规定》

第七条 人民法院审查行为保全申请，应当综合考量下列因素：

（一）申请人的请求是否具有事实基础和法律依据，包括请求保护的知识产权效力是否稳定；

（二）不采取行为保全措施是否会使申请人的合法权益受到难以弥补的损害或者造成案件裁决难以执行等损害；

（三）不采取行为保全措施对申请人造成的损害是否超过采取行为保全措施对被申请人造成的损害；

（四）采取行为保全措施是否损害社会公共利益；

（五）其他应当考量的因素。

中共中央办公厅、国务院办公厅《生态环境损害赔偿制度改革方案》

四、工作内容

……

（三）明确赔偿权利人。国务院授权省级、市地级政府（包括直辖市所辖的区县级政府，下同）作为本行政区域内生态环境损害赔偿权利人。省域内跨市地的生态环境损害，由省级政府管辖；其他工作范围划分由省级政府根据本地区实际情况确定。省级、市地级政府可指定相关部门或机构负责生态环境损害赔偿具体工作。省级、市地级政府及其指定的部门或机构均有权提起诉讼。跨省域的生态环境损害，由生态环境损害地的相关省级政府协商开展生态环境损害赔偿工作。

在健全国家自然资源资产管理体制试点区，受委托的省级政府可指定统一行使全民所有自然资源资产所有者职责的部门负责生态环境损害赔偿具体工作；国务院直接行使全民所有自然资源资产所有权的，由受委托代行该所有权的部门作为赔偿权利人开展生态环境损害赔偿工作。

> **第六条**　人民法院审查申请人禁止令申请，应当听取被申请人的意见。必要时，可进行现场勘查。
>
> 情况紧急无法询问或者现场勘查的，人民法院应当在裁定准予申请人禁止令申请后四十八小时内听取被申请人的意见。被申请人意见成立的，人民法院应当裁定解除禁止令。

【条文主旨】

本条是关于人民法院对禁止令申请审查程序的规定。

【条文理解】

申请人提出禁止令申请后，人民法院应当对申请人的申请进行审查。人民法院审查的主要标准，是看被申请人是否正在实施或者即将实施污染环境、破坏生态的行为，是否具有现实而紧迫的重大风险，如不及时制止是否会对申请人合法权益或者生态环境造成难以弥补的损害。为此，人民法院在审查申请人禁止令申请时，应当全面了解有关情况，认真听取被申请人的意见，以做到“兼听则明”，必要时还应当进行现场勘查，并在此基础上决定是否作出禁止令。应该说，全面听取被申请人的意见，是人民法院审查判断申请人禁止令申请是否具有正当性和合法性的必要环节，也是人民法院准确作出禁止令裁定的重要程序保障。

一、听取被申请人意见的主要理据

根据本条解释规定，人民法院审查申请人禁止令申请时，应当听取被申请人的意见。只有在情况紧急无法询问的情况下，人民法院才能事前不经听取被申请人意见，直接裁定作出准予申请人禁止令申请。但是，作为补救措施，人民法院在裁定准予申请人禁止令申请后48小时内，仍然应当听取被申请人的意见，若被申请人的意见成立则需立即解除禁止令。因此，听取被申请人意见是人民法院审查判断是否准予禁止令申请的“规定动作”，或者说是不可或缺的程序。

（一）听取被申请人意见是保证人民法院公正作出禁止令的必然要求。禁止令作为行为保全的一项具体措施，主要是通过责令被申请人停止一定行为，暂时满足申请人的现有权益不受被申请人行为的继续侵害。因此，人民法院在生态环境侵权诉讼中审查判断是否准予禁止令申请，应当兼顾不同利益主体的利益诉求，平等保护各方当事人的合法权益，不能顾此失彼，产生利益各方权利保护失衡问题。人民法院只有认真听取被申请人的意见，才能全面审查和判断申请人禁止令申请是否具有合理性和合法性，尽可能预防被申请人合法权益和社会公共利益受到无谓的损害。同时，由于禁止令是在生态环境侵权案件尚未经过实质审理裁判，甚至尚未立案受理情况下作出的，为防止出现恶意申请禁止令，或者借助申请禁止令打击竞争对手或者达到其他非法目的的情形，避免人民法院偏听偏信，错误地作出禁止令，本条解释规定要求法官在作出禁止令前须听取被申请人的意见，必要时还要对现场进行勘查，以确保人民法院在审查禁止令申请时能够较为全面客观地了解环境污染、生态破坏的实际情况，以确定是否有必要作出禁止令。综上，只有充分听取被申请人的意见，才能保障人民法院作出禁止令的公正性、合理性，禁止令才能令人信服，更好地被执行。

（二）听取被申请人意见是禁止令申请审查程序的内在要求。禁止令是在生态环境案件起诉前或诉讼过程中，当事人或者利害关系人为了防止污染环境、破坏生态的行为人继续实施危害生态环境的行为，向人民法院提出的以禁止行为人实施一定生态环境损害行为为内容的临时性救济措施。它实质上是一种旨在及时制止污染环境、破坏生态行为的诉前或诉中禁止性命令，是对即将发生或者正在发生的生态环境侵害行为最直接有效的干预和纠正,避免造成或者扩大生态环境损害。鉴于人民法院采取禁止令保全措施不需要严格的对审程序,事前或者事后及时听取被申请人意见就显得格外重要。禁止令裁定与纠纷处理的终局性裁判在程序上存在明显差别。终局性裁判的程序具有较强的对抗性,是争议双方相互攻击和防御,独任法官或合议庭经过审理对所涉纠纷进行居中判断的终局结果;而禁止令裁定具有命令性,案涉纠纷尚未审理,仅是对是否立即停止被申请人的一定行为进行审查判决,并以人民法院名义作出的临时性救济措施。禁止令具有较为强烈的国家职权命令色彩,要求人民法院审查判断是否准予申请人禁止令申请时应当十分慎重,尽可能详细调查了解有关事实情况,全面审查核实当事人提交的证明材料,尽可能调查清楚当事人主张的事实和理由。特别是要为当事人提供最基本的程序保障,让各方当事人平等拥有发表意见的机会,听取各方当事人的陈述和申辩,便于人民法院在此基础上作出中立公正的裁量。

(三)听取被申请人意见是保护被申请人合法权益的有效途径。禁止令是对申请人合法权益或者生态环境提供临时性救济保护。被申请人作为禁止令申请的一方当事人,人民法院亦应平等对待,在程序上不能厚此薄彼,忽视对被申请人合法权益的保护。人民法院一旦作出禁止令,可能会导致被申请人停产停业,禁用或拆除有关生产设施等,甚至会给被申请人带来巨大经济损失。因此,人民法院在作出禁止令之前,应当给被申请人提供表达意见进行抗辩的机会,不能在没有调查清楚有关事实、缺乏证据的情况下,仅仅依据申请人的申请就作出责令被申请人立即停止一定行为的禁止令,要防止过度追求司法效率而给被申请人的实体权利造成不必要的损害。故人民法院在审查判断是否作出禁止令时,应当充分听取被申请人的意见。实际上,除本条解释规定的听取被申请人意见的程序保障外,本解释同时还规定了禁止令保全程序中被申请人的其他权利保障机制,形成了较为完备的被申请人权利保障体系:一是严格规定申请人申请生态环境禁止令的证明责任,即申请人向人民法院申请作出生态环境保护禁止令,应当提交被申请人正在实施或者即将实施污染环境、破坏生态行为,以及如不及时制止将使申请人合法权益或者生态环境受到难以弥补损害的相应证明材料(本解释第四条)。二是明确规范法院审查禁止令的标准,即人民法院在审查被申请人污染环境、破坏生态行为是否具有现实而紧迫的重大风险,如不及时制止将对申请人合法权益或者生态环境造成难以弥补损害时,应当综合考量相关因素,如被申请人污染环境、破坏生态行为被行政主管机关依法处理后仍继续实施,被申请人污染环境、破坏生态行为对申请人合法权益或者生态环境造成的损害超过禁止被申请人一定行为对其合法权益造成的损害,禁止被申请人一定行为对国家利益、社会公共利益或者他人合法权益产生的不利影响等(本解释第五条)。三是规定申请人应当按照人民法院要求提供担保,即申请人在提起诉讼时或者诉讼过程中申请禁止令的,人民法院可以责令申请人提供担保,不提供担保的,裁定驳回申请。申请人提起诉讼前申请禁止令的,人民法院应当责令申请人提供担保,不提供担保的,裁定驳回其申请(本解释第6条)。四是规定被申请人申辩的权利。被申请人对人民法院裁定准予申请人禁止令申请不服的,可在收到裁定书之日起5日内向作出裁定的人民法院申请复议一次。人民法院应当在收到复议申请后10日内审查并作出裁定(本解释第十条)。五是规定生态环境保护禁止令及时解除制度。申请人在人民法院作出诉前禁止令后30日内不依法提起诉讼的,人民法院应当在30日届满后5日内裁定解除禁止令。禁止令效力期间内,申请人、被申请人或者利害关系人以据以作出裁定的事由发生变化为由,申请解除禁止令的,人民法院应当在收到申请后5日内裁定是否解除(本解释第十一条)。综上,人民法院在审查判断是否作出禁止令时充分听取被申请人的意见,是本解释平等保护当事人合法权益的一项重要程序安排。

(四)听取被申请人意见是保证法官裁量权正确行使的客观需要。人民法院在审查判断是否作出禁止令时,需要对各方不同利益进行综合考量,既要考虑保护申请人合法权益、生态环境国家利益和社会公共利益,又要考虑保护被申请人的合法权益,准确判断被申请人是否具有污染环境、破坏生态行为,以及其行为是否具有现实而紧迫的重大风险,如不及时制止将对申请人合法权益或者生态环境造成难以弥补的损害。因此,人民法院要对各种现实的和潜在的损害进行利益衡量。为避免裁量权被滥用,本条解释明确规定人民法院审查禁止令申请过程中要听取被申请人意见,可以对受理禁止令申请法官的自由裁量权形成必要的约束,保证人民法院在审查判断是否准予申请人禁止令申请时,公平、公正地行使司法判断权。

二、人民法院事前听取被申请人意见后的处理

为切实落实"保护优先、预防为主"原则,及时有效防止或者减少生态环境损害影响,人民法院应当基于申请人的申请,根据案件事实的具体情况,及时作出是否准予申请人禁止令申请的裁定。人民法院在审查申请人禁止令申请时,应当坚持原则性和灵活性相结合的方针,全面准确地进行审查。因为每个案件面临的情况不同,法官可以根据案件实际情况,紧紧围绕被申请人是否存在污染环境、破坏生态行为,是否具有现实而紧迫的重大风险,如不及时制止将对申请人合法权益或者生态环境造成难以弥补损害这一关键问题,采取灵活多样的方式,对申请人禁止令申请是否符合规定进行审查判断。

按照本条解释规定,人民法院审查申请人提出的禁止令申请时,原则上应当在

作出禁止令之前，听取被申请人的意见，必要时还要进行现场勘查。人民法院听取被申请人、现场勘查的意见后，如果能够判断申请事由成立，经综合考量本解释所述相关因素，即可以作出准予申请人禁止令申请的裁定；否则即可裁定驳回申请人的禁止令申请。

三、事前无法询问或者现场勘查的特别处理

按照本条解释规定，人民法院在审查申请人禁止令申请时，应当听取被申请人的意见；必要时，要进行现场勘查。根据这一规定，听取被申请人意见，进行必要的现场勘查，原则上是人民法院准予申请人禁止令申请的前置程序。人民法院如事前没有听取被申请人意见，或者没有进行必要的现场勘查，原则上不应当作出准予禁止令申请的裁定。

但是，生态环境一旦受到损害，就难以恢复到原有状态，甚至完全丧失生态服务功能。生态环境侵权行为不同于普通侵权行为，它具有突发性、瞬时性、不可逆转性等自身特征。生态环境侵权行为一旦发生，其危害后果通常具有持续性、长久性、滞后性、难以修复性等特点。因此，“保护优先、预防为主”是生态环境保护的重要原则之一。为预防发生生态环境侵权行为、防范生态环境风险，维护当事人的合法权益，全面保护生态环境，及时制止正在发生或者可能发生的污染环境、破坏生态行为，本解释明确规定，如果由于情况紧急，人民法院确实无法在作出禁止令裁定前听取被申请人的意见，不能组织询问，或者进行现场勘查，也应当根据申请人陈述的事实理由及提交的证明材料，及时作出是否准予申请人禁止令申请的裁定。因为禁止令贵在及时，稍有延误，便有可能造成难以弥补的损害。但是，若人民法院在没有事前询问、现场勘查的情况下即准予禁止令申请，则要在作出禁止令裁定后四十八小时内，听取被申请人的意见，作为事前未听取被申请人意见的补救措施，并根据被申请人的意见是否成立，确定是否解除禁止令。

本条解释明确规定在情况紧急，没有询问被申请人、听取其意见的情况下，赋予受理申请的人民法院作出准予禁止令申请权力的主要目的是实现环境司法正义，最大限度地维护当事人的合法权益，保障实现申请人的合法权益和公众的环境权益，保护生态环境安全，实现经济社会健康发展。如果不在生态环境侵权诉讼前或诉讼中采取果断措施，即便最后案件经过审理确定行为人的环境侵害、生态破坏法律责任，对申请人合法权益或者生态环境难以弥补的损害已经造成，生态环境无法得到修复，环境正义也就无法实现。

实际上，域外国家和地区的禁止令司法实践也有类似处理。根据德国《民事诉讼法》的规定，对于假处分的裁判，通常情况下应当进行言词辩论，只有在急迫情形

下，可以不经言词辩论。日本《民事保全法》规定，不经过双方当事人口头辩论，原则上不得发布假处分命令；但是，在具备特定事由时，不在此限。在韩国，假处分可以不经过辩论程序径行裁判；但对于临时性假处分，应当为债务人提供抗辩或者解释的机会，如果通过法庭辩论或者调查询问债务人的方式进行裁判就有可能错失良机，导致不能实现假处分的目的，也可以不经过法庭辩论或者不调查询问债务人径行裁判。我国澳门地区《民事诉讼法典》规定，法院须于命令采取保全措施前听取声请所针对之人陈述，但听取其陈述可能严重妨碍该措施达致其目的或产生其效力者除外。英美法系国家法律中的中间禁令规定，为了实现权利救济的迅速性，在情况紧急下，法院可以不经通知被申请人，即可作出禁止令。如美国临时禁止令原则上不需要听证，但临时禁止令转化为初步禁止令则需要听证。为保障诉讼效率，美国《联邦民事诉讼规则》规定，中间禁止令听证与实体审理可以合并进行。被告可基于禁止令在形式上、范围上和理由上的错误向上级法院上诉。当然，原告在法院不发布禁止令时也有权上诉。英国禁止令审查程序规定，法院应当组织听证程序，给予被告辩论的机会；法院在听证程序不审查全部事实争议，只是审查与是否发布禁令有关的事实争议，但在申请紧急临时性禁止令时，如果有证据证明有颁布紧急临时性禁止令以保全有关财产、证据或其他利益的必要性，那么法院也可以直接颁布临时性禁止令而无须通知被告。就我国内地而言，人民法院在作出准予申请人禁止令申请前，虽然没有听取被申请人的意见，但是，人民法院并非任意作出裁定，它通常是根据申请人提供的事实和理由以及相关证明材料，认为确实存在被申请人正在实施或者即将实施污染环境、破坏生态行为，如不及时制止将使申请人合法权益或者生态环境受到难以弥补损害的情形，同时对本解释规定的其他因素进行综合考量后才作出相应的判断。本解释明确规定了严格的禁止令申请条件和程序，同时还有申请担保和法律责任制度等一系列配套措施。这些措施可以基本达到采取禁止令保全措施的目的，防止人民法院在没有听取被申请人意见的情况下，恣意裁定准许禁止令申请。至于何为“情况紧急”，考虑到生态环境侵权案件的复杂性，本解释对此未作明确界定，可由法官根据具体案件的实际情况作出相应的审查判断。

【审判实务中应注意的问题】

根据本条解释规定，人民法院审查禁止令申请时，应当听取被申请人的意见。被申请人在陈述意见时，可能会表示愿意提供担保，以换取人民法院不准予申请人禁止令申请或者请求解除已经作出的禁止令。对此，受理禁止令申请或者已经作出禁止令的人民法院在遇到此种情形时需特别谨慎处理。《民事诉讼法》第一百零四条规定:“财产纠纷案件,被申请人提供担保的,人民法院应当裁定解除保全。”《民事诉讼法司法解释》第一百六十七条规定:“财产保全的被保全人提供其他等值担保财产且有利于执行的,人民法院可以裁定变更保全标的物为被保全人提供的担保财产。”据此,在被申请人提供担保的情况下似应该不准予申请人禁止令申请,在已经采取禁止令保全措施的情况下,似也应同意被申请人的解除请求。实际上,本解释在征求意见过程中,也有部门建议依据前述法律、司法解释规定,对被申请人提供担保请求解除禁止令的情形予以规定。但是,“对于行为保全,不存在提供担保的问题,不能因为提供担保,就不实施行为保全,只有财产保全才可以因为义务人提供担保,可以解除保全措施”①。行为保全的作出和解除,完全取决于行为保全的必要性。考虑到禁止令作为生态环境侵权领域的临时性救济措施,目的是及时防止生态环境损害的发生或者扩大,重点在于维护申请人合法权益和生态环境国家利益、社会公共利益,与一般民事侵权领域的行为保全有较大的区别;2017年《民事诉讼法》第一百零四条和《民事诉讼法司法解释》第一百六十七条针对的均是“财产纠纷案件”,与本解释所涉生态环境侵权案件所要保护的法益并不相同。因此,即便被申请人提供担保,原则上人民法院也不能据此不准予申请人禁止令申请,已经采取禁止令保全措施的,也不能据此解除禁止令;除非被申请人提供的担保能够产生使污染环境、破坏生态行为停止的效果,进而可以导致申请人合法权益或者生态环境受到难以弥补损害的风险灭失。

【法条链接】

《民事诉讼法》

第一百零三条第一款 人民法院对于可能因当事人一方的行为或者其他原因,使判决难以执行或者造成当事人其他损害的案件,根据对方当事人的申请,可以裁定对其财产进行保全、责令其作出一定行为或者禁止其作出一定行为;当事人没有提出申请的,人民法院在必要时也可以裁定采取保全措施。

第一百零四条第一款 利害关系人因情况紧急,不立即申请保全将会使其合法权益受到难以弥补的损害的,可以在提起诉讼或者申请仲裁前向被保全财产所在地、被申请人住所地或者对案件有管辖权的人民法院申请采取保全措施。申请人应当提供担保,不提供担保的,裁定驳回申请。

《环境侵权司法解释》

第十二条 被申请人具有环境保护法第六十三条规定情形之一,当事人或者

---

① 张卫平:《民事诉讼法》(第5版),法律出版社2019年版,第282页。

利害关系人根据民事诉讼法第一百条或者第一百零一条规定申请保全的，人民法院可以裁定责令被申请人立即停止侵害行为或者采取防治措施。

《最高人民法院关于审查知识产权纠纷行为保全案件适用法律若干问题的规定》

第五条第一款 人民法院裁定采取行为保全措施前，应当询问申请人和被申请人，但因情况紧急或者询问可能影响保全措施执行等情形除外。

《最高人民法院关于办理申请人民法院强制执行国有土地上房屋征收补偿决定案件若干问题的规定》

第五条 人民法院在审查期间，可以根据需要调取相关证据、询问当事人、组织听证或者进行现场调查。

第七条 申请人在提起诉讼时或者诉讼过程中申请禁止令的，人民法院可以责令申请人提供担保，不提供担保的，裁定驳回申请。

申请人提起诉讼前申请禁止令的，人民法院应当责令申请人提供担保，不提供担保的，裁定驳回申请。

【条文主旨】

本条是关于申请禁止令提供担保的规定。

【条文理解】

一、关于责令申请人提供担保的法理基础

行为保全的历史渊源最早可以追溯到罗马法上的禁止令状。后在大陆法系延续为假处分制度，在英美法系则发展为复杂的禁令制度。19 世纪的德国率先在民事诉讼法中确立假处分制度，并被许多其他大陆法系国家纷纷仿效，假处分制度从而成为大陆法系国家行为保全制度的代表；而英美国家采取的中间禁令与大陆法系的假处分制度具有相似的功能设计，一般分为两类，即强制令和制止令。强制令是指在庭审前，法院为保护原告在诉讼期间免受难以弥补的损害，要求被告积极作出某些行为的命令；制止令是指法院为保护原告在诉讼进行期间免受不可弥补的损害，要求被告不得为某种行为的命令。2012 年《民事诉讼法》新增行为保全制度，2017 年修正予以延续。根据 2017 年《民事诉讼法》第一百条、第一百零一条的规定，行为保全既包含强制性行为保全，也包含制止性行为保全。鉴于生态环境侵权的自身特点，并参照《民法典》第九百九十七条关于人格权保护禁令的规定，本解释

将生态环境侵权领域适用的禁止令保全措施,限定为责令行为人停止一定行为,在性质上可归属为制止性或者禁止性行为保全范畴。

禁止令作为一项临时性救济措施,系人民法院基于当事人或者利害关系人申请,根据生态环境侵权的实际情况依法审查作出的。但是,鉴于禁止令所涉生态环境侵权纠纷案件尚未经过审理、裁判,甚至尚未受理,申请人提交的证明材料仅是初步的,其陈述的事实和理由也没有经过全面深入的审核确认,即便人民法院经过询问甚至现场勘查,但囿于专业知识和社会经验,所作出的准予禁止令申请的判断也难以百分之百保证符合客观真实,而人民法院一旦作出禁止令,将对被申请人产生一定负面影响,甚至造成重大损失,故禁止令若申请有误将直接导致申请人对被申请人损失的赔偿问题。为了使这种赔偿不至于落空,申请人事先应当通过提供担保来证实自己确有这种赔偿能力,从而体现对被申请人合法权益的平等保护,同时也提示申请人申请禁止令时需谨慎从事,防止申请禁止令的随意性。而且,实践中也不能完全避免民事主体为排挤打击竞争对手,恶意申请禁止令的情形,故责令申请人申请禁止令时提供担保也有助于防止或者减少此种情形的发生。

二、关于是否责令提供担保的考量

本解释将《民事诉讼法》行为保全制度作为起草的基本框架,一体适用该制度关于申请人提供担保的相关规定。对于申请人申请诉中禁止令的,本条解释第一款与《民事诉讼法》第一百零三条第二款关于"人民法院采取保全措施,可以责令申请人提供担保,申请人不提供担保的,裁定驳回申请"的表述基本一致。人民法院可以责令申请人提供担保,也可以不要求申请人提供担保,人民法院根据生态环境侵权案件具体情况,依法作出是否要求申请人提供担保的判断;对于申请人申请诉前禁止令的,本条解释第二款与《民事诉讼法》第一百零四条第一款中关于申请诉前保全的,"申请人应当提供担保,不提供担保的,裁定驳回申请"的表述基本一致。申请人在生态环境侵权诉讼前申请禁止令的,人民法院应当责令申请人提供担保,不提供担保的,裁定驳回申请。

基于本条解释第一款规定,对于诉中禁止令申请,人民法院可以责令当事人提供担保。该款实际上赋予了人民法院根据生态环境侵权案件具体情况决定是否责令当事人提供担保的裁量权。需要注意的是,申请人提供担保不是人民法院裁定采取诉中禁止令措施的条件,在审查判断当事人诉中禁止令申请是否符合有关条件时,人民法院不宜将当事人是否提供担保作为裁量因素。但是,人民法院决定采取禁止令保全措施,可以根据生态环境侵权案件的具体案情,基于申请人胜诉的可能性、案件涉及的权益类型(人身权、财产权还是环境公共利益)、采取禁止令保全措施给被申请人造成损害的可能性及大小等因素，责令申请人提供一定担保，以便在出现保全错误时对被申请人进行损失赔偿。因此，如果申请人的禁止令申请不符合有关条件，即便提交担保，人民法院也不应支持其申请；相反，即便申请人没有提供担保，但若涉及生态环境国家利益、社会公共利益，在满足其他条件的情况下，人民法院也应准予申请人的禁止令申请。同时，一旦人民法院责令申请人提供担保，申请人是否提供担保就成为人民法院是否最终裁定准予申请人禁止令申请的重要因素。如果申请人在人民法院责令其提供担保后不提供担保，人民法院可以裁定驳回其申请。

与诉中禁止令相比，诉前禁止令更强调情况紧急。由于时间和条件的限制，诉前禁止令出现申请错误的概率更大，人民法院作出诉前禁止令时应该比诉中禁止令更为谨慎。为充分保障被申请人的利益，督促申请人慎重申请诉前禁止令，人民法院应当责令申请人提供担保。根据本条解释第二款，申请人提供担保是人民法院准予其诉前禁止令申请的必要条件，当事人不提供担保的，裁定驳回其申请。

【审判实务中应注意的问题】

对于申请人申请诉中禁止令的，人民法院是否需要责令申请人提供担保，可以借鉴和参考下列比较法的规定和相关域外案例的裁判规则。

目前，美国《联邦民事诉讼程序规则》以及大多数州制定法都要求原告申请中间禁止令时需要提供担保。担保额由法院自由裁量决定。该机制为《联邦民事诉讼规则》第65(c)条明确规定的担保，其中第65(c)条第2句明确规定："美利坚合众国、其官员以及机构无须提供担保。"美国作为判例法国家，审理案件的法官有判断申请人应否提供担保的自由裁量权，可以在综合考虑申请人财力、被申请人财力、公共利益、双方胜诉可能性后作出无须提供担保的决定。此外，通过判例，美国法院还确定了若申请人资金有限，法院可不要求其提供担保或者只要求其提供名义上的担保；当申请人为公共利益提起诉讼时，法院可以免除申请人的担保义务。为了保障当事人之间的利益平衡，美国法院在司法实践中不希望对禁止令的担保成为申请人维护自身合法权益时的障碍，并且试图激励更多的人来维护社会公共利益。经初步考察，美国司法判例中无须提供担保的情形主要包括：(1)当被申请人是市政厅或者郡级政府等政府机构时，由于执行中间禁止令不会产生被申请人难以支付的费用或对被申请人造成巨大损失，担保就不是强制性的；(2)申请人的财力不足以支付担保；(3)担保会严重影响当事人提起诉讼的动力，从而影响重要个人权利和公共利益的保护；(4)发出中间禁止令不会对被申请人造成金钱损失；(5)申请人的胜诉可能性十分大；(6)申请人财产状况良好，完全能够弥补被申请人的损失;(7)被申请人没有要求担保。

例如,在欧洲委员会诉波兰(Commission v. Poland,ecli)一案中,①波兰政府在2016年以防治甲虫为由开始砍伐波兰比亚沃韦扎森林(Puszcza Białowieska);②欧盟委员会在与波兰政府沟通未果后,根据《欧盟运作条约》(TFEU)第258条对波兰政府提起法律诉讼。该案中,为了应对云杉树皮甲虫(Spruce Bark Beetle)的爆发,2016年,波兰环境部部长授权增加Białowieska森林的伐木量,并在以前不属于此类活动范围的地区开展森林管理活动,如"卫生修剪"、森林恢复;在Białowieska森林自然保护区约34,000公顷的区域内,开始了枯树和受云杉树皮甲虫影响的树木的清除工作。欧盟委员会认为,这些森林管理作业对维持自然栖息地和动物、鸟类物种栖息地产生了负面影响,而对这些物种的保护则是指定Białowieska森林为自然保护区的原因。2017年7月,欧洲法院启动紧急程序,暂时同意欧盟委员会提出停止砍伐活动的请求。2017年9月11日,当事各方在法院举行的听证会上发表了口头意见。2017年11月20日,欧洲法院发布禁止令,要求波兰立即停止砍伐行为,否则便会处以每日高达10亿欧元的罚金。欧盟委员会还要求法院在法院对主要诉讼程序作出判决之前,命令波兰政府停止清除具有数百年历史的云杉枯木和砍伐树木的行为。欧洲法院指出,欧盟委员会所提出的论点并非毫无根据,并且森林管理作业未能遵守《栖息地指令》和《鸟类指令》的保护要求也并非不可置信;森林管理作业涉及清除老树、垂死或枯死的树木,包括受树皮甲虫影响的树木和未受影响的树木,这些作业很可能对有关栖息地产生影响;这种后果很可能对欧盟的利益及其共同遗产构成严重的、不可弥补的损害。事实上,如果欧盟委员会关于波兰未履行义务的指控成立,那么砍伐和清除这些树木所造成的损害就不可能在以后得到纠正,欧盟委员会所要求的临时措施具有紧迫性;波兰在缺乏关于云杉树皮甲虫可能在短期内造成的损害的详细资料的情况下,更迫切需要防止继续进行有关作业对该森林自然保护区造成损害。因此,欧洲法院作出裁决,批准欧盟委员会有关采取临时措施的申请,并拒绝了波兰提出的欧盟委员会需要提供因其遵守该禁止令

---

① Court of Justice of the EU, Cases C-441/17R Commission v. Poland, ecli:eu:c:2017:877 and C-441/17 Commission v. Poland, ecli:eu:c:2018:255.

② 2007年,欧洲委员会根据《栖息地指令》[关于保护自然栖息地和野生动植物的第92/43/EEC号指令(OJ 1992 L 206,第7页),经2013年5月13日第2013/17/EU号指令修正(OJ 2013 L 158,第193页)。](92/43/EEC)将Białowieska森林指定为"社区利益地点"(Site of Community Interest),因为这里是某些植物、动物和鸟类的栖息地。根据《鸟类指令》[关于保护野生鸟类的第2009/147/EC号指令(OJ 2010 L 20,第7页),经第2013/17号指令修正。](2009/147/EC),该森林也是鸟类的特别保护区域。Białowieża森林是欧洲保存最完好的天然森林之一,其特点是有大量的枯木和古树,其中一些已有数百年历史。

而可能造成的损失费用的担保的要求。

【法条链接】

《民事诉讼法》

第一百零三条 人民法院对于可能因当事人一方的行为或者其他原因，使判决难以执行或者造成当事人其他损害的案件，根据对方当事人的申请，可以裁定对其财产进行保全、责令其作出一定行为或者禁止其作出一定行为；当事人没有提出申请的，人民法院在必要时也可以裁定采取保全措施。

人民法院采取保全措施，可以责令申请人提供担保，申请人不提供担保的，裁定驳回申请。

人民法院接受申请后，对情况紧急的，必须在四十八小时内作出裁定；裁定采取保全措施的，应当立即开始执行。

第一百零四条 利害关系人因情况紧急，不立即申请保全将会使其合法权益受到难以弥补的损害的，可以在提起诉讼或者申请仲裁前向被保全财产所在地、被申请人住所地或者对案件有管辖权的人民法院申请采取保全措施。申请人应当提供担保，不提供担保的，裁定驳回申请。

人民法院接受申请后，必须在四十八小时内作出裁定；裁定采取保全措施的，应当立即开始执行。

申请人在人民法院采取保全措施后三十日内不依法提起诉讼或者申请仲裁的，人民法院应当解除保全。

第一百零五条 申请有错误的，申请人应当赔偿被申请人因保全所遭受的损失。

《民事诉讼法司法解释》

第一百五十二条 人民法院依照民事诉讼法第一百零三条、第一百零四条规定，在采取诉前保全、诉讼保全措施时，责令利害关系人或者当事人提供担保的，应当书面通知。

利害关系人申请诉前保全的，应当提供担保。申请诉前财产保全的，应当提供相当于请求保全数额的担保；情况特殊的，人民法院可以酌情处理。申请诉前行为保全的，担保的数额由人民法院根据案件的具体情况决定。

在诉讼中，人民法院依申请或者依职权采取保全措施的，应当根据案件的具体情况，决定当事人是否应当提供担保以及担保的数额。

第八条 人民法院裁定准予申请人禁止令申请的，应当根据申请人的请求和案件具体情况确定禁止令的效力期间。

【条文主旨】

本条是关于禁止令效力期间的规定。

【条文理解】

所谓禁止令的效力期间，即禁止令从生效至失效的效力存续时间，系指人民法院裁定准予申请人禁止令申请，责令被申请人立即停止一定行为的期限。如人民法院裁定被申请人在3个月内禁止某种排污行为。关于禁止令的生效时间，本解释第九条第一款明确规定，“人民法院准予或者不准予申请人禁止令申请的，应当制作民事裁定书，并送达当事人，裁定书自送达之日起生效”。关于禁止令的效力终止时间，本解释第十一条规定了人民法院依法解除禁止令的情形，包括逾期不起诉解除和依申请解除，即“申请人在人民法院作出诉前禁止令后三十日内不依法提起诉讼的，人民法院应当在三十日届满后五日内裁定解除禁止令”“禁止令效力期间内，申请人、被申请人或者利害关系人以据以作出裁定的事由发生变化为由，申请解除禁止令的，人民法院应当在收到申请后五日内裁定是否解除”。除此之外，司法实践中更为常见的是禁止令因效力期间届满自动失效的情形。

人民法院应当在裁定中明确禁止令的效力期间，主要基于以下法理：

一是基于禁止令的临时救济性质。本解释第一条规定：“申请人以被申请人正在实施或者即将实施污染环境、破坏生态行为，不及时制止将使申请人合法权益或者生态环境受到难以弥补的损害为由，依照民事诉讼法第一百条、第一百零一条规定，向人民法院申请采取禁止令保全措施，责令被申请人立即停止一定行为的，人民法院应予受理。”根据上述规定，生态环境侵权诉讼中的禁止令措施，本质上属于行为保全范畴，可以理解为民事诉讼保全制度在生态环境领域中的延伸适用，且是一种禁止类的行为保全措施。所谓行为保全，是指人民法院作出裁定，责令一方当事人作出一定行为，或者禁止其作出一定行为，防止该当事人正在实施或者将要实施的行为给申请人造成不可弥补的损害。2012年《民事诉讼法》修订时，在原有财产保全制度基础上增加了行为保全的规定，而在此之前，除了《海事诉讼特别程序法》规定的海事强制令外，知识产权领域也有行为保全制度，如诉前责令停止侵犯知识产权行为，法律依据主要为《商标法》《专利法》《著作权法》《集成电路布图设计保护条例》《计算机软件保护条例》中的具体规定。在生态环境侵权诉讼领域，首先就行为保全作出明确规定的是《环境侵权司法解释》，该解释第十二条规定，“被申请人具有环境保护法第六十三条①规定情形之一,当事人或者利害关系人根据民事诉讼法第一百条或者第一百零一条规定申请保全的,人民法院可以裁定责令被申请人立即停止侵害行为或者采取防治措施"。该规定为最高人民法院通过司法解释为生态环境侵权领域适用禁止令保全措施预留了空间。2017年《民事诉讼法》第一百条第一款规定,"人民法院对于可能因当事人一方的行为或者其他原因,使判决难以执行或者造成当事人其他损害的案件,根据对方当事人的申请,可以裁定对其财产进行保全、责令其作出一定行为或者禁止其作出一定行为;当事人没有提出申请的,人民法院在必要时也可以裁定采取保全措施";第一百零一条第一款规定,"利害关系人因情况紧急,不立即申请保全将会使其合法权益受到难以弥补的损害的,可以在提起诉讼或者申请仲裁前向被保全财产所在地、被申请人住所地或者对案件有管辖权的人民法院申请采取保全措施。申请人应当提供担保,不提供担保的,裁定驳回申请"。2021年修正的《民事诉讼法》对上述条文序号进行了调整,但内容保持不变。根据上述规定,行为保全系针对侵权行为采取的一种临时性救济措施,而非终局性救济。既然是临时性救济措施,就需要明确该措施的效力期间,特别是效力终止的具体时间,以免在未经审判的情形下,对被申请人行为造成不当限制,对当事人甚至第三人利益造成不当影响。

关于本解释规范的禁止令的临时救济性质,可对比刑事司法领域的禁止令制度作进一步说明。《刑法修正案(八)》及相关司法解释规定了刑事司法领域的禁止令制度。修正后的《刑法》第三十七条之一第一款规定,"因利用职业便利实施犯罪,或者实施违背职业要求的特定义务的犯罪被判处刑罚的,人民法院可以根据犯罪情况和预防再犯罪的需要,禁止其自刑罚执行完毕之日或者假释之日起从事相关职业,期限为三年至五年";第三十八条第二款规定,"判处管制,可以根据犯罪情况,同时禁止犯罪分子在执行期间从事特定活动,进入特定区域、场所,接触特定的人";第七十二条第二款规定,"宣告缓刑,可以根据犯罪情况,同时禁止犯罪分子在缓刑考验期限内从事特定活动,进入特定区域、场所,接触特定的人"。《刑法》上述规定,在性质上属于终局性的禁止令,系指经过人民法院审判,由生效判决赋予其

---

① 《环境保护法》第六十三条规定:"企业事业单位和其他生产经营者有下列行为之一,尚不构成犯罪的,除依照有关法律法规规定予以处罚外,由县级以上人民政府环境保护主管部门或者其他有关部门将案件移送公安机关,对其直接负责的主管人员和其他直接责任人员,处十日以上十五日以下拘留,情节较轻的,处五日以上十日以下拘留:(一)建设项目未依法进行环境影响评价,被责令停止建设,拒不执行的;(二)违反法律规定,未取得排污许可证排放污染物,被责令停止排污,拒不执行的;(三)通过暗管、渗井、渗坑、灌注或者篡改、伪造监测数据,或者不正常运行防治污染设施等逃避监管的方式违法排放污染物的;(四)生产、使用国家明令禁止生产、使用的农药,被责令改正,拒不改正的。"

终局性,与本解释规范禁止令的临时救济性质并不相同。

二是基于利益平衡的需要。如上所述,禁止令系针对生态环境侵权行为的一种临时性救济措施,并非终局救济,其目的是及时制止侵害,以避免造成难以弥补的环境损害,而此时案件尚未受理或者受理但尚未正式审理、裁判,一旦采取禁止令保全措施可能会对被申请人合法利益、社会公共利益、涉及社会经济发展的国家利益以及其他民事主体的合法利益产生一定影响。尤其是在生态环境侵权公益诉讼中,诉讼本身就关涉生态环境国家利益和公共利益,人民法院无论是否作出禁止令,都可能会对国家利益、社会公共利益产生影响。因此,人民法院在决定是否采取禁止令保全措施,以及确定禁止令的效力期间等具体内容时,"应当考虑当事人所争议的私益和社会公共利益之间的平衡,在一些案件中,更应当考虑代表社会不同层面的公共利益之间的平衡"[①];审慎统筹各种利益保护,认真审查禁止令保全措施对相关国家利益、社会公共利益或者他人合法权益是否造成不利影响,综合考量相关因素作出应有的判断。

由于本解释规范的禁止令保全措施系《民事诉讼法》行为保全制度在生态环境司法领域的具体化,关于禁止令效力期间的确定,从逻辑上讲应当遵循《民事诉讼法》及其司法解释关于行为保全裁定效力期间的规定,但是《民事诉讼法》及其司法解释对此并未作出明确规定。关于财产保全裁定的效力期间,已失效的《最高人民法院关于适用〈中华人民共和国民事诉讼法〉若干问题的意见》第一百零九条规定,"诉讼中的财产保全裁定的效力一般应维持到生效的法律文书执行时止",不过该规定并未被之后的《民事诉讼法司法解释》所吸收。《民事诉讼法司法解释》第四百八十五条第一款规定:"人民法院冻结被执行的银行存款的期限不得超过一年,查封、扣押动产的期限不得超过两年,查封不动产、冻结其他财产权的期限不得超过三年。"根据《民事诉讼法司法解释》和《最高人民法院关于人民法院民事执行中查封、扣押、冻结财产的规定》的规定,财产保全裁定的效力期限适用《民事诉讼法司法解释》第四百八十五条的规定。虽然行为保全制度是在《民事诉讼法》关于财产保全制度的基础上增加的,但两者分别针对被申请人的财产和行为,存在较大区别,故上述关于财产保全裁定效力期间的规定,对行为保全并不能直接适用。

对行为保全裁定的效力期间作出明确规定的,主要体现在知识产权领域的三个司法解释中。其中,《最高人民法院关于对诉前停止侵犯专利权行为适用法律问题的若干规定》(已失效)第十四条规定:"停止侵犯专利权行为裁定的效力,一般应维持到终审法律文书生效时止。人民法院也可以根据案情,确定具体期限;期限届

---

① 薛淼:《我国环境司法对美国环境法禁令制度之借鉴》,载《人民司法·应用》2017年第31期。

满时,根据当事人的请求仍可作出继续停止有关行为的裁定。”《最高人民法院关于诉前停止侵犯注册商标专用权行为和保全证据适用法律问题的解释》(已失效)第十四条规定:“停止侵犯注册商标专用权行为裁定的效力,一般应维持到终审法律文书生效时止。人民法院也可以根据案情,确定停止有关行为的具体期限;期限届满时,根据当事人的请求及追加担保的情况,可以作出继续停止有关行为的裁定。”现行有效的《最高人民法院关于审查知识产权纠纷行为保全案件适用法律若干问题的规定》第十三条前两款规定:“人民法院裁定采取行为保全措施的,应当根据申请人的请求或者案件具体情况等因素合理确定保全措施的期限”“裁定停止侵害知识产权行为的效力,一般应当维持至案件裁判生效时止。”根据上述司法解释规定,可以看出最高人民法院关于行为保全裁定效力期间的思路是一贯的,即人民法院应当根据申请人的请求或者案件具体情况等因素合理确定行为保全措施的期限;禁止性行为保全措施的效力,一般应当维持至案件裁判生效时止。在本解释征求意见稿中,本条曾表述为:“禁止令的效力自裁定书生效之日起至案件终审裁判文书生效或者人民法院裁定解除之日止。人民法院也可以根据案件具体情况和申请人的请求,在作出禁止令时确定其效力期间。”如此规定的主要理由是:1. 与《刑法》规定的终局性禁止令不同,本司法解释规定的禁止令,并非经过人民法院对实体问题进行审理后发布的终局性救济措施,而主要是指在人民法院就诉讼实体问题最终判决之前,为防止申请人产生不可挽回的损失,在诉讼前或诉讼中发布的暂时有效的禁止令,有关实体问题需待生效裁判所确定。2. 与财产保全裁定不同,如果生效判决认定被告行为构成侵权,则首先应当判决其承担停止侵权的民事责任,此时关于行为保全裁定所禁止的内容已为生效判决所吸收;如果生效判决认定被告行为不构成侵权,自不应当再对被告的被诉行为予以禁止。也就是说,禁止令的效力期限最长维持到终审法律文书生效时止,即具有了判决法律效力的连贯性。3. 在明确禁止令的最长效力期间的前提下,应当赋予法官一定的自由裁量权,以便结合案件的具体情况,包括申请人的意见及其提供担保的具体情况,确定具体的禁止令效力期间。在生态环境侵权案件中,禁止令对申请人、被申请人的利益影响较大,甚至对社会公共利益、国家利益产生影响,因此应当在充分考量和利益平衡的基础上,合理确定效力期间。在本司法解释论证过程中,有关方面提出了司法实践中将禁止令最长期限当作一般原则适用的担忧。从本解释发布前各地法院探索适用禁止令的司法实践看,这种担忧具有合理性。因此,为防止“一刀切”地适用禁止令最长期限而对被申请人等的利益造成不必要的影响,本条最终未明确规定禁止令的最长效力期间,而是赋予人民法院针对案件的具体情况,根据当事人申请确定禁止令的具体期限。不过,在与本解释一并发布的民事裁定书样式所附说明中,依然明确,

"禁止令的效力期间原则上自裁定生效之日起至案件终审裁判文书生效或者人民法院裁定解除之日止;人民法院若根据个案实际情况确定了具体的效力期间,亦应在裁定书中予以明确。期间届满,禁止令自动终止"。

【审判实务中应注意的问题】

调研中发现,在本解释发布以前,部分地方法院已在探索在生态环境侵权诉讼案件中适用禁止令。不过,绝大多数禁止令裁定或者单独的禁止令文书对禁止令的效力期间没有作出规定,或者仅规定禁止令失效的条件,如裁定被申请人在污水处理设施购置并正常运行前不得排放污水。在本解释起草过程中,我们经研究认为,禁止令的效力期间问题,关涉申请人与被申请人利益,甚至社会公共利益和国家利益,应当根据申请人的请求和案件具体情况,在裁定中予以明确。

人民法院在确定禁止令的效力期间时,可以综合考量以下因素:1. 申请人申请禁止被申请人为一定行为的期限及理由。本解释第四条规定,申请人向人民法院申请作出禁止令的,应当提交申请书和相应的证明材料,申请书应当载明申请禁止的内容、范围。所谓申请禁止的内容,即请求法院责令被申请人停止的具体行为,是一项还是数项行为;所谓申请禁止的范围,则既包括申请禁止实施的具体行为范围,如是部分停止还是全部停止,也包括时间范围,如申请禁止被申请企业在3个月禁捕期内向案涉河流排污。需要说明的是,确定禁止令的效力期间,属于人民法院的职权范围,即使申请人未就此提出具体申请及理由,亦不影响人民法院综合本案有关因素确定。2. 申请人是否提供担保,以及担保的数量。根据本解释第七条的规定,申请人在提起诉讼前申请禁止令的,必须提供担保;在诉讼中申请禁止令的,人民法院可以责令申请人提供担保。明确申请人的担保责任,是为了防止恶意申请禁止令和权利滥用,平衡双方合法利益的保护,并在申请人申请错误时及时弥补被申请人损失。基于此,在确定禁止令裁定的效力期间时,申请人不提供担保的禁止期间一般应短于提供担保的禁止期间,提供担保较少时的禁止期间一般应短于提供较多担保的禁止期间。3. 一定期限内禁止被申请人为一定行为对申请人权利的保护程度。4. 一定期限内禁止被申请人为一定行为对其合法权益造成的损害。5. 一定期限内禁止被申请人为一定行为对国家利益、社会公共利益或者他人合法权益产生的不利影响。第3项至5项主要是禁止令所涉利益的平衡问题。比如,就生态环境私益侵权而言,禁止令裁定的效力期间越长,对申请人的利益保护程度越强,对被申请人合法权益可能造成的损害越大,对第三人、公共利益甚至国家利益的影响也可能相应增加。不仅是否作出禁止令裁定涉及各方利益平衡问题,禁止令裁定的效力期间也涉及利益平衡问题,人民法院在确定时应当予以慎重考虑,以临时性保护申请人利益或者申请所针对的公共利益、国家利益所必要为限，尽量降低对其他方面利益的影响。6. 对案件进行实体审理的预估期限。7. 本案较大可能的实体处理结果。根据本解释第四条、第六条的规定，人民法院作出禁止令裁定前，既要审查申请人的申请内容和证据材料，也要听取被申请人的意见，必要时还要进行现场勘查。因此，即使人民法院作出禁止令裁定时尚未对案件进行实体审理，但仍有对实体审理的期限和结果作出评估之可能。考虑到禁止令的临时性救济性质，适当考虑其期限与实体审理的衔接，亦是题中应有之义。8. 被申请人是否提供担保，以及担保的数量。禁止令是一种救济手段，基于权利救济的考虑，如果被申请人提供的担保能够弥补申请人可能遭受的损失，法院作出禁止令裁定的必要性就相应减少，或者禁止期间可以相应缩短。不过，生态环境具有一旦受到损害则难以恢复，甚至完全丧失生态服务功能的特点，因此即使被申请人提供担保，也并不必然对人民法院是否作出禁止令裁定以及裁定的效力期间产生影响。9. 其他应当考量的因素。生态环境侵权案件类型众多、案情各异，需要人民法院综合考量案件各方面因素，合理确定禁止令裁定的效力期间。

【法条链接】

《刑法》

第三十七条之一 因利用职业便利实施犯罪，或者实施违背职业要求的特定义务的犯罪被判处刑罚的，人民法院可以根据犯罪情况和预防再犯罪的需要，禁止其自刑罚执行完毕之日或者假释之日起从事相关职业，期限为三年至五年。

被禁止从事相关职业的人违反人民法院依照前款规定作出的决定的，由公安机关依法给予处罚；情节严重的，依照本法第三百一十三条的规定定罪处罚。

其他法律、行政法规对其从事相关职业另有禁止或者限制性规定的，从其规定。

第三十八条第二款 判处管制，可以根据犯罪情况，同时禁止犯罪分子在执行期间从事特定活动，进入特定区域、场所，接触特定的人。

第七十二条第二款 宣告缓刑，可以根据犯罪情况，同时禁止犯罪分子在缓刑考验期限内从事特定活动，进入特定区域、场所，接触特定的人。

《环境侵权司法解释》

第十二条 被申请人具有环境保护法第六十三条规定情形之一，当事人或者利害关系人根据民事诉讼法第一百条或者第一百零一条规定申请保全的，人民法院可以裁定责令被申请人立即停止侵害行为或者采取防治措施。

《最高人民法院关于审查知识产权纠纷行为保全案件适用法律若干问题的规定》

第十三条　人民法院裁定采取行为保全措施的，应当根据申请人的请求或者案件具体情况等因素合理确定保全措施的期限。

裁定停止侵害知识产权行为的效力，一般应当维持至案件裁判生效时止。

人民法院根据申请人的请求、追加担保等情况，可以裁定继续采取保全措施。申请人请求续行保全措施的，应当在期限届满前七日内提出。

> **第九条**　人民法院准予或者不准予申请人禁止令申请的，应当制作民事裁定书，并送达当事人，裁定书自送达之日起生效。
>
> 人民法院裁定准予申请人禁止令申请的，可以根据裁定内容制作禁止令张贴在被申请人住所地，污染环境、破坏生态行为实施地、损害结果发生地等相关场所，并可通过新闻媒体等方式向社会公开。

【条文主旨】

本条是关于禁止令文书形式的规定。

【条文理解】

一、禁止令作出的国际考察

美国作为判例法国家，其侵权责任法中关于排除危害民事责任主要有三种形式："完全排除危害"、"部分排除危害"和"代替性赔偿"，与之相对应的有三种不同形式的禁止令：永久禁止令、附条件禁止令、替代性禁止令。"完全排除危害"发布的就是永久性禁止令，其要求环境侵害者全面停止和排除其危害环境公共利益的行为。"部分排除危害"通常要求环境侵害者以改变作业方式、缩短作业时间、设置除害设备等方式将环境侵害者污染行为引起的环境危害减少到受害者忍受限度范围之内，以达到排除危害的目的。在乔治亚州诉田纳西州铜加工厂一案中（Georgia v. Tennessee Copper），美国最高法院认为乔治亚州有权申请禁止令限制污染，因为该州政府拥有保护其公民的管辖权，应免受明显的由该冶炼厂的排放造成的跨州界损害。法院出具禁止令，要求适度削减该冶炼厂的污染排放。"替代性禁止令"一般是法院基于利益衡平原则的考虑，对于某些无法避免并将持续下去的环境侵害行为颁布赔偿替代性禁止令，强制要求被告购买环境权利以替代对被告颁布永久性禁止令或附条件禁止令。

英国的禁止令制度是一种源自衡平法的救济手段，法院命令当事方执行或不执行特定行为，包括禁止性禁止令和强制性禁止令。禁止性禁止令（prohibitory injunction）是禁止当事方从事某种行为的命令；强制性禁令（mandatory injunction）是要求当事方执行某种行为的命令。禁止令可以是暂时的，直到作出判决之前，英国称之为临时禁令（interim injunction）；也可以是永久性的，可以永久地持续到诉讼结束后或直到指定日期为止，也称“最终禁止令”。禁止令制度也是贯彻预防性原则和污染者付费原则的制度保障之一。

瑞典的《环境法典》规定了货币损害赔偿和其他私人索赔的诉讼。遭受身体伤害、物质损害或金钱损失的人可以向环境法院提起诉讼。他们还可以要求法院命令某项活动的经营者采取预防措施或停止该活动。在这种情况下，原告还可以根据《司法程序法》（Code on Judicial Procedure）要求发出禁令。只有在原告提供损害赔偿的保证金的情况下，法院才可以批准这种禁令。

二、禁止令文书形式的演变过程

对于禁止令是以单独令状还是以“令状 + 裁定”的形式做出，在起草本解释过程中存在两种观点。一种观点认为，禁止令从作用和功能上看，是禁止当事人为一定行为的民事救济措施，尽管与民事行为保全功能类似，但同时也是一种实体权益救济制度，且最新的民事案由已将人格权保护禁令案件作为一项独立案由，故可制作单独的禁止令状，其效力等同于民事裁定。另一种观点认为，《民事诉讼法》对于行为保全明确规定要制作裁定书，禁止令作为行为保全制度在环境司法领域的特殊适用，亦应遵循该规定，故作出禁止令亦应制作裁定书，但考虑到司法实践的需要，可以参照海事强制令的方式，在裁定基础上辅以令状的形式。本解释征求意见过程中曾采用第一种方案，相关部门对此提出禁止令状作为单独文书的适法性问题。后经多次研究沟通，本条解释第一款明确规定为：人民法院准许或不准予申请人禁止令申请的，均应当制作民事裁定书，同时规定裁定书应当送达给当事人，裁定书自送达之日起生效；同时在第二款中明确人民法院可以根据裁定内容制作禁止令张贴在被申请人住所地，污染环境、破坏生态行为实施地、损害结果发生地等相关场所，并可通过新闻媒体等方式向社会公开。如此，本解释最终确定的民事裁定加禁止令的文书形式，可理解为民事诉讼行为保全制度在生态环境侵权诉讼领域的创新适用，丰富了民事诉讼行为保全制度，推动了民事诉讼保全制度体系化进程。

本条解释第二款规定人民法院裁定准予申请人禁止令申请后，可以根据民事裁定制作令状用于公示。规定本款的主要考虑是生态环境案件的公众参与性。

1998 年联合国欧洲经济委员会通过的《在环境问题上获得信息、公众参与决策和诉诸法律的公约》于 2001 年正式生效，该条约确定了环境事务知情权、公众参与决策权和诉诸司法权等公众环境权益的三大支柱性权利。生态环境与人民群众息息相关，人民法院环境资源审判工作始终坚持专业审判与公众参与相结合，加大司法公开力度，以人民群众看得见、摸得着、听得懂的方式疏解社会矛盾。各级人民法院严格执行公开审判制度，通过中国庭审公开网、微信公众号、微博等多种传播媒介同步直播案件庭审，对辖区内有重大影响的案件，主动邀请人大代表、政协委员以及相关企业和公众代表、学生等到庭旁听，提升审判的公开性、透明度和专业化水平。2021 年最高人民法院环境资源审判庭共召开 6 次新闻发布会，先后发布贯彻《长江保护法》实施意见，中国环境资源审判白皮书(2020 年)、年度典型案例，黄河生态环境保护和高质量发展典型案例，长江黄河司法保护推进会会议纪要以及相关司法解释的新闻发布会，充分利用"中国环境资源审判"微信公众号，推出各类文章、信息。指导各级人民法院利用六五环境日等重要时间节点通过召开新闻发布会发布年度报告、典型案例等形式多样的宣传活动，邀请人民陪审员参加公益诉讼案件审理，公开开庭、庭审直播、公开宣判，第三方监督执行等举措，为公众参与创造便利条件，形成集约示范效应，有效扩大环境司法影响力。

因此，本条解释起草过程中为了进一步落实公众参与原则，完善程序保障，规定将禁止令张贴在相关公众场所，可以被公众知晓，并充分利用传统纸质媒体、新媒体等方式进行公开。

三、禁止令文书的具体诠释

1. 明确准予或者不准予禁止令申请的处理方式

本条第一款明确了无论是准予还是不准予禁止令申请，均需要制作民事裁定书。禁止令保全措施与其他行为保全措施的作出方式是一致的，需要通过民事裁定书的方式予以实现。2007 年《民事诉讼法》第九十二条第一款规定："人民法院对于可能因当事人一方的行为或者其他原因，使判决不能执行或者难以执行的案件，可以根据对方当事人的申请，作出财产保全的裁定；当事人没有提出申请的，人民法院在必要时也可以裁定采取财产保全措施。"故人民法院对于同意诉讼保全申请的，应当作出裁定，是非常明确的规定。然该条第二款规定，"人民法院采取财产保全措施，可以责令申请人提供担保；申请人不提供担保的，驳回申请。"当时《民事诉讼法》没有对驳回申请的方式作出规定，实践中也没有统一的做法，有的法院口头予以通知，有的法院作出裁定予以确认。2012 年《民事诉讼法》修正之后，明确了应当以裁定的方式作出不予准许申请人保全申请。《民事诉讼法》第一百零三条规定了诉中行为保全制度,第一百零四条规定了诉前行为保全制度,并明确对于保全措施的采取或不同意保全申请的,均需要采取裁定的方式。采用裁定的方式主要由于保全程序与普通审判程序相比具有暂时性。当事人的实体权利保护或者争议需要通过判决的方式予以确定,但在人民法院审判之前,当事人之间的权利义务关系尚处于不确定的状态,法院对禁止令申请的处理是对当事人申请是否符合法律规定的判断,此时对相关行为的制止并非终局裁决,因此不宜采取判决的方式。采用民事裁定书的方式,一方面有利于法院在短时间用较为便利的程序规则作出,另一方面便于临时性保全措施采取后的撤销或者自然失效。这种意义上看,本解释规范的禁止令保全措施具有临时禁令的含义,因此作出的民事裁定不具有既判力的效力。同时,本解释起草过程中对不准予禁止令申请,也明确应当采取民事裁定的方式;而且还规定当事人对不准予禁止令申请裁定不服的,可以根据《民事诉讼法》的规定进行复议,充分保障当事人的诉讼权利。

2. 裁定书与禁止令(状)的关系

如前所述,在本解释起草过程中,我们曾经拟直接采用禁止令(状)的方式作为人民法院准予采取禁止令保全措施的文书形式。由于该方式创设了新的裁判文书样式,缺少直接的法律依据而没有被采纳。本解释最终采用民事裁定书的方式,同时将裁定书的主文部分通过令状的形式张贴,以获得更好的执行力。考虑到生态环境与每个人息息相关,处理生态环境侵权案件应当从更有利于公众参与角度出发,还应当制作禁止令(状),突出其公众参与和监督的功能,有利于震慑潜在的侵权行为人。禁止令(状)相当于民事裁定书的附件,实质上是简化版的裁定书。基于裁定内容制作的禁止令(状)应写明根据裁定的具体内容,责令当事人立即停止实施的具体行为。

为强化本解释的实用性和可操作性,本解释参照海事强制令、限制高消费令等已有令状样式,附录了禁止令(状)文书样式和本解释涉及的主要民事裁定书样式,供参考选用。禁止令(状)文书样式在主文部分明确写明引用的是禁止令保全措施民事裁定书的主文内容,即禁止令(状)不作为单独的文书样式,而是附属于民事裁定书,系根据生态环境侵权案件的自身特点,用于张贴公示之用。禁止令(状)文书是将民事裁定中具有可执行意义的内容——责令当事人停止一定行为的内容进行公示和张贴,也回应了禁止令司法实践的现实需求。毕竟在生态环境侵权领域中禁止令的司法实践由来已久,不少地方法院已经创设了生态环境保护禁止令、环境禁止令等文书样式,在法律效果、文书格式上存在不统一的情形,且多数没有上位法的支持和依据。故我们在坚持《民事诉讼法》关于人民法院作出行为保全须制作民事裁定书规定的基础上,明确禁止令(状)是须基于裁定内容制作,用于公示张贴,依附于民事裁定书的一种附带样式,不具有独立的法律属性。本解释采取的民事裁定书和禁止令(状)相结合的方式扩展了行为保全制度在生态环境侵权领域的实际运用,进一步延伸了行为保全制度适用的具体形式和范围。

本解释第九条第一款明确无论人民法院是否准予申请人禁止令申请,均应制作民事裁定书,并送达当事人,以保障当事人的诉讼权利。此外,在人民法院作出诉前禁止令后30日内申请人不依法提起诉讼,禁止令据以作出的事由发生变化、申请人申请提前解除,禁止令作出后被申请人的抗辩成立以及当事人申请复议后的处理等情况下,人民法院均应出具相应的民事裁定书。

四、禁止令(状)的张贴公示

(一)制作禁止令(状)的可选择性。本条解释第二款明确人民法院裁定准予申请人禁止令申请后,可以根据民事裁定制作单独的禁止令予以公示。此处制作的令状是基于环境司法实践需要根据裁定的内容而制作,并非强制要求制作,可以由人民法院选择。人民法院可以选择制作民事裁定书后,制作禁止令(状)张贴在相关场所;也可以选择仅制作民事裁定书送达双方当事人,不再单独制作禁止令(状)进行张贴。但不能仅制作禁止令(状),不制作民事裁定书。此外,如人民法院选择制作禁止令(状),则需要予以公示,至少需要张贴在被申请人住所地,污染环境、破坏生态行为实施地、损害结果发生地等相关场所,这是本条解释第二款的应有之义。对于新闻媒体等方式向社会公开是可以选择的内容,可以根据案件的具体情况选择相应的媒体。

(二)禁止令(状)张贴的范围。鉴于生态环境侵权案件的公众参与多、社会影响大等特点,本条解释第二款对禁止令张贴的地点进行了列举,可以在被申请人的住所地,污染环境、破坏生态行为实施地或者损害结果发生地等相关场所。这样规定的主要考虑是:1. 污染环境、破坏生态行为往往非常急迫才需要通过禁止令的方式,在终局裁决之前需要被制止;如此,生态环境侵权行为的实施地、行为造成损害结果地或者可能产生损害的结果地都是需要张贴禁止令的范围。2. 作出诉前禁止令主要针对紧急情况下对生态环境存在较大损害风险的行为,或者虽然没有实际的生态环境侵权行为,但存在一旦该行为具体实施则可能对生态环境产生重大影响。故即使没有实际损害结果地,环境污染和生态破坏可能产生的地点也应是禁止令张贴的相关场所。3. 对于被申请人为排污企业或资源开发利用的企业,被申请人住所地,也应当是张贴禁止令的相关场所。根据《民事诉讼法司法解释》第三条的规定,法人或者其他组织的住所地是指法人或者其他组织的主要办事机构所在地,法人或者其他组织的主要办事机构所在地不能确定的,法人或者其他组织的注册地或者登记地为住所地。因此在确定被申请人住所地之时，应当结合其对生态环境损害可能造成的影响。本条规定的多个地点可以单独张贴，如果被申请人行为不仅涉及其住所地，也涉及实施地、损害结果发生地等多地，也可以在多地均张贴，以确保相关公众予以知晓，增强禁止令的公示效应，威慑潜在污染环境、破坏生态行为人，扩大公众参与程度，依法接受社会监督。为确保禁止令保全措施的适用效果，《环境侵权禁止令规定》同时附录了三份民事裁定书、一份禁止令文书样式，并附有相应说明，供受理禁止令申请的人民法院参考选用。

（三）公告的媒介。虽然最高人民法院于 2019 年 10 月在人民法院公告网（www. rmfygg. court. gov. cn）开设“公益诉讼案件公告”专栏，免费统一刊登环境民事公益诉讼、生态环境损害赔偿诉讼案件的各类公告，为社会公众查询公益诉讼受理、调解或者和解情况提供便利平台，同时要求各级人民法院严格落实《民事诉讼法司法解释》《环境民事公益诉讼司法解释》《生态环境损害赔偿规定》等关于公告的相关规定，充分保障适格主体公益诉讼、生态环境损害赔偿诉讼诉权，扩大公众参与和社会监督，保护国家、社会公共利益。但目前禁止令的公告尚未在专门的网站予以刊登和明确。禁止令所影响和作用的范围也一般集中于被告住所地、生态环境受到损害或者有较大损害风险的地域，因此，尚未采取统一公告的方式。各地法院可以采取在人民法院公告栏或者本法院的网站上予以公告，或者在本地较为知名的新闻媒体上予以公告，从而达到更好的公众参与的效果。比如，2022 年 1 月 1 日，贵州省雷山县人民法院在生态环境侵权公益诉讼案件中首次作出禁止令。该案中，申请人贵州省雷山县人民检察院以被申请人修建“千日红斗牛场”的行为破坏林业资源和生态环境为由，在提起民事公益诉讼前向贵州省雷山县人民法院申请作出禁止令，该院经审查作出民事裁定，准予申请人的禁止令申请，禁止被申请人对林业资源和生态环境进行破坏。同时，作出禁止令状张贴在相关场所。

【审判实务中应注意的问题】

一、禁止令保全措施的生效时间

本解释第八条规定了禁止令的效力期间系根据申请人的请求和案件具体情况予以确定，因此对禁止令的效力期间并没有作出确定的统一规定。本条解释起草时，关于禁止令保全措施的效力问题，除了在确定的效力期间内有效以外，还明确采取了到达生效主义，即送达当事人之日起生效。民事诉讼程序上关于生效方式有发出主义和到达主义两种类型。对于非对话方式的意思表示一般采取到达主义，是指当事人收到该法律文书之日起推定其知道或者应当知道其内容。由于人民法院作出禁止令裁定到被申请人收到的时间有一个时间间隔,如采取发出主义,则被申请人尚未实际知晓禁止令内容,禁止令就发生法律效力,与基本的法律逻辑不符;且为了保障被申请人的合法权益,亦不宜采取发出主义的原则。

二、禁止令文书制作的注意事项

无论是诉中禁止令还是诉前禁止令,在制作裁判文书时需要注意以下几个方面内容:第一,应在裁定中将是否符合作出禁止令条件以及相应的事实和理由写明。虽然禁止令保全措施裁定属于程序性裁定,但是否作出禁止令,不仅与申请人的合法权益或者生态环境具有重大关系,而且对被申请人的权益也有较大影响。故在裁定中的“本院认为”部分应当对符合禁止令作出的条件或者不符合禁止令作出的原因予以明确。尤其是明确人民法院依据本解释第五条综合考量的因素以及被申请人提供的相应证明材料等内容。第二,需要在裁定主文中明确禁止令效力期间终结的时间。根据本解释第八条的规定,人民法院作出禁止令保全措施的,应当在裁定书中明确禁止令具体的效力期间,以便于执行。第三,应在裁定判项明确禁止被申请人实施的具体行为,便于后续执行。第四,因禁止令裁定送达后发生法律效力,故应当写明不服禁止令裁定可以申请复议的相关情形。本解释第十条对不服禁止令裁定申请复议的程序进行了规范,然而禁止令作出往往系因生态环境受到的侵害非常严重且紧急,因此复议期间不停止裁定的执行。第五,虽然本解释所附文书样式中,作出禁止令裁判文书的落款处为审判长和两名审判员,但不局限于三名法官组成的合议庭。在具体的生态环境侵权案件审理过程中,根据不同的诉讼类型,比如私益诉讼或者公益诉讼要求不同,可以采取独任审判或者合议制,如根据《人民陪审员法》《民事诉讼法》的规定,可组成三人或者七人合议庭。因此,受理禁止令申请的人民法院根据具体案件的实际情况依法确定审判组织即可。

需要注意的是,因诉前禁止令作出时,案件尚未进行实体诉讼,因此诉前禁止令的民事裁定书采取行保案号,即行为保全裁定。而申请诉中禁止令时已经在案件受理并审理过程中,故与实体案件的案号相同。

三、解除禁止令文书制作的注意事项

解除禁止令的民事裁定文书样式与本解释第十一条密切相关。本解释第十一条明确了裁定解除禁止令的情形,因此在民事裁定书中应当写明申请人、被申请人或者利害关系人对作出禁止令事由发生变化请求解除的情形。除了申请人和被申请人可以申请解除外,本解释还明确了利害关系人可以作为申请解除的主体。这主要考虑利害关系人与禁止令所禁止的行为具有法律上的利害关系,因为禁止被

申请人的相关行为可能会导致其合法权益受到损害。比如其供货产品是由被禁止的企业所生产,因为被禁止企业无法生产,导致履约能力下降而使其合法权益遭受损害或者使其可能产生其他违约情形,导致其受到人民法院作出禁止令保全措施的影响。在相关事由发生改变后,如果生态环境受到损害或者相关重大风险消失或者得到有效控制,据以作出禁止令的情形发生变化,利害关系人也可以向人民法院申请解除禁止令。

当然,人民法院应当依法予以审查利害关系人申请,即应当对解除禁止令与保持禁止令对社会公共利益所造成的损害以及他人合法权益所造成的影响,进行权衡。此种权衡是对作出禁止令或者解除禁止令所带来的影响的平衡。尤其是在国家利益、社会公共利益和他人合法权益冲突的情况下,应当依法保障被申请人和利害关系人的合法权益。这种平衡的标准与本解释第五条作出禁止令的综合考量因素是相一致的。

四、禁止令保全措施的执行

本解释第九条明确"裁定书自送达之日起生效",而作为"发生法律效力"的民事裁定,在被申请人拒不履行的情况下,自然亦存在强制执行的问题。经调研发现,目前各地法院的环境资源审判体制机制尚在不断完善发展中,既有单独民事、行政分立,也有民事、行政"二合一",民事、行政、刑事"三合一",民事、行政、刑事、执行"四合一",甚至再加上立案"五合一"的归口审理模式。有的法院尽管没有明确将执行纳入环境资源审判庭职能范围,但部分法院环境资源审判部门也会延伸审判职能,积极参与环境公益诉讼案件的执行活动。当然,也有不少法院根据内部职能分工,涉及执行事宜均由执行局负责执行。考虑到生态环境侵权案件的执行往往具有较强的专业性,且各地法院的做法不一,为避免"一刀切",本解释未对禁止令的执行进行规定,各地法院可根据法律法规及相关司法解释的相关规定,遵循各地已有的行之有效的执行方式对禁止令保全措施予以落实。

【法条链接】

《民事诉讼法》

第一百零三条 人民法院对于可能因当事人一方的行为或者其他原因,使判决难以执行或者造成当事人其他损害的案件,根据对方当事人的申请,可以裁定对其财产进行保全、责令其作出一定行为或者禁止其作出一定行为;当事人没有提出申请的,人民法院在必要时也可以裁定采取保全措施。

人民法院采取保全措施,可以责令申请人提供担保,申请人不提供担保的,裁定驳回申请。

人民法院接受申请后，对情况紧急的，必须在四十八小时内作出裁定；裁定采取保全措施的，应当立即开始执行。

第一百零四条 利害关系人因情况紧急，不立即申请保全将会使其合法权益受到难以弥补的损害的，可以在提起诉讼或者申请仲裁前向被保全财产所在地、被申请人住所地或者对案件有管辖权的人民法院申请采取保全措施。申请人应当提供担保，不提供担保的，裁定驳回申请。

人民法院接受申请后，必须在四十八小时内作出裁定；裁定采取保全措施的，应当立即开始执行。

申请人在人民法院采取保全措施后三十日内不依法提起诉讼或者申请仲裁的，人民法院应当解除保全。

《海事诉讼特别程序法》

第五十七条 海事法院接受申请后，应当在四十八小时内作出裁定。裁定作出海事强制令的，应当立即执行；对不符合海事强制令条件的，裁定驳回其申请。

《最高人民法院关于审查知识产权纠纷行为保全案件适用法律若干问题的规定》

第五条 人民法院裁定采取行为保全措施前，应当询问申请人和被申请人，但因情况紧急或者询问可能影响保全措施执行等情形除外。

人民法院裁定采取行为保全措施或者裁定驳回申请的，应当向申请人、被申请人送达裁定书。向被申请人送达裁定书可能影响采取保全措施的，人民法院可以在采取保全措施后及时向被申请人送达裁定书，至迟不得超过五日。

当事人在仲裁过程中申请行为保全的，应当通过仲裁机构向人民法院提交申请书、仲裁案件受理通知书等相关材料。人民法院裁定采取行为保全措施或者裁定驳回申请的，应当将裁定书送达当事人，并通知仲裁机构。

《最高人民法院关于适用〈中华人民共和国海事诉讼特别程序法〉若干问题的解释》

第四十二条 海事法院根据海事诉讼特别程序法第五十七条规定，准予申请人海事强制令申请的，应当制作民事裁定书并发布海事强制令。

《最高人民法院关于限制被执行人高消费及有关消费的若干规定》

第五条 人民法院决定采取限制消费措施的，应当向被执行人发出限制消费令。限制消费令由人民法院院长签发。限制消费令应当载明限制消费的期间、项目、法律后果等内容。

第十条 当事人、利害关系人对人民法院裁定准予或者不准予申请人禁止令申请不服的，可在收到裁定书之日起五日内向作出裁定的人民法院申请复议一次。人民法院应当在收到复议申请后十日内审查并作出裁定。复议期间不停止裁定的执行。

【条文主旨】

本条是关于当事人、利害关系人申请复议的规定。

【条文理解】

禁止令裁定本质上属于行为保全裁定，故人民法院采用禁止令保全措施除适用本解释外，亦适用《民事诉讼法》有关行为保全的相关规定。禁止令作为生态环境侵权领域的一种临时性救济措施，具有预防性、保障性，如果获得支持，对于申请人来说是一种救济措施，有利于维护申请人合法权益、保护生态环境，但同时也会对被申请人的生产经营活动产生较大负面影响，反之亦然。因此，对于人民法院是否准予申请人禁止令申请，应针对不同当事人设置相应的救济手段。如果禁止令申请未获得法院支持，那么对于申请人应有相应的救济手段，如果禁止令申请得到法院支持，则就涉及对被申请人权利救济的程序问题。目前，我国《民事诉讼法》对不服人民法院裁判、决定的救济途径主要有两种：一是向上一级人民法院提起上诉，适用于所有判决和不予受理、管辖权异议、驳回起诉三种裁定；二是申请复议。针对人民法院作出的裁判、决定进行复议是民事复议制度的一种类型，在性质上属于司法机关的程序性救济。当事人认为法院的裁判、决定侵害了自己的合法权益，可依照法律规定向作出裁判、决定的人民法院或者上一级人民法院提出申请，要求重新处理。

基于受理复议的法院层级不同，复议可以区分为两种：一是原级复议，即向作出裁定或者决定的人民法院申请复议，主要适用于保全裁定、先予执行裁定、回避申请的决定等；二是向上一级人民法院申请复议，主要适用于执行行为异议裁定、罚款决定、拘留决定等。根据本条解释的规定，当事人和利害关系人对禁止令裁定不服，可以向作出禁止令的人民法院申请复议一次，而非向上一级人民法院复议。

一、不服禁止令裁定的救济途径

“没有救济就没有权利”。权利如果是实在的、可以实现的，就必须有明确有效的救济规则和救济程序。在法治社会，权利应该具有客观性和实在性，即应该保证权利主体可以切实享有和实现法律赋予的权利。这种现实性既可以通过义务方履行义务来实现，也可以通过救济机制的有效性来实现，直接体现为法律权利的可诉性。权利救济的作用就是通过设立一系列救济制度和救济程序确定权利义务、追究法律责任。就禁止令保全措施而言，对禁止令裁定不服或者受到禁止令不利影响的利害关系人可以依据本条规定提出复议申请，依法享有要求法院重新考虑作出的禁止令行为合法、适当与否的权利。由此，复议制度作为我国一项具有本土特色的制度，也是受禁止令裁定不利影响的当事人、利害关系人一种重要的程序性救济方式。

二、禁止令裁定复议制度的基本特征和内容

（一）裁定复议制度的基本特征

我国《民事诉讼法》第一百一十一条规定："当事人对保全或者先予执行的裁定不服的，可以申请复议一次。复议期间不停止裁定的执行。"考虑到禁止令裁定属于民事诉讼行为保全措施，本解释关于禁止令裁定复议制度的规定，与《民事诉讼法》关于保全复议制度的规定保持一致，延续了保全裁定复议制度的三个基本特征：

1. 民事裁定复议属于程序性救济，即对于司法机关违背诉讼程序的行为加以矫正或补救，使其恢复正当的制度。民事裁定复议针对的对象是法院作出的关于程序性事项的裁定，该裁定不涉及实体问题的争议。如当事人不服法院作出的禁止令裁定，可以提出复议申请。在某种意义上，民事裁定复议制度更专注于当事人的程序权利与诉讼利益。

2. 民事裁定复议具有法定的审查对象。在民事诉讼程序进行过程中可能发生的问题种类繁多，既有关于审理中派生或者附随性的程序事项、法官行使诉讼指挥权对有关诉讼进行的程序事项，也有针对保全程序或者执行程序中有关保全、扣押、拍卖等强制执行的程序事项。其重要性和要求简易迅速处理的程度各不相同，原则上当事人或者诉讼关系人能够提出救济申请的裁定只限于具有相当重要性的程序问题，即对当事人或者诉讼关系人具有重大的利害关系的裁定提出不服的申请。也就是说，可以提出复议申请的裁定必须在法律允许的范围内进行，以防止当事人滥用复议造成程序的繁杂和迟延。当事人、利害关系人对禁止令裁定不服可依据本条解释规定启动复议程序。

3. 民事裁定复议不具有阻断效力和移审效力。与上诉、再审程序不同，复议制度在审级、程序规则以及程序保障的程度等方面存在差异。原则上，当事人提出复议申请，复议期间不阻断原裁定的效力；复议申请一般是由作出裁定的初审法院进行审查，作出裁定的法院认为当事人的复议申请合法的，变更或者撤销原裁定，认

为申请不合法的，驳回当事人的复议申请。禁止令裁定的复议遵循了前述原则，本条解释规定不服禁止令裁定的当事人、利害关系人可在收到裁定书之日起5日内向作出裁定的人民法院申请复议一次，复议期间不停止裁定的执行。

（二）禁止令复议制度的主要内容

1. 复议申请人不仅包括当事人还包括利害关系人。根据本条解释规定，对禁止令裁定不服，认为禁止令可能侵犯到自己合法权益，向人民法院申请复议的主体，除了案件当事人外，还包括利害关系人。当事人，主要是诉讼中的原、被告，或者起诉前的侵权人和被侵权人，即可能成为侵权案件的原告或者被告的主体。利害关系人，主要是指除受禁止令直接限制的侵权行为人之外，可能受到禁止令不利影响的人员或者组织。

2. 申请复议的对象既包括准予申请人禁止令申请的裁定也包括不准予申请人禁止令申请的裁定。申请复议的主体，既可能是申请禁止令但未被准许的申请人一方，针对法院的不准予采取禁止令裁定申请复议，也可能是被申请人或者其他利害关系人针对法院准予采取禁止令的裁定申请复议。

3. 向原裁定作出法院复议，即原级复议。不同于上诉制度必须是由上一级法院审理的规定，复议制度根据复议事项的不同，采取了原级复议和上级复议两种不同的方式。针对禁止令裁定的复议，均由原裁定法院进行复议，主要考虑到禁止令是为了防止申请人合法权益或者生态环境受到难以弥补的损害而设置的预防性救济措施，效率是禁止令救济措施考虑的首要因素，故由原裁定法院进行审查复议更符合制度设计的目的。

4. 一次复议原则。对准予禁止令裁定和不准予禁止令裁定的申请复议，以一次为限，这主要也是出于诉讼效率考虑。

5. 复议期间不停止执行原则。判决和可以上诉的裁定，在上诉期满或者二审法院未作出终审裁判之前，不发生法律效力，故二审期间不涉及一审裁判的执行问题。而禁止令裁定一经作出、送达给当事人后即发生法律效力，应该立即予以执行，即便当事人或者利害关系人提出复议，复议期间也不影响禁止令裁定的执行。

三、禁止令裁定复议后的处理方式

人民法院受理复议申请后的处理，本条解释仅作出了原则规定，即“人民法院应当在收到复议申请后十日内审查并作出裁定”，没有进行更为具体的规定，主要考虑到其他涉及保全的司法解释，如《最高人民法院关于人民法院办理财产保全案件若干问题的规定》，对保全裁定复议后的处理已有相对比较具体的规定。基于保全制度具有的内在相通之处，禁止令裁定复议的处理可参照处理。具体而言，经复议后对禁止令裁定可以作出以下几种处理：

1. 对准予禁止令申请裁定的复议处理。根据复议申请人的理由是否成立可分两种情况：一是复议申请人不服禁止令裁定，认为禁止令裁定错误的，法院经审查认为复议理由成立的，应对禁止令裁定予以纠正，裁定撤销或者变更禁止令。二是复议申请人的理由不能成立，法院经审查认为禁止令裁定认定事实清楚，适用法律正确，复议理由不能成立的，应裁定驳回复议申请。如果禁止令裁定认定事实、适用法律虽有瑕疵，但禁止令裁定结果正确，法院在复议裁定中查明相关事实、说明审查理由、纠正瑕疵后，仍可裁定驳回复议申请。

2. 对不准予禁止令申请的驳回申请裁定的处理。同样可以根据复议申请人的理由是否成立分为两种情况：一是复议申请人的理由成立，人民法院经审查，认为被申请人的行为符合采取禁止令的条件，禁止令申请也符合本解释的要求，人民法院应当撤销驳回禁止令申请的裁定，直接作出准予禁止令申请的裁定。二是复议申请人理由不成立，人民法院经审查认为被申请人的行为不符合采取禁止令的条件，或者申请人的申请不符合本规定的准予禁止令的条件，应当裁定驳回申请人的复议申请。

3. 禁止令裁定认定基本事实不清、证据不足情形的处理。基本事实不清，是指本解释第五条规定的禁止令裁定适用必须考虑的要素事实等对禁止令裁定结果有实质性影响的事实。关于禁止令裁定认定案件基本事实不清、证据不足的，是否撤销禁止令裁定，重新审查的问题，可能存在两种处理方式：一是撤销禁止令裁定，重新审查；二是在复议程序中查清案件事实后，直接作出处理。我们认为，因为禁止令裁定的复议是本级复议，因此，原则上应当在复议程序中查明事实后直接作出处理，从程序效率角度，不宜再退回原审查部门重新审查。

【审判实务中应注意的问题】

1. 对禁止令裁定复议申请的处理采用裁定的方式。本条解释规定了当事人、利害关系人对禁止令裁定不服的，可以申请复议的方式寻求权益救济，且基于效率考虑采取原级复议的模式；由于禁止令裁定不仅仅涉及诉讼的程序性事项，在很大程度上也会对当事人尤其被申请人的实体权利产生较大影响，故在复议审查后，不能以决定而是裁定的方式予以处理。

2. 禁止令救济途径不限于申请人通过申请复议一种方式，人民法院在下列情形下可依职权裁定解除禁止令：(1)根据本解释第十一条第一款的规定，禁止令申请人在人民法院作出诉前禁止令保全措施后的30日内不起诉的；(2)根据本解释第十一条第二款规定，据以作出禁止令的情况发生变化且当事人没有申请解除的。

3.禁止令裁定的复议审查范围是限于当事人复议请求范围,还是全面审查。禁止令裁定复议案件主要涉及对是否应当采取禁止令措施的评判。复议案件并不实行全面审查原则,而是根据当事人、利害关系人的复议请求确定审查范围,仅在部分特殊情况下,才会例外地突破复议申请的范围作出处理。换言之,复议案件的审查对象原则上以复议申请的内容为准,上一级人民法院应当围绕复议申请人的复议请求,对有关事实和适用法律进行审查,不超越复议申请主张事项的范围,也不遗漏复议申请的具体请求,仅对其中部分事项进行审查处理,复议申请人没有提出请求的,原则上不予审查。但如果是否采取禁止令保全措施涉及国家利益、社会公共利益或者他人合法权益的情形时,人民法院的审查范围应不局限于复议申请人的请求范围,应当进行全面审查。

4.实践中注意区分禁止令裁定的复议和禁止令裁定执行过程对执行行为异议的复议的区别。禁止令裁定本质上属于保全行为,对禁止令裁定的执行本质上属于执行行为。因此,对禁止令裁定不服,应当适用本条解释规定,向作出禁止令裁定的人民法院申请复议,而如果对人民法院执行禁止令裁定的行为不服,则应当根据《最高人民法院关于人民法院办理执行异议和复议案件若干问题的规定》的规定,向执行法院提出异议,如果对执行法院的异议裁定不服的,可以依据该规定再向上一级法院申请对该异议裁定进行复议。

【法条链接】

《民事诉讼法》

第一百零三条 人民法院对于可能因当事人一方的行为或者其他原因,使判决难以执行或者造成当事人其他损害的案件,根据对方当事人的申请,可以裁定对其财产进行保全、责令其作出一定行为或者禁止其作出一定行为;当事人没有提出申请的,人民法院在必要时也可以裁定采取保全措施。

人民法院采取保全措施,可以责令申请人提供担保,申请人不提供担保的,裁定驳回申请。

人民法院接受申请后,对情况紧急的,必须在四十八小时内作出裁定;裁定采取保全措施的,应当立即开始执行。

第一百零五条 保全限于请求的范围,或者与本案有关的财物。

第一百零七条 财产纠纷案件,被申请人提供担保的,人民法院应当裁定解除保全。

第一百零八条 申请有错误的,申请人应当赔偿被申请人因保全所遭受的损失。

第一百一十一条 当事人对保全或者先予执行的裁定不服的,可以申请复议一次。复议期间不停止裁定的执行。

第二百三十二条 当事人、利害关系人认为执行行为违反法律规定的,可以向负责执行的人民法院提出书面异议。当事人、利害关系人提出书面异议的,人民法院应当自收到书面异议之日起十五日内审查,理由成立的,裁定撤销或者改正;理由不成立的,裁定驳回。当事人、利害关系人对裁定不服的,可以自裁定送达之日起十日内向上一级人民法院申请复议。

第二百三十四条 执行过程中,案外人对执行标的提出书面异议的,人民法院应当自收到书面异议之日起十五日内审查,理由成立的,裁定中止对该标的的执行;理由不成立的,裁定驳回。案外人、当事人对裁定不服,认为原判决、裁定错误的,依照审判监督程序办理;与原判决、裁定无关的,可以自裁定送达之日起十五日内向人民法院提起诉讼。

《民事诉讼法司法解释》

第一百五十二条 人民法院依照民事诉讼法第一百零三条、第一百零四条规定,在采取诉前保全、诉讼保全措施时,责令利害关系人或者当事人提供担保的,应当书面通知。

利害关系人申请诉前保全的,应当提供担保。申请诉前财产保全的,应当提供相当于请求保全数额的担保;情况特殊的,人民法院可以酌情处理。申请诉前行为保全的,担保的数额由人民法院根据案件的具体情况决定。

在诉讼中,人民法院依申请或者依职权采取保全措施的,应当根据案件的具体情况,决定当事人是否应当提供担保以及担保的数额。

第一百五十六条 人民法院采取财产保全的方法和措施,依照执行程序相关规定办理。

第一百六十一条 对当事人不服一审判决提起上诉的案件,在第二审人民法院接到报送的案件之前,当事人有转移、隐匿、出卖或者毁损财产等行为,必须采取保全措施的,由第一审人民法院依当事人申请或者依职权采取。第一审人民法院的保全裁定,应当及时报送第二审人民法院。

第一百六十二条 第二审人民法院裁定对第一审人民法院采取的保全措施予以续保或者采取新的保全措施的,可以自行实施,也可以委托第一审人民法院实施。

再审人民法院裁定对原保全措施予以续保或者采取新的保全措施的,可以自行实施,也可以委托原审人民法院或者执行法院实施。

第一百六十五条 人民法院裁定采取保全措施后,除作出保全裁定的人民法院自行解除或者其上级人民法院决定解除外，在保全期限内，任何单位不得解除保全措施。

第一百六十六条 裁定采取保全措施后，有下列情形之一的，人民法院应当作出解除保全裁定：

（一）保全错误的；

（二）申请人撤回保全申请的；

（三）申请人的起诉或者诉讼请求被生效裁判驳回的；

（四）人民法院认为应当解除保全的其他情形。

解除以登记方式实施的保全措施的，应当向登记机关发出协助执行通知书。

第一百七十条 民事诉讼法第一百零九条第三项规定的情况紧急，包括：

（一）需要立即停止侵害、排除妨碍的；

（二）需要立即制止某项行为的；

（三）追索恢复生产、经营急需的保险理赔费的；

（四）需要立即返还社会保险金、社会救助资金的；

（五）不立即返还款项，将严重影响权利人生活和生产经营的。

第一百七十一条 当事人对保全或者先予执行裁定不服的，可以自收到裁定书之日起五日内向作出裁定的人民法院申请复议。人民法院应当在收到复议申请后十日内审查。裁定正确的，驳回当事人的申请；裁定不当的，变更或者撤销原裁定。

第一百七十二条 利害关系人对保全或者先予执行的裁定不服申请复议的，由作出裁定的人民法院依照民事诉讼法第一百一十一条规定处理。

《最高人民法院关于人民法院办理财产保全案件若干问题的规定》

第二十四条 财产保全裁定执行中，人民法院发现保全裁定的内容与被保全财产的实际情况不符的，应当予以撤销、变更或补正。

第二十五条 申请保全人、被保全人对保全裁定或者驳回申请裁定不服的，可以自裁定书送达之日起五日内向作出裁定的人民法院申请复议一次。人民法院应当自收到复议申请后十日内审查。

对保全裁定不服申请复议的，人民法院经审查，理由成立的，裁定撤销或变更；理由不成立的，裁定驳回。

对驳回申请裁定不服申请复议的，人民法院经审查，理由成立的，裁定撤销，并采取保全措施；理由不成立的，裁定驳回。

第二十六条 申请保全人、被保全人、利害关系人认为保全裁定实施过程中的执行行为违反法律规定提出书面异议的，人民法院应当依照民事诉讼法第二百二十五条规定审查处理。

《最高人民法院关于人民法院办理执行异议和复议案件若干问题的规定》

第二十三条 上一级人民法院对不服异议裁定的复议申请审查后，应当按照下列情形，分别处理：

（一）异议裁定认定事实清楚，适用法律正确，结果应予维持的，裁定驳回复议申请，维持异议裁定；

（二）异议裁定认定事实错误，或者适用法律错误，结果应予纠正的，裁定撤销或者变更异议裁定；

（三）异议裁定认定基本事实不清、证据不足的，裁定撤销异议裁定，发回作出裁定的人民法院重新审查，或者查清事实后作出相应裁定；

（四）异议裁定遗漏异议请求或者存在其他严重违反法定程序的情形，裁定撤销异议裁定，发回作出裁定的人民法院重新审查；

（五）异议裁定对应当适用民事诉讼法第二百二十七条规定审查处理的异议，错误适用民事诉讼法第二百二十五条规定审查处理的，裁定撤销异议裁定，发回作出裁定的人民法院重新作出裁定。

除依照本条第一款第三、四、五项发回重新审查或者重新作出裁定的情形外，裁定撤销或者变更异议裁定且执行行为可撤销、变更的，应当同时撤销或者变更该裁定维持的执行行为。

人民法院对发回重新审查的案件作出裁定后，当事人、利害关系人申请复议的，上一级人民法院复议后不得再次发回重新审查。

第十一条 申请人在人民法院作出诉前禁止令后三十日内不依法提起诉讼的，人民法院应当在三十日届满后五日内裁定解除禁止令。

禁止令效力期间内，申请人、被申请人或者利害关系人以据以作出裁定的事由发生变化为由，申请解除禁止令的，人民法院应当在收到申请后五日内裁定是否解除。

【条文主旨】

本条是关于提前解除禁止令的规定。

【条文理解】

人民法院裁定准予申请人禁止令申请的，应当根据申请人的请求和案件具体情况确定禁止令的效力期间。在禁止令生效期间内，非经法定程序并由人民法院裁定,任何自然人、法人和非法人组织均不得解除禁止令保全措施。在特定条件下,禁止令的效力会因保全措施的提前解除而归于消灭。本条分两款规定了禁止令的提前解除问题,第一款规定的是人民法院针对诉前禁止令予以解除的情形,第二款规定的是人民法院基于当事人申请提前解除禁止令的情形。

一、禁止令保全措施提前解除的渊源

1982 年《民事诉讼法(试行)》仅规定了诉讼保全,未规定诉前保全,亦未规定解除保全措施的条件及程序。1991 年《民事诉讼法》第九十三条首次引入诉前保全制度,但仅限于"采取财产保全措施"。其中第九十三条第三款明确解除诉前保全的条件为:"申请人在人民法院采取保全措施后十五日内不起诉的,人民法院应当解除财产保全。"第九十五条明确解除保全的条件为:"被申请人提供担保的,人民法院应当解除财产保全。"可见,当时的立法对于诉前财产保全的解除,限于法定期限内不起诉的情形;对于财产保全的解除,则未区分案件类型,亦未明确裁判方式。2012 年《民事诉讼法》修正时,将第一百零一条诉前保全规定中的"采取财产保全措施"修改为"采取保全措施",删除了"财产"二字,将行为保全的内容包含其中;同时增加"申请仲裁"规定,与"提起诉讼"并列为解除诉前保全的情形,并将诉前保全后提起诉讼或者申请仲裁的时间由"十五日内"延长至"三十日内"。此次修法还在第一百零四条关于被申请人提供担保而解除保全的规定中,增加了"财产纠纷案件"的限定,明确解除保全采用裁定方式。此后历次修法,对提前解除保全的规定未再作进一步修改。

因《民事诉讼法》对解除诉前保全和诉讼保全的条件、程序等规定较为原则,最高人民法院在 1992 年《最高人民法院关于适用〈中华人民共和国民事诉讼法〉若干问题的意见》(现已失效)中,以两个条款规定了财产保全的解除问题。其中第一百零八条规定:"人民法院裁定采取财产保全措施后,除作出保全裁定的人民法院自行解除和其上级人民法院决定解除外,在财产保全期限内,任何单位都不得解除保全措施。"第一百零九条规定:"诉讼中的财产保全裁定的效力一般应维持到生效的法律文书执行时止。在诉讼过程中,需要解除保全措施的,人民法院应及时作出裁定,解除保全措施。"《民事诉讼法司法解释》在此基础上,又做了进一步细化。一是规定法律文书生效后、执行前保全的解除。《民事诉讼法司法解释》第一百六十三条规定:"法律文书生效后,进入执行程序前,债权人因对方当事人转移财产等紧急情况,不申请保全将可能导致生效法律文书不能执行或者难以执行的,可以向执行法院申请采取保全措施。债权人在法律文书指定的履行期间届满后五日内不申请执行的,人民法院应当解除保全。"二是规定非经法院不得解除保全措施。沿用

1992 年《最高人民法院关于适用〈中华人民共和国民事诉讼法〉若干问题的意见》第一百零八条的规定,《民事诉讼法司法解释》第一百六十五条明确:“人民法院裁定采取保全措施后,除作出保全裁定的人民法院自行解除或者其上级人民法院决定解除外,在保全期限内,任何单位不得解除保全措施。”三是细化了解除保全裁定的情形。《民事诉讼法司法解释》第一百六十六条通过扩张解释 2017 年《民事诉讼法》第一百零一条规定,明确:“裁定采取保全措施后,有下列情形之一的,人民法院应当作出解除保全裁定:(一)保全错误的;(二)申请人撤回保全申请的;(三)申请人的起诉或者诉讼请求被生效裁判驳回的;(四)人民法院认为应当解除保全的其他情形。解除以登记方式实施的保全措施的,应当向登记机关发出协助执行通知书。”四是规定诉讼中的保全与执行中的查封、扣押、冻结的衔接。在沿用 1992 年《最高人民法院关于适用〈中华人民共和国民事诉讼法〉若干问题的意见》第一百零九条基本精神,并结合 2004 年《最高人民法院关于人民法院民事执行中查封、扣押、冻结财产的规定》第四条规定基础上,《民事诉讼法司法解释》第一百六十八条规定:“保全裁定未经人民法院依法撤销或者解除,进入执行程序后,自动转为执行中的查封、扣押、冻结措施,期限连续计算,执行法院无需重新制作裁定书,但查封、扣押、冻结期限届满的除外。”

保全程序是以保障权利人在民事裁判中所确认的权利能够获得实现为目的的临时救济制度,具有紧急性、预防性和暂定性。[①] 禁止令作为生态环境侵权案件中行为保全措施的一种,适用时需要人民法院在两种权益之间进行权衡,即不采取禁止令保全措施可能给利害关系人、申请人造成的损害与采取禁止令保全措施可能给被申请人造成的损害哪个更大。为平衡申请人、被申请人以及利害关系人之间可能产生的利益冲突,防止权利滥用,本解释通过规定相应程序性保障,避免当事人或者利害关系人受到不必要的损害。一是在第六条规定询问、听证与勘查程序,明确:“人民法院审查申请人禁止令申请,应当听取被申请人的意见。必要时,可进行现场勘查。情况紧急无法询问或者现场勘查的,人民法院应当在裁定准予申请人禁止令申请后四十八小时内听取被申请人的意见。被申请人意见成立的,人民法院应当裁定解除禁止令。”二是在第七条规定提供担保义务,明确:“申请人在提起诉讼时或者诉讼过程中申请禁止令的,人民法院可以责令申请人提供担保,不提供担保的,裁定驳回申请。申请人提起诉讼前申请禁止令的,人民法院应当责令申请人提供担保,不提供担保的,裁定驳回申请。”三是在第十条规定申请复议权,明确:“当事人、利害关系人对人民法院裁定准予或者不准予申请人禁止令申请不服

① 参见江伟主编:《民事诉讼法》(第 4 版),中国人民大学出版社 2008 年版,第 235 - 236 页。

的,可在收到裁定书之日起五日内向作出裁定的人民法院申请复议一次。人民法院应当在收到复议申请后十日内审查并作出裁定。复议期间不停止裁定的执行。”四是在本条规定禁止令保全措施的提前解除,明确:“申请人在人民法院作出诉前禁止令后三十日内不依法提起诉讼的,人民法院应当在三十日届满后五日内裁定解除禁止令。禁止令效力期间内,申请人、被申请人或者利害关系人以据以作出裁定的事由发生变化为由,申请解除禁止令的,人民法院应当在收到申请后五日内裁定是否解除。”

二、诉前禁止令的提前解除

诉前保全,是指利害关系人在因情况紧急,不立即申请保全将会使其合法权益受到难以弥补的损害的情况下,于起诉前申请被保全财产所在地、被申请人住所地或者对案件有管辖权的人民法院采取保全措施的一种保全制度。诉前禁止令,具体指申请人以被申请人正在实施或者即将实施污染环境、破坏生态行为,不及时制止将使申请人合法权益或者生态环境受到难以弥补的损害为由,向人民法院申请采取禁止令保全措施,责令被申请人立即停止一定行为。当诉前禁止令的适用基础不复存在,人民法院应当依法及时予以解除。

(一)解除诉前禁止令的适用条件

法律赋予利害关系人在诉讼前遇有紧急情况可能会对其权益造成侵害的情况下申请人民法院采取保全措施的权利,目的在于避免判决作出后难以执行的尴尬局面,以实现对利害关系人权益的有效保障。由于诉前保全是在诉讼尚未发生时实施的,采取保全措施后原告是否起诉,起诉是否符合法定条件、案件受理后能否胜诉等情况皆不可知。为对等保护被申请人的合法权益,法律对诉前保全作出了严格限制。2017 年《民事诉讼法》第一百零一条第三款规定,明确了诉前、申请仲裁前保全条件和解除诉前、申请仲裁前保全的条件,即:“利害关系人因情况紧急,不立即申请保全将会使其合法权益受到难以弥补的损害的,可以在提起诉讼或者申请仲裁前向被保全财产所在地、被申请人住所地或者对案件有管辖权的人民法院申请采取保全措施。申请人应当提供担保,不提供担保的,裁定驳回申请。人民法院接受申请后,必须在四十八小时内作出裁定;裁定采取保全措施的,应当立即开始执行。申请人在人民法院采取保全措施后三十日内不依法提起诉讼或者申请仲裁的,人民法院应当解除保全。”

在诉前禁止令作出之后,申请人依法应及时向人民法院提起诉讼。如果申请人没有依法提起诉讼,禁止令不能一直延续其效力,而应有相应期限的限制。起草过程中,有意见认为有权提起环境民事公益诉讼的社会组织在诉前申请禁止令的,即使其未按规定时间提起诉讼,但如果人民法院经审查确认环境侵权行为有可能持续进行的,仍可以不解除针对该环境侵权行为采取的保全措施,并在三十日起诉期限届满后制发终局性的禁止令。考虑到禁止令系行为保全措施的一种,应受2017年《民事诉讼法》第一百零一条限制性规定的约束,同时考虑到司法权应具有的保守性、谦抑性,我们没有采纳这一意见。人民法院遇到此种情况,尽管不能以职权继续维持禁止令的效力,但可通过相关途径和方式告知生态环境资源行政主管部门,由其依法进行处置。对诉前禁止令设置三十日的起诉期限条件,一方面是为了促使申请人尽快起诉,及时解决与被申请人之间发生的民事纠纷;另一方面也是为了保护被申请人的合法权益,避免其因保全时间过长或保全错误而受到损失。①

关于人民法院采取诉前保全措施后,申请人提起诉讼的期限问题,1991年《民事诉讼法》规定为十五日,2012年修法时延长至三十日,目的在于使利害关系人可以更好地准备诉讼,更利于保障利害关系人的诉讼权利。本解释起草过程中,有意见认为可以对起诉期间进行更为严格的约束,缩短为一周或两周,防止禁止令的滥用。鉴于上述意见于法无据,未予采纳,最终依照现行《民事诉讼法》规定,在本条解释第一款明确了申请人应在诉前禁止令作出之日起三十日内提起诉讼,逾期人民法院即应裁定解除禁止令。该规定有利于督促申请人及时准备起诉材料,同时也给予当事人、社会组织、行政执法机关、人民检察院诉前协调被申请人立即停止侵害、排除妨碍、消除危险,或者就生态环境损害进行磋商,达成赔偿协议,推动环境污染、生态破坏问题的尽快解决。

(二)解除诉前禁止令的审查期间

《最高人民法院关于人民法院办理财产保全案件若干问题的规定》第四条规定:“人民法院接受财产保全申请后,应当在五日内作出裁定;需要提供担保的,应当在提供担保后五日内作出裁定;裁定采取保全措施的,应当在五日内开始执行。对情况紧急的,必须在四十八小时内作出裁定;裁定采取保全措施的,应当立即开始执行。”本解释参照《民事诉讼法》及相关司法解释关于保全的规定,于第三条第一款明确:“申请人提起生态环境侵权诉讼时或者诉讼过程中,向人民法院申请作出禁止令的,人民法院应当在接受申请后五日内裁定是否准予。情况紧急的,人民法院应当在接受申请后四十八小时内作出。”《最高人民法院关于审查知识产权纠纷行为保全案件适用法律若干问题的规定》第十一条第三款规定:“在执行行为保全措施过程中,被申请人可能因此遭受的损失超过申请人担保数额的,人民法院可

① 参见李国光主编:《民事诉讼法及配套规定新释新解》(上),人民法院出版社2006年版,第851-852页。

以责令申请人追加相应的担保。申请人拒不追加的,可以裁定解除或者部分解除保全措施。”第十七条第一款规定:“当事人申请解除行为保全措施,人民法院收到申请后经审查符合《最高人民法院关于适用〈中华人民共和国民事诉讼法〉的解释》第一百六十六条规定的情形的,应当在五日内裁定解除。”据此,采取保全措施的审查期间为五日内,紧急情况下则为四十八小时内;解除保全措施的审查期间则为五日内。诉前禁止令的申请人在人民法院作出诉前禁止令后三十日内未依法提起诉讼的,人民法院应当在该三十日期限届满后的五日内完成审查,及时解除诉前禁止令。

(三)解除诉前禁止令的裁判方式

申请人在人民法院采取禁止令保全措施后三十日内不依法提起诉讼的,人民法院应当依据《民事诉讼法》第一百零四条第三款中关于“人民法院应当解除保全”的规定,解除禁止令保全措施。《民事诉讼法》第一百零七条规定:“财产纠纷案件,被申请人提供担保的,人民法院应当裁定解除保全。”《民事诉讼法司法解释》第一百六十六条第一款规定:“裁定采取保全措施后,有下列情形之一的,人民法院应当作出解除保全裁定:……”据此,本条解释明确人民法院解除诉前禁止令应采取裁定方式。

三、依申请解除禁止令

禁止令的预防性功能决定了在特定情形下对于民事主体合法权益、生态环境的预防性救济。然而,实践中存在据以作出禁止令的考量因素发生变化,尤其是具有现实而紧迫的重大风险已经消失,不及时制止将对生态环境造成难以弥补的损害已经不存在,或者生态环境损害已经通过被申请人主动履行、行政机关执法等予以弥补,继续执行禁止令可能会对被申请人或案外人的正常生产经营造成更大的损害,此时申请人、被申请人或者其他利害关系人可申请提前解除禁止令;经人民法院的审查,可以准许解除禁止令。

(一)解除禁止令的适用条件

禁止令是针对正在实施或者即将实施的污染环境、破坏生态行为,基于一定的条件和原因而采取的行为保全措施。随着该条件和原因的变化,该行为保全措施可能变得不再必要。生态环境侵权案件中,申请人、被申请人或者利害关系人在禁止令效力期间内,有权以据以作出禁止令的事由发生变化为由,申请解除禁止令。对此,人民法院应当及时审查,对于符合法定解除情形的,及时裁定解除禁止令。

1. 解除保全的一般性审查

《民事诉讼法司法解释》第一百六十六条第一款细化了诉讼中应当依法及时解除保全的情形。一是保全错误的。违反法律规定所采取的保全措施即属于保全错误,通常指人民法院根本不应当作出保全,或作出保全后继续保全的条件已不存在。二是申请人撤回保全申请的。申请人自愿申请解除保全措施或者申请人撤回保全申请的情形下,采取保全措施的目的和意义已不复存在,保全措施应当及时予以解除。三是申请人的起诉或者诉讼请求被生效裁判驳回的。申请禁止令的前提和基础是该方当事人的诉讼请求具有合法性和合理性,若申请人的起诉或者诉讼请求因无事实或法律依据而没有得到法院生效裁判的支持,即丧失了继续保全的基础。四是人民法院认为应当解除保全的其他情形。如申请人在诉讼过程中申请撤诉并经人民法院裁定准许、被申请人的复议申请意见被人民法院确认成立、双方当事人达成和解或调解协议、当事人已自觉履行了生效裁判文书所确定的全部履行内容等。

2. 解除禁止令的特殊考量因素

除前述关于解除保全的一般性规定外,人民法院审查禁止令解除申请时,还应当重点考量生态环境侵权案件的特有因素。如解除禁止令的后果是否会损害国家利益、社会公共利益和申请人的合法权益,是否会造成生态环境的损害等。禁止令制度源于英美法系,其中英国设有禁止令的替代和更改制度。在下列情况下,法院可以替代或更改有关禁止令的内容:(1)被告按照原告的要求向原告自愿提供担保,直至审判结束或有新的来自法院的命令。在这种情况下,其按照原告要求提供的自愿担保实质上与禁止令的效果基本一致。(2)双方当事人就所争讼的行为或活动达成一致协议,则有关的禁止令可能会被暂停并延后至特定日期后才开始执行。这种情况通常是因为被告可能需要时间准备以遵守有关禁止令的内容,或者其短期内消除损害的难度极大。(3)禁止令作出后,实际情况发生重大变化,并可证明有解除禁止令的合理性。(4)因适用或解释法律错误而错误地颁发了禁止令的情况。由于本条解释并未对解除禁止令的具体审查事由作出规定,实践中人民法院可以对此作进一步探索,在不损害生态环境侵权案件中所需保护法益的前提下,根据案件具体情况,依法作出是否准予解除禁止令的裁定。

(二)解除禁止令的适用程序

1. 解除禁止令的申请时间

申请解除禁止令应在禁止令效力期间内。本解释第八条规定:“人民法院裁定准予申请人禁止令申请的,应当根据申请人的请求和案件具体情况确定禁止令的效力期间。”超出人民法院确定的有效期间的,禁止令自行失效。又如,人民法院作出禁止令禁止行为人在满足一定条件前从事某种行为，在行为人满足该一定条件后，在形式上禁止令可能对其行为不再具有拘束力。但此种情形下，是否需要行为人向人民法院申请解除禁止令，存在一定的分歧。我们认为，若禁止令期限尚未届满，还是应以申请人、被申请人或者利害关系人的申请解除为原则，经人民法院审查确认无误后及时裁定解除禁止令。

根据《民事诉讼法司法解释》第一百六十五条及第一百六十八条规定，在保全期限内，非经法院不得解除保全措施，且诉讼中的保全在进入执行程序后自动转化为相应的执行措施，期限连续计算，执行法院无须重新制作裁定书。这意味着，诉中禁止令的效力一般应维持至生效法律文书执行完毕，或者裁定确定的效力期间届满之日。在此期间，需要解除禁止令的，亦应当依法申请人民法院予以解除。

2. 解除禁止令的申请主体

申请解除禁止令的主体为申请人、被申请人或者利害关系人。具体包括生态环境侵权案件起诉前的利害关系人、有公益诉讼起诉资格的主体，一审程序中的原告或公益诉讼起诉人、被告、第三人，以及二审程序中的上诉人、被上诉人、第三人等。

3. 解除禁止令的裁判主体

《民事诉讼法司法解释》第一百六十五条规定："人民法院裁定采取保全措施后，除作出保全裁定的人民法院自行解除或者其上级人民法院决定解除外，在保全期限内，任何单位不得解除保全措施。"人民法院裁定采取保全措施后，有权解除保全裁定的主体只能是作出保全裁定的人民法院或者其上级人民法院，排斥除此以外的其他法院对非本院保全裁定的解除，同时也将其他行政机关、企事业单位等排除在外。禁止令作为生态环境侵权案件中的一种特殊的行为保全措施，亦适用前述规定。

4. 解除禁止令的审查期间

前已述及，依据《民事诉讼法》及相关司法解释规定，解除保全措施的审查期间为五日内。人民法院收到申请人、被申请人或者利害关系人递交的解除禁止令申请后，应当在五日内完成审查，并作出是否准予解除禁止令的裁定。

【审判实务中应注意的问题】

一、被申请人提供担保不必然导致禁止令的解除

《民事诉讼法》自 1991 年颁布以来，经历次修正，规定的人民法院在诉讼中裁定解除保全的条件均为"被申请人提供担保"。本条起草过程中，有意见提出可以

据此增加提供担保即可解除禁止令的规定。经研究，我们没有采纳该建议，主要考虑环境禁止令作为预防性手段，对于情况紧急的污染环境、破坏生态行为予以制止，目的是及时防止生态环境损害的发生或者扩大，重点在于维护公众环境权益、保护生态环境。2017 年《民事诉讼法》第一百零四条提供担保即应解除保全的规定系针对“财产纠纷案件”，与本解释所涉生态环境侵权案件所要重点保护的法益并不完全相同，不宜采纳该意见。故此，具体适用中应注意被申请人提供担保的，并不必然导致禁止令的解除。

二、关于人民法院依职权解除禁止令

《民事诉讼法司法解释》第一百六十五条规定，保全措施的解除有作出保全裁定的人民法院自行解除或者其上级人民法院决定解除两种方式；又依据该解释第一百六十八条，保全裁定可以为人民法院依法撤销或者解除。本条解释虽然仅规定了依当事人、利害关系人申请解除禁止令的情形，但人民法院如发现禁止令确有错误或者存在《民事诉讼法司法解释》第一百六十六条第一款规定其他情形需要解除禁止令的，可先向禁止令申请人释明，在申请人拒不申请解除的情况下，亦可依职权裁定解除禁止令，以及时维护当事人的合法权益。申请人在人民法院释明后、拒不申请解除的情形，在未来可能的保全损害责任纠纷中可作为认定申请人过错的事实依据。

三、关于禁止令与生效裁判、行政处罚等的衔接

当事人就行为人的生态环境违法行为申请禁止令保全措施，同时又在诉讼中提出停止侵害行为诉讼请求的，人民法院作出生效裁判支持该当事人的诉讼请求后，禁止令对行为人所造成的拘束已被生效判决的判项所吸收和覆盖，禁止令应视为自动终止，此时不需要专门裁定解除禁止令。如该当事人关于停止侵害行为的诉讼请求未能获得人民法院生效裁判的支持，则禁止令亦丧失了继续存续的合法性和正当性基础，但此情况下人民法院应当依法及时裁定解除禁止令。

实践中，可能会存在人民法院作出的禁止令与生态环境资源保护主管部门等作出的与禁止令内容基本一致的责令停止违法行为等行政决定同时并存的情形，主要包括两种情形。一是行政决定在先，当事人申请禁止令在后，当事人仍申请禁止令通常是因为行为人未主动履行行政决定。此种情形下人民法院应审查行政决定是否已经符合向人民法院申请强制执行的条件，若符合则应由行政主管部门依法申请人民法院强制执行行政决定；若尚不符合，人民法院可根据具体案件情况审查判断是否准予禁止令申请。若人民法院作出禁止令后，行政主管部门又申请了

人民法院强制执行行政决定并被人民法院受理,则作出禁止令裁定的人民法院可根据具体情况审查判断是否解除禁止令。二是人民法院作出禁止令在先,行政主管部门在符合法定条件后又申请了人民法院强制执行其行政决定,作出禁止令裁定的人民法院亦可根据具体情况审查判断是否解除禁止令。此种处理主要考虑到生态环境资源保护主管部门对生态环境损害的处理更为专业,对于制止相应的生态环境损害方面手段更多、效率更高,若行政主管部门通过申请人民法院强制执行行政决定能够达到及时制止生态环境损害的效果,就没有再由人民法院作出禁止令的必要,以避免公权力的无谓浪费。

【法条链接】

2017 年《民事诉讼法》

第一百零一条 利害关系人因情况紧急,不立即申请保全将会使其合法权益受到难以弥补的损害的,可以在提起诉讼或者申请仲裁前向被保全财产所在地、被申请人住所地或者对案件有管辖权的人民法院申请采取保全措施。申请人应当提供担保,不提供担保的,裁定驳回申请。

人民法院接受申请后,必须在四十八小时内作出裁定;裁定采取保全措施的,应当立即开始执行。

申请人在人民法院采取保全措施后三十日内不依法提起诉讼或者申请仲裁的,人民法院应当解除保全。

第一百零四条 财产纠纷案件,被申请人提供担保的,人民法院应当裁定解除保全。

《民事诉讼法司法解释》

第二十七条 当事人申请诉前保全后没有在法定期间起诉或者申请仲裁,给被申请人、利害关系人造成损失引起的诉讼,由采取保全措施的人民法院管辖。

当事人申请诉前保全后在法定期间内起诉或者申请仲裁,被申请人、利害关系人因保全受到损失提起的诉讼,由受理起诉的人民法院或者采取保全措施的人民法院管辖。

第一百五十二条 人民法院依照民事诉讼法第一百零三条、第一百零四条规定,在采取诉前保全、诉讼保全措施时,责令利害关系人或者当事人提供担保的,应当书面通知。

利害关系人申请诉前保全的,应当提供担保。申请诉前财产保全的,应当提供相当于请求保全数额的担保;情况特殊的,人民法院可以酌情处理。申请诉前行为保全的,担保的数额由人民法院根据案件的具体情况决定。

在诉讼中,人民法院依申请或者依职权采取保全措施的,应当根据案件的具体情况,决定当事人是否应当提供担保以及担保的数额。

第一百六十条 当事人向采取诉前保全措施以外的其他有管辖权的人民法院起诉的,采取诉前保全措施的人民法院应当将保全手续移送受理案件的人民法院。诉前保全的裁定视为受移送人民法院作出的裁定。

第一百六十三条 法律文书生效后,进入执行程序前,债权人因对方当事人转移财产等紧急情况,不申请保全将可能导致生效法律文书不能执行或者难以执行的,可以向执行法院申请采取保全措施。债权人在法律文书指定的履行期间届满后五日内不申请执行的,人民法院应当解除保全。

第一百六十五条 人民法院裁定采取保全措施后,除作出保全裁定的人民法院自行解除或者其上级人民法院决定解除外,在保全期限内,任何单位不得解除保全措施。

第一百六十六条 裁定采取保全措施后,有下列情形之一的,人民法院应当作出解除保全裁定:

(一)保全错误的;

(二)申请人撤回保全申请的;

(三)申请人的起诉或者诉讼请求被生效裁判驳回的;

(四)人民法院认为应当解除保全的其他情形。

解除以登记方式实施的保全措施的,应当向登记机关发出协助执行通知书。

第一百六十八条 保全裁定未经人民法院依法撤销或者解除,进入执行程序后,自动转为执行中的查封、扣押、冻结措施,期限连续计算,执行法院无需重新制作裁定书,但查封、扣押、冻结期限届满的除外。

《最高人民法院关于人民法院办理财产保全案件若干问题的规定》

第四条 人民法院接受财产保全申请后,应当在五日内作出裁定;需要提供担保的,应当在提供担保后五日内作出裁定;裁定采取保全措施的,应当在五日内开始执行。对情况紧急的,必须在四十八小时内作出裁定;裁定采取保全措施的,应当立即开始执行。

《最高人民法院关于审查知识产权纠纷行为保全案件适用法律若干问题的规定》

第十一条 申请人申请行为保全的,应当依法提供担保。

申请人提供的担保数额,应当相当于被申请人可能因执行行为保全措施所遭受的损失,包括责令停止侵权行为所涉产品的销售收益、保管费用等合理损失。

在执行行为保全措施过程中,被申请人可能因此遭受的损失超过申请人担保数额的,人民法院可以责令申请人追加相应的担保。申请人拒不追加的,可以裁定解除或者部分解除保全措施。

第十二条 人民法院采取的行为保全措施,一般不因被申请人提供担保而解除,但是申请人同意的除外。

第十七条 当事人申请解除行为保全措施,人民法院收到申请后经审查符合《最高人民法院关于适用〈中华人民共和国民事诉讼法〉的解释》第一百六十六条规定的情形的,应当在五日内裁定解除。

申请人撤回行为保全申请或者申请解除行为保全措施的,不因此免除民事诉讼法第一百零五条规定的赔偿责任。

> **第十二条** 被申请人不履行禁止令的,人民法院可依照民事诉讼法第一百一十一条的规定追究其相应法律责任。

【条文主旨】

本条规定了不履行禁止令的法律后果。

【条文理解】

2017 年《民事诉讼法》第一百一十一条规定:"诉讼参与人或者其他人有下列行为之一的,人民法院可以根据情节轻重予以罚款、拘留;构成犯罪的,依法追究刑事责任:(一)伪造、毁灭重要证据,妨碍人民法院审理案件的;(二)以暴力、威胁、贿买方法阻止证人作证或者指使、贿买、胁迫他人作伪证的;(三)隐藏、转移、变卖、毁损已被查封、扣押的财产,或者已被清点并责令其保管的财产,转移已被冻结的财产的;(四)对司法工作人员、诉讼参加人、证人、翻译人员、鉴定人、勘验人、协助执行的人,进行侮辱、诽谤、诬陷、殴打或者打击报复的;(五)以暴力、威胁或者其他方法阻碍司法工作人员执行职务的;(六)拒不履行人民法院已经发生法律效力的判决、裁定的。人民法院对有前款规定的行为之一的单位,可以对其主要负责人或者直接责任人员予以罚款、拘留;构成犯罪的,依法追究刑事责任。"该条是关于对妨害民事诉讼活动的行为进行司法惩戒以及追究刑事责任的法律规定。本条解释规定了对于被申请人不履行禁止令的,指引适用 2017 年《民事诉讼法》第一百一十一条的规定,主要考虑,一是警示拒不履行禁止令的被申请人,使其知晓拒不履行的法律后果,有助于被申请人自动履行,尽快实现禁止令保全措施的法律效果;二是 2017 年《民事诉讼法》第一百一十一条对妨害民事诉讼行为强制措施的规定已经比较完善,若被申请人无正当理由拒不履行禁止令裁定的相关内容,或者人民法院实施禁止令的过程中被申请人采取对抗行为的，人民法院可直接适用该条规定，无须再重复规定在本解释中。

一、关于被申请人不履行禁止令行为的性质

根据本解释第一条的规定，禁止令属于民事诉讼中的一种行为保全措施。民事诉讼中的行为保全，是指人民法院作出裁定，责令一方当事人作出一定行为，或者禁止其作出一定行为，防止该当事人正在实施或者将要实施的行为给申请人造成不可弥补的损害。[①] 行为保全作为一种重要的民事诉讼制度，具有重大的程序价值：一是有助于弥补通常诉讼程序事后救济的不足，全面保护当事人的合法权益；二是有利于解决“执行难”的问题；三是有利于降低判决实现的成本。[②] 因此，如果被申请人不履行禁止令这一行为保全措施，将妨害民事诉讼活动、危害民事诉讼秩序，可能构成妨害民事诉讼的行为。

所谓妨害民事诉讼的行为，是指诉讼参与人或者其他人在诉讼中故意实施的扰乱、危害正常民事诉讼秩序，并在客观上妨害了民事诉讼活动的行为。应当注意的是，并非所有的不履行禁止令的行为都构成妨害民事诉讼的行为，对此应当从以下几个方面进行判断和认定：

一是有妨害民事诉讼的实际行为发生并在客观上危害了民事诉讼秩序。妨害民事诉讼的行为包括作为和不作为两种方式：作为是指实施法律明令禁止的行为，不作为是指拒不实施法律要求进行的行为。无论是作为还是不作为，只有客观上妨害了民事诉讼的进行，才有可能构成妨害民事诉讼的行为。不履行禁止令构成妨害民事诉讼的行为，可以理解为通常系以不作为的方式实施，即不停止禁止令要求其立即停止的行为，但是如果在不履行禁止令的同时，被申请人还实施了其他法律禁止的行为，如侮辱、诽谤、诬陷、殴打或者打击报复司法工作人员、诉讼参加人、证人、翻译人员、鉴定人、勘验人、协助执行的人，或者以暴力、威胁或者其他方法阻碍司法工作人员执行职务等的，即构成以作为方式实施了妨害民事诉讼的行为。应当注意的是，如果只有不履行禁止令的意图或者言论，而没有不履行的实际行动，不能认为妨害了民事诉讼，也不能认定构成妨害民事诉讼的行为。

二是必须是故意的行为，过失不构成妨害民事诉讼的行为。有些妨害民事诉讼的行为只能是故意实施的，如辱骂、殴打司法工作人员等，而有些行为，虽然客观上也妨害了民事诉讼，但是否出于故意，则应具体分析，如未按禁止令的内容停止

---

① 参见王胜明主编：《中华人民共和国民事诉讼法释义》，法律出版社2012年版，第229页。

② 参见王胜明主编：《中华人民共和国民事诉讼法释义》，法律出版社2012年版，第227－228页。

实施污染环境、破坏生态的行为，如果主观上不是出于故意，而是因为疏忽大意的过失心态，则不能认定为妨害民事诉讼的行为。

三是原则上是在诉讼期间不履行禁止令。诉讼期间是指从起诉到执行终结的期间，包括一审普通程序、简易程序、二审程序、特别程序、督促程序、公示催告程序和执行程序的期间。对于诉前禁止令而言，与一般诉前保全一样，尽管案涉纠纷尚未被人民法院受理，但鉴于诉前保全亦是《民事诉讼法》规范的行为，系为了将来诉讼的顺利进行而开展的活动，亦应在民事诉讼保障机制的范围之内。故无论诉中禁止令，还是诉前禁止令，在裁定生效后，被申请人拒不履行的，人民法院均可依据本条解释规定追究其法律责任。

对于依照上述标准认定被申请人不履行禁止令构成妨害民事诉讼行为的，根据情节轻重，其有可能承担两种性质的法律责任：一是根据《民事诉讼法》的规定，被采取罚款、拘留两种妨害民事诉讼的强制措施。二是情节严重构成犯罪的，应当承担相应的刑事责任。

二、关于对被申请人采取妨害民事诉讼的强制措施

对妨害民事诉讼的强制措施，是指人民法院在民事诉讼过程中，为制止和排除诉讼参与人及案外人对民事诉讼的妨害、维护诉讼秩序、保障审判和执行活动的正常进行，对有妨害民事诉讼行为的人依法采取的各种强制手段的总称。[①] 妨害民事诉讼的强制措施，本身不属于民事诉讼的程序制度，也并非每一个案件所必须采取的，但它是民事诉讼制度实施的保障手段，是诉讼顺利进行的必要措施，也是民事诉讼制度实施的重要组成部分。

民事诉讼的强制措施，不同于刑事制裁、民事制裁或者行政制裁。刑事制裁、民事制裁或者行政制裁是根据实体法的规定，对违反了相应的实体法的行为人采取的追究刑事责任、民事责任及行政责任的处罚措施，而民事诉讼的强制措施，则是根据程序法的规定，为保证诉讼的正常进行而采取的排除妨害的强制手段，它体现了国家强制力在民事诉讼中的重要作用。同时，民事诉讼强制措施又是对妨害民事诉讼行为人的一种教育手段，它通过一定的强制方式教育行为人，使其认识到自己的错误并加以改正，不再实施妨害行为。由此可见，民事诉讼的强制措施是一种带有制裁性的强制教育手段。[②] 民事诉讼强制措施也不同于刑事诉讼中的强制措施，它们的主要区别在于：(1)两者的适用主体不同。后者的适用主体较为广泛，可

---

① 参见宋朝武主编：《民事诉讼法学》，厦门大学出版社 2007 年版，第 176 页。

② 参见谭兵主编：《民事诉讼法学》，法律出版社 1999 年版，第 326 页。

以是公安机关、人民检察院，也可以是人民法院；前者的适用主体只能是人民法院。(2)两者的适用对象不同。后者的适用对象是作为当事人的犯罪嫌疑人、被告人，前者的适用对象既包括当事人，也包括其他诉讼参与人以及案外人。(3)两者的适用时间不同。后者适用于刑事诉讼的侦查、起诉、审判阶段，前者适用于整个民事诉讼过程，既包括审判阶段，也包括执行阶段。(4)两者的适用目的不同。后者是预防性措施，旨在防止犯罪嫌疑人和被告人自杀或者逃跑、干扰证人作证或者毁灭罪证、实施新的犯罪等，它的适用不以行为人已经完成行为为前提；前者是排除性措施，目的在于清除诉讼过程中的障碍，它的适用必须以妨害行为已经实施或完成为前提。

民事诉讼强制措施制度具有以下几个方面的重要意义：(1)有利于保障民事诉讼程序的正常进行。正常的诉讼秩序是民事诉讼得以运作的前提，也是实现法律正义、及时解决民事纠纷的基本要求。当民事诉讼过程中出现了干扰妨害民事诉讼正常秩序的行为时，通过对有妨害行为的人实施恰当的强制措施，可以充分发挥民事诉讼强制措施排除妨害的功能，助力民事诉讼秩序恢复正常。(2)有利于维护法律的权威。在民事诉讼中，违反《民事诉讼法》的当事人、其他诉讼参与人或者案外人的违法行为表面上是违反了民事诉讼程序，实质上严重损害了法律和司法的严肃性与权威性，对有妨害民事诉讼行为的人采取必要的强制措施，对维护法律权威、捍卫司法尊严无疑具有重要意义。(3)有利于保障当事人的合法权益。一般来说，人民法院通过两个途径来保障当事人的合法权益，一是确认，二是实现。人民法院通过其作出的裁判确认当事人的合法权益，但是权利的确认却不等于权利的实现，如果被人民法院判决承担民事责任的当事人拒不履行生效裁判，或者在环境诉讼中人民法院通过禁止令责令被申请人立即停止损害申请人合法权益或者破坏生态环境的行为而被申请人不停止的，人民法院的裁判内容将无法实现，势必损害一方当事人的合法权益。人民法院对拒不履行已经发生法律效力的判决、裁定的当事人采取强制措施，可以有力保障当事人的合法权益。

根据《民事诉讼法》第十章的规定，对妨害民事诉讼的强制措施一共有五种：拘传、训诫、责令退出法庭、罚款、拘留。对妨害民事诉讼的强制措施，是为保障诉讼的正常进行而设置的，由于妨害民事诉讼的行为具体情况较为复杂，如果强制措施适用不当，不仅起不到保障诉讼的作用，反而会给诉讼的正常开展带来不良影响，因此应当十分慎重。

在禁止令裁定实施过程中适用强制措施，应当注意把握三个原则：第一，适用强制措施必须完全符合法律规定的条件，不能任意扩大范围，也不能随意更改强制措施的适用条件和适用程序。第二，适用强制措施的严厉程度应当与妨害行为的严重程度相适应。一定要综合妨害禁止令实施行为的具体情节、影响、妨害后果以及行为人的认错态度加以考虑,选择最恰当的强制措施。第三,适用强制措施应以禁止令保全措施得以顺利实施为限度。适用较轻的强制措施就足以达到目的的,就不应采用过于严厉的措施;采用一种强制措施就能够使生态环境侵权行为人知错不再犯的,就不应采用两种以上的措施。总之,强制措施的适用,应做到合法、及时、有效、准确体现立法的意旨。

本解释在起草制定过程中,有意见认为,对与本条规定密切相关的三个问题可做深入研究:一是是否可以借鉴日本、我国台湾地区等相关立法例,禁止债务人为一定行为的假处分的执行,可准用不作为请求权的执行方法。二是对于不履行禁止令能否采取纳入失信被执行人名单、裁定支付迟延履行金等执行措施。三是《最高人民法院关于审查知识产权纠纷行为保全案件适用法律若干问题的规定》第十五条规定,人民法院采取行为保全的方法和措施,依照执行程序相关规定处理。为体现形成保全裁定的程序与强制执行程序的分离,充分利用多元化的执行措施实现禁止令的目的,对于生态环境侵权诉讼中的禁止令执行可否准用强制执行的相关规定。对于上述三个问题,本解释未作规定,可待生态环境侵权诉讼中禁止令制度的司法实践日趋完善后再作进一步研究论证。下面就罚款、拘留两种司法惩戒强制措施具体阐述如下。

(一)罚款

民事诉讼强制措施中的罚款,是指人民法院依法责令妨害民事诉讼的人或者单位缴纳一定数额的金钱,以达到约束行为人并防止妨害诉讼的行为继续发生的目的,其性质属于司法罚款,与行政罚款和刑事罚金性质不同。罚款措施是对妨害民事诉讼情节较严重的行为采取的一种强制手段,力度重于训诫和责令退出法庭,但轻于拘留。对不履行禁止令的被申请人适用罚款,应当注意以下几点:

1. 采取罚款措施应当符合法律规定的适用限度。根据《民事诉讼法》第一百一十八条的规定,对个人的罚款金额,为人民币10万元以下;对单位的罚款金额,为人民币5万元以上100万元以下。根据《民事诉讼法司法解释》第一百九十三条的规定,人民法院对个人或者单位采取罚款措施时,应当根据其实施妨害民事诉讼行为的性质、情节、后果,当地的经济发展水平,以及诉讼标的额等因素,在前述规定的限额内确定相应的罚款金额。

2. 采取罚款措施应当符合法律规定的适用情形。结合《民事诉讼法》第六十八条、第一百一十三条、第一百一十四条、第一百一十五条、第一百一十六条、第一百一十七条、第一百二十条,对妨害民事诉讼的行为可以予以罚款的共包括13种情形,其中不履行禁止令可能被予以罚款的仅限于第一百一十四条规定的6种情形,对于在这6种情形之外被申请人不履行禁止令的行为,不能予以罚款。

3.采取罚款措施应当符合法律规定的适用程序。根据《民事诉讼法》第一百一十九条和《民事诉讼法司法解释》第一百八十五条、第一百八十六条的规定,罚款必须经院长批准。罚款应当制作决定书,被申请人对罚款决定不服的,可以自收到决定书之日起3日内向上级人民法院申请复议一次。上级人民法院应当在收到复议申请后5日内作出决定,并将复议结果通知下级人民法院和当事人。复议期间不停止执行。上级人民法院复议时认为罚款措施不当的,应当制作决定书,撤销或者变更下级人民法院作出的罚款决定。情况紧急的,可以在口头通知后3日内发出决定书。

（二）拘留

民事诉讼强制措施中的拘留,是指在一定期间内限制行为的人身自由,防止其继续实施妨害民事诉讼行为的措施,这是对妨害民事诉讼的强制措施中最为严厉的一种。

民事诉讼强制措施中的拘留在性质上属于司法拘留。我国法律规定了三种拘留,分别为刑事拘留、行政拘留和司法拘留,在理解适用上应当将三者加以区别。(1)性质不同。刑事拘留是刑事诉讼中的保障性措施,其目的是保证刑事诉讼的顺利进行,本身不具有惩罚性;行政拘留是治安管理的一种处罚方式,实质上是一种行政制裁,其目的是惩罚和教育有一般违法行为的人;司法拘留的目的是一种排除性措施,是针对已经出现的妨害诉讼活动的严重行为而采取的。(2)法律根据不同。刑事拘留是依据《刑事诉讼法》的规定而适用的;行政拘留是根据《行政处罚法》《治安管理处罚法》等法律采用的;司法拘留则是分别根据《刑事诉讼法》、《民事诉讼法》和《行政诉讼法》的规定适用的。(3)适用对象不同。刑事拘留适用于刑事案件中涉嫌犯罪的现行犯或者重大嫌疑分子;行政拘留适用于有一般违法行为的人;司法拘留则适用于所有在诉讼过程中实施了妨害诉讼行为的人,既包括诉讼当事人、其他诉讼参与人,也包括案外人。(4)权力主体不同。刑事拘留依法由公安机关、人民检察院决定,并由公安机关执行;行政拘留由具有行政处罚权的行政机关在法定职权范围内实施,并由公安机关执行;司法拘留依法由人民法院决定并由公安机关执行。(5)羁押期限不同。对于一般现行犯的刑事拘留最长期限为14日;行政拘留的最长期限为15日;司法拘留的期限最长为15日。①

对不履行禁止令的被申请人适用拘留,应当注意以下几点:

---

① 参见王胜明主编:《中华人民共和国民事诉讼法释义》,法律出版社2012年版,第282页。

1. 采取拘留措施应当符合法律规定的适用限度。根据《民事诉讼法》第一百一十八条的规定,拘留的期限为15日以下。

2. 采取拘留措施应当符合法律规定的适用情形。结合《民事诉讼法》第一百一十三条至第一百一十七条以及第一百二十条,可以采取拘留强制措施的情形共有12种情形,其中不履行禁止令可能被予以拘留的仅限于第一百一十四条规定的这6种情形,对于在这6种情形之外被申请人不履行禁止令的行为,不能予以拘留。

3. 采取拘留措施应当符合法律规定的适用程序。根据《民事诉讼法》第一百一十九条和《民事诉讼法司法解释》第一百八十二条、第一百八十五条、第一百八十六条的规定,拘留必须经院长批准。拘留应当制作决定书,被申请人对拘留决定不服的,可以自收到决定书之日起3日内向上级人民法院申请复议一次。上级人民法院应当在收到复议申请后5日内作出决定,并将复议结果通知下级人民法院和当事人。复议期间不停止执行。上级人民法院复议时认为拘留措施不当的,应当制作决定书,撤销或者变更下级人民法院作出的拘留决定。情况紧急的,可以在口头通知后3日内发出决定书。被拘留人在拘留期间认错悔改的,人民法院可以责令其具结悔过,提前解除拘留。提前解除拘留,应报经院长批准,并作出提前解除拘留决定书,交负责看管的公安机关执行。

4. 罚款和拘留的适用关系。根据《民事诉讼法司法解释》第一百八十三条和第一百八十四条的规定,对于不履行禁止令的行为,罚款、拘留可以单独适用,也可以合并适用。对同一不履行禁止令行为的罚款、拘留不得连续适用。但是如果发生新的不履行禁止令行为的,人民法院则可以重新予以罚款、拘留。

三、关于追究被申请人的刑事责任

根据2017年《民事诉讼法》第一百一十一条的规定,妨害民事诉讼的行为如果情节特别严重,已经触犯《刑法》相关规定的,就应当承担刑事责任。

对于不履行禁止令构成妨害民事诉讼的行为应当追究刑事责任的,构成要件主要有三个:一是行为主体应当是民事诉讼法律责任主体,这就要求行为人是在民事诉讼程序中实施的行为,而非任意时间行使的行为都会产生民事诉讼法律责任中的刑事责任。二是行为人存在主观故意,对妨害民事诉讼的行为人采取民事强制措施尚且需要其主观上为故意,其行为如果构成犯罪,更应当要求其主观罪过形式为故意。三是行为人在民事诉讼中的行为需要既违反了《民事诉讼法》的相关规定,又违反了《刑法》的相关规定。如行为人在法庭上殴打审判人员,既违反《民事诉讼法》的相关内容,情节严重即已对法官造成人身伤害,就会触犯《刑法》,并且能够依照该法对行为人进行处罚。

被申请人不履行禁止令，根据2017年《民事诉讼法》第一百一十一条的规定，其可能涉嫌的罪名有：

1.妨害作证罪。指采用暴力、威胁、贿买等方法阻止证人作证或者指使他人作伪证的行为。犯本罪的，处3年以下有期徒刑或者拘役；情节严重的，处3年以上7年以下有期徒刑。

2.帮助毁灭、伪造证据罪。指在诉讼活动中，协助当事人毁灭、伪造证据，情节严重的行为。犯本罪的，处3年以下有期徒刑或者拘役。

3.打击报复证人罪。指对证人进行打击报复的行为。犯本罪的，处3年以下有期徒刑或者拘役；情节严重的，处3年以上7年以下有期徒刑。

4.妨害公务罪。指以暴力、威胁的方法，阻碍国家机关工作人员依法执行职务的行为。犯本罪的，处3年以下有期徒刑、拘役、管制或者罚金。

5.拒不执行判决、裁定罪。指对人民法院已经发生法律效力的判决或者裁定有能力执行而拒不执行，情节严重的行为。犯本罪的，处3年以下有期徒刑、拘役或者罚金。

6.非法处置查封、扣押、冻结的财产罪。指隐藏、转移、变卖、故意毁损已被司法机关查封、扣押、冻结的财产，情节严重的行为。犯本罪的，处3年以下有期徒刑、拘役或者罚金。

7.故意伤害罪。指故意非法损害他人身体健康的行为。司法实践中，本罪会与妨害公务罪构成想象竞合犯，应当择一重罪处罚。犯本罪的，处3年以下有期徒刑、拘役或者管制；致人重伤的，处3年以上10年以下有期徒刑；致人死亡或者以特别残忍手段致人重伤造成严重残疾的，处10年以上有期徒刑、无期徒刑或者死刑。

需要注意的是，根据《刑法》第三百零六条的规定，辩护人、诉讼代理人毁灭证据、伪造证据、妨害作证罪只适用于刑事诉讼中，故在民事诉讼中不履行禁止令的被申请人不可能构成本罪。

【审判实务中应注意的问题】

一、对不履行禁止令构成妨害民事诉讼行为的具体认定问题

妨碍民事诉讼的行为是干扰或破坏诉讼秩序，妨害民事诉讼正常进行的行为，违反的是《民事诉讼法》的有关规定。实践中应当注意，不能将民事诉讼中新发生的民事侵权行为与妨害民事诉讼的行为相混淆。

妨害民事诉讼的行为人是不特定的，妨害民事诉讼行为所指向的人是特定的。妨害民事诉讼的行为人可以是本案民事诉讼的当事人及其他诉讼参与人，也可以

是案外人,即不局限于民事诉讼的当事人。妨害民事诉讼行为所指向的人应只限于诉讼参加人、司法工作人员、证人、鉴定人、勘验人、协助执行人,而不包括案外人。比如在诉讼过程中,当事人的亲友之间、一方当事人对另一方当事人的亲友进行侮辱、诽谤、殴打,由于行为所指向的人不具备民事诉讼的主体资格,故不属于妨害民事诉讼的行为,应另案处理。

二、罚款、拘留的执行时效问题

司法实践中如何掌握罚款、拘留妨害民事诉讼强制措施的执行时效问题,存在一些不同认识:一种观点认为,罚款、拘留作为妨害民事诉讼的强制措施是一种排除性措施,当案件审理或执行完毕后即失去了采取强制措施的前提条件,原适用决定如果尚未执行,也同时失去了继续执行之必要。另一种观点认为,妨害民事诉讼的行为具有违法性和危害性,故无论在诉讼期间还是在案件审理、执行后,只要罚款和拘留尚未执行的,均应继续执行。

我们认为,理解上述问题,有必要正确理解妨害民事诉讼强制措施的性质。第一,妨害民事诉讼行为具有违法性。《民事诉讼法》第十章规定的对妨害民事诉讼活动的强制措施是民事诉讼法律规范的组成部分,它要求诉讼参与人和其他人应当在该规定的范围内正确行使自己的权利,约束自己的行为,从而保障审判工作的顺利进行,维护国家正常的法律秩序。如果行为人在民事诉讼过程中故意实施妨害民事诉讼的行为,造成妨害民事诉讼的后果,其行为即违反了《民事诉讼法》。司法实践中,妨害民事诉讼行为不仅妨碍审判活动的正常进行,而且会破坏人民法院形象,损害司法权威,违法性后果较为严重,故行为人应当承担相应的法律责任。第二,民事诉讼的强制措施不同于刑事诉讼中的强制措施。后者具有预防性,突出特点是不以犯罪嫌疑人、被告人已经完成特定行为为前提;前者必须有妨害民事诉讼的行为并以已经完成为前提,故称为排除性措施。应当注意的是,不能把排除性简单地理解为案件审理、执行后就失去了对违法者处罚的前提和必要。处罚是排除的一种手段,但排除并不等于处罚。案件审理、执行后,客观存在的妨害民事诉讼行为并不因此而消失,其违法性也不能因此而演变为合法。也就是说,案件的审理终结和执行并不等于妨害民事诉讼行为已经被"排除"。那种认为案件审理、执行后不能再对原妨害民事诉讼行为继续执行强制措施,原处罚决定也随之失去法律效力的观点,显然是把案件审理、执行与否作为妨害民事诉讼秩序的构成要件之一,而忽视了该行为的违法性和行为人应承担的法律责任以及法律对行为人的教育作用。

综上考虑,我们原则上赞同第二种观点。但是考虑到我国《刑法》对犯罪行为规定了追诉时效,《行政处罚法》第三十六条也规定“违法行为在二年内未被发现的,不再给予行政处罚”,犯罪行为的社会危害程度明显大于妨害民事诉讼的行为,尚且受到追诉时效的限制,对于民事诉讼强制措施是否有必要规定执行时效,有待将来通过立法加以解决。

【法条链接】

2017 年《民事诉讼法》

第十章　对妨害民事诉讼的强制措施

第一百零九条　人民法院对必须到庭的被告,经两次传票传唤,无正当理由拒不到庭的,可以拘传。

第一百一十条　诉讼参与人和其他人应当遵守法庭规则。

人民法院对违反法庭规则的人,可以予以训诫,责令退出法庭或者予以罚款、拘留。

人民法院对哄闹、冲击法庭,侮辱、诽谤、威胁、殴打审判人员,严重扰乱法庭秩序的人,依法追究刑事责任;情节较轻的,予以罚款、拘留。

第一百一十一条　诉讼参与人或者其他人有下列行为之一的,人民法院可以根据情节轻重予以罚款、拘留;构成犯罪的,依法追究刑事责任:

(一)伪造、毁灭重要证据,妨碍人民法院审理案件的;

(二)以暴力、威胁、贿买方法阻止证人作证或者指使、贿买、胁迫他人作伪证的;

(三)隐藏、转移、变卖、毁损已被查封、扣押的财产,或者已被清点并责令其保管的财产,转移已被冻结的财产的;

(四)对司法工作人员、诉讼参加人、证人、翻译人员、鉴定人、勘验人、协助执行的人,进行侮辱、诽谤、诬陷、殴打或者打击报复的;

(五)以暴力、威胁或者其他方法阻碍司法工作人员执行职务的;

(六)拒不履行人民法院已经发生法律效力的判决、裁定的。

人民法院对有前款规定的行为之一的单位,可以对其主要负责人或者直接责任人员予以罚款、拘留;构成犯罪的,依法追究刑事责任。

第一百一十二条　当事人之间恶意串通,企图通过诉讼、调解等方式侵害他人合法权益的,人民法院应当驳回其请求,并根据情节轻重予以罚款、拘留;构成犯罪的,依法追究刑事责任。

第一百一十三条　被执行人与他人恶意串通,通过诉讼、仲裁、调解等方式逃避履行法律文书确定的义务的,人民法院应当根据情节轻重予以罚款、拘留;构成犯罪的，依法追究刑事责任。

第一百一十四条 有义务协助调查、执行的单位有下列行为之一的，人民法院除责令其履行协助义务外，并可以予以罚款：

（一）有关单位拒绝或者妨碍人民法院调查取证的；

（二）有关单位接到人民法院协助执行通知书后，拒不协助查询、扣押、冻结、划拨、变价财产的；

（三）有关单位接到人民法院协助执行通知书后，拒不协助扣留被执行人的收入、办理有关财产权证照转移手续、转交有关票证、证照或者其他财产的；

（四）其他拒绝协助执行的。

人民法院对有前款规定的行为之一的单位，可以对其主要负责人或者直接责任人员予以罚款；对仍不履行协助义务的，可以予以拘留；并可以向监察机关或者有关机关提出予以纪律处分的司法建议。

第一百一十五条 对个人的罚款金额，为人民币十万元以下。对单位的罚款金额，为人民币五万元以上一百万元以下。

拘留的期限，为十五日以下。

被拘留的人，由人民法院交公安机关看管。在拘留期间，被拘留人承认并改正错误的，人民法院可以决定提前解除拘留。

第一百一十六条 拘传、罚款、拘留必须经院长批准。

拘传应当发拘传票。

罚款、拘留应当用决定书。对决定不服的，可以向上一级人民法院申请复议一次。复议期间不停止执行。

第一百一十七条 采取对妨害民事诉讼的强制措施必须由人民法院决定。任何单位和个人采取非法拘禁他人或者非法私自扣押他人财产追索债务的，应当依法追究刑事责任，或者予以拘留、罚款。

《民事诉讼法司法解释》

第一百七十九条 被拘留人不在本辖区的，作出拘留决定的人民法院应当派员到被拘留人所在地的人民法院，请该院协助执行，受委托的人民法院应当及时派员协助执行。被拘留人申请复议或者在拘留期间承认并改正错误，需要提前解除拘留的，受委托人民法院应当向委托人民法院转达或者提出建议，由委托人民法院审查决定。

第一百八十条 人民法院对被拘留人采取拘留措施后，应当在二十四小时内通知其家属；确实无法按时通知或者通知不到的，应当记录在案。

第一百八十一条 因哄闹、冲击法庭，用暴力、威胁等方法抗拒执行公务等紧急情况，必须立即采取拘留措施的，可在拘留后，立即报告院长补办批准手续。院长认为拘留不当的，应当解除拘留。

第一百八十二条 被拘留人在拘留期间认错悔改的，可以责令其具结悔过，提前解除拘留。提前解除拘留，应报经院长批准，并作出提前解除拘留决定书，交负责看管的公安机关执行。

第一百八十三条 民事诉讼法第一百一十三条至第一百一十六条规定的罚款、拘留可以单独适用，也可以合并适用。

第一百八十四条 对同一妨害民事诉讼行为的罚款、拘留不得连续适用。发生新的妨害民事诉讼行为的，人民法院可以重新予以罚款、拘留。

第一百八十五条 被罚款、拘留的人不服罚款、拘留决定申请复议的，应当自收到决定书之日起三日内提出。上级人民法院应当在收到复议申请后五日内作出决定，并将复议结果通知下级人民法院和当事人。

第一百八十六条 上级人民法院复议时认为强制措施不当的，应当制作决定书，撤销或者变更下级人民法院作出的拘留、罚款决定。情况紧急的，可以在口头通知后三日内发出决定书。

第一百八十七条 民事诉讼法第一百一十四条第一款第五项规定的以暴力、威胁或者其他方法阻碍司法工作人员执行职务的行为，包括：

（一）在人民法院哄闹、滞留，不听从司法工作人员劝阻的；

（二）故意毁损、抢夺人民法院法律文书、查封标志的；

（三）哄闹、冲击执行公务现场，围困、扣押执行或者协助执行公务人员的；

（四）毁损、抢夺、扣留案件材料、执行公务车辆、其他执行公务器械、执行公务人员服装和执行公务证件的；

（五）以暴力、威胁或者其他方法阻碍司法工作人员查询、查封、扣押、冻结、划拨、拍卖、变卖财产的；

（六）以暴力、威胁或者其他方法阻碍司法工作人员执行职务的其他行为。

第一百八十八条 民事诉讼法第一百一十四条第一款第六项规定的拒不履行人民法院已经发生法律效力的判决、裁定的行为，包括：

（一）在法律文书发生法律效力后隐藏、转移、变卖、毁损财产或者无偿转让财产、以明显不合理的价格交易财产、放弃到期债权、无偿为他人提供担保等，致使人民法院无法执行的；

（二）隐藏、转移、毁损或者未经人民法院允许处分已向人民法院提供担保的财产的；

（三）违反人民法院限制高消费令进行消费的；

（四）有履行能力而拒不按照人民法院执行通知履行生效法律文书确定的义务的；

（五）有义务协助执行的个人接到人民法院协助执行通知书后，拒不协助执行的。

第一百八十九条 诉讼参与人或者其他人有下列行为之一的，人民法院可以适用民事诉讼法第一百一十四条的规定处理：

（一）冒充他人提起诉讼或者参加诉讼的；

（二）证人签署保证书后作虚假证言，妨碍人民法院审理案件的；

（三）伪造、隐藏、毁灭或者拒绝交出有关被执行人履行能力的重要证据，妨碍人民法院查明被执行人财产状况的；

（四）擅自解冻已被人民法院冻结的财产的；

（五）接到人民法院协助执行通知书后，给当事人通风报信，协助其转移、隐匿财产的。

> **第十三条** 侵权行为实施地、损害结果发生地在中华人民共和国管辖海域内的海洋生态环境侵权案件中，申请人向人民法院申请责令被申请人立即停止一定行为的，适用海洋环境保护法、海事诉讼特别程序法等法律和司法解释的相关规定。

【条文主旨】

本条是关于适用范围的特别规定。

【条文理解】

鉴于海洋生态环境侵权具有自身的特殊性，本条解释是对侵权行为实施地、损害结果发生地在我国管辖海域内的海洋生态环境侵权案件的适用作出的特殊规定。本条内容原规定本解释不适用于海洋环境侵权案件。主要理由为：在诉讼程序上，海洋环境侵权案件由海事法院专门管辖，有关诉讼程序适用《海事诉讼特别程序法》，其中规定的海事强制令制度已有行为保全的特性，虽未明确规定适用于海洋环境侵权案件，但也没有排除适用，完全可以通过对现有的海事强制令相关法律规定的适当解读使之有效适用于海洋环境侵权案件，无须在本规定中另行予以规制。此外，在申请主体上，我国海域属于国有，对我国管辖海域造成污染损害和破坏，应由国家索赔，故《海洋环境保护法》第八十九条第二款规定由行使海洋环境监督管理权的部门代表国家索赔，我院《关于审理海洋自然资源与生态环境损害赔偿纠纷案件若干问题的规定》第三条也有相应的规定，就海洋环境侵权申请海事强制令，也应限于海洋行政主管部门提出。若本规定适用于海洋环境侵权案件，可能造成实务中申请主体的混乱和法院做法的不统一。本解释条文在后期完善补充过程中，为与本解释名称及相关条文的表述保持一致，本条将不适用于海洋环境侵权案件的条文主旨调整为对适用《海洋环境保护法》《海事诉讼特别程序法》等法律和司法解释的相关规定的指引，作为本解释适用范围的特别规定。

一、关于侵权行为实施地、损害结果发生地的认定

根据 2017 年《民事诉讼法》第二十八条的规定，“因侵权行为提起的诉讼，由侵权行为地或者被告住所地人民法院管辖”。根据 2015 年《民事诉讼法司法解释》第二十四条规定，“民事诉讼法第二十八条规定的侵权行为地，包括侵权行为实施地、侵权结果发生地”。

侵权行为实施地，是指侵权行为开始实施到实施终了这一时间和空间内地域。[①] 在侵权行为中，行为的实施，有的是一次性完成的；有的是连续或继续完成的。对于一次完成的侵权行为，其实施地多为一处。但对于持续性侵权行为，有时一个行为不是一次完成的，而是连续实施的，损害后果非常广泛，从时间上看，侵权行为可以持续一定的期间；从空间上看，侵权行为也会扩展到较大的地区，故从侵权行为开始实施到实施终了的地区，都是侵权行为实施地，由此可能涉及多个区域相对应的法院都有管辖权的问题。具体在哪个法院起诉，在于原告的选择。侵权结果发生地，是侵权行为致使受害人权利受到侵害的损害事实发生地。侵权行为造成损害结果，可能是一个结果，也可能有几个结果。侵权行为针对公民、法人或者其他组织实施的，公民、法人或者其他组织被侵害时的所在地即为损害结果地，但对于侵害后果长时间才能显现的，被害人住所地、经常居住地都有可能成为结果地。对于一个侵权行为造成多个损害后果的，就会出现多个结果发生地，从而导致几个法院都有管辖权，原告可以择其一而起诉。

在一般情况下，侵权行为是一次完成的，侵权行为实施地和损害结果发生地是一致的。但是在有些情况下，尤其是在环境侵权案件中，侵权行为与损害结果发生地不一致的情况时有发生。

① 参见杜万华主编：《最高人民法院民事诉讼法司法解释实务指南》，中国法制出版社 2015 年版，第 33 页。

二、关于中华人民共和国管辖海域的认定

根据《海洋环境保护法》第二条①以及《最高人民法院关于审理发生在我国管辖海域相关案件若干问题的规定(一)》第一条②的规定,中华人民共和国管辖海域包括中华人民共和国内水、领海、毗连区、专属经济区、大陆架以及中华人民共和国管辖的其他海域。

内水是指中华人民共和国领海基线向陆地一侧至海岸线的海域。根据《海洋环境保护法》第九十四条规定,内水是指我国领海基线向内陆一侧的所有海域,是构成国家领水的组成部分,即包括一国的海湾、海峡、海港、河口湾,测算领海的基线与海岸之间的海域,被陆地所包围或通过狭窄水道连接海洋的海域。我国海岸线有18,000公里,海域辽阔,有许多岛屿、海峡、岬角、河口和港口被包括在领海基线的范围内,如我国的渤海、胶州湾、吴淞口、珠江口和琼州海峡等均属于我国的内水。③

领海是指领海基线以外、领海外部界线以内的一定宽度的海域,是受国家主权支配和管辖下的一定宽度的海域。对于领海宽度的确定权,《联合国海洋法公约》只规定领海宽度从领海基线量起不得超过12海里,并规定领海宽度的确定权应当由缔约国决定。根据1992年《领海及毗连区法》规定,我国领海宽度为12海里。领海是国家领土的组成部分,国家在领海内享有的权利,除外国船舶享有无害通过权外,与内水相同。我国《领海及毗连区法》明确规定,我国对领海的主权及于领海上空、领海的海床及底土。外国非军用船舶在我国领海享有无害通过权,但是必须遵守我国的法律、法规,外国核动力船舶和载运核物质、有毒物质或者其他危险物质的船舶通过我国领海,必须持有有关证书,并采取特别预防措施。外国潜水艇通过我国领海,必须在海面航行,并展示旗帜。外国军用船舶进入我国海域,须经我国政府批准。④ 我国对内水和领海享有排他管辖权,故在《海域使用管理法》第二条规定,“本法所称海域,是指中华人民共和国内水、领海的水面、水体、海床和底土”。《海域使用管理法》中的海域与《民法典》第二百四十七条规定的海域范围一致,皆

---

① 本法适用于中华人民共和国内水、领海、毗连区、专属经济区、大陆架以及中华人民共和国管辖的其他海域。

② 本规定所称我国管辖海域,是指中华人民共和国内水、领海、毗连区、专属经济区、大陆架,以及中华人民共和国管辖的其他海域。

③ 资料来源:中华人民共和国海洋环境保护法释义(中国人大网)。

④ 资料来源:中华人民共和国海洋环境保护法释义(中国人大网)。

系空间资源概念，是对传统民法中“物”的概念延伸与发展。① 海域为国家专有。

毗连区是沿海国领海以外但又毗连其领海的一定宽度的特定区域，是国家管辖范围的水域，根据《领海及毗连区法》的规定，中华人民共和国领海的宽度从领海基线量起为12海里；中华人民共和国毗连区为领海以外邻接领海的一带海域。毗连区的宽度为12海里。中华人民共和国毗连区的外部界限为一条其每一点与领海基线的最近点距离等于24海里的线。

专属经济区是指从测算领海宽度的基线量起，不应超过200海里的区域。鉴于毗连区包含在专属经济区内，沿海国可以拥有领海外188海里的专属经济区。沿海国在专属经济区主要享有与海洋资源和环境有关的权利。② 根据《联合国海洋法公约》第五十六条第一款的规定，沿海国在专属经济区内有：“(a)以勘探和开发、养护和管理海床上覆水域和海床及其底土的自然资源（不论为生物或非生物资源）为目的的主权权利，以及关于在该区内从事经济性开发和勘探，如利用海水、海流和风力生产能等其他活动的主权权利；(b)本公约有关条款规定的对下列事项的管辖权：(1)人工岛屿、设施和结构的建造和使用；(2)海洋科学研究；(3)海洋环境的保护和保全。”

大陆架由陆架、陆坡和陆基的海床和底土构成，是领海以外依本国陆地领土的全部自然延伸，扩展到大陆边外缘的海底区域的海床和底土。③ 若从测算领海宽度基线量起到大陆边外缘的距离不到200海里，则扩展到200海里。大陆架不应超过从测算领海宽度的基线量起350海里，或不应超过连接2500米深度各点的2500米等深线100海里。沿海国对大陆架的勘探及其自然资源的开发享有专属的、排他的主权权利。这一权利不影响上覆水域或水域上空的法律地位。④

三、海洋生态环境侵权案件的认定

环境侵权，是指行为人实施的致使环境发生化学、物理、生物等特征上的不良变化，从而影响人类健康和生产生活，影响生物生存和发展的行为。行为人因其环境侵权行为造成他人人身、财产损害，或者造成生态环境公共利益的损害，依法应当承担的民事责任，即为环境侵权责任。

根据《环境保护法》第二条的规定，环境“是指影响人类生存和发展的各种天然

① 参见黄薇主编：《中华人民共和国民法典物权编解读》，中国法制出版社2020年版，第104页。
② 参见牛忠志主编：《海洋刑法学》，中国政法大学出版社2018年版，第48页。
③ 参见牛忠志主编：《海洋刑法学》，中国政法大学出版社2018年版，第49页。
④ 《联合国海洋法公约》第七十六条到第七十八条。

的和经过人工改造的自然因素的总体，包括大气、水、海洋、土地、矿藏、森林、草原、湿地、野生生物、自然遗迹、人文遗迹、自然保护区、风景名胜区、城市和乡村等”。环境侵权或环境侵权责任也是一个与《环境保护法》相对应的，在广义上使用的法律概念。[①] 海洋生态环境侵权案件属于广义上的环境侵权案件。

2016 年《最高人民法院关于海事法院受理案件范围的规定》第三项“海洋及通海可航水域开发利用与环境保护相关纠纷案件”，是指除海上货物贸易、交通运输及相关的担保、金融等民商事（传统海事海商纠纷案件）以外，所有海洋及通海可航水域开发利用活动所引起的其他合同、侵权等民商事纠纷案件。具体罗列了十五类相关案件，包括：“53. 海洋、通海可航水域能源和矿产资源勘探、开发、输送纠纷案件；54. 海水淡化和综合利用纠纷案件；55. 海洋、通海可航水域工程建设（含水下疏浚、围海造地、电缆或者管道敷设以及码头、船坞、钻井平台、人工岛、隧道、大桥等建设）纠纷案件；56. 海岸带开发利用相关纠纷案件；57. 海洋科学考察相关纠纷案件；58. 海洋、通海可航水域渔业经营（含捕捞、养殖等）合同纠纷案件；59. 海洋开发利用设备设施融资租赁合同纠纷案件；60. 海洋开发利用设备设施抵押、质押等担保合同纠纷案件；61. 以海洋开发利用设备设施设定担保的借款合同纠纷案件，但当事人仅就借款合同纠纷起诉的案件除外；62. 为担保海洋及通海可航水域工程建设、海洋开发利用等海上生产经营相关债权实现而发生的担保、独立保函、信用证等纠纷案件；63. 海域使用权纠纷（含承包、转让、抵押等合同纠纷及相关侵权纠纷）案件，但因申请海域使用权引起的确权纠纷案件除外；64. 与上述第 53 项至第 63 项规定的合同或者行为相关的居间、委托合同纠纷案件；65. 污染海洋环境、破坏海洋生态责任纠纷案件；66. 污染通海可航水域环境、破坏通海可航水域生态责任纠纷案件；67. 海洋或者通海可航水域开发利用、工程建设引起的其他侵权责任纠纷及相邻关系纠纷案件。”上述案件中，其中 5 项（第 53 项至第 57 项）系沿袭 2001 年《最高人民法院关于海事法院受理案件范围的若干规定》第 36 项[②]的规定具体分解细化而成；其他 10 项案件类型均是新增案件类型，新增部分主要是渔业经营、海域使用、环境生态保护以及相关金融、担保方面的纠纷案件类型；第 65 项和第 66 项规定的相关污染案件包括陆源污染等各种污染源引起的污染海洋及通海可航水域环境、破坏海洋及通海可航水域生态责任纠纷案件，但船舶排污造成的损害责任纠纷案件应

① 参见最高人民法院民法典贯彻实施工作领导小组主编：《中华人民共和国民法典侵权责任编理解与适用》，人民法院出版社 2020 年版，第 501 页。

② 海洋开发利用纠纷案件，其中包括对大陆架的开发和利用（如海洋石油、天然气的开采），海水淡化和综合利用、海洋水下工程、海洋科学考察等纠纷案件。

作为该规定第 4 项案件类型受理。①

四、关于海洋环境保护法、海事诉讼特别程序法的适用问题

我国是海洋大国，大陆海岸线 1.8 万多公里、海岛岸线 1.4 万多公里、主张管辖海域总面积 300 万平方公里。② 保护海洋生态环境是加快建设海洋强国、实现人海和谐共生的根本要求和基础保障。《海洋环境保护法》是我国最早制定的一部有关环境保护法的法律，《海事诉讼特别程序法》是为科学规范海事诉讼程序，维护当事人的诉讼权利，正确实施《海商法》以及其他海事实体法律而设立的特殊的诉讼程序，是我国诉讼法律制度的重要组成部分。

（一）海洋环境保护法适用中的问题

1. 海洋环境保护法与国际条约的关系

海洋是全球生命支持系统的一个基本组成部分，也是一种有助于实现可持续发展的宝贵财富。沿海国应承诺对在其国家管辖的沿海区和海洋环境进行综合管理和可持续发展。③ 故在海洋环境保护方面，世界各国在进行国内立法的同时，也相互间签订了一系列国际条约，以促进海洋环境保护工作。我国缔结、参加了有关海洋环境保护的重要国际条约，如《联合国海洋法公约》（1994 年 11 月 16 日生效）、《关于 1973 年国际防止船舶造成污染公约的 1978 年议定书》、《关于 1972 年防止倾倒废物及其他物质污染海洋公约的 1996 年议定书》、《1969 年国际干预公海油污事故公约》、《1973 年干预公海非油类物质污染议定书》、《1969 年国际油污损害民事责任公约》、《1969 年国际油污损害民事责任公约 1976 年议定书》、《1969 年国际油污损害民事责任公约 1992 年议定书》、《1990 年国际油污防备、反应和合作公约》、《控制危险废物越境转移及其处置巴塞尔公约》、《南极条约》等。

若国际条约成员的国内法与其缔结或者参加的国际条约有冲突的，应实行国际法优于国内法的原则，成员有遵守国际条约的义务，同时成员对国际条约的某些条款有作出保留的权利，被保留的条款不适用于保留国。

2.《海洋环境保护法》与《民法典》《环境保护法》的关系

根据《环境保护法》第三十四条的规定，明确了海洋环境保护的具体法律适用问题。《海洋环境保护法》对海洋环境保护的内容作了具体的规定。国务院还制定

---

① 参见张勇健、王淑梅、余晓汉：《〈关于海事法院受理案件范围的规定〉的理解与适用》，载《人民司法·应用》2016 年第 10 期。

② 资料来源：全国人大常委会副委员长沈跃跃 2018 年 12 月 24 日在第十三届全国人民大会常务委员会第七次会议上的报告。

③ 联合国环境与发展大会通过的《21 世纪议程》。

了一系列海洋环境保护法方面的行政法规，有关部门出台了很多海洋环境保护方面的标准，基本形成了海洋环境保护的制度框架体系，海洋环境保护工作应当按照《环境保护法》和《海洋环境保护法》等法律法规的规定执行。[①]

《环境保护法》第六十四条关于环境侵权责任的规定采取了类似国家私法中“转致”的立法技术，不再规定具体的归责原则、免责事由等，而是直接适用《侵权责任法》的规定。[②]《民法典》施行后，《侵权责任法》被《民法典》侵权责任编代替，《环境保护法》第六十四条转致的对象变更为《民法典》侵权责任编。因此，应着重解决的是各环境保护单行法关于减、免责事由的规定与《民法典》相关规定的适用顺位问题。由于《海洋环境保护法》等各环境保护单行法相对于《环境保护法》属于特别法，同时《民法典》侵权责任编中第一千一百七十八条亦规定，“本法和其他法律对不承担责任或者减轻责任的情形另有规定的，依照其规定”。故各环境保护单行法关于减、免责事由的规定，相对于《民法典》侵权责任编以及总则编的相关规定，属于特别法和一般法的关系，应优先予以适用。[③]

（二）海事诉讼特别程序法

1. 概述

《海事诉讼特别程序法》是一部既符合我国海事审判的实际需要，又与国际海事处理规范相应的程序法。海事诉讼属民事诉讼的范畴，海事案件主要涉及船舶、运输、海洋开发利用或相关领域中的民商事纠纷，不仅具有专业技术性、涉外性强和程序性规范特殊的特点，而且涉及民事诉讼法、担保法、拍卖法、行政诉讼法、仲裁法等法律的相关问题。《民事诉讼法》主要是规范人民法院审理一般民事案件、经济纠纷案件所遵循的程序。它没有对海事诉讼方面的特殊程序性问题作出全面的规定。海事审判实践表明，《民事诉讼法》不能完全满足海事诉讼的需要，而且有些规定还制约了海事审判特殊程序的适用。《海事诉讼特别程序法》是对《民事诉讼法》的补充。《民事诉讼法》是普通法，《海事诉讼特别程序法》是特别法。《海事诉讼特别程序法》有规定的，适用该规定，《海事诉讼特别程序法》没有规定的，适用《民事诉讼法》和其他有关法律的规定。《海事诉讼特别程序法》中仅规定适用海事诉讼的特别程序，其他程序还应按照《民事诉讼法》的规定进行。

---

① 参见最高人民法院环境资源审判庭编著：《〈中华人民共和国环境保护法〉条文理解与适用》，人民法院出版社 2014 年版，第 184 页。

② 参见信春鹰主编：《中华人民共和国环境保护法释义》，法律出版社 2014 年版，第 224 页。

③ 参见全国人大常委会法工委亦对此观点明确予以认可。参见信春鹰主编：《中华人民共和国环境保护法释义》，法律出版社 2014 年版，第 226 页。

2. 海事强制令

海事强制令是《海事诉讼特别程序法》根据海事审判实践需要创设的一项新的诉讼制度，其性质类似行为保全程序。这也是《海事诉讼特别程序法》发展《民事诉讼法》的一个方面。(1)海事强制令的概念及法律性质。根据《海事诉讼特别程序法》规定，海事强制令是指海事法院根据海事请求人的申请，为使其合法权益免受侵害，责令被请求人作为或者不作为的强制措施。关于海事强制令的法律性质，学界存在行为保全说、执行令说、独立属性说等多种观点。执行令说认为，海事强制令的目的不在于保证将来判决的执行可能，而是强制被请求人作为或不作为，直接满足请求人在实体上的要求，或者说直接保护申请人债权的实现。海事强制令不同于行为保全，反而与先予执行在本质上是一致的。① 独立属性说认为，海事强制令不能简单界定为行为保全令或执行令，其兼具保全令和执行令的特征并具有独立的法律意义。更有学者鉴于海事强制令具有保护请求人的合法权益之功能，调整客体主要是针对行为，且具有紧急处置等特征，将海事强制令定性为一种紧急行为诉讼程序。② 长期以来，行为保全说占据主流地位，认为海事强制令的性质应为海事行为保全，其保全和执行标的均是行为。海事强制令虽然包含要求被申请人作为或不作为的内容，但并不试图对当事人之间的法律关系作出最终判断，其根本目的仍在于保护海事请求的安全，以便最终裁判结果实现，其本质是海事行为保全，保全和执行的标的均是行为。③ 海事强制令行为保全的目的不在于简单地维持法律关系的表面状态不变，而是维持法律行为内在的法律关系不变。④ (2)适用条件。作出海事强制令必须以被请求人存在明确违反法律规定或者合同约定的行为且情况十分紧急为先决条件。该程序主要适用于：货主要求承运人在接收货物后签发提单或者及时交付货物、承运人要求托运人及时结关或者要求收货人及时提货、船东要求租船人按照租船合同的约定交还船舶等情况。在《海事诉讼特别程序法》实施以来的司法实践中，有一些法院在适用海事强制令时遇到一些问题。主要是对在何种情况下适用该程序把握不准，应当特别强调严格掌握海事强制令的适用，以防适用海事强制令程序不当。如联盟多式联运有限合伙公司(Soyuz Trans Link

---

① 参见初北平：《海事强制令的限制适用条件》，载《中国海商法年刊》2000 年第 11 卷，金彭年、董玉鹏：《海事诉讼特别程序与海事仲裁规则》，法律出版社 2015 年版，第 45 页。

② 参见倪学伟：《海事强制令新论》，载《中国海商法年刊》2008 年第 18 卷，陈晓明：《论海事强制令》，法律出版社 2002 年版，第 196 页。

③ 参见金正佳、翁子明：《海事请求保全专论》，大连海事大学出版社 1996 年版，第 223 页；郑田卫：《中国海事强制令制度创新与完善的法律研究》(第 12 卷)，中国海商法年刊 2001 年。

④ 参见韩立新、袁绍春、尹伟民：《海事诉讼与仲裁》，大连海事大学出版社 2016 年版，第 37 页。

Llp)与深圳运达物流供应链服务有限公司海事强制令案中,日本联盟公司为运输一批民生热电设施,委托运达公司办理从日本横滨港经海运至我国江苏省连云港,再继续通过铁路运输运抵哈萨克斯坦的货运代理事宜。货物自日本横滨港运往我国江苏省连云港后,按计划应继续通过铁路运输运抵哈萨克斯坦共和国。运达公司以联盟公司的关联企业案外人 Soyuz Trans Link(Dubai)欠付其费用为由,拒绝安排后续货物运输事宜,致使货物长期滞留连云港。联盟公司向运达公司支付货运代理费,并发函解除双方之间的合同。之后,联盟公司以保障其合法权益,避免损失进一步扩大为由,向上海海事法院提出海事强制令申请,请求责令运达公司向其交付涉案货物。上海海事法院审理认为,根据本案证据,运达公司系安排涉案货物运输的货运代理人。货物经海上运输抵达连云港后,运达公司并未按计划办理铁路运输事宜。联盟公司向运达公司支付了货运代理费,并主张解除双方之间的货运代理合同。运达公司无正当理由,拒绝将货物交付联盟公司,违反合同约定及相关法律规定。货物已在连云港滞留半年,为避免损失进一步扩大,联盟公司向上海海事法院申请海事强制令,符合相关法律规定,上海海事法院裁定予以准许,并责令运达公司立即向联盟公司交付涉案货物。该案为具有涉外因素的海事强制令案件,双方当事人在履行涉及欧亚班列的海陆联运货运代理合同中产生了纠纷,因涉及多个国家,国际影响较大。案件的处理充分体现了海事强制令制度保护当事人合法权益、避免损失扩大的制度功能。涉案货物是保障哈萨克斯坦共和国居民供电及冬季取暖的重要设备,在连云港滞留近半年,如不能及时运输出境,将按照海关规定被处以罚款、强制退运甚至罚没。上海海事法院及时作出海事强制令,使"一带一路"沿线国家企业与人民的合法权益得到中国法院的及时救济。关于《海事诉讼特别程序法》第五十三条规定的含义,与海事请求保全规定中的相关条款的理解是一致的。诉讼或者仲裁前申请海事强制令的,适用《海事诉讼特别程序法》第五十三条的规定。但是外国法院受理相关海事案件或者有关纠纷已经在外国提交仲裁的,不影响当事人向中华人民共和国的海事法院提出海事强制令申请。

3. 具体适用中需要注意的问题

海事法院根据《海事诉讼特别程序法》第五十七条规定准予申请人海事强制令申请的,应当制作民事裁定书并发布海事强制令。两种法律文书应同时适用。《海事诉讼特别程序法》第五十九条规定,被请求人拒不执行海事强制令的,海事法院可以根据情节的轻重处以罚款、拘留;构成犯罪的,依法追究刑事责任。但在实践中,仍会出现当事人宁愿被罚款也不执行海事强制令的情况(追究刑事责任的极少)。《民事诉讼法》第一百一十七条规定,"有义务协助调查、执行的单位有下列行为之一的,人民法院除责令其履行协助义务外,并可以予以罚款:……(三)有关单位接到人民法院协助执行通知书后，拒不协助扣留被执行人的收入、办理有关财产权证照转移手续、转交有关票证、证照或者其他财产的；（四）其他拒绝协助执行的”。有关海事强制令的执行应当参照《民事诉讼法》的这一规定，以保证法院法律文书的执行。《海事诉讼特别程序法》规定了利害关系人对海事强制令提出异议，海事法院经审查，认为理由成立的，应当裁定撤销海事强制令。但对于异议不成立的情况，没有规定。利害关系人对海事法院作出海事强制令的民事裁定提出异议，海事法院经审查认为理由不成立的，应当书面通知利害关系人。这样，法院在操作中的程序就得以完成。虽然海事强制令、海事证据保全程序中均规定法院可以要求请求人提供担保，但是没有担保返还的规定。主要目的就是促使被请求人在一定的时间内就请求人申请海事强制令错误提出异议，通过诉讼解决该纠纷。没有在规定的时间内提出异议的，请求人为申请海事强制令提供的担保不再受到法律的保护。至于被请求人认为请求人申请海事强制令错误的，则可以通过向采取海事强制令的法院提起诉讼来解决。①

如浙江石油化工有限公司（以下简称浙江石化公司）与宁波新诺亚供应链管理有限公司（以下简称宁波新诺亚公司）申请海事强制令案。2018 年以来，浙江石化公司进口一批吸附剂催化剂、反应器及系统零部件，价值约 6.6 亿元。该批货物主要用于建设 4000 万吨/年炼化一体化特大型石化企业，总投资 1730 亿元，是目前世界投资最大的单体产业项目。浙江石化公司委托宁波新诺亚公司办理进口货代业务，货物存放于世天威（宁波保税区）物流有限公司、宁波梅山保税港区四海物流有限公司、宁波龙星物流有限公司相关仓库。双方因仓储费用结算等方面原因产生纠纷，宁波新诺亚公司遂指令仓库不予放货。由于争议金额仅 1000 万元左右，远低于被扣货物价值，如不及时解决，后续可能导致浙江石化公司日均损失 1000 余万元的严重后果，且对项目投产进度造成重大影响。在协商无果后，浙江石化公司以宁波新诺亚公司未按合同履行交付其代理清关的货物为由，于 2019 年 7 月 18 日向宁波海事法院申请海事强制令，要求责令宁波新诺亚公司立即交付相关合同项下的所有吸附剂催化剂、反应器及系统零部件，浙江石化公司并向法院提供中国人民财产保险股份有限公司宁波分公司 1500 万元的担保函及该请求人的担保函作为担保。宁波海事法院认为，宁波新诺亚公司依约不享有货物留置权，其拒不交付货物的行为属于需要纠正的违约行为，且案涉货物系浙江石化公司重点工程急需物资，情况紧急，双方之间的纠纷可另行通过合法途径解决。2019 年 7 月 25 日，该院裁

① 参见《最新法律文件解读》编辑委员会编：《民事法官必备法律司法解释解读》（第 3 册）（下），人民法院出版社 2019 年版，第 2675 页。

定:一、准许请求人浙江石化公司的海事强制令申请;二、责令被请求人宁波新诺亚公司立即交付存放于世天威(宁波保税区)物流有限公司、宁波梅山保税港区四海物流有限公司、宁波龙星物流有限公司相关仓库的相关合同项下的所有吸附剂催化剂、反应器及系统零部件。后宁波新诺亚公司提起复议,宁波海事法院驳回宁波新诺亚公司的复议申请,维持原民事裁定。同日,宁波海事法院发出海事强制令,命令宁波新诺亚公司立即向浙江石化公司交付货物,并于次日向宁波港国际物流有限公司发出协助执行通知书。本案中,人民法院根据案件实际情况,在请求人提供充分担保的情况下,依法支持了请求人的海事强制令请求,成功处置因扣货引发的纠纷,避免了因诉讼产生的额外损失无限扩大。既保证了原告的合法权益,又将涉诉企业的经济损失降至最低。公正、高效、权威审理海事案件是海事法院的重要职责,也是维护地区发展利益、增强长三角地区经济发展动能的有力保障。海事法院发挥审判职能作用,灵活适用海事强制令制度,从保障民营企业合法经营的立场出发,完善司法服务举措,提升司法服务水平,为企业健康发展排忧解难,彰显了司法的温度和力量。

【审判实务中应注意的问题】

海洋生态环境侵权具有特殊性,一旦发生污染海洋、破坏生态的行为,影响范围巨大,造成的损失也难以估量。目前我国海洋污染有四大类:(1)陆源性污染,污染物种类多、排放量大,对近海环境影响很大;(2)向海洋倾倒废弃物,过去处理废弃物的基本方法,对海洋生态系统产生巨大影响;(3)船舶及有关作业活动造成的污染,主要是船舶油污损害,包含运油船舶在运输中发生碰撞、触礁等海滩事故导致运载油类泄漏,运油船舶在卸油过程发生操作及机械事故导致原油泄漏,非运油船舶发生海难事故导致燃油泄漏,船舶泄漏有害物质;(4)港口等海岸工程建设和海上油田等海洋工程建设污染,这是当前及未来海洋环境最大的潜在风险,也是海洋环境案件审理面临的最大挑战。①

一、全面准确适用环境资源法律

《宪法》以国家根本大法的形式,确立了“保护和改善生态环境”“保护珍贵的动物和植物”等原则。为了保护海洋生态环境,我国《海洋环境保护法》《刑法》等法律、行政法规规定了实施污染海洋、破坏海洋生态等行为应当承担的民事、行政、刑事责任。

---

① 参见最高人民法院环境资源审判庭编著:《〈中华人民共和国环境保护法〉条文理解与适用》,人民法院出版社 2014 年版,第 186 页。

1.要以《宪法》为遵循,准确理解《刑法》及刑法修正案关于破坏环境资源保护犯罪的立法精神,正确适用《民法典》绿色原则和绿色条款,全面把握以《环境保护法》为基础,以污染防治法、自然资源法、生态保护法为主干,以行政法规、地方性法规和规章为补充的环境法律体系,综合运用刑事责任、民事责任、行政责任,保护海洋环境。

2.要注意正确适用国际环境条约,统筹协调国内法治和涉外法治,要依法适用国际环境条约,通过适用相关司法解释规定、引用国际条约进行裁判说理等方法,明确我国缔结或参加的国际环境条约的适用问题。同时,要具备国际视野,主动参与并努力引领国际环境治理规则制定,促进形成系统完备的涉外环境法治规则体系。

二、海洋环境公益诉讼案件的审理

在海洋生态环境污染侵权诉讼中,海洋污染损害了众多不特定多数人的利益,案件发生有明显的群发性、系列性、潜在性的特点。这类案件的原告少则几个,多则数十个甚至上百个,而且有的案件虽然只有几个原告提起诉讼,但是往往还存在大量尚未立案的潜在案件,成为影响社会稳定的潜在隐患。因而群体性诉讼是海洋生态环境污染损害赔偿之诉的常态,这些系列案件都具有共同的生态环境污染侵权行为,但是损害后果不同,各自对各自诉讼请求的举证承担责任。司法实践中,要处理好群体性海洋生态环境侵权诉讼,需要综合确定海洋环境污染、生态破坏损害赔偿范围,主要包括以下方面:一是对人身、财产造成的损害。对仅仅造成财产损害的,以及造成人身伤害而引起的财产性损害,应予全部赔偿。范围包括对财产造成的直接损失和可得利益损失,即天然水产品直接经济损失和天然渔业资源损失;造成人身伤害而引起的医疗费、误工费、护理费、伤残补助费、丧葬费、死者生前抚养的人的必要生活费等财产性损失;对污染造成的精神损害、生活利益损害、潜在的健康损害应坚持限制性赔偿原则,给予适当赔偿。二是污染治理费用。生态环境资源保护主管机关在发生海洋环境污染、生态破坏后,投入大量人力、物力、财力进行清污、排险等工作的花费。三是生态恢复费用。主要包括海洋水质环境恢复费用;沉积物、生物、微生物、浮游植物、动物恢复费用;海洋环境容量恢复费用,海洋生态服务功能恢复费用;所采取的恢复方案的研究费用;损失认定及恢复的检测评估费用;调查费用等。

【法条链接】

《海洋环境保护法》

第八十九条 造成海洋环境污染损害的责任者,应当排除危害,并赔偿损失;

完全由于第三者的故意或者过失，造成海洋环境污染损害的，由第三者排除危害，并承担赔偿责任。

对破坏海洋生态、海洋水产资源、海洋保护区，给国家造成重大损失的，由依照本法规定行使海洋环境监督管理权的部门代表国家对责任者提出损害赔偿要求。

《海事诉讼特别程序法》

第四章　海事强制令

第五十一条　海事强制令是指海事法院根据海事请求人的申请，为使其合法权益免受侵害，责令被请求人作为或者不作为的强制措施。

第五十二条　当事人在起诉前申请海事强制令，应当向海事纠纷发生地海事法院提出。

第五十三条　海事强制令不受当事人之间关于该海事请求的诉讼管辖协议或者仲裁协议的约束。

第五十四条　海事请求人申请海事强制令，应当向海事法院提交书面申请。申请书应当载明申请理由，并附有关证据。

第五十五条　海事法院受理海事强制令申请，可以责令海事请求人提供担保。海事请求人不提供的，驳回其申请。

第五十六条　作出海事强制令，应当具备下列条件：

（一）请求人有具体的海事请求；

（二）需要纠正被请求人违反法律规定或者合同约定的行为；

（三）情况紧急，不立即作出海事强制令将造成损害或者使损害扩大。

第五十七条　海事法院接受申请后，应当在四十八小时内作出裁定。裁定作出海事强制令的，应当立即执行；对不符合海事强制令条件的，裁定驳回其申请。

第五十八条　当事人对裁定不服的，可以在收到裁定书之日起五日内申请复议一次。海事法院应当在收到复议申请之日起五日内作出复议决定。复议期间不停止裁定的执行。

利害关系人对海事强制令提出异议，海事法院经审查，认为理由成立的，应当裁定撤销海事强制令。

第五十九条　被请求人拒不执行海事强制令的，海事法院可以根据情节轻重处以罚款、拘留；构成犯罪的，依法追究刑事责任。

对个人的罚款金额，为一千元以上三万元以下。对单位的罚款金额，为三万元以上十万元以下。

拘留的期限，为十五日以下。

第六十条　海事请求人申请海事强制令错误的，应当赔偿被请求人或者利害关系人因此所遭受的损失。

第六十一条 海事强制令执行后，有关海事纠纷未进入诉讼或者仲裁程序的，当事人就该海事请求，可以向作出海事强制令的海事法院或者其他有管辖权的海事法院提起诉讼，但当事人之间订有诉讼管辖协议或者仲裁协议的除外。

《最高人民法院关于审理海洋自然资源与生态环境损害赔偿纠纷案件若干问题的规定》

第三条 海洋环境保护法第五条规定的行使海洋环境监督管理权的机关，根据其职能分工提起海洋自然资源与生态环境损害赔偿诉讼，人民法院应予受理。

第十四条 本规定自2022年1月1日起施行。

【条文主旨】

本条是关于施行日期的规定。

【条文理解】

一、生效时间的理解

任何法律、司法解释都有生效日期，法律、司法解释的施行时间即其生效日期，正确地理解法律、司法解释关于施行时间的规定，有助于更准确适用法律、司法解释。根据相关法律规定和最高人民法院关于司法解释施行日期问题的相关规定，本条明确规定了本解释开始施行的时间。

（一）关于法律的时间效力

法律的时间效力是指法律何时生效、何时终止效力，以及法律对其公布以前的事件和行为是否具有溯及力的问题。只要有法律的存在，就有法律施行日期的规定。否则，一部法律就不完整，法律也难以执行。关于法律的时间效力，《立法法》第五十七条明确规定："法律应当明确规定施行日期。"第五十八条规定："签署公布法律的主席令载明该法律的制定机关、通过和施行日期。法律签署公布后，及时在全国人民代表大会常务委员会公报和中国人大网以及在全国范围内发行的报纸上刊载。在常务委员会公报上刊登的法律文本为标准文本。"我国法律生效时间的规定，通常采用以下三种方式：一是法律规定自公布之日起施行。如"本法自公布之日起施行"的规定。采取这种一经公布立即生效的做法多适用于急需要尽快出台且施行时机比较成熟的情况，以便使法律和司法解释能够立刻发挥规范相关法律关系的准绳作用。例如，1991年《民事诉讼法》第二百七十条规定："本法自公布之日起施行,《中华人民共和国民事诉讼法(试行)》同时废止。”二是在法律公布后,法律并不立即生效施行,而是经过一定时期后才开始施行。例如,《民法典》于2020年5月28日通过,第一千二百六十条规定:“本法自2021年1月1日起施行。”三是特别规定,例如1986年《企业破产法(试行)》第四十三条规定:“本法自全民所有制工业企业法实施满三个月之日起试行,试行的具体部署和步骤由国务院规定。”近年来,上述第三种方式很少被采用。1986年《企业破产法(试行)》被《企业破产法》取代后,法律生效日期的规定也采取的第二种方式,即第一百三十六条规定:“本法自2007年6月1日起施行,《中华人民共和国企业破产法(试行)》同时废止。”

(二)关于司法解释的时间效力

司法解释的时间效力是指司法解释何时生效、何时失效,以及对其公布以前的事件和行为是否具有溯及力的问题。最高人民法院制定司法解释是依据1955年《全国人民代表大会常务委员会关于解释法律问题的决议》①和1981年《全国人民代表大会常务委员会关于加强法律解释工作的决议》②的规定。但是关于司法解释何时生效的具体规定,上述立法授权决议中并未涉及。

最高人民法院1997年6月23日印发的《关于司法解释工作的若干规定》(法发〔1997〕15号)第十一条规定:“司法解释以在《人民法院报》上公开发布的日期为生效时间,但司法解释专有规定的除外”③。2007年3月9日施行的最高人民法院《关于司法解释工作的规定》第二十五条规定:“司法解释以最高人民法院公告形式发布。司法解释应当在《最高人民法院公报》和《人民法院报》刊登。司法解释自公告发布之日起施行,但司法解释另有规定的除外。”2007年8月23日最高人民法院办公厅发布的《关于规范司法解释施行日期有关问题的通知》(法办〔2007〕396号)规定:“一、今后各部门起草的司法解释对施行日期没有特别要求的,司法解释条文中不再规定‘本解释(规定)自公布之日起施行’的条款,施行时间一律以发布司法解释的最高人民法院公告中明确的日期为准。二、司法解释对施行日期有特别要求的,应当在司法解释条文中规定相应条款,明确具体施行时间,我院公告的施行日期应当与司法解释的规定相一致。”2019年,《最高人民法院办公厅关于司法解释施行日期问题的通知》(法办发〔2019〕2号)第一条规定,司法解释应当在主文作出

---

① 该决议已经被《全国人民代表大会常务委员会关于批准法制工作委员会关于对1978年底以前颁布的法律进行清理情况和意见报告的决定》宣布失效。

② 该决议已经被《全国人民代表大会常务委员会关于批准法制工作委员会关于对1978年底以前颁布的法律进行清理情况和意见报告的决定》宣布失效。

③ 该文件已于2021年6月16日被《最高人民法院关于司法解释工作的规定(2021年修正)》修正。

施行日期的明确规定。最高人民法院通过上述相关文件规定，对司法解释的生效时间予以规范。根据司法解释的生效时间采取两种方式：一种是司法解释明确规定施行的具体日期，另一种是司法解释不明确规定，而是以发布司法解释的最高人民法院公告中明确的日期为准。2021年6月16日施行的《最高人民法院关于司法解释工作的规定（2021年修正）》第二十五条第三款规定："司法解释自公告发布之日起施行，但司法解释另有规定的除外。"故，在本解释制定时，根据最新司法解释工作要求，参照其他解释的格式，明确本解释的施行日期。本解释系2021年11月29日由最高人民法院审判委员会第1854次会议通过，最终确定于2022年1月1日起施行。

二、对溯及力的理解

对于民事司法解释的溯及力问题，主要模式有以下三种：一是适用于所解释法律实施后的法律事实引起的纠纷。例如，《最高人民法院关于适用〈中华人民共和国民法典〉总则编若干问题的解释》第三十九条第二款规定："民法典施行后的法律事实引起的民事案件，本解释施行后尚未终审的，适用本解释；本解释施行前已经终审，当事人申请再审或者按照审判监督程序决定再审的，不适用本解释。"二是适用于司法解释公布施行后新受理的一审案件。例如，2003年《人身损害赔偿司法解释》第三十六条第一款规定："本解释自2004年5月1日起施行。2004年5月1日后新受理的一审人身损害赔偿案件，适用本解释的规定。已经作出生效裁判的人身损害赔偿案件依法再审的，不适用本解释的规定。"三是适用于解释施行后尚未终审案件。例如，《最高人民法院关于审理医疗损害责任纠纷案件适用法律若干问题的解释》第二十六条第二款规定："本解释施行后尚未终审的案件，适用本解释；本解释施行前已经终审，当事人申请再审或者按照审判监督程序决定再审的案件，不适用本解释。"

本解释未规定溯及力内容的原因在于本解释涉及的生态环境领域禁止令保全措施属于全新的规定，虽然系行为保全制度在生态环境领域的延伸适用，但具体表述和规则有其特殊性，故无须规定溯及力条文。且本解释属于程序性规范，按照"程序从新"的一般原则，本解释适用于施行后人民法院受理、审理的各类生态环境侵权案件。

【法条链接】

《立法法》

第五十七条 法律应当明确规定施行日期。

第五十八条 签署公布法律的主席令载明该法律的制定机关、通过和施行日期。

法律签署公布后，及时在全国人民代表大会常务委员会公报和中国人大网以及在全国范围内发行的报纸上刊载。

在常务委员会公报上刊登的法律文本为标准文本。

第九十二条 同一机关制定的法律、行政法规、地方性法规、自治条例和单行条例、规章，特别规定与一般规定不一致的，适用特别规定；新的规定与旧的规定不一致的，适用新的规定。

第九十三条 法律、行政法规、地方性法规、自治条例和单行条例、规章不溯及既往，但为了更好地保护公民、法人和其他组织的权利和利益而作的特别规定除外。

第一百零四条 最高人民法院、最高人民检察院作出的属于审判、检察工作中具体应用法律的解释，应当主要针对具体的法律条文，并符合立法的目的、原则和原意。遇有本法第四十五条第二款规定情况的，应当向全国人民代表大会常务委员会提出法律解释的要求或者提出制定、修改有关法律的议案。

最高人民法院、最高人民检察院作出的属于审判、检察工作中具体应用法律的解释，应当自公布之日起三十日内报全国人民代表大会常务委员会备案。

最高人民法院、最高人民检察院以外的审判机关和检察机关，不得作出具体应用法律的解释。

2021 年《最高人民法院关于司法解释工作的规定》

第二条 人民法院在审判工作中具体应用法律的问题，由最高人民法院作出司法解释。

第三条 司法解释应当根据法律和有关立法精神，结合审判工作实际需要制定。

第四条 最高人民法院发布的司法解释，应当经审判委员会讨论通过。

第五条 最高人民法院发布的司法解释，具有法律效力。

第六条 司法解释的形式分为“解释”、“规定”、“规则”、“批复”和“决定”五种。

对在审判工作中如何具体应用某一法律或者对某一类案件、某一类问题如何应用法律制定的司法解释，采用“解释”的形式。

根据立法精神对审判工作中需要制定的规范、意见等司法解释，采用“规定”的形式。

对规范人民法院审判执行活动等方面的司法解释，可以采用“规则”的形式。

对高级人民法院、解放军军事法院就审判工作中具体应用法律问题的请示制定的司法解释,采用“批复”的形式。

修改或者废止司法解释,采用“决定”的形式。

第二十五条 司法解释以最高人民法院公告形式发布。

司法解释应当在《最高人民法院公报》和《人民法院报》刊登。

司法解释自公告发布之日起施行,但司法解释另有规定的除外。

《最高人民法院关于审理海洋自然资源与生态环境损害赔偿纠纷案件若干问题的规定》

第十三条 本规定自 2018 年 1 月 15 日起施行,人民法院尚未审结的一审、二审案件适用本规定;本规定施行前已经作出生效裁判的案件,本规定施行后依法再审的,不适用本规定。

《最高人民法院、最高人民检察院关于检察公益诉讼案件适用法律若干问题的解释》

第二十七条 本解释自 2018 年 3 月 2 日起施行。

最高人民法院、最高人民检察院之前发布的司法解释和规范性文件与本解释不一致的,以本解释为准。

《生态环境损害赔偿规定》

第二十三条 本规定自 2019 年 6 月 5 日起施行。

五、专家点评文章

1. 方燕（全国人大代表、特约监督员、陕西省律师协会副会长、北京金诚同达律师事务所高级合伙人兼西安分所主任）

2020 年 9 月，习近平总书记在联合国大会一般性辩论上发表重要讲话，指出要坚持人与自然和谐共生，构建人与自然生命共同体。在习近平生态文明思想指引之下，在“五位一体”总体布局中推行生态文明建设要求之下，为贯彻落实党的十九大及十九届历次全会精神，最高人民法院出台《环境侵权禁止令规定》，具有现实意义。

《环境侵权禁止令规定》在《民法典》《环境保护法》《民事诉讼法》中关于生态环境保护的法条基础之上制定，具有相应的法律依据；《环境侵权禁止令规定》在借鉴其他国家和地区的环境司法实践的同时，结合我国多地法院的审判实践，充分调研和听取吸收有关部门、行政机关、专家学者的意见后最终出台。这些扎实、专业的前期准备，让《环境侵权禁止令规定》能够扎根于我国深厚的法律基础之上，符合我国现实的生态环境状况和国土国情。从现实意义上讲，《环境侵权禁止令规定》能够切实有效地为审理生态环境侵权案件提供有效的程序规则支持，从而更好地维护公众的环境权益及民事主体的其他合法权益，更具法律指导意义，将对生态环境保护起到重要作用。

人类与地球是息息相关的命运共同体，保护生态环境是人类可持续发展的重要基石，是中华民族、中华文明源远流长的千年大计。我作为一名法律工作者，对于《环境侵权禁止令规定》的出台感到十分欣喜。《环境侵权禁止令规定》从法律上细化并完善了我国关于生态文明建设的相关规定，满足了法律工作者在办案中的实际需求，为我们办理生态环境侵权案件提供了相应的法律依据，更为习近平总书记“绿水青山就是金山银山”的创造性理念的落实，提供了强有力的法律支撑。《环境侵权禁止令规定》回应了我国绿色发展的国家政策和建设美丽中国的坚强决心，让生态文明建设在法治化的轨道上向前迈进，御风而行。

2. 杨松（全国人大代表、特约监督员、辽宁大学党委常委、副校长、辽宁省人大法制委副主任、“万人计划专家”、长江学者）

2012 年党的十八大将生态文明建设纳入中国特色社会主义事业“五位一体”总体布局，明确提出建设生态文明，是关系人民福祉、关乎民族未来的长远大计。生态环境侵害的不可逆转性、危害后果的难以修复和长期性，都说明生态环境保护的艰巨性。而预防性救济措施在保护生态环境方面极为重要。此次最高人民法院发布《环境侵权禁止令规定》，就是将禁止令保全措施作为生态环境损害的预防性救济措施确定下来，这是最高人民法院在环境司法审判工作中的有益探索，是以司法举措践行习近平生态文明思想、保护生态环境的重要成果，是对保全措施的创新性运用。《环境侵权禁止令规定》明确将生态环境侵权案件的诉前、诉中禁止令定位为一种禁止类的行为保全措施，不仅有助于对生态环境侵害给予及时有效的预防性救济，还确保了此项司法改革举措具有充分的法律依据。考虑到大气、水、噪声等污染的高流动性、瞬时性以及应对突发环境事件、处置危险废物等的紧迫性，《环境侵权禁止令规定》还专门规定了“情况紧急”时的申请程序，充分考虑了生态环境侵权的特殊属性对制度设计的特殊需求。可以说，《环境侵权禁止令规定》的出台为深入打好污染防治攻坚战、实现生态环境根本好转增添了一个强有力的法律武器。

《环境侵权禁止令规定》坚持“保护优先、预防为主”原则，有利于人民法院充分发挥司法能动性。司法实践中，对确有需要立即停止侵害、排除妨碍、消除危险或制止相关行为，为防止生态环境损害或损害风险的发生或者扩大，当事人尚未申请采取禁止令保全措施的，人民法院可以积极发挥审判职权作用，向原告予以释明，督促其向人民法院申请采取禁止令保全措施，充分发挥禁止令保全措施及时有效保护生态环境，维护民事主体合法权益的功能。

3. 肖胜方（全国人大代表、特约监督员、中华全国律师协会副会长、广东省律师协会会长、广东胜伦律师事务所主任）

对于刚刚出台的《环境侵权禁止令规定》，我有三点认识和体会：

第一，《环境侵权禁止令规定》是落实习近平生态文明思想和习近平法治思想的重大举措

习近平生态文明思想是当代中国以生态文明建设构建人类命运共同体的中国方案和东方智慧，是人民法院环境司法审判工作的根本指引。我国《宪法》《民法典》《环境保护法》《长江保护法》等法律法规均规定了保护生态环境，防治污染和其他公害，保障公众健康，推进生态文明建设等相关内容。《环境侵权禁止令规定》就是落实习近平生态文明思想和习近平法治思想的重大举措。

第二，《环境侵权禁止令规定》创新性提出诉前、诉中禁止令保全措施，对于及时解决生态损害问题具有很强的现实意义

生态环境侵害的不可逆转性，危害后果的滞后性、长久性以及难以修复性等特征，决定了预防性救济在生态环境保护领域的极端重要性，当侵害正在进行中或者

损害尚未最终形成时，即应给予及时有效的预防性救济。本次出台的诉前、诉中禁止令保全措施，能够及时阻止正在实施的损害行为，减少损害的进一步扩大，避免了旷日持久的诉讼结束后才强制执行而可能导致的难以弥补的环境损害，在生态环境保护实践中具有重要的现实意义。

第三，《环境侵权禁止令规定》的出台充分体现了“科学立法、民主立法、依法立法”的指导思想

本规定的起草，最高人民法院周强院长高度重视，2016 年就明确提出“探索实行环境保护禁止令制度，及时依法制止污染排放行为”；此后最高人民法院进行了多次的论证、调研，并对地方法院的实践探索予以指导；部分地方法院在环境司法实践中积极探索适用禁止令保全措施，积累了大量实践经验，取得了良好的社会效果。尤其是 2020 年以来，最高人民法院广泛征求全国人大法工委、环资委，最高人民检察院和生态环境部、自然资源部等行政机关以及全国各地法院的意见建议，并多次召开专家论证会、座谈会进行论证研讨，积极征求专家学者的意见建议。可以说，《环境侵权禁止令规定》的整个起草过程就是“科学立法、民主立法、依法立法”的过程。

4. 汤维建［全国政协委员、特约监督员、中国人民大学法学院教授、民革中央常委、中国民事诉讼法学研究会副会长（兼职）］

最高人民法院颁布的《环境侵权禁止令规定》不仅掀开了生态环境司法保护新的一页，对生态环境的预防性、及时性、有效性保护提供了司法依据，亮出了法律利剑，成为生态环境司法保护的绿色盾牌，主要表现在：

其一，制度名称上的科学性。该司法解释没有采用“行为保全”的学理说法，而是采用了国际上通行的更为科学合理的“禁止令保全措施”的名称，在科学性上更胜一筹，是对 2017 年《民事诉讼法》第一百条和第一百零一条分别规定的诉中保全和诉前保全之正解，值得充分肯定。

其二，保全制度的完善性。禁止令保全措施是由司法机关以民事裁定书并附“令”的形式公示的禁止特定主体实施一定行为的司法救济措施，其缘起于古罗马法，发达成熟于英美法系国家，大陆法系国家将其融入假处分、假扣押等制度之中。我国在《刑法修正案（八）》率先规定了刑法上的禁止令，《民法典》第九百九十七条亦规定了人格权保护的禁止令，但这些都是实体法上的禁止令。最高人民法院的此一司法解释丰富了保全制度的具体内容，在程序法领域呈现具有公示、监督和震慑作用的禁止令保全措施，推动了保全制度继续向前发展完善。

其三，程序保障上的周延性。该司法解释参照较新的临时措施本案化理念，认

真对待禁令保全措施的正当性和利益衡量性。如《环境侵权禁止令规定》第六条规定人民法院审查作出禁止令时应当听取被申请人的意见,必要时还可以进行现场勘查;再如,第九条规定,人民法院可将禁止令张贴于被申请人所在地等相关场所,并且可以通过媒体向社会公开。这不仅增强了禁止令保全措施的程序正义性,而且强化了社会效果,导入了社会监督力量,为禁止令保全措施的有效落实提供了保障。

六、文书样式[①]

1. 民事裁定书（诉中禁止令用）样式

×××× 人民法院
民事裁定书

（××××）……民初……号

申请人：×××，……（写明姓名或名称、住所地等基本情况）。

……

被申请人：×××，……（写明姓名或名称、住所地等基本情况）。

申请人×××因与被申请人×××……（写明案由）纠纷一案，向本院申请作出禁止令，责令被申请人×××……（写明申请作出禁止令的具体请求事项）。

本院认为：……（写明是否符合作出禁止令的条件，以及相应的事实理由）。依照《中华人民共和国民事诉讼法》第一百条，《最高人民法院关于生态环境侵权案件适用禁止令保全措施的若干规定》第三条第一款、第八条、第九条第一款的规定，裁定如下：

一、……被申请人×××自本裁定生效之日……（写明效力期间及要求被申请人立即停止实施的具体行为的内容）。

二、……（若禁止实施的具体行为不止一项，依次写明）。

（不准予申请人禁止令申请的，写明："驳回申请人×××的禁止令申请。"）

如不服本裁定，可在裁定书送达之日起五日内，向本院申请复议一次。复议期间，不停止裁定的执行。

本裁定送达后即发生法律效力。

审判长×××
审判员×××
审判员×××
××××年××月××日
（院印）

---

① 本样式中所引用《民事诉讼法》均为2017年《民事诉讼法》条文序号。

法官助理×××

书记员×××

【说明】

1. 本样式根据《中华人民共和国民事诉讼法》第一百条、《最高人民法院关于生态环境侵权案件适用禁止令保全措施的若干规定》第三条第一款、第八条、第九条第一款制定，供人民法院在受理、审理案件过程中，依当事人申请作出禁止令时用。

2. 当事人申请诉中禁止令的，案号与正在进行的民事诉讼案号相同，为(××××)……民初……号；若特殊情况下当事人在二审中申请诉中禁止令的，案号则为二审案号。

3. 禁止令的效力期间原则上自裁定生效之日起至案件终审裁判文书生效或者人民法院裁定解除之日止；人民法院若根据个案实际情况确定了具体的效力期间，亦应在裁定书中予以明确。期间届满，禁止令自动终止。

2. 民事裁定书(诉前禁止令用)样式

××××人民法院

民事裁定书

(××××)……行保……号

申请人：×××，……(写明姓名或名称、住所地等基本情况)。

被申请人：×××，……(写明姓名或名称、住所地等基本情况)。

因被申请人×××……(写明具体的生态环境侵权行为)，申请人×××向本院申请禁止令，责令被申请人×××……(写明申请作出禁止令的具体请求事项)。

本院认为：……(写明是否符合作出禁止令的条件，以及相应的事实理由)。依照《中华人民共和国民事诉讼法》第一百零一条，《最高人民法院关于生态环境侵权案件适用禁止令保全措施的若干规定》第三条第二款、第八条、第九条第一款的规定，裁定如下：

一、……被申请人×××自本裁定生效之日……(写明效力期间及要求被申请人立即停止实施的具体行为的内容)。

二、……(若禁止实施的具体行为不止一项，依次写明)。

(不准予申请人禁止令申请的，写明："驳回申请人×××的禁止令申请。")

如不服本裁定，可在裁定书送达之日起五日内，向本院申请复议一次。复议期间，不停止裁定的执行。

本裁定送达后即发生法律效力。

审判长×××
审判员×××
审判员×××
××××年××月××日
（院印）
法官助理×××
书记员×××

【说明】

1. 本样式根据《中华人民共和国民事诉讼法》第一百零一条、《最高人民法院关于生态环境侵权案件适用禁止令保全措施的若干规定》第三条第二款、第八条、第九条第一款制定，供人民法院在受理案件前，依当事人申请作出禁止令时用。

2. 当事人申请诉前禁止令时，尚未进入诉讼程序，故编立案号（××××）……行保……号。

3. 禁止令的效力期间原则上自裁定生效之日起至案件终审裁判文书生效或者人民法院裁定解除之日止；人民法院若根据个案实际情况确定了具体的效力期间，亦应在裁定书中予以明确。期间届满，禁止令自动终止。

3. 民事裁定书（解除禁止令用）样式

××××人民法院
民事裁定书

（××××）……民初……号

申请人：×××，……（写明姓名或名称、住所地等基本情况）。

被申请人：×××，……（写明姓名或名称、住所地等基本情况）。

本院于××××年××月××日作出××（写明案号）民事裁定，准予×××的禁止令申请。××××年××月××日，申请人/被申请人/利害关系人×××基于据以作出禁止令的事由发生变化为由，请求解除禁止令。

本院经审查认为,……(写明是否符合解除禁止令的条件,以及相应的事实理由)。依照《最高人民法院关于生态环境侵权案件适用禁止令保全措施的若干规定》第十一条第二款的规定,裁定如下:

一、解除××××(被申请人的姓名或者名称)……(写明需要解除的禁止实施的具体行为)。

二、……(若需解除的禁止实施的具体行为不止一项,依次写明)。

(如不符合解除禁止令条件的,写明:“驳回申请人/被申请人/利害关系人×××的解除禁止令申请。”)

如不服本裁定,可在裁定书送达之日起五日内,向本院申请复议一次。复议期间,不停止裁定的执行。

本裁定送达后即发生法律效力。

审判长×××

审判员×××

审判员×××

××××年××月××日

(院印)

法官助理×××

书记员×××

【说明】

1. 本样式根据《最高人民法院关于生态环境侵权案件适用禁止令保全措施的若干规定》第十一条第二款制定,供人民法院在禁止令效力期间内,因据以作出禁止令的事由发生变化,依申请人、被申请人或者利害关系人申请提前解除禁止令用。

2. 根据《最高人民法院关于生态环境侵权案件适用禁止令保全措施的若干规定》第六条第二款因被申请人抗辩理由成立而解除已作出的禁止令、第十一条第一款因申请人未在法定三十日内提起诉讼而解除禁止令的,可参照本样式调整相应表述后使用。

3. 若一审中裁定解除禁止令的,则采用一审案号(或之……);若二审中裁定解除禁止令的,则采用二审案号;若系针对申请人在诉前禁止令作出后三十日内未起诉而解除或者提前解除的,则采用原禁止令案号之一。

4. 解除裁定生效后,依据原裁定制作的禁止令自动终止。

4. 禁止令（张贴公示用）样式

××××人民法院
禁止令

（××××）……民初……号/（××××）……行保……号

×××（写明被申请人姓名或名称）：

申请人×××以你（你单位）……（申请理由）为由，于××××年××月××日向本院申请作出禁止令。本院经审查，于××××年××月××日作出××号民事裁定，准予申请人×××的禁止令申请。现责令：

……（裁定书主文内容）。

此令。

×××人民法院
××××年××月××日
（院印）

【说明】

1. 本样式根据《最高人民法院关于生态环境侵权案件适用禁止令保全措施的若干规定》第九条第二款制定，供人民法院在被申请人住所地，污染环境、破坏生态行为实施地、损害结果发生地等相关场所张贴以及通过新闻媒体等方式向社会公开时用。

2. 如系诉中禁止令，案号与正在审理案件案号相同，如系诉前禁止令则案号为（××××）……行保……号。

第二部分

一、《最高人民法院关于审理生态环境侵权纠纷案件适用惩罚性赔偿的解释》条文

最高人民法院
关于审理生态环境侵权纠纷案件
适用惩罚性赔偿的解释

（2021 年 12 月 27 日最高人民法院审判委员会
第 1858 次会议通过，自 2022 年 1 月 20 日起施行）
法释〔2022〕1 号

为妥善审理生态环境侵权纠纷案件，全面加强生态环境保护，正确适用惩罚性赔偿，根据《中华人民共和国民法典》《中华人民共和国环境保护法》《中华人民共和国民事诉讼法》等相关法律规定，结合审判实践，制定本解释。

第一条 人民法院审理生态环境侵权纠纷案件适用惩罚性赔偿，应当严格审慎，注重公平公正，依法保护民事主体合法权益，统筹生态环境保护和经济社会发展。

第二条 因环境污染、生态破坏受到损害的自然人、法人或者非法人组织，依据民法典第一千二百三十二条的规定，请求判令侵权人承担惩罚性赔偿责任的，适用本解释。

第三条 被侵权人在生态环境侵权纠纷案件中请求惩罚性赔偿的，应当在起诉时明确赔偿数额以及所依据的事实和理由。

被侵权人在生态环境侵权纠纷案件中没有提出惩罚性赔偿的诉讼请求，诉讼终结后又基于同一污染环境、破坏生态事实另行起诉请求惩罚性赔偿的，人民法院不予受理。

第四条 被侵权人主张侵权人承担惩罚性赔偿责任的，应当提供证据证明以下事实：

（一）侵权人污染环境、破坏生态的行为违反法律规定；

（二）侵权人具有污染环境、破坏生态的故意；

（三）侵权人污染环境、破坏生态的行为造成严重后果。

第五条 人民法院认定侵权人污染环境、破坏生态的行为是否违反法律规定，应当以法律、法规为依据，可以参照规章的规定。

第六条 人民法院认定侵权人是否具有污染环境、破坏生态的故意，应当根据侵权人的职业经历、专业背景或者经营范围，因同一或者同类行为受到行政处罚或者刑事追究的情况，以及污染物的种类，污染环境、破坏生态行为的方式等因素综合判断。

第七条 具有下列情形之一的，人民法院应当认定侵权人具有污染环境、破坏生态的故意：

（一）因同一污染环境、破坏生态行为，已被人民法院认定构成破坏环境资源保护犯罪的；

（二）建设项目未依法进行环境影响评价，或者提供虚假材料导致环境影响评价文件严重失实，被行政主管部门责令停止建设后拒不执行的；

（三）未取得排污许可证排放污染物，被行政主管部门责令停止排污后拒不执行，或者超过污染物排放标准或者重点污染物排放总量控制指标排放污染物，经行政主管机关责令限制生产、停产整治或者给予其他行政处罚后仍不改正的；

（四）生产、使用国家明令禁止生产、使用的农药，被行政主管部门责令改正后拒不改正的；

（五）无危险废物经营许可证而从事收集、贮存、利用、处置危险废物经营活动，或者知道或者应当知道他人无许可证而将危险废物提供或者委托给其从事收集、贮存、利用、处置等活动的；

（六）将未经处理的废水、废气、废渣直接排放或者倾倒的；

（七）通过暗管、渗井、渗坑、灌注，篡改、伪造监测数据，或者以不正常运行防治污染设施等逃避监管的方式，违法排放污染物的；

（八）在相关自然保护区域、禁猎（渔）区、禁猎（渔）期使用禁止使用的猎捕工具、方法猎捕、杀害国家重点保护野生动物、破坏野生动物栖息地的；

（九）未取得勘查许可证、采矿许可证，或者采取破坏性方法勘查开采矿产资源的；

（十）其他故意情形。

第八条 人民法院认定侵权人污染环境、破坏生态行为是否造成严重后果，应当根据污染环境、破坏生态行为的持续时间、地域范围，造成环境污染、生态破坏的范围和程度，以及造成的社会影响等因素综合判断。

侵权人污染环境、破坏生态行为造成他人死亡、健康严重损害，重大财产损失，生态环境严重损害或者重大不良社会影响的，人民法院应当认定为造成严重后果。

第九条 人民法院确定惩罚性赔偿金数额，应当以环境污染、生态破坏造成的人身损害赔偿金、财产损失数额作为计算基数。

前款所称人身损害赔偿金、财产损失数额，依照民法典第一千一百七十九条、第一千一百八十四条规定予以确定。法律另有规定的，依照其规定。

第十条 人民法院确定惩罚性赔偿金数额，应当综合考虑侵权人的恶意程度、侵权后果的严重程度、侵权人因污染环境、破坏生态行为所获得的利益或者侵权人所采取的修复措施及其效果等因素，但一般不超过人身损害赔偿金、财产损失数额的二倍。

因同一污染环境、破坏生态行为已经被行政机关给予罚款或者被人民法院判处罚金，侵权人主张免除惩罚性赔偿责任的，人民法院不予支持，但在确定惩罚性赔偿金数额时可以综合考虑。

第十一条 侵权人因同一污染环境、破坏生态行为，应当承担包括惩罚性赔偿在内的民事责任、行政责任和刑事责任，其财产不足以支付的，应当优先用于承担民事责任。

侵权人因同一污染环境、破坏生态行为，应当承担包括惩罚性赔偿在内的民事责任，其财产不足以支付的，应当优先用于承担惩罚性赔偿以外的其他责任。

第十二条 国家规定的机关或者法律规定的组织作为被侵权人代表，请求判令侵权人承担惩罚性赔偿责任的，人民法院可以参照前述规定予以处理。但惩罚性赔偿金数额的确定，应当以生态环境受到损害至修复完成期间服务功能丧失导致的损失、生态环境功能永久性损害造成的损失数额作为计算基数。

第十三条 侵权行为实施地、损害结果发生地在中华人民共和国管辖海域内的海洋生态环境侵权纠纷案件惩罚性赔偿问题，另行规定。

第十四条 本规定自2022年1月20日起施行。

二、新闻发布稿

《最高人民法院关于审理生态环境侵权纠纷案件适用惩罚性赔偿的解释》新闻发布稿

（2022 年 1 月 13 日）

各位记者朋友：

大家好！《最高人民法院关于审理生态环境侵权纠纷案件适用惩罚性赔偿的解释》（以下简称《解释》）已于 2021 年 12 月 27 日由最高人民法院审判委员会第 1858 次会议审议通过，并于今天正式发布。下面，我就这部司法解释的起草情况、主要内容作简要介绍说明。

一、《解释》起草的背景和意义

生态文明建设是关乎中华民族永续发展的根本大计，良好的生态环境是最普惠的民生福祉。党的十八大以来，以习近平同志为核心的党中央以前所未有的力度抓生态文明建设。党的十八届三中全会提出，“对造成生态环境损害的责任者严格实行赔偿制度”。党的十九大报告要求，“加大生态系统保护力度”“实行最严格的生态环境保护制度”。党的十九届四中全会报告明确，要“加大对严重违法行为处罚力度，实行惩罚性赔偿制度”。2021 年 1 月 1 日施行的《民法典》，除在总则编将绿色原则确立为基本原则，在民事责任章第一百七十九条继续沿用原《民法总则》关于惩罚性赔偿的原则性规定之外，还专门在侵权责任编环境污染和生态破坏责任章第一千二百三十二条新增加规定了生态环境惩罚性赔偿制度，有力回应了社会发展所提出的环境问题，具有鲜明的中国特色、实践特色、时代特色。

惩罚性赔偿，作为损害赔偿填平原则的突破，通过让恶意的不法行为人承担超出实际损害数额的赔偿，达到充分救济受害人、制裁恶意侵权人的效果，具有惩罚、震慑、预防等多重功能。《民法典》新增加生态环境惩罚性赔偿制度，为惩治生态环境侵权行为，推动生态文明建设，满足人民日益增长的对优美生态环境新期待，进一步提供了制度保障，对以法治方式推进环境治理体系和治理能力现代化，具有重要意义。

最高人民法院把贯彻实施好《民法典》生态环境惩罚性赔偿制度，作为践行习近平生态文明思想、习近平法治思想的生动实践，指导各级法院积极开展工作探索。在认真总结各地法院司法经验的基础上，经过反复调研论证和广泛征求意见，就生态环境侵权纠纷案件适用惩罚性赔偿的范围、认定要件、计算基数和倍数等具体问题予以规范，制定出台本解释。

二、《解释》起草的指导思想

习近平总书记指出，"生态环境没有替代品，用之不觉，失之难存。必须像保护眼睛一样保护生态环境，像对待生命一样对待生态环境"。《解释》的起草，始终坚持以习近平生态文明思想、习近平法治思想为指导，贯彻落实用最严格制度最严密法治保护生态环境，找准环境司法审判统筹生态环境保护、经济社会发展和保障民生的平衡点。起草的主要思路有：

一是准确适用《民法典》生态环境惩罚性赔偿制度。《民法典》第一千二百三十二条规定，"侵权人违反法律规定故意污染环境、破坏生态造成严重后果的，被侵权人有权请求相应的惩罚性赔偿"。《解释》的起草，明确了人民法院审理生态环境侵权纠纷案件适用惩罚性赔偿的原则，进一步细化了当事人主张惩罚性赔偿的时点和具体请求，惩罚性赔偿的适用条件、履行顺位等问题，确保《民法典》生态环境惩罚性制度在审判实践中落实落细，见行见效。

二是立足破解环境违法成本低突出问题。生态环境损害具有累积性、潜伏性、缓发性、公害性等特点，生态环境领域违法成本低问题突出。《解释》的起草，立足解决上述问题，同时围绕审判实践中亟待统一的惩罚性赔偿的适用范围、责任构成以及惩罚性赔偿金数额的确定等问题进行规范，充分发挥惩罚性赔偿的制度功能，依法提高环境违法成本，严惩突出环境违法行为，让恶意侵权人付出应有代价。

三是坚持统筹环境保护和经济发展。生态环境保护和经济发展辩证统一。保护生态环境就是保护生产力，改善生态环境就是发展生产力。《解释》的起草，坚持统筹保护和发展，合理设置惩罚性赔偿金数额、惩罚倍数，综合考量同一环境污染、破坏生态行为已被处以行政罚款、刑事罚金的情形，在维护国家利益、环境公共利益和人民群众环境权益的同时，引导全社会加快形成绿色生产生活方式，推动经济发展和环境保护协同共进。

三、《解释》的主要内容

《解释》共十四条，主要包括生态环境惩罚性赔偿的适用原则、适用范围、请求的时间和内容、要件认定、基数倍数、公益诉讼的参照适用等相关内容。

（一）明确了生态环境惩罚性赔偿的适用范围

《解释》第二条规定，因环境污染、生态破坏受到损害的自然人、法人或者非法人组织，依据《民法典》第一千二百三十二条的规定，请求判令侵权人承担惩罚性赔偿责任的，适用本《解释》。第十二条，明确了国家规定的机关和法律规定的组织作为被侵权人代表请求惩罚性赔偿的参照适用和但书规定。

（二）明确了生态环境惩罚性赔偿的适用要件

与普通环境侵权责任适用无过错责任归责原则不同，惩罚性赔偿的构成要件更为严格。根据《民法典》第一千二百三十二条规定，《解释》第四条至第八条，明确了惩罚性赔偿的特别构成要件及其考量因素和典型情形：一是侵权人实施了不法行为；二是侵权人主观具有故意；三是造成严重后果。同时，根据《民事诉讼法》上"谁主张，谁举证"的规定，进一步明确由被侵权人对上述特别要件负举证证明责任。

（三）明确了生态环境惩罚性赔偿金数额的具体确定

《民法典》第一千二百三十二条规定，"被侵权人有权请求相应的惩罚性赔偿"。在审判实践中明确惩罚性赔偿金数额的具体确定，是统一法律适用的题中应有之义。《解释》第九条规定，惩罚性赔偿金数额，应当以环境污染、生态破坏造成的人身损害赔偿金、财产损失数额作为计算基数。第十条，明确了人民法院确定惩罚性赔偿金数额时应当综合考量侵权人的恶意程度、侵权后果的严重程度、侵权人所获利益、侵权人事后采取的修复措施和效果等因素，同时明确了一般不超过基数二倍的规定。

（四）明确了生态环境惩罚性赔偿请求应一并提起、一并解决的程序保障

惩罚性赔偿作为附加性责任，须以补偿性损害赔偿的成立和确定为基础。为方便当事人及时、全面地主张权利，提高人民法院审理生态环境侵权纠纷案件的水平和效率，根据"一事不再理"的民事诉讼理论和《民事诉讼法》相关规定，《解释》第三条规定，生态环境惩罚性赔偿的诉讼请求，应由当事人在生态环境侵权诉讼中一并提起，由人民法院一并解决，以提供公平、高效、充分的救济。

各位记者，"人不负青山，青山定不负人"。惩罚恶意侵权人是手段，保护生态环境才是目的。各级人民法院将以《解释》的出台为契机，进一步织密织牢生态环境保护法律适用规则体系，增强全社会共同保护优美生态环境的法治意识和行动自觉，为推进美丽中国建设、实现人与自然和谐共生的现代化提供有力司法服务和保障！

谢谢大家！

三、理解与适用文章

《关于审理生态环境侵权纠纷案件适用惩罚性赔偿的解释》的理解与适用[①]

为妥善审理生态环境侵权纠纷案件，全面加强生态环境保护，正确适用惩罚性赔偿，根据《民法典》《环境保护法》《民事诉讼法》等相关法律规定，结合审判实践，最高人民法院制定了《解释》。

一、《解释》起草的背景和意义

生态文明建设是关乎中华民族永续发展的根本大计，良好的生态环境是最普惠的民生福祉。党的十八大以来，以习近平同志为核心的党中央以前所未有的力度抓生态文明建设。党的十八届三中全会提出，“对造成生态环境损害的责任者严格实行赔偿制度”。党的十九大报告要求，“加大生态系统保护力度”“实行最严格的生态环境保护制度”。党的十九届四中全会报告明确，要“加大对严重违法行为处罚力度，实行惩罚性赔偿制度”。2021 年 1 月 1 日施行的《民法典》，除在总则编将绿色原则确立为基本原则，在第一百七十九条继续沿用原《民法总则》关于惩罚性赔偿的原则性规定之外，还专门在第一千二百三十二条增加规定了生态环境惩罚性赔偿制度，有力回应了社会发展所提出的环境问题，具有鲜明的中国特色、实践特色、时代特色。

惩罚性赔偿，作为损害赔偿填平原则的突破，通过让恶意的不法行为人承担超出实际损害数额的赔偿，达到充分救济受害人、制裁恶意侵权人的效果，具有惩罚、震慑、预防等多重功能。《民法典》新增生态环境惩罚性赔偿制度，为惩治生态环境侵权行为，推动生态文明建设，满足人民日益增长的对优美生态环境新期待，进一步提供了制度保障，对以法治方式推进环境治理体系和治理能力现代化，具有重要意义。

最高人民法院把贯彻实施好《民法典》生态环境惩罚性赔偿制度，作为践行习

① 刘竹梅、刘牧晗：《〈关于审理生态环境侵权纠纷案件适用惩罚性赔偿的解释〉的理解与适用》，载《人民司法》2022 年第 7 期。

近平生态文明思想、习近平法治思想的生动实践,指导各级法院积极开展工作探索。在认真总结各地法院司法经验的基础上,经过反复调研论证和广泛征求意见,就生态环境侵权纠纷案件适用惩罚性赔偿的范围、认定要件、计算基数和倍数等具体问题予以规范,制定出台本解释。

二、《解释》起草的指导思想

习近平总书记指出,“生态环境没有替代品,用之不觉,失之难存。必须像保护眼睛一样保护生态环境,像对待生命一样对待生态环境”。《解释》的起草,始终坚持以习近平生态文明思想、习近平法治思想为指导,贯彻落实用最严格制度最严密法治保护生态环境,找准环境司法审判统筹生态环境保护、经济社会发展和保障民生的平衡点。起草的主要思路有:

一是准确适用《民法典》生态环境惩罚性赔偿制度。《民法典》第一千二百三十二条规定,“侵权人违反法律规定故意污染环境、破坏生态造成严重后果的,被侵权人有权请求相应的惩罚性赔偿”。《解释》的起草,明确了人民法院审理生态环境侵权纠纷案件适用惩罚性赔偿的原则,进一步细化了当事人主张惩罚性赔偿的时点和具体请求,惩罚性赔偿的适用条件、履行顺位等问题,确保《民法典》生态环境惩罚性赔偿制度在审判实践中落实落细,见行见效。

二是立足破解环境违法成本低这一突出问题。生态环境损害具有累积性、潜伏性、缓发性、公害性等特点,生态环境领域违法成本低问题突出。《解释》的起草,立足解决上述问题,同时围绕审判实践中亟待统一的惩罚性赔偿的适用范围、责任构成以及惩罚性赔偿金数额的确定等问题进行规范,充分发挥惩罚性赔偿的制度功能,依法提高环境违法成本,严惩突出环境违法行为,让恶意侵权人付出应有代价。

三是坚持统筹环境保护和经济发展。生态环境保护和经济发展辩证统一,保护生态环境就是保护生产力,改善生态环境就是发展生产力。《解释》的起草,坚持统筹保护和发展,合理设置惩罚性赔偿金数额、惩罚倍数,综合考量同一环境污染、破坏生态行为已被处以行政罚款、刑事罚金的情形,在维护国家利益、环境公共利益和人民群众环境权益的同时,引导全社会加快形成绿色生产生活方式,推动经济发展和环境保护协同共进。

三、《解释》的主要内容

《解释》共十四条,主要包括生态环境惩罚性赔偿的适用原则、适用范围、请求的时间和内容、要件认定、基数倍数、公益诉讼的参照适用等相关内容。

（一）审理生态环境侵权纠纷案件适用惩罚性赔偿应遵循的原则

环境污染和生态破坏，是现代社会工业化快速发展带来的重大社会风险之一。当前，我国资源环境约束趋紧、生态系统退化等问题突出，各类环境污染、生态破坏仍呈高发态势，也给社会公众人身和财产权利造成巨大损失。生态环境侵权纠纷案件具有专业性强、举证难、鉴定贵、评估周期长等特点，传统侵权法中的补偿性损害赔偿，不足以弥补受害人的实际损失，也难以遏制、震慑和预防污染环境、破坏生态行为，故《民法典》在总则编规定绿色原则的同时，又在生态环境侵权领域引入惩罚性赔偿制度。值得注意的是，生态环境侵权不同于一般的民事侵权，企业生产经营活动在污染环境、破坏生态的同时，也在为社会创造财富、提供就业。在《解释》起草调研中，多数意见亦提出，惩罚性赔偿作为对传统侵权法填平原则的突破，具有私人执法属性，针对同一环境污染、生态破坏行为同时适用惩罚性赔偿、行政罚款和刑事罚金有可能造成过度、重复惩罚。

鉴于此，《解释》第一条明确了审理生态环境侵权案件适用惩罚性赔偿制度应遵循的原则，以更好地实现惩罚性赔偿的制度功能和《民法典》新增此项制度的目的。一是严格审慎适用惩罚性赔偿，统筹适用惩罚性赔偿制度的法律效果和社会效果，防止被滥诉滥用。二是注重公平公正，在依法保护被侵权人合法权益的同时，兼顾侵权人尤其是生产经营企业的生存发展需要。三是正确处理保护和发展的辩证关系，统筹生态环境保护和经济社会发展。

（二）生态环境惩罚性赔偿的适用范围

实践中，关于《民法典》第一千二百三十二条规定的生态环境惩罚性赔偿的适用范围问题，主要存在两种不同认识：一种认为生态环境惩罚性赔偿仅适用于环境私益诉讼，另一种认为应同时适用于环境私益诉讼和环境民事公益诉讼、生态环境损害赔偿诉讼。主张惩罚性赔偿不应适用于公益诉讼的理由主要有：一是《民法典》第一千二百三十二条使用了“被侵权人”的表述，该表述的文义解释表明，受害人应是特定的主体；二是该条文规定在《民法典》第一千二百三十四条、第一千二百三十五条有关公益诉讼的规定之前，体系解释表明，其主要针对私益损害的情形；三是由国家规定的机关或者法律规定的组织取得该部分赔偿金缺乏正当性。

我们经研究认为，惩罚性赔偿主要针对因侵权人的邪恶动机或其他莽撞地无视他人的权利而具有恶劣性质的行为而作出，其适用与否不应过多地受被侵权人影响。单纯就“被侵权人”的文义解释而言，难以得出受害人是特定主体的唯一结论。且从体系解释的角度看，《民法典》第一千二百三十四条、第一千二百三十五条位列侵权责任编第七章最后两条，可谓全章的特殊规定，位列前五条的第一千二百二十九条至第一千二百三十三条，则系全章的一般规定。至于惩罚性赔偿金的支付问题，根据《生态环境损害赔偿规定》第十五条规定，生态环境损失赔偿资金，并非向提起诉讼的国家规定的机关或者法律规定的组织直接支付，而是应当依照法律、法规、规章予以缴纳、管理和使用。《生态环境损害赔偿资金管理办法（试行）》第六条第二款、第十五条对生态环境损害赔偿资金的支付进一步作了明确。按照上述规定，生态环境惩罚性赔偿金，并非由提起诉讼的国家规定的机关或者法律规定的组织取得。

此外，按照全国人大常委会王晨副委员长在第十三届全国人民代表大会第三次会议所作的关于民法典草案的说明，惩罚性赔偿制度恰是为了解决生态环境损害问题而引入《民法典》。《民法典》施行之后出台的多个中央文件中，亦对探索适用民事公益诉讼惩罚性赔偿制度作出了部署要求。如 2021 年 1 月，中共中央《法治中国建设规划（2020—2025 年）》第五部分第（十七）条中明确要求，要“拓展公益诉讼案件范围，完善公益诉讼法律制度，探索建立民事公益诉讼惩罚性赔偿制度”。2021 年 6 月，“十四五”规划和 2035 年远景目标纲要规定，探索建立食品安全民事公益诉讼惩罚性赔偿制度。2021 年 9 月，国务院新闻办公室发布的《国家人权行动计划》，第二部分第（八）条中规定，“完善公益诉讼法律制度。拓展公益诉讼案件范围，探索建立生态环境、食品药品安全领域民事公益诉讼惩罚性赔偿制度”。《解释》征求意见中，最高人民检察院、司法部、自然资源部、生态环境部等部门认为，惩罚性赔偿既适用于环境私益诉讼，也适用于环境民事公益诉讼和生态环境损害赔偿诉讼。最高人民检察院于 2021 年 7 月公布施行的《人民检察院公益诉讼办案规则》中明确规定，人民检察院在办理破坏生态环境和资源保护领域案件时，可以提出惩罚性赔偿的诉讼请求。就审判实践而言，案例检索显示，《民法典》实施后适用惩罚性赔偿的生态环境侵权纠纷案件中，环境民事公益诉讼、生态环境损害赔偿诉讼的案件占绝大多数。

《解释》起草过程中，我们专门就惩罚性赔偿的适用范围问题赴全国人大常委会法工委民法室进行沟通。其称，《民法典》编纂过程中关于惩罚性赔偿是否适用于环境民事公益诉讼、生态环境损害赔偿诉讼，采取的是有争议但未封死的态度。《解释》征求意见中，全国人大常委会法工委的书面反馈意见认为，根据《民法典》第一千二百三十二条的规定，惩罚性赔偿主要适用于由被侵权人提起的私益诉讼。在公益诉讼中，如果国家规定的机关或者法律规定的组织能够被法院认定为被侵权人代表的，可以适用该条的规定。关于如何理解“作为被侵权人代表”的问题，全国人大常委会法工委民法室明确，此“代表”并非私益诉讼中的代表人诉讼，并以《海洋环境保护法》第八十九条第二款关于“行使海洋环境监督管理权的部门代表国家对责任者提出损害赔偿要求”的规定佐证说明。

综合上述意见和审判实践需要,《解释》在遵照立法目的、原则和原意的基础上,第二条规定:“因环境污染、生态破坏受到损害的自然人、法人或者非法人组织,依据民法典第一千二百三十二条的规定,请求判令侵权人承担惩罚性赔偿责任的,适用本解释。”第十二条中规定:“国家规定的机关和法律规定的组织作为被侵权人代表,请求判令侵权人承担惩罚性赔偿责任的,人民法院可以参照前述规定予以处理。”

(三)生态环境惩罚性赔偿的适用要件

根据《民法典》第一千二百二十九条规定,生态环境侵权责任适用无过错责任归责原则,即在侵权人的污染、破坏的行为与他人损害有因果关系的情形下,不考虑侵权人是否存在过错、排污是否符合规定的标准,均应承担侵权责任。但惩罚性赔偿作为一种主要针对具有不法性和道德上应受谴责性的行为而适用的责任方式,其赔偿数额更高,具有一般生态环境侵权责任不具备的惩罚功能,在构成要件上更为严格。《解释》第四条至第八条,用五个条文的体量规定了生态环境惩罚性赔偿的特别构成要件及其认定的考量因素和典型情形。

根据《民法典》第一千二百三十二条规定,生态环境侵权惩罚性赔偿责任的特别构成要件有三:

1. 侵权人实施了不法行为,即侵权人的污染环境、破坏生态行为违反了法律规定。企业的正常生产经营活动不仅是社会正常发展所必需,也应为法律所保护和鼓励,故对企业的排污行为施以惩罚,必须以企业违反法律规定为前提,否则不具有正当性。《解释》起草过程中,关于认定污染环境、破坏生态行为是否违反法律规定应以何者为依据的问题,有两种意见:一种意见认为,应仅限于全国人大及其常委会制定的法律;另一种意见则认为,应包括法律、法规在内,并可参照规章。我们经研究认为,将《民法典》第一千二百三十二条中的“法律”作狭义解读,固然有严格限定惩罚性赔偿构成要件的合理性,但某一污染环境、破坏生态行为是否具有违法性,应充分关注政府在环境治理体系中所处的主导地位。且根据《环境保护法》规定,关于环境质量标准的项目、污染物排放标准的项目等问题,可以在无国家标准时制定地方性标准,或者在有国家标准时制定高于国家标准的地方性标准,故行政法规、地方性法规以及民族自治地方的自治条例和单行条例亦应包括在内。同时,基于生态环境保护需要,避免因法律、法规的天然滞后性和制定修订的程序复杂性,来不及就新污染物出现作出反应的考虑,必要时亦可参照规章。故《解释》第五条规定:“人民法院认定侵权人污染环境、破坏生态的行为是否违反法律规定,应当以法律、法规为依据,可以参照规章的规定。”

2.侵权人主观上具有故意。惩罚性赔偿责任的主要目的,就是制裁不法的恶意侵权人,故侵权人是否具有主观故意,是惩罚性赔偿责任能否成立的特别要件之一。《民法典》对新增加规定的生态环境惩罚性赔偿制度保持了谦抑性,将侵权人的主观状态限定为故意,而未包括重大过失。《解释》的起草,结合审判实践中的典型案例,对认定侵权人是否具有主观故意的考量因素进行了总结提炼。根据《解释》第六条规定,人民法院认定侵权人是否具有污染环境、破坏生态的故意,综合判断的因素如下:一是侵权人的职业经历、专业背景或者经营范围,如广东卫洁垃圾处理厂污染环境案,系垃圾处理厂违法倾倒垃圾,江苏胜科公司污染环境案中,胜科公司本身即化学工业园区污水处理企业;二是侵权人因同一或者同类污染环境、破坏生态行为受到行政处罚或者刑事追究的情况,如因同一或者同类污染环境、破坏生态行为受到行政处罚后仍拒不改正,或者累犯、多次结伙实施污染环境、破坏生态违法犯罪行为等;三是污染物的种类,污染环境、破坏生态行为的方式等,如将未经处理的废水、废气、废渣直接予以倾倒,或者在禁渔期、禁渔区使用"电"、"炸"、"毒"或者"绝户网"等禁止使用的工具非法捕捞水产品的,可以作为人民法院认定侵权人具有污染环境、破坏生态的主观故意的酌定因素。

此外,故意作为一种主观状态,难以直接证明,司法实践中往往通过侵权人的外在行为来认定。《解释》第七条在第六条概括规定认定故意考量因素的基础上,根据《刑法》《环境保护法》《野生动物保护法》《矿产资源法》等相关法律的禁止性规定,列举了九种足以从侵权人的外在行为认定其具有污染环境、破坏生态主观故意的情形,为审判实践提供明确、具体的裁判指引。同时,为防止挂一漏万,设置了兜底条款。根据《解释》规定,九种故意情形包括:因同一污染环境、破坏生态行为,已被人民法院认定构成破坏环境资源保护犯罪的;建设项目未依法进行环境影响评价,或者提供虚假材料导致环境影响评价文件严重失实,被行政主管部门责令停止建设后拒不执行的;未取得排污许可证排放污染物,被行政主管部门责令停止排污后拒不执行,或者超过污染物排放标准或者重点污染物排放总量控制指标排放污染物,经行政主管机关责令限制生产、停产整治或者给予其他行政处罚后仍不改正的;生产、使用国家明令禁止生产、使用的农药,被行政主管部门责令改正后拒不改正的;无危险废物经营许可证而从事收集、贮存、利用、处置危险废物经营活动,知道或者应当知道他人无许可证而将危险废物提供或者委托给其从事收集、贮存、利用、处置等活动的;将未经处理的废水、废气、废渣直接排放或者倾倒的;通过暗管、渗井、渗坑、灌注,篡改、伪造监测数据,或者以不正常运行防治污染设施等逃避监管的方式,违法排放污染物的;在相关自然保护区域、禁猎(渔)区、禁猎(渔)期使用禁止使用的猎捕工具、方法猎捕、杀害国家重点保护野生动物、破坏野生动物栖息地的;未取得勘查许可证、采矿许可证,或者采取破坏性方法勘查开采矿产资源的。

3. 侵权人的行为造成严重后果。惩罚性赔偿应保持其适用上的谦抑性,应聚焦于损害后果严重的生态环境侵权行为,避免侵权人动辄得咎。且此种严重后果,必须是已经实际发生的、现实存在的人身损害、财产损失或者生态环境损害,不能仅是一种风险。环境损害指因污染环境或破坏生态行为导致人体健康、财产价值或生态环境及其生态系统服务的可观察的或可测量的不利改变。此种“不利改变”是否严重,涉及环境损害程度的确定甚至后果的量化,具有较高的专业技术性。《解释》第八条第一款结合审判实践,根据固体废物污染环境防治法、自然保护区条例等法律、法规的规定,参考《最高人民法院　最高人民检察院关于办理环境污染刑事案件适用法律若干问题的解释》(以下简称《环境刑事解释》)关于严重污染环境的界定,以及《环境损害鉴定评估推荐方法》(第Ⅱ版)关于量化量度损害程度参数的规定,明确了认定是否造成严重后果的酌定因素,包括污染环境、破坏生态行为的持续时间,如某涉案地块上数十年进行化工生产,损害的累积性明显;污染环境、破坏生态行为的地域范围,如法律、法规特别保护的生态保护红线区域、自然保护区核心区、饮用水水源地、永久基本农田保护区等;环境污染、生态破坏的范围和程度,如某特定类型栖息地的范围,某种资源的单位或数量,植被密度、覆盖或生物量量度等;社会影响,如曾被媒体披露的湖南儿童血铅事件等。《解释》第八条第二款,是对足以认定为造成严重后果情形的规定。《解释》起草过程中,有意见认为应参考《环境刑事解释》的相关规定,明确具体标准,如财产损失达三十万元。但调研中,绝大多数意见认为,惩罚性赔偿作为民事责任,其认定标准应与刑事责任有所区别,且我国幅员广阔,各地生态环境特点不一,如从生态价值和修复难度看,“西北一棵树相当于东北一片林”,过于确定的标准反不利于司法实践基于实际灵活掌握,故未以具体数额设置认定标准。此外,因环境私益侵权的损害是以生态环境受到损害为前提的,即侵权人污染环境、破坏生态的行为,首先损害的是生态环境,如污染空气、水、土壤,破坏植物或动物种群等,以这些被污染的空气、水、土壤或者被破坏的生态系统为媒介,侵害个体权益,故本条对损害后果的衡量,除人身损害、财产损失外,并不排除生态环境损害。此点与被侵权人在环境私益诉讼中亦有权提出停止侵害,排除妨碍,或者修复与其人身、财产密切相关的受损生态环境等诉讼请求的司法实践亦契合。

需要说明的是,《解释》第四条同时规定,应由被侵权人对是否满足生态环境惩罚性赔偿的特别构成要件负举证证明责任。这一举证责任分配符合《民事诉讼法》上“谁主张,谁举证”的原则,仅针对生态环境惩罚性赔偿的特别构成要件,即侵权人实施的污染环境、破坏生态行为违反了法律规定、具有主观故意和造成的后果严重，并不因此改变《民法典》第一千二百三十条“因污染环境、破坏生态发生纠纷，行为人应当就法律规定的不承担责任或者减轻责任的情形及其行为与损害之间不存在因果关系承担举证责任”有关环境侵权中举证责任倒置的特别规定。

（四）生态环境惩罚性赔偿金的计算基数

惩罚性赔偿，是指行为人恶意实施某种行为时，以对行为人实施惩罚和追求一般抑制效果为目的，法院在判令行为人支付通常赔偿金的同时，还可以判令行为人支付受害人高于实际损失的赔偿金。《民法典》第一千二百三十二条规定，被侵权人有权请求相应的惩罚性赔偿，但未明确具体的赔偿幅度以及惩罚性赔偿金数额的计算方法。《解释》第九条、第十二条规定了生态环境惩罚性赔偿金的计算基数。

惩罚性赔偿作为传统侵权责任填平原则的例外，应以补偿性损害赔偿为前提。相应地，同为，《民法典》第一百七十九条规定的承担民事责任的方式，惩罚性赔偿应以赔偿损失这一责任方式为基础，其数额的确定应以被侵权人因环境污染、生态破坏受到的实际损失作为计算基数。对此，《消费者权益保护法》第五十五条第二款规定，经营者提供有缺陷的商品或者服务时，以所受损失为基数确定惩罚性赔偿金；《食品安全法》第一百四十八条第二款规定，生产或者经营不符合食品安全标准食品的，以支付价款或者所受损失为基数确定惩罚性赔偿金；《商标法》第六十三条第一款、《著作权法》第五十四条规定，侵犯商标专用权或者著作权的，以权利人因被侵权所受到的实际损失为基数确定惩罚性赔偿金，等等，均采同理。甚至有观点认为，《消费者权益保护法》第五十五条第二款正是彻底摆脱以商品价款或服务费用为基础确定惩罚性赔偿金的窠臼，首次将消费者所受损失规定为惩罚性赔偿数额的确定基础。

具体到环境私益诉讼，被侵权人的实际损失，是指因环境污染、生态破坏受到的人身损害和财产损失。故《解释》第九条第一款规定，环境私益诉讼中的惩罚性赔偿金数额，应当以环境污染、生态破坏造成的人身损害赔偿金、财产损失数额作为计算基数。至于人身损害赔偿金、财产损失数额本身的确定问题，因生态环境侵权具有复杂性，在法律适用上除《民法典》外，还可能涉及诸多生态环境单行法、特别法，故《解释》第九条第二款规定，“前款所称人身损害赔偿金、财产损失数额，依照《民法典》第一千一百七十九条、第一千一百八十四条规定予以确定。法律另有规定的，依照其规定”。

值得注意的是，环境公益诉讼中惩罚性赔偿金的计算基数不同于环境私益诉讼。根据《民法典》第一千二百三十四条规定，生态环境损害适用修复优先原则。且《民法典》第一千二百三十五条关于生态环境损害赔偿范围的规定对损失和费用作了区分，其中第（三）项鉴定评估费用、第（五）项止损费用不能反映和衡量侵权人的主观恶意以及法益受到侵害的程度,不应成为惩罚性赔偿的计算基数;第(四)项生态环境修复费用,根据《最高人民法院关于审理环境民事公益诉讼案件适用法律若干问题的解释》第二十三条的规定,其确定的考量因素中已包括了侵权人的过错程度,如再以生态环境修复费用作为生态环境损害惩罚性赔偿的计算基数,有重复考量侵权人过错之嫌。且实践中生态环境修复费用往往金额较大,将其纳入惩罚性赔偿计算基数难免会使企业陷入困境,不利于统筹保护与发展、保障企业正常生产经营。综上考虑,《解释》第十二条中规定,生态环境损害惩罚性赔偿金,应以生态环境受到损害至修复完成期间服务功能丧失导致的损失、生态环境功能永久性损害造成的损失,即《民法典》第一千二百三十五条第(一)项、第(二)项规定的赔偿范围作为计算基数。根据《环境损害鉴定评估推荐方法》(第Ⅱ版),期间损害"指生态环境损害发生至生态环境恢复到基线状态期间,生态环境因其物理、化学或生物特性改变而导致向公众或者其他生态系统提供服务的丧失或减少,即受损生态环境从损害发生到其恢复至基线状态期间提供生态系统服务的损失量"。永久性损害"指受损生态环境及其服务难以恢复,其向公众或其它生态系统提供服务能力的完全丧失"。

(五)生态环境惩罚性赔偿金的量定因素和倍数

惩罚性赔偿,旨在针对恶意的、在道德上具有可非难性的行为而实施特殊救济,具有制裁、震慑和预防等功能。作为损害补偿原则的例外,其数额不应是无限的,而应是"相应"的。人民法院判令侵权人赔偿超出实际损失数额的额度,应与侵权人的主观恶意、损害后果以及对侵权人的震慑等大致相当。在有惩罚性赔偿制度传统的普通法国家,惩罚性赔偿金数额的量定因素,包括被告不法行为的非难程度与其获利可能性、原告受害的性质与程度、被告的财务状况以及被告遭受其他处罚的可能性等,其中以被告不法行为的非难性为最重要的考量标准。我国台湾地区"消费者保护法"适用中的审酌因素包括被告行为的道德恶性、"断臂非中彩"的法理、取得不法利益的大小、有无受刑事制裁、原告受损害的程度、被告事发后的处理态度等。基于上述考察,结合审判实际,《解释》第十条第一款规定,"人民法院确定惩罚性赔偿金数额,应当综合考虑侵权人的恶意程度、侵权后果的严重程度、侵权人因污染环境、破坏生态行为所获得的利益或者侵权人所采取的修复措施及其效果等因素,但一般不超过人身损害赔偿金、财产损失数额的二倍"。其中,侵权人的恶意程度、侵权后果的严重程度回应了生态环境惩罚性赔偿责任的制度目的和特别构成要件,侵权人因污染环境、破坏生态行为所获得的利益,符合任何人不得因非法行为获利的法理,侵权人所采取的修复措施及其效果,则体现了侵权人在环境污染、生态破坏事发后的态度,如能积极主动履行修复义务并取得修复效果,亦可表明其主观恶意和损害后果的程度。

现行法律、司法解释中关于惩罚性赔偿的倍数限定，存在三种模式。第一种是固定倍数，如价款十倍或者损失三倍；第二种是弹性倍数，如一倍以上五倍以下；第三种是不设定倍数限制。《民法典》编纂过程中，关于惩罚性赔偿的赔偿幅度问题存有较大争议，但最终未就具体标准作出规定。《解释》起草中，经过充分调研论证，为兼顾可操作性和灵活性，采取了弹性倍数的模式。同时，考虑到生态环境惩罚性赔偿以造成严重后果为要件，其损害基数往往较大，将其倍数规定为一般不超过损失数额的二倍，在遵循谦抑原则的同时，亦备特别情势之需。需要说明的是，二倍以内的倍数规定，并不要求必须是整倍数，根据个案的具体情况，可以确定为小数。

此外，关于惩罚性赔偿与行政罚款、刑事罚金是否构成重复惩罚、能否相互抵扣的问题。根据《行政处罚法》第三十五条第二款的规定，行政罚款和刑事罚金可以相互折抵。惩罚性赔偿，尽管有观点认为其具有私人执法的公法属性，但其作为《民法典》规定的民事责任承担方式之一，在缺乏上位法依据的情况下，不宜直接折抵行政罚款、刑事罚金。故《解释》第十条第二款规定，"因同一污染环境、破坏生态行为已经被行政机关给予罚款或者被人民法院判处罚金，侵权人主张免除惩罚性赔偿责任的，人民法院不予支持，但在确定惩罚性赔偿金数额时可以综合考虑"。

（六）生态环境惩罚性赔偿请求的一并提起、一并解决

生态环境侵权纠纷案件涉及多种生态环境要素，点多面广，具有高度的复合性、专业技术性，侵权行为和损害结果等事实的认定具有举证难、鉴定贵、评估周期长等特点。为提高人民法院审理生态环境侵权纠纷案件的水平和效率，《解释》第三条第一款规定，"被侵权人在生态环境侵权纠纷案件中请求惩罚性赔偿的，应当在起诉时明确赔偿数额以及所依据的事实和理由"，对当事人及时、全面主张权利、提出诉讼请求予以明确指引。

此外，惩罚性赔偿是补偿性损害赔偿之上的附加性责任，须以补偿性损害赔偿责任的成立和确定为前提。根据民事诉讼"一事不再理"理论和《民事诉讼法》的相关规定，《解释》第三条第二款规定，"被侵权人在生态环境侵权纠纷案件中没有提出惩罚性赔偿的诉讼请求，诉讼终结后又基于同一污染环境、破坏生态事实另行起诉请求惩罚性赔偿的，人民法院不予受理"。生态环境惩罚性赔偿的诉讼请求，应由当事人在生态环境侵权诉讼中一并提起，由人民法院一并解决。其目的，一是督促当事人及时、正当地行使自己的权利，以提供公平、高效、充分的救济。二是遵循两便原则，当事人赔偿损失的请求和惩罚性赔偿的请求都是基于同一污染环境、破坏生态行为产生的，应当在一个诉讼中进行审理和作出判决，既便于法院审理，也便于当事人诉讼。同时，也防止诉讼资源的浪费。三是防止人民法院对同一事实作出相互矛盾的判决。

四、解释条文理解与适用

为妥善审理生态环境侵权纠纷案件，全面加强生态环境保护，正确适用惩罚性赔偿，根据《中华人民共和国民法典》《中华人民共和国环境保护法》《中华人民共和国民事诉讼法》等相关法律规定，结合审判实践，制定本解释。

【条文主旨】

引言部分是关于本解释的目的和依据的规定。

【条文理解】

本解释是为了贯彻习近平生态文明思想、习近平法治思想，落实用最严格制度最严密法治保护生态环境原则，在生态环境侵权纠纷案件中妥善审理、正确适用《民法典》增加规定的惩罚性赔偿制度，本解释的条文均围绕此目的设置。

一、起草背景和过程

生态文明建设是关乎中华民族永续发展的根本大计。党的十八大以来，以习近平同志为核心的党中央以前所未有的力度抓生态文明建设，把生态文明建设作为统筹推进“五位一体”总体布局和协调推进“四个全面”战略布局的重要内容，加快推进生态文明顶层设计和制度体系建设。党的十八届三中全会提出“对造成生态环境损害的责任者严格实行赔偿制度”。党的十九大报告要求“加大生态系统保护力度”“实行最严格的生态环境保护制度”。2018 年 5 月 18 日，习近平总书记在全国生态环境保护大会上强调，“用最严格制度最严密法治保护生态环境”。党的十九届四中全会报告明确提出，要“加大对严重违法行为处罚力度，实行惩罚性赔偿制度”。2020 年 5 月 28 日第十三届全国人大第三次会议通过的《民法典》，除在总则编民事责任章第一百七十九条规定惩罚性赔偿的原则性条款以外，专门在侵权责任编第七章第一千二百三十二条增加规定了生态环境惩罚性赔偿责任。为深入贯彻习近平生态文明思想、习近平法治思想，正确实施《民法典》生态环境惩罚性赔偿制度，进一步规范生态环境侵权纠纷案件的审理，起草本解释。

司法解释于 2021 年 3 月立项后，先后在浙江、湖北、北京召开座谈会进行调研，经最高人民法院环境资源审判庭专业法官会议讨论后，形成征求意见稿，发全国高院环境资源审判庭征求意见。根据调研和征求意见反馈，赴全国人大常委会法工委民法室就《民法典》生态环境惩罚性赔偿制度的立法目的、原意进行沟通，检索了英美法系国家惩罚性赔偿的相关法例，先后三次分别邀请三十余名国内一线民法学、环境法学专家学者召开专家论证会。在此基础上，形成司法解释征求意见稿，书面征求全国人大常委会法工委、环资委、最高人民检察院、公安部、司法部、自然资源部、生态环境部、水利部、农业农村部、国家林业和草原局等部门及最高人民法院相关业务庭室的意见。汇集各方意见后，经反复调研论证，结合各地法院司法经验，对生态环境惩罚性赔偿的适用范围、构成要件、计算基数、倍数确定等具体问题予以规范，制定出台本解释。

二、起草的指导思想

习近平总书记指出，"生态环境没有替代品，用之不觉，失之难存。必须像保护眼睛一样保护生态环境，像对待生命一样对待生态环境"。《民法典》增加规定生态环境惩罚性赔偿制度，为惩治生态环境侵权行为，推动生态文明建设，满足人民日益增长的对优美生态环境新期待，进一步提供了制度保障，对以法治方式推进环境治理体系和治理能力现代化，具有重要意义。本解释的起草，始终坚持以习近平生态文明思想、习近平法治思想为指导，贯彻落实用最严格制度最严密法治保护生态环境，找准环境司法审判统筹生态环境保护、经济社会发展和保障民生的平衡点。起草的主要思路有：

一是准确适用《民法典》生态环境惩罚性赔偿制度。《民法典》第一千二百三十二条规定，"侵权人违反法律规定故意污染环境、破坏生态造成严重后果的，被侵权人有权请求相应的惩罚性赔偿"。本解释的起草，明确了人民法院审理生态环境侵权纠纷案件适用惩罚性赔偿的原则，进一步细化了当事人主张惩罚性赔偿的时点和具体请求，惩罚性赔偿的适用条件、履行顺位等问题，确保《民法典》生态环境惩罚性制度在审判实践中落实落细，见行见效。

二是立足破解环境违法成本低突出问题。生态环境损害具有累积性、潜伏性、缓发性、公害性等特点，生态环境领域违法成本低问题突出。本解释的起草，立足解决上述问题，同时围绕审判实践中亟待统一的惩罚性赔偿的适用范围、责任构成以及惩罚性赔偿金数额的确定等问题进行规范，充分发挥惩罚性赔偿的制度功能，依法提高环境违法成本，严惩突出环境违法行为，让恶意侵权人付出应有代价。

三是坚持统筹环境保护和经济发展。生态环境保护和经济发展辩证统一。保护生态环境就是保护生产力，改善生态环境就是发展生产力。本解释的起草，坚持统筹保护和发展，合理设置惩罚性赔偿金数额、惩罚倍数，综合考量同一环境污染、破坏生态行为已被处以行政罚款、刑事罚金的情形，在维护国家利益、环境公共利益和人民群众环境权益的同时，引导全社会加快形成绿色生产生活方式，推动经济发展和环境保护协同共进。

【法条链接】

《民法典》

第一千二百三十二条 侵权人违反法律规定故意污染环境、破坏生态造成严重后果的，被侵权人有权请求相应的惩罚性赔偿。

《环境保护法》

第六十四条 因污染环境和破坏生态造成损害的，应当依照《中华人民共和国侵权责任法》的有关规定承担侵权责任。

> **第一条** 人民法院审理生态环境侵权纠纷案件适用惩罚性赔偿，应当严格审慎，注重公平公正，依法保护民事主体合法权益，统筹生态环境保护和经济社会发展。

【条文主旨】

本条是关于人民法院审理生态环境侵权纠纷案件适用惩罚性赔偿应当遵循的原则的规定。

【条文理解】

生态文明建设是关乎中华民族永续发展的根本大计，良好的生态环境是最普惠的民生福祉。当前，我国资源环境约束趋紧、生态系统退化等问题突出，各类环境污染、生态破坏仍呈高发态势，给社会公众人身和财产权利造成巨大损失。生态环境侵权纠纷案件具有专业性强、举证难、鉴定贵、评估周期长等特点，传统侵权法中的补偿性损害赔偿，不足以弥补受害人的实际损失，也难以遏制、震慑和预防污染环境、破坏生态行为。为此，2021 年 1 月 1 日施行的《民法典》，除在总则编将绿色原则确立为基本原则，在民事责任章第一百七十九条继续沿用原《民法总则》关于惩罚性赔偿的原则性规定之外，还专门在侵权责任编环境污染和生态破坏责任章第一千二百三十二条新增加规定了生态环境惩罚性赔偿制度，有力回应了社会发展所提出的环境问题，具有鲜明的中国特色、实践特色、时代特色。《解释》的制定，进一步明确了人民法院审理生态环境侵权纠纷案件适用惩罚性赔偿的原则，细化了当事人主张惩罚性赔偿的时点和具体请求，惩罚性赔偿的适用条件、履行顺位等问题，确保《民法典》生态环境惩罚性制度在审判实践中得到正确贯彻落实。

《解释》在第一条规定了生态环境惩罚性赔偿的适用原则，这在司法解释中并不常见，在最初的征求意见稿中也没有这条规定。但起草过程中，多数意见认为，生态环境惩罚性赔偿属于《民法典》新增规定，惩罚性赔偿是对传统侵权法填平原则的突破，实践中存在过度惩罚、重复惩罚的担心。鉴于此，本条规定，人民法院审理生态环境侵权纠纷案件适用生态环境惩罚性赔偿制度，应当注意把握以下几个原则：

一是严格审慎原则。党的十八届四中全会通过的《中共中央关于全面推进依法治国若干重大问题的决定》，首次提出了“严格司法”的要求。所谓严格司法，最根本的是严格依法办案，严格遵循法律程序，在法律规定的范围内行使司法权，确保公正司法在每一个具体案件中得到实现。审慎，首先被作为一种政治美德，被亚里士多德等哲学先贤加以论述。司法审慎，则被认为是避免司法错误的必要条件。具体到本解释而言，所谓严格审慎原则，是指人民法院适用生态环境惩罚性赔偿制度，应当严格按照法律和司法解释规定的适用范围和适用条件准确适用，避免扩大适用甚至滥用。将严格审慎作为一项适用原则予以规定，是基于惩罚性赔偿制度应当保持谦抑性的要求。从学理上看，大陆法系传统民法理论认为，私法损害救济制度的功能在于补偿，而惩罚性赔偿的目的在于惩罚，从根本上违反了私法的性质，应当将其归为公法的责任制度。① 即使基于特殊需要在私法中予以规定，也应当严格限制其适用，避免对传统的私法救济理论和制度造成较大冲击，并防止被滥用。从《民法典》规定看，对比第一千二百二十九条、第一千二百三十二条等条文，能够反映出立法机关对生态环境惩罚性赔偿所持的严格审慎态度。在满足普通环境侵权责任要件的前提下，追究侵权人的惩罚性赔偿责任，还需要满足侵权行为具有不法性、侵权人具有主观故意、侵权行为造成严重后果三方面特殊构成要件。《民法典》之所以规定惩罚性赔偿责任的特殊构成要件，既是基于惩罚性赔偿制裁、威慑恶意、在道德上具有可非难性、在后果上具有严重性的不法行为的制度目的，也是防止惩罚性赔偿制度被滥用的制度设计。

基于《民法典》规定及学理上的主流观点，在《解释》制定过程中，严格审慎原则作为一条主线贯穿始终。《解释》除在第一条明确规定严格审慎原则外，还通过第五条至第八条四个条文的体量，从行为要件、主观要件、后果要件三个维度，具体规定了惩罚性赔偿的适用条件，充分体现了依法严格审慎适用惩罚性赔偿的司法态度。此外，《解释》第三条关于生态环境惩罚性赔偿应当一并提起、一并解决的程序要求，第四条关于被侵权人就惩罚性赔偿责任的特殊构成要件承担举证责任的规定，第九条、第十二条关于基数计算，第十条关于倍数确定等方面的规定，既是对正确适用惩罚性赔偿制度的司法指引，也是对生态环境惩罚性赔偿可能被滥用的制

---

① 参见邹海林、朱广新主编：《民法典评注：侵权责任编》，中国法制出版社 2020 年版，第 618 页。

度性预防。

二是公平公正原则。公平是法治社会的基本价值追求，也是一项基本的民事立法原则、司法原则和行为准则。《民法典》第六条规定了公平原则，即“民事主体从事民事活动，应当遵循公平原则，合理确定各方的权利和义务”，并通过第一百一十七条征收征用、第一百五十一条显失公平、第二百八十八条相邻关系处理、第四百九十六条格式条款处理、第四百九十七条格式条款无效情形、第五百三十三条情势变更、第七百九十条建设工程招投标原则、第一千一百八十六条公平责任等条文，对公平原则予以系统性、具体化规定，体现了民法促进并维护社会公平正义的价值内涵。公正原则可以理解为公平正义的简称，一般更侧重从裁判或者司法的角度加以使用。英国哲学家培根有言：“一次不公正的裁判，其恶果甚至超过十次犯罪。因为犯罪虽是无视法律——好比污染了水流，而不公正的审判则毁坏法律——好比污染了水源。”习近平总书记指出：“所谓公正司法，就是受到侵害的权利一定会得到保护和救济，违法犯罪活动一定要受到制裁和惩罚。”从民事裁判角度而言，公平公正原则是指人民法院办理民事案件时，应当按照民事责任构成要件，客观确定损失，依法认定过错，合理推定因果关系，公平界定法律责任，依法、公正、合理地处理民事纠纷。具体到生态环境侵权惩罚性赔偿，本条解释所规定的公平公正原则，除了上述一般性含义外，还有其特殊含义。生态环境侵权不同于一般的民事侵权，侵权行为本身大多具有一定的社会有用性，如企业生产经营活动不可避免地具有环境负外部性，在污染环境、破坏生态的同时，也在为社会创造财富、提供就业。一定程度上讲，环境污染和生态破坏是现代社会难以完全避免的副产品，社会发展需要工业，就需要对其带来的风险有一定的容忍度。因此，人民法院在适用惩罚性赔偿制度时，要看到生态环境问题的两面性甚至多面性，在依法保护被侵权人合法权益的同时，应当兼顾侵权人，尤其生产经营企业的生存发展需要。比如，根据《民法典》第一千二百三十二条的规定，适用生态环境侵权惩罚性赔偿，需要以侵权人实施了不法行为为特别构成要求，即侵权人的污染环境、破坏生态行为违反了法律规定。这是因为，企业的正常生产经营活动不仅是社会正常发展所必需，也应为法律所保护和鼓励，故对企业的排污行为施以惩罚，必须以企业违反法律规定为前提，否则不具有正当性。[①]

三是统筹生态环境保护和经济社会发展原则。从整体上看，生态环境保护和经济社会发展是辩证统一的，而非截然对立。绿水青山就是金山银山，保护生态环

---

① 参见黄薇主编：《中华人民共和国民法典侵权责任编解读》，中国法制出版社2020年版，第252页。

境就是保护生产力，改善生态环境就是发展生产力。不可否认，生态环境保护与经济社会发展之间存在一定的张力，解决之道就是遵循生态优先、绿色发展。统筹生态环境保护和经济社会发展，是最高人民法院关于生态环境司法的一贯理念，也是生态环境司法的一项基本原则。《最高人民法院关于全面加强环境资源审判工作为推进生态文明建设提供有力司法保障的意见》（法发〔2014〕11 号）明确，“各级人民法院要认真学习中央关于加强生态文明建设的新思想、新论断，统一思想认识，全面加强环境资源审判工作，以法律的手段制裁污染环境、破坏生态等违法行为，切实保障自然资源和环境保护制度的落实，维护人民群众生命健康，促进社会和谐安定，推动经济社会可持续发展”。《最高人民法院关于充分发挥审判职能作用为推进生态文明建设与绿色发展提供司法服务和保障的意见》（法发〔2016〕12 号）规定，“各级人民法院要深入学习贯彻习近平总书记关于加强生态文明建设与绿色发展的新理念、新思路、新论断，准确把握服务和保障生态文明建设与绿色发展的目标任务，充分发挥环境资源审判在救济环境权益、制约公共权力、终结矛盾纠纷和形成公共政策等方面的功能作用，推动生态环境质量不断改善，促进经济社会可持续发展”。《最高人民法院关于深入学习贯彻习近平生态文明思想为新时代生态环境保护提供司法服务和保障的意见》（法发〔2018〕7 号）规定，“坚持绿水青山就是金山银山，统筹协调经济社会可持续发展与生态环境保护的关系，找准环境保护、经济发展与人民群众环境权益之间的平衡点，推动经济高质量发展和生态环境高水平保护”。2021 年发布的《最高人民法院关于新时代加强和创新环境资源审判工作为建设人与自然和谐共生的现代化提供司法服务和保障的意见》（法发〔2021〕28 号），更是从贯彻新发展理念、推动构建人与自然生命共同体、促进经济社会绿色低碳转型、健全环境资源审判制度体系等维度，部署了统筹生态环境保护和经济社会发展各项工作。《解释》进一步贯彻此项原则，强调人民法院在审理生态环境侵权惩罚性赔偿案件时，应当统筹生态环境保护与经济社会发展，兼顾适用惩罚性赔偿制度的法律效果和社会效果，防止生态环境侵权惩罚性赔偿被滥诉滥用。《解释》的起草，坚持统筹保护和发展，合理设置惩罚性赔偿金数额、惩罚倍数，综合考量同一环境污染、破坏生态行为已被处以行政罚款、刑事罚金的情形，在维护国家利益、环境公共利益和人民群众环境权益的同时，引导全社会加快形成绿色生产生活方式，推动经济发展和环境保护协同共进。

【审判实务中应注意的问题】

本条规定的三个原则，具有内在的逻辑性。公平公正原则和统筹保护与发展原则，都需要通过严格审慎原则予以贯彻。严格审慎适用生态环境侵权惩罚性赔偿,并不是不使用或者少使用,而是要依法严格准确适用,防止滥诉滥用。《解释》在整体的条文设置上,除明确规定了生态环境惩罚性赔偿的适用原则之外,关于生态环境惩罚性赔偿的特别构成要件,当事人主张惩罚性赔偿的时点和具体请求,应当一并提起、一并解决起诉的要求,基数的计算、倍数的确定等规定,既是对正确适用的指引,也是对防止滥用的规范。审判实践中还要注重通过典型案例进一步加强指导,推动完善惩罚性赔偿制度。

【法条链接】

《民法典》

第一条 为了保护民事主体的合法权益,调整民事关系,维护社会和经济秩序,适应中国特色社会主义发展要求,弘扬社会主义核心价值观,根据宪法,制定本法。

第六条 民事主体从事民事活动,应当遵循公平原则,合理确定各方的权利和义务。

第九条 民事主体从事民事活动,应当有利于节约资源、保护生态环境。

《环境保护法》

第四条 保护环境是国家的基本国策。

国家采取有利于节约和循环利用资源、保护和改善环境、促进人与自然和谐的经济、技术政策和措施,使经济社会发展与环境保护相协调。

第二条 因环境污染、生态破坏受到损害的自然人、法人或者非法人组织,依据民法典第一千二百三十二条的规定,请求判令侵权人承担惩罚性赔偿责任的,适用本解释。

【条文主旨】

本条是关于生态环境惩罚性赔偿适用范围的规定。

【条文理解】

一、起草背景

关于惩罚性赔偿,根据《民法典》第一百七十九条第二款规定,“法律规定惩罚性赔偿的,依照其规定”。现行法律中明确规定了惩罚性赔偿的,主要在消费者权益保护①、食品安全②、产品责任③、知识产权④等领域。

由于生态环境损害的累积性、潜伏性、缓发性、公害性等特点，现实中存在对环境侵权适用惩罚性赔偿的客观需求。最高人民法院在提炼总结司法实践问题时，亦不断呼吁发声，探索建立生态环境惩罚性赔偿制度。2014 年 6 月 23 日，《最高人民法院关于全面加强环境资源审判工作为推进生态文明建设提供有力司法保障的

---

① 1993 年《消费者权益保护法》首次规定惩罚性赔偿制度。该法第四十九条规定："经营者提供商品或者服务有欺诈行为的，应当按照消费者的要求增加赔偿其受到的损失，增加赔偿的金额为消费者购买商品的价款或者接受服务的费用的一倍。"1999 年《合同法》专门规定第一百一十三条第二款，即"经营者对消费者提供商品或者服务有欺诈行为的，依照《中华人民共和国消费者权益保护法》的规定承担损害赔偿责任。"体现了立法者对《消费者权益保护法》规定之惩罚性赔偿责任制度的坚定立场。

此外，2003 年《最高人民法院关于审理商品房买卖合同纠纷案件适用法律若干问题的解释》第八条和第九条又规定了新的惩罚性赔偿金的适用范围，即："具有下列情形之一，导致商品房买卖合同目的不能实现的，无法取得房屋的买受人可以请求解除合同、返还已付购房款及利息、赔偿损失，并可以请求出卖人承担不超过已付购房款一倍的赔偿责任：(一)商品房买卖合同订立后，出卖人未告知买受人又将该房屋抵押给第三人；(二)商品房买卖合同订立后，出卖人又将该房屋出卖给第三人。""出卖人订立商品房买卖合同时，具有下列情形之一，导致合同无效或者被撤销、解除的，买受人可以请求返还已付购房款及利息、赔偿损失，并可以请求出卖人承担不超过已付购房款一倍的赔偿责任：(一)故意隐瞒没有取得商品房预售许可证明的事实或者提供虚假商品房预售许可证明；(二)故意隐瞒所售房屋已经抵押的事实；(三)故意隐瞒所售房屋已经出卖给第三人或者为拆迁补偿安置房屋的事实。"2013 年修正的《消费者权益保护法》第五十五条修改重述了惩罚性赔偿制度："经营者提供商品或者服务有欺诈行为的，应当按照消费者的要求增加赔偿其受到的损失，增加赔偿的金额为消费者购买商品的价款或者接受服务的费用的三倍；增加赔偿的金额不足五百元的，为五百元。法律另有规定的，依照其规定。经营者明知商品或者服务存在缺陷，仍然向消费者提供，造成消费者或者其他受害人死亡或者健康严重损害的，受害人有权要求经营者依照本法第四十九条、第五十一条等法律规定赔偿损失，并有权要求所受损失二倍以下的惩罚性赔偿。"

② 2015 年修订的《食品安全法》第一百四十八条第二款规定："生产不符合食品安全标准的食品或者经营明知是不符合食品安全标准的食品，消费者除要求赔偿损失外，还可以向生产者或者经营者要求支付价款十倍或者损失三倍的赔偿金……"

③ 原《侵权责任法》第四十七条规定："明知产品存在缺陷仍然生产、销售，造成他人死亡或者健康严重损害的，被侵权人有权请求相应的惩罚性赔偿。"2017 年《最高人民法院关于审理医疗损害责任纠纷案件适用法律若干问题的解释》第二十三条规定："医疗产品的生产者、销售者明知医疗产品存在缺陷仍然生产、销售，造成患者死亡或者健康严重损害，被侵权人请求生产者、销售者赔偿损失及二倍以下惩罚性赔偿的，人民法院应予支持。"

④ 2013 年修正的《商标法》第六十三条规定："对恶意侵犯商标专用权，情节严重的，可以在按照上述方法确定数额的一倍以上三倍以下确定赔偿数额。"2019 年修正的《商标法》第六十三条修改为"一倍以上五倍以下"。

2015 年修订的《种子法》第七十三条规定："侵犯植物新品种权，情节严重的，可以在按照上述方法确定数额的一倍以上三倍以下确定赔偿数额。"

2017 年修订的《反不正当竞争法》第十八条规定："经营者违反本法第六条规定实施混淆行为的，由监督检查部门责令停止违法行为，没收违法商品。违法经营额五万元以上的，可以并处违法经营额五倍以下的罚款……"2019 年修订的《反不正当竞争法》第十七条对经营者恶意实施侵犯商业秘密的行为也增加规定了惩罚性赔偿："情节严重的，可以在按照上述方法确定数额的一倍以上五倍以下确定赔偿数额。"

意见》(法发〔2014〕11 号)第五条“基本原则”提出,“要坚持损害担责。落实全面赔偿规定,探索建立环境修复、惩罚性赔偿等制度,依法严肃追究违法者的法律责任”。2015 年 9 月 16 日,《最高人民法院关于充分发挥审判职能作用切实维护公共安全的若干意见》(法发〔2015〕12 号)第十一条提出,“落实全面赔偿规定,探索建立环境修复、惩罚性赔偿等制度,依法严肃追究违法者的法律责任”。2016 年 5 月 26 日,《最高人民法院关于充分发挥审判职能作用为推进生态文明建设与绿色发展提供司法服务和保障的意见》(法发〔2016〕12 号)第二十三条提出,“探索适用惩罚性赔偿责任”。2018 年 10 月 23 日,《最高人民法院关于为实施乡村振兴战略提供司法服务和保障的意见》(法发〔2018〕19 号)第十九条提出,“探索惩罚性赔偿制度在环境污染和生态破坏纠纷案件中的适用,积极营造不敢污染、不愿污染的法治环境”。

党的十八届三中全会提出“对造成生态环境损害的责任者严格实行赔偿制度”。党的十九大报告明确要求“加大生态系统保护力度”。2019 年 10 月 31 日,中国共产党第十九届中央委员会第四次全体会议通过《中共中央关于坚持和完善中国特色社会主义制度　推进国家治理体系和治理能力现代化若干重大问题的决定》,明确提出要“加大对严重违法行为处罚力度,实行惩罚性赔偿制度”。

社会治理需求与司法实践呼声最终在《民法典》中得到了回应。《民法典》除在总则编第一百七十九条规定惩罚性赔偿的原则性条款,在第一千一百八十五条、第一千二百零七条分别规定知识产权侵权、产品责任的惩罚性赔偿以外,专门在第一千二百三十二条增加规定了环境侵权惩罚性赔偿责任,这是我国环境侵权民事责任体系的一项重大变革。

《民法典》第一千二百三十二条规定:“侵权人违反法律规定故意污染环境、破坏生态造成严重后果的,被侵权人有权请求相应的惩罚性赔偿。”在环境侵权责任要件构成的情况下,如果侵权人系违反法律规定故意污染环境、破坏生态且造成严重后果,被侵权人在主张补偿性损害赔偿责任的同时,有权请求相应的惩罚性赔偿。

司法解释起草调研中,对该条规定的生态环境惩罚性的适用范围问题,存在两种不同认识:一种认为生态环境惩罚性赔偿仅适用于环境私益诉讼,另一种认为应同时适用于环境私益诉讼和环境民事公益诉讼、生态环境损害赔偿诉讼。解释起草过程中,我们曾有两种方案,一种为将公益诉讼与私益诉讼内容放在一起规定。一种为以私益诉讼为主,将公益诉讼条文单独规定。因两种规定方式条文内容差异较大,故我们专门就公益诉讼的适用问题赴全国人大常委会法工委民法室进行沟通。据了解,《民法典》制定过程中关于惩罚性赔偿是否适用于环境民事公益诉讼、生态环境损害赔偿诉讼,采取的是有争议但未严格禁止的态度。全国人大常委会法工委的书面回复意见称:“《民法典》第一千二百三十二条规定,侵权人违反法律规定故意污染环境、破坏生态造成严重后果的,被侵权人有权请求相应的惩罚性赔偿。根据该条规定,惩罚性赔偿主要适用于由被侵权人提起的私益诉讼。在公益诉讼中,如果国家规定的机关或者法律规定的组织能够被法院认定为被侵权人代表的,可以适用该条的规定。”司法部关于该问题的意见为,“建议惩罚性赔偿既适用于环境私益诉讼,也适用于环境民事公益诉讼和生态环境损害赔偿诉讼”。最高人民检察院、自然资源部等部门对该问题均持与司法部相同意见。

结合上述意见,在本解释提交审判委员会讨论时,我们将规定的体例调整为以环境私益诉讼中的惩罚性赔偿适用为主体进行条文设置,同时在解释第十二条原则性规定了环境民事公益诉讼、生态环境损害赔偿诉讼中惩罚性赔偿的参照适用和但书规定。

二、惩罚性赔偿在生态环境侵权中的适用

惩罚性赔偿(punitive damages),意指超过补偿性赔偿范围之外的损害赔偿。① 惩罚性赔偿是英美法系中普通法上的一种法律救济措施,美国侵权法规定,如果被告的不法行为足够严重,侵权法允许通过审判对其采取民事罚款以惩罚被告,并阻止他和其他人将来进行类似的行为。这种惩罚性赔偿并非真正的损害赔偿,而是针对被告行为违法性的惩戒,在美国法上又被称为聪明赔偿(smart money)。美国侵权法对其适用列举了一些情形,比如,对经常逃避或超出刑法范围的刑事或者准刑事犯罪的惩罚,或者对于一些赔偿后仍然会继续侵权行为的惩戒。② 美国部分地区法院认可该种惩罚方式在侵权案件中的适用,但也进行了严格的限制,被告的行为必须出于错误动机,或者至少是严重漠视或者明知可能会造成他人损害仍采取漠视的态度,一些法院认为故意侵权就足够了,一些法院认为甚至还要达到“恶意”的程度。但因为此种惩罚涉及的赔偿金额巨大,法院在审判时也对此采取审慎的态度。

英国的惩罚性赔偿最初源于1763年英国法官Lord Camden在Huckle v. Money一案中的判决。但早期英国普遍法并没有明确惩罚性赔偿的适用范围,基本由法

---

① 参见王立峰:《关于惩罚性赔偿的一些思考——兼与〈民法同质补偿原则新思考〉一文作者商榷》,载《法学》2000年第6期。

② 参见[美]爱德华·J.科恩卡:《侵权法》(第2版),法律出版社1999年版,第317页。

官自由裁量，广泛适用于各类侵权案件。① 德国、法国、日本等大陆法系国家则一直以来未在相关法律中规定惩罚性赔偿制度，但部分案件中也有突破性适用，也为大陆法系国家惩罚性赔偿制度的发展提供了实践探索。我国台湾地区在 1988 年修改"证券交易法"时明确规定了惩罚性赔偿制度。2010 年修改后的第一百五十七条之一第三项规定："违反第一项或前项规定者，对于当日善意从事相反买卖之人买入或卖出该证券之价格，与消息公开后 10 个营业日收盘平均价格之差额，负损害赔偿责任；其情节重大者，法院得依善意从事相反买卖之人之请求，将赔偿额提高至 3 倍；其情节轻微者，法院得减轻赔偿金额。"②从各国、地区惩罚性赔偿制度的发展情况可知，目前尚未有国家（地区）在生态环境侵权领域明确规定惩罚性赔偿制度。我国是世界上第一个将惩罚性赔偿制度写入《民法典》的国家，也充分体现了我国《民法典》绿色法典的特质。

在《民法典》语境下，生态环境侵权领域的惩罚性赔偿适用范围应当有明确的界定，即何为生态环境侵权。从本条规定的范围看，必须是因环境污染、生态破坏受到损害的主体，该范围源于《民法典》第一千二百三十二条的规定。《民法典》通过在侵权责任编增补"破坏生态"这一侵权形态，使得环境侵权的原因行为得以系统化为"污染环境"和"破坏生态"两种情形。将环境问题区分为环境污染和生态破坏，无论是在环境科学上，还是各国的研究和实践中，目前都取得了广泛的认同。③但长期以来，基于对环境污染损害及其防治迫切性的认知，我国环境立法一直将环境侵权的原因行为限定在污染环境。2009 年《侵权责任法》亦因袭这一做法，在第八章以"环境污染责任"为题，用 4 个条文对污染环境侵权责任作了规定。直至 2014 年修订《环境保护法》，这一状况方得以改变。修订后的《环境保护法》第六十四条规定，"因污染环境和破坏生态造成损害的，应当依照《中华人民共和国侵权责任法》的有关规定承担侵权责任"，采用引致的立法技术将破坏生态行为纳入了侵权责任法的调整范围。2015 年 1 月的《环境民事公益诉讼司法解释》以及 2015 年 6 月的《环境侵权司法解释》，均将污染环境和破坏生态并列作为承担环境侵权责任的原因行为。本条对《侵权责任法》第六十五条的修改，从民事基本法层面扩大了环境侵权原因行为的范围，弥补了侵权责任法只规定污染环境侵权责任而没有规定破坏生态侵权责任的缺陷。《民法典》侵权责任编的这一修改，既是对我国生态环境治理需要的立法回应，也是对环境资源法学理论研究与司法实践经验的总结吸收。

---

① 参见张良：《消费者合同研究》，中国政法大学出版社 2016 年版，第 227 页。

② 张良：《消费者合同研究》，中国政法大学出版社 2016 年版，第 224 页。

③ 参见余耀军、张宝、张敏纯：《环境污染责任：争点与案例》，北京大学出版社 2014 年版，第 11 页。

1. 污染环境侵权责任的具体类型。

就污染环境侵权责任而言，可依据不同的标准作出不同的区分。基于环境介质的属性不同，可以把污染环境侵权责任分为大气污染侵权责任、土壤污染侵权责任、水污染侵权责任、海洋污染侵权责任等。

按照环境污染的原因类型，可以将污染环境侵权责任分为物质污染侵权责任和能量污染侵权责任。其中，物质污染侵权责任包括放射性废物、含传染病病原体废物、有毒物质等有毒有害物质污染侵权责任，以及未纳入国家或地方环境标准的污染物等其他物质污染侵权责任。能量污染侵权责任则包括噪声、振动、光、热、电磁辐射、电离辐射等类型的环境污染侵权责任。①

2. 破坏生态侵权责任的具体类型。

就破坏生态侵权责任来说，亦可以根据生态保护的不同对象，进一步分为破坏生物多样性侵权责任、破坏景观多样性侵权责任、破坏区域生态侵权责任等。

（1）破坏生物多样性侵权责任，是指破坏生物（动物、植物、微生物）以及它们所拥有的基因和生存环境等产生的侵权责任，可以细分为破坏遗传（基因）多样性、破坏物种多样性和破坏生态系统多样性三类侵权责任。破坏遗传（基因）多样性侵权责任，是指破坏生物遗传资源和相关传统知识的获取、开发、利用及其惠益分享、转基因生物和产品安全所产生的侵权责任；破坏物种多样性侵权责任，是指破坏外来物种入侵防控与动植物微生物物种及其栖息地保护所产生的侵权责任；破坏生态系统多样性侵权责任，是指破坏森林、草原、湿地、荒漠、冻原、海洋、河流湖泊、农田、城市和乡村等生态系统所产生的侵权责任。

（2）破坏景观多样性侵权责任，是指破坏一定时空范围内的景观类型和景物品类数量的丰富性和美观度所产生的侵权责任，包括破坏自然遗迹、破坏人文遗迹等类型的侵权责任。破坏自然遗迹侵权责任，是指破坏具有重要科学文化价值的地质构造、著名溶洞、化石分布区、冰川、火山、温泉等自然遗迹所产生的侵权责任；破坏人文遗迹侵权责任，是指破坏古迹、建筑群、遗址等人文遗迹所产生的侵权责任。

（3）破坏区域生态侵权责任，则包括破坏国家公园、自然保护区、自然公园等各类自然保护地所产生的侵权责任，以及破坏湖泊、河道、海洋等岸线区域所产生的侵权责任。

此外，对于破坏生态侵权责任，还可基于原因行为作出类型区分。比如，地下水

---

① 有学者认为，为准确反映物质污染与能量污染的内在特性，可依据排放行为是否造成环境本身的污染将两者命名为实质型污染和拟制型污染，从而实现由“科学语言”向“法律语言”的转化。参见张宝：《环境侵权的解释论》，中国政法大学出版社2015年版，第87－90页。

开采、砍伐林木、猎杀野生动物、开采矿产、垦荒造田、外来物种引进、基因改造等,都可能导致生物要素的不利改变或者生态系统功能退化,可能给他人人身、财产造成损害,进而产生相应的侵权责任。此种情况下,可以考虑将破坏生态侵权责任细分为:地下水开采破坏生态侵权责任,砍伐林木破坏生态侵权责任,猎杀野生动物破坏生态侵权责任,开采矿产破坏生态侵权责任,垦荒造田破坏生态侵权责任,外来物种引进破坏生态侵权责任,基因改造破坏生态侵权责任等。

综上,本条的适用范围涵盖了上述环境污染、生态破坏侵权责任范畴。

三、惩罚性赔偿的请求权主体

本条明确了惩罚性赔偿责任的请求权主体,即受到损害的自然人、法人或者非法人组织。

需要明确的是,关于惩罚性赔偿责任是否适用公益诉讼,请求权主体是否包含国家规定的机关和法律规定的组织问题,在第一部分有相关说明,不再赘述。对于公益诉讼的相关条文在本解释第十二条进行了专门规定。此处主要针对私益诉讼,即直接的受害人作为请求权主体予以说明。

在我国,民法确认的平等主体包括自然人、法人和非法人组织①。作为民法分则一编的"侵权责任编"当然也调整平等主体之间的人身关系和财产关系。对于生态环境侵权来说,调整对象范围在《民法典》出台后有了明确。原《侵权责任法》第六十五条规定:"因污染环境造成损害的,污染者应当承担侵权责任。"该条规定的"造成损害",是仅指自然人、法人或者非法人组织的人身、财产损害,还是包括生态环境自身的损害,存在争议。《民法典》侵权责任编第七章根据侵害对象是自然人、法人和非法人组织的人身、财产权益还是生态环境的不同,作了区分性规定。将原《侵权责任法》的"造成损害"更改为"造成他人损害",限缩为仅仅针对造成他人人身、财产损害之私益的环境侵权责任。因此,在《民法典》语境下,该损害不仅涉及人身关系,即侵权行为造成了人身损害,比如身体健康受损;也涉及财产损害,比如种植的林木死亡、庄稼减产等。

四、生态环境侵权客体及赔偿范围

1. 自然人。《民法典》第一百一十条第一款规定:"自然人享有生命权、身体权、健康权、姓名权、肖像权、名誉权、荣誉权、隐私权、婚姻自主权等权利。"第九百九十五条规定:"人格权受到侵害的,受害人有权依照本法和其他法律的规定请求行为

---

① 参见《民法典》第二条。

人承担民事责任。受害人的停止侵害、排除妨碍、消除危险、消除影响、恢复名誉、赔礼道歉请求权,不适用诉讼时效的规定。”自然人享有的生命权、身体权、健康权等物质性人格权应当收到法律的保护。针对自然人的生态环境侵权行为包括对自然人的生命权、身体权、健康权的侵害,比如,环境污染、生态破坏造成自然人生命安全利益受损,身体组织不完整或者肢体、器官和其他身体组织受损,以及身体无法正常运作生理机能等。物质性人格权受到侵害,受害人有权请求侵害人承担民事责任。当然,在《民法典》规定侵权责任的条件下,应当结合侵权责任的相关规定,确定受害人的权利救济方式。也就是说,在生态环境侵权领域,自然人人格权受损导致的人格权请求权和侵权损害赔偿请求权均可以主张的情况下,因实际损害已经发生,一般来说应当适用侵权损害赔偿请求权予以救济。其实人格权请求权已经被损害赔偿请求权所吸收,对于受害人来说,其侵权损害赔偿请求权得到支持的同时,人格权请求权也相应得到满足。

《民法典》第一千一百七十九条至第一千一百八十三条规定了侵害自然人人身权益损害赔偿的范围,除了前述人格权内容外,侵害人身权益造成的财产损失也属于损害赔偿的范围。具体包括:(1)侵害他人造成人身损害的,应当赔偿医疗费、护理费、交通费、营养费、住院伙食补助费等为治疗和康复支出的合理费用,以及因误工减少的收入。造成残疾的,还应当赔偿辅助器具费和残疾赔偿金;造成死亡的,还应当赔偿丧葬费和死亡赔偿金。(2)侵害他人人身权益造成财产损失的,按照被侵权人因此受到的损失或者侵权人因此获得的利益赔偿;被侵权人因此受到的损失以及侵权人因此获得的利益难以确定,被侵权人和侵权人就赔偿数额协商不一致,向人民法院提起诉讼的,由人民法院根据实际情况确定赔偿数额。(3)侵害自然人人身权益造成严重精神损害的,被侵权人有权请求精神损害赔偿。因故意或者重大过失侵害自然人具有人身意义的特定物造成严重精神损害的,被侵权人有权请求精神损害赔偿。

值得一提的是,因精神损害赔偿系根据侵权行为对精神造成严重损害的赔偿,根据所受精神损害程度不同,赔偿数额有所不同。而惩罚性赔偿是侵权人给付被侵权人超过其实际受损害数额的金钱赔偿,并非传统侵权法上的“填平原则”,故对于惩罚性赔偿的适用应当严格遵循法律明确规定。《民法典》虽然在第一千二百三十二条规定了惩罚性赔偿条款,但应当说,自然人所受损害并不包含精神损害。因为对于自然人因环境污染、生态破坏带来的人格权损害一般不包括在美好生态环境中生活的权利。从现行民法学者观点看,一般认为,我国没有统一的对环境权的规范,环境权益亦不属于人格权范畴,故针对人格权的侵害不包括对环境权益的侵害,那么精神损害赔偿也不包括因环境权益受损而带来精神痛苦的补偿。因此,

《民法典》第一千二百三十二条惩罚性赔偿条款中不包括精神损害赔偿。

2.法人、非法人组织。环境污染、生态破坏对于法人和非法人组织的侵害主要体现在对财产权的侵害。《民法典》第一百一十三条规定:“民事主体的财产权利受法律平等保护。”第一百二十条规定:“民事权益受到侵害的,被侵权人有权请求侵权人承担侵权责任。”环境污染、生态破坏行为可能会造成法人、非法人组织财产受到侵害。比如,常见的环境污染侵权案件有最高人民法院2020年6月5日发布的环境资源典型案例中,义马市朝阳志峰养殖厂(以下简称志峰养殖厂)诉河南省义马市联创化工有限责任公司(以下简称联创化工公司)水污染责任纠纷案。该案系联创化工公司因排污导致志峰养殖厂财产受到损害的案件。志峰养殖厂是2017年6月经工商登记注册的个体工商户,经营范围为鸡饲养、养殖淡水鱼。该养殖厂毗邻黄河支流涧河,鱼塘用水系涧河渗入。2018年2月,联创化工公司向涧河上游水域倾倒工业废水,导致位于涧河下游的志峰养殖厂中养鱼塘、钓鱼塘水质均被污染,所饲养鱼苗全部死亡。志峰养殖厂诉至法院,请求判令联创化工公司赔偿其鱼塘死鱼损失、钓鱼经营损失、养鸡损失并承担修复鱼塘、养鸡环境修复责任及环境修复费用等。河南省义马市人民法院一审认为,联创化工公司向涧河水体排放污染物的行为以及志峰养殖厂所养殖鱼死亡的事实均可认定,且志峰养殖厂养殖鱼水体位于联创化工公司向涧河排污的下游段,具有一定关联性,应由联创化工公司就其排污行为与志峰养殖厂养殖鱼死亡之间不存在因果关系承担举证责任。联创化工公司未能举证证明其排污行为与志峰养殖厂养殖鱼死亡之间不存在因果关系,故联创化工公司作为环境污染者,依法应对志峰养殖厂承担侵权责任。一审法院依据鉴定意见,判决联创化工公司赔偿志峰养殖厂养鱼塘及钓鱼塘损失89,600元及律师费,承担环境修复费用24,400元。该案即属于典型的对法人环境污染侵权的案件。又如,2020年5月8日,最高人民法院发布2019年度环境资源审判典型案例中,兰坪三江铜业有限责任公司(以下简称三江铜业公司)诉兰坪汇集矿业有限公司(以下简称汇集公司)财产损害赔偿纠纷案属于生态破坏侵害法人财产权益的案件。2016年6月,兰坪县营盘镇清水河发生泥石流灾害。兰坪县国土资源局形成《兰坪县国土资源局关于上报兰坪县营盘镇清水河“6·07”泥石流灾害调查的报告》(以下简称调查报告),认定三江铜业公司直接经济损失为233.91万元。调查报告同时指出,本次泥石流灾害由强降雨为主引发,汇集公司大板登铜矿矿区生产弃渣处置不当是加剧地质灾害灾损形成的直接因素,灾损各方应共同委托具有资质条件的技术单位开展专项调查工作,经责任认定后按照责任大小协商解决。因协商未果,三江铜业公司诉至法院,要求汇集公司赔偿其经济损失233.91万元。云南省兰坪白族普米族自治县人民法院一审认为,调查报告证明,案涉泥石流灾害与汇集公司大板凳铜矿矿区生产弃渣处置不当之间存在因果关系，汇集公司未提供证据证明其存在免责事由或者其行为与损害结果不存在因果关系，应承担环境侵权责任。三江铜业公司本身亦存在一定的过错。鉴于各方未进行责任认定，亦不同意进行灾损司法鉴定，依据调查报告统计的灾损数据，结合财产折旧情况，确认三江铜业公司损失为222.20万元。根据双方过错程度，确定汇集公司承担50%的赔偿责任。一审判决，汇集公司赔偿三江铜业公司财产损失111.10万元。云南省怒江傈僳族自治州中级人民法院二审调整折旧比例，确定三江铜业公司损失数额为141.25万元，改判汇集公司赔偿三江铜业公司财产损失70.62万元。

上述环境污染、生态破坏案件，在符合《民法典》第一千二百三十二条以及本解释规定的情形的，即可在提起生态环境侵权之诉时同时主张惩罚性赔偿。

【审判实务中应注意的问题】

一、本条适用与环境污染相关侵权行为的关系

本条在适用时，应当注意区别环境污染、生态破坏行为属于生态环境侵权领域行为，与相邻污染侵害和劳动者职业污染损害虽然具有一定的同质性，均属于污染行为造成了一定的损害后果，但在适用上并不一致。

1. 相邻污染侵害。《民法典》第二百九十四条规定："不动产权利人不得违反国家规定弃置固体废物，排放大气污染物、水污染物、土壤污染物、噪声、光辐射、电磁辐射等有害物质。"立法沿革上，该条规定与原《物权法》第九十条的内容一致。从司法实践的情况看，居民之间生活污染适用过错责任，主要由《民法典》规定的相邻关系解决，而企业生产污染等污染环境的适用无过错责任，主要由《民法典》《环境保护法》等相关法律调整。此经验值得实践中继续探索总结。鉴于此，法律适用上应对《民法典》第二百九十四条作目的性限缩性解释，即将其适用范围限缩在相邻关系中因个人、家庭生活排放污染发生的纠纷。此类相邻污染侵害行为不适用环境侵权责任的规定。因个人或者家庭生活之外的相邻不动产权利人实施的环境污染行为，主要是指因自然人、法人或非法人组织在生产经营过程中排放固体废物、大气污染物、水污染物、噪声、光、电磁辐射等有害物质给他人造成损害的，仍应适用本条规定。

2. 劳动者职业污染损害。对于劳动者在职业活动中因污染遭受损害的救济，应当适用《职业病防治法》《工伤保险条例》等法律法规，不适用环境侵权责任的规定。2020年修订的《环境侵权司法解释》第十七条亦明确，"劳动者在职业活动中因受污染损害发生的纠纷，不适用本解释"。

因此，如果行为人的环境污染行为是相邻关系中个人、家庭生活排放噪声造成的，或者是在劳动者职业活动中造成的，因《民法典》的规定不同，不适用生态环境侵权惩罚性赔偿。

二、本条适用范围与高度危险责任的关系

实践中有大量交通事故致车载危险品泄漏引起的环境污染责任纠纷，部分法院在适用法律过程中对是否存在环境污染与道路交通事故责任、高度危险责任等相关责任的竞合问题有分歧。我们认为，对于机动车交通事故造成危险化学品等其他危险物品泄漏的造成人身、财产损害的，要按照机动车交通事故责任、高度危险责任中的规定，结合环境污染和生态破坏责任处理。如果从构成要件上分析，因危险化学品的泄漏造成自然人、法人或者非法人组织的人身、财产损害，且符合惩罚性赔偿的构成要件的，可以一并提起惩罚性赔偿诉讼请求。

【法条链接】

《民法典》

第二条 民法调整平等主体的自然人、法人和非法人组织之间的人身关系和财产关系。

第三条 民事主体的人身权利、财产权利以及其他合法权益受法律保护，任何组织或者个人不得侵犯。

第一百一十条 自然人享有生命权、身体权、健康权、姓名权、肖像权、名誉权、荣誉权、隐私权、婚姻自主权等权利。

第一百一十三条 民事主体的财产权利受法律平等保护。

第一百二十条 民事权益受到侵害的，被侵权人有权请求侵权人承担侵权责任。

第一百七十六条 民事主体依照法律规定或者按照当事人约定，履行民事义务，承担民事责任。

第九百九十五条 人格权受到侵害的，受害人有权依照本法和其他法律的规定请求行为人承担民事责任。受害人的停止侵害、排除妨碍、消除危险、消除影响、恢复名誉、赔礼道歉请求权，不适用诉讼时效的规定。

第一千零二条 自然人享有生命权。自然人的生命安全和生命尊严受法律保护。任何组织或者个人不得侵害他人的生命权。

第一千零三条 自然人享有身体权。自然人的身体完整和行动自由受法律保护。任何组织或者个人不得侵害他人的身体权。

第一千零四条 自然人享有健康权。自然人的身心健康受法律保护。任何组织或者个人不得侵害他人的健康权。

第一千一百六十七条 侵权行为危及他人人身、财产安全的,被侵权人有权请求侵权人承担停止侵害、排除妨碍、消除危险等侵权责任。

第一千一百七十九条 侵害他人造成人身损害的,应当赔偿医疗费、护理费、交通费、营养费、住院伙食补助费等为治疗和康复支出的合理费用,以及因误工减少的收入。造成残疾的,还应当赔偿辅助器具费和残疾赔偿金;造成死亡的,还应当赔偿丧葬费和死亡赔偿金。

第一千一百八十条 因同一侵权行为造成多人死亡的,可以以相同数额确定死亡赔偿金。

第一千一百八十一条 被侵权人死亡的,其近亲属有权请求侵权人承担侵权责任。被侵权人为组织,该组织分立、合并的,承继权利的组织有权请求侵权人承担侵权责任。

被侵权人死亡的,支付被侵权人医疗费、丧葬费等合理费用的人有权请求侵权人赔偿费用,但是侵权人已经支付该费用的除外。

第一千一百八十二条 侵害他人人身权益造成财产损失的,按照被侵权人因此受到的损失或者侵权人因此获得的利益赔偿;被侵权人因此受到的损失以及侵权人因此获得的利益难以确定,被侵权人和侵权人就赔偿数额协商不一致,向人民法院提起诉讼的,由人民法院根据实际情况确定赔偿数额。

第一千一百八十三条 侵害自然人人身权益造成严重精神损害的,被侵权人有权请求精神损害赔偿。

因故意或者重大过失侵害自然人具有人身意义的特定物造成严重精神损害的,被侵权人有权请求精神损害赔偿。

第一千一百八十四条 侵害他人财产的,财产损失按照损失发生时的市场价格或者其他合理方式计算。

第一千二百二十九条 因污染环境、破坏生态造成他人损害的,侵权人应当承担侵权责任。

第一千二百三十二条 侵权人违反法律规定故意污染环境、破坏生态造成严重后果的,被侵权人有权请求相应的惩罚性赔偿。

《环境保护法》

第六十四条 因污染环境和破坏生态造成损害的,应当依照《中华人民共和国侵权责任法》的有关规定承担侵权责任。

第三条 被侵权人在生态环境侵权纠纷案件中请求惩罚性赔偿的，应当在起诉时明确赔偿数额以及所依据的事实和理由。

被侵权人在生态环境侵权纠纷案件中没有提出惩罚性赔偿的诉讼请求，诉讼终结后又基于同一污染环境、破坏生态事实另行起诉请求惩罚性赔偿的，人民法院不予受理。

【条文主旨】

本条是关于生态环境侵权惩罚性赔偿诉讼请求提起条件的规定。

【条文理解】

生态环境侵权纠纷不同于普通的侵权纠纷，它涉及多种生态环境要素，点多面广，具有高度的复合性、专业技术性，案件事实认定复杂，法律关系定性困难，审理周期较为漫长。在生态环境侵权纠纷案件中，侵权行为和损害结果等事实的认定具有举证难、鉴定贵、评估周期长等特点；同时，侵权行为和损害结果之间因果关系的认定也具有较高的技术性。在这种情况下，生态环境侵权纠纷案件中，当事人如果提出了多种不同的诉讼请求，应当在提起诉讼时同时提出，以便人民法院在审理案件时一并进行处理。

从被侵权人在生态环境侵权纠纷案件中提出的诉讼请求来看，被侵权人可能在同一污染环境、破坏生态案件中要求侵权人承担停止侵害、排除妨碍、消除危险、修复生态环境、赔礼道歉、赔偿损失等民事责任；被侵权人可能还会请求侵权人赔偿因污染环境、破坏生态造成的财产损失、人身损害以及为防止损害发生和扩大、清除污染、修复生态环境而采取必要措施所支出的合理费用。为了提高生态环境侵权纠纷案件诉讼效率、节省诉讼资源、减轻当事人的诉讼负担，尽快地全面彻底解决生态环境侵权纠纷，本条规定，被侵权人如果在生态环境侵权纠纷案件中请求侵权人承担惩罚性赔偿责任的，其应当在起诉时一并提出；如果被侵权人在生态环境侵权纠纷案件中没有提出惩罚性赔偿的诉讼请求，诉讼终结后又基于同一污染环境、破坏生态事实另行起诉，请求侵权人承担惩罚性赔偿责任的，人民法院不予受理。这就从正反两个方面对生态环境侵权惩罚性赔偿的提起条件进行了明确规定，即被侵权人应当在提起生态环境侵权纠纷案件时提出惩罚性赔偿诉讼请求，而不得在诉讼程序终结后另行起诉，单独向侵权人提出惩罚性赔偿诉讼请求。这为司法实践中生态环境侵权纠纷案件惩罚性赔偿诉讼请求的处理，提供了明确的法律适用指引。

一、被侵权人应当在起诉时提出惩罚性赔偿诉讼请求

根据本条规定，当事人在提起生态环境侵权惩罚性赔偿要求时，应当在生态环境侵权案件诉讼中一并提起，人民法院一并解决。如果在生态环境侵权案件诉讼中没有提起惩罚性赔偿诉讼请求，诉讼终结后当事人另行提起的，人民法院不予受理，更不会给予支持。

生态环境侵权纠纷案件从性质上看，属于民事案件的范畴。因此，生态环境侵权纠纷案件的起诉和受理应当符合《民事诉讼法》及其司法解释的规定和要求。根据《民事诉讼法》的有关规定，民事案件的起诉必须符合下列条件：一是原告是与本案有直接利害关系的公民、法人和其他组织；二是有明确的被告；三是有具体的诉讼请求和事实、理由；四是属于人民法院受理民事诉讼的范围和受诉人民法院管辖。

按照《民事诉讼法》的规定，被侵权人提起生态环境侵权纠纷诉讼时，应当符合上述民事案件起诉的四项法定条件。具体而言，就是原告是因环境污染、生态破坏受到损害的自然人、法人或者非法人组织；有具体明确的被告，即实施环境污染、生态破坏的侵权人；原告提出具体的诉讼请求，并具有支持其诉讼请求的事实和理由；该侵权纠纷属于人民法院受理民事诉讼的范围和受诉人民法院管辖。

在生态环境侵权纠纷案件中，被侵权人可能同时要求侵权人承担停止侵害、排除妨碍、消除危险、修复生态环境、赔礼道歉、赔偿损失、支付合理费用等中的一项或者几项民事责任。如果被侵权人要求侵权人承担惩罚性赔偿责任，那么，被侵权人应当在起诉时，明确向人民法院提出，由人民法院一并进行审查处理。这样规定，既有利于保护自然人、法人或者非法人组织的合法权益，也有利于生态环境侵权纠纷案件中有关惩罚性赔偿争议的一并解决，降低司法资源和成本的重复和浪费。如果惩罚性赔偿诉讼请求在诉讼程序结束后另行提出，由人民法院分别进行处理和解决，则显然会给自然人、法人或者非法人组织带来不必要时的讼累，同时也浪费了有限的司法资源，加大了司法成本。

被侵权人提出的惩罚性赔偿诉讼请求依存于生态环境侵权纠纷案件之中。被侵权人只有提起生态环境侵权案件诉讼，他才能在该案件诉讼中要求侵权人承担惩罚性赔偿民事责任。因此，被侵权人是否在生态环境侵权案件中要求侵权人承担惩罚性赔偿民事责任，应当在起诉时确定，并与其他诉讼请求一起向人民法院提出；否则，被侵权人如果在起诉时没有向侵权人提出惩罚性赔偿请求，被侵权人的该项诉讼请求就可能不会被人民法院受理。

惩罚性赔偿是补偿性赔偿之上的附加性赔偿责任，它应当以补偿性损害赔偿

责任的成立和确定为前提。根据《民事诉讼法》的规定，此条规定要求当事人在提起惩罚性赔偿请求时，应当在生态环境侵权案件诉讼中一并提起，人民法院一并解决。

本条第一款规定的主要意旨是，在生态环境侵权纠纷案件中，如果被侵权人同时要求侵权人承担多项民事责任，其中包括要求侵权人承担惩罚性赔偿民事责任，那么，被侵权人就应当在起诉时提出该项诉讼请求，而不能在诉讼程序结束后再另行主张惩罚性赔偿诉讼请求。当然，如果被侵权人在生态环境侵权纠纷案件中，只有要求侵权人承担惩罚性赔偿这一项诉讼请求，那么，被侵权人显然会在起诉时提出。这是没有疑问的。

要求被侵权人在提起生态环境侵权诉讼时提出惩罚性赔偿诉讼请求，其主要理由在于：一是督促当事人及时、正当地行使自己的权利；二是符合诉讼经济原则或者价值追求，同一案件如果重复诉讼必然导致诉讼的不经济，造成国家司法资源的浪费，加重当事人诉讼经济负担；三是当事人生态环境侵权补偿性赔偿请求和惩罚性赔偿请求都是基于同一侵权行为产生的，应当在一个诉讼中进行审理和作出裁判，以便于法院审理，也便于当事人诉讼；四是避免加重侵权人的讼累，如果允许被侵权人在起诉后重新就惩罚性赔偿问题另行提起诉讼，就会让侵权纠纷因同一事实问题再次进入诉讼程序中来，无疑会加重侵权人的应诉负担，这显然没有充分考虑保护侵权人的正当权益，是不正义的；五是能够防止人民法院就同一事实在前诉和后诉中作出相互矛盾的裁判，影响司法的公正性，损害司法裁判的权威。

按照本条第一款的规定，被侵权人提出惩罚性赔偿诉讼请求，不仅要在起诉时向人民法院提出，而且要明确确定要求侵权人承担的具体赔偿数额，同时应当说明请求侵权人承担惩罚性赔偿所依据的事实和理由。因此，被侵权人在起诉时提出惩罚性赔偿诉讼请求应当具体化，确定惩罚性赔偿的具体数额，同时要承担举证证明责任，提出初步证据证明要求侵权人承担惩罚性赔偿责任的正当性和合理性。这样规定的主要原因在于：一是保证被侵权人理性地提出惩罚性赔偿诉讼请求，防止惩罚性赔偿诉讼请求的随意化和泛滥化；二是有利于侵权人对惩罚性赔偿诉讼请求进行抗辩和防御；三是方便人民法院对惩罚性赔偿诉讼请求是否具有合法性进行审理和判断。

二、惩罚性赔偿诉讼请求不得单独提起

本条是从正反两个方面对被侵权人提起生态环境侵权惩罚性赔偿条件进行规范。如果说本条第一款是从正面规定被侵权人在生态环境侵权纠纷案件中，应当在起诉时明确提出惩罚性赔偿诉讼请求，以及具体的赔偿数额及其所依据的事实

和理由;那么,本条第二款则是从反面规定被侵权人如果在生态环境侵权纠纷案件中没有提出惩罚性赔偿的诉讼请求,诉讼终结后又基于同一污染环境、破坏生态事实另行起诉请求惩罚性赔偿的,人民法院不予受理。

按照本条第二款的规定,生态环境侵权纠纷案件中的惩罚性赔偿诉讼请求,不能在诉讼终结后另行单独提起;否则,人民法院不予受理。惩罚性赔偿诉讼请求之所以不能在另诉中单独提起,这主要是由惩罚性赔偿这种民事法律责任的性质决定的。惩罚性赔偿与补偿性赔偿在功能上显然是不同的。补偿性赔偿主要是为了填补被侵权人的实际损失,使受到损失的被侵权人在经济利益上重新回到权利受到侵害之前的状态;而惩罚性赔偿主要是为了对具有恶意的侵权人进行惩罚,预防其今后再次发生同样的侵权行为,而不是为了弥补被侵权人的经济损失。但是,从责任性质上看,惩罚性赔偿和补偿性赔偿这两种法律责任都属于赔偿损失这一民事法律责任的范畴,两者在表现形式上的区别主要是赔偿数额的不同。通常来说,惩罚性赔偿诉讼请求和补偿性赔偿诉讼请求应当在同一个诉讼程序中处理,不能将它们分割开来分别进行审理。因此,在生态环境侵权纠纷案件中,如果人民法院已经对当事人提出的补偿性赔偿诉讼请求进行了处理,那么,当事人不能再单独提出惩罚性赔偿要求。

生态环境侵权案件中惩罚性赔偿诉讼请求不得单独提出,其主要原因在于,它是"禁止重复诉讼"或者"一事不再理"原理的内在要求。

"禁止重复诉讼"是民事诉讼的一项基本原则。按照这一原则,如果某个民事纠纷已经向法院提起诉讼,或者已经经过法院审理和裁判,那么,当事人就不得就同一案件再行向法院起诉;即使起诉,法院也不应当受理。判断是否属于重复诉讼,其根据之一就是前诉的诉讼标的与后诉的诉讼标的是否同一。[1] 根据主流的诉讼标的理论,凡是基于同一事实关系发生的,以同一给付为目的的数个请求权存在时,实际上只存在一个请求权,因为发生请求权的事实关系是单一的。就给付之诉的诉讼标的而言,其识别标准是发生给付请求的具体事件或行为。如果发生给付请求的具体事件或行为是相同的,那么其诉讼标的就具有同一性。一般情形下,案件事实相同、法律关系相同、诉讼理由相同、诉讼请求相同的诉讼,就可以判断为重复诉讼。有学者指出,案件的诉讼争点相同,就会构成后诉与前诉实质上的相同。如果前诉与后诉在其主要争点方面是共通的,那么后诉的提起也同样应被视为重复诉讼。因为这种情形与前诉和后诉在审判对象方面相同或近似的情形相同,法院对于共同争点的审理也必然形成重复,这样在内容上,也有可能产生实质性矛盾

① 参见张卫平:《民事诉讼法》(第5版),法律出版社2019年版,第199页。

的判决。[①] 因此,如果前诉和后诉在审判对象上是相同的,那么,后诉就会因为构成重复诉讼(一事再理)而被法院予以拒绝。

具体到生态环境侵权纠纷案件来说,如果被侵权人在诉讼中已经提出补偿性赔偿诉讼请求,或者虽然没有提出补偿性赔偿诉讼请求,但提出了其他诉讼请求(如停止侵害、排除妨碍、消除危险、修复生态环境等),人民法院已经对其进行了审理和裁判,那么,被侵权人不能再基于同一污染环境、破坏生态事实另行起诉,要求侵权人承担惩罚性赔偿法律责任。因为基于同一污染环境、破坏生态事实发生纠纷的案件,其给付请求的具体事件或行为是相同的,前诉和后诉的诉讼标的相同,构成重复诉讼。在这种情况下,按照禁止重复诉讼的要求,人民法院不应当受理被侵权人后来提出的诉讼(后诉),更不应受理其在后诉中提出的惩罚性赔偿诉讼请求。

禁止重复诉讼是司法实践中坚守的一项基本审判原则。最高人民法院有关司法解释文件严格落实和贯彻了这一原则。如《最高人民法院关于审理国家赔偿案件确定精神损害赔偿责任适用法律若干问题的解释》第二条规定:“公民以人身权受到侵犯为由提出国家赔偿申请,未请求精神损害赔偿,或者未同时请求消除影响、恢复名誉、赔礼道歉以及精神损害抚慰金的,人民法院应当向其释明。经释明后不变更请求,案件审结后又基于同一侵权事实另行提出申请的,人民法院不予受理。”按照该条规定,公民在因人身自由权、生命健康权受到侵犯申请赔偿的同时,应一并提起精神损害赔偿请求;公民在提起精神损害赔偿请求时,应就支付精神损害抚慰金或者消除影响、恢复名誉、赔礼道歉等不同责任方式一并申请。如赔偿请求人经释明后在申请人身权赔偿的同时,未一并申请精神损害赔偿,或者仅申请消除影响、恢复名誉、赔礼道歉以及精神损害抚慰金之中的一种责任方式,未一并申请其他责任方式的,视为其在知道或者应当知道权利时不行使该权利,其在案件审结后再基于同一侵权事实另行提出精神损害赔偿请求,或者另行提出其他责任方式请求的,人民法院对此不予受理和支持。本条规定生态环境侵权惩罚性赔偿不得单独起诉,与国家赔偿案件精神损害赔偿责任不得单独提出的规定精神是一致的。

三、关于惩罚性赔偿的释明问题

本条规定,在生态环境侵权纠纷案件中,被侵权人如果请求侵权人承担惩罚性赔偿法律责任的,应当在起诉时提出,由法院一并进行处理;诉讼终结后,如果被侵

---

① 参见张卫平:《民事诉讼法》(第5版),法律出版社2019年版,第306页。

权人基于同一污染环境、破坏生态事实另行起诉,向侵权人提出惩罚性赔偿诉讼请求的,人民法院不予受理。但是,如果被侵权人在起诉时没有提出惩罚性赔偿诉讼请求,人民法院认为本案符合提出惩罚性赔偿的构成要件,是否应当向被侵权人进行释明?对此,本条没有作出明确规定。

在起草过程中,关于是否应当规定人民法院对惩罚性赔偿释明的问题,存在不同的意见。一种意见认为,在生态环境侵权纠纷案件中,是否提出惩罚性赔偿诉讼请求是当事人的诉讼权利,人民法院应当尊重当事人的诉讼权利,不能主动依职权向当事人释明有关惩罚性赔偿事项;另一种意见认为,人民法院在生态环境诉讼中有权向当事人释明有关惩罚赔偿问题,特别是那些社会影响巨大、侵权人主观恶性明显的生态环境侵权纠纷案件,当事人即使没有主张惩罚性赔偿,人民法院也应当依职权主动向被侵权人进行释明。后一种意见建议,本条应当规定,人民法院认为有必要时,可以向被侵权人释明惩罚性赔偿的诉讼请求。

应当说,这两种意见都有一定的道理。在生态环境侵权案件中,是否提出惩罚性赔偿诉讼请求,是当事人的诉讼权利,人民法院不应当干预和代替当事人行使自己的诉讼权利。当事人在生态环境案件中是否提出惩罚性赔偿诉讼请求,往往是在综合考虑各方面因素的基础上作出的判断,人民法院应当充分尊重当事人的诉讼请求选择权,原则上不应当向当事人主动释明惩罚性赔偿事项。但是,从强化当事人诉讼权利保障的视角出发,人民法院在必要时,也可以在生态环境侵权案件中向当事人释明惩罚性赔偿事宜。党的十八届四中全会通过的《中共中央关于全面推进依法治国若干重大问题的决定》指出,要加强人权司法保障,强化诉讼过程中当事人和其他诉讼参与人的知情权、陈述权、辩护辩论权、申请权、申诉权的制度保障。诉权是当事人启动和推动国家赔偿程序的基本权利,也是我国《宪法》规定的人民群众的基本权利。尊重和保障当事人的诉权,是《民事诉讼法》和最高人民法院有关惩罚性赔偿司法解释的立法宗旨,也是对人民法院适用《民法典》惩罚性赔偿法律责任制度的本质要求。《最高人民法院关于审理国家赔偿案件确定精神损害赔偿责任适用法律若干问题的解释》第二条,规定了人民法院在公民申请人身权侵犯国家赔偿案件中,应当向赔偿请求人就精神损害赔偿进行指引和释明,即人民法院负有释明义务,应向赔偿请求人充分告知法律、司法解释的规定,可以一并提起精神损害赔偿请求的情况,以及未一并提起精神损害赔偿请求可能面临的法律后果(在案件终结后,赔偿请求人基于同一事实、理由,就同一赔偿义务机关另行提出精神损害赔偿申请的,人民法院一般不予受理);同时释明情况还应当记入笔录。这充分体现了对当事人诉权的司法保障,体现了对当事人国家赔偿主体地位的尊重,防止因程序上的疏漏影响当事人诉讼权利的行使,造成其实体权利的损害。

根据以上分析,我们认为,在生态环境侵权案件中,惩罚性赔偿诉讼请求的释明,是人民法院享有的一项诉讼指挥权,而不是人民法院应当履行的诉讼义务。具体而言,在生态环境侵权案件审理中,如果当事人没有提出惩罚性赔偿诉讼请求,人民法院可以根据案件的具体情况,决定是否向被侵权人释明有关生态环境侵权惩罚性赔偿的法律和司法解释规定内容。人民法院认为有必要向被侵权人释明的,可以主动依职权进行释明。但是,释明惩罚性赔偿事项对于人民法院来说,是其在诉讼过程的一项诉讼权利,而不是诉讼义务。如果人民法院没有对惩罚性赔偿法律规定进行释明,当事人不能因此认为人民法院违反法定程序。

【审判实务中应注意的问题】

一、被侵权人是否可以在诉讼过程中提出惩罚性赔偿诉讼请求

按照本条的规定,被侵权人如果在生态环境侵权案件中提出惩罚性赔偿诉讼请求,其应当在起诉时提出,并且明确地提出惩罚性赔偿的具体数额以及事实和理由。也就是说,惩罚性赔偿请求提出的时间节点应当在法院立案受理阶段。如果被侵权人在起诉时没有明确提出惩罚性赔偿诉讼请求,那么,其是否可以在诉讼过程中提出?对此,本解释未作出明确规定。

生态环境侵权案件诉讼程序从性质上看,属于民事案件诉讼程序范畴,因此,人民法院审理生态环境侵权案件时,如果司法解释就其审理程序问题作出了具体规定,应当首先适用司法解释的规定;如果司法解释没有对有关程序问题进行规定,人民法院应当适用《民事诉讼法》及其司法解释的规定。这是审理生态环境侵权案件时,人民法院应当坚持的基本立场。

《民事诉讼法》第一百四十三条规定:“原告增加诉讼请求,被告提出反诉,第三人提出与本案有关的诉讼请求,可以合并审理。”《民事诉讼法司法解释》第二百三十二条规定:“在案件受理后,法庭辩论结束前,原告增加诉讼请求,被告提出反诉,第三人提出与本案有关的诉讼请求,可以合并审理的,人民法院应当合并审理。”按照上述规定,当事人有权在一审程序法庭辩论终结前,增加诉讼请求;当事人增加的诉讼请求可以合并审理的,人民法院应当合并审理。具体到生态环境侵权案件而言,被侵权人如果在起诉时没有提出惩罚性赔偿诉讼请求,在一审法庭辩论结束前,增加惩罚性赔偿诉讼请求的,人民法院应当准许,并依法进行合并审理。因此,被侵权人可以在一审法庭辩论结束前提出惩罚性赔偿诉讼请求。这与最高人民法院关于侵害知识产权惩罚性赔偿司法解释规定的精神是一致的。《最高人民法院关于审理侵害知识产权民事案件适用惩罚性赔偿的解释》第二条规定,原告请求惩

罚性赔偿的,应当在起诉时提出,并明确赔偿数额、计算方式以及所依据的事实和理由;原告在一审法庭辩论终结前增加惩罚性赔偿请求的,人民法院应当准许。在这个问题上,生态环境侵权案件中的惩罚性赔偿和侵害知识产权惩罚性赔偿的规定是相同的。

二、被侵权人能否在二审程序中提出惩罚性赔偿诉讼请求

按照本条的规定,在生态环境侵权纠纷案件中,被侵权人应当在起诉时提出惩罚性赔偿请求;如果在诉讼终结后被侵权人基于同一污染环境、破坏生态事实另行起诉,请求惩罚性赔偿的,人民法院不予受理。因此,生态环境侵权案件中的惩罚性赔偿请求,原则上只有一次程序救济机会。被侵权人如果在一审程序中没有提出惩罚性赔偿诉讼请求,那么,在一审程序终结后,被侵权人能否提出惩罚性赔偿请求。本司法解释对此没有作出明确规定。

我们认为,这个问题应当按照《民事诉讼法》及其司法解释的规定进行理解。根据《民事诉讼法司法解释》第三百二十六条的规定,在第二审程序中,原审原告增加独立的诉讼请求的,第二审人民法院可以根据当事人自愿的原则就新增加的诉讼请求进行调解;调解不成的,告知原告另行起诉。该条同时规定,双方当事人同意由第二审人民法院一并审理的,第二审人民法院可以一并裁判。因此,在生态环境侵权案件中,被侵权人如果在一审程序中没有提出惩罚性赔偿诉讼请求,在二审程序中增加惩罚性赔偿请求的,第二审人民法院可以根据当事人自愿的原则,就被侵权人新增加的惩罚性赔偿诉讼请求进行调解;调解不成的,被侵权人不得另行单独就惩罚性赔偿提起诉讼,人民法院也不应予以受理。

被侵权人在一审程序中如果已经提出了惩罚性赔偿诉讼请求,原审人民法院未作审理、审判的,按照《民事诉讼法司法解释》第三百二十六条的规定,第二审人民法院可以根据当事人自愿的原则进行调解;调解不成的,发回原审人民法院重审。

被侵权人如果在一审程序中未提出惩罚性赔偿诉讼请求,第二审人民法院撤销一审判决发回重审,被侵权人申请增加惩罚性赔偿诉讼请求的,按照《民事诉讼法司法解释》第二百五十一条的规定,第一审人民法院可以就惩罚性赔偿请求进行合并审理。

另外,需要说明的是,生态环境侵权案件裁判生效后,案件如果进入审判监督程序,再审法院裁定撤销原判决、裁定发回重审。此时,被侵权人如果增加惩罚性赔偿诉讼请求,人民法院应当根据《民事诉讼法司法解释》第二百五十二条的规定,符合下列情形之一的,人民法院应当准许:一是原审未合法传唤缺席判决,影响当事

人行使诉讼权利的;二是追加新的诉讼当事人的;三是诉讼标的物灭失或者发生变化致使原诉讼请求无法实现的。

三、《民法典》施行后提出惩罚性赔偿请求的处理

生态环境侵权惩罚性赔偿制度是《民法典》正式确立的民事法律责任制度。在《民法典》施行前,有关法律和司法解释没有对生态环境侵权惩罚性赔偿作出规定。《民法典》施行后的法律事实引起的民事纠纷案件,应当适用《民法典》的规定。这在司法实践中是没有疑问的。《民法典》原则上不具有溯及效力。因此,如果生态环境侵权事实发生在《民法典》施行前,那么,应当适用当时的法律、司法解释的规定处理,而不能依据《民法典》的规定进行处理。

如果《民法典》施行前的生态环境侵权事实引起生态环境侵权纠纷,当时的法律、司法解释没有规定侵权惩罚性赔偿责任,是否应当适用《民法典》关于生态环境侵权惩罚性赔偿责任的规定进行处理?有观点认为,这种情况不应当适用《民法典》关于惩罚性赔偿责任的规定。尽管《最高人民法院关于适用〈中华人民共和国民法典〉时间效力的若干规定》第二条规定,《民法典》施行前的法律事实引起的民事纠纷案件,当时的法律、司法解释没有规定而《民法典》有规定的,可以适用《民法典》的规定。但是,该条后面有"但书"规定,即"明显减损当事人合法权益、增加当事人法定义务或者背离当事人合理预期的除外"。如果对《民法典》施行前的生态环境侵权事实引起的侵权纠纷案件,适用《民法典》关于惩罚性赔偿责任的规定,必然会增加侵权人的法定义务,同时也背离了当事人的合理预期。同时,此种情形下的法律变更并不构成前案裁判生效后出现的新事实,不符合《民事诉讼法司法解释》第二百四十八条规定("裁判发生法律效力后,发生新的事实,当事人再次提起诉讼的,人民法院应当依法受理")的重复起诉的例外情形。因此,在这种情况下,不宜适用《民法典》有关惩罚性赔偿责任的规定处理。亦有观点认为,生态环境惩罚性赔偿属于《民法典》"修改规定"而非"新增规定",其溯及力问题应适用《最高人民法院关于适用〈中华人民共和国民法典〉时间效力的若干规定》第二条的规定,根据"三个更有利于"的标准予以检视。

当然,《民法典》施行前的生态环境侵权事实持续至《民法典》施行后,该侵权行为事实引起的生态环境侵权纠纷案件,应当适用《民法典》关于惩罚性赔偿责任的规定。如果生态环境侵权行为发生在《民法典》施行前,但是生态环境损害后果出现在《民法典》施行后,对于这类生态环境侵权纠纷案件,应当适用《民法典》的规定,即被侵权人可以在起诉时要求侵权人承担惩罚性赔偿民事法律责任。

【法条链接】

《民事诉讼法》

第二条 中华人民共和国民事诉讼法的任务，是保护当事人行使诉讼权利，保证人民法院查明事实，分清是非，正确适用法律，及时审理民事案件，确认民事权利义务关系，制裁民事违法行为，保护当事人的合法权益，教育公民自觉遵守法律，维护社会秩序、经济秩序，保障社会主义建设事业顺利进行。

第一百二十二条 起诉必须符合下列条件：

（一）原告是与本案有直接利害关系的公民、法人和其他组织；

（二）有明确的被告；

（三）有具体的诉讼请求和事实、理由；

（四）属于人民法院受理民事诉讼的范围和受诉人民法院管辖。

第一百二十七条 人民法院对下列起诉，分别情形，予以处理：

（一）依照行政诉讼法的规定，属于行政诉讼受案范围的，告知原告提起行政诉讼；

（二）依照法律规定，双方当事人达成书面仲裁协议申请仲裁、不得向人民法院起诉的，告知原告向仲裁机构申请仲裁；

（三）依照法律规定，应当由其他机关处理的争议，告知原告向有关机关申请解决；

（四）对不属于本院管辖的案件，告知原告向有管辖权的人民法院起诉；

（五）对判决、裁定、调解书已经发生法律效力的案件，当事人又起诉的，告知原告申请再审，但人民法院准许撤诉的裁定除外；

（六）依照法律规定，在一定期限内不得起诉的案件，在不得起诉的期限内起诉的，不予受理；

（七）判决不准离婚和调解和好的离婚案件，判决、调解维持收养关系的案件，没有新情况、新理由，原告在六个月内又起诉的，不予受理。

第一百四十三条 原告增加诉讼请求，被告提出反诉，第三人提出与本案有关的诉讼请求，可以合并审理。

《民事诉讼法司法解释》

第二百三十二条 在案件受理后，法庭辩论结束前，原告增加诉讼请求，被告提出反诉，第三人提出与本案有关的诉讼请求，可以合并审理的，人民法院应当合并审理。

第二百四十七条 当事人就已经提起诉讼的事项在诉讼过程中或者裁判生效后再次起诉，同时符合下列条件的，构成重复起诉：

(一)后诉与前诉的当事人相同;

(二)后诉与前诉的诉讼标的相同;

(三)后诉与前诉的诉讼请求相同,或者后诉的诉讼请求实质上否定前诉裁判结果。

当事人重复起诉的,裁定不予受理;已经受理的,裁定驳回起诉,但法律、司法解释另有规定的除外。

第二百四十八条 裁判发生法律效力后,发生新的事实,当事人再次提起诉讼的,人民法院应当依法受理。

第二百五十一条 二审裁定撤销一审判决发回重审的案件,当事人申请变更、增加诉讼请求或者提出反诉,第三人提出与本案有关的诉讼请求的,依照民事诉讼法第一百四十三条规定处理。

第二百五十二条 再审裁定撤销原判决、裁定发回重审的案件,当事人申请变更、增加诉讼请求或者提出反诉,符合下列情形之一的,人民法院应当准许:

(一)原审未合法传唤缺席判决,影响当事人行使诉讼权利的;

(二)追加新的诉讼当事人的;

(三)诉讼标的物灭失或者发生变化致使原诉讼请求无法实现的;

(四)当事人申请变更、增加的诉讼请求或者提出的反诉,无法通过另诉解决的。

第三百二十六条 对当事人在第一审程序中已经提出的诉讼请求,原审人民法院未作审理、判决的,第二审人民法院可以根据当事人自愿的原则进行调解;调解不成的,发回重审。

第三百二十八条 在第二审程序中,原审原告增加独立的诉讼请求或者原审被告提出反诉的,第二审人民法院可以根据当事人自愿的原则就新增加的诉讼请求或者反诉进行调解;调解不成的,告知原告另行起诉。

双方当事人同意由第二审人民法院一并审理的,第二审人民法院可以一并裁判。

《环境侵权司法解释》

第十三条 人民法院应当根据被侵权人的诉讼请求以及具体案情,合理判定侵权人承担停止侵害、排除妨碍、消除危险、修复生态环境、赔礼道歉、赔偿损失等民事责任。

第十四条 被侵权人请求修复生态环境的,人民法院可以依法裁判侵权人承担环境修复责任,并同时确定其不履行环境修复义务时应当承担的环境修复费用。

侵权人在生效裁判确定的期限内未履行环境修复义务的,人民法院可以委托其他人进行环境修复,所需要费用由侵权人承担。

第十五条 被侵权人起诉请求侵权人赔偿因污染环境、破坏生态造成的财产损失、人身损害以及为防止损害发生和扩大、清除污染、修复生态环境而采取必要措施所支出的合理费用的,人民法院应予支持。

《最高人民法院关于审理侵害知识产权民事案件适用惩罚性赔偿的解释》

第二条 原告请求惩罚性赔偿的,应当在起诉时明确赔偿数额、计算方式以及所依据的事实和理由。

原告在一审法庭辩论终结前增加惩罚性赔偿请求的,人民法院应当准许;在二审中增加惩罚性赔偿请求的,人民法院可以根据当事人自愿的原则进行调解,调解不成的,告知当事人另行起诉。

《最高人民法院关于审理国家赔偿案件确定精神损害赔偿责任适用法律若干问题的解释》

第二条 公民以人身权受到侵犯为由提出国家赔偿申请,未请求精神损害赔偿,或者未同时请求消除影响、恢复名誉、赔礼道歉以及精神损害抚慰金的,人民法院应当向其释明。经释明后不变更请求,案件审结后又基于同一侵权事实另行提出申请的,人民法院不予受理。

> **第四条** 被侵权人主张侵权人承担惩罚性赔偿责任的,应当提供证据证明以下事实:
>
> (一)侵权人污染环境、破坏生态的行为违反法律规定;
>
> (二)侵权人具有污染环境、破坏生态的故意;
>
> (三)侵权人污染环境、破坏生态的行为造成严重后果。

【条文主旨】

本条是关于生态环境侵权惩罚性赔偿责任的特别构成要件的规定。

【条文理解】

生态环境侵权责任适用无过错责任归责原则,即在侵权人污染环境、破坏生态的行为与他人损害有因果关系的情形下,不考虑侵权人是否存在过错,均应承担侵权责任。但惩罚性赔偿作为一种主要针对具有不法性和道德上应受谴责性的行为而适用的责任方式,具有一般生态环境侵权责任不具备的惩罚功能,构成要件应当更为严格。

一、生态环境侵权责任的构成要件

《环境保护法》第二条规定，环境是指影响人类生存和发展的各种天然的和经过人工改造的自然因素的总体，包括大气、水、海洋、土地、矿藏、森林、草原、湿地、野生生物、自然遗迹、人文遗迹、自然保护区、风景名胜区、城市和乡村等。环境侵权，是指行为人实施的致使环境发生化学、物理、生物等特征上的不良变化，从而影响人类健康和生产生活，影响生物生存和发展的行为。行为人因其环境侵权行为造成他人人身、财产损害，或者造成生态环境公共利益的损害，依法应当承担的民事责任，即为环境侵权责任。①

侵权责任的构成要件是指行为人承担侵权责任的必备条件，是侵权责任归责原则的具体体现。通说认为，一般侵权行为以行为的违法性、损害结果、违法行为与损害结果之间的因果关系和行为人的主观过错为要件；实行无过错责任原则的侵权行为类型，则无行为人的主观过错这一要件。《民法典》第一千二百二十九条规定："因污染环境、破坏生态造成他人损害的，侵权人应当承担侵权责任。"依据本条规定，生态环境侵权责任适用无过错责任归责原则，构成要件包括：污染环境、破坏生态的违法行为，污染环境、破坏生态造成他人损害的事实，违法行为与损害事实之间的因果关系。

（一）污染环境、破坏生态的违法行为

原《侵权责任法》第六十五条规定："因污染环境造成损害的，污染者应当承担侵权责任。"《民法典》第一千二百二十九条与原《侵权责任法》第六十五条相比较，增加了"破坏生态"这一侵权形态，使环境侵权的原因行为系统化为"污染环境"和"破坏生态"两种类型，这对于落实绿色原则、促进资源合理开发利用、保护生态环境具有重要意义。

何为污染环境、破坏生态，我国立法并没有给出明确的定义。根据经济合作与发展组织（OECD）环境委员会在 1974 年最早提出的定义，环境污染指被人们利用的物质或者能量直接或者间接进入环境，导致对自然的有害影响，以致危及人类健康、危害生命资源和生态系统，以及损害或者妨碍舒适和环境的其他合法用途的现象。② 污染环境行为就是人类实施的导致"被人们利用的物质或者能量直接或者间接进入环境"的行为，包括向大气、水、土壤和海洋等环境介质排放废气、废水、废

---

① 参见最高人民法院民法典贯彻实施工作领导小组主编：《中华人民共和国民法典侵权责任编理解与适用》，人民法院出版社 2020 年版，第 501 页。

② 参见汪劲：《环境法学》（第 2 版），北京大学出版社 2018 年版，第 149 页。

渣、粉尘、垃圾、放射性物质、噪声、震动、恶臭等有毒有害物质、其他物质及能量。生态破坏是指由于人类不合理地开发利用资源损坏了自然生态环境,从而使人类、动物、植物、微生物等的生存条件发生恶化的现象,如水土流失、土壤沙化、动植物资源和渔业资源枯竭、气候变化异常、生物多样性减少等。破坏生态行为就是不合理地开发利用资源损坏自然生态环境的行为,包括乱捕滥猎、过度采挖珍稀动植物,乱砍滥伐、过度放牧,毁林造田、围湖造田,不合理地引进物种等。污染环境和破坏生态两种行为都是对自然环境的利用行为,污染环境的核心特征为"过度排放",通常是由于人类活动直接或者间接向环境排入了超过环境自净能力的物质和能量,导致环境危害人类生存和发展;而破坏生态的核心特征为"过度索取",主要表现为人类过量地向自然索取物质和能量或者不合理地使用自然资源,使生态平衡受到破坏而危及人类生存和发展。可以说,两者既有重合又存在明显区别。[①]

污染环境、破坏生态行为是否须具违法性,或者说污染环境、破坏生态行为的违法性是否为环境侵权责任的构成要件,学界对此认识并不统一。有学者认为,随着过错责任的客观化,以及违法推定过失的发展,已经很难区分客观的行为违法和主观的心理状态,尤其是在许多领域都采用技术性标准来确定人们的行为规则,违反了这些规则不仅表明行为具有违法性,而且表明行为人具有过错,故过错本身可以吸收违法的概念。[②] 因此,违法行为不再是侵权责任构成要件。另有学者认为,违法性是侵权责任构成的一般要件,环境污染行为具备违法性要件也是必然的,况且环境污染行为必定是违反环境保护法律的行为,作此要求,并不会对保护被侵权人的权益不利。因此,应当坚持环境污染行为须具备违法性要件。[③] 我国台湾地区陈聪富教授也认为,环境污染损害赔偿事件虽属特殊侵权行为之一种,但仍属侵权责任,对于侵权责任所应具备之违法性要件,仍应具备,始得成立环境污染损害赔偿责任。[④]

关于环境侵权责任构成要件的违法性问题,存在一个认识角度问题。"关于违法之观念,因为主观的或客观的观察而有不同。前者着眼于行为人之行为,以法规违反之行为违法。后者着眼于行为效力,以发生权利或者法益侵害结果之行为违法"。[⑤] 从侵权责任法的角度考察,无论环境污染还是生态破坏,都是一种违法行

① 参见最高人民法院民法典贯彻实施工作领导小组主编:《中华人民共和国民法典侵权责任编理解与适用》,人民法院出版社 2020 年版,第 502 - 503 页。

② 参见王利明:《侵权行为法研究》(上册),中国人民大学出版社 2004 年版,第 347 页。

③ 参见杨立新:《侵权法论》(第 5 版),人民法院出版社 2013 年版,第 733 - 734 页。

④ 参见陈聪富:《环境污染责任之违法性判断》,载《中国法学》2006 年第 5 期。

⑤ 史尚宽:《债法总论》,台北,荣泰印书馆股份有限公司 1954 年版,第 101 页。

为。这种违法行为可能直接违反环境保护法律法规,也可能不违反环境保护法律法规,但是该行为指向他人受到法律保护的生命健康权以及财产权。因此,即使加害人的排污行为没有违反环境保护法律规定,但是其排污行为污染环境造成他人损害的,也就是违反了保护他人生命健康权和财产权的法律规定。[①] 从这个意义上讲,所有的侵权行为其实都具有客观意义上的民事违法性。申言之,只要被证明系污染环境、破坏生态行为,就具有违法性进而构成违法行为要件。这也是我们解读环境侵权行为违法性的一般规则。

(二)污染环境、破坏生态造成他人损害的事实

无损害即无救济。损害是环境侵权责任必备的构成要件。污染环境、破坏生态造成他人损害的事实是指污染环境、破坏生态的行为致使自然人、法人或者非法人组织的人身、财产以及环境受到损害的事实。

污染环境、破坏生态所导致的人身损害最为常见。污染水源、空气等,都可能造成自然人的人身及其财产损害,甚至可能会导致大范围的人身伤害、死亡后果。基于环境损害所具有的潜在性和隐蔽性,被侵权人往往在开始受害时显露不出明显的损害。但随着时间的推移,损害逐渐显露,比如,受到影响的自然人开始出现早衰、人体功能减退等损害后果。对于这种潜在的危害,也应作为人身损害的事实。[②]

污染环境、破坏生态所导致的财产损害,主要是财产本身的毁损,使其丧失价值和使用价值,比如排放污水导致他人种植果树死亡。财产损害既包括直接损失,也包括间接损失。这与其他的侵权行为类型有共通之处。

除以上传统民法的保护对象外,污染环境、破坏生态对人们开发利用环境的不利影响,还包括损害他人与生活密切相关的采光、通风、日照权益,以及与生态环境公共利益相互交织的清洁饮水、清新空气、稳静生活、远眺风景等方面的环境权益。这些维系生态环境的民事权益,已被纳入环境侵权责任的救济范围。需要注意的是,无论环境污染还是生态破坏,都存在造成损害的现实风险和已造成损害后果两种情形。从环境保护优先、预防为主原则出发,在损害发生前及时采取预防性救济措施,避免损害发生或者防止损害的扩大,系法律应有之义。[③] 因此,环境受到损害并非仅仅强调损害后果本身,对于环境受到现实威胁当然也属于环境侵权责任损害后果要件的范畴。

---

① 参见张新宝:《侵权责任法原理》,中国人民大学出版社 2005 年版,第 375-376 页。

② 参见杨立新:《侵权法论》(第 5 版),人民法院出版社 2013 年版,第 734 页。

③ 参见最高人民法院民法典贯彻实施工作领导小组主编:《中华人民共和国民法典侵权责任编理解与适用》,人民法院出版社 2020 年版,第 510 页。

（三）违法行为与损害事实之间的因果关系

因果关系是行为与损害之间引起和被引起的内在必然联系。环境侵权责任作为侵权责任类型的一种，当然也要有因果关系这一构成要件，即污染环境、破坏生态的违法行为与他人损害的事实之间要有因果关系。

完整的因果关系体系至少应包括两个层面，实体法上的因果关系本身以及程序法上因果关系的判断规则。实体法上的因果关系作为侵权责任的构成要件，决定着责任成立所要达到的程度；而程序法上的判断规则则是诉讼过程中决定某一行为是否需要承担责任的标准，具体表现为举证责任。因果关系的认定，必须同时进行实体和程序的考察。①

环境侵权行为具有累积性、滞后性、因果关系复杂性等特点，若强调直接证明，对保护受害人极为不利。基于这种实体法上因果关系的特殊性，理论和实务中大多主张以因果关系的推定原则代替因果关系的直接、严格认定。在环境侵权责任中，只要证明行为人已经排放了可能危及人身健康或者造成财产损害的物质，或者实施了相关破坏生态的行为，而当事人的人身或者财产或者环境本身受到损害，即可推定这种危害是由该污染环境、破坏生态行为所致。

二、生态环境侵权惩罚性赔偿责任的特别构成要件

生态环境侵权惩罚性赔偿责任的特别构成要件，并非改变生态环境侵权责任的构成要件，而是在符合生态环境侵权责任构成要件的基础上增加了特别构成要件，即在生态环境侵权责任要件构成的情况下，如果侵权人系违反法律规定故意污染环境、破坏生态且造成严重后果，被侵权人在主张补偿性损害赔偿责任的同时，有权请求相应的惩罚性赔偿。根据《民法典》第一千二百三十二条的规定，生态环境侵权惩罚性赔偿责任的特别构成要件包括主观要件和客观要件，主观要件为“故意”，客观要件为“违反法律规定”和“造成严重后果”。

（一）主观要件

侵权人主观具有故意，是惩罚性赔偿成立的基础性要件。我国的过错形态理论将过错分为故意、重大过失、具体轻过失、抽象轻过失。通常情况下，适用过错责任的侵权责任构成要件并不区分侵权人过错的具体形态，只要其具备过错即足；而适用无过错责任的侵权责任构成要件则不考虑过错的存在。但是，惩罚性赔偿制度的设计初衷就是针对恶意侵权人，其成立要求侵权人具有主观故意是应有之义，

① 参见张宝：《环境侵权的解释论》，中国政法大学出版社2015年版，第158页。

这也是惩罚性赔偿责任与普通环境侵权责任的显著区别。因此，污染环境、破坏生态行为人主观上是否为故意，不影响环境侵权责任的构成，但是会影响其是否要承担惩罚性赔偿责任。

在《民法典》起草过程中，对于如何定义恶意，也有不同看法。有的建议规定为故意或者重大过失，若仅规定故意，不恰当地缩小了惩罚性赔偿的适用范围，降低受害人主张的积极性。经研究认为，在环境侵权引入惩罚性赔偿制度之初，不宜将范围扩得过大。① 因此，《民法典》第一千二百三十二条中的“故意”包括直接故意和间接故意，但排除了重大过失。

《民法典》在知识产权侵权、产品责任领域也规定了惩罚性赔偿制度。第一千一百八十五条规定：“故意侵害他人知识产权，情节严重的，被侵权人有权请求相应的惩罚性赔偿。”第一千二百零七条规定：“明知产品存在缺陷仍然生产、销售，或者没有依据前条规定采取有效补救措施，造成他人死亡或者健康严重损害的，被侵权人有权请求相应的惩罚性赔偿。”从上述条文可知，产品责任惩罚性赔偿的主观要件为“明知”，知识产权侵权惩罚性赔偿和环境侵权惩罚性赔偿的主观要件为“故意”。明知系故意的认识要素。因此，《民法典》中的惩罚性赔偿责任均以侵权人的过错形态为故意时方可适用。

如何认定侵权人主观具有故意，是适用惩罚性赔偿责任的重点问题。故意作为一种主观状态，往往难以直接证明。本司法解释在总结审判实践的基础上，在第六条概括规定了人民法院认定侵权人是否具有故意的考量因素，包括侵权人的职业经历、专业背景或者经营范围，因同一或者同类行为受到行政处罚或者刑事追究的情况，以及污染物的种类，污染环境、破坏生态行为的方式等。同时，在第七条明确列举了人民法院应当认定侵权人具有故意的九种典型情形，即只要侵权人的行为符合这九种情形之一，人民法院就应当认定其具有污染环境、破坏生态的故意。

（二）行为要件

侵权人实施了不法行为，即侵权人的污染环境、破坏生态行为违反了法律规定，是对其施以惩罚的正当性基础。行为要件既包含作为也包含不作为，至于是作为还是不作为形态，则要看生态环境保护法律规定中给行为人科以的义务是作为还是不作为形态。

在《民法典》起草过程中，有的学者认为将“违反法律规定”作为惩罚性赔偿的构成要件不合理，加重了受害人的举证负担，不利于对受害人的全面救济。有的学

---

① 参见黄薇主编：《中华人民共和国民法典侵权责任编解读》，中国法制出版社 2020 年版，第 252 页。

者认为，只有行为人的行为违反了国家环境行政法律法规的规定，才有可能构成惩罚性赔偿，如果民法惩罚合法排污行为，则与环境行政法律发生冲突，法律对企业行为的指引功能会发生错乱，企业将无所适从。经研究认为，惩罚性赔偿不同于普通环境侵权，其赔偿数额更高，具有普通环境侵权不具备的惩罚功能，构成要件应当更为严格。企业的排污行为只要符合国家环境行政法律法规的要求，从行政法的角度看，那就是合法的，企业的正常生产经营活动不仅是社会正常发展所必需的，也应当为法律所保护和鼓励，对企业的排污行为施以惩罚，必须以企业违反法律规定为前提，否则不具有正当性。①

在本司法解释起草过程中，关于以何者为依据认定“违反法律规定”的问题有两种意见：一种意见认为，应仅限于全国人大及其常委会制定的法律；另一种意见认为，应包括法律、法规在内，并可参照规章。我们经研究认为，某一污染环境、破坏生态行为是否具有违法性，应充分关注政府在环境治理体系中所处的主导地位，应尊重环境保护行政主管部门的判断权。且根据《环境保护法》规定，关于环境质量标准、污染物排放标准等事项，可制定严于国家标准的地方性标准，或者在无国家标准时制定地方性标准，故“法律规定”应当包括行政法规、地方性法规以及民族自治地方的自治条例和单行条例在内。同时，为避免法律、法规的滞后性和制定修订的程序复杂性，必要时可参照规章。

（三）结果要件

侵权人的行为造成严重后果，是适用惩罚性赔偿责任的客观要件之一。惩罚性赔偿具有惩罚功能，在适用上应当遵循谦抑原则，聚焦于损害后果严重的侵权行为，避免侵权人动辄得咎。对于“严重后果”的程度，《民法典》第一千二百三十二条并未作出明确规定。本司法解释第八条第一款规定了人民法院认定是否造成严重后果的酌定因素，包括污染环境、破坏生态行为的持续时间、地域范围，造成环境污染、生态破坏的范围和程度，造成的社会影响等；第二款规定了人民法院足以认定为造成严重后果的情形，包括造成他人死亡、健康严重损害，重大财产损失，生态环境严重损害或者重大不良社会影响。在本司法解释起草过程中，有意见认为应参考《最高人民法院　最高人民检察院关于办理环境污染刑事案件适用法律若干问题的解释》的相关规定，明确财产损失的具体标准，如三十万元。我们经研究认为，惩罚性赔偿作为民事责任应与刑事责任标准有所区别，且我国幅员广阔、各地生态环境特点不一，如从生态价值和修复难度看，“西北一棵树相当于东北一片林”，过

① 参见黄薇主编：《中华人民共和国民法典侵权责任编解读》，中国法制出版社2020年版，第251－252页。

于确定的标准不利于司法实践基于实际灵活掌握，故未设明确标准。

需要注意的问题，一是损害后果包括人身损害、财产损害和生态环境损害。尽管本司法解释以环境私益诉讼适用惩罚性赔偿为主进行条文结构安排，但污染环境、破坏生态所造成的直接后果是生态环境损害，人身损害、财产损害实为间接后果。因此，惩罚性赔偿的结果要件并不排除生态环境损害。因环境侵权导致人身损害、财产损害引发的诉讼，其请求权基础是生命健康权和财产权，可由普通民事主体提起环境私益诉讼；因环境侵权导致环境本身的损害引发的诉讼，其请求权基础是生态环境利益，可由社会组织、检察机关或者地方政府提起环境民事公益诉讼和生态环境损害赔偿诉讼。二是造成严重后果必须是已经实际发生的、现实存在的人身、财产或者生态环境损害，而不能仅是一种风险。对于具有损害社会公共利益重大风险的污染环境、破坏生态的行为，原告可以请求排除妨碍、消除危险，但无权请求行为人支付惩罚性赔偿。

三、生态环境侵权惩罚性赔偿的举证责任

举证责任是指法律要求当事人对自己所主张的事实，提出证据加以证明的责任。举证责任的分配是否公平直接关系到当事人的利益。《民事诉讼法》第六十七条规定，当事人对自己提出的主张，有责任提供证据。因此，一般侵权责任实行“谁主张，谁举证”原则。环境侵权作为特殊的侵权形式，其举证责任分配不同于普通侵权的诉讼规则。环境侵权过程具有复杂性，损害后果具有长期性、潜伏性、持续性、广泛性，因果关系往往一因多果、多因一果。基于这些特殊性考虑，由被侵权人承担因果关系的举证责任难度较大。为了减轻被侵权人的举证责任负担，让受害人更易获得救济，环境侵权实行因果关系举证责任倒置。依据《民法典》第一千二百二十九条、第一千二百三十条以及《环境侵权司法解释》第六条、第七条的规定，被侵权人应当对环境侵权行为、损害后果以及行为与后果之间具备关联性承担举证责任，侵权人则应当对法律规定的不承担责任或者减轻责任的情形及其行为与损害之间不存在因果关系承担举证责任。

关于生态环境侵权惩罚性赔偿的举证责任问题。如前所述，生态环境侵权惩罚性赔偿责任的特别构成要件是在符合生态环境侵权责任一般构成要件的基础上增加了特别构成要件。换言之，生态环境侵权惩罚性赔偿责任包括一般构成要件和特别构成要件。对于一般构成要件而言，应当适用生态环境侵权举证责任的一般规则，实行“谁主张，谁举证”和“因果关系举证责任倒置”。对于特别构成要件而言，惩罚性赔偿责任是独立于补偿性赔偿责任之外的一种独立责任，在责任形态上属于自己责任的范畴。被侵权人拿到手中的惩罚性赔偿数额是由“补偿性赔偿部

分”加“相应的惩罚性赔偿部分”组成。作为民事责任的加重，惩罚性赔偿已经不属于充分救济受害人的填平责任的范畴。由于其已不存在对弱势一方进行充分救济的法理基础，也就不存在因果关系举证责任倒置的基础。因此，特别构成要件应当适用“谁主张，谁举证”的一般举证规则，由被侵权人负举证证明责任。在本司法解释起草过程中，有意见认为本条规定改变了环境侵权责任的举证责任规定。我们认为，这种观点正是因没有区分一般构成要件的举证责任和特别构成要件的举证责任而产生的误解，本条规定并没有改变一般构成要件中因果关系举证责任倒置的规定。

【审判实务中应注意的问题】

惩罚性赔偿是传统侵权法填平原则的例外，具有加重责任的性质。人民法院在审理生态环境侵权纠纷案件适用惩罚性赔偿时，应当遵循谦抑原则，准确审查认定惩罚性赔偿责任的特别构成要件，既要发挥惩罚性赔偿的惩罚、震慑、预防等制度功能，又要防止惩罚性赔偿的滥用。同时需要注意的是，惩罚性赔偿责任系以补偿性赔偿责任的成立为前提条件，即只有当侵权人补偿性赔偿责任成立的情形下，才存在适用惩罚性赔偿责任的可能性。

此外，《民法典》对生态环境惩罚性赔偿设置了较为严格的要件。就构成要件来看，某一违反法律规定故意污染环境、破坏生态造成严重后果的行为，完全有可能既符合惩罚性赔偿的适用条件，同时也违反了生态环境保护的行政管理秩序，并构成刑法上的以危险方法危害公共安全罪、污染环境罪。人民法院在审理生态环境侵权纠纷案件适用惩罚性赔偿时，应注意民事、行政、刑事责任之间的统筹协调。

【法条链接】

《民法典》

第一千二百二十九条 因污染环境、破坏生态造成他人损害的，侵权人应当承担侵权责任。

第一千二百三十条 因污染环境、破坏生态发生纠纷，行为人应当就法律规定的不承担责任或者减轻责任的情形及其行为与损害之间不存在因果关系承担举证责任。

《环境保护法》

第六十四条 因污染环境和破坏生态造成损害的，应当依照《中华人民共和国侵权责任法》的有关规定承担侵权责任。

《民事诉讼法》

第六十七条 当事人对自己提出的主张，有责任提供证据。

当事人及其诉讼代理人因客观原因不能自行收集的证据,或者人民法院认为审理案件需要的证据,人民法院应当调查收集。

人民法院应当按照法定程序,全面地、客观地审查核实证据。

《环境侵权司法解释》

第一条 因污染环境、破坏生态造成他人损害,不论侵权人有无过错,侵权人应当承担侵权责任。

侵权人以排污符合国家或者地方污染物排放标准为由主张不承担责任的,人民法院不予支持。

侵权人不承担责任或者减轻责任的情形,适用海洋环境保护法、水污染防治法、大气污染防治法等环境保护单行法的规定;相关环境保护单行法没有规定的,适用民法典的规定。

第六条 被侵权人根据民法典第七编第七章的规定请求赔偿的,应当提供证明以下事实的证据材料:

(一)侵权人排放了污染物或者破坏了生态;

(二)被侵权人的损害;

(三)侵权人排放的污染物或者其次生污染物、破坏生态行为与损害之间具有关联性。

第七条 侵权人举证证明下列情形之一的,人民法院应当认定其污染环境、破坏生态行为与损害之间不存在因果关系:

(一)排放污染物、破坏生态的行为没有造成该损害可能的;

(二)排放的可造成该损害的污染物未到达该损害发生地的;

(三)该损害于排放污染物、破坏生态行为实施之前已发生的;

(四)其他可以认定污染环境、破坏生态行为与损害之间不存在因果关系的情形。

《民事诉讼法司法解释》

第九十条 当事人对自己提出的诉讼请求所依据的事实或者反驳对方诉讼请求所依据的事实,应当提供证据加以证明,但法律另有规定的除外。

在作出判决前,当事人未能提供证据或者证据不足以证明其事实主张的,由负有举证证明责任的当事人承担不利的后果。

第五条 人民法院认定侵权人污染环境、破坏生态的行为是否违反法律规定,应当以法律、法规为依据,可以参照规章的规定。

【条文主旨】

本条是关于侵权人污染环境、破坏生态行为是否违反法律规定的判断依据的规定。

【条文理解】

《民法典》第一千二百三十二条规定:“侵权人违反法律规定故意污染环境、破坏生态造成严重后果的,被侵权人有权请求相应的惩罚性赔偿。”据此,惩罚性赔偿的适用,除了要求侵权行为符合一般的污染环境和破坏生态行为构成要件外,还应当符合主观上行为人存在故意,客观上行为违反法律规定并造成严重后果的条件。本条强调的是人民法院在确定惩罚性赔偿责任时,认定行为违法的依据是什么。这就涉及两个基本问题,一是作为惩罚性赔偿责任构成要件的行为违法性与作为侵权责任一般构成要件的行为违法性的关系;二是法院认定需要承担惩罚性赔偿责任的侵权行为违法的法律依据。侵权责任的一般构成要件是否包含行为违法性,理论界存在较大争议,争议的主要内容是违法性的具体内涵,这个问题是生态环境侵权诉讼中判断侵权行为人承担惩罚性赔偿责任的行为违法性的基础,只有厘清这个基础问题,才能进一步明确本条规定的行为违法性的认定依据范围。

一、作为惩罚性赔偿责任构成要件的行为违法性问题

本条所涉及的基础问题是惩罚性赔偿责任构成要件之一的违法性问题,理解这一点,必须充分理解侵权责任的一般构成要件及违法性要素的关系这一基础问题。

(一)关于侵权责任一般构成要件的违法性问题

关于侵权责任的一般构成要件,主要有两种不同观点:第一种是三要件说。持这种观点的学者认为,侵权责任一般构成要件包括:过错、损害事实、行为与损害事实之间的因果关系。这些学者认为,违法行为不足以作为侵权责任的构成要件,主要理由是:一是原《民法通则》民事责任章第一百零六条第二款和第三款规定的过错责任和无过错责任条文,以及《民法典》侵权责任编第一千一百六十五条、第一千一百六十六条规定的过错责任和无过错责任条文中,并未规定“违法”是承担侵权责任的要件;二是违法行为与侵权行为同义,而不是侵权行为的构成要素;三是过错包含违法性,即违法性是过错的内容之一。第二种是四要件说。这种观点认为,在过错责任中,侵权责任的构成要件有四个,即行为的违法性(侵害行为)、损害事实、违法行为与损害结果之间的因果关系以及行为人的过错。在无过错责任中,侵权责任的构成要件有三个,即侵害行为、损害事实以及二者之间的因果关系。因此,

侵权责任的一般构成要件包括:违法行为、损害事实,因果关系和主管过错四个因素。这两种学说的主要区别在于,是否将违法性作为单独的责任构成要件,即如何看待违法性在侵权责任构成中的独立价值问题。支持将违法性作为侵权行为一般构成要件的观点认为:行为的违法性是构成侵权损害赔偿民事责任的第一要件,行为人只对违法行为承担责任,构成侵权损害赔偿责任的行为,必须是违反法律的行为。如果造成他人财产或者人身损害的行为是违反法律的行为,那么行为人就具备了对这个损害承担赔偿责任的要件之一。相反,行为人的行为是合乎法律规定的行为,那么即使这种行为造成了损害,行为人也不承担赔偿责任。对违法性的具体内涵,这种观点认为,违法是指行为在客观上与法律规定相悖,主要表现为违反法定义务,违反以保护他人为目的的法律和故意违背善良风俗导致损害等。第一,违反法定义务,即绝对权的义务人违反其不可侵义务,侵害他人的绝对权利;相对权的第三人违反其不可侵义务,侵害他人之间的债权。第二,违反以保护他人为目的的法律,任何人对法律保护的利益违反不可侵义务,违反这种保护他人的法律,也构成违法性。法律所保护的利益,称为法益。《消费者权益保护法》规定,经营者应当保证其提供的商品或者服务符合保障人身、财产安全的要求。按照这一规定,经营者在提供商品或者服务的时候,对消费者的人身安全和财产安全负有保障义务,经营者疏于这种保护义务,就违反了以保护他人为目的的法律,就构成违反以保护他人为目的的法律的违法性。同样,在环境保护领域,环境法律保护的公共环境利益也是如此。第三,故意违背善良风俗致人损害。反对将违法性作为侵权责任一般构成要件的主要理由是:即便某种行为并没有违反法律的明确规定,但由于行为人具有过错,也可能要承担侵权责任。在过错责任中,即便许多侵权行为是违法的,但是违法性要件通常可以被过错要件所包括,即过错吸收违法,因为违法本身表明行为人主观上具有故意或者至少有过失的过错。增加违法性要件,将增加受害人的举证困难,对受害人救济增加更多的障碍。综合以上观点,我们至少可以观察到违法性这一概念在侵权责任构成要件上无论是内涵还是外延具有很大的不确定性和模糊性,主要争议点在于如何界定过错和违法的关系。

在传统民法理论上,围绕违法性的本质,有主观违法与客观违法、形式违法与实质违法、行为违法与结果违法等观点的对应与对立。(1)主观违法与客观违法。违法概念起源于罗马法。但罗马法与法国法在实务上都是违法与过错不分,二者统一于一个概念。实际上,违法与过错的区分始于耶林,在耶林于1867年发表的《罗马私法中的责任要素》一书中,将违法概念一分为二,提出主观的违法与客观的违法的观念。主观的违法即为过错,而违法专指客观的违法,即违反法律规范且无法律认可的事由,过错则指行为人故意或过失致人损害的态度。因此,在现代侵权行为法上，“违法”概念被认为已经与过错概念相分离，违法专指客观的违法。(2)形式违法与实质违法。关于违法性本质的另一争论是形式违法与实质违法。形式违法，是指行为与明文法规相抵触，即违反法律的禁止性规定。将违法性解释为违反实定法律，易于解释也没有错误，但却受到诸多批评。由于民事活动纷繁复杂，侵权纠纷种类繁多，因此，民法上不可能对各种不法侵害他人权利的行为种类和方式，像刑法那样采取法定主义。哪些行为是违法行为，民法不必也不可能作出集中性的列举规定，这样一来，就给具体确定违法行为的独立内涵，并依据明确的标准判断各种具体的违法行为造成了困难。实际上，任何行为只要存在过错都可能引起民事责任，若仅仅因为利益侵害行为不能充分违反实定法的要求而拒绝对于受害人的救济，则明显背离私法所苦苦追求的正义理念，也无从体现过错责任主义的精神。欲以损害是否源于对“命令或禁止性法律”的违反来判决损害的“不正当性”是毫无意义的。对于实质违法说的内涵，学说上亦有各种的表述，有的认为“违法性的实质不仅是违反法律的明文规定，而且是指违反整体法秩序的精神目的”，有的认为“违法是对法益的侵害，不仅包括违反法规侵害权利的行为，还包括违反公序良俗侵害利益的行为”，但无论对其含义如何表述，依此说，对违法的认定，是以行为是否违反了被普遍接受的行为准则为根据，而具体的认定也必伴随自由裁量。对违法的这样一种解释方式事实上无从使其明确区别于过错，从而其存在意义也就极为有限。因此，在此层面上，无论是形式违法说还是实质违法说，均无法对违法提供一个明确科学的界定。(3)行为违法与结果违法。行为违法与结果违法是关于违法性本质的又一激烈争论。传统违法性理论采结果违法说，即认为凡侵害他人权利而生损害结果，如驾车撞伤路人、绑架杀人、烧人房屋，即属于违法，除非在例外情形下因某种事由阻却其违法性。结果违法说将侵权行为法的首要目的理解为损害之填补，所以违法性是对法益的侵害，现实产生损害后果便具有重要意义。这样的出发点有利于对受害人利益的补救，有利于充分实现侵权行为法的规范功能。问题是，如果单纯从合法权益遭受损害的事实认定行为的违法性，即凡是行为侵害了他人的合法权益，就应当认为该行为是违法行为，这样，不仅会使违法行为与损害事实的概念混淆，而且极易导致不适当地给行为人强加责任的结果。近年来，多有学者对结果违法说提出批评，主张所谓行为违法说，认为违法性不能仅由行为之结果而定，而应依行为本身判定。因过失侵害他人权利并不必然具有违法性，其违法性的成立，须以行为人未达到命令性规范确定的行为标准或未尽避免侵害他人的一般注意义务为必要。如果强调结果作为违法性要件，事实上是将侵权行为整体违法性用来解释侵权行为的违法性构成要件，并无阐明违法性是否属于侵权行为一般构成要件的实际价值。

就本条规定而言,本条规定中的违反法律规定,是建立在侵权责任一般构成要件三要件说基础上的,即侵权责任一般构成要件不包括违法性要件,承担惩罚性赔偿责任要求的违反法律规定要件,是指违反法律规定的法定义务,尤其是违反环境保护法律规定中的管理性和禁止性规定。类似于前述违法性本质争论中的客观违法,不包括基于民法一般过错理论的过错判断,即主观违法;属于形式违法,即纯粹的违反法律关于权利义务和行为模式的具体规定,一般不包括可以归入过错范畴的违反法律的一般精神和目的行为;属于行为违法,损害结果不是本条规定的违法性要件考虑的问题。

(二)作为惩罚性赔偿责任要件的违法性问题

理解本条,除了要厘清侵权责任一般构成要件的违法性问题本质外,还要进一步理解生态环境损害侵权责任中惩罚性赔偿责任的违法性问题。首先,一般侵权责任中,侵权责任的构成要件不包括违法性要素,仅包括过错,损害事实,行为和损害之间的因果关系三个要素。其次,生态破坏,环境污染侵权责任属于特殊侵权责任,属于无过错责任,因此此类侵权责任构成要件仅包括损害事实,行为与损害之间的因果关系两个要素。至于违法性是否作为责任要件的问题,通说认为,环境污染责任属于无过错责任,无论污染者是否存在过错,污染环境行为或者破坏生态行为造成损害都要承担责任。因此,不应当以违法性作为责任的构成要件,即使是合法的、达标的排污行为,只要造成受害人的损害,污染人就应当承担责任,即使污染者的行为没有超过国家或地方污染物排放标准,但是如果造成民事权益损害,不具有法定免责事由,也应当承担民事责任。最后,惩罚性赔偿责任,并非独立于生态破坏、环境污染侵权责任的一种独立的侵权责任类型,而是生态破坏、环境污染侵权责任的一种责任方式。不同的是,承担惩罚性赔偿责任,除了符合环境污染侵权责任的一般构成要件外,还要具备主观故意,行为违法和损害后果严重三个要件。本条所指的行为违法性问题,不完全等同于前述我们从侵权责任构成要件探讨的违法性问题,本条所谓的违反法律规定,主要是违反关于生态保护和污染防治等方面的行政管理法规,与侵权责任一般构成要件的民事违法性具有交叉关系,但并非一个概念,本条强调的违法性,更类似法律责任中需要承担行政违法责任的行政违法性。

二、本条所涉法律规定的范围界定问题

如前所述,本条所指的法律规定,并非侵权责任一般构成要件的违法性概念,主要是违反关于生态、环境保护和污染防治等方面的行政管理法规。可以作为违法性判断的依据包括法律、行政法规、地方性法规,同时还可以参照各类规章。

所谓依据，是指人民法院在审理生态环境侵权纠纷适用惩罚性赔偿时判断行为违法性适用的法律规范。本条规定确立了生态环境侵权惩罚性赔偿违法性判断以法律、法规作为依据的模式。这种依据是在诉讼法意义上的，即作为具体案件的裁判者，法院应当以法律、法规作为裁判依据，这里的法规，包括行政法规、地方性法规、自治条例和单行条例为依据。

1. 法律。法律是指全国人民代表大会及其常务委员会根据宪法，并依照立法程序制定、通过和颁布的规范性文件。按照制定机关的不同，法律分为基本法律和普通法律。前者一般是指全国人民代表大会制定的法律；后者则一般是指全国人民代表大会常务委员会制定的法律。基本法律可以从两个方面来理解：一方面，从法律的性质上看，基本法律对某一类社会关系的调整和规范，在国家和社会生活中应当具有全局性的、长远性的、普遍性和根本性的规范意义；另一方面，从调整内容来看，基本法律一般涉及的是公民的基本权利和义务、国家经济和社会生活中某一方面的基本关系、国家政治生活中基本制度、事关国家主权和国内市场统一的重大事项。对基本法律的制定和修改实质上是最高国家权力的体现之一，当然属于全国人民代表大会。绝大多数的普通法律是由全国人大常委会制定通过的。关于法律规定的事项，根据《立法法》第八条规定，下列事项只能制定法律：(1)国家主权的事项；(2)各级人民代表大会、人民政府、人民法院和人民检察院的产生、组织和职权；(3)民族区域自治制度、特别行政区制度、基层群众自治制度；(4)犯罪和刑罚；(5)对公民政治权利的剥夺、限制人身自由的强制措施和处罚；(6)税种的设立、税率的确定和税收征收管理等税收基本制度；(7)对非国有财产的征收和征用；(8)民事基本制度；(9)基本经济制度以及财政、海关、金融和外贸的基本制度；(10)诉讼和仲裁制度；(11)必须由全国人民代表大会及其常务委员会制定法律的其他事项。根据《立法法》第九条的规定，立法法第八条规定的事项尚未制定法律的，全国人民代表大会及其常务委员会有权作出决定，授权国务院可以根据实际需要，对其中的部分事项先制定行政法规，但是有关犯罪和刑罚、对公民政治权利的剥夺和限制人身自由的强制措施和处罚、司法制度等事项除外。根据《立法法》第五十条的规定，全国人民代表大会常务委员会的法律解释同法律具有同等效力。法律在位阶上仅次于宪法，高于法规和规章。

2. 行政法规。行政法规是指国务院根据宪法和法律，为领导和管理国家各项行政管理工作，依照法定程序制定的政治、经济、文化、外交等各类法规的总称。行政法规在位阶上低于宪法和法律，但高于地方性法规和规章。根据《立法法》第六十五条的规定，行政法规可以就下列事项作出规定：为执行法律的规定需要制定行政法规的事项；《宪法》第八十九条规定的国务院行政管理职权的事项；应当由全国人民代表大会及其常务委员会制定法律的事项，国务院经全国人民代表大会及其常务委员会授权可以制定行政法规。(1)为执行法律的规定需要制定行政法规。主要是由于某些法律的条文比较原则，必须通过行政法规予以细化，有的要作出专门规定。细化法律一般通过实施细则、实施条例和实施办法等规范性文件进行，主要内容通常包括了对法律术语、专业术语的解释、行政裁量幅度、行政执法程序、法律责任的幅度、具体措施和具体办法等。大多数法律在附则中明确规定国务院可以就法律规定的内容予以细化，制定实施细则或者实施条例。例如，根据《土地管理法》的规定，国务院制定了《土地管理法实施条例》。专门规定主要是为了将法律中的某一项规定落实制定专门规定。有些法律在整体上具有较强的可操作性，但是某项规定或者制度比较复杂、缺少经验，法律只能作原则规定，由国务院作进一步规定。例如，《行政处罚法》规定，决定罚款的行政机关应当与收缴罚款的机构分离。为了落实法律的这个规定，国务院专门制定了具体的行政法规。此外，还包括对法律实施的过渡、衔接问题和相关问题作出规定。(2)《宪法》第八十九条规定的国务院行政管理职权的事项，是指国务院依据宪法所具有的行政法规的制定权。有一种观点认为，根据宪法和法律制定行政法规，必须先有法律，才能根据法律制定行政法规。实际上，“根据宪法和法律”的含义就已经包括宪法规定属于国务院行政管理职权范围内的事项，无须先有法律。但是，有两点必须注意：一是凡不属于行政管理职权的问题，诸如刑法、司法、诉讼程序等方面的问题，无权制定行政法规；二是凡属于全国人大及其常委会专属立法权的事项，诸如基本经济制度、财政、税收、海关、金融和外贸等事项，不得制定行政法规或者制定行政法规必须经过全国人大或者常委会的授权。(3)除了专属于全国人大法律制定权限之外，全国人大可以授权国务院制定行政法规。例如，国务院根据全国人大《关于授权国务院在经济体制改革和对外开放方面可以制定暂行的规定或者暂行条例的决定》(1985 年)，制定了一系列的暂行规定和暂行条例。

3. 地方性法规、自治条例和单行条例。

(1)地方性法规。根据《立法法》第七十三条的规定，地方性法规可以就下列事项作出规定：为执行法律、行政法规的规定，需要根据本行政区域的实际情况作具体规定的事项；属于地方性事务需要制定地方性法规的事项。除《立法法》第八条规定的事项外，其他事项国家尚未制定法律或者行政法规的，省、自治区、直辖市和较大的市根据本地方的具体情况和实际需要，可以先制定地方性法规。在国家制定的法律或者行政法规生效后，地方性法规同法律或者行政法规相抵触的规定无效，制定机关应当及时予以修改或者废止。①所谓“为执行法律、行政法规的规定，需要根据本行政区域的实际情况作具体规定的事项”，是指地方性法规可以根据法律和行政法规的规定制定本地区执行性的规定。地方制定执行性、具体化的规定的,不能和法律、行政法规相抵触。例如,《道路交通安全法》第一百二十三条规定,省、自治区、直辖市人民代表大会常务委员会可以根据本地区的实际情况,在本法规定的罚款幅度内,规定具体的执行标准。②所谓“属于地方性事务需要制定地方性法规的事项”,是指在短期内不可能形成全国性的行政事务,不需要由全国人大制定法律、国务院制定行政法规。例如,北京市人民代表大会常委会于2000年通过的《中关村科技园区条例》。地方性法规规定的事项局限于本行政区域,如果属于超出本行政区域的事项,地方性法规不能作出规定,即使规定出来也无法得到执行。例如,对于流经本行政区域的河流进行污染治理的事项,如果该河流流经若干其他行政区域,则地方性法规对整个河流流域内的污染治理事项作出规定,就是越权的。③所谓“其他事项国家尚未制定法律或者行政法规的”,是指对于属于全国人大及其常委会和国务院专属立法权之外的其他事项,允许地方根据本地方的具体情况和实际需要先行作出规定。但是,中央立法一旦出台,地方性法规与法律和行政法规相抵触的部分即为无效,制定机关应当及时进行修改或者废止。经济特区所在地的省、市的人民代表大会及其常务委员会根据全国人民代表大会的授权决定制定法规,在经济特区范围内实施。

(2)自治条例和单行条例。自治条例和单行条例是指民族自治地方的人民代表大会依照宪法,民族区域自治法或者其他法律规定的权限,结合当地的政治、经济、社会、文化特点所制定的规范性文件。自治条例规定的内容大多涉及自治与统一的关系、自治机关的组织和职责等根本性问题;单行条例与自治条例相比处于次要地位,大多就自治条例的某一方面作出具体化的规定。自治条例和单行条例在权限范围内可以对法律和行政法规进行变通,如此规定的主要目的在于保证民族区域自治机关行使自治权,充分体现宪法规定的“各民族一律平等”原则。民族自治地方根据本地区实际情况,对国家的法律、政策和上级国家机关的决议、决定、指示、命令等,可以经适当程序作出变通和补充规定。《立法法》重申了《宪法》和《民族区域自治法》的规定,民族自治地方的人民代表大会有权依照当地民族的政治、经济和文化的特点,制定自治条例和单行条例。自治区的自治条例和单行条例,报全国人民代表大会常务委员会批准后生效。自治州、自治县的自治条例和单行条例,报省、自治区、直辖市的人民代表大会常务委员会批准后生效。自治条例和单行条例可以依照当地民族的特点,对法律和行政法规的规定作出变通规定,但不得违背法律或者行政法规的基本原则,不得对《宪法》和《民族区域自治法》的规定以及其他有关法律、行政法规专门就民族自治地方所作的规定作出变通规定。自治条例和单行条例虽然可以作变通规定,但必须符合以下两个条件:①不得违背法律或者行政法规的基本原则。法律和行政法规通常对于基本原则的规定最为关注，因为它反映了法律甚至宪法的基本精神和基本内涵。如果违背这些基本内涵，那就相当于否定这些法律、行政法规在本地区实施的可能性。根据宪法和有关法律的规定，地方各级人大负有在本行政区域内保证宪法、法律和行政法规得到遵守、实施的职责，因此即使变通也不得违背法律和行政法规的基本原则。②不得对《宪法》和《民族区域自治法》的规定以及其他有关法律、行政法规专门就民族自治地方所作的规定作出变通规定。《宪法》和《民族区域自治法》的规定是民族自治地方立法的基本依据，因此不能变通。其他有关法律和行政法规如专门就民族自治地方作出规定，说明全国人大及其常委会和国务院已经考虑到民族自治地方的特点和实际情况，不能作出变通规定。需要注意的是，自治区制定的法规有的是自治法规，有的是一般地方性法规。这两者的区别点在于两者规定的内容和报批程序不同：如果是自治法规规定的是有关自治权的内容，同时，要报全国人大常委会批准后生效；地方性法规只就地方性事务等作出规定，且只须报全国人大常委会备案即可。

三、可以作为行为违法性判断参照的规章范围界定问题

所谓参照是指行政规章从总体上对人民法院不具有绝对的约束力，法院具有选择适用规章的权力。只有规章与法律法规的规定符合的情况下，人民法院才能将其作为裁判的依据。如果规章不违反法律法规的规定，人民法院可以依据该规章的规定作出裁判。但人民法院对规章也没有司法审查权，对不符合法律、法规规定的规章，不能宣布规章无效或者撤销规章，而只能决定是否适用该规章。

之所以规定认定侵权人污染环境、破坏生态的行为是否违反法律规定时必须参照规章，而不能仅仅依据法律、法规。主要是根据环境侵权案件审判的需要，同时借鉴行政诉讼的成熟经验。参照适用规章，是行政诉讼法的明确规定，由于行政诉讼是对行政行为的合法性进行审查，而行政机关的行政行为又主要依据行政规章，如果不将规章作为行政行为合法性的判断标准，则会导致法院在审理行政案件时出现无法可依的窘境。同样，污染环境和破坏生态行为侵害环境公共利益，而这些公共利益的具体维护和对具有危害行为的惩处又是通过行政管理部门的大量行政管理规定（包括规章和规范性文件）得以体现和明确，脱离这些行政管理规定的违法行为，法院很难独立判断哪些破坏生态和污染环境应当承担惩罚性赔偿责任。

对规章参照而不是适用的主要理由有两个方面：一是规章的法律效力与法律、法规不完全相同，具有特殊性。一般而言规章是行政机关制定的贯彻落实法律、法规的规范文件，本质上属于行政性立法行为而不是纯粹的立法行为，从权力分工制衡的角度，法院独立行使审判权，对规章原则上没有必须适用的法律义务，否则，法

院的审判活动就会很大程度上受制于行政活动。实际上,《立法法》对于规章的规定也仅仅是为了解决规章中存在的问题,此种规定属于附带性的规定,与法律、法规有着较大的区别。二是规章制定容易受到部门利益的影响。目前,制定规章的机关在制定规章过程中考虑本部门的利益较多,损害了公民的合法权益;制定规章还缺乏严格的程序,规章能规定的权限不够明确;有些规章的规定是否符合法律、法规难以确认,有的国务院部委的规章与地方性法规的规定不一致或者有的国务院部委之间的规定不一致,其效力难以确认等。这些问题因法院没有司法审查权而难以解决,在这种情况下,人民法院审理行政案件只能参照规章。立法者对"参照"的最权威的解释是:"现在对规章是否可以作为法院审理行政案件的依据仍有不同意见,有的认为应该作为依据,有的认为不能作为依据,只能以法律、行政法规和地方性法规作为依据。我们考虑,宪法和有关法律规定国务院各部委和省、市人民政府有权依法制定规章,行政机关有权依据规章行使职权。但是,规章与法律、法规的地位和效力不完全相同,有的规章还存在一些问题。因此,法院在审理行政案件时,参照规章的规定,是考虑了上述两种不同的意见,对符合法律、行政法规规定的规章,法院要参照审理,对不符合或不完全符合法律、行政法规原则精神的规章,法院可以有灵活处理的余地。"

规章是行政规章的简称,是指国务院各部门以及省、自治区、直辖市人民政府和较大的市的人民政府根据法律、法规制定的有关行政管理的规定、办法、规则等规范性文件的总称。规章包括国务院部门制定的规章和地方政府制定的规章,简称为部门规章和地方规章。

1. 部门规章。国务院部门规章法律地位的确定经历了一个长期的历史过程。根据1954年《宪法》第五十一条的规定,各部部长和各委员会主任在本部门权限内,依据法律、法令和国务院的决议、命令,可以发布命令和指示。可见,当时的"命令和指示",与现今的规章的内容基本相同。1982年《宪法》明确了包括规章在内的由法律、行政法规、地方性法规、自治条例和单行条例、部门规章、地方政府规章等规范性文件构成的多层次的法律规范体系。《宪法》第九十条第二款规定,各部、各委员会根据法律和国务院的行政法规、决定、命令,在本部门的权限内,发布命令、指示和规章。《国务院组织法》第十条也作了相同的规定:根据法律和国务院的决定,主管部、委员会可以在本部门的权限内发布命令、指示和规章。至此,"规章"作为一种特定的法律术语出现了。中国人民银行和审计署虽然没有"部""委"名称,但是也属于国务院部委的一部分,因此也是规章制定主体。

2. 地方政府规章。地方政府规章是指由省、自治区、直辖市和较大的市的人民政府根据法律、行政法规、地方性法规并按照法定程序制定的适用于本地区行政管理工作的规定、办法、规则等规范性文件的总称。根据《地方各级人民代表大会和地方各级人民政府组织法》第七十四条第一款的规定，省、自治区、直辖市的人民政府可以根据法律、行政法规和本省、自治区、直辖市的地方性法规，制定规章，报国务院和本级人民代表大会常务委员会备案。设区的市、自治州的人民政府可以根据法律、行政法规和本省、自治区的地方性法规，依照法律规定的权限制定规章，报国务院和省、自治区的人民代表大会常务委员会、人民政府以及本级人民代表大会常务委员会备案。1992 年后，全国人大及其常委会通过特别授权的方式授予深圳、厦门、汕头、珠海四个经济特区市的规章制定权。《立法法》将经济特区市纳入到了"较大的市"的范围，享有规章制定权。《立法法》第八十二条第一款规定，省、自治区、直辖市和设区的市、自治州的人民政府，可以根据法律、行政法规和本省、自治区、直辖市的地方性法规，制定规章。在制定地方规章的权限上，有一个限制，即必须是为执行法律、行政法规、地方性法规的规定需要制定规章的事项或者属于本行政区域的具体行政管理事项。"为执行法律、行政法规、地方性法规的规定需要制定规章的事项"包括两层含义：一是制定规章必须有法律、行政法规、地方性法规的明确规定，这类规章是具有执行性的；二是对于没有法律、行政法规、地方性法规的明确规定的，可以根据本地方的实际情况，制定相应的配套措施和具体规定。"属于本行政区域的具体行政管理事项"的依据主要是《宪法》和《地方各级人民代表大会和地方各级人民政府组织法》的规定。《宪法》第一百零七条规定，县级以上地方各级人民政府依照法律规定的权限，管理本行政区域内的经济、教育、科学、文化、卫生、体育事业、城乡建设事业和财政、民政、公安、民族事务、司法行政、监察、计划生育等行政工作。《地方各级人民代表大会和地方各级人民政府组织法》第七十三条第（五）项规定，县级以上的地方各级人民政府管理本行政区域内的经济、教育、科学、文化、卫生、体育事业、环境和资源保护、城乡建设事业和财政、民政、公安、民族事务、司法行政、监察、计划生育等行政工作。为履行上述行政管理职能，《立法法》对此进行了明确。只有在满足上述条件的情况下，才能制定地方规章。

3. 规章的法源地位。对于规章是否属于我国的法律渊源，在《立法法》制定过程中曾经产生过较大的争论。《立法法》第二条最后规定，法律、行政法规、地方性法规、自治条例和单行条例的制定、修改和废止，适用本法。国务院部门规章和地方政府规章的制定、修改和废止，依照本法的有关规定执行。同时，《立法法》第一百零三条还确立了军事规章的法律地位，即中央军事委员会各总部、军兵种、军区、中国人民武装警察部队，可以根据法律和中央军事委员会的军事法规、决定、命令，在其权限范围内，制定军事规章。军事法规、军事规章在武装力量内部实施。军事法规、军事规章的制定、修改和废止办法，由中央军事委员会依照本法规定的原则规定。对于规章的法律地位问题，参与《立法法》制定的有关人员解释说："行政规章的制定，对于法律、行政法规、地方性法规的实施，有着重要的作用。因为大量的法律、法规是由行政机关执行的，行政机关需要依据有关的法律、法规，作出相应的具体规定。同时，由于法律、法规对有些问题的规定比较原则，需要通过行政规章使之进一步细化或具体化，以利更好地贯彻实施。但是，行政机关毕竟不是立法机关。行政规章的效力低于法律、法规。依照行政诉讼法的规定，人民法院审理行政案件，以法律和行政法规、地方性法规、自治条例和单行条例为依据；人民法院审理行政案件，参照国务院部、委制定的规章和地方政府制定的规章。《行政诉讼法》的规定，说明规章的效力同法律、行政法规、地方性法规、自治条例和单行条例有着明显的区别。鉴于这种情况，本条在规定本法的调整范围时，将规章同法律、行政法规、地方性法规、自治条例和单行条例分别作出规定。"这样，既把规章纳入了规范的范围，使规章受到《立法法》的调整，又把它同法律、行政法规、地方性法规、自治条例、单行条例区别开来，表明规章在《立法法》中具有附带规定的性质。

四、位阶和冲突适用规则问题

法律、法规和规章作为违法性判断依据，可能存在相互之间规定不一致的情况，这种情况下，应当根据《立法法》关于法律冲突解决规则的规定予以解决。根据《立法法》的规定，规定不一致的冲突适用解决规则主要可以区分为：制定机关层级不同的规定不一致的冲突适用规则和制定机关层级相同（或者不具有隶属关系）的规定不一致的冲突解决规则。

1. 对于制定机关层级不同的规定不一致的冲突适用规则，基本原则是较高层级制定机关的规定效力高于较低层级制定机关的规定效力。不同位阶规定不一致的适用问题主要通过效力规则予以解决，较为简单，但这一规则仅限于没有隶属关系的不同层级制定机关之间。具体而言，宪法的效力大于法律；法律的效力高于法规和规章，法律之间不区分效力大小［有观点认为基本法律（全国人大制定的法律）的效力要高于普通法律（全国人大常委会制定的法律），这种观点是错误的］；行政法规的效力高于地方性法规和规章。特别需要注意的是，地方政府规章和国务院部门规章之间，以及它们相互之间没有高低层级的效力区分，即规章的效力都是一样的。

2. 同一位阶之间的规定不一致时的冲突适用规则问题，包括同一制定机关的规定不一致，无法律上隶属关系的不同机关的规定不一致等情况。首先，同一制定机关的规定不一致。（1）同一机关制定的法律、行政法规、地方性法规、自治条例和单行条例、规章，特别规定与一般规定不一致的，适用特别规定；新的规定与旧的规定不一致的，适用新的规定。（2）法律之间对同一事项的新的一般规定与旧的特别规定不一致，不能确定如何适用时，由全国人民代表大会常务委员会裁决。(3)行政法规之间对同一事项的新的一般规定与旧的特别规定不一致，不能确定如何适用时，由国务院裁决。(4)同一机关制定的新的一般规定与旧的特别规定不一致时，由制定机关裁决。其次，无法律上隶属关系的不同机关的规定不一致。主要表现在地方性法规、规章之间不一致时的处理规则。需要特别注意的是，这种情况下不是冲突适用规则，而是冲突解决规则，即适用不能根据自己的判断作出选择，而是要按照法定程序报有关机关作出裁决。(1)地方性法规与部门规章之间对同一事项的规定不一致，不能确定如何适用时，由国务院提出意见，国务院认为应当适用地方性法规的，应当决定在该地方适用地方性法规的规定，认为应当适用部门规章的，应当提请全国人民代表大会常务委员会裁决。(2)部门规章之间、部门规章与地方政府规章之间对同一事项的规定不一致时，由国务院裁决。部门规章是国务院部门在其权限范围内制定的，由于管理权限划分不清或交叉，部门规章的规定会有冲突。同时，部门规章和地方政府规章之间调整的社会关系有时是重合的，部门规章在全国范围内施行，地方政府规章在其所辖区域内有效，因此，部门规章和地方政府规章也会发生冲突，由于部门规章之间、部门规章和地方政府规章之间具有同等效力，不好明确规定发生冲突时谁该优先适用。而国务院部门和地方政府，都归国务院统一领导。因此，《立法法》第九十五条第一款第三项规定部门规章之间、部门规章与地方政府规章之间对同一事项规定不一致时，由国务院裁决。

3. 根据授权制定的法规与法律规定不一致，不能确定如何适用时，由全国人民代表大会常务委员会裁决。经济特区法规根据授权，可以对法律作变通规定；根据全国人大及其常委会授权制定的行政法规也享有较大的立法权限，可以对全国人大及其常委会的部分专属立法事项作出规定。因此，当它们与法律不一致时，需要判断其对法律所作的变通是否合理，是不是违反授权规定，是不是违背法律的基本原则？如果没有违背法律的基本原则，没有违反授权规定，对法律所作的变通是合理的，就应当适用根据授权制定的法规，如果不能确定，就应当由全国人大常委会作出裁决。

【审判实务中应注意的问题】

一、规范性文件能否作为依据的问题

实践中，行政机关除根据《立法法》制定规章外，各级行政机关还制定了大量的规范性文件，很多情况下，规范性文件辅助法律、法规和规章的细化实施，成为行政执法的重要依据。2014 年《行政诉讼法》修改之前，规范性文件不具有诉讼法上约

束力，人民法院审理案件可以不考虑规范性文件的问题。2014 年《行政诉讼法》修改之后，赋予了人民法院对规范性文件合法性的审查权。这也意味着，对于合法的规范性文件，行政机关作为行政依据之后，人民法院不能否定其适用，在诉讼中应当上作为判断行政行为合法性的合法依据。同样的问题，在惩罚性赔偿诉讼中，人民法院能否援引行政机关规范性文件的规定被诉行为的违法性，我们认为，规范性文件无论效力高低，因为其不具有《立法法》意义上的法律地位，其作为行政机关执行法律的重要辅助手段，可以作为行政机关的执法依据。因此，《行政诉讼法》在特定条件下承认规范性文件作为判断行政行为合法性依据是行政诉讼的内在规律要求。但在生态环境侵权纠纷中，规范性文件对人民法院并无法律约束力，人民法院也无必须根据规范性文件判断行为违法性的必要，因此，不能作为人民法院在审理案件时依据。

"规范性文件"需结合《行政诉讼法》第五十三条的规定理解，指的是国务院部门和地方人民政府及其部门所制定的规范性文件。修改前的 1989 年《行政诉讼法》第十二条规定的"行政法规、规章或者行政机关制定、发布的具有普遍约束力的决定、命令"中的"行政机关制定、发布的具有普遍约束力的决定、命令"亦属于"规范性文件"的范畴。此外，《规章制定程序条例》第三十六条规定，依法不具有规章制定权的县级以上的地方人民政府制定、发布具有普遍约束力的决定、命令，参照本条例规定的程序执行。该条例中规定的"县级以上的地方人民政府制定、发布具有普遍约束力的决定、命令"也属于"规范性文件"的范畴。

二、选择适用和合法性审查的问题

审判实践中需要特别注意的是，人民法院对规章的参照具体表现在选择适用上，即对与上位法不一致的规章可以选择不予适用，但不能对规章进行合法性审查。既不能像行政诉讼中对规范性文件合法性审查一样对规章进行合法性审查，也不能在判决中直接宣布该规章违反法律规定，更不能在判决主文中对规章的效力进行判断，对可以通过立法法明确的冲突适用规则解决适用问题的，由审理案件的人民法院直接判断选择适用，对不能通过冲突适用规则直接解决适用问题的，但又存在法律适用冲突的，人民法院按照《立法法》规定的冲突解决规则，应当依照法定程序报请有权机关裁决确定。

【法条链接】

《民法典》

第十条　处理民事纠纷，应当依照法律；法律没有规定的，可以适用习惯，但是不得违背公序良俗。

《立法法》

第八十七条 宪法具有最高的法律效力,一切法律、行政法规、地方性法规、自治条例和单行条例、规章都不得同宪法相抵触。

第八十八条 法律的效力高于行政法规、地方性法规、规章。

行政法规的效力高于地方性法规、规章。

第八十九条 地方性法规的效力高于本级和下级地方政府规章。

省、自治区的人民政府制定的规章的效力高于本行政区域内的设区的市、自治州的人民政府制定的规章。

第九十条 自治条例和单行条例依法对法律、行政法规、地方性法规作变通规定的,在本自治地方适用自治条例和单行条例的规定。

经济特区法规根据授权对法律、行政法规、地方性法规作变通规定的,在本经济特区适用经济特区法规的规定。

第九十一条 部门规章之间、部门规章与地方政府规章之间具有同等效力,在各自的权限范围内施行。

第九十二条 同一机关制定的法律、行政法规、地方性法规、自治条例和单行条例、规章,特别规定与一般规定不一致的,适用特别规定;新的规定与旧的规定不一致的,适用新的规定。

第九十三条 法律、行政法规、地方性法规、自治条例和单行条例、规章不溯及既往,但为了更好地保护公民、法人和其他组织的权利和利益而作的特别规定除外。

第九十四条 法律之间对同一事项的新的一般规定与旧的特别规定不一致,不能确定如何适用时,由全国人民代表大会常务委员会裁决。

行政法规之间对同一事项的新的一般规定与旧的特别规定不一致,不能确定如何适用时,由国务院裁决。

第九十五条 地方性法规、规章之间不一致时,由有关机关依照下列规定的权限作出裁决:

(一)同一机关制定的新的一般规定与旧的特别规定不一致时,由制定机关裁决;

(二)地方性法规与部门规章之间对同一事项的规定不一致,不能确定如何适用时,由国务院提出意见,国务院认为应当适用地方性法规的,应当决定在该地方适用地方性法规的规定;认为应当适用部门规章的,应当提请全国人民代表大会常务委员会裁决;

(三)部门规章之间、部门规章与地方政府规章之间对同一事项的规定不一致时，由国务院裁决。

根据授权制定的法规与法律规定不一致，不能确定如何适用时，由全国人民代表大会常务委员会裁决。

《行政诉讼法》

第六十三条 人民法院审理行政案件，以法律和行政法规、地方性法规为依据。地方性法规适用于本行政区域内发生的行政案件。

人民法院审理民族自治地方的行政案件，并以该民族自治地方的自治条例和单行条例为依据。

人民法院审理行政案件，参照规章。

《最高人民法院关于适用〈中华人民共和国行政诉讼法〉的解释》

第一百条 人民法院审理行政案件，适用最高人民法院司法解释的，应当在裁判文书中援引。

人民法院审理行政案件，可以在裁判文书中引用合法有效的规章及其他规范性文件。

《最高人民法院关于适用〈中华人民共和国民法典〉总则编若干问题的解释》

第一条 民法典第二编至第七编对民事关系有规定的，人民法院直接适用该规定；民法典第二编至第七编没有规定的，适用民法典第一编的规定，但是根据其性质不能适用的除外。

就同一民事关系，其他民事法律的规定属于对民法典相应规定的细化的，应当适用该民事法律的规定。民法典规定适用其他法律的，适用该法律的规定。

民法典及其他法律对民事关系没有具体规定的，可以遵循民法典关于基本原则的规定。

第六条 人民法院认定侵权人是否具有污染环境、破坏生态的故意，应当根据侵权人的职业经历、专业背景或者经营范围，因同一或者同类行为受到行政处罚或者刑事追究的情况，以及污染物的种类，污染环境、破坏生态行为的方式等因素综合判断。

【条文主旨】

本条是关于判断侵权人是否具有故意的考量因素的规定。

【条文理解】

依照《民法典》第一千二百三十二条的规定，违反法律规定故意污染环境、破坏生态是侵权人承担惩罚性赔偿的主观过错要件。

故意和过失是过错的两种形态。故意的意义,民法未设规定。通说认为,民法上故意的解释应当等同于刑法,即故意者指行为人对于构成侵权行为之事实,明知并有意使其发生(直接故意),或预见其发生,而其发生并不违背其本意(间接故意或未必故意)。[①]

相较于民法,故意作为多数罪名的主观要件,在刑法中居于更为重要的地位。刑法理论对故意的研究,对把握环境污染中的故意具有重要意义。按照刑法的理论,故意由目的认识因素和意志因素构成。

一、认识因素——明知

(一)明知的内容

在刑法中,明知是认定故意的重要因素。刑法理论认为,故意与过失相对,是主观罪过的表现形式,反映了人在行为时的内在心理过程,是支配行为人行为的直接动力,同时也是行为人主观恶性的集中体现。明知的内容就是故意的认识内容。在学说上,对于明知的内容存在不同的学说:一是具体符合说,认为行为人所明知的内容与实际发生的违法行为必须完全一致,才能构成故意违法。如果所明知的内容与实际发生的违法行为在具体环节上有任何的不同,则不构成故意违法。二是抽象符合说,认为行为人所明知的内容与实际发生的违法行为存在抽象一致时,不论明知的事实与实际发生违法事实的具体差别与程度轻重,均应当按照故意认定。三是法定符合说,认为行为人明知的内容与实际发生的违法事实在法定构成要件上存在一致时,即成立故意违法。在这三种理论中,具体符合说失之过严,而抽象符合说失之过宽,法定符合说具有其合理性,因而称为理论上之通说。

一般认为,故意中明知的认为应当包括以下几个方面。

1. 对自己行为的明知。一是对行为性质的明知。行为人对自己行为的认识与客观一致,即明知自己是在从事该种行为。例如,行为人向河流中排放污染物时,应当明知自己是在从事排污行为。在行为人明知自己行为性质的前提下,才有可能认识到该行为所产生的危害结果。如果行为人对于自己的行为性质缺乏认识,自然不能认为存在故意。当然,行为人对自己行为的客观性质的认识并不要求达到与法律规范评价相一致。例如,在滥伐林木的场合,行为人只要认识到砍伐林木须经许可,而自己是未经许可违反了法律的规定即可构成明知。而不需要认识到这

---

① 参见王泽鉴:《侵权行为》,北京大学出版社2016年版,第296页。

种行为是否构成对生态环境的破坏。二是对行为的对象明知。行为对象是行为直接作用的人或物,是具体的物质性的东西,能为人所感知,应当称为行为人明知的内容。只有行为人对行为对象有所认识时,才会对自己要实施的行为的性质产生认识,进而认识到该行为的结果。如果行为人对行为对象缺乏认识,则会阻却故意的存在。刑法理论中常见之例是,行为人误将人误认为野兽射杀,即不成立杀人的故意。以此为类比,如行为人将珍稀野生植物误认为杂草而割除,亦不能成立故意侵权。同样需要指出的是,行为人所要认识的行为对象是一种经过抽象的"典型事实",并不要求行为人对具体的对象有认识。

明知的程度是一个十分重要的问题。关于这一问题,理论界亦有不同的观点。第一种观点为确定说。认为明知就是行为人明确知道自己从事的损害行为。第二种观点为可能说,即表明这种是知道是一种不确定的或然状态。第三种观点为充分理由怀疑说,即只要有充分的理由和根据怀疑就可以构成明知。本文认为,第一种观点过于严格,第二种观点又失之于宽,唯第三种观点为可取。

2. 对行为结果的认识。关于故意中的明知是否包括对结果的明知,理论上存在肯定说和否定说。肯定说认为,根据刑法"明知自己的行为会发生危害社会的结果"的立法精神,行为的结果应当是故意必不可少的内容,认为故意可以脱离对结果的认识而独立存在,是缺乏法律依据的。[①] 否定说则认为,行为人对于自己行为的危害结果并非都有认识,而且也无必要查明行为人对结果的认识。[②] 我们认为,在侵权责任中认定行为人是否构成故意时,是需要对结果有所认识的,但这种认识同样是抽象而非具体的。例如,在判断污染水环境的故意时,只需要判断行为人认识到是在向河流、湖泊排放国家禁止或超出许可范围的污染物,并可能造成水污染即可。至于行为人是否会认识污染范围多大,损害严重程度如何,是否可能产生次生危害,不影响对其故意性质的认定。

3. 对行为与结果因果关系的认识。因果关系是一种引起与被引起的关系。在故意的认识因素中,行为人不仅要认识到会发生一定的结果,而且也要认识到这种结果将会由自己的行为所引起。当然,行为人对这种因果关系的认识,并不要求行为人对因果关系的具体过程有明确的认识。倘若这种因果关系的具体进程的认识与实际的进程有偏差,则是因果关系的错误所研究的问题。有学者认为,"因果关系永远是现实的,不可能存在'可能'的因果关系。行为人的认识永远先于'结果'而存在行为人头脑之中这一原理,决定了行为人无须对已经出现的有害于社会因

---

① 参见姜伟:《犯罪故意与犯罪过失》,群众出版社 1992 年版,第 117 - 118 页。

② 参见陈兴良:《刑法哲学》(修订版),中国政法大学出版社 1997 年版,第 164 页。

果锁链要有再认识。因果关系的事实存在已不可能改变行为人先前对行为可能导致的某种结果的认识内容。因此,对因果现实关系的认识不应包括在行为人的认识内容之中。”①但是,在行为人行为所引起的结果发生之前,行为人对该行为与结果之间的引起与被引起的关系,仍然存在认识。从逻辑来看,行为人认识到自己的行为,同时又认识到自己行为的结果,就不可能不对这二者之间的联系产生认识。因果关系事后的客观存在,并不能否定行为人事前对因果关系的主观推测。“……行为人在实施之际,莫不利用因果知识以实施其犯罪,在此情况下,行为人不可能对其行为与结果之间的无因果关系之认识,从而故意含有因果关系是认识,实无可疑。”②因果关系的认识是预测行为人的实行完成社会生活上一般所预期的因果经过后就出现损害的结果。因而,在缺乏该预测时,就阻却构成要件性故意。

4. 对违法性的认识。在大陆法系国家,关于故意的成立是否要有违法性认识,有如下不同观点:第一,违法性认识不要说。该说认为,故意的成立不要求有违法性认识,也不要求有违法性认识的可能性。因为故意的内容就是对违法事实的认识,因此,在欠缺违法性的认识时,即使不具有违法性认识的可能性,也成立故意。这种观点的基础在于心理责任论,即认为故意是对违法行为的认识,只要行为人具有对事实的认识,就可以追究其故意责任。认为有责任能力者通常都具有能够认识违法性的能力,没有对违法性认识进行特别考察的必要。政策考量,即如果将违法性认识作为故意要件,会因违法性认识证明困难而给违法者逃避制裁提供借口。③ 第二,违法性认识必要说(严格故意说)。该说认为,故意的成立除要求对违法事实的认识外,还以现实的违法性认识为必要。如果没有认识到违法性,则阻却故意的成立。这种观点的理论根据首先在于:道义责任论。即认为“故意,作为道义责任的一形态,其本质特点不在于对犯罪事实的认识,而在于否定了通过对犯罪事实的认识而产生的抑制感情,即在于竟以违法的意识实施行为。过失作为道义的责任,也与违法性的意识相关联。过失通常被认为是由于不注意而没有认识犯罪事实,但更确切地说,过失是应该意识行为的违法而没有意识。这样考虑,可以明确道义性责任是以违法的意识为枢纽而回转的。”④其次还包括人格责任论,即“作为区别故意犯和过失犯的标准,有必要考虑行为人行为当时是否具有违法性的意识,故意犯表明的是行为人想犯罪、趋向犯罪的积极人格态度;过失犯则是以行为人不注意而

---

① 杨兴培:《刑法新理念》,上海交通大学出版社 2000 年版,第 132 页。

② 莱墩铭:《刑法总则争议问题研究》,台北,五南图书出版股份有限公司 1988 年版,第 165 页。

③ 参见冯军:《刑事责任论》,法律出版社 1996 年版,第 211 页。

④ 转引自冯军:《刑事责任论》,法律出版社 1996 年版,第 213 页。

陷入犯罪这种消极的人格态度为基础的……为了能够说明行为人具有相当于故意犯罪的积极的人格态度从而予以非难，要以行为人对犯罪事实的表象、内容为基础，进而查明行为人行为时是否意识到自己行为的违法性。”[①]第三，限制故意说。这种观点实际是前两种观点的折中。这种观点认为，故意的成立不要求有现实的违法性认识，但要求有违法性认识的可能性。即使没有违法性认识，如果有违法性认识的可能性，仍然成立故意，如果没有违法性认识的可能性，则阻却故意。限制故意说的理论基础在于规范责任论。这种理论认为，责任的确定，首先必须对一定的心理事实进行价值判断，以认定有无非难的可能性。经过判断，如果肯定的非难可能性存在，才能让行为人承担责任。如果判断的结果否定了非难性的存在，就不能让行为人承担责任。对违法性的认识抑或其认识可能性，对以故意责任的判断，都有着十分重要的意义。[②]

环境侵权中的故意是否需要以违法性认识为明知的内容？在多数情况下，当行为人能够认识到行为、结果和损害后果的因果关系时，就理应能够认识到其违法性。例如，当行为人认识到自己是将重金属污染物毫无防护地堆积在土地上时，就应当推定行为人知道其行为具有违法性。这种情况可以类比刑法之自然犯，当行为人以非法占有为目的盗取他人财物时，无须判断行为人是否认识到其主观违法性即可以认定构成盗窃罪。在另一种情况下，侵权行为人虽然知道行为和损害结果，却未必对违法性有所认识。例如，某地为达到更高的环境质量目标，调整了原来的污染物排放标准。当地企业未能知悉标准调整情况，仍然按照原标准进行了排放。在这种情况下，行为人虽然认识到自己的行为和损害结果，但对违法性是缺乏认识的。区别于一般类型的侵权，环境损害是人类生产生活负外部性的体现，无法避免。在很多情况下，环境侵权与非侵权的界限很大程度上是政策的考量，而不具有道德上的可非难性。行为人即使知道其实施的行为会对环境造成损害，也不能推定其对违法性为明知。在这种情况下，如果不考虑行为人对违法性的认识因素以故意认定，并不妥当。这是因为，故意侵权对应的是惩罚性赔偿的后果。而惩罚性赔偿则是侵权责任“损害填补”之例外。依照本解释第一条“人民法院审理生态环境侵权纠纷案件适用惩罚性赔偿，应当严格审慎，注重公平公正，依法保护民事主体合法权益，统筹生态环境保护和经济社会发展”规定的精神，对惩罚性赔偿的慎重适用，应当在行为人对违法性明知的认识上予以体现。

实际上，在刑法理论中，“不知法律不免责”的法谚也受到越来越大的挑战。如

---

① 李海东主编：《日本刑事法学者》（上），法律出版社、日本成文堂1995年版，第310页。

② 参见田宏杰：《违法性认识研究》，中国政法大学出版社1998年版，第31页。

《德国刑法》第十七条规定,“行为人于行为之际,欠缺为违法行为之认识,且此认识错误系不可避免者,其行为无责任。如系可避免者,得依第四十九条第一项减轻其刑责”。《法国刑法》第一百二十二条之三规定,“证明自己是由于不可避免地法律认识错误而认为可以完成其行为的人,不负刑事责任”。我国台湾地区所谓“刑法”第十六条规定,“不得因不知法律而免除刑事责任。但按其情节得减轻其刑。如其行为为法律所许可而有正当理由者,得免除其刑”。那么,如果将违法性认识纳入明知的内容,是否会如“违法认识不要说”所担心的那样,而使所有的违法者得以不知道违法而不被认定为故意?我们认为,按照客观说的标准,行为人是否明知违法性不是由其本人说了算,而是由司法机关通过特定因素予以推定。

(二)明知的推定

传统民法理论认为,侵权责任的功能在于损害填补而非惩罚。在此意义上,区分故意和过失的意义并不大。而相对于故意而言,过失是侵权责任更为常见的主观心态。从司法机关的角度来看,只要认定过失即可判令行为人承担责任,而无须去论证更加严格的故意。因而在此意义上,民法对过失的讨论要更为丰富,而故意则较少涉及。民法上的过失是“应注意能注意而不注意”或“怠于交易上所必要的注意”之心态。[①] 但在认定何为过失时,则应当以“善良管理人”的注意作为其客观标准。所谓善良管理人,乃通常合理人之注意,系一种客观化或类型化的过失标准,即行为人应据所属职业(如医生、建筑师、律师、药品制造者),或某种社会活动的成员(如汽车驾驶人)或某年龄层(老人或未成年人)通常所具有的智识力。[②]

作为故意的认识因素,刑法对明知采用推定的方式予以认定。所谓推定,就是根据查明已经存在的基础事实和人民在大量社会实践基础上总结出来的行为规律或者经验法则,来作出某种判断,但这种判断允许当事人提出反证予以推翻。即推定是一种证明方法,是司法活动中,逻辑推理的具体运用。理论上认为,推定包含以下三个要素:第一,推定涉及两项事实,即已知和未知事实,推定反映的是这两种事实之间的关系。第二,推定的发生依据包括法律规定和经验法则。依法律规定进行的推定,称为法律推定;依经验法则进行的推定,称为事实推定。第三,推定的救济方法是反证。当事人可以提出反证推翻推定的事实,从而使推定规则失去效用。[③]

推定作为一项专门的法律制度,可以追溯到古罗马时期。在罗马法时代,罗马法官在审理案件的过程中,并不单纯借助学理和法条对案件实施进行分析与认定,

① 参见王泽鉴:《侵权行为》,北京大学出版社 2012 年版,第 298 页。
② 参见王泽鉴:《侵权行为》,北京大学出版社 2012 年版,第 299 页。
③ 参见卞建林:《证据法学》,中国政法大学出版社 2000 年版,第 371 页。

而往往借助事实自身的内容及相互间的关系。久而久之,罗马法注释家从中抽象出一系列基本原理,创立了各种罗马法学说,并根据各种判例,创制出不同的法律规范。如《十二铜表法》第八表第二十六条规定,“任何人不得在城市里举行夜间集会”,否则就可推定为聚众叛国。嗣后,意大利法学家沿用罗马法上的学说,并进而将推定依其效力分为三类:一是“强固的推定”;二是“薄弱的推定”;三是“中庸的推定”。《法国民法典》继受了罗马法的规定,在第一千三百四十九条规定了推定的含义:“为法律或法官从已知的事实推论未知事实所得出的结果。”并在条文中将推定分为法律的推定和事实推定、绝对的推定和相对的推定两类。其中,法律的推定是指法律明文规定的推定,即法律明文规定,当某一基础事实存在时就可以对待证事实存在与否作出判断。如《民法典》第二百一十六条规定,不动产登记簿是权利人享有该不动产物权的证明。法律推定的适用首要条件是基础事实的存在,如果基础事实(大前提)不存在,则无法适用推定。所以,在法律推定的场合,免除的只是对推定事实的证明责任,但基础事实本身仍然需要证明。其次,在法律推定的情况下,应当允许当事人提出反证,如果反证成立,则否定推定的事实。

事实推定,是指法律没有明确规定,但司法机关依据已知的基础事实,根据一定的经验法则进行逻辑上的推理,从而得出待证事实是否存在结论。如行为人持枪对准被害人头部连开数枪,即可推定行为人具有剥夺他人生命的故意,对此种故意不需要其他证据证明。“事实推定就其本质而言,乃是由一个立法机关赋予司法者在一定情形下行使自由裁量权,调节举证责任的具体运作装填,从而决定是否认定事实的司法原则。”[①]根据《最高人民法院关于民事诉讼证据的若干规定》的规定,根据法律规定或者已知事实和日常生活经验法则能推定出的另一事实当事人无须举证证明。对于事实推定,同样需要具备一定的要件,具体有三个方面:一是基础事实的成立。基础事实必须得到法律上的确认,这是事实推定的前提条件。二是推定必须符合经验法则。所谓经验法则是指由一般生活经验归纳得出的关于事物的因果关系或性质状态的知识或法则。这种经验法则是人类在日常生活中的经验的总结,为一般人所认识和接受,无须用证据加以特别的证明。三是这种推定同样允许提出反证。

在刑事司法领域,推定对案件的最终认定起到了非常重要的作用。尤其是行为人主观心态的认定上,推定的作用更为明显。作为故意犯罪成立的基础,司法机关必须证明行为人有一定的明知,对此就需要自觉运用推定的规则,推定出行为人明知与否。在英国刑法中,事实推定往往是能够证明被告人心理状态的唯一手段,

---

① 樊崇义:《证据法学》,法律出版社2001年版,第271页。

因而,在刑事司法中起着非常重要的作用。法官应该对陪审团作出这样的指示,即它有权从被告已经实施了违法行为中,推定出被告自觉犯罪或具有犯罪意图。如果被告未作任何辩解,推断通常成立。通过运用证据得出结论与通过推定而得出结论,这两种手段之间的区别仅仅是一种程度上的差别。在大陆法系国家的刑法中,也有允许对这种主观心态进行推定的规定。例如,《德国刑法》第二百五十九条第一款规定,已知是由应当构成犯罪的行为所取得的物,或者必须由各种情况来推定具有上述性质的物。《瑞士刑法》第一百四十四条规定,"明知或应可推知其为犯罪所得之物而买卖、受赠、受质、隐匿或帮助出售者",构成赃物罪。我国刑法学者在判断行为人是否明知是赃物而窝藏、转移、收购或代为销售时,存在三种标准。第一种标准为客观说,即认为应当着眼于行为人所处的客观环境情况,只要在具体条件下,通常人根据一般的经验、常识都能认识到赃物性质的,就应认为行为人已经明知时赃物。第二种标准为主观说,即主张着眼于行为人自身的情况,根据其年龄、知识水平、社会阅历等,认为在当时的条件下,他完全能够认识,不可能认识不到是赃物的,就认为具有明知。第三种标准为折中说,主张根据主客观相统一的原则认定明知,认为客观说忽视了行为人自身内在认识上的差别,主观说忽视了客观环境对人的认识的影响。折中说认为在认定明知时,既要考虑行为人自身内在的认识能力的特点,又要考虑到案件发生的具体情况。[①] 从这三种学说来看,折中说更接近于民法对过失判断的客观标准,而客观说则完全不考虑个体的情况,与民法理论对过失的判断标准反而是不相符合的。

本条对环境侵权故意认识因素的推定属于折中说。本条规定的侵权人的"职业经历""专业背景""经营范围"包含着强烈的个体的主观要素,着眼于行为人的自身情况。这是因为区别于一般类型的侵权,环境污染事件,伴随现代工业化和科技化而产生,环境保护的法律法规体系涉及多部门的法律、行政法规、规章乃至技术标准更为复杂。这些特殊因素使司法机关在判断行为人的明知上不能按照绝对的客观标准,即无法设定一个"通常合理人"的标准,而必须结合着眼于行为人自身的情况来确定。上述"职业经历""专业背景""经营范围"正是将这个"通常合理人"在具体环境侵权行为的具体化和特定化。其中,"职业经历"是指侵权人正在从事或曾经从事的行业是否与其违法行为相关,强调的是侵权人的职业。例如,侵权人作为管理人员任职于某污染企业。虽然侵权人所从事的管理岗位不一定要求具备相应的专业知识,但从其职业经历来看仍然可以推定其对相关专业问题系明知。"专业背景"是指侵权人是否具备与其违法行为相关的专业知识和技能,包括侵权

① 冯英菊:《赃物犯罪研究》,中国政法大学出版社2000年版,第75-76页。

人的学习教育经历,从事的专业岗位培训等。“职业经历”“专业背景”既有交叉,又各有侧重,是从不同角度进行判断的标准。“经营范围”则是指侵权人从事的经营业务是否与其违法行为有关。“职业经历”“专业背景”主要针对的是自然人,而“经营范围”则主要针对的法人和其他组织。

从实践来看,多数环境侵权往往不是行为人“首次作案”,“屡教不改”的情况较为突出。因此,本条还确定了“因同一或者同类行为受到行政处罚或者刑事追究的情况”作为环境侵权明知的判断标准。这一标准更加清晰易于判断,且相对于其他判断标准具有优先性。无论行为人的职业经历、专业背景、经营范围如何,只要因类似行为受过处罚,就足以推定行为人的明知。在(2021)皖1321民初5939号案中,被告张美在未办理采伐林木许可证的情况下,擅自将砀山县地自家栽植的98棵杨树砍伐卖掉,案涉杨树栽植地块属国家级公益林(二级保护级别)。经砀山县林业局技术人员测算,被砍伐的98棵杨树立木材积达19.733立方米。2020年11月13日,张美因犯滥伐林木罪被砀山县人民法院判处拘役三个月,缓刑四个月,并处罚金人民币二千元。此后检察机关向法院提起检察民事公益诉讼,人民法院判令张美依法承担惩罚性赔偿责任。该案中张美所受刑事处罚,即可作为其具有污染环境、破坏生态故意的判断依据。

二、意志因素——希望或放任

(一)希望和放任的理解

一般认为,希望表明了行为人对危害结果积极追求的态度。第一,希望具有目的性,以目的为核心。这个目的就是行为人已认识到自己的行为会造成损害并追求损害结果的发生。第二,希望具有积极性。第三,希望具有坚决性。希望的通俗解释是追求,行为人追求某种事物,在主观心理上具有不可逆转性,行为人会千方百计实现自己的目的。第四,希望具有独立性。这是相对于放任而言的。希望的心理态度,具有独立的品格,可以独立存在。而放任则并不是一种独立的心理态度,具有依附性,依附于一定的希望态度。放任不过是希望的派生意志,行为人放任的结果只是其追求的直接结果的附属结果,是实现直接结果的代价。

所谓放任,一般被认为是一种“听之任之,漠不关心,无所谓”的心理态度。这种心理态度与不希望的心理态度究竟是何种关系,是把握“放任”的关键。对此理论界存在不同的观点。第一种观点为等同说。该说认为放任就是不希望危害结果的发生,只是采取的听之任之的态度。[①] 第二种观点为独立说。该说认为行为人对损害结果的发生可以持有三种态度:希望危害结果发生、不希望危害结果发生、放任危害结果发生。这三种态度是相互区别的,三者不能混淆更不能等同。所谓放任危害结果的发生,是指行为人对可能发生的危害结果采取顺其自然、不加干涉的态度。在这种心理状态支配下,如果发生了损害后果,并不违背行为人的意愿。因为行为人本来就无意防止它的发生。如果没有发生危害后果,也同样没有违背行为人的心愿,因为他并没有追求这种危害结果发生的企图。总之,行为人放任危害结果的发生这种心理状态既不同于希望危害结果的发生,又不同于不希望危害结果发生这两种心理状态,是一种独立的心理状态。[②] 第三种观点为折中说。这种观点认为放任就是虽然没有希望结果的发生,但又不设法防止,采取听之任之的态度。此说明确指出,没有希望表现为两种情形:一种是明显的不希望,另一种是无所谓希望不希望而听任危害结果的发生。我们认为,从逻辑上来说,希望和不希望是互斥的一对概念,中间并无所谓独立的第三种意志形态。放任包含在不希望的概念中,是对损害结果持接受态度的不希望。这种态度可以从以下三个方面来理解:(1)放任是一种不计后果的心理态度。放任心态下,行为人不但没有制止可能导致损害的行为,反而发动既定行为,甘冒危害结果发生的风险,说明放任意志的自觉性。(2)放任的心理态度是包含在不希望的心理态度中,在意志上属于不希望。(3)在放任的心理态度之下,尽管行为人不希望危害结果的发生,但对于危害结果的发生,行为人并不反对,而是予以接受或容忍。

（二）直接故意和间接故意

在刑法理论中,希望和放任是区分直接故意和间接故意的标准。一般认为,直接故意和间接故意的区别关键在于意志因素的不同。直接故意的意志因素是希望,而间接故意的意志因素是放任。直接故意包含两种情形:(1)明知自己的行为必然会发生损害结果,而希望该结果的发生;(2)明知自己的行为可能会发生损害结果,而希望该结果的发生。而间接故意则包含三种情形:(1)行为人追求某一损害结果的发生而放任另一损害结果的发生;(2)行为人追求某一损害行为而放任危害结果的发生;(3)不计后果的突发性损害。

按照直接故意和间接故意的理论,则就环境侵权行为而言,行为人一般构成直接故意;而就环境侵权损害后果而言,行为人则多数构成间接故意。因为在多数情况下,行为人污染环境、破坏生态的目的并非为了追求生态环境损害结果的发生,

---

① 参见高铭暄:《刑法学》,法律出版社 1982 年版,第 148 页。

② 参见吉罗洪:《试论间接故意犯罪与过于自信过失犯罪的异同》,载《法学杂志》1989 年第 1 期。

而更多情况下是持放任的态度。例如,行为人为了清除杂草而在土地上施用有毒的化学药剂造成土壤污染。从行为来看,行为人显然构成直接故意。而从结果来看,则行为人并非追求土壤污染结果的发生而是持放任的态度,因而属于间接故意。

【审判实务中应注意的问题】

前文述及,在生态环境侵权的语境下,如果故意针对的是侵权行为,则行为人的故意一般是直接故意,因而较为容易判断。但如果是针对的是损害结果,则可能构成间接故意。而间接故意与过于自信的重大过失可能不易区分。本解释第四条规定,惩罚性赔偿的适用条件包括"侵权人具有污染环境、破坏生态的故意。"从第四条的规定来看,似并没有严格区分故意是针对行为还是结果。但结合本条"职业经历、专业背景或者经营范围,因同一或者同类行为受到行政处罚或者刑事追究的情况"的规定,我们认为,只要能够认定行为人对排放污染物、破坏生态的行为具有故意,即可以认为符合惩罚性赔偿的适用条件。

《最高人民法院关于民事诉讼证据的若干规定》第十条第一款规定,下列事实,当事人无须举证证明:(1)自然规律以及定理、定律;(2)众所周知的事实;(3)根据法律规定推定的事实;(4)根据已知的事实和日常生活经验法则推定出的另一事实;(5)已为仲裁机构的生效裁决所确认的事实;(6)已为人民法院发生法律效力的裁判所确认的基本事实;(7)已为有效公证文书所证明的事实。本条规定的"职业经历、专业背景或者经营范围"以及"因同一或同类行为受到行政处罚或者刑事追究的情况"即属于该规定的第四项"根据已知的事实和日常生活经验法则推定出的另一事实"在环境侵权主观故意性识别过程中的要素列举和具体运用。

本条规定的"职业经历、专业背景或者经营范围"以及"因同一或同类行为受到行政处罚或者刑事追究的情况"是从侵权人的角度对主观故意判断的标准。之所以从这些要件来推定故意的成立,原因还是在于污染环境、破坏生态本身的复杂性对行为人认识因素的影响。因此在实践判断行为人是否为故意时,不可避免地还需要结合污染环境、破坏生态行为方式、环境介质的特征等进行分析。对于不涉及复杂专业知识和技术问题的环境侵权行为,如盗伐、滥伐林木,非法采矿,可以直接推定当事人主观的故意性,而无须再作其他判断。而对于行为的性质需要专业知识和技能才能分辨时,则有必要根据本条的规定作出判断。此外,在根据本条的规定亦无法确认行为人是否故意时,宜按照谦抑主义,认定侵权人不构成故意。

【法条链接】

《最高人民法院　最高人民检察院　公安部　司法部　生态环境部关于办理环境污染刑事案件有关问题座谈会纪要》

3. 关于主观过错的认定

会议针对当前办理环境污染犯罪案件中，如何准确认定犯罪嫌疑人、被告人主观过错的问题进行了讨论。会议认为，判断犯罪嫌疑人、被告人是否具有环境污染犯罪的故意，应当依据犯罪嫌疑人、被告人的任职情况、职业经历、专业背景、培训经历、本人因同类行为受到行政处罚或者刑事追究情况以及污染物种类、污染方式、资金流向等证据，结合其供述，进行综合分析判断。

实践中，具有下列情形之一，犯罪嫌疑人、被告人不能作出合理解释的，可以认定其故意实施环境污染犯罪，但有证据证明确系不知情的除外：(1)企业没有依法通过环境影响评价，或者未依法取得排污许可证，排放污染物，或者已经通过环境影响评价并且防治污染设施验收合格后，擅自更改工艺流程、原辅材料，导致产生新的污染物质的；(2)不使用验收合格的防治污染设施或者不按规范要求使用的；(3)防治污染设施发生故障，发现后不及时排除，继续生产放任污染物排放的；(4)生态环境部门责令限制生产、停产整治或者予以行政处罚后，继续生产放任污染物排放的；(5)将危险废物委托第三方处置，没有尽到查验经营许可的义务，或者委托处置费用明显低于市场价格或者处置成本的；(6)通过暗管、渗井、渗坑、裂隙、溶洞、灌注等逃避监管的方式排放污染物的；(7)通过篡改、伪造监测数据的方式排放污染物的；(8)其他足以认定的情形。

第七条　具有下列情形之一的，人民法院应当认定侵权人具有污染环境、破坏生态的故意：

（一）因同一污染环境、破坏生态行为，已被人民法院认定构成破坏环境资源保护犯罪的；

（二）建设项目未依法进行环境影响评价，或者提供虚假材料导致环境影响评价文件严重失实，被行政主管部门责令停止建设后拒不执行的；

（三）未取得排污许可证排放污染物，被行政主管部门责令停止排污后拒不执行，或者超过污染物排放标准或者重点污染物排放总量控制指标排放污染物，经行政主管机关责令限制生产、停产整治或者给予其他行政处罚后仍不改正的；

（四）生产、使用国家明令禁止生产、使用的农药，被行政主管部门责令改正后拒不改正的；

（五）无危险废物经营许可证而从事收集、贮存、利用、处置危险废物经营活动，或者知道或者应当知道他人无许可证而将危险废物提供或者委托给其从事收集、贮存、利用、处置等活动的；

（六）将未经处理的废水、废气、废渣直接排放或者倾倒的；

（七）通过暗管、渗井、渗坑、灌注，篡改、伪造监测数据，或者以不正常运行防治污染设施等逃避监管的方式，违法排放污染物的；

（八）在相关自然保护区域、禁猎（渔）区、禁猎（渔）期使用禁止使用的猎捕工具、方法猎捕、杀害国家重点保护野生动物、破坏野生动物栖息地的；

（九）未取得勘查许可证、采矿许可证，或者采取破坏性方法勘查开采矿产资源的；

（十）其他故意情形。

【条文主旨】

本条是关于应当认定侵权人具有主观故意的典型情形的规定。

【条文理解】

惩罚性赔偿责任的主要目的，在于制裁恶意的生态环境侵权人。侵权人是否具有主观故意，是惩罚性赔偿责任能否成立的构成要件之一。但是，“故意”作为一种主观状态，通常难以直接证明，司法实践中一般通过侵权人的行为来认定。

在本解释征求意见过程中，有下级法院提出，仅仅依据本解释第六条的几项综合考量因素，在审判实践中还是很难对侵权人是否存在主观故意作出准确的认定，故建议对侵权人的行为进行分类总结，并列举出法院可以或者应当认定侵权人具有主观故意的若干典型情形，为当事人提供明确的诉讼指引，也为法院提供可操作的裁判规则。经过分析研判，该建议被采纳。因此，在本解释第六条已经总结提炼出认定侵权人是否具有主观故意的几项综合考量因素的基础上，本条规定根据《刑法》《环境保护法》《野生动物保护法》《矿产资源法》等相关法律规定，参考《最高人民法院 最高人民检察院 公安部 司法部 生态环境部关于办理环境污染刑事案件有关问题座谈会纪要》中认定侵权人故意实施环境污染犯罪的几种情形，列举了九种足以从侵权人的外在行为认定其具有污染环境、破坏生态的主观故意的典型情形，旨在为当事人提供明确的诉讼指引，为法院提供可操作性的裁判规则。为防止挂一漏万，本条规定同时设置了兜底条款。

本条规定综合考虑了环境污染领域、生态保护领域和矿产资源保护领域等不同领域的不同情形，共列举了九种典型情形。其中，本条规定第一项至第七项，主要涉及环境污染领域，第八项主要涉及生态保护领域，第九项主要涉及矿产资源保护领域。该九种典型情形的列举均源于《刑法》《环境保护法》《野生动物保护法》《矿产资源法》等相关法律的禁止性强制性规定。如侵权人实施了上述行为，则足以证明侵权人故意放任其行为所可能造成的后果发生，并其主观非疏忽大意，而是故意为之。

1. 因同一污染环境、破坏生态行为，已被人民法院认定构成破坏环境资源保护犯罪的。

在本解释起草过程中，本项曾表述为“因同一污染环境、破坏生态行为，已被刑事生效文书认定构成破坏环境资源保护犯罪的”。在征求意见过程中，最高人民检察院提出建议，认为此种表述忽视了刑事附带民事环境公益诉讼中刑事生效文书与民事生效文书同时作出这一情形，容易产生歧义。经过分析研判，该建议被采纳。故本项将“已被刑事生效文书认定构成破坏环境资源保护犯罪的”改成“已被人民法院认定构成破坏环境资源保护犯罪的”，目前的表述概括性更强，更加严谨和全面。

关于“破坏环境资源保护罪”，其一般是指个人或者单位违反环境保护法律，污染或破坏环境资源，造成或可能造成公私、财产重大损失或人身伤亡的严重后果，触犯《刑法》并应受刑事惩罚的行为。《刑法》在第六章“妨害社会管理秩序罪”中专门设置了第六节“破坏环境资源保护罪”，规定了污染环境和破坏自然资源的各种犯罪行为及相应的刑事责任。《刑法》第三百三十八条至第三百四十五条分别列举了以下十六种罪名：污染环境罪；非法处置进口的固体废物罪；擅自进口固体废物罪；非法捕捞水产品罪；危害珍贵、濒危野生动物罪；非法狩猎罪；非法猎捕、收购、运输、出售陆生野生动物罪；非法占用农用地罪；破坏自然保护地罪；非法采矿罪；破坏性采矿罪；危害国家重点保护植物罪；非法引进、释放、丢弃外来入侵物种罪；盗伐林木罪；滥伐林木罪；非法收购、运输盗伐、滥伐的林木罪。此外，第三百四十六条还对单位犯破坏环境资源罪的处罚进行规定。上述破坏环境资源保护犯罪的罪过形式，除了污染环境罪以外，并不存在过失犯罪的情形。故侵权人实施已被人民法院认定构成破坏环境资源保护犯罪的同一污染环境、破坏生态行为，其主观必然存在故意。

2. 建设项目未依法进行环境影响评价，或者提供虚假材料导致环境影响评价文件严重失实，被行政主管部门责令停止建设后拒不执行的。

根据《建设项目环境保护管理条例》《环境影响评价法》《环境保护法》的相关

规定,我国实行建设项目环境影响评价制度。在我国领域和我国管辖的其他海域内建设对环境有影响的建设项目,应当依法进行环境影响评价。未依法进行环境影响评价的建设项目,不得开工建设。建设项目未依法进行环境影响评价,既包括未依法提交环境影响评价文件即开工建设,也包括环境影响评价文件虽提交但尚未获得批准即开工建设。如建设项目未依法进行环境影响评价,或者提供虚假材料导致环境影响评价文件严重失实,擅自开工建设的,负有环境保护监督管理职责的部门有权责令停止建设。此时,侵权人在明知不得开工建设的情况下对责令停止建设的处罚决定置之不理,继续开工建设,显然存在明显主观故意,人民法院应当认定侵权人具有污染环境、破坏生态的故意。

3. 未取得排污许可证排放污染物,被行政主管部门责令停止排污后拒不执行,或者超过污染物排放标准或者重点污染物排放总量控制指标排放污染物,经行政主管机关责令限制生产、停产整治或者给予其他行政处罚后仍不改正的。

根据《环境保护法》和《排污许可管理条例》的相关规定,我国实行排污许可管理制度和重点污染物排放总量控制制度。凡是需要向环境排放各种污染物的单位或个人,都必须事先向主管部门申请取得排污许可证,经主管部门核发排污许可证后,才能向环境排放污染物。企业事业单位和其他生产经营者应当按照排污许可证载明的污染物排放口位置和数量、污染物排放方式和排放去向、污染物排放种类、许可排放浓度、许可排放量等事项进行排污。如侵权人未取得排污许可证,无证排放污染物,环境保护主管部门有权责令停止排污,如侵权人超过污染物排放标准或者重点污染物排放总量控制指标排放污染物,环境保护主管部门有权责令其采取限制生产、停产整治等措施。此时,侵权人在收到行政处罚决定后仍对其置之不理,拒不执行、拒不改正的,显然存在明显主观故意,人民法院应当认定侵权人具有污染环境、破坏生态的故意。

4. 生产、使用国家明令禁止生产、使用的农药,被行政主管部门责令改正后拒不改正的。

根据《农药管理条例》《环境保护法》的规定,我国实行农药登记制度和农药生产许可制度。任何单位和个人不得生产、使用国家明令禁止生产、使用的农药。为保证农药质量,保障农产品质量安全和人畜安全,保护农业、林业生产和生态环境,农业农村部在加强农药登记管理的基础上,向社会公布国家明令禁止使用的农药,包括六六六、滴滴涕、毒杀芬、二溴氯丙烷、杀虫脒、二溴乙烷、除草醚、艾氏剂、狄氏剂、汞制剂、砷、敌枯双、氟乙酰胺、甘氟、毒鼠强、氟乙酸钠、毒鼠硅、甲胺磷、甲基对硫磷、对硫磷、久效磷、磷胺等。生产、使用国家明令禁止生产、使用的农药,不仅破坏了农村生态环境,还直接影响着农业安全和人体健康,对这种违法行为农业主管部门有权责令改正。拒不改正的,显然存在明显主观故意,人民法院应当认定侵权人具有污染环境、破坏生态的故意。

5. 无危险废物经营许可证而从事收集、贮存、利用、处置危险废物经营活动,或者知道或者应当知道他人无许可证而将危险废物提供或者委托给其从事收集、贮存、利用、处置等活动的。

危险废物,是指列入国家危险废物名录或者根据国家规定的危险废物鉴别标准和鉴别方法认定的具有危险特性的固体废物。根据《固体废物污染环境防治法》和《危险废物经营许可证管理办法》的规定,从事收集、贮存、利用、处置危险废物经营活动的单位,应当按照国家有关规定申请取得许可证。禁止无许可证或者未按照许可证规定从事危险废物收集、贮存、利用、处置的经营活动。禁止将危险废物提供或者委托给无许可证的单位或者其他生产经营者从事收集、贮存、利用、处置活动。从事危险废物经营活动的任何单位应当明知国家实行危险废物经营许可制度,应当知晓危险废物的危险特性,应当知道无许可证从事危险废物经营活动将会对环境保护产生巨大的威胁和导致严重的后果。此种情形下,无论侵权人是自身无危险废物经营许可证而从事收集、贮存、利用、处置危险废物经营活动,还是知道或者应当知道他人无许可证而将危险废物提供或者委托给其从事收集、贮存、利用、处置等活动,均具有明显的主观故意,人民法院应当认定侵权人具有污染环境、破坏生态的故意。

6. 将未经处理的废水、废气、废渣直接排放或者倾倒的。

《刑法》第三百三十八条规定,违反国家规定,排放、倾倒或者处置有放射性的废物、含传染病病原体的废物、有毒物质或者其他有害物质,严重污染环境的,构成污染环境罪。该条中的"有放射性的废物、含传染病病原体的废物、有毒物质",都可以称之为有害物质。有害物质通常包括以废水、废气、废渣等多种形态存在的危险废物。废水、废气、废渣是常见的在生产建设或者其他活动中产生的对环境产生污染和危害的污染物。该条中的"排放"一般是指将危险废物排入土地、大气、水体,方法可以是泄出、倒出、丢弃、溢出等任何一种或多种。该条中的"倾倒"一般是指将危险废物倒入土地、大气、水体。排放、倾倒仅是一种行为表现,并不要求将危险废物置于不再取回的状态。该条中的"违反国家规定"主要是指违反国家关于环境保护的法律和行政法规的规定,比如《环境保护法》《大气污染防治法》《水污染防治法》《固体废物污染环境防治法》《传染病防治法》等法律,以及一系列专门法规。这里需要特别指出的是,排放、倾倒行为本身并不当然违法。但是,向环境中排放、倾倒废水、废气、废渣,必须按照国家规定进行预处理,以达到处理要求后方可排放或者倾倒。故未经处理的废水、废气、废渣不得直接排放或者倾倒。如《水污染防治法》第四十五条规定，排放工业废水的企业应当采取有效措施，收集和处理产生的全部废水，防止污染环境。含有毒有害水污染物的工业废水应当分类收集和处理，不得稀释排放。工业集聚区应当配套建设相应的污水集中处理设施，安装自动监测设备，与环境保护主管部门的监控设备联网，并保证监测设备正常运行。向污水集中处理设施排放工业废水的，应当按照国家有关规定进行预处理，达到集中处理设施处理工艺要求后方可排放。侵权人违反国家规定，将未经处理的废水、废气、废渣直接排放或者倾倒的，属于故意放任其行为所可能造成的后果发生，人民法院应当认定其主观存在故意。

7.通过暗管、渗井、渗坑、灌注，篡改、伪造监测数据，或者以不正常运行防治污染设施等逃避监管的方式，违法排放污染物的。

《环境保护法》《水污染防治法》《排污许可管理条例》等法律法规，均严禁通过暗管、渗井、渗坑、灌注或者篡改、伪造监测数据，或者不正常运行防治污染设施等逃避监管的方式违法排放污染物。排放污染物的企业事业单位和其他生产经营者都应当依法向环境保护主管部门申报排放设施。排污口的监督管理是获取真实排污情况、采集排污数据的基本手段，也是计算排污费的数据基础。所谓暗管是指通过隐蔽的方式达到规避监管目的而设置的排污管道，包括埋入地下的水泥管、瓷管、塑料管等，以及地上的临时排污管道；渗井、渗坑是指无防渗漏措施或起不到防渗作用的、封闭或半封闭的坑、池、塘、井和沟、渠等；灌注是指通过高压深井向地下排放污染物。任何企业事业单位和其他生产经营者采取通过暗管、渗井、渗坑、灌注，篡改、伪造监测数据，或者以不正常运行防治污染设施等逃避监管的方式，违法排放污染物，均是为了逃避监管，将违法排污行为转移到地下，不但是环境保护的重大隐患，更给生态环境造成的难以修复的损害。篡改、伪造监测数据甚至直接干扰环境监督执法。从主观恶意上分析，这是比一般的超标排污行为更加严重的违法行为。故此款规定所指的行为是一种主观故意明显的违法行为，人民法院应当认定侵权人具有污染环境、破坏生态的故意。

8.在相关自然保护区域、禁猎（渔）区、禁猎（渔）期使用禁止使用的猎捕工具、方法猎捕、杀害国家重点保护野生动物、破坏野生动物栖息地的。

根据《刑法》《野生动物保护法》等法律规定，为保护野生动物及其重要栖息地，保护、恢复和改善野生动物生存环境，省级以上人民政府依法划定相关自然保护区域，对不具备划定相关自然保护区域条件的，县级以上人民政府可以采取划定禁猎（渔）区、规定禁猎（渔）期等其他形式。所谓“禁渔区”，是指对某些重要鱼、虾、贝类产卵场、越冬场，幼体索饵场、洄游通道及生长繁殖场所等，划定禁止全部作业或者限制作业的一定区域。“禁渔期”，是指对某些鱼类幼苗出现的不同盛期，规定禁止作业或者限制作业的一定期限。“禁用的工具”，是指禁止使用的捕捞工具，即超过国家按照不同的捕捞对象所分别规定的最小网眼尺寸的网具和其他禁止使用的渔具，最小网眼尺寸就是容许捕捞各种鱼、虾类所使用的渔具网眼的最低限制，有利于释放未成熟的鱼、虾的幼体。“禁用的方法”，是指禁止使用的捕捞方法，也就是严重损害水产资源正常繁殖和生长的方法，如炸鱼、毒鱼、电鱼、使用鱼鹰等。在相关自然保护区域、禁猎（渔）区、禁猎（渔）期使用禁止使用的猎捕工具、方法猎捕、杀害国家重点保护野生动物、破坏野生动物栖息地，是对法律禁止性规定的恶意违反，主观故意明显，人民法院应当认定侵权人具有污染环境、破坏生态的故意。

9. 未取得勘查许可证、采矿许可证，或者采取破坏性方法勘查开采矿产资源的。

矿产资源既具有财产属性，同时亦是环境要素的一部分。目前，在矿产资源开发利用领域存在大量无证勘查开采、破坏性勘查开采等私采滥挖现象，造成的生态环境问题日益凸显。根据《刑法》《矿产资源法》等法律规定，国家对矿产资源的勘查、开采实行许可管制。勘查、开采矿产资源，必须依法分别申请、经批准取得探矿权、采矿权，并办理登记。未取得勘查许可证、采矿许可证或者采取破坏性方法勘查、开采矿产资源，必然会造成环境污染、生态破坏，是一种主观恶意明显的违法行为。

10. 其他故意情形。为防止挂一漏万，本条规定同时设置了此款兜底规定。

【审判实务中应注意的问题】

本条规定列举的九种足以从侵权人的外在行为认定其具有污染环境、破坏生态的主观故意的典型情形均源于《刑法》《环境保护法》《野生动物保护法》《矿产资源法》等相关法律的禁止性强制性规定。故，如侵权人一旦具有上述行为，则足以表征其主观状态上的故意。对此，人民法院“应当”而非“可以”认定其具有污染环境、破坏生态的故意。

此外，本条第二项、第三项、第四项规定虽然明确人民法院认定侵权人存在主观故意，是在侵权人实施某项行为被行政机关责令停止建设，责令限制生产、停产整治或者给予其他行政处罚，或者责令改正后仍拒不执行的情形。但是这并不表明人民法院认定侵权人存在主观故意需要以行政机关的行政处罚作为前置程序。

【法条链接】

《刑法》

第三百三十八条 违反国家规定，排放、倾倒或者处置有放射性的废物、含传染病病原体的废物、有毒物质或者其他有害物质，严重污染环境的，处三年以下有期徒刑或者拘役，并处或者单处罚金；情节严重的，处三年以上七年以下有期徒刑，

并处罚金;有下列情形之一的,处七年以上有期徒刑,并处罚金:

(一)在饮用水水源保护区、自然保护地核心保护区等依法确定的重点保护区域排放、倾倒、处置有放射性的废物、含传染病病原体的废物、有毒物质,情节特别严重的;

(二)向国家确定的重要江河、湖泊水域排放、倾倒、处置有放射性的废物、含传染病病原体的废物、有毒物质,情节特别严重的;

(三)致使大量永久基本农田基本功能丧失或者遭受永久性破坏的;

(四)致使多人重伤、严重疾病,或者致人严重残疾、死亡的。

有前款行为,同时构成其他犯罪的,依照处罚较重的规定定罪处罚。

《环境保护法》

第六十条 企业事业单位和其他生产经营者超过污染物排放标准或者超过重点污染物排放总量控制指标排放污染物的,县级以上人民政府环境保护主管部门可以责令其采取限制生产、停产整治等措施;情节严重的,报经有批准权的人民政府批准,责令停业、关闭。

第六十一条 建设单位未依法提交建设项目环境影响评价文件或者环境影响评价文件未经批准,擅自开工建设的,由负有环境保护监督管理职责的部门责令停止建设,处以罚款,并可以责令恢复原状。

第六十三条 企业事业单位和其他生产经营者有下列行为之一,尚不构成犯罪的,除依照有关法律法规规定予以处罚外,由县级以上人民政府环境保护主管部门或者其他有关部门将案件移送公安机关,对其直接负责的主管人员和其他直接责任人员,处十日以上十五日以下拘留;情节较轻的,处五日以上十日以下拘留:

(一)建设项目未依法进行环境影响评价,被责令停止建设,拒不执行的;

(二)违反法律规定,未取得排污许可证排放污染物,被责令停止排污,拒不执行的;

(三)通过暗管、渗井、渗坑、灌注或者篡改、伪造监测数据,或者不正常运行防治污染设施等逃避监管的方式违法排放污染物的;

(四)生产、使用国家明令禁止生产、使用的农药,被责令改正,拒不改正的。

第六十五条 环境影响评价机构、环境监测机构以及从事环境监测设备和防治污染设施维护、运营的机构,在有关环境服务活动中弄虚作假,对造成的环境污染和生态破坏负有责任的,除依照有关法律法规规定予以处罚外,还应当与造成环境污染和生态破坏的其他责任者承担连带责任。

《固体废物污染环境防治法》

第八十条 从事收集、贮存、利用、处置危险废物经营活动的单位,应当按照国家有关规定申请取得许可证。许可证的具体管理办法由国务院制定。

禁止无许可证或者未按照许可证规定从事危险废物收集、贮存、利用、处置的经营活动。

禁止将危险废物提供或者委托给无许可证的单位或者其他生产经营者从事收集、贮存、利用、处置活动。

《野生动物保护法》

第四十五条 违反本法第二十条、第二十一条、第二十三条第一款、第二十四条第一款规定，在相关自然保护区域、禁猎（渔）区、禁猎（渔）期猎捕国家重点保护野生动物，未取得特许猎捕证、未按照特许猎捕证规定猎捕、杀害国家重点保护野生动物，或者使用禁用的工具、方法猎捕国家重点保护野生动物的，由县级以上人民政府野生动物保护主管部门、海洋执法部门或者有关保护区域管理机构按照职责分工没收猎获物、猎捕工具和违法所得，吊销特许猎捕证，并处猎获物价值二倍以上十倍以下的罚款；没有猎获物的，并处一万元以上五万元以下的罚款；构成犯罪的，依法追究刑事责任。

《矿产资源法》

第三十九条 违反本法规定，未取得采矿许可证擅自采矿的，擅自进入国家规划矿区、对国民经济具有重要价值的矿区范围采矿的，擅自开采国家规定实行保护性开采的特定矿种的，责令停止开采、赔偿损失，没收采出的矿产品和违法所得，可以并处罚款；拒不停止开采，造成矿产资源破坏的，依照刑法有关规定对直接责任人员追究刑事责任。

单位和个人进入他人依法设立的国有矿山企业和其他矿山企业矿区范围内采矿的，依照前款规定处罚。

第四十四条 违反本法规定，采取破坏性的开采方法开采矿产资源的，处以罚款，可以吊销采矿许可证；造成矿产资源严重破坏的，依照刑法有关规定对直接责任人员追究刑事责任。

《环境侵权司法解释》

第十六条 下列情形之一，应当认定为环境保护法第六十五条规定的弄虚作假：

（一）环境影响评价机构明知委托人提供的材料虚假而出具严重失实的评价文件的；

（二）环境监测机构或者从事环境监测设备维护、运营的机构故意隐瞒委托人超过污染物排放标准或者超过重点污染物排放总量控制指标的事实的；

（三）从事防治污染设施维护、运营的机构故意不运行或者不正常运行环境监测设备或者防治污染设施的；

（四）有关机构在环境服务活动中其他弄虚作假的情形。

第八条 人民法院认定侵权人污染环境、破坏生态行为是否造成严重后果，应当根据污染环境、破坏生态行为的持续时间、地域范围，造成环境污染、生态破坏的范围和程度，以及造成的社会影响等因素综合判断。

侵权人污染环境、破坏生态行为造成他人死亡、健康严重损害，重大财产损失，生态环境严重损害或者重大不良社会影响的，人民法院应当认定为造成严重后果。

【条文主旨】

本条是关于生态环境侵权造成严重后果的规定。

【条文理解】

一、损害后果与惩罚性赔偿的适用

环境损害，根据《环境损害鉴定评估推荐方法》（第Ⅱ版）第4.1条的界定，系指因污染环境或破坏生态行为导致人体健康、财产价值或生态环境及其生态系统服务的可观察的或可测量的不利改变。此种"不利改变"是否严重，涉及生态环境损害程度的确定甚至后果的量化，具有较高的专业技术性。

损害后果是构成侵权责任的核心要件。《民法典》第一千一百六十五条第一款规定，"行为人因过错侵害他人民事权益造成损害的，应当承担侵权责任"。损害是指行为人的行为对受害人的民事权益造成的不利后果，通常表现为财产减少、生命丧失、身体残疾、名誉受损、精神痛苦等。① 传统民法理论认为"无损害即无救济"，而生态环境损害等新类型侵权后果的出现，使损害的概念以及现代侵权责任制度出现了新的发展趋势。一是损害不仅包括人身损害、财产损失，还包括生态环境损害。二是损害不仅包括已经存在的现实损害，还包括构成现实威胁的不利后果。《民法典》第一千一百六十六条规定，"行为人造成他人民事权益损害，不论行为人有无过错，法律规定应当承担侵权责任的，依照其规定"。第一千二百二十九条规定："因污染环境、破坏生态造成他人损害的，侵权人应当承担侵权责任。"

依据《民法典》第一千二百三十二条的规定，造成污染环境、破坏生态严重后果

① 黄薇主编：《中华人民共和国民法典释义》（下），法律出版社2020年版，第2236页。

是生态环境侵权中适用惩罚性赔偿的必备要件之一,涉及本解释多个条款。第一,证明责任。本解释第四条明确,被侵权人主张侵权人承担惩罚性赔偿责任,需要证明的三个事实,即生态环境侵权行为违反法律规定、存在主观故意和造成严重后果。第二,计算基数。根据本解释第九条、第十二条规定,环境污染、生态破坏造成的人身损害赔偿金、财产损失数额,或者生态环境受到损害至修复完成期间服务功能丧失导致的损失、生态环境功能永久性损害造成的损失数额,是人民法院确定惩罚性赔偿金数额的计算基数。第三,赔偿倍数。侵权后果的严重程度是人民法院确定惩罚性赔偿金数额的重要考量因素之一。依据本解释第十条,惩罚性赔偿金数额一般不得超过人身损害赔偿金、财产损失数额的二倍。本条细化规定了认定生态环境侵权行为“造成严重后果”的考量因素及具体情形,对于前述条款的适用均有重要意义。

本条起草过程中,争议集中在以下几个方面。第一,是否有必要列举造成严重后果的具体情形和认定标准。有意见认为,应参考《最高人民法院　最高人民检察院关于办理环境污染刑事案件适用法律若干问题的解释》等相关规定,明确人身、财产损失及生态环境损害的具体标准,如造成一人以上重伤、中度残疾或者器官组织损伤导致严重功能障碍;造成公私财产损失三十万元以上;造成饮用水水源一级保护区、自然保护区核心区、永久基本农田集中区域等依法确定的重点保护区域,或者国家确定的重要江河、湖泊水域生态环境损害等。但调研中,绝大多数意见认为,生态环境领域损害类型多样,逐一列举不仅难以穷尽,而且过于机械;同时,惩罚性赔偿作为民事责任应与刑事责任标准有所区别。考虑到我国幅员广阔、各地生态环境特点不一,如从生态价值和修复难度看,“西北一棵树相当于东北一片林”,过于确定的标准不利于司法实践基于实际灵活掌握,故本条未规定明确的损害后果认定标准。第二,造成严重后果是否包括造成海洋生态环境损害的情形。有意见认为,海洋生态环境损害赔偿也适用惩罚性赔偿制度,需要将造成重点海域生态环境损害的认定为造成严重后果的情形。我们认为,海洋生态环境损害适用《海洋环境保护法》的有关规定。本解释第十三条已明确,侵权行为实施地、损害结果发生地在中华人民共和国管辖海域内的海洋生态环境侵权纠纷案件惩罚性赔偿问题,另行规定。故本条中的严重后果并不包含海洋生态环境损害。

二、认定造成严重后果的考量因素

本条第一款,结合审判实践,根据《固体废物污染环境防治法》《自然保护区条例》等法律、法规的规定,参考《最高人民法院　最高人民检察院关于办理环境污染刑事案件适用法律若干问题的解释》关于严重污染环境的界定,以及《环境损害鉴定评估推荐方法》(第Ⅱ版)关于量化量度损害程度参数的规定,明确了认定是否造成严重后果的酌定因素。

(一)污染环境、破坏生态行为的持续时间

生态环境问题具有复杂性、复合性、长期性和主体多样性,而环境污染、生态破坏又具有隐藏性、缓发性和滞后性。因此,生态环境损害的发生往往有一个积累、潜伏的过程。例如日本水俣病事件,1925 年建厂,1949 年开始将废水排放到水俣湾中,1956 年水俣病才被发现,直至 2004 年原告才获得胜诉。美国《超级基金法》所涉的毒地治理案件,污染事发往往在有毒有害物质排放的三十年、五十年后。生态环境侵权行为与损害结果发生之间的时间差,使许多污染环境、破坏生态行为被发现时,已经持续了较长时间。而持续时间越长,损害的累积性越明显。如常州毒地案,所涉地块上数 10 年间都在进行化工生产,生产企业使用了大量有毒有害化工原料,部分化工原料及其中间产品具有高毒或致癌性,导致该场地土壤、地下水大都受到污染。尽管原生产企业已经在 2010 年前后搬迁,但搬迁后遗留的已受污染的土壤和地下水成为该场地主要污染源,成为一个面源污染。此外,长时间持续从事污染环境、破坏生态行为,本身即反映出行为人较大的主观恶性,这也是人民法院确定惩罚性赔偿金数额的重要考量因素。

(二)污染环境、破坏生态行为的地域范围

我国对重点生态功能区、生态环境敏感区和脆弱区等区域划定生态保护红线,实行严格保护。中共中央办公厅、国务院办公厅印发《关于建立以国家公园为主体的自然保护地体系的指导意见》,明确建立以国家公园为主体的自然保护地体系。自然保护地是由各级政府依法划定或确认,对重要的自然生态系统、自然遗迹、自然景观及其所承载的自然资源、生态功能和文化价值实施长期保护的陆域或海域,分为国家公园、自然保护区、自然公园三类。相关法律、法规均有针对特定敏感区域的保护规定。《自然保护区条例》第十八条第一款、第二款规定,自然保护区可以分为核心区、缓冲区和实验区;自然保护区内保存完好的天然状态的生态系统以及珍稀、濒危动植物的集中分布地,应当划为核心区,禁止任何单位和个人进入;除经依法批准外,也不允许进入从事科学研究活动。《固体废物污染环境防治法》第二十一条规定,在生态保护红线区域、永久基本农田集中区域和其他需要特别保护的区域内,禁止建设工业固体废物、危险废物集中贮存、利用、处置的设施、场所和生活垃圾填埋场。《最高人民法院　最高人民检察院关于办理环境污染刑事案件适用法律若干问题的解释》第一条第一项规定,在饮用水水源一级保护区、自然保护区核心区排放、倾倒、处置有放射性的废物、含传染病病原体的废物、有毒物质的应当认定为严重污染环境。据此,造成饮用水水源一级保护区、自然保护区核心区、永久基本农田集中区域等依法确定的重点保护区域,或者国家确定的重要江河、湖泊水域生态环境损害的,通常可以认定为造成严重后果。

（三）造成环境污染、生态破坏的范围和程度

环境污染、生态破坏的范围和程度是认定环境污染或生态破坏行为引起的损害、服务损失及生态环境修复费用的重要依据之一。《环境损害鉴定评估推荐方法》(第Ⅱ版)提供了一些可以参考的量化指标,包括:(1)某特定类型栖息地的范围;(2)某种资源的单位或数量,如河流的公里数、某种类型栖息地的公顷数、可用水量等;(3)植被密度、覆盖或生物量量度;某种植物优良种、优势种或主要种的分布比例;(4)栖息地质量指标;(5)生物生产率,如初级和次级生产率,物种丰度,生物量,多样性或群落构成量度;(6)繁殖率;(7)栖息地物种活动时间,如某个事故降低了栖息地的功能,使其生物数量减少;(8)种群完整性量度,如性别比、龄级分布、生物量;(9)生态过程量度,如矿化度、营养物输出或分解的比率;(10)依据超过毒性阈值的程度确定服务损害的级别。上述指标中有些项目专业性非常强,据此认定损害后果时,往往需要依据鉴定意见或者咨询相关领域环境专家的专业意见,在此基础上予以合理确定。《最高人民法院　最高人民检察院关于办理环境污染刑事案件适用法律若干问题的解释》第一条、第二条规定,具有以下情形之一的,应当认定为“致使公私财产遭受重大损失或者严重危害人体健康”或者“致使公私财产遭受重大损失或者造成人身伤亡的严重后果”:致使乡镇以上集中式饮用水水源取水中断 12 小时以上的;致使基本农田、防护林地、特种用途林地 5 亩以上,其他农用地 10 亩以上,其他土地 20 亩以上基本功能丧失或者遭受永久性破坏的;致使森林或者其他林木死亡 50 立方米以上,或者幼树死亡 2500 株以上的;致使疏散、转移群众 5000 人以上的。前述标准可供适用惩罚性赔偿时参考。

（四）造成的社会影响

社会影响是认定环境事件的重要考量因素。我国针对不同污染源所造成的环境污染、生态污染、放射性污染的特点,实行分类管理,采取与突发环境事件造成的危害范围和社会影响相适应的处置措施。依据《国家突发环境事件应急预案》,环境事件是指由于违反环境保护法律法规的经济、社会活动与行为,以及意外因素的影响或不可抗拒的自然灾害等原因致使环境受到污染,人体健康受到危害,社会经济与人民群众财产受到损失,造成不良社会影响的突发性事件。突发环境事件,是指突然发生,造成或者可能造成重大人员伤亡、重大财产损失和对全国或者某一地区的经济社会稳定、政治安定构成重大威胁和损害,有重大社会影响的涉及公共安

全的环境事件。法律、司法解释也将社会影响作为认定相关事故责任的重要依据。例如《食品安全法》第一百四十四条第三项规定,经食品安全风险评估得出食品、食品添加剂、食品相关产品不安全结论后,未及时采取相应措施,造成食品安全事故或者不良社会影响的,对县级以上人民政府食品安全监督管理、卫生行政、农业行政等部门的直接负责主管人员和其他直接责任人员给予行政处分。有的环境事件,尚未造成人身、财产损害,或者人身、财产损害尚不明确,但是产生了较大不良社会影响的,可以认定造成严重后果。

（五）其他考量因素

环境损害情况复杂、后果多样,认定造成严重后果的考量因素难以穷尽,本条中使用了"等"作为兜底性表述。其他考量因素包括但不限于:受损生态环境的稀缺性、生态环境恢复的难易程度、应急处置费用大小、因环境侵权行为所获利益等。

三、足以认定为造成严重后果的情形

本条第二款对足以认定为造成严重后果的典型情形予以了规定,作为人民法院适用惩罚性赔偿时认定损害后果要件的标准和参照。

（一）造成他人死亡、健康严重损害

自然人的生命安全、身体健康利益是《宪法》《民法典》《刑法》等法律规范所保护的首要法益。生命权、身体权、健康权均属于人格权范畴。《民法典》人格权编第一千零二条至第一千零五条规定,自然人享有生命权、身体权、健康权,其生命安全和生命尊严、身体完整和行动自由、身心健康受法律保护,任何组织或者个人不得侵害;自然人的生命权、身体权、健康权受到侵害或者处于其他危难情形的,负有法定救助义务的组织或者个人应当及时施救。根据《最高人民法院　最高人民检察院关于办理环境污染刑事案件适用法律若干问题的解释》第一条、第二条规定,具有以下情形之一的,应当认定为"严重危害人体健康"或者"造成人身伤亡的严重后果":致使30人以上中毒的;致使3人以上轻伤、轻度残疾或者器官组织损伤导致一般功能障碍的;致使1人以上重伤、中度残疾或者器官组织损伤导致严重功能障碍的。造成他人死亡、健康严重损害是从侵权行为造成环境污染、生态破坏的程度及社会影响方面进行的评价。其请求权主体通常为受害人及其家属,既可主张财产损害赔偿、精神损害赔偿,还可依法主张惩罚性赔偿。国家规定的机关或者法律规定的组织作为被侵权人代表,亦可依法请求判令侵权人承担惩罚性赔偿责任。

（二）造成重大财产损失

财产权益是民事权益的重要组成组分,包括物权、知识产权、股权和其他投资性权利、网络虚拟财产等具有财产性质的权益。[①] 因侵权行为导致财产损失的，通常按照财产损失发生时的市场价格计算。依据《最高人民法院 最高人民检察院关于办理环境污染刑事案件适用法律若干问题的解释》第一条、第二条规定，违法所得或者致使公私财产损失 30 万元以上的，即可认定为“致使公私财产遭受重大损失”。本条起草过程中，曾拟据此规定造成公私财产损失 30 万元以上的具体标准。征求意见中，为避免“一刀切”所可能带来的标准机械问题，便于审判实践中根据案件具体情况灵活掌握，未规定造成重大财产损失的具体金额，但可以此为参照。另有观点认为，造成重大财产损失不应该产生惩罚性赔偿责任，惩罚性赔偿仅应针对人身损害。我们认为，《民法典》第一千一百八十五条规定：“故意侵害他人知识产权，情节严重的，被侵权人有权请求相应的惩罚性赔偿。”说明立法并不排斥财产损失适用惩罚性赔偿。从《民法典》第一千二百三十二条的规定来看，只要侵权人违反法律规定故意污染环境、破坏生态造成严重后果的，被侵权人即有权请求相应的惩罚性赔偿。而是否造成重大财产损失是认定生态环境损害后果的重要标准之一，在法无明确除外规定的情况下，因生态环境侵权导致财产权益受损的被侵权人及其代表有权依法请求惩罚性赔偿。

（三）造成生态环境严重损害

生态环境损害是不同于传统意义上的人身、财产损失的一种独立的损害后果。中共中央、国务院印发的《生态文明体制改革总体方案》第三十九条规定：“严格实行生态环境损害赔偿制度。强化生产者环境保护法律责任，大幅度提高违法成本。健全环境损害赔偿方面的法律制度、评估方法和实施机制，对违反环保法律法规的，依法严惩重罚；对造成生态环境损害的，以损害程度等因素依法确定赔偿额度；对造成严重后果的，依法追究刑事责任。”中共中央办公厅、国务院办公厅印发的《生态环境损害赔偿制度改革方案》明确，生态环境损害是指因污染环境、破坏生态造成大气、地表水、地下水、土壤、森林等环境要素和植物、动物、微生物等生物要素的不利改变，以及上述要素构成的生态系统功能退化。从《刑法》第三百三十八条、第三百三十九条的规定来看，均强调“严重污染环境”或“造成重大环境污染事故”，可见环境法益是《刑法》保护的重要法益之一。环境污染对于生态环境的损害具有潜在性、长期性特点，一些污染行为所造成的直接人身、财产损失数额尽管不大，但对于生态环境的破坏以及相应的环境修复和生态恢复费用可能十分巨大。因受传统刑事理论与刑事司法技术的桎梏，公安司法机关在刑事司法判定过程中，往往会

---

① 黄薇主编：《中华人民共和国民法典释义》（下），法律出版社 2020 年版，第 2285 页。

主动寻找污染环境行为是否侵害秩序法益或者人身法益、财产法益并直接入罪，而忽略生态环境是否受到侵害以及相应的损失价值。环境损害鉴定以及生态价值评估在认定环境污染犯罪行为所造成的社会危害后果方面具有重要意义，但是在司法实践中缺乏足够的重视。为此，《最高人民法院　最高人民检察院关于办理环境污染刑事案件适用法律若干问题的解释》第一条第十项明确，造成生态环境严重损害的，应当认定为“严重污染环境”。此种情形下可对侵权人依法适用惩罚性赔偿责任。

（四）造成重大不良社会影响

前已述及，有的环境事件，尚未造成人身、财产损害，或者人身、财产损害尚不明确，但是产生了较大不良社会影响的，可以认定造成严重后果。例如，《最高人民法院　最高人民检察院关于办理环境污染刑事案件适用法律若干问题的解释》第一条第十四项规定，造成疏散、转移群众五千人以上的，应当认定为“严重污染环境”，该认定标准即是从造成重大不良社会影响方面进行评价的。又如曾被媒体披露的湖南儿童血铅事件，虽然最终通过调解结案，但造成重大不良社会影响，多名涉事人员受到处分，亦应认定为造成严重后果。

【审判实务中应注意的问题】

一、关于本条所指损害后果是否排除生态环境损害的问题

尽管本解释以环境私益诉讼适用惩罚性赔偿为主进行条文结构安排，但因环境私益侵权的损害是以生态环境受到损害为前提的，即侵权人污染环境、破坏生态的行为，首先损害的是生态环境，如污染空气、水、土壤，破坏植物或动物种群等，以这些被污染的空气、水、土壤或者被破坏的生态系统为媒介，侵害个体权益。故本条对损害后果的衡量，除人身损害、财产损失外，并不排除生态环境损害。此点与被侵权人在环境私益诉讼中亦有权提出停止侵害，排除妨碍，或者修复与其人身、财产密切相关的受损生态环境等诉讼请求的司法实践亦契合。

二、关于预防性诉讼中能否适用惩罚性赔偿责任的问题

环境污染和生态破坏具有不可逆性，事后的补救往往耗资巨大甚至不可挽救。基于预防原则，在侵权人的行为严重危及环境和生态安全，可能造成环境和生态难以恢复时，允许对具有损害社会公共利益重大风险的污染环境、破坏生态的行为提起预防性诉讼，请求行为人承担停止侵害、排除妨碍、消除危险等侵权责任。但惩罚性赔偿的适用，以造成严重后果为前提，如造成他人死亡、健康严重损害，重大财产

损失，生态环境严重损害或者重大不良社会影响等。这意味着在预防性诉讼中，原则上不得适用惩罚性赔偿责任。

【法条链接】

《自然保护区条例》

第十八条 自然保护区可以分为核心区、缓冲区和实验区。

自然保护区内保存完好的天然状态的生态系统以及珍稀、濒危动植物的集中分布地，应当划为核心区，禁止任何单位和个人进入；除依照本条例第二十七条的规定经批准外，也不允许进入从事科学研究活动。

……

《固体废物污染环境防治法》

第二十一条 在生态保护红线区域、永久基本农田集中区域和其他需要特别保护的区域内，禁止建设工业固体废物、危险废物集中贮存、利用、处置的设施、场所和生活垃圾填埋场。

《最高人民法院 最高人民检察院关于办理环境污染刑事案件适用法律若干问题的解释》

第一条 实施刑法第三百三十八条规定的行为，具有下列情形之一的，应当认定为“严重污染环境”：

（一）在饮用水水源一级保护区、自然保护区核心区排放、倾倒、处置有放射性的废物、含传染病病原体的废物、有毒物质的；

（二）非法排放、倾倒、处置危险废物三吨以上的；

（三）排放、倾倒、处置含铅、汞、镉、铬、砷、铊、锑的污染物，超过国家或者地方污染物排放标准三倍以上的；

（四）排放、倾倒、处置含镍、铜、锌、银、钒、锰、钴的污染物，超过国家或者地方污染物排放标准十倍以上的；

（五）通过暗管、渗井、渗坑、裂隙、溶洞、灌注等逃避监管的方式排放、倾倒、处置有放射性的废物、含传染病病原体的废物、有毒物质的；

（六）二年内曾因违反国家规定，排放、倾倒、处置有放射性的废物、含传染病病原体的废物、有毒物质受过两次以上行政处罚，又实施前列行为的；

（七）重点排污单位篡改、伪造自动监测数据或者干扰自动监测设施，排放化学需氧量、氨氮、二氧化硫、氮氧化物等污染物的；

（八）违法减少防治污染设施运行支出一百万元以上的；

（九）违法所得或者致使公私财产损失三十万元以上的；

（十）造成生态环境严重损害的；

（十一）致使乡镇以上集中式饮用水水源取水中断十二小时以上的；

（十二）致使基本农田、防护林地、特种用途林地五亩以上，其他农用地十亩以上，其他土地二十亩以上基本功能丧失或者遭受永久性破坏的；

（十三）致使森林或者其他林木死亡五十立方米以上，或者幼树死亡二千五百株以上的；

（十四）致使疏散、转移群众五千人以上的；

（十五）致使三十人以上中毒的；

（十六）致使三人以上轻伤、轻度残疾或者器官组织损伤导致一般功能障碍的；

（十七）致使一人以上重伤、中度残疾或者器官组织损伤导致严重功能障碍的；

（十八）其他严重污染环境的情形。

第二条 实施刑法第三百三十九条、第四百零八条规定的行为，致使公私财产损失三十万元以上，或者具有本解释第一条第十项至第十七项规定情形之一的，应当认定为“致使公私财产遭受重大损失或者严重危害人体健康”或者“致使公私财产遭受重大损失或者造成人身伤亡的严重后果”。

《环境损害鉴定评估推荐方法》（第Ⅱ版）

4.1 环境损害 指因污染环境或破坏生态行为导致人体健康、财产价值或生态环境及其生态系统服务的可观察的或可测量的不利改变。

4.2 鉴定评估 指鉴定评估机构按照规定的程序和方法，综合运用科学技术和专业知识，评估污染环境或破坏生态行为所致环境损害的范围和程度，判定污染环境或破坏生态行为与环境损害间的因果关系，确定生态环境恢复至基线状态并补偿期间损害的恢复措施，量化环境损害数额的过程。

> **第九条** 人民法院确定惩罚性赔偿金数额，应当以环境污染、生态破坏造成的人身损害赔偿金、财产损失数额作为计算基数。
>
> 前款所称人身损害赔偿金、财产损失数额，依照民法典第一千一百七十九条、第一千一百八十四条规定予以确定。法律另有规定的，依照其规定。

【条文主旨】

本条是关于生态环境侵权惩罚性赔偿金计算基数的规定。

【条文理解】

填平原则，又称补偿性赔偿原则，一直是民法特别是侵权损害赔偿坚持的基本原则，是指在确定损害赔偿时应以受害人的实际损失为准，损失多少赔多少，受害人不能从中获取超过损失的利益。生态环境侵权同样遵从这一原则。但在司法实践中，有些污染环境和破坏生态行为恶劣，损害后果严重，而且严重影响社会的可持续发展。侵权人主观有恶意，其行为的非难性更强，更应当受到法律的否定性评价，惩罚性赔偿制度主要聚焦于此，恶意侵权人付出的赔偿数额要高于一般侵权人，从经济上给予其严厉打击，彰显惩罚性，遏止恶意侵权行为。

本条第一款明确了生态环境侵权惩罚性赔偿的范围包括人身损害赔偿和财产损害赔偿两个方面，并以环境污染、生态破坏造成的人身损害赔偿金、财产损失数额作为计算基数。该条第二款进而对确定人身损害赔偿金、财产损失数额的法律依据通过转致进行了指引，即适用《民法典》第一千一百七十九条、第一千一百八十四条的相关规定。

一、关于环境污染、生态破坏造成的人身损害赔偿金的确定

《民法典》第一千一百七十九条规定："侵害他人造成人身损害的，应当赔偿医疗费、护理费、交通费、营养费、住院伙食补助费等为治疗和康复支出的合理费用，以及因误工减少的收入。造成残疾的，还应当赔偿辅助器具费和残疾赔偿金；造成死亡的，还应当赔偿丧葬费和死亡赔偿金。"人身损害赔偿是侵害生命权、身体权、健康权造成的损害，分为一般伤害、造成残疾和造成死亡三种类型的损害，分别对应三种赔偿范围。

（一）一般赔偿范围

侵害他人造成人身损害的一般赔偿范围，是指侵害他人生命健康权造成人身损害一般都要赔偿的项目。无论是致伤、致残还是致死，凡是一般赔偿范围内所列项目的费用支出，行为人均应赔偿。行为人的行为造成他人人身伤害但并未出现残疾或者死亡后果的，原则上行为人仅需赔偿本条规定的一般赔偿范围内的赔偿项目。其中，医疗费是治疗人身伤害的治疗费、医药费、检查费等费用；护理费是对受到伤害的受害人进行护理的费用，交通费是对受害人进行就医、转院等治疗的本人及护理人员的交通费；营养费是对受到伤害的人治疗和康复期间需要补充营养的费用；住院伙食补助费是在住院期间餐费的支出；误工损失是因伤残等耽误工作所减少的收入。

《民法典》第一千一百七十九条所列举的一般赔偿范围内的赔偿项目仅是几种比较典型的费用支出，实践中并不仅限于这些赔偿项目，只要是因为治疗和康复所支出的所有合理费用，都可以纳入一般赔偿的范围，但前提是合理的费用才能予以赔偿，否则既会增加行为人不应有的经济负担，也会助长受害人的不正当请求，有失公正。因此，在司法实践中，法官必须在查清事实的基础上，结合医疗诊断、鉴定

和调查结论，准确确定人身损害的一般赔偿范围。对人身损害的赔偿要坚持赔偿与损害相一致的原则，既要使受害人获得充分赔偿，又不能使其获得不当利益。基于这一原则，对医疗费、护理费、交通费、营养费、住院伙食补助费等为治疗和康复支出的合理费用，以及因误工减少的收入的赔偿，因一般都有具体衡量的标准，应当全部赔偿，即损失多少就赔偿多少。

（二）造成残疾的赔偿范围

对于残疾的赔偿范围，我国的立法有一个发展变化的过程。根据原《民法通则》第一百一十九条的规定，受害人残疾的，应当赔偿医疗费、因误工减少的收入、残废者生活补助费等费用，对于是否赔偿被扶养人生活费和残疾赔偿金没有明确规定。1993 年颁布的《产品质量法》《消费者权益保护法》则明确规定，受害人残疾的，除应当赔偿医疗费、治疗期间的护理费、因误工减少的收入等费用外，还应当支付残疾者生活自助具费、生活补助费、残疾赔偿金以及由其扶养的人所必需的生活费等费用。《民法典》侵权责任编第一千一百七十九条对人身损害赔偿范围作出规定，侵害他人造成人身损害的，应当赔偿医疗费、护理费、交通费、营养费、住院伙食补助费等为治疗和康复支出的合理费用，以及因误工减少的收入；造成残疾的，还应当赔偿辅助器具费和残疾赔偿金。与原《侵权责任法》保持一致，《民法典》只是将“残疾生活辅助具”的表述修改为“辅助器具”。因此，环境污染、生态破坏造成受害人残疾的，赔偿义务人除赔偿医疗费、误工费、护理费、交通费、住宿费、住院伙食补助费、必要的营养费外，还应当赔偿辅助器具费和残疾赔偿金。其中，残疾赔偿金是受害人因伤致残但实际收入没有减少，或者伤残等级较轻但造成职业妨害严重影响其劳动就业所造成的损失。《人身损害赔偿司法解释》第十二条规定，残疾赔偿金根据受害人丧失劳动能力程度或者伤残等级，按照受诉法院所在地上 1 年度城镇居民人均可支配收入标准，自定残之日起按 20 年计算。但 60 周岁以上的，年龄每增加 1 岁减少 1 年；75 周岁以上的，按 5 年计算。《人身损害赔偿司法解释》第十三条规定，残疾辅助器具费按照普通适用器具的合理费用标准计算。伤情有特殊需要的，可以参照辅助器具配制机构的意见确定相应的合理费用标准。辅助器具的更换周期和赔偿期限参照配制机构的意见确定。

（三）造成死亡的赔偿范围

人身损害死亡赔偿制度是指自然人因生命权受侵害而死亡，侵权人承担金钱赔偿责任的一种民事法律救济制度。对死亡赔偿的范围，根据原《民法通则》第一百一十九条的规定，除应当赔偿医疗费、因误工减少的收入等费用外，还应当支付丧葬费、死者生前扶养的人必要的生活费等费用。1993 年颁布的《消费者权益保护法》《产品质量法》和1994年颁布的《国家赔偿法》规定，因侵权行为造成他人死亡的，除赔偿医疗费、护理费等费用外，应当支付丧葬费、人身损害死亡赔偿金以及由死者生前扶养的人所必需的生活费等费用。上述三部法律，均采取在丧葬费和被扶养人生活费以外，同时给付死亡赔偿金的模式。原《侵权责任法》在立法和司法实践经验基础上，借鉴国外做法，规定侵害他人造成死亡的，除应当赔偿一般人身损害赔偿项目外，还应当赔偿丧葬费和死亡赔偿金。《民法典》侵权责任编在这一方面与原《侵权责任法》的规定一致。《民法典》第一千一百七十九条规定，侵害他人造成人身损害的，应当赔偿医疗费、护理费、交通费、营养费、住院伙食补助费等为治疗和康复支出的合理费用，以及因误工减少的收入；造成死亡的，还应当赔偿丧葬费和死亡赔偿金。

死亡赔偿金的对象是近亲属因受害人死亡所遭受的经济上的不利益。对其性质一般有抚养丧失说和继承丧失说两种观点。对死亡赔偿金也是采取一次性赔偿20年的固定标准计算。抚养丧失说认为，可获赔偿的是受害人生前抚养的近亲属或者其他被抚养人所丧失的抚养利益。继承丧失说则以如无侵权行为受害人所能生存年限中其收入减去支出的余额为近亲属的可预期的继承利益，因侵权行为致受害人提前死亡而使其近亲属减少的继承利益为死亡赔偿金。两种相比较，继承丧失说对于受害人的权益保护更加全面，为理论通说。同时，两说中的死亡赔偿金均是建立在受害人生前收入的基础之上的，收入不同，赔偿数额也不同。德、日等大陆法系国家均采个别计算法，即在确定受害人收入和可预期的收入变化情况，根据余命年岁计算其可得收入后，减除预期支出并扣除期限利息得出死亡赔偿金。我国自原《民法通则》以来，形成了定额化计算死亡赔偿金的方法。

2019年9月最高人民法院印发了《关于授权开展人身损害赔偿标准城乡统一试点的通知》（法明传〔2019〕513号），提出“当前，我国户籍制度改革的政策框架基本构建完成，城乡统一的户口登记制度全面建立，各地取消了农业户口与非农业户口性质区分”，故此“授权各省、自治区、直辖市高级人民法院及新疆维吾尔自治区生产建设兵团分院根据各省具体情况在辖区内开展人身损害赔偿纠纷案件统一城乡居民赔偿标准试点工作。试点工作应于今年内启动”。在全国法院试点人身损害赔偿标准城乡统一，实际是废除了以城乡户籍作为确定受害人收入的唯一标准的不当规定。2022年修订后的《人身损害赔偿司法解释》第十五条规定：“死亡赔偿金按照受诉法院所在地上一年度城镇居民人均可支配收入标准，按二十年计算。但六十周岁以上的，年龄每增加一岁减少一年；七十五周岁以上的，按五年计算。”对原司法解释不按照个别受害人的收入状况进行计算，而仅依据城乡居民的差别分别计算的方式进行了修改。丧葬费的赔偿标准，根据《人身损害赔偿司法解释》

第十四条规定,丧葬费按照受诉法院所在地上1年度职工月平均工资标准,以6个月总额计算。

还需要注意的是,对受害人残疾或者死亡时其被扶养人生活费均应予以赔偿。《人身损害赔偿司法解释》第十六条规定,被扶养人生活费计入残疾赔偿金或者死亡赔偿金。该解释第十七条规定:"被扶养人生活费根据扶养人丧失劳动能力程度,按照受诉法院所在地上一年度城镇居民人均消费支出标准计算。被扶养人为未成年人的,计算至十八周岁;被扶养人无劳动能力又无其他生活来源的,计算二十年。但六十周岁以上的,年龄每增加一岁减少一年;七十五周岁以上的,按五年计算。"此外,《人身损害赔偿司法解释》第十八条规定,赔偿权利人举证证明其住所地或者经常居住地城镇居民人均可支配收入高于受诉法院所在地标准的,残疾赔偿金或者死亡赔偿金可以按照其住所地或者经常居住地的相关标准计算。被扶养人生活费的相关计算标准,也依照这个原则确定。

二、关于环境污染、生态破坏造成的财产损害赔偿范围

财产权益是民事权益中的重要组成部分,包括物权、知识产权、股权和其他投资性权利、网络虚拟财产等具有财产性质的权益。根据《民法典》第一千一百八十四条规定的财产损失计算方式,侵害他人财产的,财产损失按照损失发生时的市场价格或者其他合理方式计算。

因侵权行为导致财产损失的,一般按照财产损失发生时的市场价格计算,也就是以财产损失发生时,该财产在市场上的价格为计算标准。完全毁损、灭失的,要按照该物在市场上所对应的标准全价计算,如果该物已经使用多年的,其全价应当是市场相应的折旧价格。这是因为一般来说,市场价格会有上升或下降的可能,一个侵权案件审判终结需要一段时日,如果对于价格标准不作确定,则可能在司法实践中引起混乱,侵权行为发生时、诉讼开始时、诉讼终结时等都可能成为法官考虑的时间点,由于市场价格的波动,不同的时间点可能赔偿的数额就会不同。为了避免司法实践中可能出现规则运用上的不统一,需要明确对财产损失的计算标准,最终规定以财产损失发生的时间点计算赔偿价格。这个时间点相比较其他时间点最容易固定和掌握。其他时间点,例如起诉之日、立案之日、判决作出之日等均有各种诉讼法上的不确定性,有可能存在同一类型案件确定时间不同的情况,不利于对统一财产损失的计算点。关于计算地点,通常情况下,市场价格也会根据地点的不同而有所差异,计算损失时,有侵权行为实施地和损失发生地两种选择。因损失原则上是指被侵权人的实际损失,因此以损失发生地的价格为准,才能恰当地反映被侵权人所受损失。

在确定旧物、不可替代物以及残存价值，一般是以鉴定机构的鉴定评估价值为依据。如果原物全部灭失，则残存价值为零，此时损失即为原物的市场价格。如果可以进行修复，如果受损害物在修复后，其市场价格几乎不受影响的情况下，损失就体现为修复该物所需的修理费用，可以直接以市场上的合理修理费用作为赔偿数额。

此外，《民法典》第一千一百八十四条还规定了“或者其他合理方式计算”确定损失的方法。当价格波动较大时，为了使被侵权人获得充分的救济，法官可以以其他合理方式确定损失。用其他合理方法计算财产损失数额，是一个概括的方法。其他，是指在损失发生时的市场价格计算方法之外的其他方法。合理，是对其他计算方法的要求，无论采取哪种计算方法，只要合理，符合公平原则和诚实信用原则的要求即可。社会不断发展，实践极其复杂，法律没有限定“其他合理方式”的范围，由法官结合具体案情自由裁量。“其他合理方式”通常是在被侵害的财产本身没有市场价格可以作为计算标准时作为补充方式来运用的。“其他合理方式”的范围本条并未作明确规定，需要通过其他立法或者司法实践根据不同行业领域及不同损害等来逐步加以明确和解决。当然，在其他法律对于特定侵权行为的损害赔偿额的计算方式有特别规定时，就应当根据其规定的方式计算。由人民法院在法定的数额幅度内酌情确定赔偿数额。特别是在所受损失或者所得利益都难以确定的情况下，基于侵权人不应比合法状态下处境更优的原则，人民法院可以根据侵权人的侵权行为的性质、主观过错等酌情确定适当的赔偿额。在没有任何法律规定的方式可以采用的情况下，就需要考虑被侵害的财产的种类、侵权行为的性质、持续时间、范围、后果、侵权人的主观状态等各种因素，确定合适的计算方式。涉及专门性问题的，就要通过评估、鉴定程序来解决。

此外，实践中存在大量侵权纠纷涉及间接损失的赔偿，这往往也是实务中的难点问题。间接损失具有的特点如下：一是损失是未来的可得利益，而非现实利益；二是这种丧失的未来利益，遵循常理如果没有发生此侵权行为就是可以实现的，而非不能实现的。要注意两个问题：一是财产的损害本身（商品自伤）不属于间接损失，应是直接损失，不能将财产损害本身计入间接损失当中；二是在侵害的财产是生产、经营资料，受害人因财产被侵害而无法进行生产、经营的时候，不能在计算财产损害的间接损失即可得利益的减少的同时，再将受害人停产停业的误工工资以及支付工资等情况计算在内，这两者属于同一性质的损失，不能重复计算。

对于纯粹经济损失，我们认为，纯粹经济损失指被侵权人因他人的侵权行为遭受的经济损害，但该种损害不是由于受害人所遭受的法定财产权利损害而产生的经济损失。按照全面赔偿原则，纯粹经济损失应属于可赔损失的范畴，但应有严格的构成要件限制和赔偿范围限制，这是利益平衡的基本要求，对于纯粹经济损失的赔偿，在因果关系和主观过错等方面要采取更高的标准，尤其要遵循日常生活经验法则并受可预见性规则的限制。

关于生态环境损害是否应当列入赔偿范围的问题。民法保护的客体包含民事权利和民事利益。因环境侵权导致人身损害、财产损害引发的诉讼，其请求权基础是生命健康权和财产权，因环境侵权导致环境本身的损害引发的诉讼，其请求权基础是生态环境利益。《民法典》第一百二十六条规定，民事主体享有法律规定的其他民事权利和利益。据此，无论是生命健康权、财产权还是生态环境利益都应当在民法的保护之下，不能因为法律目前尚未明确赋予个人实体上的环境权，就将生态环境利益排除在民法的保护之外。而且生态环境侵权的特征来看，其特质之一就是以生态环境媒介引起人身、财产损害，在大多数生态环境侵权里，人身、财产损害往往与生态环境损害交织。在司法实践中，如果民事主体提起私益诉讼，在人身损害和财产损害的惩罚性赔偿请求之外，还单独就遭受生态环境损害提出惩罚性赔偿的诉讼请求，如果受害人能够完成《民法典》第一千二百三十二条所明确的举证证明该损害系侵权人违反法律规定故意污染环境、破坏生态造成的严重后果的举证责任，值得进一步研究。还需明确的是，预防性生态环境侵权尚未造成损害，因此，在预防性生态环境侵权诉讼中不能适用惩罚性赔偿制度。

【审判实务中应注意的问题】

《民法典》中有三个条文规定了惩罚性赔偿，它们的目的是一样的，即在特定领域内加重对侵权行为的制裁来保障相应的权利，分别是侵害知识产权的惩罚性赔偿，缺陷产品的惩罚性赔偿，污染环境、破坏生态的惩罚性赔偿。计算惩罚性损害赔偿数额时不应用简单而又现成的数学公式，让任何人都可以根据实际损失的多少计算出惩罚性赔偿金的数额，而应当赋予法官一定的自由裁量权，由法官根据案件的具体情形，综合各方面的因素来确定惩罚性赔偿的数额。我国设立惩罚性赔偿制度的终极目的是实现法律的实质公平与正义，在确定赔偿金时要遵循我国民法公平和平等的原则，运用理性而科学的方法，根据案件的不同情况具体判定，以“所受损失”为基数计算惩罚性赔偿金。

【法条链接】

《民法典》

第一千一百七十九条 侵害他人造成人身损害的，应当赔偿医疗费、护理费、交通费、营养费、住院伙食补助费等为治疗和康复支出的合理费用，以及因误工减少的收入。造成残疾的，还应当赔偿辅助器具费和残疾赔偿金；造成死亡的，还应当赔偿丧葬费和死亡赔偿金。

第一千一百八十四条 侵害他人财产的，财产损失按照损失发生时的市场价格或者其他合理方式计算。

《人身损害赔偿司法解释》

第六条 医疗费根据医疗机构出具的医药费、住院费等收款凭证，结合病历和诊断证明等相关证据确定。赔偿义务人对治疗的必要性和合理性有异议的，应当承担相应的举证责任。

医疗费的赔偿数额，按照一审法庭辩论终结前实际发生的数额确定。器官功能恢复训练所必要的康复费、适当的整容费以及其他后续治疗费，赔偿权利人可以待实际发生后另行起诉。但根据医疗证明或者鉴定结论确定必然发生的费用，可以与已经发生的医疗费一并予以赔偿。

第七条 误工费根据受害人的误工时间和收入状况确定。

误工时间根据受害人接受治疗的医疗机构出具的证明确定。受害人因伤致残持续误工的，误工时间可以计算至定残日前一天。

受害人有固定收入的，误工费按照实际减少的收入计算。受害人无固定收入的，按照其最近三年的平均收入计算；受害人不能举证证明其最近三年的平均收入状况的，可以参照受诉法院所在地相同或者相近行业上一年度职工的平均工资计算。

第八条 护理费根据护理人员的收入状况和护理人数、护理期限确定。

护理人员有收入的，参照误工费的规定计算；护理人员没有收入或者雇佣护工的，参照当地护工从事同等级别护理的劳务报酬标准计算。护理人员原则上为一人，但医疗机构或者鉴定机构有明确意见的，可以参照确定护理人员人数。

护理期限应计算至受害人恢复生活自理能力时止。受害人因残疾不能恢复生活自理能力的，可以根据其年龄、健康状况等因素确定合理的护理期限，但最长不超过二十年。

受害人定残后的护理，应当根据其护理依赖程度并结合配制残疾辅助器具的情况确定护理级别。

第九条 交通费根据受害人及其必要的陪护人员因就医或者转院治疗实际发生的费用计算。交通费应当以正式票据为凭；有关凭据应当与就医地点、时间、人数、次数相符合。

第十条 住院伙食补助费可以参照当地国家机关一般工作人员的出差伙食补助标准予以确定。

受害人确有必要到外地治疗，因客观原因不能住院，受害人本人及其陪护人员实际发生的住宿费和伙食费,其合理部分应予赔偿。

第十一条 营养费根据受害人伤残情况参照医疗机构的意见确定。

第十二条 残疾赔偿金根据受害人丧失劳动能力程度或者伤残等级,按照受诉法院所在地上一年度城镇居民人均可支配收入标准,自定残之日起按二十年计算。但六十周岁以上的,年龄每增加一岁减少一年;七十五周岁以上的,按五年计算。

受害人因伤致残但实际收入没有减少,或者伤残等级较轻但造成职业妨害严重影响其劳动就业的,可以对残疾赔偿金作相应调整。

第十三条 残疾辅助器具费按照普通适用器具的合理费用标准计算。伤情有特殊需要的,可以参照辅助器具配制机构的意见确定相应的合理费用标准。

辅助器具的更换周期和赔偿期限参照配制机构的意见确定。

第十四条 丧葬费按照受诉法院所在地上一年度职工月平均工资标准,以六个月总额计算。

第十五条 死亡赔偿金按照受诉法院所在地上一年度城镇居民人均可支配收入标准,按二十年计算。但六十周岁以上的,年龄每增加一岁减少一年;七十五周岁以上的,按五年计算。

第十六条 被扶养人生活费计入残疾赔偿金或者死亡赔偿金。

第十七条 被扶养人生活费根据扶养人丧失劳动能力程度,按照受诉法院所在地上一年度城镇居民人均消费支出标准计算。被扶养人为未成年人的,计算至十八周岁;被扶养人无劳动能力又无其他生活来源的,计算二十年。但六十周岁以上的,年龄每增加一岁减少一年;七十五周岁以上的,按五年计算。

被扶养人是指受害人依法应当承担扶养义务的未成年人或者丧失劳动能力又无其他生活来源的成年近亲属。被扶养人还有其他扶养人的,赔偿义务人只赔偿受害人依法应当负担的部分。被扶养人有数人的,年赔偿总额累计不超过上一年度城镇居民人均消费支出额。

第十条 人民法院确定惩罚性赔偿金数额,应当综合考虑侵权人的恶意程度、侵权后果的严重程度、侵权人因污染环境、破坏生态行为所获得的利益或者侵权人所采取的修复措施及其效果等因素,但一般不超过人身损害赔偿金、财产损失数额的二倍。

因同一污染环境、破坏生态行为已经被行政机关给予罚款或者被人民法院判处罚金,侵权人主张免除惩罚性赔偿责任的,人民法院不予支持,但在确定惩罚性赔偿金数额时可以综合考虑。

【条文主旨】

本条是关于生态环境惩罚性赔偿的量定因素和倍数的规定。

【条文理解】

惩罚性赔偿制度,具有惩罚、震慑和预防等功能。作为传统侵权法损害补偿原则的例外,其数额不应是无限或者任意的。《民法典》第一千二百三十二条仅规定“被侵权人有权请求相应的惩罚性赔偿”,《环境保护法》及其他环境单行法中亦未就生态环境惩罚性赔偿作出规定。《民法典》起草过程中,就惩罚性赔偿的赔偿幅度问题即存有争议。有观点认为,惩罚性赔偿责任涉及民事主体的基本财产权利,为防止恣意,应在立法层面明确生态环境惩罚性赔偿的数额。还有观点认为,鉴于现有立法对于各类惩罚性赔偿的计算方式、额度均不相同,没有形成统一标准,目前不宜作出规定,具体标准可留待将来司法实践继续探索。本解释制定过程中,惩罚性赔偿金的量定因素、倍数限定等亦为重点关注的问题。

一、生态环境惩罚性赔偿金数额的量定因素

为指导法院依法、合理、统一行使裁量权,现有司法解释中不乏关于确定生态环境侵权责任大小、份额等酌定因素的规定。如《环境侵权司法解释》第四条规定,确定数人排污时污染者之间责任份额的酌定因素有,污染物的种类、浓度、排放量、危害性,有无排污许可证、是否超过污染物排放标准、是否超过重点污染物排放总量控制指标,破坏生态的方式、范围、程度,以及行为对损害后果所起的作用等。《环境民事公益诉讼司法解释》第二十三条规定,确定生态环境修复费用时的酌定因素有污染环境、破坏生态的范围和程度,生态环境的稀缺性,生态环境恢复的难易程度,防治污染设备的运行成本,被告因侵害行为所获得的利益以及过错程度等。考察上述规定可见,其主要系从生态环境侵权的构成要件出发,体现出对“过错”“原因力”“损害后果”的考量,如污染物的种类、浓度、排放量、危害性系原因力因素,而有无排污许可证、是否超过污染物排放标准、是否超过重点污染物排放总量控制指标等因素则体现了侵权人的过错程度。

具体到惩罚性赔偿金数额的量定因素而言,我国现有法律中无相关规定。《最高人民法院关于审理侵害知识产权民事案件适用惩罚性赔偿的解释》第六条规定:“人民法院依法确定惩罚性赔偿的倍数时,应当综合考虑被告主观过错程度、侵权行为的情节严重程度等因素。因同一侵权行为已经被处以行政罚款或者刑事罚金且执行完毕,被告主张减免惩罚性赔偿责任的,人民法院不予支持,但在确定前款所称倍数时可以综合考虑。”最高人民检察院、最高人民法院、农业农村部、海关总

署、国家市场监督管理总局、国家粮食和物资储备局、中国消费者协会联合印发的《探索建立食品安全民事公益诉讼惩罚性赔偿制度座谈会会议纪要》中规定,应当根据侵权人主观过错程度、违法次数和持续时间、受害人数、损害类型、经营状况、获利情况、财产状况、行政处罚和刑事处罚等因素,综合考虑是否提出惩罚性赔偿诉讼请求。有下列情形之一的,可以参照《民法典》《食品安全法》《消费者权益保护法》等法律规定提出惩罚性赔偿诉讼请求:一是侵权人主观过错严重;二是违法行为次数多、持续时间长;三是违法销售金额大、获利金额多、受害人覆盖面广;四是造成严重侵害后果或者恶劣社会影响的;五是具有其他严重侵害社会公共利益的情形。对惩罚性赔偿的比较考察发现,在有惩罚性赔偿制度传统普通法国家,如美国,在惩罚性赔偿金数额的量定因素,包括被告不法行为的非难程度与其获利可能性、原告受害的性质与程度、被告的财务状况以及被告遭受其他处罚的可能性等,其中以被告不法行为的非难性为最重要的考量标准。[①] 在我国台湾地区所谓"消费者保护法"的适用中,法院判决曾提出的惩罚性赔偿的审酌因素包括被告行为的道德恶性、"断臂非中彩"的法理、取得不法利益的大小、有无受刑事制裁、原告受损害的程度、被告事发后的处理态度等。[②]

我们经研究认为,影响因素的选择本质上取决于惩罚性赔偿的制度目标,即在保护行为自由与消除违法可能性之间进行平衡。本解释在把握惩罚性赔偿制度惩罚、遏制和预防严重不法行为的功能定位,基于惩罚性赔偿的特别构成要件,结合审判实际,确定以侵权人的恶意程度、侵权后果的严重程度、侵权人因污染环境、破坏生态行为所获得的利益,以及侵权人所采取的修复措施及其效果等,作为确定惩罚性赔偿金数额的量定因素。其中,侵权人的恶意程度、侵权后果的严重程度回应了生态环境惩罚性赔偿责任的构成要件和制度目的要求,是最核心的量定因素;侵权人因污染环境、破坏生态行为所获得的利益,符合任何人不得因非法行为获利的法理;侵权人所采取的修复措施及其效果,则体现了侵权人在事发后的态度,如能积极主动履行修复义务并取得修复效果,亦可表明其主观恶意和损害后果的程度。值得注意的是,上述量定因素本身具有复杂性,其在审判实践中的判断并非单一、纯粹,与惩罚性赔偿金数额的基数确定亦并不截然区分,如对侵权后果严重程度的判断不可避免涉及污染环境、破坏生态的范围和程度,生态环境的稀缺性,受害人数、损害类型,造成的恶劣社会影响等因素的考量。

---

① 参见陈聪富:《美国法上之惩罚性赔偿金制度》,载《台大法学论丛》2002 年第 5 期。

② 参见何建志:《惩罚性赔偿金之法理与应用——论最适赔偿金额之判定》,载《台大法学论丛》2002 年第 3 期。

此外,本解释起草过程中,亦曾将侵权人承担责任的经济能力列为惩罚性赔偿金数额的量定因素之一。且《最高人民法院关于确定民事侵权精神损害赔偿责任若干问题的解释》第五条亦明确将“侵权人承担责任的经济能力”作为精神损害赔偿数额的确定因素之一,可资借鉴。但调研中有意见认为,尽管审判实践中会将侵权人承担责任的经济能力作为惩罚性赔偿的考量因素,但基于统一裁判尺度和避免造成生态环境侵权情形下“劫富济贫”“看人下菜碟”等无端怀疑的考虑,不宜将之直接规定在条文中,且对侵权人的非法获利的考量一般亦已经涉及其经济能力。本条规定中虽未列明侵权人承担责任的经济能力作为惩罚性赔偿金数额的量定因素,但从统筹生态环境和经济发展、审慎适用惩罚性赔偿以及保障惩罚性赔偿制度实施效果的角度来看,法院在具体案件的审理中仍可以将侵权人承担责任的经济能力作为考量因素之一。但需要注意的是,生态环境惩罚性赔偿具有不同于一般侵权的特点,在实际操作中要避免因科以惩罚性赔偿而对排污企业造成“一放就乱”“一罚就死”的状况,在共同侵权的责任认定上亦要避免大企业为小企业“买单”的情形。

二、生态环境惩罚性赔偿金数额的倍数限定

关于惩罚性赔偿的倍数限定问题,现有法律主要有三种模式。一是固定倍数模式,如《食品安全法》第一百四十八条第二款规定的“生产不符合食品安全标准的食品或者经营明知是不符合食品安全标准的食品,消费者除要求赔偿损失外,还可以向生产者或者经营者要求支付价款十倍或者损失三倍的赔偿金”;《消费者权益保护法》第五十五条第一款规定的“经营者提供商品或者服务有欺诈行为的,应当按照消费者的要求增加赔偿其受到的损失,增加赔偿的金额为消费者购买商品的价款或者接受服务的费用的三倍”。二是弹性倍数模式。此种模式下有同时设定上下限值的做法,如《商标法》第六十三条第一款中规定的“对恶意侵犯商标专用权,情节严重的,可以在按照上述方法确定数额的一倍以上五倍以下确定赔偿数额”;《著作权法》第五十四条规定的“对故意侵犯著作权或者与著作权有关的权利,情节严重的,可以在按照上述方法确定数额的一倍以上五倍以下给予赔偿”;2021年修正的《种子法》第七十二条第三款则将故意侵犯植物新品种权,情节严重的惩罚性赔偿额度由一倍以上三倍以下调整为一倍以上五倍以下。此外,亦有仅设定上限值的做法,如《消费者权益保护法》第五十五条第二款规定的“经营者明知商品或者服务存在缺陷,仍然向消费者提供,造成消费者或者其他受害人死亡或者健康严重损害的,受害人有权要求经营者依照本法第四十九条、第五十一条等法律规定赔偿损失,并有权要求所受损失二倍以下的惩罚性赔偿。”三是无倍数限制模式。

如《民法典》第一千二百三十二条关于生态环境惩罚性赔偿仅作了“被侵权人有权请求相应的惩罚性赔偿”的表述。本解释起草中，绝大多数地方法院均要求对生态环境惩罚性赔偿金数额的确定上设置倍数限定。为兼顾解释的可操作性和赋予法官结合个案事实综合判断的裁量权，我们采取了弹性倍数模式。

在具体倍数区间的考量上，首先考察了现有司法解释中有关惩罚性赔偿的倍数限定。2003 年《最高人民法院关于审理商品房买卖合同纠纷案件适用法律若干问题的解释》第八条、第九条规定了买受人可以请求解除合同、返还已付购房款及利息、赔偿损失，并可以请求出卖人承担不超过已付购房款一倍的赔偿责任。[①]《最高人民法院关于审理医疗损害责任纠纷案件适用法律若干问题的解释》第二十三条规定“医疗产品的生产者、销售者、药品上市许可持有人明知医疗产品存在缺陷仍然生产、销售，造成患者死亡或者健康严重损害，被侵权人请求生产者、销售者、药品上市许可持有人赔偿损失及二倍以下惩罚性赔偿的，人民法院应予支持。”学理上对生态环境惩罚性赔偿的倍数区间亦存在不同观点。中国社会科学院法学研究所起草的《民法典·侵权法草案》第九十一条原则性地规定了惩罚性赔偿制度：故意侵害他人生命、身体、健康或者具有感情意义财产的，法院得在赔偿损害之外判决加害人支付不超过赔偿金 3 倍的惩罚性赔偿金。[②] 杨立新教授则建议，故意实施生态环境侵权行为符合惩罚性赔偿责任适用要件的，惩罚性赔偿责任为实际损失的 2 倍，因重大过失实施生态环境侵权行为符合惩罚性赔偿责任适用要件的，惩罚性赔偿责任为实际损失的 1 倍。[③] 我们经研究认为，生态环境惩罚性赔偿以造成严重后果为特别构成要件，在适用上不同于《商标法》《著作权法》《种子法》《反不正当竞争法》等法律中关于“一倍以上五倍以下”的惩罚性赔偿倍数限定以“情节严重”为要件，以及《消费者权益保护法》第五十五条第一款、《食品安全法》第一百四十八条第二款关于“购买商品的价款或者接受服务的费用的三倍”“价款十倍或者损失三倍的赔偿金”的规定分别以“经营者提供商品或者服务有欺诈行为”“生产不符合食品安全标准的食品或者经营明知是不符合食品安全标准的食品”为要件，更类似于《消费者权益保护法》第五十五条第二款关于“所受损失二倍以下的惩罚性赔偿”以“造成消费者或者其他受害人死亡或者健康严重损害”为要件。且生态环境不法侵权行为所造成的严重后果在实践中亦多表现为受害人死亡或者健康严重

---

① 上述规定在 2020 年该司法解释的修订中被删除。

② 参见中国《民法典》立法研究课题组：《中国民法典：侵权行为编草案建议稿》，载中国民商法律网，http://www.civillaw.com.cn/qqf/weizhang.asp? id = 10897。

③ 参见杨立新、李怡雯：《生态环境侵权惩罚性赔偿责任之构建——〈民法典侵权责任编（草案二审稿）〉第一千零八条的立法意义及完善》，载《河南财经政法大学学报》2019 年第 3 期。

损害、重大财产损失、生态环境受到严重损害等形态,基数往往较大。基于统筹生态环境保护和经济发展的考量,本解释在惩罚性赔偿幅度的设置上,采取了克制、审慎的态度,参照《消费者权益保护法》第五十五条第二款规定,参考前述《最高人民法院关于审理医疗损害责任纠纷案件适用法律若干问题的解释》第二十三条规定,最终确定以“二倍”作为上限值。同时,本解释为保障实现惩罚性赔偿制度功能,实现提高环境违法成本的目的,采取了一般不超过损失数额二倍的表述方式,在保持谦抑的同时,亦备特别情势之需。实践中如果侵权人对生态环境极其漠视、造成的侵权后果特别恶劣的,人民法院亦可超出实际损失的二倍对其施加惩罚性赔偿责任,以保持赔偿幅度与侵权人主观恶意之间的“相应”性。此外,二倍以内的倍数规定,并不要求必须是整数倍,根据个案的具体情况,可以确定为小数。

三、生态环境惩罚性赔偿金与行政罚款、刑事罚金

妥善处理惩罚性赔偿,尤其是环境公益诉讼中惩罚性赔偿与其他惩罚性公法责任,如行政罚款、刑事罚金之间的关系,是本解释起草过程中引起广泛关注的问题。关于惩罚性赔偿与行政罚款、刑事罚金是否构成重复惩罚、能否相互抵扣的问题,理论上涉及对惩罚性赔偿责任性质的认识,实践中则蕴含着对同一污染环境、破坏生态行为同时科以惩罚性赔偿、行政罚款、刑事罚金是否会违反“禁止双重处罚”或者“禁止重复评价”的法律原则,从而构成过度的、重复性惩罚的担心。

关于惩罚性赔偿责任的性质,学术界长期存在不同认识。在英美法系,司法实践和主流观点将惩罚性赔偿视为一种特殊的民事制裁,即“私人罚款”[①],其理由是惩罚性赔偿与财产刑责任在目的及功能上有相同之处,但前者作为民事责任加以规定,由私人提起诉讼,适用民事诉讼法程序,因此属于私法上的侵权责任范畴。但惩罚性赔偿责任又不同于补偿性赔偿责任,其主要功能在于对严重侵权行为进行惩罚和制裁,因此具有“私人罚款”的民事制裁意义。[②] 但在强调公法与私法区分的大陆法系国家,传统观点认为应严格区分对违法行为的惩罚、制裁和对受侵害权益的补偿和救济,过错的严重性不能证明一个比实体损害更大的赔偿是正当的,[③]惩罚性赔偿的惩罚目的属“刑事处罚”范畴[④]。在私法领域引入惩罚性赔偿制度是对大陆法系侵权责任法律传统的重大突破。“在公法私法二分思维下,惩罚性赔偿实

---

① 参见金福海:《论惩罚性赔偿责任的性质》,载《法学论坛》2004 年第 3 期。

② 参见吴汉东:《知识产权惩罚性赔偿的私法基础与司法适用》,载《法学评论》2021 年第 3 期。

③ 参见[德]克雷斯蒂安·冯·巴尔:《欧洲比较侵权行为法》,张新宝译,法律出版社 2001 年版,第 12 页。

④ 参见陈聪富:《侵权归责原则与损害赔偿》,北京大学出版社 2005 年版,第 199 页。

质上是一种利用私法机制实现本应由公法担当的惩罚与震慑目的的特殊惩罚制度，是一种存在惩罚准犯罪行为的私法制度，它有条件地认可了私人之间的报应。”①

我们经研究认为，目前生态环境侵权领域中存在的问题是环境污染、生态破坏行为过于隐蔽，造成的损害不宜察觉，被发现的概率较小，不法侵权人在利润驱使下铤而走险的可能性更大。实践中环境违法成本不是过高而是过低，现行《环境保护法》虽然设置了按日计罚制度，被称为史上最为严格的处罚制度，但能够进入行政监管视野、最终触发行政处罚的环境违法行为不是过多而是过少。从这个意义上讲，引入惩罚性赔偿可以弥补公共资源投入的不足、发挥个体的效率优势、补救行政机关的懈怠，缓解规制失灵问题。② 这也是《民法典》在尽管存在争议的情况下仍在环境污染和生态破坏责任领域引入惩罚性赔偿的初衷。故，尽管在学理上存在争议，但从加强生态环境保护的法政策立场出发，惩罚性赔偿有助于实现严格保护生态环境，提高环境违法成本，制裁严重不法生态侵权行为的政策目标。且按照责任属性应遵循法律部门分类一般标准的要求，在《民法典》已经明确将其规定为民事责任承担方式之一的情况下，惩罚性赔偿应定性为具有民事责任性质的金钱惩罚，虽然其主要功能在于惩罚，但是并未游离于赔偿之外，本质上仍为一种特殊的民事责任。

某一污染环境、破坏生态行为，可能既侵害了自然人、法人或非法人组织的人身、财产权益，损害了生态环境，又构成对国家行政管理秩序或社会秩序的破坏，从而同时违反几个法律部门的规范，符合不同性质法律责任的构成要件。《民法典》第一百八十七条关于“民事主体因同一行为应当承担民事责任、行政责任和刑事责任的，承担行政责任或者刑事责任不影响承担民事责任；民事主体的财产不足以支付的，优先承担民事责任”的规定，在确立民事责任的独立性和优先承担原则的同时，也明确了同一行为同时引发民事责任、行政责任和刑事责任的可能。更何况实践中因公法上的追诉时效和民法中诉讼时效之间的时间差，行政法、刑法等公法在法律制定和修订上的严格性、滞后性等问题，亦存在适用惩罚性赔偿弥补公法救济不足的必要。就行政罚款和刑事罚金而言，根据《行政处罚法》第三十五条第二款的规定两者之间可以相互折抵。但现行法律中并无关于惩罚性赔偿与行政罚款、刑事罚金相互折抵的相关规定，在缺乏上位法依据以及遵循惩罚性赔偿责任系民事责任这一基本定位的前提下，不宜直接将其折抵行政罚款、刑事罚金。故本条第

① 参见朱广新：《惩罚性赔偿制度的演进与适用》，载《中国社会科学》2014 年第 1 期。

② 参见赵鹏：《惩罚性赔偿的行政法反思》，载《法学研究》2019 年第 1 期。

二款规定,因同一污染环境、破坏生态行为已经被行政机关给予罚款或者被人民法院判处罚金,侵权人主张免除惩罚性赔偿责任的,人民法院不予支持。

但需要注意的是,前文已述,惩罚性赔偿实质上是利用私法机制实现公法上惩罚目的的一种特殊惩罚制度。尤其在环境公益侵权中,惩罚性赔偿责任与刑事罚金、行政罚款责任在很大程度上具有适用对象上的一致性、目的上的共通性和功能上的重叠性,与刑法上的罪刑均衡原则和行政处罚法上的过罚相当原则一样,惩罚性赔偿亦应秉持"惩罚的适当性",而且这种适当性应是基于全法域中整体法秩序上的考量,即"同一不当行为同时满足惩罚性赔偿、罚款或罚金的责任成立要件时,应注意各种惩罚措施的总体惩罚、威慑效果"①。实践中,侵权人因不法污染环境、破坏生态行为往往不是被单独处以刑事罚金,还可能同时承担了自由刑等刑罚种类,已经具有较大的威慑力。就现有法律考察,惩罚性赔偿与行政处罚在构成要件、考量因素上极为类似,如何在两者之间形成功能互补而非功能重叠,亦应妥善处理。鉴于此,本条第二款在明确侵权人不得以已受行政罚款、刑事罚金为由主张免除惩罚性赔偿责任的同时,规定人民法院在确定惩罚性赔偿金数额时可以综合考量侵权人因同一污染环境、破坏生态行为已受行政罚款、刑事罚金的情形,实质上将其纳入惩罚性赔偿金数额的量定因素之中。

【审判实务中应注意的问题】

一、生态环境惩罚性赔偿与虚拟治理成本法

本解释起草过程中,有不少观点认为,环境公益侵权案件中虚拟治理成本法的广泛适用,以及《环境民事公益诉讼司法解释》第二十三条关于"生态环境修复费用难以确定或者确定具体数额所需鉴定费用明显过高的,人民法院可以结合污染环境、破坏生态的范围和程度,生态环境的稀缺性,生态环境恢复的难易程度,防治污染设备的运行成本,被告因侵害行为所获得的利益以及过错程度等因素,并可以参考负有环境资源保护监督管理职责的部门的意见、专家意见等,予以合理确定"的规定,使惩罚性因素在环境公益侵权中已有所体现。

毋庸讳言,尽管法律和司法解释已就生态环境损害赔偿的具体范围、酌定因素等作出相关规定,环境技术标准和规范性文件提供生态环境损害评估鉴定提供了概念工具和认定方法,但生态环境损害额的量化和司法确定一直是生态环境侵权纠纷案件审理中的重点和疑难问题。其中,虚拟治理成本法的广泛适用引起了实

① 朱广新:《惩罚性赔偿制度的演进与适用》,载《中国社会科学》2014 年第 3 期。

务界和学理界的关注。有学者曾对审判实践中的生态环境损害认定及量化进行了研究，数据显示作为样本的118起环境公益侵权案件中有55起涉及环境污染，在其中当事人提出了具体损害赔偿请求的46起案件中，7起判决书中未明确生态环境损害的计算方法，13起有具体修复方案，赔偿数额为修复费用，一起要求赔偿废物处置费用，用于修复，其余25起均通过虚拟治理成本法予以量化。① 本文就最高人民法院指导性案例检索显示，截至目前已发布的25个环境资源指导性案例中，有6个涉及虚拟治理成本法的适用。如在重庆市人民政府、重庆两江志愿服务发展中心诉重庆藏金阁物业管理有限公司、重庆首旭环保科技有限公司生态环境损害赔偿、环境民事公益诉讼案中，鉴定机构经委托对违法排放超标废水造成生态环境损害进行鉴定评估认为，案涉违法排放废水点为长江干流主城区段水域，适用功能类别属Ⅲ类水体，根据虚拟治理成本法的“污染修复费用的确定原则”Ⅲ类水体的倍数范围为虚拟治理成本的4.5～6倍，评估选取最低倍数4.5倍，最终评估出案涉违法排放废水造成的生态环境污染损害量化数额为1441.6776万元。② 在中华环保联合会诉德州晶华集团振华有限公司大气污染责任民事公益诉讼案中，鉴定机构对案涉污染行为造成的损失数额进行评估时认为，根据《环境空气质量标准》《环境损害鉴定评估推荐方法（第Ⅱ版）》《突发环境事件应急处置阶段污染损害评估技术规范》，案涉项目处环境功能二类区，生态环境损害数额为虚拟治理成本的3～5倍，报告取参数5，二氧化硫虚拟治理成本共计713万元，氮氧化物虚拟治理成本2002万元，烟粉尘虚拟治理成本31万元，共计2746万元。③ 在中国生物多样性保护与绿色发展基金会诉秦皇岛方圆包装玻璃有限公司大气污染责任民事公益诉讼案中，鉴定机构经委托对方圆公司因排放大气污染物对环境造成的损害数额及采取替代修复措施修复被污染的大气环境所需费用进行鉴定时，环境空气Ⅱ类区生态损害数额为虚拟治理成本的3～5倍，鉴定报告中取3倍计算对大气环境造成的损害数额，分别约为0.74万元、27.10万元和127.12万元，共计154.96万元。④ 在山东省烟台市人民检察院诉王振殿、马群凯环境民事公益诉讼案中，法院在量化生态环境损害时，根据受污染影响区域的环境功能敏感程度分别乘以1.5～10的倍数作为环境损害数额的上下限值。案涉受污染区域的土壤、Ⅲ类地下水及消水河Ⅴ

---

① 参见刘静：《生态环境损害赔偿诉讼中的损害认定及量化》，载《法学评论》2020年第4期。

② 参见重庆市第一中级人民法院（2017）渝01民初773号民事判决书，最高人民法院第130号指导性案例。

③ 参见山东省德州市中级人民法院（2015）德中环公民初字第1号民事判决书。

④ 参见河北省高级人民法院（2018）冀民终758号民事判决书；河北省秦皇岛市中级人民法院（2016）冀03民初40号民事判决书。

类地表水生态损害修复费用,山东省环境保护科学研究设计院环境风险与污染损害鉴定评估中心出具的环境损害检验报告中取虚拟治理成本的6倍予以计算。[①]在江苏省徐州市人民检察院诉苏州其安工艺品有限公司等环境民事公益诉讼案中,法院认为,公益诉讼起诉人委托的技术专家提出的倾倒3桶硫酸废液所致生态环境修复费用为204,415元(4.28×6822.92×7)的意见理据充分,其中受损害环境敏感系数取值为7。[②] 实践表明,虚拟治理成本法的适用对具体量化生态环境损害、追究污染者责任具有重要作用。但同时也值得注意的是,虚拟治理成本法的适用存在范围不明确、计算依据不充分、计算数额不统一等问题,个别案件适用虚拟治理成本法仍有待规范。

尤其需要明确的是,"运用虚拟治理成本法计算的结果也属于填补性赔偿金,其中的环境敏感系数并非惩罚性赔偿的倍数"[③]。原环境保护部于2017年发布了《关于虚拟治理成本法适用情形与计算方法的说明》,明确了虚拟治理成本法的适用范围并进一步精确了计算方法,对可以适用与不适用虚拟治理成本法的条件作出了规定,取消了环境敏感系数区间值。[④] 2020年12月29日,生态环境部、国家市场监督管理总局发布了《生态环境损害鉴定评估技术指南基础方法第1部分:大气污染虚拟治理成本法》、《生态环境损害鉴定评估技术指南基础方法第2部分:水污染虚拟治理成本法》(2021年1月1日起实施),以生态环境标准的形式对大气污染、水污染虚拟治理成本法进行了严格的标准化。实践中,应形成"技术规定不对排放、倾倒、泄漏等主观恶意、故意性因素进行判断"的共识。

二、生态环境惩罚性赔偿与生态环境修复费用的酌定因素

此外,审判实践中,法院对生态环境修复费用的确定,除根据环境法律原则对鉴定意见和评估报告进行司法审查之外,还可以在无法鉴定和评估时直接运用评估方法对生态环境修复费用进行司法认定,或者根据裁量因子对生态环境修复费

---

① 参见山东省烟台市中级人民法院(2017)鲁06民初8号民事判决书,最高人民法院第133号指导性案例。

② 参见江苏省徐州市中级人民法院(2018)苏03民初256号民事判决书,最高人民法院第135号指导性案例。

③ 季林云、韩梅:《环境损害惩罚性赔偿制度探析》,载《环境保护》2017年第20期。

④ 《关于虚拟治理成本法适用情形与计算方法的说明》第一条规定:"(一)符合下列情形之一的,可以适用虚拟治理成本法:1.排放污染物的事实存在,由于生态环境损害观测或应急监测不及时等原因导致损害事实不明确或生态环境已自然恢复;2.不能通过恢复工程完全恢复的生态环境损害;3.实施恢复工程的成本远远大于其收益的情形。(二)符合下列情形之一的,不适用虚拟治理成本法:1.实际发生的应急处置费用或治理、修复、恢复费用明确,通过调查和生态环境损害评估可以获得的,不适用虚拟治理成本法;2.突发环境事件或排污行为造成的生态环境直接经济损失评估,不适用虚拟治理成本法。"

用进行司法酌定。[①] 前述《环境民事公益诉讼司法解释》第二十三条关于生态环境修复费用难以确定或者确定具体数额所需鉴定费用明显过高时酌定因素的规定中，亦包含对过错程度的考量。[②] 对此，审判实践应注意在生态环境修复费用的合理确定和惩罚性赔偿责任的妥当适用中避免对侵权人主观恶意的重复评价。

同时，审判实践对惩罚性赔偿责任的适用，应遵循本解释第一条规定的适用原则，严格把握惩罚性赔偿的适用条件，根据个案具体情势，公平地确定惩罚性赔偿的合理倍数。既要避免惩罚不足难以发挥遏制侵权行为的社会功用，也要避免惩罚过度而可能产生的"寒蝉效应"，影响企业的正常经营发展。

【法条链接】

《民法典》

第九百九十八条 认定行为人承担侵害除生命权、身体权和健康权外的人格权的民事责任，应当考虑行为人和受害人的职业、影响范围、过错程度，以及行为的目的、方式、后果等因素。

《水污染防治法》

第九十四条 企业事业单位违反本法规定，造成水污染事故的，除依法承担赔偿责任外，由县级以上人民政府环境保护主管部门依照本条第二款的规定处以罚款，责令限期采取治理措施，消除污染；未按照要求采取治理措施或者不具备治理能力的，由环境保护主管部门指定有治理能力的单位代为治理，所需费用由违法者承担；对造成重大或者特大水污染事故的，还可以报经有批准权的人民政府批准，责令关闭；对直接负责的主管人员和其他直接责任人员可以处上一年度从本单位取得的收入百分之五十以下的罚款；有《中华人民共和国环境保护法》第六十三条规定的违法排放水污染物等行为之一，尚不构成犯罪的，由公安机关对直接负责的主管人员和其他直接责任人员处十日以上十五日以下的拘留；情节较轻的，处五日以上十日以下的拘留。

对造成一般或者较大水污染事故的，按照水污染事故造成的直接损失的百分之二十计算罚款；对造成重大或者特大水污染事故的，按照水污染事故造成的直接损失的百分之三十计算罚款。

造成渔业污染事故或者渔业船舶造成水污染事故的，由渔业主管部门进行处

---

① 参见陈伟：《生态环境损害额的司法确定》，载《清华法学》2021 年第 2 期。

② 将被告的过错程度这一主观因素作为生态环境修复费用的酌定因素的重要原因之一，即当时的法律规定中未就生态环境侵权领域规定惩罚性赔偿制度。参见最高人民法院环境资源审判庭编著：《最高人民法院关于环境民事公益诉讼司法解释理解与适用》，人民法院出版社 2015 年版，第 331 页。

罚;其他船舶造成水污染事故的,由海事管理机构进行处罚。

《行政处罚法》

第三十五条 违法行为构成犯罪,人民法院判处拘役或者有期徒刑时,行政机关已经给予当事人行政拘留的,应当依法折抵相应刑期。

违法行为构成犯罪,人民法院判处罚金时,行政机关已经给予当事人罚款的,应当折抵相应罚金;行政机关尚未给予当事人罚款的,不再给予罚款。

> **第十一条** 侵权人因同一污染环境、破坏生态行为,应当承担包括惩罚性赔偿在内的民事责任、行政责任和刑事责任,其财产不足以支付的,应当优先用于承担民事责任。
>
> 侵权人因同一污染环境、破坏生态行为,应当承担包括惩罚性赔偿在内的民事责任,其财产不足以支付的,应当优先用于承担惩罚性赔偿以外的其他责任。

【条文主旨】

本条是关于生态环境惩罚性赔偿责任履行顺位的规定。

【条文理解】

惩罚性赔偿是《民法典》规定的民事责任承担方式之一。惩罚性赔偿金的支付,属于对民事责任的履行,应遵照《民法典》第一百八十七条关于民事责任优先承担的规定。故本条第一款规定,“侵权人因同一污染环境、破坏生态行为,应当承担包括惩罚性赔偿在内的民事责任、行政责任和刑事责任,其财产不足以支付的,应当优先用于承担民事责任”。

根据《民法典》第一百七十九条、《环境侵权司法解释》第十三条、《环境民事公益诉讼司法解释》第十八条的规定,生态环境侵权责任方式包括停止侵害、排除妨碍、消除危险、修复生态环境、赔礼道歉、赔偿损失、惩罚性赔偿等方式。惩罚性赔偿作为侵权责任填平原则的例外,其履行顺位应当劣后于其他责任。故本条第二款规定,“侵权人因同一污染环境、破坏生态行为,应当承担包括惩罚性赔偿在内的民事责任,其财产不足以支付的,应当优先用于承担惩罚性赔偿以外的其他责任”。

一、在民事责任、行政责任和刑事责任竞合情形下惩罚性赔偿责任的履行顺位

(一)法律责任与法律责任竞合

民事责任、行政责任和刑事责任均属于法律责任。对于法律责任的内涵,国内外各种学说纷呈,大致有“义务说”“制裁说”“后果说”“责任能力说”“负担说”“法律地位说”“特殊责任说”“含义组合说”等观点。① 其中,“后果说”在我国学术界为通说。“后果说”将法律责任视为某种不利后果,认为“法律责任是指一切违法者,因其违法行为,必须对国家和其他受到危害者承担相应的后果”②。按照不同的标准,法律责任的分类也不同。有的学者认为,法律责任体系是由性质各异、程度不同的违宪责任、刑事责任、民事责任、行政责任、经济责任和诉讼责任六种独立的法律责任构成的有机整体。③ 当前法理学界的通说是按违法行为的种类和程度,结合法律责任内涵的“结果说”,将法律责任划分为民事责任、行政责任和刑事责任。民事责任是自然人、法人或者非法人组织因违反民事法律、违约或者因法律规定的其他事由而依法承担的不利后果,包括侵权责任、违约责任等。行政责任是指因违反行政法律或行政法规而应当承担的法定的不利后果。刑事责任是指因违反刑事法律而应当承担的法定的不利后果。④

对于同一行为,因为可能有性质不同的多部法律予以规范,从而可能同时构成民事违法、行政违法和刑事犯罪,并因此应当分别承担民事责任、行政责任和刑事责任,进而产生法律责任竞合问题。所谓法律责任竞合,是指行为人的同一行为符合两个或两个以上不同性质的法律责任的构成要件,依法应当承担多种不同性质的法律责任制度。⑤ 也就是说,民事责任、行政责任和刑事责任虽然是三种性质不同的法律责任,却可能因为同一行为而同时产生。例如,违章驾驶机动车,发生交通事故,情节严重的,构成犯罪(如交通肇事罪),应当承担刑事责任;如果情节较轻,不构成犯罪,但属于违反交通行政法律的行政违法行为,则须承担行政法律责任(如吊销驾照);同时,该犯罪行为或违反行政法律的行为造成他人人身或财产的损害,又属于民事侵权行为,应当对受害人承担民事责任。法律责任竞合在生态环境侵权案件中较为常见。例如,根据《刑法》第三百三十八条的规定,污染环境罪系行

---

① 参见吴英旗、崔柏、张燕:《民事法律责任初探》,中国政法大学出版社 2013 年版,第 13 - 15 页。
② 林仁栋:《马克思主义法学的一般理论》,南京大学出版社 1990 年版,第 186 页。
③ 参见杜飞进:《试论法律责任的若干问题》,载《中国法学》1990 年第 6 期。
④ 参见黄薇主编:《中华人民共和国民法典总则编释义》,法律出版社 2020 年版,第 495 页。
⑤ 参见黄薇主编:《中华人民共和国民法典总则编释义》,法律出版社 2020 年版,第 496 页。

政犯,以违反国家规定为构成要件,污染环境罪在违反刑法的同时,必定违反相关行政类法律和法规,构成行政违法。同时,根据《刑法》第三百三十八条和《最高人民法院、最高人民检察院关于办理环境污染刑事案件适用法律若干问题的解释》第一条、第二条和第三条的规定,污染环境致使受害人重伤、严重疾病、残疾、死亡或者造成公私财产重大损失等系污染环境罪的重要入罪与量刑条件,污染环境行为人也应当承担相应的民事侵权责任。

(二)民事责任、行政责任和刑事责任的独立适用

通常情况下,民事责任、行政责任和刑事责任独立存在,独立适用,并行不悖。这一原则在有关法律中亦得到确认,如《行政处罚法》第八条规定,“公民、法人或者其他组织因违法行为受到行政处罚,其违法行为对他人造成损害的,应当依法承担民事责任。违法行为构成犯罪,应当依法追究刑事责任的,不得以行政处罚代替刑事处罚”。但是考虑到惩罚性赔偿作为一种民事责任,与行政责任中的罚款,刑事责任中的罚金与没收财产较为相似,都具有在经济方面惩罚行为人的作用,三者是否同样可以各自独立适用,在此有必要予以探讨。

罚款是行政处罚的一种。行政处罚,是指特定的行政机关或法定授权组织、行政委托组织依法对违反行政管理秩序尚未构成犯罪的个人或组织予以制裁的行政行为。罚款,即强制违法者在一定期限内向国家交纳一定数量货币而使其遭受一定经济利益损失的处罚形式,是对违反行政法律法规行为所进行的一种金钱处罚。罚款要求违法者交纳的钱款应是其合法收入,如果是违法者的违法所得,应适用没收这种处罚。罚款主要适用于以谋取非法经济利益为目的的行政违法行为,其实施的行为尚未达到犯罪的严重程度,被处以行政罚款的行为人承担的是行政责任。罚金和没收财产属于刑罚方法中的财产刑,是以剥夺罪犯合法财产为内容的金钱处罚。其中罚金是人民法院判处犯罪分子向国家缴纳一定数额金钱的刑罚方法。《刑法》第五十二条规定:“判处罚金,应当根据犯罪情节决定罚金数额。”犯罪情节包括犯罪手段、犯罪对象、犯罪后果、犯罪的时间、地点等。在决定罚金数额时,除要全面考察犯罪情节以外,还要酌情考虑犯罪人的经济状况。没收财产是指将犯罪分子个人所有的财产的一部或者全部强制无偿收归国有的一种刑罚方法,在实践中大部分适用于经济犯罪和贪财图利型犯罪。

惩罚性赔偿虽然也具有在经济上惩罚不法行为人的功能,但与罚款、罚金、没收财产存在明显不同。第一,责任性质不同。在我国,通说认为,惩罚性赔偿属于民事责任,是侵权人对被侵权人所承担的责任。《民法典》第一百七十九条将惩罚性赔偿纳入其中,也宣告了惩罚性赔偿属于民事责任的立场。罚款、罚金、没收财产属于公法责任,是国家追究行为人的责任。第二,实现方式不同。惩罚性赔偿适用民

事诉讼程序,由被侵权人以提起民事诉讼的方式来实现。被侵权人要求行为人承担惩罚性赔偿责任,由法院最终审理确定。罚款适用行政程序,由行政机关或授权组织直接决定。罚金、没收财产适用刑事诉讼程序,由检察机关代表国家提起诉讼,人民法院依法确认。第三,金钱归属不同。环境私益诉讼中的惩罚性赔偿金大多归属于原告,不归国家所有。行为人除承担补偿性赔偿责任外,另行向被侵权人赔偿一定数额的金钱,而非向国家缴纳。罚款、罚金、没收财产则完全归国家所有,即便是不法行为的受害人,也无权分享。

在同一行为既应承担惩罚性赔偿民事责任,又应被处以罚款或者被判处罚金、没收财产的情形下,适用时应当如何处理民事责任、行政责任和刑事责任三者之间的关系,有三种不同意见:第一,同时适用。该观点认为很多恶意侵权行为既违反了民事法律,也违反行政法律和刑事法律,只要同时具备这些责任的要件,就可以同时适用。这可以有效制止恶意侵权行为,保护受害人的权益。第二,择一适用。该观点认为对侵权行为同时适用民事责任、行政责任和刑事责任,会对行为人施加不合理的惩罚。对于同一行为,不得为二次惩罚,为各国法律和法理所公认,所以应当择一适用。若已适用了行政责任、刑事责任,就不应当适用惩罚性赔偿。第三,互为补充。该观点认为当一种行为同时涉及惩罚性赔偿、行政责任和刑事责任时,应既允许受害人追究惩罚性赔偿责任,也允许国家追究公法上的责任。但是,如果行为人已经承担了公法责任,则在承担惩罚性赔偿责任时,就要考虑先前已承担的责任。若已承担的责任足以实现对行为人的制裁,后一种责任即不再追究;若已承担的责任尚不足以制裁行为人,在追究后一种责任时应考虑行为人先前已受到的惩罚,仅在惩罚不足的范围内追究行为人的责任,起补充作用。①

本文认为,当行为人因实施某一不法行为而同时符合惩罚性赔偿责任和行政责任、刑事责任的构成要件时,惩罚性赔偿责任可以与行政责任如罚款,或刑事责任如罚金、没收财产同时适用,互不排斥。但同时也应考虑到,这些责任主要都是惩罚、遏制行为人的违法行为,尤其是惩罚性赔偿与罚款、罚金、没收财产这些责任形式,都是从经济角度惩罚行为人,因此在并用时应当避免对行为人惩罚过度。在具体适用时,应考虑行为人已承担的责任:如行为人已被科处罚款、罚金、没收财产,在确定惩罚性赔偿责任时,可参考前期已确定的责任适当减少惩罚性赔偿的数额,或者免除惩罚性赔偿责任。反之亦然。基于上述考虑,本解释第十条第二款规定,"因同一污染环境、破坏生态行为已经被行政机关给予罚款或者被人民法院判处罚

---

① 全国人大常委会法制工作委员会民法室编:《侵权责任法立法背景与观点全集》,法律出版社2010年版,第504-505页。

金，侵权人主张免除惩罚性赔偿责任的，人民法院不予支持，但在确定惩罚性赔偿金数额时可以综合考虑。”

（三）民事责任优先原则

在民事责任、行政责任和刑事责任可以独立存在、独立适用的前提下，如果某一责任主体的财产不足以同时满足承担民事赔偿责任和承担罚款、罚金及没收财产等行政或者刑事责任时，三种责任就发生了冲突，难以同时承担，此时就产生了哪一种责任优先适用的问题。民事责任优先原则就是解决这类责任竞合时的法律原则，即某一责任主体的财产不足以同时满足民事赔偿责任与行政责任或者刑事责任中的罚款、罚金时，应优先承担民事赔偿责任。①

原《民法通则》并没有民事责任优先原则的规定。原《侵权责任法》第四条则规定了侵权责任优先原则：“侵权人因同一行为应当承担行政责任或者刑事责任的，不影响依法承担侵权责任。因同一行为应当承担侵权责任和行政责任、刑事责任，侵权人的财产不足以支付的，先承担侵权责任。”这一规定对于保护受害人利益具有重要作用，在社会上引起了积极反响，取得了良好的法律效果和社会效果。《民法典》吸收这一成功经验，将侵权责任优先原则上升为整个民事责任优先原则予以规定，其第一百八十七条规定：“民事主体因同一行为应当承担民事责任、行政责任和刑事责任的，承担行政责任或者刑事责任不影响承担民事责任；民事主体的财产不足以支付的，优先用于承担民事责任。”除《民法典》之外，我国很多法律都明确规定了民事责任优先原则。《刑法》第三十六条第二款规定：“承担民事赔偿责任的犯罪分子，同时被判处罚金，其财产不足以全部支付的，或者被判处没收财产的，应当先承担对被害人的民事赔偿责任。”《公司法》第二百一十四条规定：“公司违反本法规定，应当承担民事赔偿责任和缴纳罚款、罚金的，其财产不足以支付时，先承担民事赔偿责任。”《食品安全法》第一百四十七条规定：“违反本法规定，造成人身、财产或者其他损害的，依法承担赔偿责任。生产经营者财产不足以同时承担民事赔偿责任和缴纳罚款、罚金时，先承担民事赔偿责任。”《产品质量法》第六十四条规定：“违反本法规定，应当承担民事赔偿责任和缴纳罚款、罚金，其财产不足以同时支付时，先承担民事赔偿责任。”《证券投资基金法》第一百五十条规定：“违反本法规定，应当承担民事赔偿责任和缴纳罚款、罚金，其财产不足以同时支付时，先承担民事赔偿责任。”

确立民事责任优先原则的主要立法理由有以下几点：②

---

① 参见黄薇主编：《中华人民共和国民法典总则编释义》，法律出版社 2020 年版，第 496 页。

② 参见黄薇主编：《中华人民共和国民法典总则编释义》，法律出版社 2020 年版，第 496－498 页。

1. 民事责任优先是实现法的价值的需要。民法、行政法、刑法虽然是三个不同的法律部门，有着各自的调整范围，但保护自然人、法人和和非法人组织的合法权益却是共同的目标和任务，在同一责任主体的财产不足以同时承担民事赔偿责任和缴纳罚款、罚金、没收财产等行政、刑事责任时，如果先执行罚款、罚金或者没收财产，权利人的合法权益就难以得到有效的保护。国家和个体承受财产损失的能力差别很大，在不足以同时承担两种以上责任时，不缴纳罚款、罚金等行政、刑事责任，不会使国家发生经济上的困难，但如果不履行民事赔偿责任却可能使个体（如某个消费者）陷入极大的困难乃至绝境。民事责任优先原则，体现了三个法律部门在保护自然人、法人、非法人组织合法权益方面的一致性。在这些责任无法兼顾时，民事责任优先可以取得良好的社会效果，也更能体现法律的人道和正义。人道和正义是法的社会功能的体现，也是法所追求的主要价值所在。

2. 民事责任优先原则是维护市场秩序和交易安全的需要。民事主体在民事活动中依法取得的权利，应当具有法律保障。如果一方当事人对另一方当事人依法享有的损害赔偿请求权，因另一方当事人财产承担行政、刑事责任后丧失赔偿能力而无法实现，必然造成当事人在以后的民事活动中投入一定的注意力审查核对该当事人是否存在违法或犯罪行为，以防影响自己权利的实现，这样必然影响当事人之间进行交易的信心和速度，也不符合市场经济秩序和交易安全应具有法律保障性的要求。民事责任优先原则可以有效地克服这一弊端。

3. 罚款、罚金等行政责任、刑事责任体现的是国家对行为人的惩罚。民事责任主要是平等主体之间发生的一方依法向另一方承担的责任，目的在于弥补权利人因他人的民事违法行为而给其造成的经济损失，补偿性是民事责任的显著特征，这种补偿性的责任一旦不能承担，权利人的权利则难以实现。

4. 民事责任和行政责任、刑事责任的目的和功能不同。民事责任的主要目的是对受害人补偿损失、恢复其权利；行政责任和刑事责任的目的是惩罚行为人，维护社会秩序。在责任人的财产不足以承担两种以上责任时，不承担民事责任，民事责任的目的就无法实现。行政责任和刑事责任的责任形式涉及人身和财产，除财产刑的罚款、罚金外，还可以对责任主体进行人身制裁。与民事责任单一的财产性赔偿特征相比，行政责任和刑事责任具有人身性和财产性双重特征。在三者发生竞合时，即使民事责任优先适用，结果可能造成财产性的罚款、罚金等行政制裁或刑事制裁难以实现，但这并不影响责任人承担人身方面的行政责任和刑事责任。在一定程度上，行政责任、刑事责任还可以在对责任人人身制裁和财产制裁之间进行选择，以达到制裁责任人的最终目的。

基于上述考虑，根据民事责任优先原则，本条第一款规定，“侵权人因同一污染环境、破坏生态行为，应当承担包括惩罚性赔偿在内的民事责任、行政责任和刑事责任，其财产不足以支付的，应当优先用于承担民事责任。”在具体适用民事优先原则时，应当满足以下条件：责任主体所承担的民事责任应当合法有效，其发生的依据或者基于法律的规定，或者基于当事人之间的约定。责任主体的责任财产如果都能满足民事责任、行政责任和刑事责任，则三种责任并行不悖，责任人同时承担三种责任，只有在财产不足以同时满足时，才产生民事责任优先的问题。

二、在民事责任内部惩罚性赔偿责任的履行顺位

（一）民事责任方式及其在生态环境侵权纠纷案件中的适用

如前所述，民事责任是自然人、法人或者非法人组织因违反民事法律、违约或者因法律规定的其他事由而依法承担的不利后果，包括侵权责任、违约责任等。民事责任是保障民事权利实现的重要措施，也是对不履行民事义务的一种制裁。承担民事责任的方式是民事责任的具体体现，没有承担民事责任的方式，民事责任就难以落实。原《民法通则》第一百三十四条第一款规定了10种承担民事责任的方式，《民法典》第一百七十九条第一款在吸收继承原《民法通则》有关规定的基础之上，根据经济社会发展需要，规定了11种承担民事责任的主要方式：(1)停止侵害；(2)排除妨碍；(3)消除危险；(4)返还财产；(5)恢复原状；(6)修理、重作、更换；(7)继续履行；(8)赔偿损失；(9)支付违约金；(10)消除影响、恢复名誉；(11)赔礼道歉。该条第三款同时规定，本条规定的民事责任方式，可以单独适用，也可以合并适用，即当一种民事责任方式不足以救济权利人时，就应当同时适用其他方式。

在《民法典》规定的11种民事责任方式中，其中的返还财产，修理、重作、更换，继续履行，支付违约金主要适用于违约情形，不能在生态环境侵权纠纷案件中适用。根据《环境侵权司法解释》第十三条的规定，“人民法院应当根据被侵权人的诉讼请求以及具体案情，合理判定侵权人承担停止侵害、排除妨碍、消除危险、修复生态环境、赔礼道歉、赔偿损失等民事责任”，以及《环境民事公益诉讼司法解释》第十八条的规定，“对污染环境、破坏生态，已经损害社会公共利益或者具有损害社会公共利益重大风险的行为，原告可以请求被告承担停止侵害、排除妨碍、消除危险、修复生态环境、赔偿损失、赔礼道歉等民事责任”，除了惩罚性赔偿责任以外，在生态环境侵权责任纠纷案件中侵权人可能承担的民事责任方式主要包括停止侵害、排除妨碍、消除危险、修复生态环境、赔偿损失、赔礼道歉等。

（二）惩罚性赔偿责任与其他民事责任同时适用时的履行顺位

生态环境侵权责任纠纷案件的民事责任方式大致可以分为以下四种类型：一

是预防性责任方式,主要包括停止侵害、排除妨碍、消除危险;二是恢复性责任方式,即修复生态环境;三是人格恢复性责任方式,即赔礼道歉;四是赔偿性责任方式,包括赔偿损失和惩罚性赔偿。由上述分类可知,在生态环境侵权责任纠纷案件的民事责任方式中,惩罚性赔偿责任与赔偿损失、生态环境修复等责任最易发生冲突。主要原因在于,其他几种民事责任方式,包括停止侵害、排除妨碍、消除危险、赔礼道歉,原则上并不涉及金钱给付,而惩罚性赔偿与赔偿损失均属赔偿性责任方式,本质上都以向权利人给付一定金钱为履行,在侵权人的责任财产不足以全部支付的情况下,必然出现何者应予优先履行的问题。此外,修复生态环境作为恢复原状责任在生态环境领域的特殊表现形式,根据《民法典》第一千二百三十四条规定,其责任承担上具有优先性。

在我国民法中,赔偿损失是最主要、最基本的侵权责任方式。其具有以下几个法律特征:第一,赔偿损失的根本目的是救济损害。有损害才有赔偿,最基本的赔偿的目的是补偿损失,使受到损害的人身、财产权益得到救济。第二,赔偿损失具有财产性,完全是以财产的方式救济受害人,不能以其他方式赔偿。第三,赔偿损失具有相对性,只发生在特定相对人之间,受害人只能向特定的行为人请求赔偿,赔偿义务主体也只需向特定的受害人履行赔偿义务。① 作为生态环境侵权责任方式的赔偿损失,是指行为人因生态环境侵权行为而给他人造成损害,应以其财产赔偿受害人所受的损失。

依据民法基本原理,民事损害赔偿以弥补权利人损失为目的,故此种赔偿也称为补偿性赔偿,其适用的赔偿原则是全部赔偿原则即填平原则。所谓填平原则,是指受害人损失多少,侵权人赔偿多少,侵权人的赔偿数额应当等于受害人因此受到的损失,最终目的是使受害人的损失得到全面填补。生态环境侵权中的赔偿损失责任亦应当坚持填平原则,具体体现为三个方面:一是全部赔偿原则,是指侵权人对其给受害人造成的损害,尤其是财产损害,应当全面和完全予以赔偿。二是损益相抵原则,是指如果受害人在遭受损失的同时也得到利益的,应当将其所得的利益从应得的赔偿金额中扣除。三是过失相抵原则,是指侵权行为中,如果存在受害人也有过错的情形与有过失的情形,则按照过失比较和原因力比较,将损失赔偿责任分担给双方当事人。

虽然补偿性赔偿系损害赔偿的一般模式,但填平原则自身也存在局限性和不足:一是赔偿目的只是填平所受损害;二是忽视侵权人的主观心态;三是不利于鼓励受害人维权;四是预防作用发挥不充分;五是不利于实质正义实现。惩罚性赔偿,

---

① 参见杨立新:《侵权法论》,人民法院出版社 2005 年版,第 651 - 652 页。

作为损害赔偿填平原则的突破,通过让恶意的不法行为人承担超出实际损害数额的赔偿,能够达到充分救济受害人、制裁恶意侵权人的效果,具有惩罚、震慑、预防等多重功能。但是考虑到补偿性赔偿系对受害人实际遭受损失的赔偿,而惩罚性赔偿系在受害人实际遭受损失之外的赔偿,故当侵权人的责任财产不足以全部支付时,当然应当以补偿性赔偿为优先履行顺位。

【审判实务中应注意的问题】

一、准确把握民事责任优先适用的重要前提条件

根据本条第一款规定,只有侵权人因"同一"污染环境、破坏生态行为,应当承担包括惩罚性赔偿在内的民事责任、行政责任和刑事责任,其财产不足以支付的,才应当优先用于承担民事责任。换言之,如果侵权人需要承担的民事责任、行政责任和刑事责任系分别由不同的污染环境、破坏生态行为所引发,则不产生民事责任优先适用的问题。

司法实践中,不仅因同一行为引起的不同类型的法律责任存在责任人的财产无法完全支付的问题,在不同行为引起的不同类型的法律责任中,也同样存在责任人的财产无法完全支付的问题。民事责任优先原则是否可以适用于后一种情形,学界存在不同观点。多数观点认为,民事责任优先原则以存在法律责任竞合为前提,只能适用于第一种情形。非因同一行为触犯了不同性质的法律规范而产生了不同类型的法律责任,并不是法律责任竞合,也就不存在民事责任优先的问题。[①]少数观点认为,私法救济应当优先于公法惩罚,故民事责任优先原则不应限于存在法律责任竞合的情形,非因同一行为分别产生的民事责任、行政责任和刑事责任,责任人的财产不足以完全支付的,民事责任亦应当优先承担。[②]

因《民法典》第一百八十七条明确规定了民事责任优先原则适用的前提条件为民事主体因"同一行为"应当承担民事责任、行政责任和刑事责任的情形,为与上位法保持一致,本解释也采学界多数观点,明确了惩罚性赔偿的优先适用条件应以行为人"同一"污染环境、破坏生态行为产生的法律竞合为前提。

基于相同考虑,本条第二款关于民事责任内部惩罚性赔偿责任与其他民事责任同时适用时履行顺位的规定,亦以"同一行为"引发为前提。

---

① 参见邓蕊:《食品安全事故中民事责任优先原则的实现障碍与对策分析》,载《广西社会科学》2016 年第 6 期。

② 参见陆野:《论民事责任优先原则的适用范围》,载《广西政法管理干部学院学报》2019 年第 5 期。

二、准确把握在民事责任内部优先于惩罚性赔偿的损失赔偿范围

生态环境侵权纠纷案件中,赔偿损失责任优先于惩罚性赔偿责任。就赔偿损失的范围而言,除《民法典》第一千一百七十九条、第一千一百八十四条规定的人身损害赔偿金、财产损失外,根据《民法典》第一千一百八十三条、第一千二百三十五条等规定,还包括以下内容:一是精神损害赔偿金。如果生态环境侵权行为侵害了自然人的人身权益,且造成自然人严重精神损害的,受害人有权主张精神损害赔偿。实践中,已有因噪声污染、恶臭等污染环境造成他人严重精神损害,受害人提起诉讼请求精神损害赔偿并获得支持的案例。二是生态环境损害调查、鉴定评估费用及应急处置费用。应急处置费用包括防范性措施费用和清理措施费用。其中,防范性措施费用是指为了防止、遏制环境损害发生、扩大,所采取的或者将要采取的必要的、合理的措施的费用;清理措施费用是指为了及时有效地清除、清理环境污染行为所造成的后果,所采取的必要的、合理的措施的费用。应急处置费用具体包括污染控制费用及现场抢救费用、清理现场费用、人员转移安置费用、应急监测费用、紧急清理污染物产生的费用等。此外,为了制止侵权行为所支付的合理的调查、取证费用和律师费用也有必要包括在内。

值得注意的是,同一污染环境、破坏生态行为引发环境私益诉讼和环境民事公益诉讼的情形下,如果环境私益诉讼的原告主张并成立惩罚性赔偿责任的,在私益优先于公益原则,与补偿性损害赔偿优先于惩罚性赔偿原则之间何者更具有优先性的选择上,尚有争议,审判实践中可予以继续探讨。

【法条链接】

《民法典》

第一百七十九条 承担民事责任的方式主要有:

(一)停止侵害;

(二)排除妨碍;

(三)消除危险;

(四)返还财产;

(五)恢复原状;

(六)修理、重作、更换;

(七)继续履行;

(八)赔偿损失;

(九)支付违约金;

（十）消除影响、恢复名誉；

（十一）赔礼道歉。

法律规定惩罚性赔偿的，依照其规定。

本条规定的承担民事责任的方式，可以单独适用，也可以合并适用。

第一百八十七条 民事主体因同一行为应当承担民事责任、行政责任和刑事责任的，承担行政责任或者刑事责任不影响承担民事责任；民事主体的财产不足以支付的，优先用于承担民事责任。

第一千一百七十九条 侵害他人造成人身损害的，应当赔偿医疗费、护理费、交通费、营养费、住院伙食补助费等为治疗和康复支出的合理费用，以及因误工减少的收入。造成残疾的，还应当赔偿辅助器具费和残疾赔偿金；造成死亡的，还应当赔偿丧葬费和死亡赔偿金。

第一千一百八十三条 侵害自然人人身权益造成严重精神损害的，被侵权人有权请求精神损害赔偿。

因故意或者重大过失侵害自然人具有人身意义的特定物造成严重精神损害的，被侵权人有权请求精神损害赔偿。

第一千一百八十四条 侵害他人财产的，财产损失按照损失发生时的市场价格或者其他合理方式计算。

《刑法》

第三十六条 由于犯罪行为而使被害人遭受经济损失的，对犯罪分子除依法给予刑事处罚外，并应根据情况判处赔偿经济损失。

承担民事赔偿责任的犯罪分子，同时被判处罚金，其财产不足以全部支付的，或者被判处没收财产的，应当先承担对被害人的民事赔偿责任。

《行政处罚法》

第八条 公民、法人或者其他组织因违法行为受到行政处罚，其违法行为对他人造成损害的，应当依法承担民事责任。

违法行为构成犯罪，应当依法追究刑事责任的，不得以行政处罚代替刑事处罚。

《公司法》(2018 年修正)

第二百一十四条 公司违反本法规定，应当承担民事赔偿责任和缴纳罚款、罚金的，其财产不足以支付时，先承担民事赔偿责任。

《食品安全法》(2021 年修正)

第一百四十七条 违反本法规定，造成人身、财产或者其他损害的，依法承担赔偿责任。生产经营者财产不足以同时承担民事赔偿责任和缴纳罚款、罚金时，先承担民事赔偿责任。

《产品质量法》(2018年修正)

第六十四条 违反本法规定,应当承担民事赔偿责任和缴纳罚款、罚金,其财产不足以同时支付时,先承担民事赔偿责任。

《证券投资基金法》(2015年修正)

第一百五十条 违反本法规定,应当承担民事赔偿责任和缴纳罚款、罚金,其财产不足以同时支付时,先承担民事赔偿责任。

《环境侵权司法解释》

第十三条 人民法院应当根据被侵权人的诉讼请求以及具体案情,合理判定侵权人承担停止侵害、排除妨碍、消除危险、修复生态环境、赔礼道歉、赔偿损失等民事责任。

第十五条 被侵权人起诉请求侵权人赔偿因污染环境、破坏生态造成的财产损失、人身损害以及为防止损害发生和扩大、清除污染、修复生态环境而采取必要措施所支出的合理费用的,人民法院应予支持。

《环境民事公益诉讼司法解释》

第十八条 对污染环境、破坏生态,已经损害社会公共利益或者具有损害社会公共利益重大风险的行为,原告可以请求被告承担停止侵害、排除妨碍、消除危险、修复生态环境、赔偿损失、赔礼道歉等民事责任。

第三十一条 被告因污染环境、破坏生态在环境民事公益诉讼和其他民事诉讼中均承担责任,其财产不足以履行全部义务的,应当先履行其他民事诉讼生效裁判所确定的义务,但法律另有规定的除外。

第十二条 国家规定的机关或者法律规定的组织作为被侵权人代表,请求判令侵权人承担惩罚性赔偿责任的,人民法院可以参照前述规定予以处理。但惩罚性赔偿金数额的确定,应当以生态环境受到损害至修复完成期间服务功能丧失导致的损失、生态环境功能永久性损害造成的损失数额作为计算基数。

【条文主旨】

本条是关于环境民事公益诉讼、生态环境损害赔偿诉讼参照适用的规定。

【条文理解】

一、环境民事公益诉讼、生态环境损害赔偿诉讼中惩罚性赔偿的参照适用

本解释起草过程中，最大的争议为《民法典》第一千二百三十二条规定的生态环境惩罚性赔偿的适用范围问题。争议各方对生态环境惩罚性赔偿适用于自然人、法人、非法人组织提起的环境私益诉讼基本不持异议，争议的核心为生态环境惩罚性赔偿能否适用于环境民事公益诉讼、生态环境损害赔偿诉讼，或者说能否适用于生态环境损害。

1. 争议及回应。关于上述争议问题，学理界有“否定说”和“肯定说”两种不同观点。否定者的理由主要集中在以下几个方面：一是《民法典》第一千二百三十二条使用了“被侵权人”的表述，根据该表述的文义解释，受害人应是特定的主体；二是该条文规定在《民法典》第一千二百三十四条、第一千二百三十五条有关环境民事公益诉讼、生态环境损害赔偿诉讼的规定之前，按照体系解释，其主要针对环境私益损害的情形；三是由国家规定的机关或者法律规定的组织取得惩罚性赔偿金缺乏正当性；[①]四是对同一污染环境、破坏生态行为同时适用刑事制裁、行政处罚和惩罚性赔偿，有重复、过度惩罚之嫌，有违比例原则，可能对企业生产经营造成不利影响；五是环境民事公益诉讼、生态环境损害赔偿制度引入我国的时间不长，其本身在实践中尚存在诸多问题，不宜再将惩罚性赔偿制度适用其中。且生态环境损害赔偿制度实行“恢复优先、赔偿为辅”原则，惩罚性赔偿与其基本理念并不契合。肯定者则主要着眼于惩罚性赔偿的惩戒和威慑功能，主张当前我国生态环境损害赔偿原则存在的缺陷就是舍弃惩罚性赔偿，一味地要求完全赔偿原则，一定程度上是对惩戒功能发挥的弱化[②]，并进一步指出要克服环境民事公益诉讼中缺乏惩罚性赔偿制度的弊端[③]。

我们经研究认为，惩罚性赔偿，也称示范性赔偿或者报复性赔偿，是指法庭判决的赔偿数额超出实际损害数额的赔偿，[④]主要针对因侵权人的邪恶动机或其他莽

---

① 参见王利明：《〈民法典〉中环境污染和生态破坏责任的亮点》，载《广东社会科学》2021 年第 1 期。

② 参见蔡守秋、张毅：《我国生态环境损害赔偿原则及其改进》，载《中州学刊》2018 年第 10 期。

③ 参见黄忠顺：《环境公益诉讼制度扩张解释论》，载《中国人民大学学报》2016 年第 2 期。

④ 参见王利明：《惩罚性赔偿研究》，载《中国社会科学》2000 年第 4 期。《布莱克法律词典》对惩罚性赔偿的界定亦为，惩罚性赔偿或者示范性赔偿，是指被告人出于鲁莽、恶劣或者欺诈而行为时，法院判予的实际损害之外的损害赔偿金。参见［美］布赖恩加纳：《布莱克法律词典》，西方集团出版社 2009 年版，第 418 页。

撞地无视他人的权利而具有恶劣性质的行为而作出，其主要目的除全面救济生态环境侵权受害人外，还包括重点制裁生态环境损害中的恶意侵权人，教育和警示一般人不得实施生态环境侵权行为，[①]具有预防、惩罚、震慑等多重功能，其适用范围上不应过多地受被侵权人或者受害人的影响。而且，单纯就"被侵权人"的文义解释而言，亦难以据此得出受害人应是特定主体的唯一结论。从体系解释的角度看，《民法典》第一千二百三十四条、第一千二百三十五条位列侵权责任编第七章最后两条，可谓全章的特殊规定，位列前五条的第一千二百二十九条至第一千二百三十三条，则系全章的一般规定。[②] 至于惩罚性赔偿金的支付问题，根据《生态环境损害赔偿规定》第十五条[③]的规定，生态环境损害的赔偿资金，应当依照法律、法规、规章予以缴纳、管理和使用，并非向提起诉讼的国家规定的机关或者法律规定的组织直接支付。《生态环境损害赔偿资金管理办法（试行）》第六条第二款、第十五条对生态环境损害赔偿资金的支付进一步作了明确。按照上述规定，前述所谓生态环境惩罚性赔偿金由提起诉讼的国家规定的机关或者法律规定的组织取得不具有正当性的反对理由，并不成立。环境民事公益诉讼、生态环境损害赔偿制度本身适用时间尚短，生态环境损害赔偿资金"到哪里去"尚未得到统一、规范解决等问题，属于应通过实践发展不断完善的问题，在《民法典》已经在生态环境侵权领域规定了惩罚性赔偿制度的前提之下，不应因此成为阻碍惩罚性赔偿适用于环境民事公益诉讼、生态环境损害赔偿诉讼的原因。

事实上，惩罚性赔偿能否适用于环境民事公益诉讼、生态环境损害赔偿诉讼，不仅是法理问题，更是关乎法政策的价值选择问题。在 2009 年《侵权责任法》（已失效）起草过程中，已经有学者建议将惩罚性赔偿责任适用于环境损害责任，但该建议最终未被采纳，原《侵权责任法》仅在第四十七条规定了产品责任领域的惩罚性赔偿，其理由主要是基于两个方面的考虑：一是惩罚性赔偿责任刚刚从英美法系引进，还不确定在我国能否得以适用以及适用效果如何，因而要保持谨慎态度，缩小适用范围；二是相较于产品责任领域而言，在环境损害责任中适用惩罚性赔偿责

---

① 参见杨立新、李怡雯：《生态环境侵权惩罚性赔偿责任之构建——〈民法典侵权责任编（草案二审稿）〉第一千零八条的立法意义及完善》，载《河南财经政法大学学报》2019 年第 3 期。

② 参见最高人民法院民法典贯彻实施工作领导小组主编：《中华人民共和国民法典侵权责任编理解与适用》，人民法院出版社 2020 年版，第 539 页。

③ 该条规定："人民法院判决被告承担的生态环境服务功能损失赔偿资金、生态环境功能永久性损害造成的损失赔偿资金，以及被告不履行生态环境修复义务时所应承担的修复费用，应当依照法律、法规、规章予以缴纳、管理和使用。"

任的需求还不够迫切。① 党的十八大以来，以习近平同志为核心的党中央以前所未有的力度抓生态文明建设。对生态环境保护的高度重视在立法上亦有显现。原《民法总则》第九条明确规定了“民事主体从事民事活动，应当有利于节约资源、保护生态环境”这一具有时代意义的“绿色原则”。《民法典》编纂中，是否应在生态环境领域引入惩罚性赔偿制度再次引发讨论。立法机关结合党的十八届三中全会“对造成生态环境损害的责任者严格实行赔偿制度”的要求、党的十九大“要加大生态系统保护力度”的决策部署以及2017年中共中央办公厅、国务院办公厅印发的《生态环境损害赔偿制度改革方案》，在《〈民法典〉侵权责任编（草案）》中增加了生态环境损害责任中的惩罚性赔偿责任相关规定。② 该草案第一次审议稿中第七章名称为“生态环境损害责任（或污染环境和破坏生态责任）”，惩罚性赔偿的相关条文为第一千零八条，其条文表述为“侵权人故意违反国家规定损害生态环境造成严重后果的，被侵权人有权请求相应的惩罚性赔偿”；第二次审议稿将该章名称修改为“损害生态环境责任”，有关惩罚性赔偿的条文顺序和表述无变化；正式出台的《民法典》该章名称为“环境污染和生态破坏责任”，有关惩罚性赔偿的条文顺序和表述则为第一千二百三十二条“侵权人违反法律规定故意污染环境、破坏生态造成严重后果的，被侵权人有权请求相应的惩罚性赔偿”。有学者认为，《民法典》编纂过程中有关生态环境惩罚性赔偿的上述条文变化，反映了立法者在制定该章节内容时的主要目的是将生态环境损害赔偿纳入其中，将环境侵权责任的损害后果要件从“对人的损害”扩大至“对人的损害和对生态环境的损害”，进而严格生态环境保护制度。③ 而且，按照王晨副委员长于2020年5月22日在第十三届全国人大第三次会议上所作的关于《民法典》草案的说明，惩罚性赔偿制度亦是为了解决生态环境损害问题而引入《民法典》。该说明中明确，“贯彻落实习近平生态文明思想，增加规定生态环境损害的惩罚性赔偿制度，并明确规定了生态环境损害的修复和赔偿规则（草案第一千二百三十二条、第一千二百三十四条、第一千二百三十五

---

① 参见杨立新、李怡雯：《生态环境侵权惩罚性赔偿责任之构建——〈民法典侵权责任编（草案二审稿）〉第一千零八条的立法意义及完善》，载《河南财经政法大学学报》2019年第3期。

② 全国人大常委会法工委沈春耀主任在十三届全国人大常委会第五次会议初审《民法典》各分编草案所作的说明中指出，为落实党的十八届三中全会提出的“对造成生态环境损害的责任者严格实行赔偿制度”要求，贯彻党的十九大提出的“要加大生态系统保护力度”的决策部署，结合2017年《生态环境损害赔偿制度改革方案》，草案修改完善了生态环境损害赔偿责任制度，其中规定侵权人故意违反国家规定损害生态环境的，被侵权人有权请求相应的惩罚性赔偿。参见《“损害生态环境要惩罚性赔偿”纳入〈民法典〉分编草案》，载全国人民代表大会网2020年5月21日，http://www.npc.gov.cn/zgrdw/npc/cwhhy/13jcwh/2018-08/28/content_2059407.htm。

③ 参见孙佑海、张净雪：《生态环境损害惩罚性赔偿的证成与适用》，载《中国政法大学学报》2022年第1期。

条)”。近期出台的中央文件中,亦对探索适用民事公益诉讼惩罚性赔偿制度作出了部署要求。如2021年1月,中共中央《法治中国建设规划(2020—2025年)》第五部分第(十七)条中明确要求,要“拓展公益诉讼案件范围,完善公益诉讼法律制度,探索建立民事公益诉讼惩罚性赔偿制度”。2021年3月,《国民经济和社会发展第十四个五年规划和2035年远景目标纲要》规定,探索建立食品安全民事公益诉讼惩罚性赔偿制度。2021年9月,国务院新闻办公室发布的《国家人权行动计划(2021—2025年)》,第二部分第(八)条中规定,“完善公益诉讼法律制度。拓展公益诉讼案件范围,探索建立生态环境、食品药品安全领域民事公益诉讼惩罚性赔偿制度”。本解释征求意见过程中,司法部、最高人民检察院、自然资源部、生态环境部、农业农村部等均建议惩罚性赔偿既适用于环境私益诉讼,也适用于环境民事公益诉讼和生态环境损害赔偿诉讼。最高人民检察院于2021年7月公布施行的《人民检察院公益诉讼办案规则》中,明确规定人民检察院在破坏生态环境和资源保护领域案件,可以提出惩罚性赔偿的诉讼请求。就审判实践而言,案例检索显示,《民法典》实施后适用惩罚性赔偿的生态环境侵权纠纷案件中,环境民事公益诉讼、生态环境损害赔偿诉讼占绝大多数。基于上述原因考量,我们认为,《民法典》并未将生态环境惩罚性赔偿制度的适用范围仅仅局限于环境私益侵权。

2. 参照适用。因争议过大,我们在本解释起草过程中,先后就此问题与全国人大常委会法工委民法室进行过多次沟通,并在书面征求意见过程中根据环境民事公益诉讼、生态环境损害赔偿诉讼适用惩罚性赔偿与否以两种不同方案草拟了解释的征求意见稿。全国人大常委会法工委在书面反馈意见中明确,“征求意见稿第二条、第九条、第十条第一款、第十六条第一款规定的两种方案,核心是惩罚性赔偿是否适用于环境公益诉讼。《民法典》第一千二百三十二条规定,侵权人违反法律规定故意污染环境、破坏生态造成严重后果的,被侵权人有权请求相应的惩罚性赔偿。根据该条规定,惩罚性赔偿主要适用于由被侵权人提起的私益诉讼。在公益诉讼中,如果国家规定的机关或者法律规定的组织能够被法院认定为被侵权人代表的,可以适用该条的规定”。基于依法解释原则和审慎适用惩罚性赔偿制度等考量,最终我们将本解释征求意见稿中的两种方案进行了修改,调整为以环境私益诉讼中的惩罚性赔偿制度适用为主体进行条文设置,同时在该条原则性规定了环境民事公益诉讼、生态环境损害赔偿诉讼中惩罚性赔偿制度的参照适用和但书规定。

解释起草过程中,对于惩罚性赔偿适用于环境民事公益诉讼、生态环境损害赔偿诉讼的具体表述使用“适用”抑或“参照适用”亦有讨论。有观点认为,既然《民法典》并未将生态环境惩罚性赔偿制度的适用范围仅仅局限于环境私益侵权,环境民事公益诉讼、生态环境损害赔偿诉讼中的惩罚性赔偿即应为“适用”,即针对同一事项的直接适用；另有观点认为，立法机关对惩罚性赔偿是否适用于环境民事公益诉讼、生态环境损害赔偿诉讼采取了有争议但未封死的态度，并在书面反馈意见中明确惩罚性赔偿应主要适用于环境私益诉讼，在争议尚未完全消除的情况下，用语上应选择更为谨慎的“参照适用”，同时也给实践中的探讨预留空间。我们经研究认为，根据《立法技术规范（试行）（一）》（法工委发〔2009〕62 号）第 18.3 条规定，“参照”一般用于没有直接纳入法律调整范围，但是又属于该范围逻辑内涵自然延伸的事项。从法学方法论的角度看，“参照适用”也可称为准用或者类推适用，是一种裁判思维方法①，是基于不同的事实须加以变通而适用，性质上可用之部分则用，不可用之部分则不用②。环境民事公益诉讼、生态环境损害赔偿诉讼在性质上异于环境私益诉讼，惩罚性赔偿在其中的适用在赔偿权利人，惩罚性赔偿金的基数，支付、管理和使用等方面均有不同，且生态环境损害赔偿磋商程序中能否适用惩罚性赔偿制度，同一污染环境、破坏生态行为引起的环境民事公益诉讼、生态环境损害赔偿诉讼以及环境私益诉讼中惩罚性赔偿制度的适用、衔接协调等问题，亦需要在实践中继续探讨、完善、规范，在本解释仅以一个条文的体量规定惩罚性赔偿制度在环境民事公益诉讼、生态环境损害赔偿诉讼中的适用的情况下，在用语上不宜径行使用“适用”，而须有所变通，故最终采取了“参照适用”的表述。

二、关于生态环境损害惩罚性赔偿的计算基数

前文已述，环境私益诉讼中惩罚性赔偿的适用，与环境民事公益诉讼、生态环境损害赔偿诉讼中的适用具有诸多不同。但最大的区别在于惩罚性赔偿金的计算基数不同，此种不同源于不同诉讼类型中惩罚性赔偿的具体对象或者指向不同，前者指向自然人、法人或者非法人组织因环境污染、生态破坏造成的人身损害、财产损失；后者则指向生态环境损害。

1. 生态环境损害的民事责任方式。《民法典》出台前，除原《民法通则》第一百三十四条、原《侵权责任法》第十五条、原《民法总则》第七十九条对民事责任、侵权责任的方式作出一般性规定外，相关司法解释已针对生态环境损害的民事责任方式作出了较为具体的规定。《环境民事公益诉讼司法解释》第十八条规定：“对污染环境、破坏生态，已经损害社会公共利益或者具有损害社会公共利益重大风险的行为，原告可以请求被告承担停止侵害、排除妨碍、消除危险、修复生态环境、赔偿损失、赔礼道歉等民事责任。”《环境侵权司法解释》第十三条规定：“人民法院应当根

---

① 参见房绍坤、张洪波：《民事法律的正当溯及既往问题》，载《中国社会科学》2015 年第 5 期。

② 参见郑玉波：《法谚》（一），法律出版社 2007 年版，第 238 页。

据被侵权人的诉讼请求以及具体案情，合理判定侵权人承担停止侵害、排除妨碍、消除危险、修复生态环境、赔礼道歉、赔偿损失等民事责任。”《生态环境损害赔偿规定》第十一条规定：“被告违反国家规定造成生态环境损害的，人民法院应当根据原告的诉讼请求以及具体案情，合理判决被告承担修复生态环境、赔偿损失、停止侵害、排除妨碍、消除危险、赔礼道歉等民事责任。”根据上述规定，生态环境损害的民事责任方式包括停止侵害、排除妨碍、消除危险、修复生态环境、赔偿损失、赔礼道歉6种。《民法典》总结吸收上述规定以及司法实践的经验做法，在第一千二百三十四条、第一千二百三十五条对生态环境损害修复责任及其承担方式、生态环境损害赔偿的具体范围作出了规定。

2. 生态环境损害修复责任的性质及其优先性。关于修复生态环境的性质及其与恢复原状这一民事责任方式的关系问题，争议亦久。尽管在原《民法总则》出台之前的司法解释中已有关于修复生态环境的规定，原《民法总则》制定过程中，第十二届全国人大常委会第二十一次会议初次审议后公开征求意见的草案第一百零六条第五项将“修复生态环境”表述为一种与“恢复原状”并列的民事责任方式。但草案第二次审议稿以及正式出台的原《民法总则》中，则删除了此项规定的民事责任承担方式中的“修复生态环境”，仍然仅保留“恢复原状”。至《民法典》出台，在第一千二百三十四条中明确规定了生态环境损害的修复责任。《民法典》出台后，《环境民事公益诉讼司法解释》依据《民法典》上述规定，将该解释第十八条、第二十条第一款中的原“恢复原状”责任方式修改为“修复生态环境”，更为契合环境公益侵权救济的特点，凸显了环境民事公益诉讼注重生态环境修复及其服务功能恢复的诉讼目的。由此可以认为，修复生态环境实为“恢复原状”这一民事责任方式在生态环境领域的细化和具体体现，是民事责任方式的延续和扩充性解释，而非新的创设。但需要注意的是，生态环境损害具有复杂性、系统性、潜伏性等特征，严格意义上生态环境一旦遭受破坏不存在可以原封不动恢复的“原状”，故生态环境修复与传统民法意义上的恢复原状在责任标准、责任内容、履行方式等方面虽本质相同但具体操作上存在诸多区别，需要更多地体现环境法的整体主义思维、风险预防和公众参与原则等理念和制度。

修复生态环境，是指采取修复措施使生态环境恢复到损害相当于没有发生之前的状态和功能。该状态主要是指包括大气、水、海洋、土地、矿藏、森林、草原、湿地、野生生物、自然遗迹、人文遗迹、自然保护区、风景名胜区、城市和乡村等环境要素的物理、化学和生物学意义上的形态。该功能则是指上述要素在生态循环中为人类提供服务功能的能力、质量和价值。修复生态环境，是实现生态环境损害民事救济的核心责任，目的在于使受损的生态环境得以及时修复，在适用上具有优先于损害赔偿的顺位。修复生态环境责任方式的优先性,本质上源于地球生命共同体理念和生态环境本身的独特价值,也是以生态环境修复为中心的损害救济制度的体现。《环境民事公益诉讼司法解释》第十八条规定的环境民事公益诉讼语境下责任承担方式虽未明确顺序,但在生态环境被损害的情形下,对生态环境的状态和功能的救济应当以修复生态环境为原则。《生态环境损害赔偿规定》第十一条则明确将修复生态环境和赔偿损失分列为生态环境损害赔偿诉讼中责任方式的第一位及第二位作为最主要的责任方式。《民法典》第一千二百三十四条、第一千二百三十五条的条文顺位安排中,有关修复生态环境的责任条款在前,亦体现了修复优先的环境治理理念和注重修复的立法目的。①

3. 作为生态环境损害惩罚性赔偿金计算基数的"损失"。《民法典》第一千二百三十五条规定了生态环境损害赔偿责任的范围,包括生态环境受到损害至修复完成期间服务功能丧失导致的损失,生态环境功能永久性损害造成的损失,生态环境损害调查、鉴定评估等费用,清除污染、修复生态环境费用,防止损害的发生和扩大所支出的合理费用等共计五项。本解释起草过程中,针对环境民事公益诉讼、生态环境损害赔偿诉讼中的惩罚性赔偿金的计算基数问题,有观点认为,《民法典》第一千二百三十五条既然已就生态环境损害的赔偿范围作出了明确规定,惩罚性赔偿金则应当以该赔偿范围的全部五项内容作为计算基数。

我们经研究认为,《民法典》第一千二百三十五条规定的赔偿范围包括"损失"和"费用"两类,其中损失为该条第一项、第二项规定的生态环境受到损害至修复完成期间服务功能丧失导致的损失、生态环境功能永久性损害造成的损失;费用则为该条第三项、第四项、第五项规定的生态环境损害调查、鉴定评估等费用,清除污染、修复生态环境费用,防止损害的发生和扩大所支出的合理费用,两者具有不同的性质,前者系生态环境服务功能本身的损失,后者则为相关处置污染破坏、修复生态环境的国家规定的机关和法律规定的组织所付出的费用②。鉴定评估费用、止损费用,并不能够反映和衡量侵权人污染环境、破坏生态的主观恶意以及生态环境法益受到侵害的程度,不应成为惩罚性赔偿的计算基数。就生态环境修复费用而言,现有司法解释已经明确规定修复生态环境与赔偿损失分属两种不同的责任方式。学理上亦认为,恢复原状和赔偿损失并非对立的民事责任方式,二者也不能相互吸

---

① 最高人民法院民法典贯彻实施工作领导小组主编:《中华人民共和国民法典侵权责任编理解与适用》,人民法院出版社 2020 年版,第 548 页。

② 最高人民法院民法典贯彻实施工作领导小组主编:《中华人民共和国民法典侵权责任编理解与适用》,人民法院出版社 2020 年版,第 574 页。

收,而是可以分别适用或合并适用的两种责任形式。① 且恢复原状一般只考虑到财产、生态环境的交换价值的恢复,没有考虑到财产、生态环境使用价值的损失。② 而生态环境领域,因污染环境、破坏生态行为造成损害带来的损失赔偿,主要在于生态环境服务功能减损的价值。根据《环境民事公益诉讼司法解释》第二十条、第二十三条的规定,生态环境修复费用,包括制定、实施修复方案的费用,修复期间的监测、监管费用,以及修复完成后的验收费用、修复效果后评估费用等,人民法院可以在判决被告修复生态环境的同时,确定被告不履行修复义务时应承担的生态环境修复费用,也可以直接判决被告承担生态环境修复费用。从这个意义上讲,对生态环境修复费用的承担是修复生态环境这一责任方式基于实践需要的变形,并非严格意义上的赔偿损失。况且确定生态环境修复费用的考量因素中已包括侵权人的过错程度,如再以生态环境修复费用作为生态环境损害惩罚性赔偿的计算基数,恐有重复考量侵权人过错之嫌。加之实践中生态环境修复费用往往金额较大,将其纳入惩罚性赔偿计算基数难免会使企业陷入困境,不利于统筹保护与发展、保障企业正常生产经营。综上考虑,本解释规定,生态环境损害惩罚性赔偿的计算,应以《民法典》第一千二百三十五条规定的第一项、第二项为准,即将生态环境受到损害至修复完成期间服务功能丧失导致的损失或者生态环境功能永久性损害造成的损失作为计算基数。

需要注意的是,实践中,受损生态环境存在能够修复、无法修复、无法完全修复三种不同情形:能够修复的情况下,赔偿义务人应优先承担生态环境修复责任;无法修复或者没必要修复的情况下,赔偿义务人应就生态环境功能永久性损害造成的损失承担赔偿损失责任;无法完全修复的情况下,即受损生态环境部分可以修复、部分不能修复,赔偿义务人需要承担可修复部分的修复生态环境责任,赔偿可修复部分在修复期间的生态环境服务功能损失,同时赔偿不可修复部分永久性损害造成的损失。生态环境受到损害至修复完成期间服务功能丧失导致的损失和生态环境功能永久性损害造成的损失,两者既可以分别单独存在,也可以同时存在。关于生态环境受到损害至修复完成期间服务功能丧失导致的损失、生态环境功能永久性损害造成的损失的界定、构成和具体数额确定,生态环境部发布的《环境损害鉴定评估推荐方法(第Ⅱ版)》和《生态环境损害鉴定评估技术指南总纲》,以及我院在先出台的司法解释中,均已有相关规定,不再赘述。

---

① 参见张新宝:《侵权责任法立法研究》,中国人民大学出版社 2009 年版,第 118 页。

② 参见王利明:《侵权责任法研究》(上卷),中国人民大学出版社 2011 年版,第 611 页。

【审判实务中应注意的问题】

一、国家规定的机关或者法律规定的组织

《民法典》出台之前的法律、司法解释中规定的环境公益侵权责任请求权的行使主体有四类：一是《民事诉讼法》第五十八条第一款所列法律规定的机关，如《海洋环境保护法》第八十九条第二款规定的“依照本法规定行使海洋环境监督管理权的部门”，《森林法》第六十八条规定的“县级以上人民政府自然资源主管部门、林业主管部门”，《固体废物污染环境防治法》第一百二十二条第一款规定的“设区的市级以上地方人民政府或者其指定的部门、机构”；二是《民事诉讼法》第五十八条第一款所列之法律规定的有关组织，如《环境保护法》第五十八条规定的依法在设区的市级以上人民政府民政部门登记、专门从事环境保护公益活动连续五年以上且无违法记录的社会组织；三是《民事诉讼法》第五十八条第二款规定的人民检察院；四是中共中央办公厅、国务院办公厅《生态环境损害赔偿制度改革方案》中规定的国务院授权的省级市地级人民政府及其指定的部门、机构，受国务院委托代行全民所有自然资源资产所有权的部门。《民法典》将上述主体统一规范为“国家规定的机关和法律规定的组织”，其中国家规定的机关主要包括前述《民事诉讼法》第五十八条第一款、第二款规定的法律规定的机关、人民检察院以及《生态环境损害赔偿制度改革方案》等国家政策性文件授权的生态环境损害赔偿权利人；法律规定的组织则指符合《民事诉讼法》第五十八条第一款和《环境保护法》第五十八条规定的社会组织。

本解释起草过程中，有观点基于环境私益诉讼、环境公益诉讼的区分，在惩罚性赔偿的适用范围上主张其应仅适用于环境私益诉讼的同时，认为生态环境损害赔偿诉讼作为“国益诉讼”可以被扩张解释为环境私益诉讼的一种而被纳入惩罚性赔偿的适用范围之中。事实上，在《生态环境损害赔偿规定》的制定过程中，对因污染环境、破坏生态行为造成国家所有自然资源经济价值减损的是否可以提起生态环境损害赔偿诉讼，已产生过争议。肯定者的主要理由亦同样认为，生态环境损害赔偿诉讼的本质是“国益诉讼”。① 我们经研究认为，生态环境损害指的是因污染环境、破坏生态造成大气、地表水、地下水、土壤、森林等环境要素和植物、动物、微生物等生物要素的不利改变，以及上述要素构成的生态系统功能退化，不同于、亦不包

---

① 关于“国益诉讼”的观点，经吕忠梅、汪劲教授等环境法学者肯定，已经成为关于生态环境损害赔偿诉讼的重要学说。参见吕忠梅教授在“2018 年度中国环境资源法治高端论坛会议”所做的题为“生态损害赔偿诉讼中的问题与对策”的发言。

括对国家所有自然资源造成的财产损害;《生态环境损害赔偿制度改革方案》中明确的生态环境损害赔偿范围亦不包括财产损失,生态环境损害赔偿诉讼制度的主要目的是救济、保护具有社会公共利益属性的生态环境价值。从这个意义上讲,生态环境损害赔偿诉讼在性质上仍应属于环境公益诉讼范畴。审判实践中,需要参照适用惩罚性赔偿的诉讼类型,包括国家规定的机关和法律规定的组织提起的环境民事公益诉讼和生态环境损害赔偿诉讼。

二、如何理解"作为被侵权人代表"

解释起草中,我们曾就如何理解"作为被侵权人代表"的问题,赴全国人大常委会法工委民法室进行沟通,其明确,此"代表"并非私益诉讼中的代表人诉讼,并以《海洋环境保护法》第八十九条关于"行使海洋环境监督管理权的部门代表国家对责任者提出损害赔偿要求"佐证说明。我们经研究认为,对"作为被侵权人代表"的理解,除正确理解"代表"之外,"被侵权人"所涉及的权利或者权益亦是实现救济更为重要的前提或者基础问题。我国目前现有法律框架中,尚无关于"环境权"的规定,诉讼法和环境保护法的相关规定中则使用了"社会公共利益"的表述。生态环境利益应当是社会公共利益和环境权在民法中的交集,具有环境权的基本特征,体现出兼具私权和公权的属性,具有主体多重性和内容多层次性等特点。[①] 环境公益诉讼的理论依据主要源于"公共信托"理论。人类作为抽象的类存在形式,将作为公共资源的环境作为一项信托财产交付给国家,同时将自己的一部分诉权亦托付给国家行使以便国家能够更好地进行此项财产的管理和保全。国家可以公共利益代表的身份进行环境公益诉讼和公诉,也可以采用立法的方式规定某个主体行使诉权。

国家规定的机关和法律规定的组织作为环境公益侵权责任请求权的行使主体,其作为被侵权人代表的主体地位源于《民事诉讼法》《环境保护法》《海洋环境保护法》《森林法》《固体废物污染环境防治法》等法律的明确规定,或者《生态环境损害赔偿制度改革方案》等国家政策性文件的明确授权。审判实践中,已不乏对环境公益诉讼中符合条件的社会组织作为"被侵权人代表"作出论证者。如江西省高级人民法院在上诉人萍乡萍钢安源钢铁有限公司、上诉人萍乡宝海锌营养科技有限公司与被上诉人重庆两江志愿服务发展中心、原审支持起诉人江西省萍乡市人民检察院、原审支持起诉人南昌青赣环境交流中心环境污染责任纠纷案[②]中认为,环

① 参见最高人民法院环境资源审判庭编著:《最高人民法院关于环境民事公益诉讼司法解释理解与适用》,人民法院出版社2015年版,第238-241页。

② 参见江西省高级人民法院(2020)赣民终355号民事判决书。

境污染损害不同于一般民事侵权损害，其通常不是由污染物质直接作用于特定的人身和财产造成的，而是污染物经过迁移、转化、代谢、富集等一系列环节后，最终导致局部生态环境发生改变所引起的损害。因此，因环境污染受害的主体不仅包括具体的单位或个人，还包括因污染行为导致生存环境利益受损的不特定多数人或单位。社会组织作为维护社会公共利益的代表，在符合法律规定的条件下，可以代表社会公众提起环境民事公益诉讼。因此，依法享有提起环境民事公益诉讼权利的社会组织属于《环境侵权司法解释》第十五条规定的“被侵权人”。

三、环境民事公益诉讼与私益诉讼程序衔接中的惩罚性赔偿

同一污染环境、破坏生态行为可能同时造成自然人、法人、非法人组织的人身损害、财产损失和生态环境损害。而且环境污染、破坏生态行为往往不是直接作用于人身或者财产，而是首先作用于大气、水、土壤等环境介质，导致环境介质化学、物理、生物或者放射性等方面特性的改变，从而损害生态环境，进而危害人身财产安全。鉴于此，审判实践中环境民事公益诉讼、生态环境损害赔偿诉讼和环境私益诉讼往往呈现出相互交织的关系。《环境民事公益诉讼司法解释》第二十九条、《生态环境损害赔偿规定》第十五条至第十八条对环境民事公益诉讼、生态环境损害赔偿诉讼和环境私益诉讼之间的程序衔接作出了规定。由此产生的疑问是，当事人在各种诉讼类型中均提出惩罚性赔偿请求的，如何处理？我们认为，环境私益诉讼与环境民事公益诉讼、生态环境损害赔偿诉讼在诉讼目的、诉讼请求和诉讼功能上存在质的区别。如果侵权人违反法律规定故意污染环境、破坏生态行为造成严重的人身损害、财产损失和生态环境损害的，符合惩罚性赔偿的法定构成要件，则可以在环境私益诉讼和环境民事公益诉讼中均提出惩罚性赔偿的请求，其计算基数则分别对应人身损害赔偿金、财产损失额，或者生态环境损害期间损害和永久性损失额，但在惩罚性赔偿金具体倍数的确定上，可以综合考量，避免造成过度惩罚。生态环境损害赔偿诉讼和环境民事公益诉讼则具有同质性，其救济对象亦同为生态环境损害，故在此两类诉讼中，国家规定的机关和法律规定的组织不得针对同一污染环境、破坏生态行为重复提出惩罚性赔偿的请求。

【法条链接】

《民法典》

第一千二百三十四条 违反国家规定造成生态环境损害，生态环境能够修复的，国家规定的机关或者法律规定的组织有权请求侵权人在合理期限内承担修复责任。侵权人在期限内未修复的，国家规定的机关或者法律规定的组织可以自行

或者委托他人进行修复,所需费用由侵权人负担。

第一千二百三十五条 违反国家规定造成生态环境损害的,国家规定的机关或者法律规定的组织有权请求侵权人赔偿下列损失和费用:

(一)生态环境受到损害至修复完成期间服务功能丧失导致的损失;

(二)生态环境功能永久性损害造成的损失;

(三)生态环境损害调查、鉴定评估等费用;

(四)清除污染、修复生态环境费用;

(五)防止损害的发生和扩大所支出的合理费用。

《海洋环境保护法》

第八十九条 造成海洋环境污染损害的责任者,应当排除危害,并赔偿损失;完全由于第三者的故意或者过失,造成海洋环境污染损害的,由第三者排除危害,并承担赔偿责任。

对破坏海洋生态、海洋水产资源、海洋保护区,给国家造成重大损失的,由依照本法规定行使海洋环境监督管理权的部门代表国家对责任者提出损害赔偿要求。

《人民检察院公益诉讼办案规则》

第九十八条 人民检察院可以向人民法院提出要求被告停止侵害、排除妨碍、消除危险、恢复原状、赔偿损失等诉讼请求。

针对不同领域案件,还可以提出以下诉讼请求:

(一)破坏生态环境和资源保护领域案件,可以提出要求被告以补植复绿、增殖放流、土地复垦等方式修复生态环境的诉讼请求,或者支付生态环境修复费用,赔偿生态环境受到损害至修复完成期间服务功能丧失造成的损失、生态环境功能永久性损害造成的损失等诉讼请求,被告违反法律规定故意污染环境、破坏生态造成严重后果的,可以提出惩罚性赔偿等诉讼请求;

(二)食品药品安全领域案件,可以提出要求被告召回并依法处置相关食品药品以及承担相关费用和惩罚性赔偿等诉讼请求;

(三)英雄烈士等的姓名、肖像、名誉、荣誉保护案件,可以提出要求被告消除影响、恢复名誉、赔礼道歉等诉讼请求。

人民检察院为诉讼支出的鉴定评估、专家咨询等费用,可以在起诉时一并提出由被告承担的诉讼请求。

《环境损害鉴定评估推荐方法》(第Ⅱ版)

期间损害指生态环境损害发生至生态环境恢复到基线状态期间,生态环境因其物理、化学或生物特性改变而导致向公众或其他生态系统提供服务的丧失或减少,即受损生态环境从损害发生到其恢复至基线状态期间提供生态系统服务的损失量。

永久性损害指受损生态环境及其服务难以恢复，其向公众或其他生态系统提供服务能力的完全丧失。

《环境民事公益诉讼司法解释》

第十八条 对污染环境、破坏生态，已经损害社会公共利益或者具有损害社会公共利益重大风险的行为，原告可以请求被告承担停止侵害、排除妨碍、消除危险、修复生态环境、赔偿损失、赔礼道歉等民事责任。

第二十条 原告请求修复生态环境的，人民法院可以依法判决被告将生态环境修复到损害发生之前的状态和功能。无法完全修复的，可以准许采用替代性修复方式。

人民法院可以在判决被告修复生态环境的同时，确定被告不履行修复义务时应承担的生态环境修复费用；也可以直接判决被告承担生态环境修复费用。

生态环境修复费用包括制定、实施修复方案的费用，修复期间的监测、监管费用，以及修复完成后的验收费用、修复效果后评估费用等。

《生态环境损害赔偿规定》

第十一条 被告违反国家规定造成生态环境损害的，人民法院应当根据原告的诉讼请求以及具体案情，合理判决被告承担修复生态环境、赔偿损失、停止侵害、排除妨碍、消除危险、赔礼道歉等民事责任。

第十三条 侵权行为实施地、损害结果发生地在中华人民共和国管辖海域内的海洋生态环境侵权纠纷案件惩罚性赔偿问题，另行规定。

【条文主旨】

本条是关于海洋生态环境损害惩罚性赔偿的适用例外的规定。

【条文理解】

海洋生态环境损害具有特殊性，因《民法典》无除外规定，在征求意见的过程中，我院相关庭室与自然资源部有不同意见，故解释应就其特殊性予以回应。但同时，“不适用本解释”的排除规定似嫌过于生硬，斟酌做“另行规定”的处理。考虑到海洋生态环境损害，尤其其中油污损害是否适用惩罚性赔偿问题具有特殊性，将关于海洋生态环境损害惩罚性赔偿的适用例外的规定作为本解释的第十三条，能够保证司法解释的周延性。

一、关于侵权行为实施地、损害结果发生地的认定

根据《民事诉讼法》第二十九条的规定,“因侵权行为提起的诉讼,由侵权行为地或者被告住所地人民法院管辖。”根据《民事诉讼法司法解释》第二十四条规定,“民事诉讼法第二十九条规定的侵权行为地,包括侵权行为实施地、侵权结果发生地”。

侵权行为实施地,是指侵权行为开始实施到实施终了这一时间和空间内地域。[①] 在侵权行为中,行为的实施,有的是一次性完成的;有的是连续或继续完成的。对于一次完成的侵权行为,其实施地多为一处。但对于持续性侵权行为,有时一个行为不是一次完成的,而是连续实施的,损害后果非常广泛。从时间上看,侵权行为可以持续一定的期间;从空间上看,侵权行为也会扩展到较大的地区,故从侵权行为开始实施到实施终了的地区,都是侵权行为实施地,由此可能涉及多个区域相对应的法院都有管辖权的问题。具体在哪个法院起诉,在于原告的选择。

侵权结果发生地,是侵权行为致使受害人权利受到侵害的损害事实发生地。侵权行为造成损害结果,可能是一个结果,也可能有几个结果。侵权行为针对公民、法人或者其他组织实施的,公民、法人或者其他组织被侵害时的所在地即为损害结果地,但对于侵害后果长时间才能显现的,被害人住所地、经常居住地都有可能成为结果地。对于一个侵权行为造成多个损害后果的,就会出现多个结果发生地,从而导致几个法院都有管辖权,原告可以择其一而起诉。

在一般情况下,侵权行为是一次完成的,侵权行为实施地和损害结果发生地是一致的。但是在有些情况下,尤其是在环境侵权案件中,侵权行为与损害结果发生地不一致的情况时有发生。

二、关于中华人民共和国管辖海域的认定

根据《海洋环境保护法》(2017 年)第二条[②]以及《最高人民法院关于审理发生在我国管辖海域相关案件若干问题的规定(一)》第一条[③]的规定,中华人民共和国管辖海域包括中华人民共和国内水、领海、毗连区、专属经济区、大陆架以及中华人

---

① 《最高人民法院民事诉讼法司法解释实务指南》编写小组:《最高人民法院民事诉讼法司法解释实务指南》,中国法制出版社 2015 年版,第 33 页。

② 本法适用于中华人民共和国内水、领海、毗连区、专属经济区、大陆架以及中华人民共和国管辖的其他海域。

③ 本规定所称我国管辖海域,是指中华人民共和国内水、领海、毗连区、专属经济区、大陆架,以及中华人民共和国管辖的其他海域。

民共和国管辖的其他海域。

其中,内水是指中华人民共和国领海基线向陆地一侧至海岸线的海域。根据《海洋环境保护法》第九十四条规定,内水是指我国领海基线向内陆一侧的所有海域,是构成国家领水的组成部分,即包括一国的海湾、海峡、海港、河口湾,测算领海的基线与海岸之间的海域,被陆地所包围或通过狭窄水道连接海洋的海域。我国海岸线有18,000公里,有许多岛屿、海峡、岬角、河口和港口被包括在领海基线的范围内。如渤海、胶州湾、吴淞口、珠江口和琼州海峡皆属于内水。

领海是指领海基线以外、领海外部界线以内的一定宽度的海域,是受国家主权支配和管辖下的一定宽度的海域。对于领海宽度的确定权,《联合国海洋法公约》只规定领海宽度从领海基线量起不得超过12海里,并规定领海宽度的确定权应当由缔约国决定。根据1992年《领海及毗连区法》规定,我国领海宽度为12海里。领海是国家领土的组成部分,国家在领海内享有的权利,除外国船舶享有无害通过权外,与内水相同。我国《领海及毗连区法》明确规定,我国对领海的主权及于领海上空、领海的海床及底土。外国非军用船舶在我国领海享有无害通过权,但是必须遵守我国的法律、法规,外国核动力船舶和载运核物质、有毒物质或者其他危险物质的船舶通过我国领海,必须持有有关证书,并采取特别预防措施。我国对内水和领海享有排他管辖权,故《海域使用管理法》第二条规定,“海域是指中华人民共和国内水、领海的水面、水体、海床和底土”。《海域使用管理法》中的海域与《民法典》第二百四十七条规定的海域范围一致,皆系空间资源概念,是对传统民法中“物”的概念延伸与发展。[①] 海域为国家专有。

毗连区是沿海国领海以外但又毗连其领海的一定宽度的特定区域,是国家管辖范围的水域,根据《领海及毗连区法》的规定,中华人民共和国领海的宽度从领海基线量起为12海里;中华人民共和国毗连区为领海以外邻接领海的一带海域。毗连区的宽度为12海里。中华人民共和国毗连区的外部界限为一条其每一点与领海基线的最近点距离等于24海里的线。

专属经济区是指从测算领海宽度的基线量起,不应超过200海里的区域。鉴于毗连区包含在专属经济区内,沿海国可以拥有领海外188海里的专属经济区。沿海国在专属经济区主要享有与海洋资源和环境有关的权利。[②] 根据《联合国海洋法公约》第五十六条第一款的规定,沿海国在专属经济区内有:“(a)以勘探和开发、养护和管理海床上覆水域和海床及其底土的自然资源(不论为生物或非生物资源)为目

---

① 黄薇主编:《中华人民共和国民法典物权编解读》,中国法制出版社2020年版,第104页。

② 牛忠志主编:《海洋刑法学》,中国政法大学出版社2018年版,第48页。

的的主权权利,以及关于在该区内从事经济性开发和勘探,如利用海水、海流和风力生产能等其他活动的主权权利;(b)本公约有关条款规定的对下列事项的管辖权:(1)人工岛屿、设施和结构的建造和使用;(2)海洋科学研究;(3)海洋环境的保护和保全。"

大陆架由陆架、陆坡和陆基的海床和底土构成,是领海以外依本国陆地领土的全部自然延伸,扩展到大陆边外缘的海底区域的海床和底土。① 若从测算领海宽度基线量起到大陆边外缘的距离不到200海里,则扩展到200海里。大陆架不应超过从测算领海宽度的基线量起350海里,或不应超过连接2500米深度各点的2500米等深线100海里。沿海国对大陆架的勘探及其自然资源的开发享有专属的、排他的主权权利。这一权利不影响上覆水域或水域上空的法律地位。②

三、海洋生态环境损害的认定

海洋污染及海洋生态环境恶化成为全球公害的突出问题,随着航运贸易繁忙,船舶油污损害尤为突出。由于船舶油污损害诉讼多包含私益与公益内容,私益保护规范有国际公约和国内法,实践中人民法院较容易认定私益赔偿;而海洋环境公益诉讼以及海洋生态环境损害赔偿认定就存在"海洋生态环境损害"概念及制度的认识问题。

(一)海洋生态环境损害的概念

《生态环境损害赔偿制度改革方案》明确了"生态环境损害"的概念,其"是指因污染环境、破坏生态造成大气、地表水、地下水、土壤、森林等环境要素和植物、动物、微生物等生物要素的不利改变,以及上述要素构成的生态系统功能退化"。该方案同时明确,涉及海洋生态环境损害赔偿的,适用海洋环境保护法等法律及相关规定。《海洋环境保护法》并未对"海洋生态环境损害"的概念进行明确界定,但国家海洋局发布的《海洋溢油生态损害评估技术导则》③、《海洋生态损害国家损失索赔办法》和《海洋生态损害评估技术指南(试行)》都使用了"海洋生态损害"的表述。

有学者指出,生态环境损害为"环境损害"的下位概念,应专指属于生态环境本身的损害,与人身损害、财产损害并列。而生态环境损害赔偿责任作为一种风险防御责任,既不同于传统民法上的损害赔偿,也不同于恢复原状,应在法律上创制专

---

① 牛忠志主编:《海洋刑法学》,中国政法大学出版社2018年版,第49页。

② 《联合国海洋法公约》第七十六条至第七十八条。

③ 《海洋溢油生态损害评估技术导则》明确,海洋溢油生态损害是指因海洋石油、天然气勘探开发、海底输油管道、石油运输、船舶碰撞以及其他突发事故造成的石油及其制品在海洋中泄漏而导致的海域环境质量下降,海洋生物群落结构破坏以及海洋服务功能的损害。

门环境侵害责任。生态环境损害，也应指环境权利和环境法益受损而产生的一种不利益状态。[①] 有学者认为，海洋生态损害是指因人类行为而阻碍海洋生态系统功能及环境功能的发挥、海洋生物资源减损及海水体使用质量降低，该损害是难以恢复或非逆转的并最终侵害人类生态利益的法律事实[②]。有学者认为，“海洋生态环境损害”是指因污染环境、破坏海洋生态的行为，导致海洋生态系统服务功能破坏或受损以及海洋生态环境可观察的或可测量的不利改变。可见，“海洋生态环境损害”是导致海洋环境权利和海洋环境法益受损而产生的一种不利益状态。海洋生态环境损害赔偿是海洋环境侵权的法律后果。

（二）海洋生态环境损害赔偿案件赔偿范围的认定

目前，我国加入的船舶油污责任赔偿法律体系主要包括以下两方面：一是国际法方面，包括由国际海事组织（International Maritime Organization，IMO）拟定的《1992 年国际油污损害民事责任公约》、《修正 1971 年设立国际油污损害赔偿基金国际公约的 1992 年议定书》及《2001 年燃油污染损害民事责任公约》，以及我国于 1983 年 7 月 1 日加入的《1973 年国际防止船舶造成污染公约 1978 年议定书》。其中，《1992 年国际油污损害民事责任公约》暨《修正 1971 年设立国际油污损害赔偿基金国际公约的 1992 年议定书》目前只适用于中国香港特别行政区。二是国内立法方面，包括《海洋环境保护法》《海商法》《海事诉讼特别程序法》《防治船舶污染海洋环境管理条例》等，但《海洋环境保护法》第八十九条仅原则性地规定了对破坏海洋生态造成损失的应予以赔偿，并没有具体规定赔偿范围。随后陆续出台的《最高人民法院关于审理船舶油污损害赔偿纠纷案件若干问题的规定》（以下简称《油污损害赔偿规定》）及《最高人民法院关于审理海洋自然资源与生态环境损害赔偿纠纷案件若干问题的规定》（以下简称《海洋生态损害赔偿解释》）对船舶油污造成的损害赔偿范围作了较为细致的规定，并且都将海洋生态环境损害归于赔偿范围之列，[③]涉及海洋生态环境损害赔偿范围的主要条款对比见下表。

---

① 吕忠梅：《“生态环境损害赔偿”的法律辨析》，载《法学论坛》2017 年第 3 期。

② 刘家沂：《论油污环境损害法律制度框架中的海洋生态公共利益诉求》，载《中国软科学》2011 年第 5 期。

③ 其他当事国法院的实践也认可，海洋环境损害可作为一类独立的可赔偿项目；海洋环境损害赔偿包含可计量性及不可计量性的因素，参见竺效：《论在“国际油污民事责任公约”和“国际油污基金公约”框架下的生态环境损害赔偿》，载《政治与法律》2006 年第 2 期。

公约及司法解释	涉及海洋生态环境损害赔偿范围的内容
《1992 年国际油污损害民事责任公约》	第一条第六款(a)项:对环境损害(不包括此种损害的利润损失)的赔偿,应限于已实际采取或将要采取的合理恢复措施的费用
《油污损害赔偿规定》	第九条第(四)项:对受污染的环境已采取或将要采取合理恢复措施的费用
	第十七条:船舶油污事故造成环境损害的,对环境损害的赔偿应限于已实际采取或将要采取的合理恢复措施的费用;恢复措施的费用包括合理的监测、评估、研究费用
《海洋生态损害赔偿解释》	第七条:海洋自然资源与生态环境损失赔偿范围包括:(1)预防措施费用;(2)恢复费用;(3)恢复期间损失;(4)调查评估费用

通过以上表可知,虽然国际公约已明确规定了生态环境损害,但也仅仅限于预防措施的费用和损失,《油污损害赔偿规定》则进一步将监测与评估费用纳入恢复措施的费用之中。随着中国对于海洋生态环境损害的进一步深化了解与认同,《海洋生态损害赔偿解释》在以《海洋生态损害评估技术指南(试行)》规定的海洋生态损害价值计算为直接技术依据下进一步规定了四类损失,并且上表所列四类损失都包括实际发生和未来必然发生两个维度,对于实际发生的合理恢复费用,亦包括制定和实施修复方案和监测、监管产生的费用,而未来必然发生的合理恢复费用和恢复期间损失,需经具有资质的鉴定机构评估确定。①

(三)海洋生态环境损害赔偿案件索赔主体的确认

根据《海洋环境保护法》第八十九条第二款的规定,"对破坏海洋生态、海洋水产资源、海洋保护区,给国家造成重大损失的,由依照本法规定行使海洋环境监督管理权的部门代表国家对责任者提出损害赔偿要求",故在海洋生态环境损害赔偿案件中关于索赔主体的确认,需要阐释行政机关作为索赔主体的正当性。有学者认为,该类诉讼的权利基础来自国家海域所有权,海洋环境管理部门"代表"国家,属于法定诉讼担当,与案件存在直接利害关系,其与民事公益诉讼非以维护自身民事权益为目的相悖,并且该款仅仅是关于损害赔偿请求权的特别规定。② 又有学者认为,行政机关进行生态环境损害赔偿的正当性源于其为更好地实现国家环境保

① 《海洋生态损害赔偿解释》第 8 条。

② 参见孙思琪、金怡雯:《中国海洋环境民事公益诉讼法律依据论辩——以〈海洋环境保护法〉第 89 条第 2 款的解释论为中心》,载《浙江海洋大学学报(人文科学版)》2017 年第 4 期。

护的宪法目标而积极履行义务与职责，是行政权与司法权合作的有益尝试。[①] 还有学者认为，“诉的利益”理论为环境公益诉讼当事人适格的范围扩大提供了诉权基础，只要在法律上有利害关系，当事人对该诉讼就存在“诉的利益”。承认国家对海域享有所有权，并未完全排除与海域相关的环境利益所具有的公共利益性质，尤其是现行立法以及实践中没有对国家利益和公共利益作明确区分，[②]且无论是经济性环境公益还是生态型环境公益，都因所有权制度的局限、侵权责任制度的不足、行政规范的缺位而使环境公益的保护力不从心。[③]《海洋环境保护法》第八十九条恰好证明了运用自然资源所有权来保护海洋生态环境以及环境公益的效果。

《海洋环境保护法》作为海洋生态环境保护领域内的特别法，依照《民事诉讼法》第五十八条、《环境保护法》第五十八条关于民事公益诉讼以及环境公益诉讼的规定，进一步明确海洋生态损害赔偿的原告主体资格为“行使海洋环境监督管理权的部门”，更加有利于对海洋环境公益保护的促进，也符合国家整体对公益诉讼的支持与合理倡导。未明确以“提起诉讼”而以“提出损害赔偿请求权”否认其作为海洋环境公益诉讼的法律依据则明显囿于狭义的文义解释。

根据《海洋生态损害赔偿解释》第三条的规定，根据《海洋环境保护法》作为环保特别法的性质与该法第八十九条第二款规定的文义，明确人民法院应予受理的海洋自然资源与生态环境损害赔偿诉讼为《海洋环境保护法》第五条规定的行使海洋环境监督管理权的机关根据其职能分工提起的诉讼。《海洋环境保护法》第八十九条第二款关于“对破坏海洋生态、海洋水产资源、海洋保护区，给国家造成重大损失的，由依照本法规定行使海洋环境监督管理权的部门代表国家对责任者提出损害赔偿要求”的规定，是赋权性规定，也是限制性规定。该法第五条将海洋环境监督管理权分别赋予国务院环境保护行政主管部门、国家海洋行政主管部门、国家海事行政主管部门、国家渔业行政主管部门、军队环境保护部门、沿海县级以上地方人民政府行使海洋环境监督管理权的部门。实践中，海洋环境污染事故发生后，根据职能分工，有关索赔权限主要涉及三大部门：中国海事局或者其下属机构采取清污等应急处置措施的，可以索赔清污费；农业农村部渔业渔政局或者由其管理指导的下级机构（含沿海县级以上人民政府的渔业渔政主管机关）索赔天然渔业资源损

---

① 参见梅宏、胡勇：《论行政机关提起生态环境损害赔偿诉讼的正当性与可行性》，载《重庆大学学报（社会科学版）》2017 年第 5 期。

② 参见段厚省：《海洋环境公益诉讼四题初探——从浦东环保局诉密斯姆公司等船舶污染损害赔偿案谈起》，载《东方法学》2016 年第 5 期。

③ 参见杨朝霞：《论环境公益诉讼的权利基础和起诉顺位——兼谈自然资源物权和环境权的理论要点》，载《法学论坛》2013 年第 3 期。

失；国家海洋局或者由其管理指导的下级机构（含沿海县级以上人民政府的海洋行政主管机关）索赔除天然渔业资源损失之外的其他海洋自然资源与生态环境损失。①

（四）海洋生态环境损害赔偿案件管辖权确定及准据法选择

为了服务保障海洋强国战略和“一带一路”建设等国家战略的需要，规范统一全国海事案件受理标准，最高人民法院发布了《关于海事法院受理案件范围的规定》（以下简称《海事法院受案范围规定》）将涉海案件的受案范围进一步明确与扩大，包括6大类108种，且将“海洋及通海可航水域开发利用与环境保护相关纠纷案件”单列。同时，该规定强调了海事法院在涉海环境审判中的专门职能，涉海环境案件包括民事、行政、刑事案件以及与海洋环境损害有关的海事特别程序案件。

海洋生态环境损害一般多与船舶碰撞、原油泄漏、海上钻井平台事故等基础纠纷相结合，所以，无论是依据《海事诉讼特别程序法》第七条、《民事诉讼法》第三十一条的规定，还是根据《海事法院受案范围规定》第六十五项及《海洋生态损害赔偿解释》第二条的规定，在海上或者沿海陆域内从事活动，对中华人民共和国管辖海域内海洋自然资源与生态环境造成损害，由此提起的海洋自然资源与生态环境损害赔偿诉讼，由侵权行为发生地、损害结果地或采取预防措施地海事法院管辖。海洋生态环境损害赔偿纠纷案件由海事法院专属管辖具有规范基础。②

《涉外民事关系法律适用法》第四十四条规定：“……侵权行为发生后，当事人协议选择适用法律的，按照其协议。”这是一种开放式规定，且对协议选择法律的范围不作限制，所以，在一般侵权行为准据法的选择上，依照当事人意思自治→当事人共同经常居所地→侵权行为地法的顺序进行适用。③ 虽然海洋生态环境损害赔偿的本质亦是因行为人对海洋生态环境的侵权行为而产生相应的损害赔偿请求权，但其多涉及国家利益与公共利益的集合，因而，应审慎识别当事人协议选择适用的法律。

【审判实务中应注意的问题】

一、关于海洋生态环境损害索赔主体的起诉顺位

《民事诉讼法》第五十八条、《环境保护法》第五十八条以及《环境民事公益诉讼

---

① 参见《〈最高人民法院关于审理海洋自然资源与生态环境损害赔偿纠纷案件若干问题的规定〉的理解与适用》。

② 王利明主编：《判解研究》2019年第2辑（总第88辑），人民法院出版社，第35页。

③ 参见万鄂湘主编：《中华人民共和国涉外民事关系法律适用法条文理解与适用》，中国法制出版社2011年版，第313页。

司法解释》第二条至第五条扩大了环境公益诉讼原告的主体范围，而 2015 年 7 月 2 日最高人民检察院发布的《检察机关提起公益诉讼改革试点方案》规定，13 个试点省、自治区、直辖市的检察机关在没有适格主体或适格主体怠于提起诉讼时可以提起环境民事公益诉讼。所以，海洋生态环境损害赔偿的原告资格并非仅限于“行使海洋环境监督管理权的部门”，《海洋环境保护法》第八十九条第二款与以上规定在文义上并非排斥关系，而是应考虑不同情形下的海洋环境行政主管部门、符合条件的环保组织以及检察机关的起诉顺位问题。① 实践中，基于海洋生态环境损害求偿的高成本及技术复杂性、取证难等问题的制约，仍应以海洋环境行政主管部门为优先顺位，环保组织为辅，最后将检察机关作为起诉的“安全阀”。

县级以上的海洋环境保护等行政部门对于管辖海域更具专业性认知且对应急处理措施的施行及后期监测更为便利，相较于国家层面的环境保护、海洋海事及渔业等行政部门作为原告起诉的条件更加适当。但是，基于海水本身的流动性导致海洋污染及生态损害产生巨大的负外溢性及恢复的长期性，对于跨省跨区域的海洋生态环境损害赔偿应由上级部门指定专门的负责机关进行索赔起诉以及后期的协调处理。对于同一损害涉及不同区域或不同部门，或者不同损害应由其他依法行使海洋环境监督管理权的机关索赔的，人民法院可通过书面告知的方式，在审查符合法定条件后，将在法定期间内申请参加诉讼的其他机关列为共同原告。故《海洋生态损害赔偿解释》第四条第二款规定，人民法院在审理中发现可能存在该两类情形的，可以书面告知其他依法行使海洋环境监督管理权的机关。同时《海洋生态损害赔偿解释》第四条第三款专门述明不同损害的内涵，包括海洋自然资源与生态环境损害中不同种类和同种类但可以明确区分属不同机关索赔范围的损害。例如，渤海发生某起石油钻井平台溢油事故，污染损害范围波及河北、辽宁两省部分沿海区县海域，如果河北、辽宁两省有关县级以上人民政府渔业渔政主管部门、海洋行政主管部门分别就各自监管的天然渔业资源、其他海洋生态资源所遭受的污染主张索赔，则其各自索赔的损害即属于《海洋生态损害赔偿解释》所称不同损害。当然，如果农业农村部渔业渔政部门、国家海洋局或者其北海分局直接统一对天然渔业资源、其他海洋生态资源所遭受的污染进行索赔，则其中不同损害的范围仅缩小为天然渔业资源损害与其他海洋生态资源损害。

---

① 有学者以积极和消极的诉权为划分，出现积极诉权冲突，只考虑行政主管部门和环保组织的起诉顺位，检察机关只介入消极的诉权冲突。参加石春雷：《海洋环境公益诉讼三题——基于〈海洋环境保护法〉第 90 条第 2 款的解释论展开》，载《南海学刊》2017 年第 2 期。

二、关于涉外民事法律适用中强制性法律的适用

强制性法律的概念最早在萨维尼的国际私法学说中就被提出，法国国际私法学家福勒·弗朗西斯卡基斯于1958年在《反致理论和国际私法的体系冲突》一文中首次提出了直接适用的法，其基本思路是：随着国家职能的改变及其在经济生活中作用的增加，国家对社会经济的干预程度加深。为了在国际经济和民商事交往中更好地维护国家利益和社会经济利益，国家制定了一系列具有强制力的法律规范，用以调整某些特殊的法律关系。这些具有强制力的法律规范在调整涉外民商事关系时，可以撇开传统冲突规范的援引，而直接适用于涉外民商事关系。最早在法律上确立该原则的是瑞士1987年联邦国际私法法规第十八条："本法不影响瑞士强制性规定的适用，该强制性规定由于有它们的特别目的，无论本法指定的法律如何，都必须予以适用。"

强制性法律一般是指本国法律中明确规定某类法律关系应直接适用某法律规定，不允许当事人选择，当事人不能通过约定排除适用，法院在审理案件过程中也不必通过本国冲突规则的指引而予以直接适用的法律。传统的国际私法规范大多为任意性规范，但是随着经济社会的发展，越来越多的国家规定某些涉外民商事法律关系必须适用某些特别法、强行法、禁止性规范，从而排斥外国法的适用，这是国家加强对社会经济生活干预在国际私法法律适用领域中的一个突出表现。例如，反垄断法、外汇管制法、外贸管制法、价格法、社会保障法、消费者权益保护法、环境保护法等，一般旨在保护本国经济秩序和对某类利益进行特殊保护，这些领域的法律对涉外民商事关系有重大影响。①

《最高人民法院关于适用〈中华人民共和国涉外民事关系法律适用法〉若干问题的解释（一）》第八条的规定，"有下列情形之一，涉及中华人民共和国社会公共利益、当事人不能通过约定排除适用、无需通过冲突规范指引而直接适用于涉外民事关系的法律、行政法规的规定，人民法院应当认定为涉外民事关系法律适用法第四条规定的强制性规定：（一）涉及劳动者权益保护的；（二）涉及食品或公共卫生安全的；（三）涉及环境安全的；（四）涉及外汇管制等金融安全的；（五）涉及反垄断、反倾销的；（六）应当认定为强制性规定的其他情形"。该条规定首次出现在我国调整涉外民事关系法律适用的法律中，是涉外民事关系法律适用法的一大亮点，具有重大的理论和实践意义。实践中，需要对何为强制性规定进一步作出解释。

---

① 参见刘贵祥：《涉外民事关系法律适用法在审判实践中的几个问题》，载《人民司法·应用》2011年第11期。

在以往的司法实践中，我国部分法院，包括最高人民法院、广东省高级人民法院及其所辖的部分中级人民法院，曾经受理大量的对外外汇担保纠纷案件，这类案件涉及内地的担保人对外提供外汇担保，在担保合同中约定适用外法域法——香港或者澳门特别行政区法律。[①] 内地法院最终均未适用当事人选择的法律，而是适用了我国内地法律作出了相应裁判，但理由有所不同：有的法院是以适用当事人选择的外法域法将违反内地的社会公共利益为由，根据原《民法通则》第一百五十条的规定，不予适用外法域法；有的法院是根据《最高人民法院关于贯彻执行〈中华人民共和国民法通则〉若干问题的意见（试行）》（已失效）第一百九十四条规定的"当事人规避我国强制性或者禁止性法律规范的行为，不发生适用外国法律的效力"，不适用当事人选择的外法域法。但两种做法都曾受到批评：一是认为这是对公共秩序保留条款的滥用，二是认为这是对法律规避制度的错误理解。事实上，在当时的法律规定下，可以援引的最佳条款只能是《最高人民法院关于贯彻执行〈中华人民共和国民法通则〉若干问题的意见（试行）》（已失效）第一百九十四条的规定，而该条文被许多学者认为是关于法律规避制度的规定，而当事人在对外外汇担保合同中约定适用外法域法与传统国际私法上的法律规避行为相去甚远。我国外汇管制方面的法律规定属于强制性规定，自应得到直接适用，与当事人是否选择无涉。

实践中需要注意的问题有以下两点：一是这里的强制性规定与合同法上的效力性或管理性强制性规定不同，一定是适用于涉外民事关系的那类强制性规定，对此要从立法目的上考察。强制性规定的直接适用，与公共秩序保留条款一样，都是能够达到排除外国法适用目的的制度，因此，对于强制性规定的理解应当严格、谨慎，防止滥用。[②] 二是要高度关注涉及环境安全的强制性规定在审判实践中的具体适用。

【法条链接】

《民事诉讼法》

第五十八条 对污染环境、侵害众多消费者合法权益等损害社会公共利益的行为，法律规定的机关和有关组织可以向人民法院提起诉讼。

人民检察院在履行职责中发现破坏生态环境和资源保护、食品药品安全领域侵害众多消费者合法权益等损害社会公共利益的行为，在没有前款规定的机关和

---

① 这些案例涉及的是我国国际司法冲突中的问题，并非国际私法问题，仅以此例说明我国对外外汇担保审批制度的相关规定应当属于我国法律的强制性规定范畴。

② 高晓力：《关于适用涉外民事关系法律适用法若干问题的解释（一）的理解与适用》，载《人民司法·应用》2013 年第 3 期。

组织或者前款规定的机关和组织不提起诉讼的情况下，可以向人民法院提起诉讼。前款规定的机关或者组织提起诉讼的，人民检察院可以支持起诉。

《海洋环境保护法》

第八十九条 造成海洋环境污染损害的责任者，应当排除危害，并赔偿损失；完全由于第三者的故意或者过失，造成海洋环境污染损害的，由第三者排除危害，并承担赔偿责任。

对破坏海洋生态、海洋水产资源、海洋保护区，给国家造成重大损失的，由依照本法规定行使海洋环境监督管理权的部门代表国家对责任者提出损害赔偿要求。

《最高人民法院关于审理海洋自然资源与生态环境损害赔偿纠纷案件若干问题的规定》

第三条 海洋环境保护法第五条规定的行使海洋环境监督管理权的机关，根据其职能分工提起海洋自然资源与生态环境损害赔偿诉讼，人民法院应予受理。

第十四条 本规定自2022年1月20日起施行。

【条文主旨】

本条是关于本解释施行日期的规定。

【条文理解】

司法解释的时间效力是指司法解释何时生效、何时失效，以及对其公布以前的事件和行为是否具有溯及力的问题。司法解释的施行日期直接关涉其自何时起生效。

一、关于司法解释的施行日期

（一）关于法律的施行日期

根据《立法法》第一百零四条规定，最高人民法院在审判工作中具体应用法律时，可以针对具体的法律条文作出解释。司法解释的时间效力首先涉及所解释法律的时间效力。时间效力是指法律何时生效、何时终止效力，以及法律对其公布以前的事件和行为是否具有溯及力的问题。其中，何时生效的问题直接表现为法律的施行日期。只要有法律的存在，就有法律施行日期的规定。否则，一部法律就不完整，法律也难以执行。关于法律的施行日期，《立法法》第五十七条明确规定："法律应当明确规定施行日期"。《立法法》第五十八条规定："签署公布法律的主席令载明该法律的制定机关、通过和施行日期。法律签署公布后，及时在全国人民代表大会常务委员会公报和中国人大网以及在全国范围内发行的报纸上刊载。在常务委员会公报上刊登的法律文本为标准文本。"我国法律施行日期的规定，通常采用以下三种方式：一是法律规定自公布之日起施行。如"本法自公布之日起施行"的规定。采取这种一经公布立即生效的做法多适用于亟须尽快出台且施行时机比较成熟的情况，以便使法律和司法解释能够立刻发挥规范相关法律关系的准绳作用。例如，1991年4月9日通过的《民事诉讼法》第二百七十条规定："本法自公布之日起施行，《中华人民共和国民事诉讼法（试行）》同时废止。"二是在法律公布后，法律并不立即生效施行，而是经过一定时期后才开始施行。例如，《民法典》于2020年5月28日通过。但同时该法第一千二百六十条规定："本法自2021年1月1日起施行。"三是特别规定，例如《企业破产法（试行）》（已失效）规定："本法自全民所有制工业企业法实施三个月之日起试行，试行的具体部署和步骤由国务院规定。"但第三种方式在近年来均不采用。《企业破产法（试行）》也被《企业破产法》取代后，法律施行日期的规定也采取的第二种方式。本解释系针对《民法典》第一千二百三十二条的具体应用而作出，在时间效力上自应受《民法典》本身的施行日期的拘束。

（二）关于司法解释的施行日期

除前述《立法法》第一百零四条的规定之外，最高人民法院对司法解释的制定还源于全国人大常委会两项决议的授权。其一为，1955年6月23日全国人大常委会第十七次会议通过的《关于解释法律问题的决议》①，该决议第二条规定"凡关于审判过程中如何具体应用法律、法令的问题，由最高人民法院审判委员会进行解释。"其二为，1981年6月10日第五届全国人民代表大会常务委员会第十九次会议通过的《关于加强法律解释工作的决议》，该决议第二条规定"凡属于法院审判工作中具体应用法律、法令的问题，由最高人民法院进行解释。凡属于检察院检察工作中具体应用法律、法令的问题，由最高人民检察院进行解释。最高人民法院和最高人民检察院的解释如果有原则性的分歧，报请全国人民代表大会常务委员会解释或决定。"但是关于司法解释何时生效的问题，授权最高人民法院制定司法解释的上述立法并未涉及。

最高人民法院1997年6月23日印发的《关于司法解释工作的若干规定》（法发〔1997〕15号）第十一条规定："司法解释以在《人民法院报》上公开发布的日期为生效时间，但司法解释另有规定的除外。"2007年3月9日施行的《最高人民法院关于司法解释工作的规定》第二十五条规定："司法解释以最高人民法院公告形式发

---

① 该决议已经被《全国人民代表大会常务委员会关于批准法制工作委员会关于对1978年底以前颁布的法律进行清理情况和意见报告的决定》宣布失效。

布。司法解释应当在《最高人民法院公报》和《人民法院报》刊登。司法解释自公告发布之日起施行,但司法解释另有规定的除外。”2007 年 8 月 23 日最高人民法院办公厅发布的《关于规范司法解释施行日期有关问题的通知》(法发〔2007〕396 号)规定:“一、今后各部门起草的司法解释对施行日期没有特别要求的,司法解释条文中不再规定‘本解释(规定)自公布之日起施行’的条款,施行时间一律以发布司法解释的最高人民法院公告中明确的日期为准。二、司法解释对施行日期有特别要求的,应当在司法解释条文中规定相应条款,明确具体施行时间,我院公告的施行日期应当与司法解释的规定相一致。”2019 年,最高人民法院法办发〔2019〕2 号《最高人民法院办公厅关于司法解释施行日期问题的通知》第一条规定,司法解释应当在主文作出施行日期的明确规定。最高人民法院通过上述相关文件规定,对司法解释的施行日期予以规范。根据上述规定,司法解释的施行日期采取两种方式:一种是司法解释明确规定施行的具体日期;另一种是司法解释不明确规定,而是以发布司法解释的最高人民法院公告中明确的日期为准。2021 年 6 月 16 日施行的《最高人民法院关于司法解释工作的规定(2021 年修正)》第二十五条第三款规定:“司法解释自公告发布之日起施行,但司法解释另有规定的除外。”故在本解释制定时,根据最新司法解释工作要求,参照其他解释的格式,明确了本解释的施行日期。本解释系 2021 年 12 月 27 日由最高人民法院审判委员会第 1858 次会议通过,最终确定于 2022 年 1 月 20 日起施行。

二、关于司法解释的溯及力

司法解释的施行日期确定之后,溯及力问题则更为复杂。

(一)《民法典》的溯及力问题

法律溯及适用问题是法理学问题,其实质是,某项法律能否影响到该法律施行之前的法律事实。

《立法法》第九十三条规定:“法律、行政法规、地方性法规、自治条例和单行条例、规章不溯及既往,但为了更好地保护公民、法人和其他组织的权利和利益而作的特别规定除外。”全国人大常委会法工委在关于该条的释义中进一步明确,“在我国,‘法无溯及力’同样适用于民法、刑法、行政法等方面。无论是法律、行政法规、地方性法规、自治条例和单行条例还是规章,不论其效力等级是高还是低,都没有溯及既往的效力。这是一个原则,但是,任何原则都是相对的,都可能有例外,对于法不溯及既往原则来说,主要是从轻例外,即当新的法律规定减轻行为人的责任或增加公民的权利时,作为法律不溯及既往原则的一种例外,新法可以溯及既往。因此,本条规定,为了更好保护公民、法人和其他组织的权利和利益,法律规范可以有溯及力。"上述规定和解读,无论是在公法还是私法领域,都确立了法不溯及既往的原则和有利溯及的例外。尽管如此,在法律的适用中,尤其在调整平等主体的自然人、法人和非法人组织之间的人身关系和财产关系的《民法典》的适用中,仍存在如何理解何谓"新的法律规定"以及如何判断是否"为了更好保护公民、法人和其他组织的权利和利益"的困难。与《刑法》中明确规定了"从旧兼从轻"原则不同,《民法典》第一千二百六十条仅规定了该法典的施行日期和包括《婚姻法》、《继承法》、《民法通则》、《收养法》、《担保法》、《合同法》、《物权法》、《侵权责任法》和《民法总则》等在内的九部法律的废止,本身未就溯及力问题作出规定。《最高人民法院关于适用〈中华人民共和国民法典〉时间效力的若干规定》起草过程中,曾有征求意见稿在第十条就《民法典》中关涉生态环境保护、资源节约的相关规定的溯及力问题予以明确,该条规定"《民法典》施行后,人民法院审理涉及保护生态环境、节约资源的民事纠纷案件,当时的法律、司法解释没有规定的,适用《民法典》的相关规定",但最终出台的文本中删除了上述规定。因《最高人民法院关于适用〈中华人民共和国民法典〉时间效力的若干规定》中未就《民法典》生态环境惩罚性赔偿规定的时间效力作出具体规定,则其应受该解释中有关《民法典》时间效力的一般规定的检视和约束。

1. 生态环境惩罚性赔偿属《民法典》"修改规定"而非"新增规定"。

《最高人民法院关于适用〈中华人民共和国民法典〉时间效力的若干规定》第二条至第四条针对旧法有规定而新法改变了旧法规定(修改规定)、旧法没有规定而新法有规定(新增规定)、旧法有规定而新法细化了旧法规定(细化规定)三种情况下新法的溯及适用问题分别作出了规定。关于《民法典》第一千二百三十二条规定的生态环境惩罚性赔偿能否以及如何溯及适用的判断,首先需要界定其属于《民法典》的"修改规定"抑或"新增规定"。本文认为,尽管从法律文本看,《民法典》第一千二百三十二条关于生态环境损害赔偿的规定,无论在语句还是文字表述上,在以往的法律文本,如《侵权责任法》、《民法总则》或者《民法通则》都未曾涉及,属于新增加的内容。但究其实质,仍属于生态环境侵权责任范畴,只不过是特别构成要件之下的生态环境侵权的一种特殊责任方式,是基于普通生态环境侵权补偿性损害赔偿而成立的附加性责任,具有加重损害赔偿的效果,属于法律规范的要件、法律后果等的增加,而不构成法律规则层面的新增。故该条规定系"修改规定"而非"新增规定",在溯及适用问题上应根据《最高人民法院关于适用〈中华人民共和国民法典〉时间效力的若干规定》第二条而非第三条的规定作出判断。

2. "三个更有利于"标准的适用。

《最高人民法院关于适用〈中华人民共和国民法典〉时间效力的若干规定》第二条规定:"《民法典》施行前的法律事实引起的民事纠纷案件,当时的法律、司法解释有规定,适用当时的法律、司法解释的规定,但是适用民法典的规定更有利于保护民事主体合法权益,更有利于维护社会和经济秩序,更有利于弘扬社会主义核心价值观的除外。”上述规定对《民法典》“修改规定”的溯及适用问题,采取法不溯及既往原则和有利溯及的例外,并就是否成立有利溯及,进一步确定了更有利于保护民事主体合法权益、更有利于维护社会和经济秩序、更有利于弘扬社会主义核心价值观的“三个更有利于”的标准。生态环境惩罚性赔偿能否溯及适用的问题,落脚于该规定是否符合上述标准。对此,学理界存在不同观点,多数学者认为生态环境惩罚性赔偿不具有溯及力。如郭锋教授基于法律关系的稳定性和行为结果的可预期性考虑,认为侵权责任编中惩罚性赔偿制度不宜溯及适用。① 广东省高级人民法院有关《民法典》溯及力问题研究的专项调研课题组亦采相同观点。熊丙万教授在主张《民法典》中绿色原则的溯及适用可以体现重大公共利益要求的同时,认为惩罚性赔偿明显超越填平原则、具有制裁性公共政策色彩,如溯及适用恐有违“从旧兼从轻”原则。② 但亦有学者持相反观点。如王雷教授基于法正义性价值的考量,主张生态环境惩罚性赔偿针对侵权人的可责难性可以施以更加有力的否定性评价,更有利于保护被侵权人的民事权利,而应该具有溯及力。③ 司法实务界亦曾出现过不同的认识,如在江西省浮梁县人民检察院与浙江海蓝化工集团有限公司环境污染民事公益诉一案中,江西省浮梁县人民法院认为,“至本案审理期间,涉案倾倒废液行为所致的环境污染并未得到修复,损害后果仍在持续,适用《中华人民共和国民法典》的相关规定更有利于保护生态环境,更有利于维护社会公共秩序、公共利益,更有利于弘扬和谐、文明等社会主义核心价值观,符合《最高人民法院关于适用〈中华人民共和国民法典〉时间效力的若干规定》第二条规定的溯及情形。”④在英德市东华镇双寨村委会朱屋村民小组与朱某通环境污染责任纠纷案中,广东省清远市中级人民法院认为,“朱屋村民小组是在《民法典》实施之后对已经造成损害后果的环境侵权行为提出惩罚性赔偿请求,但因《民法典》对污染环境、破坏生态行为进行惩罚性赔偿的规定突破了当事人原有的合理预期,并不具有溯及力,故此种情形下的法律变更并不构成前案裁判生效后出现的新事实”⑤。生态环境惩罚性赔偿作为“修改规定”,其主要目的意在提高环境违法成本,加大生态环境保护力度,在“更有利于维护社会和经济秩序、更有利于弘扬社会主义核心价值观”层面上自无

---

① 参见郭锋:《〈民法典〉实施与司法解释清理制定》,载《上海政法学院学报》2021 年第 1 期。

② 参见熊丙万:《论〈民法典〉的溯及力》,载《中国法学》2021 年第 2 期。

③ 参见王雷:《民法典适用衔接问题研究动态法源观的提出》,载《中外法学》2021 年第 1 期。

④ 参见江西省浮梁县人民法院(2020)赣 0222 民初 796 号民事判决书。

⑤ 参见广东省清远市中级人民法院(2021)粤 18 民终 3159 号民事裁定书。

疑问。但因生态环境侵权纠纷案件中,至少涉及侵权人、被侵权人两方当事人,生态环境惩罚性赔偿又系对传统侵权法上损害赔偿填平原则的突破,如何理解“更有利于保护当事人合法权益”,以及这一“更有利于”标准与前述两个“更有利于”标准之间的关系,则颇值探讨。我们认为,当新法修改了旧法的规定时,由于改变了当事人的预期,只有符合《立法法》第九十三条关于有利溯及的规定方可适用。而有利溯及的标准必须严格限定,如果泛化标准和范围,无疑会破坏当事人信赖利益、社会生活和交易秩序的稳定以及法律秩序的稳定统一。“三个更有利于”标准并非孤立的标准,而是一个标准体系,其中“更有利于保护民事主体的合法权益”,作为个人层面的有利溯及标准,是判断有利溯及的基础标准,“更有利于维护社会和经济秩序,更有利于弘扬社会主义核心价值观”则是从社会层面的附加判断标准。“三个更有利于”标准应同时充足,方可溯及适用,尤其应以不破坏当事人行为预期、不减损当事人既存权利、不冲击既有社会秩序为出发点。而就“更有利于保护民事主体的合法权益”这一标准本身的理解而言,应当限定在对各方当事人均更加有利或者至少对一方更加有利的同时不损害其他方权益的情形。尤其在平等主体之间,应以更有利于保护民事主体的合理预期作为主要的判断因素。生态环境惩罚性赔偿的适用,将使得侵权人承担超出实际损害的加重赔偿责任,显然亦超出其基于原有法律所形成的合理预期,应以不溯及适用为宜。综上,《民法典》中关于生态环境惩罚性赔偿的规定不可直接依据《最高人民法院关于适用〈中华人民共和国民法典〉时间效力的若干规定》第二条规定而一概获得溯及适用的效力。

3. 基于生态环境侵权法律事实的类型化分析。

生态环境惩罚性赔偿溯及力问题的复杂性还源于复杂的生态环境侵权法律事实。尽管《最高人民法院关于适用〈中华人民共和国民法典〉时间效力的若干规定》中将《民法典》的溯及力问题与法律事实相连,但并未就何谓法律事实作出界定。一般认为,法律事实也称为民事法律事实,是指依法能够引起民事法律关系产生、变更或消灭的客观现象,[①]包括行为、事件,以及行为、事件之外的其他构成,如时间经过、占有等状态等。生态环境侵权法律事实的特殊之处在于,生态环境损害具有累积性、潜伏性、缓发性、公害性等特点,侵权行为和损害结果之间往往具有较长的时滞,并不总是同时发生。且侵权行为可能具有持续性,未经修复或者虽经修复但难以恢复原状的损害结果亦可能长期存在。根据生态环境侵权行为和损害结果的发生、持续、分离等时间节点,及其与《民法典》施行日期的先后关系,可以将生态环境侵权法律事实区分为以下几种情形:一是生态环境侵权行为和损害结果均发生

① 参见王利明:《民法总则》,中国人民大学出版社2017年版,第84页。

在《民法典》施行之前；二是生态环境侵权行为发生在《民法典》施行之前，但损害结果发生在《民法典》施行之后；三是生态环境侵权行为发生在《民法典》施行之前，但持续至施行之后；四是生态环境侵权行为发生在《民法典》施行之后。其中，第一种情形前文已述及，生态环境惩罚性赔偿因超出当事人合理预期而不宜溯及适用，《民法典》的施行本身不构成新的法律事实；第四种情形则属于《民法典》施行之后的法律事实，自应适用《民法典》关于生态环境惩罚性赔偿的规定。有疑问者为第二种、第三种情形。我们认为，生态环境侵权法律事实包括侵权行为和损害后果在内，前述第二种、第三种情形均涉及《民法典》施行前的法律事实持续至《民法典》施行后的衔接适用问题。域外对于持续性法律事实的法律适用，主要分为三种模式：第一种是"维持旧法效力"模式，法律事实持续过程中法律发生变更的，新法对其施行后发生的法律事实不发生影响。第二种是"即行适用"模式，法律事实持续过程中法律发生变更的，新法对其施行前已经发生的法律效果不予改变，但是对施行后发生的法律效果予以改变。第三种是"过渡模式"，法律事实持续过程中法律发生变更的，新法对其施行前已经发生的法律效果不予改变，对施行后未来发生的法律效果予以改变，但是规定一个过渡期。①《最高人民法院关于适用〈中华人民共和国民法典〉时间效力的若干规定》第一条第三款关于"《民法典》施行前的法律事实持续至《民法典》施行后，该法律事实引起的民事纠纷案件，适用《民法典》的规定，但是法律、司法解释另有规定的除外"的规定，并未就同一持续性法律事实在新法施行之前和之后的法律效果予以区分，亦未明确设置过渡期。基于法律事实发生的时间节点和当事人预期保护两个因素的考虑，对于生态环境侵权行为发生在《民法典》施行之前，但损害结果发生在《民法典》施行之后的情形，可以认为完整意义上的生态环境侵权法律事实发生在《民法典》施行之后，且侵权人在《民法典》施行之后亦未采取措施避免损害后果发生、相关法律效果并未超出其合理预期，以适用《民法典》关于生态环境惩罚性赔偿的规定为宜。对此，《最高人民法院关于适用〈中华人民共和国民法典〉时间效力的若干规定》第二十四条关于"侵权行为发生在《民法典》施行前，但是损害后果出现在《民法典》施行后的民事纠纷案件，适用《民法典》的规定"的规定，亦可作为佐证。对于生态环境侵权行为发生在《民法典》施行之前但持续至施行之后的情形，按照上述规定的文义解释亦应适用《民法典》关于生态环境惩罚性赔偿的规定。但可依据具体情况再予以进一步细分，如果持续性侵权行为造成的损害后果是可分的，则《民法典》施行之前的侵权行为造成的损害后果不宜适用惩罚性赔偿规定，施行之后的侵权行为造成的损害后果应适用惩

---

① 参见杨登峰：《新旧法的适用原理与规则》，法律出版社 2008 年版，第 124 - 125 页。

罚性赔偿规定;如果损害后果不可分,则全部损害后果应统一适用惩罚性赔偿规定。

(二)本解释作为《民法典》司法解释的溯及力问题

目前,尚无法律、司法解释就民商事司法解释本身的溯及力问题作出一般性的明确规定。实务中,除某个司法解释本身对其能否溯及适用问题作出了特别规定之外,通常遵循"可以溯及其所解释的法律施行之日"的做法。而考察司法解释就自身的溯及力问题作出的规定,基本均以案件是否终审为节点确定是否溯及适用,但在具体表述上又有所区别,主要模式有以下三种:一是法律本身的溯及力+案件终审与否。例如,《最高人民法院关于适用〈中华人民共和国民法典〉总则编若干问题的解释》第三十九条第二款规定:"《民法典》施行后的法律事实引起的民事案件,本解释施行后尚未终审的,适用本解释;本解释施行前已经终审,当事人申请再审或者按照审判监督程序决定再审的,不适用本解释。"二是适用于施行后新受理一审案件+再审案件的排除适用。例如,2003年《最高人民法院关于审理人身损害赔偿案件适用法律若干问题的解释》第三十六条第一款规定:"本解释自2004年5月1日起施行。2004年5月1日后新受理的一审人身损害赔偿案件,适用本解释的规定。已经作出生效裁判的人身损害赔偿案件依法再审的,不适用本解释的规定。"三是以案件是否终审为解释适用与否的标准。例如,2017年《最高人民法院关于审理医疗损害责任纠纷案件适用法律若干问题的解释》第二十六条第二款规定:"本解释施行后尚未终审的案件,适用本解释;本解释施行前已经终审,当事人申请再审或者按照审判监督程序决定再审的案件,不适用本解释。"

前文已述,生态环境惩罚性赔偿的溯及力问题较为复杂。基于各种考量,本解释未就本身的溯及适用问题作特别规定。《最高人民法院关于适用〈中华人民共和国民法典〉时间效力的若干规定》第二条有关《民法典》修改规定溯及适用问题的规定,同样适用于本解释。

【审判实务中应注意的问题】

1."存量"污染的惩罚性赔偿适用。

实践中,还存在一种情形,对其是否适用《民法典》关于生态环境惩罚性赔偿规定问题,具有较大争议,即生态环境侵权行为和损害后果均发生在《民法典》施行之前,但损害后果一直持续至《民法典》施行之后而责任人未采取任何修复措施,即所谓"存量污染"。我们认为,此种情形原则上以不适用《民法典》关于生态环境惩罚性赔偿的规定为宜。其理由为,《民法典》的时间效力问题,以法律事实的"发生"作为判断是否适用的时间节点。"存量"污染中,侵权行为、损害后果均发生在《民法典》施行之前，仅损害后果未予以修复这一状态持续至《民法典》施行之后，相关纠纷应属于《民法典》施行前的法律事实引起的民事纠纷案件，而不属于生态环境侵权法律事实持续至《民法典》施行之后的情形，以适用当时的法律、司法解释的相关规定为原则。而是否例外地溯及适用《民法典》关于生态环境惩罚性赔偿规定，仍应受《最高人民法院关于适用〈中华人民共和国民法典〉时间效力的若干规定》第二条有关“三个更有利于”标准的检视。对此，前文已有述及。值得注意的是，实践中“存量”污染问题较为复杂，不排除在特定情形下存在适用惩罚性赔偿、促进受损生态环境及时有效修复的必要。对此，一般应给予责任人合理的过渡期，人民法院在《民法典》生态环境惩罚性赔偿规定的溯及适用上亦应遵循相关的程序性要求。

2. 程序性要求。

《民法典》及其相关司法解释的时间效力问题，殊为重要。人民法院在适用《民法典》及其相关司法解释时，要从严把握溯及适用的情形，既彰显《民法典》的制度价值，又不背离当事人基于原有法律所形成的合理预期，确保法律的统一适用。根据《全国法院贯彻实施民法典工作会议纪要》第十八条规定，除《最高人民法院关于适用〈中华人民共和国民法典〉时间效力的若干规定》第二部分所列具体规定外，人民法院在审理有关民事纠纷案件时，认为符合该解释第二条溯及适用《民法典》情形的，应当做好类案检索，经本院审判委员会讨论后层报高级人民法院。高级人民法院审判委员会讨论后认为符合该解释第二条规定的“三个更有利于”标准应当溯及适用《民法典》规定的，报最高人民法院备案。

【法条链接】

《立法法》

第五十七条　法律应当明确规定施行日期。

第五十八条　签署公布法律的主席令载明该法律的制定机关、通过和施行日期。

法律签署公布后，及时在全国人民代表大会常务委员会公报和中国人大网以及在全国范围内发行的报纸上刊载。

在常务委员会公报上刊登的法律文本为标准文本。

第九十二条　同一机关制定的法律、行政法规、地方性法规、自治条例和单行条例、规章，特别规定与一般规定不一致的，适用特别规定；新的规定与旧的规定不一致的，适用新的规定。

第九十三条　法律、行政法规、地方性法规、自治条例和单行条例、规章不溯及既往，但为了更好地保护公民、法人和其他组织的权利和利益而作的特别规定除外。

第一百零四条 最高人民法院、最高人民检察院作出的属于审判、检察工作中具体应用法律的解释，应当主要针对具体的法律条文，并符合立法的目的、原则和原意。遇有本法第四十五条第二款规定情况的，应当向全国人民代表大会常务委员会提出法律解释的要求或者提出制定、修改有关法律的议案。

最高人民法院、最高人民检察院作出的属于审判、检察工作中具体应用法律的解释，应当自公布之日起三十日内报全国人民代表大会常务委员会备案。

最高人民法院、最高人民检察院以外的审判机关和检察机关，不得作出具体应用法律的解释。

《最高人民法院办公厅关于司法解释施行日期问题的通知》（法办发〔2019〕2号）

一、司法解释的施行日期是司法解释时间效力的重要内容，司法解释应当在主文作出明确规定："本解释（规定或者决定）自×年×月×日起施行"。批复类解释在批复最后载明的发布日期作为施行日期。

《最高人民法院关于适用〈中华人民共和国民法典〉时间效力的若干规定》

第一条 民法典施行后的法律事实引起的民事纠纷案件，适用民法典的规定。

民法典施行前的法律事实引起的民事纠纷案件，适用当时的法律、司法解释的规定，但是法律、司法解释另有规定的除外。

民法典施行前的法律事实持续至民法典施行后，该法律事实引起的民事纠纷案件，适用民法典的规定，但是法律、司法解释另有规定的除外。

第二条 民法典施行前的法律事实引起的民事纠纷案件，当时的法律、司法解释有规定，适用当时的法律、司法解释的规定，但是适用民法典的规定更有利于保护民事主体合法权益，更有利于维护社会和经济秩序，更有利于弘扬社会主义核心价值观的除外。

第二十四条 侵权行为发生在民法典施行前，但是损害后果出现在民法典施行后的民事纠纷案件，适用民法典的规定。

《全国法院贯彻实施民法典工作会议纪要》

18. 从严把握溯及适用民法典规定的情形，确保法律适用统一。除《时间效力规定》第二部分所列具体规定外，人民法院在审理有关民事纠纷案件时，认为符合《时间效力规定》第二条溯及适用民法典情形的，应当做好类案检索，经本院审判委员会讨论后层报高级人民法院。高级人民法院审判委员会讨论后认为符合《时间效力规定》第二条规定的"三个更有利于"标准，应当溯及适用民法典规定的，报最高人民法院备案。最高人民法院将适时发布相关指导性案例或者典型案例，加强对下指导。

五、专家点评文章

《最高人民法院关于审理生态环境侵权纠纷案件适用惩罚性赔偿的解释》全国人大代表及专家点评意见

2022年1月13日上午，最高人民法院在全媒体新闻厅举行新闻发布会，发布了《最高人民法院关于审理生态环境侵权纠纷案件适用惩罚性赔偿的解释》(以下简称《解释》)。《解释》的发布受到了全国人大代表和专家学者的关注。全国人大代表冯帆，专家学者姚辉、秦天宝就《解释》做相关点评。

冯　帆　[全国人大代表、最高人民法院特邀监督员、江西省律师协会副会长、江西省新的社会阶层人士联谊会副会长、国浩律师(南昌)事务所主任]

党的十八大以来，党中央将生态环境保护摆在前所未有的高度和地位，人民群众对美好生态环境的迫切愿望也在客观上对司法制度的完善和发展提出了更高要求。2021年1月1日《民法典》正式实施后，首次明确在生态环境侵权纠纷中可以适用惩罚性赔偿，这是继食品安全、知识产权等领域适用惩罚性赔偿之外，又一新的立法价值引导，旨在提高侵权人破坏生态环境违法成本，弥补被侵权人环境权益，树立全民保护生态环境的良好风尚。

作为新设条款，《民法典》第一千二百三十二条中并未立即明确惩罚性赔偿的计算基数和标准，留待审判实践进一步探索和检验。经过一年的司法实践和探索，最高人民法院适时出台该司法解释，既延续了《民法典》设立生态环境领域惩罚性赔偿的精神要义，也为今后该条文发挥更大的法律功效和实践价值提供了方向和指引。

此次司法解释对人民法院在生态环境领域适用惩罚性赔偿应遵循的原则、范围、构成要件、计算基数和倍数等具体事项进行了细化明确，有效解决了司法实践中普遍存在的疑点、难点问题。尤其其中关于人民法院确定惩罚性赔偿金数额应考虑侵权人的恶意程度、侵权后果的严重程度、侵权人因污染环境、破坏生态行为所获得的利益以及侵权人事后采取的生态环境修复措施和效果等因素的确定，既符合惩罚性赔偿制度的立法目的、原意，又有源于审判实践典型案例的经验支撑，具有充分的正当性、合理性和可操作性。一般不超过基数二倍的规定，及综合考量同一污染环境、破坏生态行为已经受到行政处罚、刑事追究的情形的条文设置，也体现了司法解释严格审慎适用惩罚性赔偿、防止制度被滥用的基本态度。

姚　辉（中国人民大学法学院教授、最高人民法院特邀咨询员）

《民法典》针对生态环境侵权行为的特点，探索建立了惩罚性赔偿制度，以期在充分救济受害主体的同时惩罚恶意侵权人，警示、震慑和预防类似侵权行为的发生。就民事责任以补偿为其目的的功能特点而言，惩罚性赔偿并非常态，审判实践中如何准确适用《民法典》的相关规定，妥善审理生态环境侵权纠纷案件，正确适用惩罚性赔偿，是一个现实疑难问题。生态环境侵权纠纷案件的审理不仅关涉民事主体合法权益的保护，更涉及生态环境保护和经济社会发展的统筹。将惩罚性赔偿规则延伸到生态环境侵权领域，既是一项全新的积极探索，更亟须最高裁判机关在理解适用和裁判尺度上予以统一指导。最高人民法院审时度势发布《解释》，既为类似案件的审理提供了基本遵循，有助于裁判尺度的统一；也是以司法举措践行习近平生态文明思想、落实“绿水青山就是金山银山”的发展理念，统筹推进“五位一体”总体布局和协调推进“四个全面”战略布局的重要成果，具有重要的实践价值和社会现实意义。

《解释》全面总结环境司法实践经验，紧扣《民法典》规范，对生态环境侵权适用惩罚性赔偿的各项构成要件、惩罚性赔偿的数额确定乃至适用当中的相关程序等等都做出了解释细化，为人民法院准确理解适用该项规则提供了指引。例如，针对审判实践中较为突出的“故意”要件认定困难，《解释》既采用动态系统论提示判断“故意”的各种考量因素，即应根据侵权人的职业经历、专业背景或者经营范围，因同一或者同类行为受到行政处罚或者刑事追究的情况，以及污染物的种类，污染环境、破坏生态行为的方式等因素综合判断；又具体列举了构成“故意”的典型情形，兼顾了类案的一般性和个案的特殊性，具有极强的可操作性。《解释》的出台，能够切实地为审理生态环境侵权案件提供规则支持，有效规范和统一法律适用，进而更好地保护生态环境、维护当事人的合法权益。

秦天宝（武汉大学环境法研究所所长、教授，中国法学会环境资源法学研究会副会长兼秘书长）

生态兴则文明兴，生态衰则文明衰。党的十八大以来，以习近平同志为核心的党中央以前所未有的力度抓生态文明建设。本次出台的《解释》以习近平生态文明思想、习近平法治思想为引领,深入贯彻落实用最严格制度最严密法治保护生态环境原则,为更进一步健全生态文明制度体系提供了有效保障,具有如下现实意义:

一是有力推动了生态环境惩罚性赔偿制度落到实处。《民法典》第一千二百三十二条创新性将惩罚性赔偿制度引入生态环境侵权领域,是我国环境侵权民事责任体系的一项重大改革。为解决突出生态环境问题,大幅提高环境违法成本,同时为审判实践提供具体的裁判指引,《解释》针对审判实践中存在的主要问题予以完善细化规定,确保了该项制度的正确适用,有效起到惩治不法、震慑和遏制潜在生态环境侵权行为的作用。

二是及时回应了审判实务与理论热点问题。为保证惩罚适度有效、不被滥用,《解释》明确了不得单独起诉、倍数限定以及与行政罚款、刑事罚金综合考量等内容,是谦抑原则的体现。《解释》还原则性规定了人民法院对于环境民事公益诉讼、生态环境损害赔偿诉讼可以参照适用,同时也为后续的规则制定、制度发展预留了空间,推动公益诉讼制度体系继续完善。

三是深入体现了司法精细化的理念。《解释》内容务实,可操作性强,针对审判实践中普遍关切的生态环境侵权领域惩罚性赔偿的适用范围、构成要件、基数计算、倍数确定等具体问题,逐一予以明确,还细化规定了人民法院认定构成要件时的判断依据,认定侵权人是否具有主观故意时的考量因素、典型情形等,为当事人提供了明确的诉讼指引,也为满足司法实践需求、统一裁判尺度、解决实际问题,提供了切实有效的制度支持。

四是充分展现了我国在生态环境治理领域的大国担当。在法典中明文规定生态环境惩罚性赔偿制度,并专门制定配套规则细化落实具体适用,这一举措是开全球环境司法之先河、走在世界前列之独创实践。可以说,《解释》是在习近平生态文明思想和习近平法治思想的引领下,积极探索生态环境司法保护的中国经验,为全球环境治理提供了中国方案和中国样板。

第三部分　裁判文书选登

北京市密云区人民法院
民事裁定书

(2022)京0118行保1号

申请人:北京市密云区生态环境局,机构地址北京市密云区新南路65号。

负责人:兰天,局长。

委托诉讼代理人:金磊。

被申请人:北京北化新橡特种材料科技股份有限公司,住所北京市朝阳区樱花西街8号楼2层215。

法定代表人:杨云河,董事长。

委托诉讼代理人:宋玮娜。

被申请人北京北化新橡特种材料科技股份有限公司未经审批,擅自在北京市密云区经济开发区化大科技园西侧的厂房内安装一台开炼机和一台密炼机,用于制作橡胶制品,生产过程中排放了粉尘等大气污染物。申请人北京市密云区生态环境局向本院申请禁止令,责令被申请人北京北化新橡特种材料科技股份有限公司立即停止在北京市密云区经济开发区化大科技园西侧厂房使用开炼机、密炼机从事生产经营活动。

本院认为:被申请人北京北化新橡特种材料科技股份有限公司未经审批,擅自安装开炼机和密炼机制作橡胶制品,生产过程中排放的粉尘等大气污染物,对生态环境造成了损害。经现场勘查,上述设备及原材料仍存放在该厂房内,且具有再次生产的可能,如不及时制止将使生态环境继续遭受损害。依照《中华人民共和国民事诉讼法》第一百零四条、《最高人民法院关于生态环境侵权案件适用禁止令保全措施的若干规定》第三条第二款、第九条第一款之规定,裁定如下:

被申请人北京北化新橡特种材料科技股份有限公司自本裁定生效之日立即停止在北京市密云区经济开发区化大科技园西侧厂房使用开炼机、密炼机从事生产经营活动。

如不服本裁定,可在裁定书送达之日起五日内,向本院申请复议一次。复议期间,不停止裁定的执行。

本裁定送达后即发生法律效力。

审 判 员　陈　琼
二〇二二年四月二十八日
法官助理　陈玉霞
书 记 员　常玉倩

北京市密云区人民法院
禁止令

(2022)京 0118 行保 1 号

北京北化新橡特种材料科技股份有限公司：

申请人北京市密云区生态环境局以你单位未经审批，擅自在北京市密云区经济开发区化大科技园西侧厂房内安装开炼机和密炼机生产橡胶制品，生产过程中排放了粉尘等大气污染物为由，于二〇二二年四月二十七日向本院申请作出禁止令。本院经审查，于二〇二二年四月二十八日作出(2022)京 0118 行保 1 号民事裁定，准予申请人北京市密云区生态环境局的禁止令申请。现责令：

被申请人北京北化新橡特种材料科技股份有限公司立即停止在北京市密云区经济开发区化大科技园西侧厂房使用开炼机、密炼机从事生产经营活动。

此令。

北京市密云区人民法院
二〇二二年四月二十八日

广东省广州市海珠区人民法院
民事裁定书

(2022)粤0105行保1号

申请人:崔某生,男,1987年1月4日出生,汉族,住广州市海珠区。

委托代理人:黎斌,广东隽博律师事务所律师。

被申请人:李某萍,女,1947年5月18日出生,汉族,住广州市海珠区。

被申请人:卢某辉,男,1967年2月8日出生,汉族,住广州市海珠区。

申请人崔某生称,李某萍、卢某辉自2018年12月起持续采取喇叭紧贴墙壁循环播放"荒山野鬼"录音的方式制造噪声,严重影响崔某生及家人的正常生活,经街道、居委等协调,均无法解决,故向本院申请禁止令,责令李某萍、卢某辉停止前述制造噪声的行为。

本院经审查查明,位于广州市海珠区的房屋产权登记在卢某权名下,卢某权已于2019年12月7日因死亡而注销,现该地址户籍人口为李某萍(卢某权妻子)、卢某辉(卢某权儿子)。

经现场勘查,102房现无人居住,每日8时45分至12时,15时30分至22时持续播放"荒山野鬼"等内容的录音,该声音在302房内未超过40分贝,但可清晰听到,在202房内为46分贝,在101房内为57分贝。前述噪声引发周围居民投诉,广州市海珠区人民政府某街道办事处综合治理办公室及某社区居委会曾主持调解,李某萍、卢某辉作为102房代表参与首次调解,此后便拒绝参与调解。现场居民反映,卢某辉在2022年2月至3月曾回过102房。

另查,崔某生的女儿现为小学生。因新冠肺炎疫情影响,广州市全市中小学阶段学校(有住宿条件和全封闭管理条件的高三除外)于2022年4月11日起暂停线下教学,采取线上教学。

本院认为:102房的产权登记在卢某权名下,但其已去世,该地址户籍人口为李某萍、卢某辉,两人均系卢某权的第一顺位继承人,且曾参与相关纠纷的调解,在无证据证明另有管理人或使用人的情况下,可以认定李某萍、卢某辉为该房屋的管理人或使用人。现102房内持续播放"荒山野鬼"等内容的录音,在无证据证明系他人播放的情况下，可以认定前述录音系李某萍、卢某辉播放。

人民群众享有宁静生活的权益。正所谓“结庐在人境，而无车马喧”，自古以来，人民对美好生活的向往就与声环境质量紧密相关，美好生活离不开“宁静”二字。当前，新冠肺炎疫情形势还很严峻，人民群众普遍增加了居家时长，崔某生的女儿作为小学生，要居家线上学习，宁静的生活环境更加弥足可贵。各方更应按照团结友善、共克时艰的原则处理邻里关系，自觉减少社会生活噪声排放，避免不必要的纠纷，共同促进社会和谐。李某萍、卢某辉现已不在102房居住，却故意在102房内以播放录音的方式持续制造非正常社会生活产生的噪声，录音内容为“荒山野鬼”等，为人民群众所忌讳，且语调低沉，容易造成恐慌，其行为违背公序良俗。对于前述故意制造噪声的行为，审查禁止令申请是否符合条件不应囿于是否超过噪声排放的标准，而应以申请人的宁静生活有无受到影响为标准。涉案噪声已严重影响崔某生及其家人的宁静生活，如不及时制止，将使崔某生及其家人宁静生活的权益遭受难以弥补的损害，故崔某生的禁止令申请符合规定，应予准许。

本院特别指出，李某萍、卢某辉除不得继续通过播放“荒山野鬼”等内容的录音制造噪声外，亦不得变相通过其他方式干扰崔某生及其家人的正常生活，否则可能会在后续诉讼中被认定为恶意侵权，并适用惩罚性赔偿。

依照《中华人民共和国民事诉讼法》第一百零四条，《最高人民法院关于生态环境侵权案件适用禁止令保全措施的若干规定》第三条第二款、第八条、第九条第一款的规定，裁定如下：

被申请人李某萍、卢某辉自本裁定生效之日起不得通过播放“荒山野鬼”录音等方式制造噪声扰民。

如申请人在本裁定作出后三十日内未依法提起诉讼，本院将在三十日届满后五日内裁定解除禁止令。如申请人在本裁定作出后三十日内依法提起诉讼，本裁定的效力期间至人民法院就诉讼作出的裁判文书（包括民事调解书）生效之日止。

如不服本裁定，可在裁定书送达之日起五日内，向本院申请复议一次。复议期间，不停止裁定的执行。

本裁定送达后即发生法律效力。

审 判 员　董广绪

二〇二二年四月十四日

书 记 员　冯天欣　刘建铖

广东省广州市海珠区人民法院
禁止令

（2022）粤0105行保1号

李某萍、卢某辉：

申请人崔某生以你（们）自2018年12月起持续采取喇叭紧贴墙壁循环播放“荒山野鬼”录音的方式制造噪声，严重影响其本人及家人的正常生活，经街道、居委等协调，均无法解决为由，于2022年4月13日向本院申请作出禁止令。本院经审查，于2022年4月14日作出（2022）粤0105行保1号民事裁定，准许崔某生的禁止令申请。现责令：

被申请人李某萍、卢某辉自本裁定生效之日起不得通过播放“荒山野鬼”录音等方式制造噪声扰民。

如申请人在本裁定作出后三十日内不依法提起诉讼，本院将在三十日届满后五日内裁定解除禁止令。如申请人在本裁定作出后三十日内依法提起诉讼，本裁定效力期间至人民法院就诉讼作出的裁判文书（包括民事调解书）生效之日止。

此令。

广州市海珠区人民法院

二〇二二年四月十四日

成都铁路运输第二法院
民事裁定书

(2021)川7102民初56号

申请人:芦山县云雅禾乡种养殖农民专业合作社,住所地:芦山县芦阳街道大同村2组201号。

法定代表人:杨志超,理事长。

被申请人:芦山金驰阳农牧有限公司,住所地:芦山县青羌南路185号。

法定代表人:王确远,执行董事。

申请人芦山县云雅禾乡种养殖农民专业合作社(以下简称芦山云雅禾乡合作社)因与被申请人芦山金驰阳农牧有限公司(以下简称芦山金驰阳公司)环境污染责任纠纷一案,向本院申请作出禁止令,责令被申请人芦山金驰阳公司停止通过排污管道继续向申请人的猕猴桃园排放粪污水,持续污染环境的行为。

本院认为:被申请人芦山金驰阳公司存在将未全部经异位发酵床处理的养殖废弃物排放至外环境的环境污染行为,经雅安市生态环境局依法予以行政处罚后,芦山金驰阳公司治污设施未予改进、铺设于周边农用地用于排放污染物的管网设施仍存在,具有污染环境的重大风险。申请人芦山云雅禾乡合作社向本院申请作出禁止令符合法律及司法解释的规定。依照《中华人民共和国民事诉讼法》第一百零三条、《最高人民法院关于生态环境侵权案件适用禁止令保全措施的若干规定》第三条第一款、第八条、第九条第一款的规定,裁定如下:

禁止被申请人芦山金驰阳农牧有限公司自本裁定生效之日起至本案终审裁判文书生效之日止,通过已铺设管网设施向外环境直接排放未经达标处理的污染物。

如不服本裁定,可在裁定书送达之日起五日内,向本院申请复议一次。复议期间,不停止裁定的执行。

本裁定送达后即发生法律效力。

审 判 员　周　冀

二〇二二年一月二十六日

法官助理　邵玉佳
书 记 员　钟　伟

成都铁路运输第二法院
禁止令

（2021）川 7102 民初 56 号

芦山金驰阳农牧有限公司：

申请人芦山县云雅禾乡种养殖农民专业合作社以你公司铺设于周边猕猴桃园及农地用于排放污染物的管网设施具有继续排放粪污水，持续污染环境的可能性为由，于 2022 年 1 月 24 日向本院申请作出禁止令。本院经审查，于 2022 年 1 月 26 日作出（2021）川 7102 民初 56 号民事裁定，准予申请人的禁止令申请。现责令：

被申请人芦山金驰阳农牧有限公司自本裁定生效之日起至本案终审裁判文书生效之日止，禁止通过已铺设管网设施向外环境直接排放未经达标处理的污染物。

此令。

成都铁路运输第二法院
二〇二二年一月二十六日

江西省浮梁县人民法院
民事判决书

（2020）赣 0222 民初 796 号

公益诉讼起诉人：江西省浮梁县人民检察院。

被告：浙江海蓝化工集团有限公司，住所地浙江省衢州市。

法定代表人：叶某生，该公司总经理。

委托诉讼代理人:施向东,江西晨天律师事务所律师。

公益诉讼起诉人江西省浮梁县人民检察院(以下简称浮梁县检察院)与被告浙江海蓝化工集团有限公司(以下简称海蓝公司)环境污染民事公益诉讼一案,经江西省景德镇市中级人民法院报请江西省高级人民法院批准,指定本院管辖。本院于2020年11月19日立案后,依法适用普通程序,于2020年11月20日书面告知景德镇市浮梁生态环境局。经查,浮梁县检察院于2020年7月2日公告了案件相关情况,公告期内未有法律规定的机关和有关组织提起民事公益诉讼。2021年1月3日,浮梁县检察院决定变更诉讼请求,在原诉讼请求基础上增加要求被告海蓝公司承担环境侵权惩罚性赔偿171,406.35元。本院依法组成合议庭于2021年1月4日公开开庭进行了审理。浮梁县检察院指派检察长匡宁、检察员秦华出庭履行职务,被告海蓝公司委托诉讼代理人施向东到庭参加诉讼。本案现已审理终结。

公益诉讼起诉人浮梁县检察院向本院提出诉讼请求:1.判令被告海蓝公司赔偿倾倒硫酸钠废液造成的环境污染修复费用2,168,000元、环境功能性损失费用57,135.45元、应急处置费用532,860.11元、检测鉴定费用95,670元,并承担污染环境惩罚性赔偿171,406.35元,共计3,025,071.91元;2.判令被告海蓝公司对本次违法倾倒硫酸钠废液的行为在国家级新闻媒体上向社会公众赔礼道歉。事实和理由:被告海蓝公司成立于2006年12月,注册资本5000万元,经营范围包括叠氮化钠、65%乙醇(副产)、甲醇(回收)生产(凭有效《安全生产许可证》经营)、亚硝酸乙酯(中间产品)等。法定代表人叶某生,吴某民为生产部经理。2018年3月,被告海蓝公司的叠氮化钠蒸馏系统设备损坏,致使生产过程中产生大量的硫酸钠废液无法按照正常生产工艺进行处理。为不影响公司生产,吴某民向叶某生请示将该废液交由江西一工厂处理。在得到同意后,其具体负责该事项,并两次持有叶某生签字的票据到公司财务处报销相关费用。从2018年3月开始,吴某民将该公司生产的硫酸钠废液交由无危险废物处置资质的吴某良处理。吴某良雇请李某贤运输,并安排董某春、周某毛带路,范某野部分押运,将该废液倾倒在浮梁县寿安镇八角井及湘湖镇洞口村的山上。2018年3月3日至7月31日,在两处倾倒硫酸钠废液共计1124.1吨。

2019年4月10日,经江西求实司法鉴定中心鉴定,浮梁县寿安镇八角井倾倒点的水体中存在叠氮化钠,且含量超标,对周边约8.08亩范围内环境造成污染。根据《国家危险废物规定》,检测水体中叠氮化钠为危险废物,类别为HW02医药废物,废物代码为271-002-02。同年7月15日,江西求实司法鉴定中心对生态环境损害进行鉴定,意见为:浮梁县湘湖镇洞口村洞口组和寿安镇八角井倾倒点表层土壤均存在叠氮化钠污染,两部分环境损害已经发生,按照案发当时土壤修复所需花费,两处地块修复总费用为2,168,000元。2020年11月,江西求实司法鉴定中心对涉案倾倒点环境功能性损失费用进行补充鉴定,意见为:吴某良、吴某民、李某贤、范某野、周某毛、董某春六人在浮梁县湘湖镇洞口村洞口组和寿安镇八角井倾倒废液造成环境功能性损失费用共计57,135.45元。浮梁县湘湖镇洞口村村民委员会采取了新建饮水、洗衣码头工程等应急处置措施,产生应急处置费用532,860.11元。检测鉴定费用共计95,670元。

公益诉讼起诉人认为,因被告海蓝公司生产叠氮化钠的蒸馏系统设备损坏,导致产生大量硫酸钠废液,该公司工作人员违法处置上述废液,造成浮梁县湘湖镇、寿安镇两地环境污染,严重破坏了生态环境,影响了浮梁县湘湖镇洞口村约6.6平方公里流域的环境,造成了1000余名群众饮用水困难。该行为对社会公共利益造成了损害,应承担相应侵权责任,故依法提起民事公益诉讼。

被告海蓝公司辩称,对民事公益诉讼起诉书中的相关事实、鉴定结论没有异议,认可本案的全部事实。因其公司工作人员偷排工业废水,对浮梁县湘湖镇及寿安镇相关地方造成了环境污染深表歉意。其公司同意赔偿环境修复等费用,并在媒体上公开道歉。惩罚性赔偿因涉及《民法典》溯及力问题,请依法裁判。

公益诉讼起诉人浮梁县检察院围绕诉讼请求提交了以下证据:(1)江西省人民检察院关于海蓝公司污染环境民事公益诉讼指定管辖一案的批复(赣检公益诉讼请示审受〔2020〕36000000001号)、江西省人民检察院指定管辖决定书(赣检八部民公指管〔2020〕1号)、景德镇市人民检察院交办案件线索通知书(景检六部民公线交(转)〔2020〕1号)、浮梁县人民检察院立案决定书(浮检二部民公立〔2020〕2号)、公告,证明:浮梁县检察院经江西省人民检察院指定管辖,并于2020年7月1日立案后,依法公告督促相关主体提起诉讼,但公告期满没有适格主体提起公益诉讼,浮梁县检察院作为民事公益诉讼起诉人适格;(2)营业执照,证明:被告海蓝公司的主体身份;(3)《关于浙江海蓝化工有限公司年产30,000吨叠氮化钠、1350吨四氮唑系列环境影响报告书》、江西省浮梁县人民法院(2019)赣0222刑初54号刑事判决书、江西省景德镇市中级人民法院(2020)赣02刑终33号刑事裁定书、《衢州市生态环境局行政处罚决定书(衢环集罚字〔2019〕3号)》,证明:吴某民未按照公司环境影响报告书的规定,于2018年3月3日至7月31日,以每吨200元的价格将被告公司生产的硫酸钠废液1124.1吨交由不具备废水处理资质的吴某良处理。吴某良在李某贤、董某春、周某毛等人分工配合下,将该废液倾倒在浮梁县寿安镇八角井和湘湖镇洞口村的荒山上;(4)现场图、证人宁某、饶某的证言、江西景江安全环保技术有限公司检测报告、景德镇市环境监测站监测报告(景环监字JD2018207号)、江西中检联检测有限公司检测报告(Z201809023)、江西求实司法鉴定中心司法鉴定意见书(赣求司〔2018〕环鉴字第12001号)、江西求实司法鉴定中心环境损害鉴定意见书(赣求司〔2019〕环鉴字第03002号)、浮梁县水利局关于湘湖镇洞口村因海蓝公司倾倒废液致水污染的情况说明,证明:在浮梁县寿安镇八角井和湘湖镇洞口村荒山上倾倒硫酸钠废液的行为造成了当地水体、土壤等生态环境污染,严重损害了社会公共利益;(5)叶某生讯问笔录、吴某民的供述与辩解、证明、叶某杰的证言,证明:因生产叠氮化钠的蒸馏设备损坏致大量的硫酸钠废液无法正常处理,为了不影响公司生产,被告海蓝公司的法定代表人叶某生将该废液处置工作交给具有生产、环保职责的生产部经理吴某民处理,并为其报销二次处理费用,吴某民污染环境的行为应认定为职务行为,被告海蓝公司应承担污染环境的侵权责任;(6)湘湖镇人民政府会议记录、洞口村洞口组饮水工程和江村组饮水、洗衣码头工程设计方案、招标文件、投标文件、评标报告书、中标通知书、《建设工程施工合同》、工程竣工验收材料、工程决算材料、发票、洞口村倾倒点示意图、现金付出凭证、发放明细表、江西求实司法鉴定中心司法鉴定意见书(赣求司〔2019〕环鉴字第05002号、05002-1号)二份、湘湖镇人民政府委托的技术服务合同、检测报告(JJHJ20180107)、结算业务申请书、发票、情况说明、景德镇市浮梁生态环境局委托的检测协议二份、购货合同一份、发票四份、情况说明二份,证明:湘湖镇洞口村村民委员会为防止硫酸钠废液造成湘湖镇洞口村环境损害扩大,紧急新建饮水工程、洗衣码头工程,并安排人员在污染地值守,被告海蓝公司应承担采取该处置措施发生的饮水工程款458,760.52元、洗衣码头工程款69,399.59元,采取预防措施而发生的费用4700元、被污染地的生态修复费2,168,000元、环境功能性损失费用57,135.45元、检测鉴定费95,670元,共计2,853,665.56元。

被告海蓝公司质证认为,对公益诉讼起诉人浮梁县检察院提出的证据均无异议。

针对诉辩双方举证质证意见,本院认定如下:因浮梁县检察院上述提交的证据来源合法,海蓝公司质证均无异议,本院予以确认。

被告海蓝公司无证据提交。

经审理查明:2018年3月初,被告海蓝公司生产叠氮化钠的蒸馏系统设备损坏,导致大量硫酸钠废液无法正常处理。该公司生产部经理吴某民向公司法定代表人叶某生请示后,叶某生将硫酸钠废液处置一事交其处理。2018年3月3日至7月31日,吴某民将被告生产的硫酸钠废液交由无危险废物处置资质的吴某良处理。在范某野部分押运、董某春和周某毛带路的配合下,吴某良雇请李某贤将30车共计1124.1吨硫酸钠废液运输到浮梁县寿安镇八角井、浮梁县湘湖镇洞口村的山上倾倒,造成了浮梁县寿安镇八角井周边约8.08亩范围内的环境和浮梁县湘湖镇洞口村洞口组、江村组地表水、地下水受到了污染，影响了浮梁县湘湖镇洞口村约6.6平方公里流域的环境，妨碍了当地1000余名居民饮用水安全。被告海蓝公司为吴某民报销了两次运输费。浮梁县湘湖镇洞口村村民委员会为防止侵害，雇请吴某春等17位村民晚上值守，于2018年7月31日支付工资等费用共计4700元。事故发生后，浮梁县湘湖镇洞口村村民委员会为解决饮用水问题，经过招投标紧急新建了洞口组饮水工程、江村组饮水工程和洗衣码头工程，支付工程款共计528,160.11元。

2018年8月1日，浮梁县湘湖镇人民政府委托江西景江安全环保技术有限公司对槽罐车排口和洞口村洞口组下游的水样进行检测，支付检测费5500元。浮梁县原环境保护局于2018年9月4日、10月24日委托江西景江安全环保技术有限公司对浮梁县湘湖镇洞口村、浮梁县寿安镇八角井倾倒点的水质、土壤进行了检测，支付检测费13,170元。2018年9月，浮梁县原环境保护局委托景德镇益景环境监测有限公司对浮梁县湘湖镇洞口村、浮梁县寿安镇八角井进行环境监测，支付检测费17,000元。同年9月13日，景德镇益景环境监测有限公司委托的江西中检联检测公司对自送废水样品进行了检测，并出具了检测报告。江西求实司法鉴定中心于2019年1月16日、4月10日作出鉴定意见，认定浮梁县寿安镇八角井倾倒点的水体中存在叠氮化钠，且含量超标，对周边约8.08亩范围内环境造成污染。根据《国家危险废物规定》，检测水体中叠氮化钠为危险废物，类别为HW02医药废物，废物代码为271－002－02。浮梁县原环境保护局支付鉴定费60,000元。2019年7月15日，江西求实司法鉴定中心对生态环境损害进行鉴定，评定浮梁县湘湖镇洞口村洞口组和寿安镇八角井倾倒点表层土壤均存在叠氮化钠污染，两部分环境损害已经发生，按照案发当时土壤修复所需花费，两处地块修复总费用为2,168,000元。2020年11月12日，该鉴定中心对涉案倾倒点环境功能性损失费用进行补充鉴定，评定吴某良、吴某民、李某贤、范某野、周某毛、董某春六人在浮梁县湘湖镇洞口村洞口组和寿安镇八角井倾倒废液造成环境功能性损失费用共计57,135.45元。

另查明，吴某良、吴某民、李某贤、董某春、周某毛、范某野犯环境污染罪被判处六年六个月至三年二个月不等的有期徒刑。

本院结合浮梁县检察院、海蓝公司诉辩意见，归纳本案争议焦点为：一、本案适用《中华人民共和国民法典》的时间效力问题；二、要求被告承担环境惩罚性赔偿的标准问题。

一、关于本案适用《中华人民共和国民法典》的时间效力问题

至本案审理期间，涉案倾倒废液行为所致的环境污染并未得到修复，损害后果仍在持续，适用《中华人民共和国民法典》的相关规定更有利于保护生态环境，更有

利于维护社会公共秩序、公共利益，更有利于弘扬和谐、文明等社会主义核心价值观，符合《最高人民法院关于适用〈中华人民共和国民法典〉时间效力的若干规定》第二条规定的溯及情形。公益诉讼起诉人浮梁县检察院增加的诉讼请求，于法有据，本院予以准许。

被告海蓝公司的生产部经理吴某民将公司生产的硫酸钠废液交由无危险废物处置资质的吴某良处理，放任污染环境危害结果的发生，主观上存在故意，客观上违反了法律规定，已被生效判决认定为污染环境的犯罪行为。涉案倾倒废液行为造成了浮梁县寿安镇八角井周边约8.08亩范围内的环境受到污染，影响到浮梁县湘湖镇洞口村约6.6平方公里流域的环境，妨碍了当地1000余名居民饮用水安全，浮梁县寿安镇八角井、湘湖镇洞口村两处倾倒点的环境修复费用、环境功能性损失等达数百万元，该行为直接污染了环境，损害了社会公共利益，造成严重后果，符合《中华人民共和国民法典》第一千二百三十二条规定的环境侵权惩罚性赔偿适用条件。被告海蓝公司亦同意承担环境污染修复、环境功能性损失、惩罚性赔偿等费用，在国家生态环境保护日益加强、司法实践不断累积的基础上适用《中华人民共和国民法典》第一千二百三十二条环境侵权惩罚性赔偿的规定，不会背离其合理预期、明显减损其合法权益、增加其法定义务，实际更为契合《中华人民共和国民法典》保护环境的宗旨和本义。

二、关于要求被告承担环境惩罚性赔偿的标准问题

浮梁县湘湖镇洞口村洞口组的废液倾倒点紧邻洞口村水源地，基于地势地貌特点，该倾倒处的山体承担着水源涵养等重要生态功能。因污染环境事故发生，导致当地水体、土壤等环境向公众或者其他生态系统提供服务的功能减损，损害了社会公众本应享有的环境权益，将环境功能性损失费用作为确定惩罚性赔偿的标准，更能体现民事公益诉讼维护社会公共利益的宗旨。被告海蓝公司对于环境污染的发生虽有责任，但事后认错态度好并积极赔偿，参照环境功能性损失费用确定惩罚性赔偿更为符合过罚相当的法律原则。

《中华人民共和国消费者权益保护法》《中华人民共和国食品安全法》等法律规定，以所受损失的一至三倍确定惩罚性赔偿的数额。公共环境与消费者权益、食品安全、产品责任等均关系到社会公共利益，故环境惩罚性赔偿在该幅度内不会超出当事人的合理预期。为了用最严格的制度最严密的法治来保护公共环境，并综合被告海蓝公司的过失程度、赔偿态度、损害后果、承担责任的经济能力、受到行政处罚等因素，本院认为，被告海蓝公司按照环境功能性损失费用的3倍承担环境污染惩罚性赔偿171,406.35元，于法有据，与理相合，本院予以支持。

本院认为，被告海蓝公司生产叠氮化钠的蒸馏系统设备损坏后，该公司生产部

经理吴某民为了生产需要处理硫酸钠废液。在处理前,经向公司法定代表人叶某生请示,叶某生同意将硫酸钠废液处置一事交由其处理。在处理该废液的过程中,被告海蓝公司为其报销了两次运输费用。吴某民处理硫酸钠废液的行为应认定为执行工作任务的行为。该职务行为与吴某良、李某贤、范某野、董某春、周某毛的行为直接结合,导致1124.1吨硫酸钠废液被运输到浮梁县寿安镇八角井、浮梁县湘湖镇洞口村的山上倾倒,造成当地水体、土壤等环境受到污染的严重后果。涉案倾倒污染环境事故发生后,环境损害鉴定机构作出鉴定意见,评定浮梁县湘湖镇洞口村洞口组和寿安镇八角井倾倒点两处地块修复总费用2,168,000元、环境功能性损失费用57,135.45元。另环境检测鉴定机构对浮梁县湘湖镇洞口村、寿安镇八角井倾倒点周边的水质、土壤等进行了相关检测鉴定,产生了检测鉴定费用95,670元。依照《环境民事公益诉讼司法解释》第二十条第二款、第二十一条、第二十二条对承担生态环境修复费用、赔偿生态环境功能性损失及承担检测、鉴定费用的规定,被告海蓝公司应承担上述损失和费用。在发现涉案倾倒废液后,浮梁县湘湖镇洞口村村民委员会雇请村民晚上值守,支付工资等费用4700元。为解决当地村民饮用水问题,紧急新建了饮水工程、洗衣码头工程,支付工程款528,160.11元。以上两项合计532,860.11元。浮梁县湘湖镇洞口村村民委员会为防止生态环境损害再发生、排除环境污染造成的妨碍,采取人工值守、异地代替等预防、处置措施合理,被告海蓝公司同意赔偿。该费用的承担亦符合《环境民事公益诉讼司法解释》第十九条第二款的规定,为避免当事人诉累,在被告海蓝公司赔偿到位后依法支付给浮梁县湘湖镇洞口村村民委员会。同时,本院认为,被告海蓝公司工作人员污染环境的行为,侵害了社会公众的生态环境权益,应当向社会公众赔礼道歉。依照《环境民事公益诉讼司法解释》第十八条承担污染环境民事责任的规定,赔偿损失与赔礼道歉两种侵权责任的承担方式可以合并适用,对公益诉讼起诉人浮梁县检察院要求被告海蓝公司对本次违法倾倒硫酸钠废液的行为在国家级新闻媒体上向社会公众赔礼道歉的诉讼请求,予以支持。

绿水青山就是金山银山。生态文明建设关系到人民群众的生命健康,关系到中华民族永续发展。良好生态环境是最普惠的民生福祉,必须用最严格的制度、最严密的法治来保护。在生态文明的进程中,污染环境行为将破坏生态文明的推进,动摇人类赖以生存发展的根基。被告海蓝公司作为吴某民的用人单位,生态环境保护意识淡薄,责任意识缺乏,涉案倾倒废液行为造成了社会公共利益受到严重损害的后果,其应当引以为戒,规范生产,防范污染。在环境污染事故发生后,被告海蓝公司愿意赔偿生态修复费用、环境功能损失费用、环境污染惩罚性赔偿等,其公司真诚悔过,主动担责,深刻认识到了污染环境的危害,对此本院予以认可。生态兴则文明兴,生态衰则文明衰。本判决旨在教育社会公众提升环境意识,树立生态文明理念,践行绿色低碳生活方式,不断增强生态环境保护的责任感和使命感,努力建成生态环境优良的美丽中国。

综上,本院认为,因污染环境造成他人损害的,侵权人应当承担侵权责任。依照《中华人民共和国民法典》第一百二十条、第一百七十九条、第一千一百九十一条第一款、第一千二百二十九条、第一千二百三十二条,《中华人民共和国环境保护法》第六条第三款、第四十八条,《最高人民法院关于审理环境民事公益诉讼案件适用法律若干问题的解释》第十八条、第十九条、第二十条第二款、第二十一条、第二十二条,《最高人民法院、最高人民检察院关于检察公益诉讼案件适用法律若干问题的解释》第十三条第一款、第二款、第二十六条,《中华人民共和国民事诉讼法》第五十五条、第六十四条第一款、第一百四十二条之规定,判决如下:

一、被告浙江海蓝化工集团有限公司于本判决生效之日起十日内赔偿环境修复费用2,168,000元、环境功能性损失费用57,135.45元、应急处置费用532,860.11元、检测鉴定费95,670元,并承担环境污染惩罚性赔偿171,406.35元,以上共计3,025,071.91元;

二、被告浙江海蓝化工集团有限公司于本判决生效之日起三十日内对违法倾倒硫酸钠废液污染环境的行为在国家级新闻媒体上向社会公众赔礼道歉(赔礼道歉内容需经本院审核确认)。

如未按本判决指定的期间履行给付金钱义务,应当依照《中华人民共和国民事诉讼法》第二百五十三条规定,加倍支付迟延履行期间的债务利息。

案件受理费31,000元,由被告浙江海蓝化工集团有限公司负担。

如不服本判决,可在判决书送达之日起十五日内,向本院递交上诉状,并按照对方当事人或者代表人的人数提出副本,上诉于江西省景德镇市中级人民法院。

审 判 长　黄奕华
审 判 员　冯全镇
审 判 员　但　娟
人民陪审员　汪秀清
人民陪审员　杨尚才
人民陪审员　姚永安
人民陪审员　陈爱兰
二〇二一年一月四日
代书记员　许　菁

山东省青岛市中级人民法院
民事判决书

（2021）鲁 02 民初 69 号

公益诉讼起诉人：山东省青岛市人民检察院。

法定代表人：李建新，检察长。

委托诉讼代理人：李文庆，该院检察员。

委托诉讼代理人：刘凌云，该院检察员。

被告：青岛市崂山区意象空间艺术鉴赏中心，住所地青岛市崂山区东海东路 79 号金都碧海山庄 E35 号楼，系个体工商户。

经营者：梁某，女，1967 年 3 月 8 日出生，汉族，住青岛市崂山区。

委托诉讼代理人：王民，山东正洋律师事务所律师。

委托诉讼代理人：窦晓冰，山东正洋律师事务所律师。

公益诉讼起诉人山东省青岛市人民检察院诉被告青岛市崂山区意象空间艺术鉴赏中心（以下简称意象空间中心）生态破坏民事公益诉讼一案，本院立案受理后，依法适用普通程序，于 2021 年 1 月 29 日公开开庭对本案进行了审理。公益诉讼起诉人山东省青岛市人民检察院的委托诉讼代理人李文庆、刘凌云，被告意象空间中心的委托诉讼代理人王民到庭参加诉讼。本案现已审理终结。

公益诉讼起诉人向本院提出诉讼请求：1. 依法判令被告意象空间中心赔偿涉案野生动物价值损失 8.3 万元和生态环境服务功能损失（以专业性意见为准）；2. 依法判令被告意象空间中心承担惩罚性赔偿责任；3. 依法判令被告意象空间中心在全国性媒体上公开赔礼道歉；4. 依法判令被告意象空间中心承担本案生态环境损害鉴定评估费用。事实和理由：意象空间中心系个体工商户，在经营过程中，意象空间中心在未依法获得收购、出售野生动物行政许可的情况下，于 2017 年 9 月 19 日、22 日购入大王蛇各 1 条，于 2018 年春节后宰杀并出售大王蛇 1 条，于 2018 年 8 月或 9 月某日购入大王蛇 1 条，案发后被扣押；于 2018 年 9 月 17 日出售穿山甲 1 只中的 2.5 斤；于 2018 年 1 月 11 日购入熊掌 4 只，于 2018 年 9 月 6 日出售熊掌 1 只，案发后扣押半成品棕熊熊掌 1 只。上述野生动物部分被意象空间中心作为菜品销售，部分被公安机关扣押。经国家林业局森林公安司法鉴定中心鉴定,扣押的大王蛇为孟加拉眼镜蛇,被列入《国家保护的有益的或者有重要经济、科学研究价值的陆生野生保护动物名录》(以下简称三有动物);扣押的熊掌上割取的肉块为棕熊所有,棕熊被列入1989年颁布的《国家重点保护野生动物名录》二级。穿山甲原为国家二级保护野生动物,于2020年6月3日被调整为国家一级保护野生动物。按照《野生动物及其产品(制品)价格认定规则》《野生动物及其制品价值评估方法》《陆生野生动物基准价值标准目录》的规定,意象空间中心破坏生态行为造成的野生动物损失为8.3万元。此外,意象空间中心非法收购、出售珍贵、濒危野生动物的行为,造成了珍贵、濒危野生动物数量减少,也对地区生物多样性和自然生态环境平衡造成破坏,造成生态环境服务功能损失,具体损失数额以专业性鉴定意见为准。

被告意象空间中心辩称:1.被告行为发生在2018年,刑事责任于2020年判决,本案民事公益诉讼应在2020年提起;2.最高人民检察院《关于充分发挥检察职能服务保障"六稳""六保"的意见》要求切实保护民营企业的合法权益,创造适合民营企业的营商环境。从该意见精神看,应从保护民营企业的角度出发,尽量提供合适的营商环境,而不是从严处罚;3.被告的负责人未参与实际经营,主观上没有实施本案违法行为的故意,应当判决被告承担民事责任时应从轻考量。

本院组织当事人围绕诉讼请求和答辩意见进行了举证和质证。

公益诉讼起诉人提交证据如下:

证据一,山东省青岛市崂山区人民法院(2020)鲁0212刑初240号刑事判决书,判决书认定吴某霞在其担任意象空间中心经理的经营过程中,先后购入大王蛇3条,宰杀出售1条、被查扣1条;出售穿山甲1只中的2.5斤;购入熊掌4只,出售熊掌1只,被查扣半成品熊掌1只。2020年10月28日,山东省青岛市崂山区人民法院以非法收购、出售珍贵、濒危野生动物罪,判处吴某霞有期徒刑三年,缓刑三年,并处罚金人民币六万元。

证据二,国家林业局森林公安司法鉴定中心[森公司鉴(动物)字〔2018〕1072号]物证鉴定书,证明公安机关在意象空间中心扣押并送检的动物为孟加拉眼镜蛇,被列入《国家保护的重要生态、科学、社会价值的陆生野生动物名录》,同时被列入《CITES公约》(2017版)附录Ⅱ。

证据三,国家林业局森林公安司法鉴定中心[森公司鉴(动物)字〔2018〕295号]物证鉴定书,证明公安机关在意象空间中心扣押并送检的熊掌上割取的肉块为棕熊所有,棕熊被列入1989年颁布的《国家重点保护野生动物名录》二级。

证据四,国家林业和草原局(2020第12号)公告,穿山甲原为国家二级保护野生动物,于2020年6月3日调整为国家一级保护野生动物。

证据五，公安机关扣押的电脑中“菜品.xls”相关截图及表格内容、菜品截图一宗：其中一份菜单上有“大王1”（大王蛇），价格188.00，菜品表格内有“熊掌”“9880/支”等表述。证明：意象空间中心将大王蛇和熊掌等野生动物列入菜单对外进行销售，在经营过程中存在将野生动物作为菜品销售的行为。

证据六，梁某、杨某胜、吴某霞、孙某华、牟某丽在公安机关的讯问笔录，证明意象空间中心营业者梁某的丈夫杨某胜聘用吴某霞担任经理负责酒店运营和管理，因有客人提出要吃野生动物，吴某霞觉得服务行业要尽量满足客人要求，就联系收购了穿山甲、熊掌等野生保护动物，孙某华为意象空间中心厨师长，负责将野生动物做成菜品，牟某丽系意象空间中心收银员，其负责打印野生动物菜品账单，意象空间中心收入由梁某和杨某胜收取。

证据七，关于意象空间中心涉案野生动物生态环境服务功能损失评估专家意见书及费用凭证，证明山东大学生态环境损害鉴定研究院副院长、山东省环境科学学会环境损害鉴定专业委员会副主任委员、山东省高级人民法院环境资源审判咨询专家张某军教授于2021年1月12日出具专家意见，意见为：意象空间中心非法收购、出售涉案珍贵、濒危野生动物的行为，共计造成生态环境服务功能损失人民币90.75万元，以及专家意见费用为人民币15,150元。

证据八，公告一份，证明公益诉讼起诉人青岛市人民检察院已于2020年9月10日在正义网上对该案进行了公告，公告期满后，无法律规定的机关和相关社会组织对本案提起民事公益诉讼。

证据九，劳务代偿同意书和劳务代偿方案各一份，证明在本院主持下，被告意象空间中心与公益诉讼起诉人协商一致，同意对其部分惩罚性赔偿以劳务代偿的方式履行。公益诉讼起诉人提出劳务代偿方案建议，建议劳务代偿协执单位为青岛市崂山区司法局，生态环境公益劳动主要方式为在青岛市崂山区司法局举办的生态环境保护法制宣传教育活动中，参与场地布置、人员通知、传单发送、向市民群众普法等，以及为崂山区辖区范围内部分较大餐饮业商户发送“爱护生态环境禁食野生动物从你我他做起”宣传单，增强餐饮机构普及野生动物保护法律知识，抵制非法交易、摒弃滥食陋习等事项，请法庭酌情采纳。

被告意象空间中心认为专家意见书存在程序和实体上的错误，认定被告非法收购、出售孟加拉眼镜蛇三只、穿山甲一只、棕熊一头，以及是雌性还是雄性，应当以实物作为鉴定依据。对其他证据均无异议。被告意象空间中心无证据举证。

根据当事人的陈述和经审查确认的证据，本院认定事实如下：意象空间中心系个体工商户，注册于2009年2月，经营范围为餐饮服务，营业执照的营业者是梁某。梁某通过其丈夫杨某胜聘用吴某霞担任意象空间中心经理负责管理和运营，吴某霞每月领取固定工资。意象空间中心在经营过程中，于2017年9月19日、22日购入大王蛇各1条，2018年春节后宰杀并出售大王蛇1条，2018年8月或9月某日购入大王蛇1条，案发后被公安机关扣押；2018年9月17日出售1只穿山甲中的2.5斤；2018年1月11日购入熊掌4只，2018年9月6日出售熊掌1只，案发后公安机关扣押半成品棕熊熊掌1只。上述野生动物部分被意象空间中心作为菜品对外销售。

经国家林业局森林公安司法鉴定中心鉴定，扣押的大王蛇为孟加拉眼镜蛇，被列入《国家保护的有益的或者有重要经济、科学研究价值的陆生野生保护动物名录》（以下简称三有动物）；扣押的熊掌上割取的肉块为棕熊所有，棕熊被列入1989年颁布的《国家重点保护野生动物名录》二级。穿山甲原为国家二级保护野生动物，于2020年6月被国家林业和草原局调整为国家一级保护野生动物。按照《野生动物及其产品（制品）价格认定规则》《野生动物及其制品价值评估方法》《陆生野生动物基准价值标准目录》的规定，意象空间中心破坏生态行为造成的野生动物损失为83,000元。山东大学生态环境损害鉴定研究院副院长、山东省环境科学学会环境损害鉴定专业委员会副主任委员、山东省高级人民法院环境资源审判咨询专家张某军于2021年1月12日出具专家意见，意见为：意象空间中心非法收购、出售涉案珍贵、濒危野生动物的行为，共计造成生态环境服务功能损失人民币90.75万元。

在本案审理过程中，被告意象空间中心签署了劳务代偿同意书，同意本案部分惩罚性赔偿以劳务代偿方式履行。

另查明，青岛市上一年度职工年平均工资为75,806元。

上述事实，有本院予以确认的相关证据和当事人的庭审陈述在卷佐证。

本院认为，野生动物资源是自然界生态系统的重要组成部分。人类、野生动物及其他物种相互依存，共同维护着自然界的稳定、和谐和发展。保护野生动物、维护生物多样性就是保护人类自己。穿山甲是白蚁的天敌，一头穿山甲可以保护250亩森林免受白蚁危害，享有"森林卫士"的美誉，原为国家二级保护野生动物，后于2020年6月被调整为国家一级保护野生动物，穿山甲被猎杀，导致白蚁大量繁殖，白蚁种群密度上升，会加重对当地森林树木危害程度，影响区域内生态系统的结构和功能；棕熊是陆地上食肉目体形最大的哺乳动物之一，为国家二级保护野生动物，其中喜马拉雅棕熊列入《华盛顿公约》CITES附录Ⅰ级保护动物，列入《世界自然保护联盟濒危物种红色名录》（IUCN）2017ver3.1——濒危（EN），东北棕熊和西藏棕熊列入《世界自然保护联盟濒危物种红色名录》（IUCN）2016ver3.1——无危（LC）和《华盛顿公约》CITES附录Ⅱ级保护动物，具有巨大的生物多样性价值和重要的生态价值、经济价值、科研价值、遗传资源价值、观赏价值等；孟加拉眼镜蛇为“三有动物”，现被列入《世界自然保护联盟濒危物种红色名录》(IUCN)2016ver3.1——无危(LC)和《华盛顿公约》CITES附录Ⅱ级保护动物，除具有自身药用价值外，其每年捕食大量鼠类，对于生态平衡也具有重要的作用。

被告意象空间中心虽然不是穿山甲、棕熊、孟加拉眼镜蛇的直接的猎杀者，但其实施收购、出售穿山甲、棕熊、孟加拉眼镜蛇的行为，为猎杀珍贵、濒危野生动物提供了动机和市场，其违法行为对于生态环境损害具有直接的因果关系，依照最高人民法院《关于审理环境民事公益诉讼案件适用法律若干问题的解释》第十八条“对污染环境、破坏生态，已经损害社会公共利益或者具有损害社会公共利益重大风险的行为，原告可以请求被告承担停止侵害、排除妨碍、消除危险、恢复原状、赔偿损失、赔礼道歉等民事责任”的规定，应承担相应民事责任。被告意象空间中心收购、出售珍贵、濒危野生动物的主观故意明显，其行为导致了珍贵、濒危野生动物的减少，加深了濒危程度，破坏了生态资源和环境平衡，造成了严重后果，且对生态环境的损害后果在未修复前具有持续性的特点，依照《中华人民共和国民法典》第一千二百三十二条关于“侵权人违反法律规定故意污染环境、破坏生态造成严重后果的，被侵权人有权请求相应的惩罚性赔偿”的规定，可判令其承担惩罚性赔偿。综合其主观故意、危害后果以及在本案中悔改态度较好，愿意提供生态环境公益劳动，以自己实际行动保护生态环境等情节，酌情判令其承担惩罚性赔偿99,050元。

惩罚性赔偿具有惩罚和遏制不法行为的多重功能，对预防同类型损害发生具有十分重要意义。在与被告协商一致的情况下，由被告以提供环境公益劳动的方式承担全部或者部分惩罚性赔偿，有利于发挥惩罚性赔偿制度惩罚和教育的功能，有利于督促被告参与生态环境保护和预防同类型损害的发生。在本院主持下，被告意象空间中心与公益诉讼起诉人协商一致，愿意以提供环境公益劳务方式承担全部或者部分惩罚性赔偿。环境资源公益劳动的工作量应相当于其折抵的惩罚性赔偿，可以参照上一年度青岛市职工年平均工资作为折算标准，即(职工年平均工资75,806元÷365天)×劳务代偿拟定时限60天×2人=24,924元。劳务代偿工作由本院确定的协执单位管理和指导，公益诉讼起诉人可以对劳务代偿进行监督，如被告未能提供环境资源公益劳动，或者提供的环境资源公益劳动未能经本院审核通过，则仍应承担判决确定的相应惩罚性赔偿责任。

综上，公益诉讼起诉人的诉讼请求有事实和法律依据，提供的劳务代偿方案合理，本院予以支持。最高人民检察院出台的《关于充分发挥检察职能服务保障“六稳”“六保”的意见》，目的是切实保护民营企业的合法权益，被告违法行为对生态环境造成损害，仍应承担相应民事责任。专家意见书经双方当事人质证和本院审查，合法合理，应予采信。依照《中华人民共和国民法典》第一千二百三十二条、第一千二百三十五条、《最高人民法院关于审理环境民事公益诉讼案件适用法律若干问题的解释》第十八条及《中华人民共和国民事诉讼法》第五十五条的规定，判决如下：

一、被告青岛市崂山区意象空间艺术鉴赏中心于本判决生效之日起十五日内赔偿破坏生态行为造成的野生动物损失83,000元、生态环境服务功能损失907,500元。

二、被告青岛市崂山区意象空间艺术鉴赏中心承担惩罚性赔偿99,050元。其中74,126元于本判决生效之日起十五日内缴纳；24,924元以被告指定二人每人提供六十日生态环境公益劳动的方式承担，由本院指定协执单位青岛市崂山区司法局管理和指导，最迟于2022年1月28日前完成。如青岛市崂山区意象空间艺术鉴赏中心未提供生态环境公益劳动或提供的生态环境公益劳动未能经本院审核通过，则应在本院审核之日起十五日内承担惩罚性赔偿24,924元。

三、被告青岛市崂山区意象空间艺术鉴赏中心于本判决生效之日起十五日内在全国性媒体上公开赔礼道歉（媒体和内容由本院审定，若被告不履行，本院将公开刊登本判决，费用由被告负担）。

四、专家意见费15,150元，由被告青岛市崂山区意象空间艺术鉴赏中心负担。

如被告未按本判决指定的期间履行给付金钱义务，应当依照《中华人民共和国民事诉讼法》第二百五十三条之规定，加倍支付迟延履行期间的债务利息。

如不服本判决，可在判决书送达之日起十五日内，向本院递交上诉状，并按对方当事人的人数提出副本，上诉于山东省高级人民法院。

审　判　长　秦艳华
审　判　员　尤志春
审　判　员　刁培峰
人民陪审员　李　妮
人民陪审员　李　宏
人民陪审员　赵　兵
人民陪审员　刘时贤
二〇二一年一月二十九日
法 官 助 理　王晓丹
书　记　员　肖若男

广东省清远市中级人民法院
民事裁定书

（2021）粤18民终3159号

上诉人（原审原告）：英德市东华镇双寨村委朱屋村民小组，住所地：广东省英德市东华镇双寨村委朱屋村。

负责人：朱光招。

委托诉讼代理人：崔鑫，广东粤鑫律师事务所律师。

委托诉讼代理人：林壮壮，广东粤鑫律师事务所律师。

被上诉人（原审被告）：朱某通，男，1969年3月22日出生，汉族，住广东省英德市。

上诉人英德市东华镇双寨村委会朱屋村民小组（以下简称朱屋村民小组）因与被上诉人朱某通环境污染责任纠纷一案，不服广东省英德市人民法院（2021）粤1881民初1262号民事裁定，向本院提起上诉。本院于2021年7月2日立案后，依法组成合议庭审理了本案，现已审理终结。

上诉人朱屋村民小组上诉请求：撤销一审裁定，指令一审法院进行实体审理；一、二审诉讼费用由朱某通承担。事实和理由：一审法院认定本案违反"一事不再理"原则驳回起诉，属于适用法律错误，本案与（2019）粤1881民初1089号案件的诉讼请求不同。（2019）粤1881民初1089号案件系环境侵权补偿性赔偿之诉，本案是根据《中华人民共和国民法典》第一千二百三十二条提起的环境侵权惩罚性赔偿之诉。环境侵权惩罚性赔偿之诉是在满足环境侵权补偿性赔偿的基础上，结合侵权人是否存在故意、是否实施不法行为及该行为是否产生严重后果的情况加以确定，故上述两类案件属于相互关联，但又具有明显区别。一审法院混同上述两类案件，忽视两者不同之处。综上，朱屋村民小组系基于不同制度提出的不同诉讼请求，不符合《最高人民法院关于适用〈中华人民共和国民事诉讼法〉的解释》第二百四十七条之规定，请求法院撤销一审裁定。

朱某通未提交书面答辩意见。

朱屋村民小组向一审法院起诉请求：1. 朱某通支付朱屋村民小组1,318,800元的惩罚性赔偿金;2.本案诉讼费用由朱某通负担。

一审法院认定事实:英德市顺之英选矿厂系个人独资企业,已注销。一审法院已生效的(2019)粤1881民初1089号案件判决对朱某通、英德市顺之英选矿厂对污染朱屋村民小组土地做出了如下评定:根据《中华人民共和国侵权责任法》第六十五条规定,因污染环境造成损害的,污染者应当承担侵权责任。由此可见,污染环境的行为造成了损害,污染者就应当承担赔偿责任,不必以违反国家规定的排污标准为前提,即承担无过错责任,即使英德市顺之英选矿厂提供相应的证据证实其是依法成立的企业,相关立项及环保要求均符合法律规定。但在本案中,朱屋村民小组15.7亩土地位于属于英德市顺之英选矿厂占地范围内,因多种重金属严重污染林地而致土地无法复绿,即存在损害结果。而侵权责任法同时规定,因环境污染发生纠纷,污染者应当就法律规定的不承担责任或者减轻责任的情形及行为与损害结果之间不存在因果关系承担举证责任,而英德市顺之英选矿厂未能提供上述证据,应承担举证不能的后果。同时一审法院结合朱屋村民小组变更后的诉讼请求,在庭审后近一年的时间里,给予了朱某通、英德市顺之英选矿厂时间修复土地、进行复绿。后经一审法院现场查看,朱某通、英德市顺之英选矿厂矿场所占用用地范围内未进行有效绿化,进一步证明了涉案土地存在污染的事实。故一审法院推定朱屋村民小组土地重金属污染与英德市顺之英选矿厂排污存在因果关系,英德市顺之英选矿厂应赔偿朱屋村民小组的损失;关于朱屋村民小组涉案土地赔偿数额问题。由于涉案土地属于重金属污染,其治理难度较大,土地土壤若要恢复至正常的种植水平则需要较长的时间,且被污染的土地早已停止种植林木,故涉案受污染的土地已处于一种半灭失状态。因此,根据《环境侵权司法解释》第十三条关于"人民法院应当根据被侵权人的诉讼请求以及具体案情,合理判定污染者承担停止侵害、排除妨碍、消除危险、恢复原状、赔礼道歉、赔偿损失等民事责任"的规定,一审法院结合朱屋村民小组的诉讼请求、受污染土地的损害程度和朱屋村民小组的生活经济情况等因素,参照英德市人民政府制定的征地补偿标准(英德市东华镇的林地征地补偿标准为九类,即每亩12,000元),酌情确定朱某通、英德市顺之英选矿厂需承担按上述标准计算所得的数额的70%的赔偿责任,即朱某通、英德市顺之英选矿厂需一次性赔偿朱屋村民小组土地污染损害费用131,880元(12,000元/亩×15.7亩×70%)。鉴于英德市顺之英选矿厂系个人独资企业,其解散后,原投资人对个人独资企业存续期间的债务仍应承担偿还责任,故应由其原投资人朱某通承担赔偿责任。故一审法院作出了如下判决:一、朱某通于判决生效之日起三日内赔偿朱屋村民小组131,880元;二、驳回朱屋村民小组的其他诉讼请求。朱某通现已履行了上述赔偿义务。

一审法院认为,朱屋村民小组起诉违反了民事诉讼一事不再理原则,应予驳回朱屋村民小组的起诉。理由如下:朱屋村民小组此次起诉,当事人相同,虽然在(2019)粤1881民初1089号案件存在英德市顺之英选矿厂作为被告的情形,但一审法院在作出上述判决时英德市顺之英选矿厂已注销。本案中的诉讼当事人与(2019)粤1881民初1089号案件并无实质区别;其次朱屋村民小组提起本案诉讼,是基于英德市顺之英选矿厂存在污染朱屋村民小组土地的事实,与(2019)粤1881民初1089号案件基于同一事实,且上述判决作出后亦未出现新的事实;虽然朱屋村民小组在本案中提出了惩罚性赔偿,但其实质上仍属于损害赔偿的范围,与(2019)粤1881民初1089号案件诉讼请求仅是数额的不同,实质上涉及的诉讼标的是相同的。综上所述,依照《中华人民共和国民事诉讼法》第一百二十四条、《最高人民法院关于适用〈中华人民共和国民事诉讼法〉的解释》第二百四十七条的规定,一审法院于2021年4月30日裁定如下:驳回朱屋村民小组的起诉。一审案件受理费8334.6元,由一审法院予以退回给朱屋村民小组。

经审理查明,一审法院查明的事实属实,本院予以确认。

本院认为,本案的争议焦点是朱屋村民小组的本案起诉是否构成重复起诉。

《最高人民法院关于适用〈中华人民共和国民事诉讼法〉的解释》对民事诉讼"一事不再理"原则的判断标准及例外情形作出了明确规定。其中第二百四十七条规定:"当事人就已经提起诉讼的事项在诉讼过程中或者裁判生效后再次起诉,同时符合下列条件的,构成重复起诉:(一)后诉与前诉的当事人相同;(二)后诉与前诉的诉讼标的相同;(三)后诉与前诉的诉讼请求相同,或者后诉的诉讼请求实质上否定前诉裁判结果。当事人重复起诉的,裁定不予受理;已经受理的,裁定驳回起诉,但法律、司法解释另有规定的除外。"第二百四十八条规定:"裁判发生法律效力后,发生新的事实,当事人再次提起诉讼的,人民法院应当依法受理。"经查,联系(2019)粤1881号案件来看,本案是在前案的基础上增加提出惩罚性赔偿请求。两案的当事人相同,诉讼标的均为同一污染行为引起的侵权损害赔偿请求权;虽然本案的诉讼请求是惩罚性赔偿,前案的诉讼请求是填补性赔偿,两者具体权利内容不一,但均为侵权损害赔偿请求权的组成部分,实质仍属于相同的诉讼请求,据此,一审裁定认定朱屋村民小组本案起诉构成重复起诉,并无不当。本院同时注意到,朱屋村民小组是在《中华人民共和国民法典》实施之后对已经造成损害后果的环境侵权行为提出惩罚性赔偿请求,但因《民法典》对污染环境、破坏生态行为进行惩罚性赔偿的规定突破了当事人原有的合理预期,并不具有溯及力,故此种情形下的法律变更并不构成前案裁判生效后出现的新事实,不符合前述司法解释规定的重复起诉的例外情形。

综上所述，朱屋村民小组的上诉理由不成立，本院不予支持。依照《中华人民共和国民事诉讼法》第一百六十九条第一款、第一百七十条第一款第一项、第一百七十一条以及《最高人民法院关于适用〈中华人民共和国民事诉讼法〉的解释》第三百三十三条第一项的规定，裁定如下：

驳回上诉，维持原裁定。

本裁定为终审裁定。

审 判 长　林士嵛
审 判 员　罗立兵
审 判 员　刘永戈
二〇二一年七月二十六日
法官助理　郭璨叶
书 记 员　朱嘉轩

四川省乐山市中级人民法院
民事判决书

（2021）川 11 民终 357 号

上诉人（原审原告）：张某丽，女，1975 年 8 月 13 日出生，汉族，农村居民，住四川省乐山市沙湾区。

委托诉讼代理人：冯某文，男，住四川省乐山市沙湾区，系四川省乐山市沙湾区嘉农镇某村民委员会推荐。

上诉人（原审原告）：张某清，男，1945 年 11 月 30 日出生，汉族，农村居民，住四川省乐山市沙湾区。

委托诉讼代理人：冯某文，男，住四川省乐山市沙湾区，系四川省乐山市沙湾区某村民委员会推荐。

上诉人（原审被告）：四川长鑫管业有限公司，住所地：四川省乐山市沙湾区嘉农镇燎原村 4 组。

法定代表人：李袁丽，执行董事。

委托诉讼代理人:尹力坤,女,该公司行政主管。

委托诉讼代理人:庞思杰,四川金顶律师事务所律师。

上诉人张某丽、张某清因与上诉人四川长鑫管业有限公司(以下简称长鑫公司)环境污染责任纠纷一案,不服四川省乐山市沙湾区人民法院(2020)川1111民初558号民事判决,向本院提起上诉。本院于2021年2月24日立案后,依法组成合议庭,于2021年5月8日公开开庭进行了审理。上诉人张某丽及其与张某清共同的委托诉讼代理人冯某文,上诉人长鑫公司的委托诉讼代理人尹力坤、庞思杰到庭参加诉讼。本案现已审理终结。

张某丽、张某清上诉请求:1.撤销一审判决;2.依法改判支持张某丽、张某清一审的诉讼请求;3.由长鑫公司承担一审、二审诉讼费和律师代理费。事实和理由:一、一审判决适用法律错误。1.本案应适用《中华人民共和国民法典》(以下简称《民法典》)第一千一百八十四条的规定,按照损失产生时的市场价格或其他合理方式计算财产损失。本案中,张某丽、张某清产生损失的时间为2019年8月,应以此时间作为确定损失标准的时间。而中药材天地网并非权威网站,白芨的价格不能按照中药材天地网单独确定的价格计算,应参照多个网站发布的价格平均进行计算。张某丽、张某清已提供了百度资料、各个网站价格标准、白芨种植户的书面证言,已证明白芨的产量和单价。而2019年8月白芨的市场价格属于众所周知的事实,张某丽、张某清也无须举证证明该主张。二、一审判决计算损失的标准错误。长鑫公司在2018年5月21日即因暴雨致乳化液泄漏而使周边农田40.32亩受污染,其已进行了赔偿。长鑫公司在2019年8月3日、6日、16日、29日,2010年1月8日,2020年4月进行排污,其中,2019年8月就进行了4次排污,每次均排污数小时,经政府有关监督部门进行现场处理共5次之多。长鑫公司每次排污量不少于数十立方米,其行为已违反国家规定,造成生态环境损害,张某丽、张某清有权依照《民法典》第一千二百三十二条的规定主张惩罚性赔偿。长鑫公司应赔偿生态环境受到损害至修复完成期间服务功能丧失导致的损失以及清除污染修复生态环境的费用。

长鑫公司辩称,1.本案所涉的法律事实是在《民法典》施行前发生,应当适用《中华人民共和国侵权责任法》《最高人民法院关于审理环境侵权责任纠纷案件适用法律若干问题的解释》,而非适用《民法典》,故张某丽、张某清不能据此主张惩罚性赔偿。2.根据本案的事实,白芨种植时间是2018年3月,品种是三年成熟,即白芨在2021年成熟。张某丽、张某清主张的侵害发生时即2019年8月6日,案涉白芨仅种植一年左右,没有较大的价值,其以白芨成熟后的收获价值作为诉请主张权利,故案涉白芨损失不应当按照2019年的市场价格标准予以计算,一审法院以白芨成熟时的市场价格作为计算损失的基数并无不当。3. 案涉白芨的市场价格并非法律规定的众所周知的事实,根据“谁主张,谁举证”原则,张某丽、张某清提出长鑫公司应赔偿250,000元的主张,应提供证据予以证明。一审法院已向张某丽、张某清释明应对损失金额进行鉴定,二人不予鉴定,应承担举证不能的不利后果。一审法院以白芨生长最理想的状态确定其收获的数量,以具有较大权威性的中药材天地网上关于白芨的平均价作为计算基数,确定张某丽、张某清所受损失,该计算方式对张某丽、张某清有利。长鑫公司本着解决矛盾的出发点,对这一计算方式未提出异议,但一审法院未扣除2019年8月到白芨成熟期间,张某丽、张某清应投入的人工、施肥、除草等成本,并且未考虑乳化液泄漏系因暴雨因素并非主动排污的原因,未免除长鑫公司应承担责任的处理不当,应予纠正。综上,张某丽、张某清拒绝对本案损失进行鉴定,也未提供证明其损失的有效证据,二人主张的经济损失缺乏事实依据,请求法院依法驳回其上诉请求。

长鑫公司上诉请求:1. 撤销一审判决第一项;2. 依法改判长鑫公司赔偿损失19,906.7元;3. 本案诉讼费由张某丽、张某清承担。事实和理由:一、一审认定事实错误。1. 一审判决仅凭张某丽、张某清的单方陈述就认定张某丽及其管理人是在2020年3月才放弃白芨管理的认定错误。根据本案事实,张某丽、张某清在2019年8月6日后就放弃了对案涉白芨的管理。2. 张从伦于2020年7月30日出具的《证明》属于证人证言,其未出庭,该证据不应被采信。二、一审未考虑白芨死苗率和田间管理的各项成本导致判决错误。1. 一审判决未考虑张某丽、张某清种植白芨的死苗率。根据长鑫公司提供的网上资料显示,白芨死苗率在50%以上,故张某丽、张某清最多能收获3000斤鲜白芨,收获666.67斤干货,以2021年1月的市场价格进行计算,张某丽、张某清的损失最多为28,333.33元。2. 根据中药材种苗网上介绍,一亩白芨施肥需15个工,采收需10个工,按80元每个工计算,一亩白芨每年施肥两次,一次施肥200元,加上200元除草剂,按此计算,1.5亩白芨需11.25个工,采收需15个工,共计成本2100元,除草剂900元,1.5年需1350元,共计成本3450元需予以扣除。三、本案损失系暴雨所致,属于不可抗力。虽然长鑫公司在2018年夏季已发生过乳化液泄漏,但不能据此认定长鑫公司未按《建设项目环境影响报告表》的要求履行义务。2019年8月6日发生泄漏的是生产的循环水池里的乳化液,其根本原因是长鑫公司厂外的沟渠不合理,污水厂外的检查口及红猫堰堵塞所致。长鑫公司曾因2018年乳化液泄漏事件要求政府等整治沟渠但均未果,对乳化液泄漏没有主观故意。本次泄漏亦属于不可抗力,请求法院减轻长鑫公司20%的赔偿责任。

张某丽、张某清辩称,长鑫公司要求扣除相应费用的请求不合理,本案也不属于不可抗力,应驳回长鑫公司的上诉。

张某丽、张某清向一审法院起诉请求:1. 长鑫公司赔偿张某丽、张某清造成的经济损失 250,000 元;2. 长鑫公司支付张某丽、张某清代理费 5000 元;3. 长鑫公司承担本案诉讼费用。

一审法院认定事实:张某丽系张某清的女儿,二人均系乐山市沙湾区××镇××村××组的村民,在该集体经济组织享有土地承包权。张某丽在沙湾区××镇××村××组享有承包地,承包权证书为乐沙府农地承包权证(2017)第 017947 号,土地登记面积 0.92 亩,张某清承包权证为乐沙府农地承包权证(2017)第 017966 号,土地登记面积 1.1 亩。张某丽于 2018 年 3 月在其承包地及父亲张某清的承包地里种了共 1.5 亩 12,000 株白芨,由二人的委托诉讼代理人冯家文(系张某丽的公公)负责管理。2019 年 8 月 6 日,因突发暴雨,长鑫公司厂区内储存的乳化液溢流出厂,进入厂区外排水渠,并导致玉龙村四组(原燎原村 4 组)多数村民低洼地处土地被淹,并漫进张某丽所种白芨地里。张某丽所种植白芨共 12,000 株,品种是当地白芨,为三年熟。2019 年 8 月 6 日后,张某丽所种白芨死亡了大部分。在 2020 年 3 月后,张某丽及其管理人放弃管理。一审法院在审理过程中,于 2020 年 11 月到张某丽、张某清白芨种植现场勘察发现,其种植的白芨已几乎全部死亡,只残存极少株数。

另查明,长鑫公司是一家黑色金属冶炼和压延加工制造企业,主要经营不锈钢板材、管材、压力管道用不锈钢管材、管件、波纹管及制品加工、销售。公司成立于 2010 年 1 月 25 日,于 2014 年 1 月 23 日由原名称"四川华鑫不锈钢有限公司"变更为现名"四川长鑫管业有限公司"。在 2010 年 1 月原"四川华鑫不锈钢有限公司"报批的不锈钢冷轧制品生产线的《建设项目环境影响报告表》的"污染物排放及治理"部分载明:营运期污染物排放及治理的"水污染物排放及治理中"列明,本项目主要在四个环节产生废水,第一个环节就是"乳化液补充用水"。该部分介绍写到:为了消除带钢冷轧时产生的变形热,需用乳化液进行冷却和润滑,乳化液主要是由 2% ~10% 的轧制油、乳化剂和水组成,循环使用,但长期使用后将老化变质,由此产生废乳液和含乳化液及油的冷轧废水,该废水平时不排放,冷轧液每年全部更新一次,该乳化液作为危险废物,委托有资质的危废处理单位进行处理,不外排。在"固体废弃物排放及治理"部分载明:固体废弃物主要包括一般废物和危险废物,乳化液就属于危险废物,每年更换一次,更换的乳化液交由有资质的危废处理单位进行回收处理,并用黑体字重点写到:本项目产生的危废如废油、废乳化液等收集后采用塑料桶进行暂时存放,本环评要求本项目业主在固体废物储存过程中,严禁将一般废物、危险废物随意露天堆放,其收集桶或箱的放置场所要进行防渗防漏处理,尤其是危险废物的暂时收集场所需设置明显标识牌,做好防渗防漏防雨处理,对固废堆场加装雨水遮棚、围挡,对地面进行硬化。2018 年 5 月 21 日,长鑫公司厂区的乳化液因暴雨外泄,造成附近沙湾区、市中区部分农田被污染,沙湾区环保局、市中区环保局、沙湾区嘉农镇政府、市中区罗汉镇政府、沙湾区不锈钢产业园区管委会、受污染村委会及长鑫公司于 2018 年 6 月 1 日召开赔偿协调会,对相关赔偿及后续事宜进行了处理。

一审法院认为,本案的争议焦点为以下几点:一、张某丽、张某清是否为实际被侵权人。庭审已查明,张某丽是本案受损白芨的实际种植者,张某清并没有参与白芨的出资、种植、管理,张某丽是借用其父亲张某清的承包地进行种植。本案中张某丽、张某清要求的是对所种植白芨的损失进行赔偿,因此白芨的实际种植者才是本案的实际被侵权人。张某清对白芨受损没有赔偿请求权,故张某清不是本案的适格原告。

二、长鑫公司厂区内的乳化液是否进入张某丽种植白芨的土地及张某丽的白芨死亡与长鑫公司的乳化液外泄有无因果关系。

根据现有证据、现场勘查、证据规则,结合庭审查明情况,综合分析,该院认定含有长鑫公司乳化液的外泄洪水进入了张某丽种植的土地,其白芨死亡与长鑫公司的乳化液外泄存在法律上的因果关系。其理由如下:首先,张某丽提交的乐山市沙湾区嘉农镇人民政府、四川乐山沙湾经济开发区管理委员会共同出具的情况说明、乐山市沙湾区嘉农镇玉龙村村民委员会出具的证明、沙湾区嘉农镇玉龙村四组组长张从伦出具的证明分别载明:2019 年 8 月 6 日长鑫公司因暴雨原因造成厂内乳化液溢流出厂,影响周边居民所种植的农作物;2019 年 8 月 6 日,嘉农镇区域内突发暴雨,导致玉龙村四组(原燎原村 4 组)多数村低洼处土地被淹没;我组村民张某丽种植的药材白芨,因 2019 年 8 月 6 日突发暴雨导致长鑫公司的乳化液泄漏随着洪水漫进张某丽白芨地,至今该地还没恢复种植。同时,张某丽还提交了大量暴雨后乳化液外泄入沟渠、周边土地被淹、白芨地进水的照片。上述几份证明及照片能相互印证,证明张某丽种植白芨的土地被淹的基本事实。其次,该院受理该案后,到长鑫公司厂区的乳化液储存池、厂区排污通道、附近沟渠、张某丽白芨地等现场进行了走访勘察,查明张某丽种植白芨的土地距离长鑫公司厂区排污口 300 米以内。长鑫公司厂区内的乳化液储存池因暴雨外溢,从厂区的排水沟流进附近沟渠,并溢出沟渠致附近农用地被淹,从张某丽土地离长鑫公司厂区的距离、从长鑫公司土地离沟渠的距离,从现场走访时附近部分农民的口头反映来看,在张某丽土地被淹属实的前提下,结合长鑫公司环评报告中所载明的乳化液的属性、特征、储存方式、危废处理方式及应做好防水防漏防雨处理等注意事项来综合判断,长鑫公司厂区内乳化液随洪水外泄至张某丽白芨地并造成污染的可能性是存在的。第三,根据《最高人民法院关于审理环境侵权责任纠纷案件适用法律若干问题的解释》第六条的规定,"被侵权人根据民法典第七编第七章的规定请求赔偿的,应当提供证明以下事实的证据材料:(一)侵权人排放了污染物或者破坏了生态;(二)被侵权人的损害;(三)侵权人排放的污染物或者其次生污染物、破坏生态行为与损害之间具有关联性"。本案中,张某丽作为被侵权人已提交了长鑫公司乳化液外泄、张某丽白芨受损、长鑫公司排放的乳化液与损害之间具有关联性的证据,张某丽就此事实的举证责任已完成。按照《民法典》第一千二百三十条的规定,因污染环境、破坏生态发生纠纷,行为人应当就法律规定的不承担责任或者减轻责任的情形及其行为与损害之间不存在因果关系承担举证责任。因此,长鑫公司对其乳化液外泄与张某丽白芨死亡不存在因果关系应当承担举证责任。审理中,长鑫公司向一审法院申请了对张某丽所种植的白芨死亡与长鑫公司于2019年8月6日排放的乳化液之间是否具有因果关系进行司法鉴定,具体鉴定事项为张某丽的土地里是否含有乳化液成分、其所种植白芨的死亡是否是乳化液所造成的。该院组织双方选取了鉴定机构,鉴定机构也到现场进行了采样工作,但长鑫公司未按鉴定机构和法院的通知交纳鉴定费。根据《最高人民法院关于民事诉讼证据的若干规定》(2019年10月14日修正)第三十一条的规定,当事人申请鉴定,应当在人民法院指定期间内提出,并预交鉴定费用。逾期不提出申请或者不预交鉴定费用的,视为放弃申请。对需要鉴定的待证事实负有举证责任的当事人,在人民法院指定期间内无正当理由不提出鉴定申请或者不预交鉴定费用,或者拒不提供相关材料,致使待证事实无法查明的,应当承担举证不能的法律后果。由于长鑫公司逾期不交纳鉴定费用,经该院提醒并释明后,长鑫公司仍明确表态不交纳鉴定费,并愿意承担相应的法律后果。因此,长鑫公司应对其放弃鉴定承担不利的法律后果,该院依法确认长鑫公司的乳化液外泄与张某丽白芨死亡存在法律上的因果关系。

三、张某丽的实际损失有多少及张某丽诉请的金额有无事实和法律依据。张某丽主张其白芨损失为250,000元,并在庭审中陈述该250,000元的计算方式为:"一亩地可以种植8000株白芨,我们是1.5亩地就是12,000株,成熟后一株的成果有0.5斤,市场价是160元/公斤,共计应该收获480,000元,我只要求250,000元。"针对张某丽的损失问题,其有责任举证证明其实际损失为多少、损失金额是如何计算的,并提交相应依据。由于张某丽主张的损失金额系估算,一审法院向张某丽释明其可以申请对损失金额进行司法鉴定,但其明确表态不申请司法鉴定,要求按市场价格依法进行计算。长鑫公司虽然表示张某丽应当对损失金额进行鉴定,否则应当承担举证不能的后果,但长鑫公司也表示即使按市场价格计算,也应该按相对官方的权威网站的数据进行计算,并建议按中药材天地网的市场价格进行计算。由于本案涉及专业性强、事发时间长、双方矛盾大。一审法院在审理过程中一方面通过多方力量组织双方调解,但终因双方差距太大未能达成调解。另一方面又多次向环保部门、农业部门、中药材协会、供销部门等有关专业人士咨询了解相关信息,结合网络查询资料,得出:白芨是兰科、白芨属地生草本植物,分布于中国陕西南部、甘肃东南部、江苏、安徽、四川等地,生于海拔100~3200米。白芨的块茎具有消毒止血及预防伤口感染等功效,花为紫红或粉红色,三至五年熟,喜沙壤土,不能太湿。要做好排水,也不能太晒,要做好防晒遮阴,一亩地最多可栽种1万株,一株白芨幼苗一般能发出2~3个支芽,成熟后一个茎块产鲜货1~2两,一株白芨最多产鲜货6两。张某丽诉称其种植了1.5亩共12,000株白芨,如果成熟后,一株白芨的成果有0.5斤,其陈述的亩数、株数、如果成熟后的鲜货斤数,符合该院向专业人士了解的数据,可以作为计算损失的参考依据。同时,上述专业人士也向该院推荐查询中药材天地网。该院通过查询得知:中药材天地网是集"中药材商品市场信息采集与分析、中药材信息资讯与咨询、中药材商品网上交易和线下撮合"为一体的最大行业信息及电子商务平台,该网站收集了1990年至今的1000余种中药材价格变化史,是业内最大的网上药材交易中心,是中国权威的药材信息中心,中药材传统交易方式主要集中在安徽亳州、河北安国、四川成都、广西玉林、甘肃陇西。通过该网站查询,白芨的平均折干率(鲜货与干货的比率)为4.5,即4.5斤鲜货能出1斤干货。张某丽、张某清诉称如果其种植的白芨成熟应为6000斤,按此折干率计算6000斤鲜货可出1333.33斤干货。通过该网站查询,以成都荷花池统个西南地区为条件,2017年1月白芨(中药材)的价格为850元/公斤,而2020年12月白芨(中药材)的价格仅为85元/公斤,2021年1月仍保持在85元/公斤。一审法院在该网站还查询到以下几篇文章,可用作分析解读近几年白芨价格变化的情况及原因等,其中,2018年9月28日的天地网讯《一线直击:千元白芨一落千丈,如今价格恐跌破200元大关》中载明:白芨价格暴跌,白芨产新价滑,白芨苗销售依然不减,而干品价格下滑明显,统货价格200元/公斤,恐跌破200元大关,并分析了具体原因,表达白芨高价一去不复返。目前白芨供大于求,价格再次上涨高价几乎不可能。在2018年12月21日天地网讯《天地网年度盘点系列:2018年国内药市10大跌价品种》文章里载明:白芨是全年跌幅最大的品种,以统个西南为规格,白芨从2018年1月1日的600元/公斤到2018年12月13日的130元/公斤,暴跌78.33%,且分析称白芨供大于求,价格再次涨高价已经不可能。在2020年9月4日天地网讯《白芨临近产新,后期价格恐难走出低谷》的文章中载明:白芨是中药材市场典型的因野生资源短缺导致价格疯涨,家种成功后又将行情打回原形的品种,2022年价格已降至仅有前几年最高峰时的10%左右。张某丽于2018年3月种植白芨，按其所称为三年熟，则应在2021年春夏成熟，虽然张某丽的白芨在2019年8月被长鑫公司的乳化液污染造成损害，但在污染损害发生时，张某丽的白芨还只是幼苗，不具有市场价值，其要求按2019年的市场价格计算不符合事实。参照中药材天地网上的市场价格及上述文章分析，计算张某丽白芨损失应以白芨成熟的相当时期为准，参照中药材天地网2021年1月的价格85元/公斤（42.5元/斤）计算，张某丽的白芨损失，按最理想的状态可计算为：1333.33斤×42.5元/斤=56,666.53元。庭审中，张某丽称160元/公斤是按鲜货的重量来计算，这种说法与该院从相关业内人士了解到的中药材天地网站上相关文章、价格报表等所反映的事实不符，中药材天地网上的价格是以中药材干货、统货、公斤数来计量的。因此，张某丽的计算方法存在误差。按上述方法计算，张某丽的白芨若自然成熟，以判决时的2021年1月为时间节点计算，在最理想的状态下，其白芨损失可确定为56,666.53元。

四、长鑫公司对张某丽的损失应承担多大的责任及张某丽对自己的损失有无责任。庭审中，长鑫公司辩称暴雨致乳化液外泄是自然灾害，属不可抗力，长鑫公司没有过错，不应承担责任，即便其要承担责任，对于张某丽疏于管理导致的扩大损失部分，也不应承担责任。该院认为，按《民法典》第一千二百二十九条和第一千二百三十条的规定，因污染环境、破坏生态造成他人损害的，侵权人应当承担侵权责任。因污染环境、破坏生态发生纠纷，行为人应当就法律规定的不承担责任或者减轻责任的情形及其行为与损害之间不存在因果关系承担举证责任。环境污染责任纠纷适用的归责原则是无过错责任制，且侵权人应当就法律规定的不承担责任或减轻责任的情形及其行为与损害之间不存在因果关系承担举证责任。本案中，长鑫公司的乳化液外泄虽有突发暴雨的因素，但不能将当天的突发暴雨确定为不可抗力。不可抗力是指不能预见、不能避免且不能克服的客观情况，不可抗力作为免责规则，必须是损害与后果发生的唯一因素。庭审查明，长鑫公司乳化液外泄不只在2019年雨季发生，在2018年夏季已发生过并对下游沙湾区、市中区的农田造成污染并进行了赔偿。可见，虽然当天暴雨是不可预见、不能避免、不能克服的因素，但若长鑫公司做好其工厂乳化液储存池的设计，做好危险废物收集场地的防雨处理，做好工厂排污通道的环保规划，暴雨导致其乳化液外泄的情况是可以避免的。长鑫公司以暴雨为不可抗力不承担责任的辩称不符合法律规定。对于长鑫公司称张某丽因疏于管理导致损失扩大部分不予赔偿的辩称，前面已详细分析白芨的有关情况，白芨是一种中药材，张某丽种植白芨的目的是用于作为治病救人的药材出售，在日常管理上应按药材种植规范（包括施肥、除病虫害）来操作，由于张某丽所种白芨已被污染，就算其再按此前的方法管理并育苗成功、成功销售，该原材料作为治病救人的中药材是存在一定安全隐患的，不符合相关法律法规，也不符合公序良俗。因此，张某丽虽然可能存在疏于管理导致损失扩大，但考虑白芨的药材属性及本案的其他综合情况，一审法院对张某丽疏于管理可能造成的损失扩大部分，不作为长鑫公司应当减轻责任的情形，对其辩称不予采纳。

五、张某丽主张的委托代理费用5000元有无事实和法律依据。张某丽委托冯某文为本案诉讼代理人，系公民之间的委托代理，依照《中华人民共和国民事诉讼法》的规定，其可以委托其所在社区推荐的公民作为诉讼代理人，但张某丽并没有提交其支付5000元代理费的任何证据，因此张某丽要求长鑫公司支付该笔费用的诉讼请求，该院不予支持。

综上所述，一审法院依照《民法典》第一千二百二十九条、第一千二百三十条，《最高人民法院关于审理环境侵权责任纠纷案件适用法律若干问题的解释》第一条第一款、第十五条、第十八条，《中华人民共和国民事诉讼法》第六十四条，《最高人民法院关于民事诉讼证据的若干规定》第三十一条规定，判决：一、四川长鑫管业有限公司于本判决生效后十五日内支付张某丽白芨损失费56，666.53元；二、驳回张某丽的其他诉讼请求；三、驳回张某清的全部诉讼请求。一审案件受理费5050.00元，由张某丽、张某清负担2525.00元（已交），由四川长鑫管业有限公司负担2525.00元（在本判决生效后七日内向一审法院交纳）。

在二审中，张某丽、张某清提交了以下证据：1.通过百度提问种植两年的白芨一亩能产多少斤鲜品的“百度知道”，拟证明种植两年的白芨一亩大约能产1500～4000斤鲜品；2.沙湾镇二峨山村七组村民张某荣、徐某洲、王某明、李某明四人出具的证明，拟证明张某荣四人在2017年前种植的白芨，白芨生长至两年时每株的产量为1斤以上；3.张某丽、张某清对白芨产量、市场价格以及一审判决的书面意见，拟证明长鑫公司二审陈述不是事实。

长鑫公司质证意见：张某丽、张某清提供的证据1源于“百度知道”，该答题人的身份及权威性无法核实，且答案针对的是种植两年而非三年熟的白芨，其产量跨度大，证据的真实性无法确认，且与本案无关，不予认可。证据2系证人证言，4名证人未到庭作证，其书面证言不应被采信。4名证人是否种植过白芨的事实不明，即使4人种植过白芨，其种植的情况也发生在2017年前，4人种植的情况不能代表张某丽的种植情况，对该证据不予认可。证据3系张某丽、张某清的单方陈述，不能作为证据使用，对该证据不予认可。

长鑫公司提供了以下证据：中药材天地网《种植中药材，一亩能赚十万元？白及（芨）种植风险高》的文章，农村致富网《白芨的种植风险》的文章，黔农网《白芨一亩要多少种苗》的文章，农人养殖网《白芨种植有哪些风险》的文章，中药材种苗网《种植一亩白芨需要投入多少成本》的文章，拟证明白芨种植有50%的死苗率，种植白芨需5个工，施肥、除草需15个工，采收需10个工，按每个工80元计算，需成本2400元，该成本应予扣除。

张某丽、张某清质证意见：张某丽、张某清已派专人对白芨进行管理，若有白芨死亡的情形可进行补种；张某丽、张某清未主张种植白芨的成本，主张计算损失也是以2019年8月的标准予以计算，不存在2019年之后的管理成本、收获成本的问题，对以上证据均有异议。

本院认证：张某丽、张某清提供的证据1虽源于"百度知道"，但与本院咨询中药材协会的意见基本一致，本院对该证据予以采信。证据2系证人证言，张某丽、张某清未申请证人到庭作证，依照《最高人民法院关于民事诉讼证据的若干规定》（2019年10月14日修正）第六十八条关于"无正当理由未出庭的证人以书面等方式提供的证言，不得作为认定案件事实的根据"的规定，证人无正当理由未申请证人出庭，其证言不能作为认定事实的根据。同时，根据证据2的书面证言显示，证人系2017年之前在二峨山村种植的白芨，其种植时间、地点均与案涉白芨不同，且证言并无其他证据予以印证，不能证明证言的真实性。根据证人的陈述，一株白芨生长2年约产鲜品1斤，结合张某丽、张某清关于1亩种植8000株白芨的陈述，得出的1亩能产8000斤鲜品的结论也与证据1不符。故证据2在证据形式上不符合法律规定，在证据内容上与张某丽、张某清提供的其他证据不符，本院对该证据不予采信。证据3系张某丽、张某清的陈述，其虽系证据，但其陈述是否属实需有其他证据予以印证，且对其主张是否支持的陈述，亦属本案的争议焦点，本院将在判决说理部分予以阐述。长鑫公司提供的证据均源于各个网站，该证据关于白芨死苗率的结论并无其他证据予以印证，关于白芨管理成本、收获成本的结论与本院咨询中药材协会的意见基本一致，本院对涉及白芨管理成本的事实予以确认。

本院经审理查明：根据本院咨询沙湾区中药材协会的会长的意见，其认为：1. 白芨受污染后死亡率很高。2. 一亩土地能栽种8000～10,000株白芨，每株最多能发3株，每株最大2两，但需栽种三年以上。3. 张某丽2018年3月种植的白芨至2019年8月6日时尚未成熟，虽然一株可能发了一至两株，但从药效来看是不能挖出进行变卖的。4. 白芨的市场价格可参照中药材天地网予以确定，该网站的价格系公司销售价且属于干货价格。5. 张某丽、张某清在二审提供的"百度知道"载明的"种植两年白芨一亩大约能产1500～4000斤鲜品"的内容基本属实；其提供的各个网站关于白芨价格的证据与市场价格有出入，网上为吸引客户会提供较高的价格；张某丽、张某清所在地理位置种植存活率不是特别高，种植白芨的死亡率未达到长鑫公司证据中的50%，若按周期栽种白芨可避免其死亡。长鑫公司提供的证据中关于种植一亩白芨需5个工，施肥、除草需15个工，采收需10个工，每个工80元；一亩白芨一年需施肥2次，一次200元的内容基本属实。

中药材天地网是集中药材商品市场信息采集与分析、中药材信息资讯与咨询、中药材商品网上交易和线下撮合为一体的最大行业信息及电子商务平台。该网站收集了1990年至今的1000余种中药材价格变化史，是业内最大的网上药材交易中心，是中国权威的药材信息中心。白芨的平均折干率（鲜货与干货的比率）为4.5，即4.5斤鲜货能出1斤干货。以成都荷花池统个西南地区为条件，2019年8月白芨（干货）的价格为145元/公斤。

本院对一审法院查明的其余事实予以确认。

本院认为，张某清对一审判决驳回其诉讼请求未提起上诉，本院予确认。

根据《最高人民法院关于适用〈中华人民共和国民法典〉时间效力的若干规定》第一条第二款“民法典施行前的法律事实引起的民事纠纷案件，适用当时的法律、司法解释的规定，但是法律、司法解释另有规定的除外”的规定，本案系《民法典》施行前的法律事实引起的民事纠纷案件，故均应适用《民法典》实施前的法律、司法解释。张某丽依据《民法典》第一千二百三十二条的规定要求长鑫公司承担惩罚性赔偿的请求与上述司法解释的规定相悖，本院对其该项请求不予支持。一审判决本案适用《民法典》不当，本院予以纠正。

根据《最高人民法院关于审理环境侵权责任纠纷案件适用法律若干问题的解释》（2015年6月3日施行）第六条关于“被侵权人根据侵权责任法第六十五条规定请求赔偿的，应当提供证明以下事实的证据材料：（一）污染者排放了污染物；（二）被侵权人的损害；（三）污染者排放的污染物或者其次生污染物与损害之间具有关联关系”的规定，被侵权人应就污染行为和损害事实以及污染行为与损害之间存在关联性举证。而关联性证据的证明标准应低于《中华人民共和国民事诉讼法》规定的一般盖然性的标准，被侵权人作为原告只需证明污染者的污染行为有可能造成损害即可。本案中，张某丽提供的嘉农镇人民政府和开发区出具的情况说明、照片、视频等证据，能够证明长鑫公司的乳化液于2018年8月6日随沟渠溢流出厂区漫到周围田地，张某丽种植白芨的承包地在沟渠流向的下游，承包地内有积水，其种植土地内的积水可能系受污染的沟渠水，且致其种植的白芨受损，故张某丽已提供了乳化液能造成白芨受损害的初步证据，其举证责任已完成。长鑫公司未提供乳化液溢流的行为与张某丽白芨受损无因果关系的证据，应承担举证不能的责任，依据《中华人民共和国侵权责任法》第六十五条“因污染环境造成损害的，污染者应承担侵权责任”的规定，长鑫公司应对张某丽的损失承担赔偿责任。

根据当事人的诉辩主张，本案的争议焦点为：一、张某丽的白芨损失金额应如何确定；二、本案是否因不可抗力致张某丽白芨受损，应否免除长鑫公司的部分责任；三、长鑫公司应否支付张某丽5000元诉讼代理费。

关于焦点一，张某丽的白芨损失金额应如何确定。1. 张某丽提出的赔偿主张是基于白芨收获后其应获利润的损失，该损失并非白芨受损的直接损失。受害人应当得到的利益因侵权行为的损害而未得到的损失属于间接损失即可得利益损失。若未发生侵权损害，该可得利益具有取得可能性，故间接损失同直接损失一样，是具体、客观存在的，而不是抽象的、主观臆想的，在确定间接损失时应当采取预见性标准予以限制。本案中，案涉损失属于白芨的收益损失，张某丽种植的白芨在发生侵权时已种植了1.5年，其在自然生存条件或人为创立的条件下，通过3年的自身生长完全能够产生孳息。因长鑫公司2019年8月6日的侵权行为导致白芨本体及生长环境均遭受破坏，其未来因此获得的孳息受损，该损失属于间接损失。2. 案涉白芨损失的数量应如何确定。张某丽确因案涉污染造成损害，其虽未申请对损失进行鉴定，但其提供的网上“百度知道”的资料与本院咨询专业人士的意见相符，即一亩白芨在两年内大约能产1500～4000斤鲜品；结合一审法院通过咨询专业人士、查询网络资料确定的，一亩白芨地最多可栽种10,000株，一株白芨幼苗一般能发出2～3个支芽，成熟后一个茎块产鲜货1～2两，一株白芨最多产鲜货6两，即一亩白芨最多能收获6000斤鲜品。综上，张某丽主张其1.5亩地产6000斤白芨鲜品符合客观规律和事实，应予确认。3. 案涉白芨损失的价格应如何确定。《中华人民共和国侵权责任法》第十九条规定，侵害他人财产的，财产损失应按照损失发生时的市场价格或其他方式计算。财产损害赔偿范围应以全部赔偿为原则，该全部赔偿包含了直接损失和间接损失的全部赔偿。第十九条规定的“市场价格”的计算方法是差额计算法，即损失＝原物价值－残存价值。(1)关于原物价值的问题。原物的价值应以市场价格为基数，而确定市场价格的时间应为损失发生时，地点应为损失结果发生地。因为以损失发生时的价格为标准进行计算，更符合填平损害的损害赔偿基本原理，符合当事人的可预见性或可归责性的法理；而以损失结果发生地的市场价格作为计算标准更能反映被侵权人所受的损失，也较为公平合理。虽然上述计算方法主要针对直接损失部分，案涉白芨损失属于自然孳息损失，但其计算损失仍涉及市场价格的时间、地点的确定问题，而《中华人民共和国侵权责任法》第十九条并未限制该财产损失的计算方式仅指直接损失，故依据该条确定的规则确定本案市场价格的时间、地点并未违背立法本意。而以侵权行为时、侵权结果所在地确定案涉白芨的间接损失，也未超出长鑫公司能预见到其可能因侵权行为应赔偿损失的范围。具体到本案，案涉白芨的损失应以2019年8月损害发生时，案涉白芨所在地的市场价格予以确定。本案中，张某丽虽提供了网上资料证明白芨的价格，但该网上价格的所在地主要在省外,以上网站是否具有权威性并无证据予以证明,且与本院咨询专业人士的意见不一致,其提供的证据不应采信。众所周知的事实是指一定区域内为具有一定知识经验的一般人共同知晓的常识性事实,比如重大节日、日常生活常识等,并不包括具有特定职业或地位的人知熟的事实。而白芨的市场价格问题属于特定职业人员知晓的专业问题,显然不属于一般人共同知晓的范畴,不属于众所周知的事实,张某丽提出白芨价格属于众所周知的事实,其不应举证的主张不符合法律规定,本院不予支持。因张某丽并未申请就白芨的损失进行鉴定,也未提供已采信的证据证明白芨的市场价格,基于张某丽确因长鑫公司的侵权行为受损的事实,若该损失仅因未举证而被驳回将有违公平公正的原则。而专业人士推荐的中药材天地网系集中药材商品市场信息采集与分析、中药材信息资讯与咨询收集等为一体的平台,该网站收集了1990年至今包括白芨在内的1000余种中药材价格的变化史,该网站以成都荷花池统个西南片区为条件确定的白芨历年收购价格,符合市场规律,可以作为认定案涉白芨市场价格的依据。中药材天地网确定的白芨价格为干货价格,白芨平均折干率为4.5,其在2019年8月平均价格为145元/公斤,结合张某丽的主张,本院确定白芨1.5亩产6000斤鲜品,折干为1333.33斤(6000斤×0.45),张某丽的白芨损失金额为:1333.33斤×72.5元/斤=96,666.43元。(2)残存价值问题。案涉承包地和白芨均受到乳化液的化学污染,白芨在2019年8月6日受损后,依照日常经验法则,受污染的白芨不应作为药材出售使用,受污染的土地在短期内也不适宜再种植药材进行出售,故应认定案涉土地内的白芨全部损毁,并无残存价值。根据前述分析,张某丽对白芨进行管理时间的确定对本案争议的事实没有影响,张某丽亦不存在不当扩大损失的问题。1.5亩白芨已全部损毁,在计算白芨损失时不应扣除残存价值。4.案涉白芨损失应否扣除种植成本。白芨种植收获必然会产生成本,因长鑫公司的侵权行为致该成本未实际发生,属于张某丽因侵权行为获得的利益,该利益应从白芨损失的总费用中予以扣除。根据本院咨询专业人员的意见,长鑫公司提出一亩白芨施肥、除草需15个工,采收需10个工,每个工80元;一亩白芨一年需施肥2次,一次200元的主张合理,本院对其该项主张予以支持。案涉白芨为3年熟,因张某丽在侵权行为前已支出了成本,故案涉成本的计算应从侵权行为发生后至白芨成熟时,本院确定为1.5年。张某丽种植白芨的成本计算为:施肥、除草需11.25个工(15个工×1.5亩÷3年×1.5年),计900元(11.25个工×80元);采收需15个工(10个工×1.5亩),计1200元(15个工×80元);肥料900元(200元×2次×1.5年×1.5亩),以上共计3000元,应予扣除,即张某丽的白芨损失为93,666.43元(96,666.43元-3000元)。因长鑫公司的人工成本已含了除草成本,故对其主张除草剂成本应予以扣除的请求不予支持。根据本院咨询专业人士的意见，虽然案涉白芨在2019年8月会发芽、结果，但其并无药用价值，也不能用于药材销售使用，故张某丽主张白芨在2019年8月即能收成，其无须支付其后成本费用的理由与白芨生产周期等事实不符，本院不予支持。5.案涉白芨损失应否考虑死亡率。长鑫公司提供白芨死亡率的证据并未被采信，其主张白芨死亡率没有事实依据。而案涉污染事故发生后，张某丽已提交了索赔申请，长鑫公司并未就白芨种植的株数等进行确定，张某丽关于白芨种植数量的主张已有初步证据予以证明，长鑫公司并未提供证明张某丽种植白芨死亡率的证据，本院对其该项主张不予支持。综上，长鑫公司应赔偿张某丽白芨损失93，666.43元。

关于焦点二，本案是否因不可抗力致张某丽白芨受损，应否免除长鑫公司的部分责任。《中华人民共和国民法通则》第一百五十三条规定："……本法所称的'不可抗力'是指不能预见、不能避免并不能克服的客观情况。"不可抗力作为民事责任的免责事由，必须是在不可抗力作为损害后果发生的唯一原因时方可成立。本案中，虽然案涉侵权发生时天降暴雨，但长鑫公司在本次侵权发生之前的2018年也因暴雨导致了乳化液泄漏，长鑫公司已能预见暴雨可能会造成乳化液泄漏的后果，应采取积极措施避免乳化液泄漏的再次发生，长鑫公司并未提供证明其已采取措施仍不能避免乳化液泄漏的证据，不能认定天降暴雨系乳化液外泄的唯一原因，本次污染不属于不可抗力所致损害，长鑫公司主张案涉损害属于不可抗力，其应部分免责的主张与事实和法律规定不符，本院对此不予支持。

关于焦点三，长鑫公司应否支付张某丽5000元诉讼代理费。张某丽委托其公爹冯某文作为委托诉讼代理人参加诉讼，冯某文作为公民代理不能收取委托代理费，其主张收取5000元案件代理费没有法律依据；张某丽也未提供已向冯家文支付了5000元误工费，且该费用合理的证据，本院对其该项主张不予支持。

综上所述，张某丽以及长鑫公司的上诉请求部分成立。二审因出现新证据，导致一审判决有误，应予以纠正。依照《中华人民共和国民法通则》第一百五十三条，《中华人民共和国侵权责任法》第十九条、第六十五条，《最高人民法院关于审理环境侵权责任纠纷案件适用法律若干问题的解释》（2015年6月3日施行）第六条，《中华人民共和国民事诉讼法》（2017修正）第六十四条、第一百七十条第一款第二项，《最高人民法院关于民事诉讼证据的若干规定》（2019年10月14日修正）第六十八条，《最高人民法院关于适用〈中华人民共和国民法典〉时间效力的若干规定》第一条第二款规定，判决如下：

一、维持四川省乐山市沙湾区人民法院（2020）川1111民初558号民事判决第三项，即"驳回张某清的全部诉讼请求"；

二、撤销四川省乐山市沙湾区人民法院(2020)川1111民初558号民事判决第一项、第二项,即"一、四川长鑫管业有限公司于本判决生效后十五日内支付张某丽白芨损失费56,666.53元;二、驳回张某丽的其他诉讼请求";

三、四川长鑫管业有限公司于本判决生效之日起十五日内赔偿张某丽白芨损失93,666.43元;

四、驳回张某丽的其他诉讼请求;

如果未按本判决指定的期间履行给付金钱义务,应当依照《中华人民共和国民事诉讼法》第二百五十三条的规定,加倍支付迟延履行期间的债务利息。

一审案件受理费5050元,由张某丽、张某清负担2525元,四川长鑫管业有限公司负担2525元。二审案件受理费6272元,由张某丽、张某清负担4130元,四川长鑫管业有限公司负担2142元。

本判决为终审判决。

审 判 长　乌建英
审 判 员　杨梅娜
审 判 员　余　遥
二〇二一年五月十七日
法官助理　童渝婷
书 记 员　刘佳欣

辽宁省锦州市古塔区人民法院
刑事附带民事判决书

(2021)辽0702刑初145号

公诉机关:辽宁省凌海市人民检察院。

被告人暨附带民事公益诉讼被告:王某鹏,男,出生于辽宁省凌海市,汉族,中专文化,无职业,户籍地及现住址为辽宁省凌海市。因本案,2021年5月18日被刑事拘留,2021年5月24日被取保候审。2021年9月2日被本院取保候审。

辩护人:宋佳月,辽宁古塔律师事务所律师。

辽宁省凌海市人民检察院以凌检刑检刑诉〔2021〕21 号起诉书指控被告人王某鹏犯危害珍贵濒危野生动物罪，于 2021 年 9 月 2 日向本院提起诉讼，公益诉讼起诉人辽宁省凌海市人民检察院以凌某民行民公诉〔2021〕Z4 号刑事附带民事公益诉讼起诉书，于 2021 年 9 月 2 日向本院提起民事公益诉讼。经查，辽宁省凌海市人民检察院于 2021 年 7 月 23 日公告了案件相关情况，公告期内未有法律规定的机关和有关组织提起附带民事公益诉讼。本院立案受理后依法组成合议庭，合并公开开庭进行了审理。辽宁省凌海市人民检察院指派检察官陶某、检察官助理李某依法出庭支持公诉，指派检察官赵某、检察官助理朱某出庭参加附带民事公益诉讼。被告人暨附带民事公益诉讼被告王某鹏及其辩护人暨委托诉讼代理人宋佳月到庭参加诉讼。本案现已审理终结。

辽宁省凌海市人民检察院指控，2021 年 4 月底至 5 月 17 日，被告人王某鹏在未办理野生动物特许猎捕证、狩猎证的情况下，在其位于辽宁省凌海市的自家后院内私自架设粘网，通过网捕的方式非法猎捕野生鸟类 30 只，其中 6 只（活体）被拍摄视频并上传、发布至 × APP 后被王某鹏放飞，21 只（死体）被存放在王某鹏家中冰柜内，2 只（活体）被饲养在王某鹏家中鸟笼内（后在扣押过程中自然死亡），1 只（活体）被锦州市 × 森林警察支队工作人员当场解救放飞。经鉴定，上述野生鸟类中有：红胁绣眼鸟 1 只，普通翠鸟 1 只，麻雀 9 只，伯劳鸟 8 只，黄腹山雀 1 只，北灰鹟 1 只，黄腰柳莺 2 只，戴胜 1 只，北红尾鸲 1 只，树鹨 2 只，普通朱雀 2 只，白头鹎 1 只。其中，红胁绣眼鸟属于国家二级保护野生动物，其余鸟类属于国家有重要生态、科学、社会价值的野生保护动物。经认定，上述涉案野生动物的总价值为 10,600 元。

公诉机关针对指控的事实提供了相应证据。公诉机关认为，被告人王某鹏违反野生动物保护法规，非法猎捕国家重点保护的珍贵、濒危野生动物和国家有重要生态、科学、社会价值的野生保护动物，其行为触犯了《中华人民共和国刑法》第三百四十一条第一款之规定，犯罪事实清楚、证据确实、充分，应当以危害珍贵、濒危野生动物罪追究其刑事责任。被告人王某鹏认罪认罚，依据《中华人民共和国刑事诉讼法》第十五条的规定，可以从宽处理。建议判处被告人王某鹏有期徒刑一年二个月，并处罚金，可适用缓刑。现提请本院依法判处。

刑事附带民事公益诉讼起诉人辽宁省凌海市人民检察院提出诉讼请求：要求被告王某鹏承担赔偿国家经济损失人民币 7700 元，并在锦州市级以上媒体公开赔礼道歉。事实与理由：2021 年 4 月底至 5 月 17 日，被告人王某鹏在未办理野生动物特许猎捕证、狩猎证的情况下，在其位于辽宁省凌海市的自家院内私自架设粘网，通过网捕的方式非法猎捕野生鸟类 30 只，其中 6 只（活体）被拍摄视频并上传、发布至 × APP 后被王某鹏放飞，21 只（死体）被存放在王某鹏家中冰柜内，2 只（活体）

被饲养在王某鹏家中鸟笼内（后在扣押过程中自然死亡），1 只（活体）被锦州市 × 森林警察支队工作人员当场解救放飞。经锦州市林业和草原局认定，被王某鹏猎杀存放在其冰柜内 21 只（死体）野生鸟类中分别为：国家二级保护野生动物红肋绣眼鸟 1 只；国家有重要生态、科学、社会价值的野生保护动物普通翠鸟 1 只，麻雀 8 只，伯劳鸟 8 只，黄腹山雀 1 只，北灰鹟 1 只，黄腰柳莺 1 只。上述涉案野生动物的总价值为人民币 7700 元。凌海市人民检察院于 2021 年 7 月 23 日至 8 月 22 日在正义网上进行了公告，督促符合条件的有关机关（组织）可以提起诉讼，检察机关可以支持起诉。公告期满后没有有关机关（组织）提起民事公益诉讼，社会公共利益仍处于受损害状态。被告人王某鹏违反野生动物保护法规，非法猎捕国家重点保护的珍贵、濒危野生动物和国家有重要生态、科学、社会价值的野生保护动物，根据《中华人民共和国民法典》第一百七十九条，《最高人民法院关于审理环境民事公益诉讼案件适用法律若干问题的解释》第十八条的规定，应承担赔偿损失，赔礼道歉的责任。因被告王某鹏的上述行为构成危害珍贵、濒危野生动物罪，依法应当追究刑事责任并已提起公诉。现根据《中华人民共和国刑事诉讼法》第一百零一条第二款、《中华人民共和国民事诉讼法》第五十五条第二款、《最高人民法院、最高人民检察院关于检察公益诉讼案件适用法律若干问题的解释》第十三条、第二十条的规定，向本院提起附带民事公益诉讼。

被告人暨附带民事公益诉讼被告王某鹏对公诉机关指控的犯罪事实及罪名均无异议，认罪认罚，同意附带民事公益诉讼起诉人的诉讼请求。

被告人王某鹏的辩护人暨委托诉讼代理人对公诉机关指控的犯罪事实及罪名均无异议，提出被告人犯罪情节较轻、没有犯罪前科，系初犯、偶犯，能够认罪认罚、主动缴纳罚金及赔偿金具有悔罪表现，建议对其从轻处罚并适用缓刑。

经审理查明，2019 年 3 月 14 日，辽宁省林业和草原局发布《辽宁省林业和草原局关于划定野生动物禁猎区和规定禁猎期的通知》，决定从 2019 年 3 月 15 日起，在全省禁猎 5 年。2021 年 4 月底至 5 月 17 日，被告人王某鹏在凌海市的自家后院内私自架设粘网，非法猎捕野生鸟类 30 只，其中 21 只（死体）被存放在王某鹏家中冰柜内，6 只（活体）被王某鹏拍摄视频并上传、发布至 × APP 后放飞，2 只（活体）被饲养在王某鹏家中鸟笼内（后在扣押过程中自然死亡），1 只（活体）被锦州市 × 森林警察支队工作人员当场解救放飞。经锦州市林业和草原局认定，上述野生鸟类中有：红肋绣眼鸟 1 只，普通翠鸟 1 只，麻雀 9 只，伯劳鸟 8 只，黄腹山雀 1 只，北灰鹟 1 只，黄腰柳莺 2 只，戴胜 1 只，北红尾鸲 1 只，树鹨 2 只，普通朱雀 2 只，白头鹎 1 只。其中，红肋绣眼鸟属于国家二级保护野生动物，其余鸟类属于国家有重要生态、科学、社会价值的野生保护动物。经认定，上述涉案野生动物的总价值为 10，600 元人民币。

锦州市×森林警察支队于2021年5月18日将涉案捕鸟网具依法扣押，涉案野生鸟类扣押后移送野生动物救助中心救助，活体鸟类已经放飞，死体鸟类经过无害化掩埋处理。

被告王某鹏于2021年5月17日在其家中被×机关抓获。

在本院审理期间，被告王某鹏主动交纳罚金及破坏生态赔偿金。

另查明，2021年7月23日至8月22日，凌海市人民检察院在正义网上进行了公告，督促符合条件的有关机关（组织）可以提起诉讼。检察机关可以支持起诉。公告期满后，没有有关机关（组织）提起民事公益诉讼，社会公共利益仍处于受损害状态。依据国家林业局令第46号《野生动物及其制品价值评估方法》和《陆生野生动物基准价值标准目录》，红肋绣鸟、麻雀、灰伯劳、黄腹山雀、北灰鹟、黄腰柳莺单只价值为300元/只，普通翠鸟单只价值为500元/只。

上述事实，有如下证据证实：

1. 案件来源、抓捕经过证明，案件侦办经过及被告人归案情况。

2. 被告人王某鹏户籍证明，被告人身份情况，达到刑事责任年龄。

3. 国家重点保护野生动物名录、涉案野生鸟类价值说明及补充说明证明，被告人猎捕的野生鸟类种类及价值情况。

4. 野生鸟类及猎捕工具处理情况说明证明，锦州市×森林警察支队将依法扣押的涉案野生鸟类移送野生动物救助中心后，活体鸟类放飞，死体鸟类无害化处理的情况。

5. 辽宁省林业和草原局文件、宣传禁猎通知的资料证明，辽宁省林业和草原局决定从2019年3月15日起，在全省禁猎5年及禁止使用网捕等方法进行猎捕。

6. 扣押决定书、扣押清单证明，作案工具及涉案鸟类扣押情况。

7. 现场照片、指认照片、指认笔录证明，案发现场的勘验情况及被告人对猎捕鸟类的指认情况。

8. 证人王某1证言证明，其儿子王某鹏架设网具捕鸟的情况。

9. 手机视频截图、视频光盘证明，被告人猎捕鸟类情况。

10. 被告人王某鹏的供述和辩解证明，其在明知不得非法猎捕野生鸟类的情况下，仍架设捕鸟网并猎捕鸟的事实。

11. 认罪认罚具结书证明，被告人认罪认罚情况。

12. 社区矫正意见证明，对被告人同意社区矫正情况。

13. 现金缴款单证明，被告人缴纳罚金及生态损害赔偿金情况。

14. 民事公益诉讼的公告证明，2021年7月23日，凌海市人民检察院对王某鹏危害珍贵、濒危野生动物罪一案进行了民事公益诉讼公告。

15. 锦州市林业和草原局涉案鸟类认定意见书、王某鹏非法狩猎案涉案野生动物补充认定意见及关于认定情况的补充说明证明，被告人猎捕鸟类红胁绣眼鸟 1 只，普通翠鸟 1 只，麻雀 9 只，伯劳鸟 8 只，黄腹山雀 1 只，北灰鹟 1 只，黄腰柳莺 2 只，戴胜 1 只，北红尾鸲 1 只，树鹨 2 只，普通朱雀 2 只，白头鹎 1 只。其中，红胁绣眼鸟属于国家二级保护野生保护动物，其余鸟类属于国家有重要生态、科学、社会价值的野生保护动物。

16. 锦州市林业和草原局关于王某鹏案鸟类价值评估的复函证明，依国家林业和草原局（原国家林业局）公告第 46 号公布的《野生动物及其制品价值评估方法》，单只价值为：红胁绣眼鸟为 300 元的五倍，普通翠鸟、麻雀、灰伯劳、黄腹山雀、北灰鹟、黄腰柳莺为 300 元。

上述证据已经开庭举证、质证，相互印证部分，本院予以确认。

本院认为，被告人王某鹏违反野生动物保护法律法规，在禁猎期、禁猎区使用禁用的网捕方法进行狩猎，非法猎捕国家重点保护的珍贵、濒危野生动物红胁绣眼鸟 1 只，国家有重要生态、科学、社会价值的野生鸟类 29 只，其行为构成危害珍贵、濒危野生动物罪，依法应予惩处。辽宁省凌海市人民检察院指控被告人王某鹏犯危害珍贵、濒危野生动物罪，犯罪事实清楚，证据确实、充分，本院依法予以支持。被告人如实供述自己的罪行，并自愿认罪认罚，已签署具结书，依法可从轻处罚。被告人具有悔罪表现，在法院审理期间主动交纳罚金及破坏生态赔偿金，在量刑时酌情从轻处罚。综合考虑被告人王某鹏的犯罪情节、性质以及对社会的危害程度，公诉机关的量刑建议适当，本院予以采纳。根据社区矫正机关对被告人王某鹏适宜判处非监禁刑的意见，对被告人可适用缓刑。王某鹏的犯罪行为造成野生动物资源损失，侵害了社会公共利益，除应负刑事责任外，还应依法承担民事侵权责任。附带民事公益诉讼起诉人的诉讼请求符合法律规定，本院予以支持。综上，依照《中华人民共和国刑法》第三百四十一条第一款，第六十四条，第六十七条第三款，第七十二条第一款，第七十三条第二款、第三款，《中华人民共和国民法典》第一千二百三十二条，《最高人民法院关于审理破坏野生动物资源刑事案件具体应用法律若干问题的解释》第六条，《最高人民法院关于审理环境民事公益诉讼案件适用法律若干问题的解释》第十八条，《中华人民共和国刑事诉讼法》第十五条，《中华人民共和国民事诉讼法》第五十五条之规定，判决如下：

一、被告人王某鹏犯危害珍贵、濒危野生动物罪，判处有期徒刑一年二个月，缓刑二年，并处罚金 3000 元。

（缓刑考验期限，从判决确定之日起计算。已缴纳）

二、在案扣押的作案工具，由扣押机关依法处理。

三、附带民事公益诉讼被告王某鹏于本判决生效后十日内缴纳破坏生态赔偿金 7700 元。（已缴纳）

四、附带民事公益诉讼被告王某鹏于本判决生效后十日内在锦州市级以上媒体上公开赔礼道歉。

如不服本判决，可在接到判决书的第二日起十日内，通过本院或者直接向辽宁省锦州市中级人民法院提出上诉。书面上诉的，应当递交上诉状正本一份、副本二份。

审　判　长　姜　伟
审　判　员　常　月
审　判　员　金　凤
人民陪审员　冯　梅
人民陪审员　程洪起
人民陪审员　孙慧媛
人民陪审员　苑鹏飞
二〇二一年十一月四日
法官助理　霍　壮
书　记　员　赵　月

四川省汉源县人民法院
刑事附带民事判决书

（2022）川 1823 刑初 16 号

公诉机关暨附带民事公益诉讼起诉人四川省汉源县人民检察院。

被告人暨附带民事公益诉讼被告龚某强。因涉嫌犯非法狩猎罪，于 2021 年 11 月 30 日被汉源县公安局取保候审，2022 年 1 月 20 日被汉源县人民检察院继续取保候审，同年 2 月 17 日被本院继续取保候审。

指定辩护人朱荣强，四川瀑源律师事务所律师。

被告人暨附带民事公益诉讼被告赵某璐。因涉嫌犯非法狩猎罪，于2021年11月30日被汉源县公安局取保候审，2022年1月20日被汉源县人民检察院继续取保候审，同年2月17日被本院继续取保候审。

指定辩护人曹洲，四川螺号律师事务所律师。

被告人暨附带民事公益诉讼被告涂某浩。因涉嫌犯非法狩猎罪，于2021年12月2日被汉源县公安局取保候审，2022年1月20日被汉源县人民检察院继续取保候审，同年2月17日被本院继续取保候审。

指定辩护人方松，四川螺号律师事务所律师。

被告人暨附带民事公益诉讼被告李某清。因涉嫌犯非法狩猎罪，于2021年12月2日被汉源县公安局取保候审，2022年1月20日被汉源县人民检察院继续取保候审，同年2月17日被本院继续取保候审。

指定辩护人张健，四川瀑源律师事务所律师。

被告人暨附带民事公益诉讼被告张某明。因涉嫌犯非法狩猎罪，于2021年12月2日被汉源县公安局取保候审，2022年1月20日被汉源县人民检察院继续取保候审，同年2月17日被本院继续取保候审。

指定辩护人唐兴方，四川瀑源律师事务所律师。

被告人暨附带民事公益诉讼被告段某。因涉嫌犯非法狩猎罪，于2021年11月30日被汉源县公安局取保候审，2022年1月20日被汉源县人民检察院继续取保候审，同年2月17日被本院继续取保候审。

指定辩护人任衍历，四川瀑源律师事务所律师。

四川省汉源县人民检察院以汉检刑诉〔2022〕11号起诉书指控被告人龚某强、赵某璐、涂某浩、李某清、张某明、段某犯危害珍贵、濒危野生动物罪，于2022年2月17日向本院提起公诉，附带民事公益诉讼起诉人四川省汉源县人民检察院向本院提起附带民事公益诉讼。四川省汉源县人民检察院于2021年12月22日对准备提起民事公益诉讼的相关情况进行了为期三十日的公告，公告期内未有法律规定的机关和有关组织提起诉讼。本院受理后，依法组成合议庭于2022年3月9日公开开庭进行了合并审理。汉源县人民检察院指派检察员李万成出庭支持公诉，指派检察员李敏出庭履行公益诉讼职责，被告人暨附带民事公益诉讼被告龚某强及其指定辩护人朱荣强、被告人暨附带民事公益诉讼被告赵某璐及其指定辩护人曹洲、被告人暨附带民事公益诉讼被告涂某浩及其指定辩护人方松、被告人暨附带民事公益诉讼被告李某清及其指定辩护人张健、被告人暨附带民事公益诉讼被告张某明及其指定辩护人唐兴方、被告人暨附带民事公益诉讼被告段某及其指定辩护人任衍历到庭参加了诉讼。本案现已审理终结。

四川省汉源县人民检察院指控:2019年以来被告人段某、龚某强、赵某璐、涂某浩、李某清、张某明多次在汉源县九襄镇进行非法捕猎活动。2021年7~8月的一天下午,六被告人相互邀约前往九襄镇小地名“青林沟”用猎狗进行非法捕猎,猎狗放出大约三个小时后六人发现拴在狗身上的GPS停留不动,便根据GPS定位在河沟边发现捕获一只“麂子”(毛冠鹿)。后赵某璐用其携带的军绿色帆布包将“麂子”搬运到三岔路口处,六人便一起使用赵某璐携带的弯刀将“麂子”去皮切割瓜分。段某、龚某强各分得二三斤肉后离开,赵某璐邀约李某清、涂某浩、张某明前往自己家中,将剩下的“麂子”肉烹饪后食用。经专家鉴定:赵某璐被扣押的军绿色帆布包和弯刀上的血迹样品为同一个体毛冠鹿的血迹,该物种为国家二级重点保护野生动物,单只价值为15,000元。

认定上述事实的证据有物证、书证、证人证言、鉴定意见、辨认笔录等证据在案为证,被告人亦有供述和辩解在案。六被告人对指控的犯罪事实和证据没有异议,并自愿认罪认罚。六被告人相互伙同非法猎捕、杀害一只国家二级重点保护野生动物毛冠鹿,其行为触犯了《中华人民共和国刑法》第二十五条第一款、第三百四十一条的规定,犯罪事实清楚,证据确实、充分,应当以危害珍贵、濒危野生动物罪追究其刑事责任。被告人涂某浩有犯罪前科,应酌定从重处罚,经公安机关电话通知主动到案,如实供述自己的犯罪事实,是自首;被告人段某、赵某璐、龚某强、张某明、李某清被查获后,如实供述自己的犯罪事实,属坦白,被告人段某系立功。六被告人均自愿认罪认罚,可以从宽处理。建议分别判处被告人赵某璐、龚某强、张某明、李某清、涂某浩有期徒刑一年;被告人段某有期徒刑十个月,适用缓刑,并处罚金。根据《中华人民共和国刑事诉讼法》第一百七十六条的规定,提起公诉,请依法分别判处。

公益诉讼起诉人四川省汉源县人民检察院请求判令:一、被告段某、龚某强、赵某璐、涂某浩、李某清、张某明赔偿猎捕、杀害珍贵、濒危野生动物造成的生态损害赔偿金15,000元及惩罚性赔偿金6000元,共计21,000元,或以参加植树、巡山护林、疫情防控等公益劳动的方式代偿;二、被告段某、龚某强、赵某璐、涂某浩、李某清、张某明承担专家鉴定费6000元。

被告人暨附带民事公益诉讼被告龚某强对公诉机关指控的犯罪事实和罪名无异议,对公益诉讼起诉人所提诉讼请求无异议。其辩护人提出龚某强系坦白、无前科、自愿认罪认罚、建议从轻处罚、适用缓刑的辩护意见。被告人龚某强同意辩护人意见。

被告人暨附带民事公益诉讼被告赵某璐对公诉机关指控的犯罪事实和罪名无异议,对公益诉讼起诉人所提诉讼请求无异议。其辩护人提出赵某璐系坦白、无前科、悔罪态度好、自愿认罪认罚、适用缓刑的辩护意见。被告人赵某璐同意辩护人意见。

被告人暨附带民事公益诉讼被告涂某浩对公诉机关指控的犯罪事实和罪名无异议,对公益诉讼起诉人所提诉讼请求无异议。其辩护人提出涂某浩系自首、悔罪态度好、自愿认罪认罚、建议从轻处罚、适用缓刑的辩护意见。被告人涂某浩同意辩护人意见。

被告人暨附带民事公益诉讼被告李某清对公诉机关指控的犯罪事实和罪名无异议,对公益诉讼起诉人所提诉讼请求无异议。其辩护人提出李某清系坦白、无前科、悔罪态度好、自愿认罪认罚、建议从轻处罚、适用缓刑的辩护意见。被告人李某清同意辩护人意见。

被告人暨附带民事公益诉讼被告张某明对公诉机关指控的犯罪事实和罪名无异议,对公益诉讼起诉人所提诉讼请求无异议。其辩护人提出张某明系坦白、无前科、自愿认罪认罚、适用缓刑的辩护意见。被告人段某同意辩护人意见。

被告人暨附带民事公益诉讼被告段某对公诉机关指控的犯罪事实和罪名无异议,对公益诉讼起诉人所提诉讼请求无异议。其辩护人提出段某系坦白、无前科、自愿认罪认罚、立功的辩护意见。被告人段某同意辩护人意见。

经审理查明:2019 年以来被告人段某、龚某强、赵某璐、涂某浩、李某清、张某明多次在汉源县境内进行非法捕猎活动,六被告人饲养猎狗,并购买 GPS 定位,将 GPS 定位安装到猎狗身上,一端与手机相连。猎狗相互配合围堵、猎杀野生动物,六被告人根据 GPS 定位长时间显示同一位置来推断已经捕获猎物,从而根据 GPS 定位显示的位置前往该地,收获猎物。

2021 年 7 ~ 8 月的一天下午,六被告人相互邀约前往九襄镇小地名“青林沟”用猎狗进行非法捕猎,在放出猎狗大约三个小时后,六被告人发现装在猎狗身上的 GPS 定位停留不动,便根据 GPS 定位在河沟边发现捕获一只“麂子”(当地俗称)。后赵某璐用其携带的军绿色帆布包将“麂子”搬运到三岔路口处,六人一起使用赵某璐携带的弯刀将“麂子”去皮切割瓜分。段某、龚某强各分得二三斤肉后离开,赵某璐邀约李某清、涂某浩、张某明前往自己家中,将剩下的“麂子”肉烹饪后食用。

被告人赵某璐、段某、龚某强、李某清、张某明于 2021 年 11 月 28 日在九襄镇小地名“曹大坪”捕猎,被公安民警查获,涂某浩经公安机关传唤主动到案,六被告人到案后均如实供述了上述事实。六被告人均愿意接受处罚,并签署了认罪认罚具结书。

公安机关扣押了赵某璐 vivo Y30c 牌手机 1 部、GPS 定位 3 个、手电 1 个、帆布包 1 个、弯刀 1 把、川 TCL866 号长安牌微型车 1 辆、猎狗 3 只,扣押龚某强 vivo S6

牌手机 1 部、GPS 定位 1 个、手电 1 个、猎狗 2 只,扣押段某 HONOR 9X 手机 1 部、GPS 定位 3 个、手电 1 个、猎狗 2 只、川 TCX569 号五羊牌两轮摩托车 1 辆,扣押李某清 oppo 牌手机 1 部、GPS 定位 3 个、手电 1 个、猎狗 3 只,扣押张某明 HONOR 30 Lite 牌手机 1 部、GPS 定位 2 个、手电 1 个、猎狗 2 只,扣押涂某浩 vivo X27 牌手机 1 部、手电 1 个、猎狗 2 只。经专家鉴定,赵某璐被扣押的军绿色帆布包和弯刀上的血迹样品为同一个体毛冠鹿的血迹,该物种为国家二级重点保护野生动物,单只价值为 15,000 元,专家鉴定费用为 6000 元。

另查明,汉源县人民法院于 2017 年 9 月 25 日以聚众斗殴罪判处涂某浩有期徒刑一年十个月,缓刑二年。段某举报汉源县宜东镇“祥儿”非法猎捕野生动物,汉源县公安局据此线索立案侦查,其余被告人举报的线索尚未查实。四川省统计局于 2021 年 6 月 1 日公布 2020 年四川省全省城镇全部就业单位就业人员平均工资,其中居民服务修理和其他服务业为 42,795 元/年。

上述事实,有经庭审举证质证的下列证据证实:

1. 受案登记表、立案决定书、案件移送审查起诉告知书、起诉意见书,证实本案的受立案情况及起诉情况。

2. 取保候审决定书、被取保候审人义务告知书、取保候审保证书,证明六被告人被采取强制措施的情况。

3. 犯罪嫌疑人基本情况、户籍证明,证实六被告人身份信息,六被告人均有完全刑事责任能力。

4. 归案情况说明、关于涂某浩归案情况的补充说明,证实 2021 年 11 月 28 日晚,民警在桃源村巡逻防控时,抓获非法狩猎的犯罪嫌疑人赵某璐、段某、龚某强,12 月 1 日,民警前往李某清、张某明家搜查,涂某浩接到民警电话,到案发现场接受调查。

5. 认罪认罚具结书,证实六被告人签署了认罪认罚具结书。

6. 调取证据通知书、(2017)川 1823 刑初 62 号刑事判决书,证实汉源县人民法院于 2017 年 9 月 25 日以聚众斗殴罪判处涂某浩有期徒刑一年十个月,缓刑二年。

7. 关于段某等人举报线索摸排情况说明、立案决定书,证实根据段某举报的线索,汉源县公安局已经立案侦查,其余被告人举报的线索尚未查实。

8. 公告,证实汉源县人民检察院于 2021 年 12 月 22 日对准备提起民事公益诉讼的相关情况进行了为期三十日的公告。

9. 汉源县林业局关于龚某强等 6 人危害珍贵濒危野生动物案对生态环境影响的意见,证实龚某强等人使用 GPS 定位的猎狗围捕野生动物,造成了恶劣的社会影响,后果严重。

10. 扣押决定书、扣押清单、扣押笔录,证实赵某璐被扣押 vivo Y30c 牌手机 1 部、GPS 定位 3 个、手电 1 个、帆布包 1 个、弯刀 1 把、川 TCL866 号长安牌微型车 1 辆、猎狗 3 只,龚某强被扣押 vivo S6 牌手机 1 部、GPS 定位 1 个、手电 1 个、猎狗 2 只,段某被扣押 HONOR 9X 手机 1 部、GPS 定位 3 个、手电 1 个、猎狗 2 只、川 TCX569 号五羊牌两轮摩托车 1 辆,李某清被扣押 oppo 牌手机 1 部、GPS 定位 3 个、手电 1 个、猎狗 3 只,张某明被扣押 HONOR 30 Lite 牌手机 1 部、GPS 定位 2 个、手电 1 个、猎狗 2 只,涂某浩被扣押 vivo X27 牌手机 1 部、手电 1 个、猎狗 2 只。

11. 情况说明、四川增值税电子普通发票,证实本案鉴定费用为 6000 元。

12. 证人李某枫证言,证实 2021 年 11 月 28 日,李某清约李某枫去山上放狗,两人各拉了两条狗,李某清驾驶一辆微型车把李某枫拉到了"曹大坪"。龚某强、赵某璐等人被警察挡停之后,李某枫和李某清就走了。

13. 证人庞某证言,证实其是赵某璐妻子,赵某璐养了 5 条狗,晚上去山上放过几次狗。

14. 被告人赵某璐供述,证明赵某璐从 2019 年开始买猎狗来卖,2020 年 6 月之后,开始上山打猎,大概去过三四十次。捕猎没有捕猎证,是为了娱乐,还可以吃到野味。打猎使用猎狗、GPS 定位、手电和手机,GPS 绑在猎狗身上,从手机上看狗的踪迹,手电用于照路和照动物。2021 年七八月,赵某璐和段某、张某明、李某清、龚某强、涂某浩相约去汉源县九襄镇"青林沟"放狗,当日每人带了两条狗,赵某璐带了两个 GPS 定位、一个军绿色帆布包、手电和一把弯刀,段某、张某明、李某清每人带了两个 GPS 定位,龚某强带了一个 GPS 定位。到了"青林沟"大家把狗放到山上撵野生动物,在手机上看狗的踪迹,大概过了一两小时看到狗没有动,知道撵到东西,大家通过定位找到狗,发现死了一只"麂子"。"麂子"大概六七十公分,赵某璐用帆布包将"麂子"背到三岔路口,将肉分了,每人大概分两三斤,赵某璐约李某清、涂某浩、张某明去他家把肉整来吃了。绿色帆布包和弯刀上的血迹是"麂子"的,没有清洗过帆布包和弯刀。2021 年 11 月 28 日晚,段某打电话邀约赵某璐去打猎,赵某璐驾驶微型车搭乘张某明、拉着 5 条猎狗去清溪镇小地名"曹大坪"与段某会合,后被警察挡获。

15. 被告人龚某强供述,证明猎捕野生动物是为了娱乐,还可以吃到野味,龚某强最少捕猎二三十次。猎狗、GPS 定位、手电和手机是打猎必备的,GPS 绑在猎狗身上,就能在手机上看到狗的位置,手电用于照路和照动物。2021 年八九月,赵某璐和段某、张某明、李某清、龚某强、涂某浩相约去九襄镇"青林沟"放狗,龚某强带了两只狗、一个 GPS 定位和手电。把狗放到山上去就在手机上看狗的位置,大概下午六七点,就看到狗在一个地方没动,知道应该整到动物了。跟着定位在一个水沟里边找到狗，旁边一只“麂子”大概六七十公分，已经被咬死了。赵某璐用帆布包将“麂子”背到三岔路口，用他带的弯刀将肉分了，龚某强大概分两三斤肉。2021 年 11 月 28 日晚，段某打电话邀约龚某强去打猎，后在“曹大坪”被派出所的民警挡停。

16. 被告人段某供述，证明段某捕猎没有捕猎证，是为了娱乐，还可以吃到野味。打猎使用猎狗、GPS 定位、手电和手机，手电是为了看路和照射野生动物，撵山狗是为了猎捕野生动物，GPS 定位绑在猎狗身上，从手机上看狗的踪迹，手电用于照路和照动物（数量）。2021 年七八月，赵某璐和段某、张某明、李某清、龚某强、涂某浩一起带猎狗去清溪镇小地名“大河坎”上面一个环山公路往上十多米的一个林子放狗捕猎，放狗后三四个小时看见 GPS 定位发现可能逮到野生动物，发现逮到一只类似“麂子”的动物，长得像鹿。等天黑后，就将“麂子”拿到大路上，赵某璐用弯刀把“麂子”分成 6 块肉，一人一块。赵某璐用一个军绿色的帆布包装的肉，包上肯定有血。2021 年 11 月 28 日晚，段某打电话约赵某璐和龚某强去打猎，后在“曹大坪”被派出所的民警挡停。

17. 被告人李某清供述，证明李某清养了 3 条猎狗，没有狩猎证，去捕猎三四次。2021 年七八月，李某清、赵某璐、张某明、段某、涂某浩、龚某强相约去九襄镇“青林沟”打猎。李某清带了 2 条猎狗，带了 2 个 GPS，还有 1 个手电，到了“青林沟”，李某清就把狗放出去，大概下午六七点，大家就从手机上看见狗停留在一个位置，顺着定位找到狗的位置，发现一个水沟边死了一只“麂子”，大概六七十公分长，赵某璐用帆布包将“麂子”背到一个三岔路，再用弯刀将肉分了，龚某强、段某先分了肉就直接走了，李某清、涂某浩、张某明到赵某璐家将剩余的肉做来吃了。2021 年 11 月 28 日，李某清、李某枫、赵某璐、张某明、段某和龚某强一起去打猎，李某清碰到段某，段某说赵某璐被公安局的带走了，他们就回家去了。

18. 被告人张某明供述，证明张某明在 2018 年左右开始整野生动物，至今为止总共整了几十次。打猎使用猎狗、GPS 定位、手电和手机，手电是为了看路和照射野生动物，撵山狗是为了猎捕野生动物，GPS 定位绑在猎狗身上，从手机上看狗的踪迹，手电用于照路和照动物。2021 年 8 月左右，张某明和赵某璐、段某、龚某强、李某清、涂某浩约好去九襄镇小地名“青林沟”放狗，张某明和赵某璐各自带着两只狗、两个 GPS、一个手电。六人放狗撵山，大概下午六七点，大家在手机上看见狗停留在一个位置，知道整到动物了，根据定位去找狗，在一个水沟边发现狗，旁边还有一只死了的“麂子”，大概六七十公分长，赵某璐使用他带的一个帆布包把“麂子”背到三岔路口，几人将“麂子”分了，龚某强、段某分了肉就走了，李某清、涂某浩、张某明到赵某璐家把“麂子”肉吃了。2021 年 11 月 28 日 19 时，赵某璐约张某明去捕猎，开他的车拉张某明到曹大坪。后赵某璐被警察逮了，张某明就下山了。

19. 被告人涂某浩供述，证明涂某浩养了2条猎狗，没有狩猎证，至少去捕猎过二三十次，捕猎必备的工具是狗、电筒和GPS定位。2021年七八月，赵某璐打电话约涂某浩去九襄镇“青林沟”打猎。涂某浩带了2只狗，在下午三四点赶到那里，然后就放了一只狗。大概等了一个小时，赵某璐打电话说狗咬到东西了，叫涂某浩往“青林沟”的岗上走。涂某浩去看到赵某璐背了一个军绿色的帆布包，里边装了一个野生动物，包还在冒血出来，跟赵某璐一起的还有张某明、李某清、段某和龚某强。等把野物背到分肉位置，赵某璐用刀把肉分了。段某和龚某强每人分了3斤左右的肉，其他人到赵某璐家里，赵某璐把剩下的“麂子”肉干煸着吃了。“麂子”长得有点像羊，没有犄角，大约20多斤。

20. 聘请鉴定书、鉴定意见通知书、野生动物物种鉴定报告，证实赵某璐等人于2021年11月28日被挡获，并在现场查获一个帆布包及一把弯刀，经四川大学生命科学院专家对送检帆布包和弯刀上的动物血迹进行鉴定，均为毛冠鹿，且来自同一个体，为国家二级重点保护野生动物，单只价值15,000元。

21. 辨认笔录、辨认照片、被辨认照片列表、被辨认情况说明，证实六被告人进行了相互辨认，辨认出猎捕的动物是毛冠鹿。

22. 指认笔录、指认照片，证实六被告人指认了作案现场、作案工具。

以上证据经庭审质证、认证，均具有合法性、客观性和关联性，并能够形成证据锁链，本院予以确认。

本院认为，六被告人无视法律规定，相互伙同，违反国家有关野生动物保护法律法规，利用猎狗猎捕、杀害国家二级重点保护野生动物的行为构成危害珍贵、濒危野生动物罪。在共同犯罪中，六被告人地位和作用相当，不宜区分主从犯。公诉机关指控六被告人犯危害珍贵、濒危野生动物罪，其罪名成立，指控证据确实、充分，量刑建议适当，本院依法予以支持。

关于龚某强辩护人提出龚某强系坦白、无前科、自愿认罪认罚、建议从轻处罚、适用缓刑的辩护意见，赵某璐的辩护人提出赵某璐系坦白、无前科、悔罪态度好、自愿认罪认罚、适用缓刑的辩护意见，涂某浩辩护人提出涂某浩系自首、悔罪态度好、自愿认罪认罚、建议从轻处罚、适用缓刑的辩护意见，李某清辩护人提出李某清系坦白、无前科、悔罪态度好、自愿认罪认罚、建议从轻处罚、适用缓刑的辩护意见，张某明辩护人提出张某明系坦白、无前科、自愿认罪认罚、适用缓刑的辩护意见，段某辩护人提出段某系坦白、无前科、自愿认罪认罚、立功的辩护意见，与本院查明的事实相符，本院依法予以采纳。被告人龚某强、赵某璐、李某清、张某明、段某系坦白，依法可从轻处罚；被告人龚某强、赵某璐、涂某浩、李某清、张某明、段某自愿认罪认罚，依法可从宽处罚；被告人段某具有立功情节，依法可以从轻或减轻处罚；被告人涂某浩自首情节,依法可以从轻或减轻处罚;被告人涂某浩有前科,可酌情从重处罚。综合以上情节,本院依法对六被告人从轻处罚。对六被告人不予羁押,也不致再危害社会,故可适用缓刑。

本案中六民事公益诉讼被告多次采用猎狗捕猎,破坏野生动物生活环境,威胁野生动物生命安全,造成国家二级重点保护野生动物死亡的严重后果。根据《中华人民共和国民法典》第一千二百三十五条之规定,国家规定的机关或者法律规定的组织有权请求侵权人赔偿生态环境受到损害至修复完成期间服务功能丧失导致的损失及生态环境损害调查、鉴定评估等费用,六民事公益诉讼被告非法捕猎野生动物,破坏了生态环境,侵害了社会公共利益,依法应当承担生态修复的民事责任及专家鉴定费,附带民事公益诉讼起诉人主张六民事公益诉讼被告承担生态修复赔偿金15,000元及专家鉴定费6000元有相应的证据证实,本院依法予以支持。根据《中华人民共和国民法典》第一千二百三十二条"侵权人违反法律规定故意污染环境、破坏生态造成严重后果的,被侵权人有权请求相应的惩罚性赔偿",民事公益诉讼起诉人要求承担惩罚性赔偿的请求符合法律规定。根据《最高人民法院关于审理生态环境侵权纠纷案件适用惩罚性赔偿的解释》第十二条,本案惩罚性赔偿金数额的确定,应当以生态环境受到损害至修复完成期间服务功能丧失导致的损失、生态环境功能永久性损害造成的损失数额作为计算基数。野生动物在调控生态平衡以及维持生物多样、生态系统质量中发挥着重大作用,每一只野生动物均携带本种群基因以及个体基因,由此构成本种群遗传多样性。本案造成毛冠鹿死亡,具有不可逆性,已造成生态环境功能永久性损害,该损害不仅体现为生物个体损失,还有生物个体在生态环境中不可替代的价值。在缺乏对生态环境功能永久性损失评估的情况下,以个体价值为依据,计算永久性损害损失,并不增加被告的负担,且能减轻诉讼成本,故以毛冠鹿的价值为基数,结合六被告的主观恶性、行为后果、作案手段、时间跨度、地域范围等确定惩罚性赔偿金金额为6000元。民事公益诉讼起诉人提出可通过参加植树、巡山护林、疫情防控等公益性劳动代偿,六民事公益诉讼被告对此无异议,本院依法予以支持。结合2020年度四川省全省城镇居民服务修理和其它服务业为42,795元/年,本院确定以劳代偿一日抵扣117元。

据此,依照《中华人民共和国刑法》第三百四十一条、第二十五条第一款、第六十七条第一款、第三款、第六十八条、第六十一条、第六十四条、第七十二条第一款、第七十三条第二款、第三款,《中华人民共和国民法典》第一千二百三十二条、第一千二百三十五条,《最高人民法院关于审理生态环境侵权纠纷案件适用惩罚性赔偿的解释》第八条、第九条、第十条、第十二条,《中华人民共和国刑事诉讼法》第十五条、第一百零一条第二款等规定,判决如下:

一、被告人龚某强犯危害珍贵、濒危野生动物罪，判处有期徒刑一年，缓刑二年，并处罚金 5000 元；

二、被告人赵某璐犯危害珍贵、濒危野生动物罪，判处有期徒刑一年，缓刑二年，并处罚金 5000 元；

三、被告人涂某浩犯危害珍贵、濒危野生动物罪，判处有期徒刑一年，缓刑二年，并处罚金 5000 元；

四、被告人李某清犯危害珍贵、濒危野生动物罪，判处有期徒刑一年，缓刑二年，并处罚金 5000 元；

五、被告人张某明犯危害珍贵、濒危野生动物罪，判处有期徒刑一年，缓刑二年，并处罚金 5000 元；

六、被告人段某犯危害珍贵、濒危野生动物罪，判处有期徒刑十个月，缓刑一年六个月，并处罚金 5000 元；

（缓刑考验期限，从判决确定之日起计算。）

七、没收扣押在案的作案工具，包括赵某璐 vivo Y30c 牌手机 1 部、GPS 定位 3 个、手电 1 个、帆布包 1 个、弯刀 1 把、猎狗 3 只，龚某强 vivo S6 牌手机 1 部、GPS 定位 1 个、手电 1 个、猎狗 2 只，段某 HONOR 9X 手机 1 部、GPS 定位 3 个、手电 1 个、猎狗 2 只，李某清 oppo 牌手机 1 部、GPS 定位 3 个、手电 1 个、猎狗 3 只，张某明 HONOR 30 Lite 牌手机 1 部、GPS 定位 2 个、手电 1 个、猎狗 2 只，涂某浩 vivo X27 牌手机 1 部、手电 1 个、猎狗 2 只，交由扣押机关依法处置；

八、由附带民事诉讼被告段某、龚某强、赵某璐、涂某浩、李某清、张某明于本判决发生法律效力之日起三十日内共同缴纳生态修复赔偿金及惩罚性赔偿金 21,000 元，如未缴纳，则按照 117 元/日的标准，以参加植树、巡山护林、疫情防控等公益性劳动抵扣未缴纳部分直至抵扣完毕为止；

九、由附带民事诉讼被告龚某强、赵某璐、涂某浩、李某清、张某明、段某于本判决发生法律效力之日起三十日内共同缴纳专家鉴定费 6000 元。

如不服本判决，可在接到判决书的第二日起十日内，通过本院或者直接向四川省雅安市中级人民法院提出上诉。书面上诉的，应当提交上诉状正本一份，副本二份。

审 判 长　史汉东
审 判 员　何　刚
审 判 员　邱德林
人民陪审员　牟红霞

人民陪审员　张文海
人民陪审员　李　炜
人民陪审员　赵淑华
二〇二二年三月九日
法官助理　杨　雪
书 记 员　李伟双

湖南省茶陵县人民法院
刑事附带民事判决书

（2022）湘0224刑初26号

公诉机关暨附带民事公益诉讼起诉人：湖南省茶陵县人民检察院。

被告人暨附带民事公益诉讼被告：段某云。因赌博，2014年10月被安仁县公安局罚款五百元。因涉嫌犯非法占用农用地罪，2021年11月29日被炎陵县森林公安局取保候审。经本院决定，于2022年2月22日被取保候审。

辩护人暨附带民事公益诉讼被告诉讼代理人：周炎梅，湖南廖香明律师事务所律师（法律援助指派律师）。

茶陵县人民检察院以株茶检刑诉〔2022〕9号起诉书、株茶检刑变诉〔2022〕2号变更起诉决定书及株茶检刑附民公诉〔2022〕2号刑事附带民事公益诉讼起诉书、株茶检刑附民变诉〔2022〕1号变更刑事附带民事公益诉讼起诉决定书指控被告人段某云犯非法占用农用地罪，向本院提起公诉及附带民事公益诉讼。经查，茶陵县人民检察院于2022年1月20日公告了案件相关情况，公告期内未有法律规定的机关和有关组织提起民事公益诉讼。本院于2022年2月22日受理后，依法适用普通程序，组成合议庭，于2022年3月28日公开开庭审理了本案。茶陵县人民检察院指派检察员谭小春、张建红、检察员助理吴婷、彭新栋出庭支持公诉并履行职务，被告人暨附带民事公益诉讼被告段某云及其辩护人暨附带民事公益诉讼被告诉讼代理人周炎梅到庭参加了诉讼。本案现已审理终结。

公诉机关指控，2020年，茶陵县雷坪采石场与湖口镇寒江村河排组签订《荒土荒田租赁协议》，拟在该组山场办采石场并沿“梅屋垅”（又称“梅木垅”）山场修建一条简易道路联通106国道,向茶陵县人民政府相关职能部门申报。2020年8月,被告人段某云知情后,想私自修建该简易路,以此加入雷坪采石场,并从中获利。于是,其与炎陵县霞阳镇炎西村六旦龙组谈好修路占用山场相关事宜并支付了补偿费用,私自雇请周某徕使用挖机在河排组“梅屋垅”“潘垅山”和六旦组“赵公壁”“窝务垅”等山场挖山开路。至2021年11月15日,在未办理占用林地许可证的情形下,修建了一条宽约6米,长约2公里的简易道路。经江西吉安司法鉴定中心鉴定:段某云在茶陵县湖口镇寒江村河排组“梅屋垅”一带山场修路,占用林地面积24.68亩,其中公益林面积16.7亩,一般林地面积7.98亩。被占用林地原有植被已完全破坏。2021年11月15日,当被告人段某云得知炎陵县森林公安局在现场调查该案时,主动投案,并如实供述了犯罪事实。

在开庭审理过程中,经公诉机关委托株洲市林业调查规划设计队鉴定,“梅屋垅”修路占用林地面积0.4493公顷(6.7亩),地类为有林地,林地类别为国家重点公益林(二级),被占用林地原有植被已完全破坏。公诉机关鉴于证据发生变化,明确变更指控面积以株洲市林业调查规划设计队鉴定的数据为准。

附带民事公益诉讼起诉人茶陵县人民检察院向本院提出诉讼请求:1.判令被告段某云于2023年12月31日前,在破坏林地范围内,根据当地适宜生长的树木选取树苗种植24.68亩。到期不补种,则向茶陵县林业局缴纳代为补种费165,521元(公益林地面积16.7亩×666.67平方米/亩×12元/平方米、一般林地面积7.98亩×666.67平方米/亩×6元/平方米),由茶陵县林业局委托第三方代为补种,修复生态环境。2.判令被告段某云支付破坏生态环境惩罚性赔偿金49,360元(24.68亩×666.67平方米/亩×3元/平方米)。在开庭审理过程中,茶陵县人民检察院鉴于证据变化,变更诉讼请求为:1.被告段某云于2022年6月30日前,在破坏林地范围内,根据当地适宜生长的树木选取树苗种植6.7亩。到期不补种,则向茶陵县林业局缴纳代为补种费89,860元,由茶陵县林业局依法组织代为补种,修复生态环境。2.被告段某云支付破坏生态环境惩罚性赔偿金16,680元。事实和理由:茶陵县雷坪采石场于2020年与湖口镇寒江村河排组签订《荒土荒田租赁协议》,拟在该组山场办采石场并沿“梅屋垅”(又称“梅木垅”)山场修建一条简易道路连通106国道。2020年8月份,被告段某云得知后,想私自修建该简易路,以此加入雷坪采石场,并从中获利。2020年8月至2021年11月,段某云与炎陵县霞阳镇炎西村六旦龙组及相关林权人口头谈好修路占用山场事宜并支付了补偿费用,在未办理占用林地许可证的情形下,便雇请周某徕使用挖机在河排组“梅屋垅”“潘垅山”和六旦组“赵公壁”“窝务垅”等山场挖山开路。至2021年11月15日,修建了一条宽约6米,长约2公里的简易道路。公诉机关委托株洲市林业调查规划设计队鉴定,段某云修路占用林地面积为0.4493公顷(6.7亩,路基和小溪面积除外)。修路占用林地的破坏程度为高级,岩石裸露难以修复。破坏林地的植被恢复费:郁闭度0.2以上的乔木林地(含采伐迹地、火烧迹地)竹林地、苗圃地,每平方米10元,国家和省级公益林地,按照规定征收标准2倍征收。破坏林地的植被恢复费共计89,860元。生态环境受到破坏至修复完成期间主要服务功能损失为8340元。

为证实上述指控,公诉机关暨附带民事公益诉讼起诉人当庭宣读、出示了相关证据。

公诉机关暨附带民事公益诉讼起诉人认为,被告人段某云违反土地管理法规,非法占用林地,致使林地大量毁坏,数量较大,其行为触犯了《中华人民共和国刑法》第三百四十二条之规定。其主动投案后如实供述犯罪事实,系自首,适用《中华人民共和国刑法》第六十七条第一款之规定;被告人自愿认罪认罚,适用《中华人民共和国刑事诉讼法》第十五条之规定,可以依法从宽处理。本案犯罪事实清楚,证据确实、充分,应当以非法占用农用地罪追究其刑事责任。公诉机关基于指控事实的变更,对被告人段某云的量刑建议调整为判处有期徒刑六个月,可适用缓刑,并处罚金。林地对国土生态安全、生物多样性保护和经济社会可持续发展具有重要作用。公益林是以保护和改善人类生存环境、保持生态平衡、保存物种资源、科学实验、森林旅游、国土保安等需要为主要经营目标的森林和灌木林,其在我国生态文明建设中有着重要的战略意义,同时能够向社会和公众提供公益性的、社会性的产品和服务。被告段某云未经林业主管部门批准,擅自改变农用地用途,破坏林地植被,毁损的林地已丧失了生态环境保护功能,至今森林植被未得到有效恢复,损害了社会公共利益,其行为违反了《中华人民共和国森林法》第三十七条第一款、第三十九条第一款之规定。根据《中华人民共和国民法典》第一千二百三十二条、第一千二百三十四条之规定,附带民事公益诉讼被告段某云应承担恢复林地植被的责任或承担相应修复费用和破坏生态环境惩罚性赔偿金。

被告人暨附带民事公益诉讼被告段某云对起诉书指控的罪名、事实、量刑建议没有异议,且签字具结。对附带民事公益诉讼起诉人提出的诉讼请求没有异议。

辩护人暨附带民事公益诉讼被告诉讼代理人对起诉书指控的罪名、事实没有异议,但提出被告人暨附带民事公益诉讼被告段某云具有自首、认罪认罚、初犯、偶犯、家庭困难等情节,希望法院从轻处罚。对附带民事公益诉讼起诉人提出的诉讼请求没有异议。

经审理查明的事实、证据与公诉机关暨附带民事公益诉讼起诉人的指控基本一致。另查明:1.根据湖南省财政厅、湖南省林业局关于印发《湖南省森林植被恢复费征收使用管理实施办法》的通知(2018年修订)中第六条关于森林植被恢复费征收标准,其中第一款第一项之规定,即“郁闭度0.2以上的乔木林地(含采伐迹地、火烧迹地)竹林地、苗圃地,每平方米10元”;第二项之规定,即“国家和省级公益林按照第二项规定征收标准的2倍征收”。本案的植被恢复费89,860元=0.4493公顷×10,000平方米/公顷×10元/平方米×2,本案破坏生态环境惩罚性赔偿金16,680元=生态环境受到破坏至修复完成期间主要服务功能损失费8340元×2。2.段某云在2022年3月7日已向国家税务总局茶陵县税务局预缴生态环境损害赔偿金人民币40,000元。3.在本院审理阶段,被告人已缴纳罚金人民币10,000元。

上述事实,被告人暨附带民事公益被告段某云、辩护人暨委托诉讼代理人在开庭审理过程中亦无异议,且有经庭审质证、确认的:1.接报案登记表、立案决定书、茶陵县雷坪采石场的相关书证、茶陵县林业局的证明、湖口镇寒江村公益林范围图、茶陵县自然资源局的《证明》、炎西村六旦龙组的《林权证》、收款收条、寒江村河排组的《林权证》、非税收入一般缴款书、到案经过、户籍证明、违法情况证明、公告、税收完税证明等书证;2.证人刘某、段某林、谭某云、周某徕、雷某喜的证言;3.被告人段某云的供述与辩解;4.鉴定意见书;5.现场勘察、指认笔录等证据证实。

辩护人提交的证据有证明、请示报告,拟证明段某云家庭经济困难,请求法院在判处罚金时予以从轻考虑。公诉人对真实性、合法性没有异议。本院在判处罚金时予以酌情考虑。

本院认为,被告人段某云违反土地管理法规,非法占用林地,改变被占用林地的用途为修路,数量较大,造成林地大量毁损,其行为已构成非法占用农用地。公诉机关指控的罪名成立。被告人段某云主动到案后如实供述自己的罪行,系自首,依法可从轻处罚;段某云自愿认罪认罚,可以依法从宽处理。辩护人提出被告人段某云具有上述从轻处罚情节的意见,本院予以采纳。公诉机关调整后的量刑建议适当,本院予以采纳。附带民事公益诉讼被告段某云未经林业主管部门批准,擅自改变农用地用途,破坏林地植被,毁损的林地已丧失了生态环境保护功能,至今森林植被未得到有效恢复,损害了社会公共利益,应当承担生态修复赔偿的民事责任。附带民事公益诉讼起诉人的诉讼请求符合法律规定,应予支持。综上,依照《中华人民共和国刑法》第三百四十二条、第六十七条第一款、第五十二条、第五十三条、第三十六条、第七十二条第一款、第七十三条第二、三款,《中华人民共和国森林法》第三十七条第一款、第三十九条第一款,《中华人民共和国民法典》第一百七十九条、第一千二百三十二条、第一千二百三十四条、第一千二百三十五条,《最高人民法院关于审理生态环境侵权纠纷案件适用惩罚性赔偿的解释》第十条、第十二条,及《中华人民共和国刑事诉讼法》第十五条、第一百零一条第二款、第二百零一条第

一款,《最高人民法院、最高人民检察院关于检察公益诉讼案件适用法律若干问题的解释》第二十条之规定,判决如下:

一、被告人段某云犯非法占用农用地罪,判处有期徒刑六个月,缓刑一年,并处罚金 10,000 元;

二、责令附带民事公益诉讼被告段某云于 2022 年 6 月 30 日前,在破坏林地范围内,根据当地适宜生长的树木选取树苗种植 6.7 亩。到期不补种,则向茶陵县林业局缴纳代为补种费 898,960 元,由茶陵县林业局依法组织代为补种,修复生态环境。

三、责令附带民事公益诉讼被告段某云于本判决生效之日起十日内缴纳破坏生态环境惩罚性赔偿金 16,680 元。(已支付)

(缓刑考验期限,自判决确定之日起计算。所处罚金限在本判决生效后十日内交纳。)

如不服本判决,可在接到判决书的第二日起十日内,通过本院或者直接向湖南省株洲市中级人民法院提出上诉。书面上诉的,应当提交上诉状正本一份,副本二份。

审　判　长　王　嵘
审　判　员　史红霞
审　判　员　谭　艳
人民陪审员　陈青桥
人民陪审员　罗卫明
人民陪审员　龙珍红
人民陪审员　雷先桃
二〇二二年三月二十八日
法官助理　刘　斌
书　记　员　谷蓉蓉

第四部分　相关法律节选

民法典侵权责任编生态环境侵权部分选登

第一千二百二十九条　因污染环境、破坏生态造成他人损害的，侵权人应当承担侵权责任。

第一千二百三十条　因污染环境、破坏生态发生纠纷，行为人应当就法律规定的不承担责任或者减轻责任的情形及其行为与损害之间不存在因果关系承担举证责任。

第一千二百三十一条　两个以上侵权人污染环境、破坏生态的，承担责任的大小，根据污染物的种类、浓度、排放量，破坏生态的方式、范围、程度，以及行为对损害后果所起的作用等因素确定。

第一千二百三十二条　侵权人违反法律规定故意污染环境、破坏生态造成严重后果的，被侵权人有权请求相应的惩罚性赔偿。

第一千二百三十三条　因第三人的过错污染环境、破坏生态的，被侵权人可以向侵权人请求赔偿，也可以向第三人请求赔偿。侵权人赔偿后，有权向第三人追偿。

第一千二百三十四条　违反国家规定造成生态环境损害，生态环境能够修复的，国家规定的机关或者法律规定的组织有权请求侵权人在合理期限内承担修复责任。侵权人在期限内未修复的，国家规定的机关或者法律规定的组织可以自行或者委托他人进行修复，所需费用由侵权人负担。

第一千二百三十五条　违反国家规定造成生态环境损害的，国家规定的机关或者法律规定的组织有权请求侵权人赔偿下列损失和费用：

（一）生态环境受到损害至修复完成期间服务功能丧失导致的损失；

（二）生态环境功能永久性损害造成的损失；

（三）生态环境损害调查、鉴定评估等费用；

（四）清除污染、修复生态环境费用；

（五）防止损害的发生和扩大所支出的合理费用。

中华人民共和国环境保护法

（1989年12月26日第七届全国人民代表大会常务委员会第十一次会议通过　2014年4月24日第十二届全国人民代表大会常务委员会第八次会议修订）

目　　录

第一章　总　　则

第一条　为保护和改善环境，防治污染和其他公害，保障公众健康，推进生态文明建设，促进经济社会可持续发展，制定本法。

第二条　本法所称环境，是指影响人类生存和发展的各种天然的和经过人工改造的自然因素的总体，包括大气、水、海洋、土地、矿藏、森林、草原、湿地、野生生物、自然遗迹、人文遗迹、自然保护区、风景名胜区、城市和乡村等。

第三条　本法适用于中华人民共和国领域和中华人民共和国管辖的其他海域。

第四条　保护环境是国家的基本国策。

国家采取有利于节约和循环利用资源、保护和改善环境、促进人与自然和谐的经济、技术政策和措施，使经济社会发展与环境保护相协调。

第五条　环境保护坚持保护优先、预防为主、综合治理、公众参与、损害担责的原则。

第六条　一切单位和个人都有保护环境的义务。

地方各级人民政府应当对本行政区域的环境质量负责。

企业事业单位和其他生产经营者应当防止、减少环境污染和生态破坏，对所造成的损害依法承担责任。

公民应当增强环境保护意识，采取低碳、节俭的生活方式，自觉履行环境保护义务。

第七条　国家支持环境保护科学技术研究、开发和应用，鼓励环境保护产业发展，促进环境保护信息化建设，提高环境保护科学技术水平。

第八条　各级人民政府应当加大保护和改善环境、防治污染和其他公害的财政投入，提高财政资金的使用效益。

第九条　各级人民政府应当加强环境保护宣传和普及工作，鼓励基层群众性自治组织、社会组织、环境保护志愿者开展环境保护法律法规和环境保护知识的宣传，营造保护环境的良好风气。

教育行政部门、学校应当将环境保护知识纳入学校教育内容，培养学生的环境保护意识。

新闻媒体应当开展环境保护法律法规和环境保护知识的宣传，对环境违法行为进行舆论监督。

第十条　国务院环境保护主管部门，对全国环境保护工作实施统一监督管理；县级以上地方人民政府环境保护主管部门，对本行政区域环境保护工作实施统一监督管理。

县级以上人民政府有关部门和军队环境保护部门，依照有关法律的规定对资源保护和污染防治等环境保护工作实施监督管理。

第十一条　对保护和改善环境有显著成绩的单位和个人，由人民政府给予奖励。

第十二条　每年6月5日为环境日。

第二章　监督管理

第十三条　县级以上人民政府应当将环境保护工作纳入国民经济和社会发展规划。

国务院环境保护主管部门会同有关部门，根据国民经济和社会发展规划编制国家环境保护规划，报国务院批准并公布实施。

县级以上地方人民政府环境保护主管部门会同有关部门，根据国家环境保护规划的要求，编制本行政区域的环境保护规划，报同级人民政府批准并公布实施。

环境保护规划的内容应当包括生态保护和污染防治的目标、任务、保障措施等，并与主体功能区规划、土地利用总体规划和城乡规划等相衔接。

第十四条 国务院有关部门和省、自治区、直辖市人民政府组织制定经济、技术政策，应当充分考虑对环境的影响，听取有关方面和专家的意见。

第十五条 国务院环境保护主管部门制定国家环境质量标准。

省、自治区、直辖市人民政府对国家环境质量标准中未作规定的项目，可以制定地方环境质量标准；对国家环境质量标准中已作规定的项目，可以制定严于国家环境质量标准的地方环境质量标准。地方环境质量标准应当报国务院环境保护主管部门备案。

国家鼓励开展环境基准研究。

第十六条 国务院环境保护主管部门根据国家环境质量标准和国家经济、技术条件，制定国家污染物排放标准。

省、自治区、直辖市人民政府对国家污染物排放标准中未作规定的项目，可以制定地方污染物排放标准；对国家污染物排放标准中已作规定的项目，可以制定严于国家污染物排放标准的地方污染物排放标准。地方污染物排放标准应当报国务院环境保护主管部门备案。

第十七条 国家建立、健全环境监测制度。国务院环境保护主管部门制定监测规范，会同有关部门组织监测网络，统一规划国家环境质量监测站（点）的设置，建立监测数据共享机制，加强对环境监测的管理。

有关行业、专业等各类环境质量监测站（点）的设置应当符合法律法规规定和监测规范的要求。

监测机构应当使用符合国家标准的监测设备，遵守监测规范。监测机构及其负责人对监测数据的真实性和准确性负责。

第十八条 省级以上人民政府应当组织有关部门或者委托专业机构，对环境状况进行调查、评价，建立环境资源承载能力监测预警机制。

第十九条 编制有关开发利用规划，建设对环境有影响的项目，应当依法进行环境影响评价。

未依法进行环境影响评价的开发利用规划，不得组织实施；未依法进行环境影响评价的建设项目，不得开工建设。

第二十条 国家建立跨行政区域的重点区域、流域环境污染和生态破坏联合防治协调机制，实行统一规划、统一标准、统一监测、统一的防治措施。

前款规定以外的跨行政区域的环境污染和生态破坏的防治，由上级人民政府协调解决，或者由有关地方人民政府协商解决。

第二十一条　国家采取财政、税收、价格、政府采购等方面的政策和措施，鼓励和支持环境保护技术装备、资源综合利用和环境服务等环境保护产业的发展。

第二十二条　企业事业单位和其他生产经营者，在污染物排放符合法定要求的基础上，进一步减少污染物排放的，人民政府应当依法采取财政、税收、价格、政府采购等方面的政策和措施予以鼓励和支持。

第二十三条　企业事业单位和其他生产经营者，为改善环境，依照有关规定转产、搬迁、关闭的，人民政府应当予以支持。

第二十四条　县级以上人民政府环境保护主管部门及其委托的环境监察机构和其他负有环境保护监督管理职责的部门，有权对排放污染物的企业事业单位和其他生产经营者进行现场检查。被检查者应当如实反映情况，提供必要的资料。实施现场检查的部门、机构及其工作人员应当为被检查者保守商业秘密。

第二十五条　企业事业单位和其他生产经营者违反法律法规规定排放污染物，造成或者可能造成严重污染的，县级以上人民政府环境保护主管部门和其他负有环境保护监督管理职责的部门，可以查封、扣押造成污染物排放的设施、设备。

第二十六条　国家实行环境保护目标责任制和考核评价制度。县级以上人民政府应当将环境保护目标完成情况纳入对本级人民政府负有环境保护监督管理职责的部门及其负责人和下级人民政府及其负责人的考核内容，作为对其考核评价的重要依据。考核结果应当向社会公开。

第二十七条　县级以上人民政府应当每年向本级人民代表大会或者人民代表大会常务委员会报告环境状况和环境保护目标完成情况，对发生的重大环境事件应当及时向本级人民代表大会常务委员会报告，依法接受监督。

第三章　保护和改善环境

第二十八条　地方各级人民政府应当根据环境保护目标和治理任务，采取有效措施，改善环境质量。

未达到国家环境质量标准的重点区域、流域的有关地方人民政府，应当制定限期达标规划，并采取措施按期达标。

第二十九条　国家在重点生态功能区、生态环境敏感区和脆弱区等区域划定生态保护红线，实行严格保护。

各级人民政府对具有代表性的各种类型的自然生态系统区域，珍稀、濒危的野生动植物自然分布区域，重要的水源涵养区域，具有重大科学文化价值的地质构造、著名溶洞和化石分布区、冰川、火山、温泉等自然遗迹,以及人文遗迹、古树名木,应当采取措施予以保护,严禁破坏。

第三十条 开发利用自然资源,应当合理开发,保护生物多样性,保障生态安全,依法制定有关生态保护和恢复治理方案并予以实施。

引进外来物种以及研究、开发和利用生物技术,应当采取措施,防止对生物多样性的破坏。

第三十一条 国家建立、健全生态保护补偿制度。

国家加大对生态保护地区的财政转移支付力度。有关地方人民政府应当落实生态保护补偿资金,确保其用于生态保护补偿。

国家指导受益地区和生态保护地区人民政府通过协商或者按照市场规则进行生态保护补偿。

第三十二条 国家加强对大气、水、土壤等的保护,建立和完善相应的调查、监测、评估和修复制度。

第三十三条 各级人民政府应当加强对农业环境的保护,促进农业环境保护新技术的使用,加强对农业污染源的监测预警,统筹有关部门采取措施,防治土壤污染和土地沙化、盐渍化、贫瘠化、石漠化、地面沉降以及防治植被破坏、水土流失、水体富营养化、水源枯竭、种源灭绝等生态失调现象,推广植物病虫害的综合防治。

县级、乡级人民政府应当提高农村环境保护公共服务水平,推动农村环境综合整治。

第三十四条 国务院和沿海地方各级人民政府应当加强对海洋环境的保护。向海洋排放污染物、倾倒废弃物,进行海岸工程和海洋工程建设,应当符合法律法规规定和有关标准,防止和减少对海洋环境的污染损害。

第三十五条 城乡建设应当结合当地自然环境的特点,保护植被、水域和自然景观,加强城市园林、绿地和风景名胜区的建设与管理。

第三十六条 国家鼓励和引导公民、法人和其他组织使用有利于保护环境的产品和再生产品,减少废弃物的产生。

国家机关和使用财政资金的其他组织应当优先采购和使用节能、节水、节材等有利于保护环境的产品、设备和设施。

第三十七条 地方各级人民政府应当采取措施,组织对生活废弃物的分类处置、回收利用。

第三十八条 公民应当遵守环境保护法律法规,配合实施环境保护措施,按照规定对生活废弃物进行分类放置,减少日常生活对环境造成的损害。

第三十九条 国家建立、健全环境与健康监测、调查和风险评估制度;鼓励和组织开展环境质量对公众健康影响的研究，采取措施预防和控制与环境污染有关的疾病。

第四章　防治污染和其他公害

第四十条　国家促进清洁生产和资源循环利用。

国务院有关部门和地方各级人民政府应当采取措施，推广清洁能源的生产和使用。

企业应当优先使用清洁能源，采用资源利用率高、污染物排放量少的工艺、设备以及废弃物综合利用技术和污染物无害化处理技术，减少污染物的产生。

第四十一条　建设项目中防治污染的设施，应当与主体工程同时设计、同时施工、同时投产使用。防治污染的设施应当符合经批准的环境影响评价文件的要求，不得擅自拆除或者闲置。

第四十二条　排放污染物的企业事业单位和其他生产经营者，应当采取措施，防治在生产建设或者其他活动中产生的废气、废水、废渣、医疗废物、粉尘、恶臭气体、放射性物质以及噪声、振动、光辐射、电磁辐射等对环境的污染和危害。

排放污染物的企业事业单位，应当建立环境保护责任制度，明确单位负责人和相关人员的责任。

重点排污单位应当按照国家有关规定和监测规范安装使用监测设备，保证监测设备正常运行，保存原始监测记录。

严禁通过暗管、渗井、渗坑、灌注或者篡改、伪造监测数据，或者不正常运行防治污染设施等逃避监管的方式违法排放污染物。

第四十三条　排放污染物的企业事业单位和其他生产经营者，应当按照国家有关规定缴纳排污费。排污费应当全部专项用于环境污染防治，任何单位和个人不得截留、挤占或者挪作他用。

依照法律规定征收环境保护税的，不再征收排污费。

第四十四条　国家实行重点污染物排放总量控制制度。重点污染物排放总量控制指标由国务院下达，省、自治区、直辖市人民政府分解落实。企业事业单位在执行国家和地方污染物排放标准的同时，应当遵守分解落实到本单位的重点污染物排放总量控制指标。

对超过国家重点污染物排放总量控制指标或者未完成国家确定的环境质量目标的地区，省级以上人民政府环境保护主管部门应当暂停审批其新增重点污染物排放总量的建设项目环境影响评价文件。

第四十五条 国家依照法律规定实行排污许可管理制度。

实行排污许可管理的企业事业单位和其他生产经营者应当按照排污许可证的要求排放污染物;未取得排污许可证的,不得排放污染物。

第四十六条 国家对严重污染环境的工艺、设备和产品实行淘汰制度。任何单位和个人不得生产、销售或者转移、使用严重污染环境的工艺、设备和产品。

禁止引进不符合我国环境保护规定的技术、设备、材料和产品。

第四十七条 各级人民政府及其有关部门和企业事业单位,应当依照《中华人民共和国突发事件应对法》的规定,做好突发环境事件的风险控制、应急准备、应急处置和事后恢复等工作。

县级以上人民政府应当建立环境污染公共监测预警机制,组织制定预警方案;环境受到污染,可能影响公众健康和环境安全时,依法及时公布预警信息,启动应急措施。

企业事业单位应当按照国家有关规定制定突发环境事件应急预案,报环境保护主管部门和有关部门备案。在发生或者可能发生突发环境事件时,企业事业单位应当立即采取措施处理,及时通报可能受到危害的单位和居民,并向环境保护主管部门和有关部门报告。

突发环境事件应急处置工作结束后,有关人民政府应当立即组织评估事件造成的环境影响和损失,并及时将评估结果向社会公布。

第四十八条 生产、储存、运输、销售、使用、处置化学物品和含有放射性物质的物品,应当遵守国家有关规定,防止污染环境。

第四十九条 各级人民政府及其农业等有关部门和机构应当指导农业生产经营者科学种植和养殖,科学合理施用农药、化肥等农业投入品,科学处置农用薄膜、农作物秸秆等农业废弃物,防止农业面源污染。

禁止将不符合农用标准和环境保护标准的固体废物、废水施入农田。施用农药、化肥等农业投入品及进行灌溉,应当采取措施,防止重金属和其他有毒有害物质污染环境。

畜禽养殖场、养殖小区、定点屠宰企业等的选址、建设和管理应当符合有关法律法规规定。从事畜禽养殖和屠宰的单位和个人应当采取措施,对畜禽粪便、尸体和污水等废弃物进行科学处置,防止污染环境。

县级人民政府负责组织农村生活废弃物的处置工作。

第五十条 各级人民政府应当在财政预算中安排资金,支持农村饮用水水源地保护、生活污水和其他废弃物处理、畜禽养殖和屠宰污染防治、土壤污染防治和农村工矿污染治理等环境保护工作。

第五十一条 各级人民政府应当统筹城乡建设污水处理设施及配套管网，固体废物的收集、运输和处置等环境卫生设施，危险废物集中处置设施、场所以及其他环境保护公共设施，并保障其正常运行。

第五十二条 国家鼓励投保环境污染责任保险。

第五章 信息公开和公众参与

第五十三条 公民、法人和其他组织依法享有获取环境信息、参与和监督环境保护的权利。

各级人民政府环境保护主管部门和其他负有环境保护监督管理职责的部门，应当依法公开环境信息、完善公众参与程序，为公民、法人和其他组织参与和监督环境保护提供便利。

第五十四条 国务院环境保护主管部门统一发布国家环境质量、重点污染源监测信息及其他重大环境信息。省级以上人民政府环境保护主管部门定期发布环境状况公报。

县级以上人民政府环境保护主管部门和其他负有环境保护监督管理职责的部门，应当依法公开环境质量、环境监测、突发环境事件以及环境行政许可、行政处罚、排污费的征收和使用情况等信息。

县级以上地方人民政府环境保护主管部门和其他负有环境保护监督管理职责的部门，应当将企业事业单位和其他生产经营者的环境违法信息记入社会诚信档案，及时向社会公布违法者名单。

第五十五条 重点排污单位应当如实向社会公开其主要污染物的名称、排放方式、排放浓度和总量、超标排放情况，以及防治污染设施的建设和运行情况，接受社会监督。

第五十六条 对依法应当编制环境影响报告书的建设项目，建设单位应当在编制时向可能受影响的公众说明情况，充分征求意见。

负责审批建设项目环境影响评价文件的部门在收到建设项目环境影响报告书后，除涉及国家秘密和商业秘密的事项外，应当全文公开；发现建设项目未充分征求公众意见的，应当责成建设单位征求公众意见。

第五十七条 公民、法人和其他组织发现任何单位和个人有污染环境和破坏生态行为的，有权向环境保护主管部门或者其他负有环境保护监督管理职责的部门举报。

公民、法人和其他组织发现地方各级人民政府、县级以上人民政府环境保护主管部门和其他负有环境保护监督管理职责的部门不依法履行职责的，有权向其上级机关或者监察机关举报。

接受举报的机关应当对举报人的相关信息予以保密，保护举报人的合法权益。

第五十八条 对污染环境、破坏生态，损害社会公共利益的行为，符合下列条件的社会组织可以向人民法院提起诉讼：

（一）依法在设区的市级以上人民政府民政部门登记；

（二）专门从事环境保护公益活动连续五年以上且无违法记录。

符合前款规定的社会组织向人民法院提起诉讼，人民法院应当依法受理。

提起诉讼的社会组织不得通过诉讼牟取经济利益。

第六章 法律责任

第五十九条 企业事业单位和其他生产经营者违法排放污染物，受到罚款处罚，被责令改正，拒不改正的，依法作出处罚决定的行政机关可以自责令改正之日的次日起，按照原处罚数额按日连续处罚。

前款规定的罚款处罚，依照有关法律法规按照防治污染设施的运行成本、违法行为造成的直接损失或者违法所得等因素确定的规定执行。

地方性法规可以根据环境保护的实际需要，增加第一款规定的按日连续处罚的违法行为的种类。

第六十条 企业事业单位和其他生产经营者超过污染物排放标准或者超过重点污染物排放总量控制指标排放污染物的，县级以上人民政府环境保护主管部门可以责令其采取限制生产、停产整治等措施；情节严重的，报经有批准权的人民政府批准，责令停业、关闭。

第六十一条 建设单位未依法提交建设项目环境影响评价文件或者环境影响评价文件未经批准，擅自开工建设的，由负有环境保护监督管理职责的部门责令停止建设，处以罚款，并可以责令恢复原状。

第六十二条 违反本法规定，重点排污单位不公开或者不如实公开环境信息的，由县级以上地方人民政府环境保护主管部门责令公开，处以罚款，并予以公告。

第六十三条 企业事业单位和其他生产经营者有下列行为之一，尚不构成犯罪的，除依照有关法律法规规定予以处罚外，由县级以上人民政府环境保护主管部门或者其他有关部门将案件移送公安机关，对其直接负责的主管人员和其他直接责任人员，处十日以上十五日以下拘留；情节较轻的，处五日以上十日以下拘留：

（一）建设项目未依法进行环境影响评价，被责令停止建设，拒不执行的；

（二）违反法律规定，未取得排污许可证排放污染物，被责令停止排污，拒不执行的；

（三）通过暗管、渗井、渗坑、灌注或者篡改、伪造监测数据，或者不正常运行防治污染设施等逃避监管的方式违法排放污染物的；

（四）生产、使用国家明令禁止生产、使用的农药，被责令改正，拒不改正的。

第六十四条　因污染环境和破坏生态造成损害的，应当依照《中华人民共和国侵权责任法》的有关规定承担侵权责任。

第六十五条　环境影响评价机构、环境监测机构以及从事环境监测设备和防治污染设施维护、运营的机构，在有关环境服务活动中弄虚作假，对造成的环境污染和生态破坏负有责任的，除依照有关法律法规规定予以处罚外，还应当与造成环境污染和生态破坏的其他责任者承担连带责任。

第六十六条　提起环境损害赔偿诉讼的时效期间为三年，从当事人知道或者应当知道其受到损害时起计算。

第六十七条　上级人民政府及其环境保护主管部门应当加强对下级人民政府及其有关部门环境保护工作的监督。发现有关工作人员有违法行为，依法应当给予处分的，应当向其任免机关或者监察机关提出处分建议。

依法应当给予行政处罚，而有关环境保护主管部门不给予行政处罚的，上级人民政府环境保护主管部门可以直接作出行政处罚的决定。

第六十八条　地方各级人民政府、县级以上人民政府环境保护主管部门和其他负有环境保护监督管理职责的部门有下列行为之一的，对直接负责的主管人员和其他直接责任人员给予记过、记大过或者降级处分；造成严重后果的，给予撤职或者开除处分，其主要负责人应当引咎辞职：

（一）不符合行政许可条件准予行政许可的；

（二）对环境违法行为进行包庇的；

（三）依法应当作出责令停业、关闭的决定而未作出的；

（四）对超标排放污染物、采用逃避监管的方式排放污染物、造成环境事故以及不落实生态保护措施造成生态破坏等行为，发现或者接到举报未及时查处的；

（五）违反本法规定，查封、扣押企业事业单位和其他生产经营者的设施、设备的；

（六）篡改、伪造或者指使篡改、伪造监测数据的；

（七）应当依法公开环境信息而未公开的；

（八）将征收的排污费截留、挤占或者挪作他用的；

（九）法律法规规定的其他违法行为。

第六十九条 违反本法规定，构成犯罪的，依法追究刑事责任。

第七章 附 则

第七十条 本法自2015年1月1日起施行。

中华人民共和国民事诉讼法

（1991年4月9日第七届全国人民代表大会第四次会议通过　根据2007年10月28日第十届全国人民代表大会常务委员会第三十次会议《关于修改〈中华人民共和国民事诉讼法〉的决定》第一次修正　根据2012年8月31日第十一届全国人民代表大会常务委员会第二十八次会议《关于修改〈中华人民共和国民事诉讼法〉的决定》第二次修正　根据2017年6月27日第十二届全国人民代表大会常务委员会第二十八次会议《关于修改〈中华人民共和国民事诉讼法〉和〈中华人民共和国行政诉讼法〉的决定》第三次修正　根据2021年12月24日第十三届全国人民代表大会常务委员会第三十二次会议《关于修改〈中华人民共和国民事诉讼法〉的决定》第四次修正）

目 录

第一编　总　　则

第一章　任务、适用范围和基本原则

第一条　中华人民共和国民事诉讼法以宪法为根据，结合我国民事审判工作的经验和实际情况制定。

第二条　中华人民共和国民事诉讼法的任务，是保护当事人行使诉讼权利，保证人民法院查明事实，分清是非，正确适用法律，及时审理民事案件，确认民事权利义务关系，制裁民事违法行为，保护当事人的合法权益，教育公民自觉遵守法律，维护社会秩序、经济秩序，保障社会主义建设事业顺利进行。

第三条　人民法院受理公民之间、法人之间、其他组织之间以及他们相互之间因财产关系和人身关系提起的民事诉讼，适用本法的规定。

第四条　凡在中华人民共和国领域内进行民事诉讼，必须遵守本法。

第五条　外国人、无国籍人、外国企业和组织在人民法院起诉、应诉，同中华人民共和国公民、法人和其他组织有同等的诉讼权利义务。

外国法院对中华人民共和国公民、法人和其他组织的民事诉讼权利加以限制的，中华人民共和国人民法院对该国公民、企业和组织的民事诉讼权利，实行对等原则。

第六条　民事案件的审判权由人民法院行使。

人民法院依照法律规定对民事案件独立进行审判，不受行政机关、社会团体和个人的干涉。

第七条　人民法院审理民事案件，必须以事实为根据，以法律为准绳。

第八条　民事诉讼当事人有平等的诉讼权利。人民法院审理民事案件，应当保障和便利当事人行使诉讼权利，对当事人在适用法律上一律平等。

第九条 人民法院审理民事案件，应当根据自愿和合法的原则进行调解；调解不成的，应当及时判决。

第十条 人民法院审理民事案件，依照法律规定实行合议、回避、公开审判和两审终审制度。

第十一条 各民族公民都有用本民族语言、文字进行民事诉讼的权利。

在少数民族聚居或者多民族共同居住的地区，人民法院应当用当地民族通用的语言、文字进行审理和发布法律文书。

人民法院应当对不通晓当地民族通用的语言、文字的诉讼参与人提供翻译。

第十二条 人民法院审理民事案件时，当事人有权进行辩论。

第十三条 民事诉讼应当遵循诚信原则。

当事人有权在法律规定的范围内处分自己的民事权利和诉讼权利。

第十四条 人民检察院有权对民事诉讼实行法律监督。

第十五条 机关、社会团体、企业事业单位对损害国家、集体或者个人民事权益的行为，可以支持受损害的单位或者个人向人民法院起诉。

第十六条 经当事人同意，民事诉讼活动可以通过信息网络平台在线进行。

民事诉讼活动通过信息网络平台在线进行的，与线下诉讼活动具有同等法律效力。

第十七条 民族自治地方的人民代表大会根据宪法和本法的原则，结合当地民族的具体情况，可以制定变通或者补充的规定。自治区的规定，报全国人民代表大会常务委员会批准。自治州、自治县的规定，报省或者自治区的人民代表大会常务委员会批准，并报全国人民代表大会常务委员会备案。

第二章 管 辖

第一节 级别管辖

第十八条 基层人民法院管辖第一审民事案件，但本法另有规定的除外。

第十九条 中级人民法院管辖下列第一审民事案件：

（一）重大涉外案件；

（二）在本辖区有重大影响的案件；

（三）最高人民法院确定由中级人民法院管辖的案件。

第二十条 高级人民法院管辖在本辖区有重大影响的第一审民事案件。

第二十一条 最高人民法院管辖下列第一审民事案件：

（一）在全国有重大影响的案件；

（二）认为应当由本院审理的案件。

第二节 地域管辖

第二十二条 对公民提起的民事诉讼，由被告住所地人民法院管辖；被告住所地与经常居住地不一致的，由经常居住地人民法院管辖。

对法人或者其他组织提起的民事诉讼，由被告住所地人民法院管辖。

同一诉讼的几个被告住所地、经常居住地在两个以上人民法院辖区的，各该人民法院都有管辖权。

第二十三条 下列民事诉讼，由原告住所地人民法院管辖；原告住所地与经常居住地不一致的，由原告经常居住地人民法院管辖：

（一）对不在中华人民共和国领域内居住的人提起的有关身份关系的诉讼；

（二）对下落不明或者宣告失踪的人提起的有关身份关系的诉讼；

（三）对被采取强制性教育措施的人提起的诉讼；

（四）对被监禁的人提起的诉讼。

第二十四条 因合同纠纷提起的诉讼，由被告住所地或者合同履行地人民法院管辖。

第二十五条 因保险合同纠纷提起的诉讼，由被告住所地或者保险标的物所在地人民法院管辖。

第二十六条 因票据纠纷提起的诉讼，由票据支付地或者被告住所地人民法院管辖。

第二十七条 因公司设立、确认股东资格、分配利润、解散等纠纷提起的诉讼，由公司住所地人民法院管辖。

第二十八条 因铁路、公路、水上、航空运输和联合运输合同纠纷提起的诉讼，由运输始发地、目的地或者被告住所地人民法院管辖。

第二十九条 因侵权行为提起的诉讼，由侵权行为地或者被告住所地人民法院管辖。

第三十条 因铁路、公路、水上和航空事故请求损害赔偿提起的诉讼，由事故发生地或者车辆、船舶最先到达地、航空器最先降落地或者被告住所地人民法院管辖。

第三十一条 因船舶碰撞或者其他海事损害事故请求损害赔偿提起的诉讼，由碰撞发生地、碰撞船舶最先到达地、加害船舶被扣留地或者被告住所地人民法院管辖。

第三十二条 因海难救助费用提起的诉讼，由救助地或者被救助船舶最先到达地人民法院管辖。

第三十三条 因共同海损提起的诉讼，由船舶最先到达地、共同海损理算地或者航程终止地的人民法院管辖。

第三十四条 下列案件，由本条规定的人民法院专属管辖：

（一）因不动产纠纷提起的诉讼，由不动产所在地人民法院管辖；

（二）因港口作业中发生纠纷提起的诉讼，由港口所在地人民法院管辖；

（三）因继承遗产纠纷提起的诉讼，由被继承人死亡时住所地或者主要遗产所在地人民法院管辖。

第三十五条 合同或者其他财产权益纠纷的当事人可以书面协议选择被告住所地、合同履行地、合同签订地、原告住所地、标的物所在地等与争议有实际联系的地点的人民法院管辖，但不得违反本法对级别管辖和专属管辖的规定。

第三十六条 两个以上人民法院都有管辖权的诉讼，原告可以向其中一个人民法院起诉；原告向两个以上有管辖权的人民法院起诉的，由最先立案的人民法院管辖。

第三节 移送管辖和指定管辖

第三十七条 人民法院发现受理的案件不属于本院管辖的，应当移送有管辖权的人民法院，受移送的人民法院应当受理。受移送的人民法院认为受移送的案件依照规定不属于本院管辖的，应当报请上级人民法院指定管辖，不得再自行移送。

第三十八条 有管辖权的人民法院由于特殊原因，不能行使管辖权的，由上级人民法院指定管辖。

人民法院之间因管辖权发生争议，由争议双方协商解决；协商解决不了的，报请它们的共同上级人民法院指定管辖。

第三十九条 上级人民法院有权审理下级人民法院管辖的第一审民事案件；确有必要将本院管辖的第一审民事案件交下级人民法院审理的，应当报请其上级人民法院批准。

下级人民法院对它所管辖的第一审民事案件，认为需要由上级人民法院审理的，可以报请上级人民法院审理。

第三章　审 判 组 织

第四十条　人民法院审理第一审民事案件,由审判员、陪审员共同组成合议庭或者由审判员组成合议庭。合议庭的成员人数,必须是单数。

适用简易程序审理的民事案件,由审判员一人独任审理。基层人民法院审理的基本事实清楚、权利义务关系明确的第一审民事案件,可以由审判员一人适用普通程序独任审理。

陪审员在执行陪审职务时,与审判员有同等的权利义务。

第四十一条　人民法院审理第二审民事案件,由审判员组成合议庭。合议庭的成员人数,必须是单数。

中级人民法院对第一审适用简易程序审结或者不服裁定提起上诉的第二审民事案件,事实清楚、权利义务关系明确的,经双方当事人同意,可以由审判员一人独任审理。

发回重审的案件,原审人民法院应当按照第一审程序另行组成合议庭。

审理再审案件,原来是第一审的,按照第一审程序另行组成合议庭;原来是第二审的或者是上级人民法院提审的,按照第二审程序另行组成合议庭。

第四十二条　人民法院审理下列民事案件,不得由审判员一人独任审理:

(一)涉及国家利益、社会公共利益的案件;

(二)涉及群体性纠纷,可能影响社会稳定的案件;

(三)人民群众广泛关注或者其他社会影响较大的案件;

(四)属于新类型或者疑难复杂的案件;

(五)法律规定应当组成合议庭审理的案件;

(六)其他不宜由审判员一人独任审理的案件。

第四十三条　人民法院在审理过程中,发现案件不宜由审判员一人独任审理的,应当裁定转由合议庭审理。

当事人认为案件由审判员一人独任审理违反法律规定的,可以向人民法院提出异议。人民法院对当事人提出的异议应当审查,异议成立的,裁定转由合议庭审理;异议不成立的,裁定驳回。

第四十四条　合议庭的审判长由院长或者庭长指定审判员一人担任;院长或者庭长参加审判的,由院长或者庭长担任。

第四十五条　合议庭评议案件,实行少数服从多数的原则。评议应当制作笔录,由合议庭成员签名。评议中的不同意见,必须如实记入笔录。

第四十六条　审判人员应当依法秉公办案。

审判人员不得接受当事人及其诉讼代理人请客送礼。

审判人员有贪污受贿，徇私舞弊，枉法裁判行为的，应当追究法律责任；构成犯罪的，依法追究刑事责任。

第四章　回　　避

第四十七条　审判人员有下列情形之一的，应当自行回避，当事人有权用口头或者书面方式申请他们回避：

（一）是本案当事人或者当事人、诉讼代理人近亲属的；

（二）与本案有利害关系的；

（三）与本案当事人、诉讼代理人有其他关系，可能影响对案件公正审理的。

审判人员接受当事人、诉讼代理人请客送礼，或者违反规定会见当事人、诉讼代理人的，当事人有权要求他们回避。

审判人员有前款规定的行为的，应当依法追究法律责任。

前三款规定，适用于书记员、翻译人员、鉴定人、勘验人。

第四十八条　当事人提出回避申请，应当说明理由，在案件开始审理时提出；回避事由在案件开始审理后知道的，也可以在法庭辩论终结前提出。

被申请回避的人员在人民法院作出是否回避的决定前，应当暂停参与本案的工作，但案件需要采取紧急措施的除外。

第四十九条　院长担任审判长或者独任审判员时的回避，由审判委员会决定；审判人员的回避，由院长决定；其他人员的回避，由审判长或者独任审判员决定。

第五十条　人民法院对当事人提出的回避申请，应当在申请提出的三日内，以口头或者书面形式作出决定。申请人对决定不服的，可以在接到决定时申请复议一次。复议期间，被申请回避的人员，不停止参与本案的工作。人民法院对复议申请，应当在三日内作出复议决定，并通知复议申请人。

第五章　诉讼参加人

第一节　当　事　人

第五十一条　公民、法人和其他组织可以作为民事诉讼的当事人。

法人由其法定代表人进行诉讼。其他组织由其主要负责人进行诉讼。

第五十二条 当事人有权委托代理人,提出回避申请,收集、提供证据,进行辩论,请求调解,提起上诉,申请执行。

当事人可以查阅本案有关材料,并可以复制本案有关材料和法律文书。查阅、复制本案有关材料的范围和办法由最高人民法院规定。

当事人必须依法行使诉讼权利,遵守诉讼秩序,履行发生法律效力的判决书、裁定书和调解书。

第五十三条 双方当事人可以自行和解。

第五十四条 原告可以放弃或者变更诉讼请求。被告可以承认或者反驳诉讼请求,有权提起反诉。

第五十五条 当事人一方或者双方为二人以上,其诉讼标的是共同的,或者诉讼标的是同一种类、人民法院认为可以合并审理并经当事人同意的,为共同诉讼。

共同诉讼的一方当事人对诉讼标的有共同权利义务的,其中一人的诉讼行为经其他共同诉讼人承认,对其他共同诉讼人发生效力;对诉讼标的没有共同权利义务的,其中一人的诉讼行为对其他共同诉讼人不发生效力。

第五十六条 当事人一方人数众多的共同诉讼,可以由当事人推选代表人进行诉讼。代表人的诉讼行为对其所代表的当事人发生效力,但代表人变更、放弃诉讼请求或者承认对方当事人的诉讼请求,进行和解,必须经被代表的当事人同意。

第五十七条 诉讼标的是同一种类、当事人一方人数众多在起诉时人数尚未确定的,人民法院可以发出公告,说明案件情况和诉讼请求,通知权利人在一定期间向人民法院登记。

向人民法院登记的权利人可以推选代表人进行诉讼;推选不出代表人的,人民法院可以与参加登记的权利人商定代表人。

代表人的诉讼行为对其所代表的当事人发生效力,但代表人变更、放弃诉讼请求或者承认对方当事人的诉讼请求,进行和解,必须经被代表的当事人同意。

人民法院作出的判决、裁定,对参加登记的全体权利人发生效力。未参加登记的权利人在诉讼时效期间提起诉讼的,适用该判决、裁定。

第五十八条 对污染环境、侵害众多消费者合法权益等损害社会公共利益的行为,法律规定的机关和有关组织可以向人民法院提起诉讼。

人民检察院在履行职责中发现破坏生态环境和资源保护、食品药品安全领域侵害众多消费者合法权益等损害社会公共利益的行为,在没有前款规定的机关和组织或者前款规定的机关和组织不提起诉讼的情况下,可以向人民法院提起诉讼。前款规定的机关或者组织提起诉讼的,人民检察院可以支持起诉。

第五十九条　对当事人双方的诉讼标的,第三人认为有独立请求权的,有权提起诉讼。

对当事人双方的诉讼标的,第三人虽然没有独立请求权,但案件处理结果同他有法律上的利害关系的,可以申请参加诉讼,或者由人民法院通知他参加诉讼。人民法院判决承担民事责任的第三人,有当事人的诉讼权利义务。

前两款规定的第三人,因不能归责于本人的事由未参加诉讼,但有证据证明发生法律效力的判决、裁定、调解书的部分或者全部内容错误,损害其民事权益的,可以自知道或者应当知道其民事权益受到损害之日起六个月内,向作出该判决、裁定、调解书的人民法院提起诉讼。人民法院经审理,诉讼请求成立的,应当改变或者撤销原判决、裁定、调解书;诉讼请求不成立的,驳回诉讼请求。

第二节　诉讼代理人

第六十条　无诉讼行为能力人由他的监护人作为法定代理人代为诉讼。法定代理人之间互相推诿代理责任的,由人民法院指定其中一人代为诉讼。

第六十一条　当事人、法定代理人可以委托一至二人作为诉讼代理人。

下列人员可以被委托为诉讼代理人:

(一)律师、基层法律服务工作者;

(二)当事人的近亲属或者工作人员;

(三)当事人所在社区、单位以及有关社会团体推荐的公民。

第六十二条　委托他人代为诉讼,必须向人民法院提交由委托人签名或者盖章的授权委托书。

授权委托书必须记明委托事项和权限。诉讼代理人代为承认、放弃、变更诉讼请求,进行和解,提起反诉或者上诉,必须有委托人的特别授权。

侨居在国外的中华人民共和国公民从国外寄交或者托交的授权委托书,必须经中华人民共和国驻该国的使领馆证明;没有使领馆的,由与中华人民共和国有外交关系的第三国驻该国的使领馆证明,再转由中华人民共和国驻该第三国使领馆证明,或者由当地的爱国华侨团体证明。

第六十三条　诉讼代理人的权限如果变更或者解除,当事人应当书面告知人民法院,并由人民法院通知对方当事人。

第六十四条　代理诉讼的律师和其他诉讼代理人有权调查收集证据,可以查阅本案有关材料。查阅本案有关材料的范围和办法由最高人民法院规定。

第六十五条　离婚案件有诉讼代理人的,本人除不能表达意思的以外,仍应出庭；确因特殊情况无法出庭的，必须向人民法院提交书面意见。

第六章 证　　据

第六十六条　证据包括：

（一）当事人的陈述；

（二）书证；

（三）物证；

（四）视听资料；

（五）电子数据；

（六）证人证言；

（七）鉴定意见；

（八）勘验笔录。

证据必须查证属实，才能作为认定事实的根据。

第六十七条　当事人对自己提出的主张，有责任提供证据。

当事人及其诉讼代理人因客观原因不能自行收集的证据，或者人民法院认为审理案件需要的证据，人民法院应当调查收集。

人民法院应当按照法定程序，全面地、客观地审查核实证据。

第六十八条　当事人对自己提出的主张应当及时提供证据。

人民法院根据当事人的主张和案件审理情况，确定当事人应当提供的证据及其期限。当事人在该期限内提供证据确有困难的，可以向人民法院申请延长期限，人民法院根据当事人的申请适当延长。当事人逾期提供证据的，人民法院应当责令其说明理由；拒不说明理由或者理由不成立的，人民法院根据不同情形可以不予采纳该证据，或者采纳该证据但予以训诫、罚款。

第六十九条　人民法院收到当事人提交的证据材料，应当出具收据，写明证据名称、页数、份数、原件或者复印件以及收到时间等，并由经办人员签名或者盖章。

第七十条　人民法院有权向有关单位和个人调查取证，有关单位和个人不得拒绝。

人民法院对有关单位和个人提出的证明文书，应当辨别真伪，审查确定其效力。

第七十一条　证据应当在法庭上出示，并由当事人互相质证。对涉及国家秘密、商业秘密和个人隐私的证据应当保密，需要在法庭出示的，不得在公开开庭时出示。

第七十二条　经过法定程序公证证明的法律事实和文书，人民法院应当作为认定事实的根据，但有相反证据足以推翻公证证明的除外。

第七十三条　书证应当提交原件。物证应当提交原物。提交原件或者原物确有困难的，可以提交复制品、照片、副本、节录本。

提交外文书证，必须附有中文译本。

第七十四条　人民法院对视听资料，应当辨别真伪，并结合本案的其他证据，审查确定能否作为认定事实的根据。

第七十五条　凡是知道案件情况的单位和个人，都有义务出庭作证。有关单位的负责人应当支持证人作证。

不能正确表达意思的人，不能作证。

第七十六条　经人民法院通知，证人应当出庭作证。有下列情形之一的，经人民法院许可，可以通过书面证言、视听传输技术或者视听资料等方式作证：

（一）因健康原因不能出庭的；

（二）因路途遥远，交通不便不能出庭的；

（三）因自然灾害等不可抗力不能出庭的；

（四）其他有正当理由不能出庭的。

第七十七条　证人因履行出庭作证义务而支出的交通、住宿、就餐等必要费用以及误工损失，由败诉一方当事人负担。当事人申请证人作证的，由该当事人先行垫付；当事人没有申请，人民法院通知证人作证的，由人民法院先行垫付。

第七十八条　人民法院对当事人的陈述，应当结合本案的其他证据，审查确定能否作为认定事实的根据。

当事人拒绝陈述的，不影响人民法院根据证据认定案件事实。

第七十九条　当事人可以就查明事实的专门性问题向人民法院申请鉴定。当事人申请鉴定的，由双方当事人协商确定具备资格的鉴定人；协商不成的，由人民法院指定。

当事人未申请鉴定，人民法院对专门性问题认为需要鉴定的，应当委托具备资格的鉴定人进行鉴定。

第八十条　鉴定人有权了解进行鉴定所需要的案件材料，必要时可以询问当事人、证人。

鉴定人应当提出书面鉴定意见，在鉴定书上签名或者盖章。

第八十一条　当事人对鉴定意见有异议或者人民法院认为鉴定人有必要出庭的，鉴定人应当出庭作证。经人民法院通知，鉴定人拒不出庭作证的，鉴定意见不得作为认定事实的根据；支付鉴定费用的当事人可以要求返还鉴定费用。

第八十二条 当事人可以申请人民法院通知有专门知识的人出庭，就鉴定人作出的鉴定意见或者专业问题提出意见。

第八十三条 勘验物证或者现场，勘验人必须出示人民法院的证件，并邀请当地基层组织或者当事人所在单位派人参加。当事人或者当事人的成年家属应当到场，拒不到场的，不影响勘验的进行。

有关单位和个人根据人民法院的通知，有义务保护现场，协助勘验工作。

勘验人应当将勘验情况和结果制作笔录，由勘验人、当事人和被邀参加人签名或者盖章。

第八十四条 在证据可能灭失或者以后难以取得的情况下，当事人可以在诉讼过程中向人民法院申请保全证据，人民法院也可以主动采取保全措施。

因情况紧急，在证据可能灭失或者以后难以取得的情况下，利害关系人可以在提起诉讼或者申请仲裁前向证据所在地、被申请人住所地或者对案件有管辖权的人民法院申请保全证据。

证据保全的其他程序，参照适用本法第九章保全的有关规定。

第七章 期间、送达

第一节 期　　间

第八十五条 期间包括法定期间和人民法院指定的期间。

期间以时、日、月、年计算。期间开始的时和日，不计算在期间内。

期间届满的最后一日是法定休假日的，以法定休假日后的第一日为期间届满的日期。

期间不包括在途时间，诉讼文书在期满前交邮的，不算过期。

第八十六条 当事人因不可抗拒的事由或者其他正当理由耽误期限的，在障碍消除后的十日内，可以申请顺延期限，是否准许，由人民法院决定。

第二节 送　　达

第八十七条 送达诉讼文书必须有送达回证，由受送达人在送达回证上记明收到日期，签名或者盖章。

受送达人在送达回证上的签收日期为送达日期。

第八十八条　送达诉讼文书，应当直接送交受送达人。受送达人是公民的，本人不在交他的同住成年家属签收；受送达人是法人或者其他组织的，应当由法人的法定代表人、其他组织的主要负责人或者该法人、组织负责收件的人签收；受送达人有诉讼代理人的，可以送交其代理人签收；受送达人已向人民法院指定代收人的，送交代收人签收。

受送达人的同住成年家属，法人或者其他组织的负责收件的人，诉讼代理人或者代收人在送达回证上签收的日期为送达日期。

第八十九条　受送达人或者他的同住成年家属拒绝接收诉讼文书的，送达人可以邀请有关基层组织或者所在单位的代表到场，说明情况，在送达回证上记明拒收事由和日期，由送达人、见证人签名或者盖章，把诉讼文书留在受送达人的住所；也可以把诉讼文书留在受送达人的住所，并采用拍照、录像等方式记录送达过程，即视为送达。

第九十条　经受送达人同意，人民法院可以采用能够确认其收悉的电子方式送达诉讼文书。通过电子方式送达的判决书、裁定书、调解书，受送达人提出需要纸质文书的，人民法院应当提供。

采用前款方式送达的，以送达信息到达受送达人特定系统的日期为送达日期。

第九十一条　直接送达诉讼文书有困难的，可以委托其他人民法院代为送达，或者邮寄送达。邮寄送达的，以回执上注明的收件日期为送达日期。

第九十二条　受送达人是军人的，通过其所在部队团以上单位的政治机关转交。

第九十三条　受送达人被监禁的，通过其所在监所转交。

受送达人被采取强制性教育措施的，通过其所在强制性教育机构转交。

第九十四条　代为转交的机关、单位收到诉讼文书后，必须立即交受送达人签收，以在送达回证上的签收日期，为送达日期。

第九十五条　受送达人下落不明，或者用本节规定的其他方式无法送达的，公告送达。自发出公告之日起，经过三十日，即视为送达。

公告送达，应当在案卷中记明原因和经过。

第八章　调　　解

第九十六条　人民法院审理民事案件，根据当事人自愿的原则，在事实清楚的基础上，分清是非，进行调解。

第九十七条　人民法院进行调解，可以由审判员一人主持，也可以由合议庭主持,并尽可能就地进行。

人民法院进行调解,可以用简便方式通知当事人、证人到庭。

第九十八条 人民法院进行调解,可以邀请有关单位和个人协助。被邀请的单位和个人,应当协助人民法院进行调解。

第九十九条 调解达成协议,必须双方自愿,不得强迫。调解协议的内容不得违反法律规定。

第一百条 调解达成协议,人民法院应当制作调解书。调解书应当写明诉讼请求、案件的事实和调解结果。

调解书由审判人员、书记员署名,加盖人民法院印章,送达双方当事人。

调解书经双方当事人签收后,即具有法律效力。

第一百零一条 下列案件调解达成协议,人民法院可以不制作调解书:

(一)调解和好的离婚案件;

(二)调解维持收养关系的案件;

(三)能够即时履行的案件;

(四)其他不需要制作调解书的案件。

对不需要制作调解书的协议,应当记入笔录,由双方当事人、审判人员、书记员签名或者盖章后,即具有法律效力。

第一百零二条 调解未达成协议或者调解书送达前一方反悔的,人民法院应当及时判决。

第九章 保全和先予执行

第一百零三条 人民法院对于可能因当事人一方的行为或者其他原因,使判决难以执行或者造成当事人其他损害的案件,根据对方当事人的申请,可以裁定对其财产进行保全、责令其作出一定行为或者禁止其作出一定行为;当事人没有提出申请的,人民法院在必要时也可以裁定采取保全措施。

人民法院采取保全措施,可以责令申请人提供担保,申请人不提供担保的,裁定驳回申请。

人民法院接受申请后,对情况紧急的,必须在四十八小时内作出裁定;裁定采取保全措施的,应当立即开始执行。

第一百零四条 利害关系人因情况紧急,不立即申请保全将会使其合法权益受到难以弥补的损害的,可以在提起诉讼或者申请仲裁前向被保全财产所在地、被申请人住所地或者对案件有管辖权的人民法院申请采取保全措施。申请人应当提供担保，不提供担保的，裁定驳回申请。

人民法院接受申请后，必须在四十八小时内作出裁定；裁定采取保全措施的，应当立即开始执行。

申请人在人民法院采取保全措施后三十日内不依法提起诉讼或者申请仲裁的，人民法院应当解除保全。

第一百零五条　保全限于请求的范围，或者与本案有关的财物。

第一百零六条　财产保全采取查封、扣押、冻结或者法律规定的其他方法。人民法院保全财产后，应当立即通知被保全财产的人。

财产已被查封、冻结的，不得重复查封、冻结。

第一百零七条　财产纠纷案件，被申请人提供担保的，人民法院应当裁定解除保全。

第一百零八条　申请有错误的，申请人应当赔偿被申请人因保全所遭受的损失。

第一百零九条　人民法院对下列案件，根据当事人的申请，可以裁定先予执行：

（一）追索赡养费、扶养费、抚养费、抚恤金、医疗费用的；

（二）追索劳动报酬的；

（三）因情况紧急需要先予执行的。

第一百一十条　人民法院裁定先予执行的，应当符合下列条件：

（一）当事人之间权利义务关系明确，不先予执行将严重影响申请人的生活或者生产经营的；

（二）被申请人有履行能力。

人民法院可以责令申请人提供担保，申请人不提供担保的，驳回申请。申请人败诉的，应当赔偿被申请人因先予执行遭受的财产损失。

第一百一十一条　当事人对保全或者先予执行的裁定不服的，可以申请复议一次。复议期间不停止裁定的执行。

第十章　对妨害民事诉讼的强制措施

第一百一十二条　人民法院对必须到庭的被告，经两次传票传唤，无正当理由拒不到庭的，可以拘传。

第一百一十三条　诉讼参与人和其他人应当遵守法庭规则。

人民法院对违反法庭规则的人，可以予以训诫，责令退出法庭或者予以罚款、拘留。

人民法院对哄闹、冲击法庭,侮辱、诽谤、威胁、殴打审判人员,严重扰乱法庭秩序的人,依法追究刑事责任;情节较轻的,予以罚款、拘留。

第一百一十四条 诉讼参与人或者其他人有下列行为之一的,人民法院可以根据情节轻重予以罚款、拘留;构成犯罪的,依法追究刑事责任:

(一)伪造、毁灭重要证据,妨碍人民法院审理案件的;

(二)以暴力、威胁、贿买方法阻止证人作证或者指使、贿买、胁迫他人作伪证的;

(三)隐藏、转移、变卖、毁损已被查封、扣押的财产,或者已被清点并责令其保管的财产,转移已被冻结的财产的;

(四)对司法工作人员、诉讼参加人、证人、翻译人员、鉴定人、勘验人、协助执行的人,进行侮辱、诽谤、诬陷、殴打或者打击报复的;

(五)以暴力、威胁或者其他方法阻碍司法工作人员执行职务的;

(六)拒不履行人民法院已经发生法律效力的判决、裁定的。

人民法院对有前款规定的行为之一的单位,可以对其主要负责人或者直接责任人员予以罚款、拘留;构成犯罪的,依法追究刑事责任。

第一百一十五条 当事人之间恶意串通,企图通过诉讼、调解等方式侵害他人合法权益的,人民法院应当驳回其请求,并根据情节轻重予以罚款、拘留;构成犯罪的,依法追究刑事责任。

第一百一十六条 被执行人与他人恶意串通,通过诉讼、仲裁、调解等方式逃避履行法律文书确定的义务的,人民法院应当根据情节轻重予以罚款、拘留;构成犯罪的,依法追究刑事责任。

第一百一十七条 有义务协助调查、执行的单位有下列行为之一的,人民法院除责令其履行协助义务外,并可以予以罚款:

(一)有关单位拒绝或者妨碍人民法院调查取证的;

(二)有关单位接到人民法院协助执行通知书后,拒不协助查询、扣押、冻结、划拨、变价财产的;

(三)有关单位接到人民法院协助执行通知书后,拒不协助扣留被执行人的收入、办理有关财产权证照转移手续、转交有关票证、证照或者其他财产的;

(四)其他拒绝协助执行的。

人民法院对有前款规定的行为之一的单位,可以对其主要负责人或者直接责任人员予以罚款;对仍不履行协助义务的,可以予以拘留;并可以向监察机关或者有关机关提出予以纪律处分的司法建议。

第一百一十八条　对个人的罚款金额，为人民币十万元以下。对单位的罚款金额，为人民币五万元以上一百万元以下。

拘留的期限，为十五日以下。

被拘留的人，由人民法院交公安机关看管。在拘留期间，被拘留人承认并改正错误的，人民法院可以决定提前解除拘留。

第一百一十九条　拘传、罚款、拘留必须经院长批准。

拘传应当发拘传票。

罚款、拘留应当用决定书。对决定不服的，可以向上一级人民法院申请复议一次。复议期间不停止执行。

第一百二十条　采取对妨害民事诉讼的强制措施必须由人民法院决定。任何单位和个人采取非法拘禁他人或者非法私自扣押他人财产追索债务的，应当依法追究刑事责任，或者予以拘留、罚款。

第十一章　诉 讼 费 用

第一百二十一条　当事人进行民事诉讼，应当按照规定交纳案件受理费。财产案件除交纳案件受理费外，并按照规定交纳其他诉讼费用。

当事人交纳诉讼费用确有困难的，可以按照规定向人民法院申请缓交、减交或者免交。

收取诉讼费用的办法另行制定。

第二编　审 判 程 序

第十二章　第一审普通程序

第一节　起诉和受理

第一百二十二条　起诉必须符合下列条件：

（一）原告是与本案有直接利害关系的公民、法人和其他组织；

（二）有明确的被告；

（三）有具体的诉讼请求和事实、理由；

（四）属于人民法院受理民事诉讼的范围和受诉人民法院管辖。

第一百二十三条 起诉应当向人民法院递交起诉状，并按照被告人数提出副本。

书写起诉状确有困难的，可以口头起诉，由人民法院记入笔录，并告知对方当事人。

第一百二十四条 起诉状应当记明下列事项：

（一）原告的姓名、性别、年龄、民族、职业、工作单位、住所、联系方式，法人或者其他组织的名称、住所和法定代表人或者主要负责人的姓名、职务、联系方式；

（二）被告的姓名、性别、工作单位、住所等信息，法人或者其他组织的名称、住所等信息；

（三）诉讼请求和所根据的事实与理由；

（四）证据和证据来源，证人姓名和住所。

第一百二十五条 当事人起诉到人民法院的民事纠纷，适宜调解的，先行调解，但当事人拒绝调解的除外。

第一百二十六条 人民法院应当保障当事人依照法律规定享有的起诉权利。对符合本法第一百二十二条的起诉，必须受理。符合起诉条件的，应当在七日内立案，并通知当事人；不符合起诉条件的，应当在七日内作出裁定书，不予受理；原告对裁定不服的，可以提起上诉。

第一百二十七条 人民法院对下列起诉，分别情形，予以处理：

（一）依照行政诉讼法的规定，属于行政诉讼受案范围的，告知原告提起行政诉讼；

（二）依照法律规定，双方当事人达成书面仲裁协议申请仲裁、不得向人民法院起诉的，告知原告向仲裁机构申请仲裁；

（三）依照法律规定，应当由其他机关处理的争议，告知原告向有关机关申请解决；

（四）对不属于本院管辖的案件，告知原告向有管辖权的人民法院起诉；

（五）对判决、裁定、调解书已经发生法律效力的案件，当事人又起诉的，告知原告申请再审，但人民法院准许撤诉的裁定除外；

（六）依照法律规定，在一定期限内不得起诉的案件，在不得起诉的期限内起诉的，不予受理；

（七）判决不准离婚和调解和好的离婚案件，判决、调解维持收养关系的案件，没有新情况、新理由，原告在六个月内又起诉的，不予受理。

第二节　审理前的准备

第一百二十八条　人民法院应当在立案之日起五日内将起诉状副本发送被告,被告应当在收到之日起十五日内提出答辩状。答辩状应当记明被告的姓名、性别、年龄、民族、职业、工作单位、住所、联系方式;法人或者其他组织的名称、住所和法定代表人或者主要负责人的姓名、职务、联系方式。人民法院应当在收到答辩状之日起五日内将答辩状副本发送原告。

被告不提出答辩状的,不影响人民法院审理。

第一百二十九条　人民法院对决定受理的案件,应当在受理案件通知书和应诉通知书中向当事人告知有关的诉讼权利义务,或者口头告知。

第一百三十条　人民法院受理案件后,当事人对管辖权有异议的,应当在提交答辩状期间提出。人民法院对当事人提出的异议,应当审查。异议成立的,裁定将案件移送有管辖权的人民法院;异议不成立的,裁定驳回。

当事人未提出管辖异议,并应诉答辩的,视为受诉人民法院有管辖权,但违反级别管辖和专属管辖规定的除外。

第一百三十一条　审判人员确定后,应当在三日内告知当事人。

第一百三十二条　审判人员必须认真审核诉讼材料,调查收集必要的证据。

第一百三十三条　人民法院派出人员进行调查时,应当向被调查人出示证件。

调查笔录经被调查人校阅后,由被调查人、调查人签名或者盖章。

第一百三十四条　人民法院在必要时可以委托外地人民法院调查。

委托调查,必须提出明确的项目和要求。受委托人民法院可以主动补充调查。

受委托人民法院收到委托书后,应当在三十日内完成调查。因故不能完成的,应当在上述期限内函告委托人民法院。

第一百三十五条　必须共同进行诉讼的当事人没有参加诉讼的,人民法院应当通知其参加诉讼。

第一百三十六条　人民法院对受理的案件,分别情形,予以处理:

(一)当事人没有争议,符合督促程序规定条件的,可以转入督促程序;

(二)开庭前可以调解的,采取调解方式及时解决纠纷;

(三)根据案件情况,确定适用简易程序或者普通程序;

(四)需要开庭审理的,通过要求当事人交换证据等方式,明确争议焦点。

第三节　开 庭 审 理

第一百三十七条　人民法院审理民事案件，除涉及国家秘密、个人隐私或者法律另有规定的以外，应当公开进行。

离婚案件，涉及商业秘密的案件，当事人申请不公开审理的，可以不公开审理。

第一百三十八条　人民法院审理民事案件，根据需要进行巡回审理，就地办案。

第一百三十九条　人民法院审理民事案件，应当在开庭三日前通知当事人和其他诉讼参与人。公开审理的，应当公告当事人姓名、案由和开庭的时间、地点。

第一百四十条　开庭审理前，书记员应当查明当事人和其他诉讼参与人是否到庭，宣布法庭纪律。

开庭审理时，由审判长或者独任审判员核对当事人，宣布案由，宣布审判人员、书记员名单，告知当事人有关的诉讼权利义务，询问当事人是否提出回避申请。

第一百四十一条　法庭调查按照下列顺序进行：

（一）当事人陈述；

（二）告知证人的权利义务，证人作证，宣读未到庭的证人证言；

（三）出示书证、物证、视听资料和电子数据；

（四）宣读鉴定意见；

（五）宣读勘验笔录。

第一百四十二条　当事人在法庭上可以提出新的证据。

当事人经法庭许可，可以向证人、鉴定人、勘验人发问。

当事人要求重新进行调查、鉴定或者勘验的，是否准许，由人民法院决定。

第一百四十三条　原告增加诉讼请求，被告提出反诉，第三人提出与本案有关的诉讼请求，可以合并审理。

第一百四十四条　法庭辩论按照下列顺序进行：

（一）原告及其诉讼代理人发言；

（二）被告及其诉讼代理人答辩；

（三）第三人及其诉讼代理人发言或者答辩；

（四）互相辩论。

法庭辩论终结，由审判长或者独任审判员按照原告、被告、第三人的先后顺序征询各方最后意见。

第一百四十五条　法庭辩论终结，应当依法作出判决。判决前能够调解的，还可以进行调解，调解不成的，应当及时判决。

第一百四十六条　原告经传票传唤，无正当理由拒不到庭的，或者未经法庭许可中途退庭的，可以按撤诉处理；被告反诉的，可以缺席判决。

第一百四十七条　被告经传票传唤，无正当理由拒不到庭的，或者未经法庭许可中途退庭的，可以缺席判决。

第一百四十八条　宣判前，原告申请撤诉的，是否准许，由人民法院裁定。

人民法院裁定不准许撤诉的，原告经传票传唤，无正当理由拒不到庭的，可以缺席判决。

第一百四十九条　有下列情形之一的，可以延期开庭审理：

（一）必须到庭的当事人和其他诉讼参与人有正当理由没有到庭的；

（二）当事人临时提出回避申请的；

（三）需要通知新的证人到庭，调取新的证据，重新鉴定、勘验，或者需要补充调查的；

（四）其他应当延期的情形。

第一百五十条　书记员应当将法庭审理的全部活动记入笔录，由审判人员和书记员签名。

法庭笔录应当当庭宣读，也可以告知当事人和其他诉讼参与人当庭或者在五日内阅读。当事人和其他诉讼参与人认为对自己的陈述记录有遗漏或者差错的，有权申请补正。如果不予补正，应当将申请记录在案。

法庭笔录由当事人和其他诉讼参与人签名或者盖章。拒绝签名盖章的，记明情况附卷。

第一百五十一条　人民法院对公开审理或者不公开审理的案件，一律公开宣告判决。

当庭宣判的，应当在十日内发送判决书；定期宣判的，宣判后立即发给判决书。

宣告判决时，必须告知当事人上诉权利、上诉期限和上诉的法院。

宣告离婚判决，必须告知当事人在判决发生法律效力前不得另行结婚。

第一百五十二条　人民法院适用普通程序审理的案件，应当在立案之日起六个月内审结。有特殊情况需要延长的，经本院院长批准，可以延长六个月；还需要延长的，报请上级人民法院批准。

第四节　诉讼中止和终结

第一百五十三条　有下列情形之一的，中止诉讼：

（一）一方当事人死亡，需要等待继承人表明是否参加诉讼的；

（二）一方当事人丧失诉讼行为能力，尚未确定法定代理人的；

（三）作为一方当事人的法人或者其他组织终止，尚未确定权利义务承受人的；

（四）一方当事人因不可抗拒的事由，不能参加诉讼的；

（五）本案必须以另一案的审理结果为依据，而另一案尚未审结的；

（六）其他应当中止诉讼的情形。

中止诉讼的原因消除后，恢复诉讼。

第一百五十四条 有下列情形之一的，终结诉讼：

（一）原告死亡，没有继承人，或者继承人放弃诉讼权利的；

（二）被告死亡，没有遗产，也没有应当承担义务的人的；

（三）离婚案件一方当事人死亡的；

（四）追索赡养费、扶养费、抚养费以及解除收养关系案件的一方当事人死亡的。

第五节 判决和裁定

第一百五十五条 判决书应当写明判决结果和作出该判决的理由。判决书内容包括：

（一）案由、诉讼请求、争议的事实和理由；

（二）判决认定的事实和理由、适用的法律和理由；

（三）判决结果和诉讼费用的负担；

（四）上诉期间和上诉的法院。

判决书由审判人员、书记员署名，加盖人民法院印章。

第一百五十六条 人民法院审理案件，其中一部分事实已经清楚，可以就该部分先行判决。

第一百五十七条 裁定适用于下列范围：

（一）不予受理；

（二）对管辖权有异议的；

（三）驳回起诉；

（四）保全和先予执行；

（五）准许或者不准许撤诉；

（六）中止或者终结诉讼；

（七）补正判决书中的笔误；

（八）中止或者终结执行；

（九）撤销或者不予执行仲裁裁决；

（十）不予执行公证机关赋予强制执行效力的债权文书；

（十一）其他需要裁定解决的事项。

对前款第一项至第三项裁定，可以上诉。

裁定书应当写明裁定结果和作出该裁定的理由。裁定书由审判人员、书记员署名，加盖人民法院印章。口头裁定的，记入笔录。

第一百五十八条 最高人民法院的判决、裁定，以及依法不准上诉或者超过上诉期没有上诉的判决、裁定，是发生法律效力的判决、裁定。

第一百五十九条 公众可以查阅发生法律效力的判决书、裁定书，但涉及国家秘密、商业秘密和个人隐私的内容除外。

第十三章 简易程序

第一百六十条 基层人民法院和它派出的法庭审理事实清楚、权利义务关系明确、争议不大的简单的民事案件，适用本章规定。

基层人民法院和它派出的法庭审理前款规定以外的民事案件，当事人双方也可以约定适用简易程序。

第一百六十一条 对简单的民事案件，原告可以口头起诉。

当事人双方可以同时到基层人民法院或者它派出的法庭，请求解决纠纷。基层人民法院或者它派出的法庭可以当即审理，也可以另定日期审理。

第一百六十二条 基层人民法院和它派出的法庭审理简单的民事案件，可以用简便方式传唤当事人和证人、送达诉讼文书、审理案件，但应当保障当事人陈述意见的权利。

第一百六十三条 简单的民事案件由审判员一人独任审理，并不受本法第一百三十九条、第一百四十一条、第一百四十四条规定的限制。

第一百六十四条 人民法院适用简易程序审理案件，应当在立案之日起三个月内审结。有特殊情况需要延长的，经本院院长批准，可以延长一个月。

第一百六十五条 基层人民法院和它派出的法庭审理事实清楚、权利义务关系明确、争议不大的简单金钱给付民事案件，标的额为各省、自治区、直辖市上年度就业人员年平均工资百分之五十以下的，适用小额诉讼的程序审理，实行一审终审。

基层人民法院和它派出的法庭审理前款规定的民事案件，标的额超过各省、自治区、直辖市上年度就业人员年平均工资百分之五十但在二倍以下的，当事人双方也可以约定适用小额诉讼的程序。

第一百六十六条 人民法院审理下列民事案件，不适用小额诉讼的程序：

（一）人身关系、财产确权案件；

（二）涉外案件；

（三）需要评估、鉴定或者对诉前评估、鉴定结果有异议的案件；

（四）一方当事人下落不明的案件；

（五）当事人提出反诉的案件；

（六）其他不宜适用小额诉讼的程序审理的案件。

第一百六十七条 人民法院适用小额诉讼的程序审理案件，可以一次开庭审结并且当庭宣判。

第一百六十八条 人民法院适用小额诉讼的程序审理案件，应当在立案之日起两个月内审结。有特殊情况需要延长的，经本院院长批准，可以延长一个月。

第一百六十九条 人民法院在审理过程中，发现案件不宜适用小额诉讼的程序的，应当适用简易程序的其他规定审理或者裁定转为普通程序。

当事人认为案件适用小额诉讼的程序审理违反法律规定的，可以向人民法院提出异议。人民法院对当事人提出的异议应当审查，异议成立的，应当适用简易程序的其他规定审理或者裁定转为普通程序；异议不成立的，裁定驳回。

第一百七十条 人民法院在审理过程中，发现案件不宜适用简易程序的，裁定转为普通程序。

第十四章　第二审程序

第一百七十一条 当事人不服地方人民法院第一审判决的，有权在判决书送达之日起十五日内向上一级人民法院提起上诉。

当事人不服地方人民法院第一审裁定的，有权在裁定书送达之日起十日内向上一级人民法院提起上诉。

第一百七十二条 上诉应当递交上诉状。上诉状的内容，应当包括当事人的姓名，法人的名称及其法定代表人的姓名或者其他组织的名称及其主要负责人的姓名；原审人民法院名称、案件的编号和案由；上诉的请求和理由。

第一百七十三条 上诉状应当通过原审人民法院提出，并按照对方当事人或者代表人的人数提出副本。

当事人直接向第二审人民法院上诉的，第二审人民法院应当在五日内将上诉状移交原审人民法院。

第一百七十四条　原审人民法院收到上诉状，应当在五日内将上诉状副本送达对方当事人，对方当事人在收到之日起十五日内提出答辩状。人民法院应当在收到答辩状之日起五日内将副本送达上诉人。对方当事人不提出答辩状的，不影响人民法院审理。

原审人民法院收到上诉状、答辩状，应当在五日内连同全部案卷和证据，报送第二审人民法院。

第一百七十五条　第二审人民法院应当对上诉请求的有关事实和适用法律进行审查。

第一百七十六条　第二审人民法院对上诉案件应当开庭审理。经过阅卷、调查和询问当事人，对没有提出新的事实、证据或者理由，人民法院认为不需要开庭审理的，可以不开庭审理。

第二审人民法院审理上诉案件，可以在本院进行，也可以到案件发生地或者原审人民法院所在地进行。

第一百七十七条　第二审人民法院对上诉案件，经过审理，按照下列情形，分别处理：

（一）原判决、裁定认定事实清楚，适用法律正确的，以判决、裁定方式驳回上诉，维持原判决、裁定；

（二）原判决、裁定认定事实错误或者适用法律错误的，以判决、裁定方式依法改判、撤销或者变更；

（三）原判决认定基本事实不清的，裁定撤销原判决，发回原审人民法院重审，或者查清事实后改判；

（四）原判决遗漏当事人或者违法缺席判决等严重违反法定程序的，裁定撤销原判决，发回原审人民法院重审。

原审人民法院对发回重审的案件作出判决后，当事人提起上诉的，第二审人民法院不得再次发回重审。

第一百七十八条　第二审人民法院对不服第一审人民法院裁定的上诉案件的处理，一律使用裁定。

第一百七十九条　第二审人民法院审理上诉案件，可以进行调解。调解达成协议，应当制作调解书，由审判人员、书记员署名，加盖人民法院印章。调解书送达后，原审人民法院的判决即视为撤销。

第一百八十条　第二审人民法院判决宣告前，上诉人申请撤回上诉的，是否准许，由第二审人民法院裁定。

第一百八十一条 第二审人民法院审理上诉案件,除依照本章规定外,适用第一审普通程序。

第一百八十二条 第二审人民法院的判决、裁定,是终审的判决、裁定。

第一百八十三条 人民法院审理对判决的上诉案件,应当在第二审立案之日起三个月内审结。有特殊情况需要延长的,由本院院长批准。

人民法院审理对裁定的上诉案件,应当在第二审立案之日起三十日内作出终审裁定。

第十五章 特别程序

第一节 一般规定

第一百八十四条 人民法院审理选民资格案件、宣告失踪或者宣告死亡案件、认定公民无民事行为能力或者限制民事行为能力案件、认定财产无主案件、确认调解协议案件和实现担保物权案件,适用本章规定。本章没有规定的,适用本法和其他法律的有关规定。

第一百八十五条 依照本章程序审理的案件,实行一审终审。选民资格案件或者重大、疑难的案件,由审判员组成合议庭审理;其他案件由审判员一人独任审理。

第一百八十六条 人民法院在依照本章程序审理案件的过程中,发现本案属于民事权益争议的,应当裁定终结特别程序,并告知利害关系人可以另行起诉。

第一百八十七条 人民法院适用特别程序审理的案件,应当在立案之日起三十日内或者公告期满后三十日内审结。有特殊情况需要延长的,由本院院长批准。但审理选民资格的案件除外。

第二节 选民资格案件

第一百八十八条 公民不服选举委员会对选民资格的申诉所作的处理决定,可以在选举日的五日以前向选区所在地基层人民法院起诉。

第一百八十九条 人民法院受理选民资格案件后,必须在选举日前审结。

审理时,起诉人、选举委员会的代表和有关公民必须参加。

人民法院的判决书,应当在选举日前送达选举委员会和起诉人,并通知有关公民。

第三节 宣告失踪、宣告死亡案件

第一百九十条 公民下落不明满二年,利害关系人申请宣告其失踪的,向下落不明人住所地基层人民法院提出。

申请书应当写明失踪的事实、时间和请求,并附有公安机关或者其他有关机关关于该公民下落不明的书面证明。

第一百九十一条 公民下落不明满四年,或者因意外事件下落不明满二年,或者因意外事件下落不明,经有关机关证明该公民不可能生存,利害关系人申请宣告其死亡的,向下落不明人住所地基层人民法院提出。

申请书应当写明下落不明的事实、时间和请求,并附有公安机关或者其他有关机关关于该公民下落不明的书面证明。

第一百九十二条 人民法院受理宣告失踪、宣告死亡案件后,应当发出寻找下落不明人的公告。宣告失踪的公告期间为三个月,宣告死亡的公告期间为一年。因意外事件下落不明,经有关机关证明该公民不可能生存的,宣告死亡的公告期间为三个月。

公告期间届满,人民法院应当根据被宣告失踪、宣告死亡的事实是否得到确认,作出宣告失踪、宣告死亡的判决或者驳回申请的判决。

第一百九十三条 被宣告失踪、宣告死亡的公民重新出现,经本人或者利害关系人申请,人民法院应当作出新判决,撤销原判决。

第四节 认定公民无民事行为能力、限制民事行为能力案件

第一百九十四条 申请认定公民无民事行为能力或者限制民事行为能力,由利害关系人或者有关组织向该公民住所地基层人民法院提出。

申请书应当写明该公民无民事行为能力或者限制民事行为能力的事实和根据。

第一百九十五条 人民法院受理申请后,必要时应当对被请求认定为无民事行为能力或者限制民事行为能力的公民进行鉴定。申请人已提供鉴定意见的,应当对鉴定意见进行审查。

第一百九十六条 人民法院审理认定公民无民事行为能力或者限制民事行为能力的案件,应当由该公民的近亲属为代理人,但申请人除外。近亲属互相推诿的,

由人民法院指定其中一人为代理人。该公民健康情况许可的，还应当询问本人的意见。

人民法院经审理认定申请有事实根据的，判决该公民为无民事行为能力或者限制民事行为能力人；认定申请没有事实根据的，应当判决予以驳回。

第一百九十七条 人民法院根据被认定为无民事行为能力人、限制民事行为能力人本人、利害关系人或者有关组织的申请，证实该公民无民事行为能力或者限制民事行为能力的原因已经消除的，应当作出新判决，撤销原判决。

第五节 认定财产无主案件

第一百九十八条 申请认定财产无主，由公民、法人或者其他组织向财产所在地基层人民法院提出。

申请书应当写明财产的种类、数量以及要求认定财产无主的根据。

第一百九十九条 人民法院受理申请后，经审查核实，应当发出财产认领公告。公告满一年无人认领的，判决认定财产无主，收归国家或者集体所有。

第二百条 判决认定财产无主后，原财产所有人或者继承人出现，在民法典规定的诉讼时效期间可以对财产提出请求，人民法院审查属实后，应当作出新判决，撤销原判决。

第六节 确认调解协议案件

第二百零一条 经依法设立的调解组织调解达成调解协议，申请司法确认的，由双方当事人自调解协议生效之日起三十日内，共同向下列人民法院提出：

（一）人民法院邀请调解组织开展先行调解的，向作出邀请的人民法院提出；

（二）调解组织自行开展调解的，向当事人住所地、标的物所在地、调解组织所在地的基层人民法院提出；调解协议所涉纠纷应当由中级人民法院管辖的，向相应的中级人民法院提出。

第二百零二条 人民法院受理申请后，经审查，符合法律规定的，裁定调解协议有效，一方当事人拒绝履行或者未全部履行的，对方当事人可以向人民法院申请执行；不符合法律规定的，裁定驳回申请，当事人可以通过调解方式变更原调解协议或者达成新的调解协议，也可以向人民法院提起诉讼。

第七节　实现担保物权案件

第二百零三条　申请实现担保物权，由担保物权人以及其他有权请求实现担保物权的人依照民法典等法律，向担保财产所在地或者担保物权登记地基层人民法院提出。

第二百零四条　人民法院受理申请后，经审查，符合法律规定的，裁定拍卖、变卖担保财产，当事人依据该裁定可以向人民法院申请执行；不符合法律规定的，裁定驳回申请，当事人可以向人民法院提起诉讼。

第十六章　审判监督程序

第二百零五条　各级人民法院院长对本院已经发生法律效力的判决、裁定、调解书，发现确有错误，认为需要再审的，应当提交审判委员会讨论决定。

最高人民法院对地方各级人民法院已经发生法律效力的判决、裁定、调解书，上级人民法院对下级人民法院已经发生法律效力的判决、裁定、调解书，发现确有错误的，有权提审或者指令下级人民法院再审。

第二百零六条　当事人对已经发生法律效力的判决、裁定，认为有错误的，可以向上一级人民法院申请再审；当事人一方人数众多或者当事人双方为公民的案件，也可以向原审人民法院申请再审。当事人申请再审的，不停止判决、裁定的执行。

第二百零七条　当事人的申请符合下列情形之一的，人民法院应当再审：

（一）有新的证据，足以推翻原判决、裁定的；

（二）原判决、裁定认定的基本事实缺乏证据证明的；

（三）原判决、裁定认定事实的主要证据是伪造的；

（四）原判决、裁定认定事实的主要证据未经质证的；

（五）对审理案件需要的主要证据，当事人因客观原因不能自行收集，书面申请人民法院调查收集，人民法院未调查收集的；

（六）原判决、裁定适用法律确有错误的；

（七）审判组织的组成不合法或者依法应当回避的审判人员没有回避的；

（八）无诉讼行为能力人未经法定代理人代为诉讼或者应当参加诉讼的当事人，因不能归责于本人或者其诉讼代理人的事由，未参加诉讼的；

（九）违反法律规定，剥夺当事人辩论权利的；

（十）未经传票传唤，缺席判决的；

（十一）原判决、裁定遗漏或者超出诉讼请求的；

（十二）据以作出原判决、裁定的法律文书被撤销或者变更的；

（十三）审判人员审理该案件时有贪污受贿，徇私舞弊，枉法裁判行为的。

第二百零八条 当事人对已经发生法律效力的调解书，提出证据证明调解违反自愿原则或者调解协议的内容违反法律的，可以申请再审。经人民法院审查属实的，应当再审。

第二百零九条 当事人对已经发生法律效力的解除婚姻关系的判决、调解书，不得申请再审。

第二百一十条 当事人申请再审的，应当提交再审申请书等材料。人民法院应当自收到再审申请书之日起五日内将再审申请书副本发送对方当事人。对方当事人应当自收到再审申请书副本之日起十五日内提交书面意见；不提交书面意见的，不影响人民法院审查。人民法院可以要求申请人和对方当事人补充有关材料，询问有关事项。

第二百一十一条 人民法院应当自收到再审申请书之日起三个月内审查，符合本法规定的，裁定再审；不符合本法规定的，裁定驳回申请。有特殊情况需要延长的，由本院院长批准。

因当事人申请裁定再审的案件由中级人民法院以上的人民法院审理，但当事人依照本法第二百零六条的规定选择向基层人民法院申请再审的除外。最高人民法院、高级人民法院裁定再审的案件，由本院再审或者交其他人民法院再审，也可以交原审人民法院再审。

第二百一十二条 当事人申请再审，应当在判决、裁定发生法律效力后六个月内提出；有本法第二百零七条第一项、第三项、第十二项、第十三项规定情形的，自知道或者应当知道之日起六个月内提出。

第二百一十三条 按照审判监督程序决定再审的案件，裁定中止原判决、裁定、调解书的执行，但追索赡养费、扶养费、抚养费、抚恤金、医疗费用、劳动报酬等案件，可以不中止执行。

第二百一十四条 人民法院按照审判监督程序再审的案件，发生法律效力的判决、裁定是由第一审法院作出的，按照第一审程序审理，所作的判决、裁定，当事人可以上诉；发生法律效力的判决、裁定是由第二审法院作出的，按照第二审程序审理，所作的判决、裁定，是发生法律效力的判决、裁定；上级人民法院按照审判监督程序提审的，按照第二审程序审理，所作的判决、裁定是发生法律效力的判决、裁定。

人民法院审理再审案件，应当另行组成合议庭。

第二百一十五条　最高人民检察院对各级人民法院已经发生法律效力的判决、裁定，上级人民检察院对下级人民法院已经发生法律效力的判决、裁定，发现有本法第二百零七条规定情形之一的，或者发现调解书损害国家利益、社会公共利益的，应当提出抗诉。

地方各级人民检察院对同级人民法院已经发生法律效力的判决、裁定，发现有本法第二百零七条规定情形之一的，或者发现调解书损害国家利益、社会公共利益的，可以向同级人民法院提出检察建议，并报上级人民检察院备案；也可以提请上级人民检察院向同级人民法院提出抗诉。

各级人民检察院对审判监督程序以外的其他审判程序中审判人员的违法行为，有权向同级人民法院提出检察建议。

第二百一十六条　有下列情形之一的，当事人可以向人民检察院申请检察建议或者抗诉：

（一）人民法院驳回再审申请的；

（二）人民法院逾期未对再审申请作出裁定的；

（三）再审判决、裁定有明显错误的。

人民检察院对当事人的申请应当在三个月内进行审查，作出提出或者不予提出检察建议或者抗诉的决定。当事人不得再次向人民检察院申请检察建议或者抗诉。

第二百一十七条　人民检察院因履行法律监督职责提出检察建议或者抗诉的需要，可以向当事人或者案外人调查核实有关情况。

第二百一十八条　人民检察院提出抗诉的案件，接受抗诉的人民法院应当自收到抗诉书之日起三十日内作出再审的裁定；有本法第二百零七条第一项至第五项规定情形之一的，可以交下一级人民法院再审，但经该下一级人民法院再审的除外。

第二百一十九条　人民检察院决定对人民法院的判决、裁定、调解书提出抗诉的，应当制作抗诉书。

第二百二十条　人民检察院提出抗诉的案件，人民法院再审时，应当通知人民检察院派员出席法庭。

第十七章　督促程序

第二百二十一条　债权人请求债务人给付金钱、有价证券，符合下列条件的，可以向有管辖权的基层人民法院申请支付令：

（一）债权人与债务人没有其他债务纠纷的；

（二）支付令能够送达债务人的。

申请书应当写明请求给付金钱或者有价证券的数量和所根据的事实、证据。

第二百二十二条 债权人提出申请后，人民法院应当在五日内通知债权人是否受理。

第二百二十三条 人民法院受理申请后，经审查债权人提供的事实、证据，对债权债务关系明确、合法的，应当在受理之日起十五日内向债务人发出支付令；申请不成立的，裁定予以驳回。

债务人应当自收到支付令之日起十五日内清偿债务，或者向人民法院提出书面异议。

债务人在前款规定的期间不提出异议又不履行支付令的，债权人可以向人民法院申请执行。

第二百二十四条 人民法院收到债务人提出的书面异议后，经审查，异议成立的，应当裁定终结督促程序，支付令自行失效。

支付令失效的，转入诉讼程序，但申请支付令的一方当事人不同意提起诉讼的除外。

第十八章 公示催告程序

第二百二十五条 按照规定可以背书转让的票据持有人，因票据被盗、遗失或者灭失，可以向票据支付地的基层人民法院申请公示催告。依照法律规定可以申请公示催告的其他事项，适用本章规定。

申请人应当向人民法院递交申请书，写明票面金额、发票人、持票人、背书人等票据主要内容和申请的理由、事实。

第二百二十六条 人民法院决定受理申请，应当同时通知支付人停止支付，并在三日内发出公告，催促利害关系人申报权利。公示催告的期间，由人民法院根据情况决定，但不得少于六十日。

第二百二十七条 支付人收到人民法院停止支付的通知，应当停止支付，至公示催告程序终结。

公示催告期间，转让票据权利的行为无效。

第二百二十八条 利害关系人应当在公示催告期间向人民法院申报。

人民法院收到利害关系人的申报后，应当裁定终结公示催告程序，并通知申请人和支付人。

申请人或者申报人可以向人民法院起诉。

第二百二十九条 没有人申报的,人民法院应当根据申请人的申请,作出判决,宣告票据无效。判决应当公告,并通知支付人。自判决公告之日起,申请人有权向支付人请求支付。

第二百三十条 利害关系人因正当理由不能在判决前向人民法院申报的,自知道或者应当知道判决公告之日起一年内,可以向作出判决的人民法院起诉。

第三编 执行程序

第十九章 一般规定

第二百三十一条 发生法律效力的民事判决、裁定,以及刑事判决、裁定中的财产部分,由第一审人民法院或者与第一审人民法院同级的被执行的财产所在地人民法院执行。

法律规定由人民法院执行的其他法律文书,由被执行人住所地或者被执行的财产所在地人民法院执行。

第二百三十二条 当事人、利害关系人认为执行行为违反法律规定的,可以向负责执行的人民法院提出书面异议。当事人、利害关系人提出书面异议的,人民法院应当自收到书面异议之日起十五日内审查,理由成立的,裁定撤销或者改正;理由不成立的,裁定驳回。当事人、利害关系人对裁定不服的,可以自裁定送达之日起十日内向上一级人民法院申请复议。

第二百三十三条 人民法院自收到申请执行书之日起超过六个月未执行的,申请执行人可以向上一级人民法院申请执行。上一级人民法院经审查,可以责令原人民法院在一定期限内执行,也可以决定由本院执行或者指令其他人民法院执行。

第二百三十四条 执行过程中,案外人对执行标的提出书面异议的,人民法院应当自收到书面异议之日起十五日内审查,理由成立的,裁定中止对该标的的执行;理由不成立的,裁定驳回。案外人、当事人对裁定不服,认为原判决、裁定错误的,依照审判监督程序办理;与原判决、裁定无关的,可以自裁定送达之日起十五日内向人民法院提起诉讼。

第二百三十五条 执行工作由执行员进行。

采取强制执行措施时,执行员应当出示证件。执行完毕后,应当将执行情况制作笔录,由在场的有关人员签名或者盖章。

人民法院根据需要可以设立执行机构。

第二百三十六条 被执行人或者被执行的财产在外地的,可以委托当地人民法院代为执行。受委托人民法院收到委托函件后,必须在十五日内开始执行,不得拒绝。执行完毕后,应当将执行结果及时函复委托人民法院;在三十日内如果还未执行完毕,也应当将执行情况函告委托人民法院。

受委托人民法院自收到委托函件之日起十五日内不执行的,委托人民法院可以请求受委托人民法院的上级人民法院指令受委托人民法院执行。

第二百三十七条 在执行中,双方当事人自行和解达成协议的,执行员应当将协议内容记入笔录,由双方当事人签名或者盖章。

申请执行人因受欺诈、胁迫与被执行人达成和解协议,或者当事人不履行和解协议的,人民法院可以根据当事人的申请,恢复对原生效法律文书的执行。

第二百三十八条 在执行中,被执行人向人民法院提供担保,并经申请执行人同意的,人民法院可以决定暂缓执行及暂缓执行的期限。被执行人逾期仍不履行的,人民法院有权执行被执行人的担保财产或者担保人的财产。

第二百三十九条 作为被执行人的公民死亡的,以其遗产偿还债务。作为被执行人的法人或者其他组织终止的,由其权利义务承受人履行义务。

第二百四十条 执行完毕后,据以执行的判决、裁定和其他法律文书确有错误,被人民法院撤销的,对已被执行的财产,人民法院应当作出裁定,责令取得财产的人返还;拒不返还的,强制执行。

第二百四十一条 人民法院制作的调解书的执行,适用本编的规定。

第二百四十二条 人民检察院有权对民事执行活动实行法律监督。

第二十章 执行的申请和移送

第二百四十三条 发生法律效力的民事判决、裁定,当事人必须履行。一方拒绝履行的,对方当事人可以向人民法院申请执行,也可以由审判员移送执行员执行。

调解书和其他应当由人民法院执行的法律文书,当事人必须履行。一方拒绝履行的,对方当事人可以向人民法院申请执行。

第二百四十四条 对依法设立的仲裁机构的裁决,一方当事人不履行的,对方当事人可以向有管辖权的人民法院申请执行。受申请的人民法院应当执行。

被申请人提出证据证明仲裁裁决有下列情形之一的,经人民法院组成合议庭

审查核实,裁定不予执行:

(一)当事人在合同中没有订有仲裁条款或者事后没有达成书面仲裁协议的;

(二)裁决的事项不属于仲裁协议的范围或者仲裁机构无权仲裁的;

(三)仲裁庭的组成或者仲裁的程序违反法定程序的;

(四)裁决所根据的证据是伪造的;

(五)对方当事人向仲裁机构隐瞒了足以影响公正裁决的证据的;

(六)仲裁员在仲裁该案时有贪污受贿,徇私舞弊,枉法裁决行为的。

人民法院认定执行该裁决违背社会公共利益的,裁定不予执行。

裁定书应当送达双方当事人和仲裁机构。

仲裁裁决被人民法院裁定不予执行的,当事人可以根据双方达成的书面仲裁协议重新申请仲裁,也可以向人民法院起诉。

第二百四十五条　对公证机关依法赋予强制执行效力的债权文书,一方当事人不履行的,对方当事人可以向有管辖权的人民法院申请执行,受申请的人民法院应当执行。

公证债权文书确有错误的,人民法院裁定不予执行,并将裁定书送达双方当事人和公证机关。

第二百四十六条　申请执行的期间为二年。申请执行时效的中止、中断,适用法律有关诉讼时效中止、中断的规定。

前款规定的期间,从法律文书规定履行期间的最后一日起计算;法律文书规定分期履行的,从最后一期履行期限届满之日起计算;法律文书未规定履行期间的,从法律文书生效之日起计算。

第二百四十七条　执行员接到申请执行书或者移交执行书,应当向被执行人发出执行通知,并可以立即采取强制执行措施。

第二十一章　执 行 措 施

第二百四十八条　被执行人未按执行通知履行法律文书确定的义务,应当报告当前以及收到执行通知之日前一年的财产情况。被执行人拒绝报告或者虚假报告的,人民法院可以根据情节轻重对被执行人或者其法定代理人、有关单位的主要负责人或者直接责任人员予以罚款、拘留。

第二百四十九条　被执行人未按执行通知履行法律文书确定的义务,人民法院有权向有关单位查询被执行人的存款、债券、股票、基金份额等财产情况。人民法院有权根据不同情形扣押、冻结、划拨、变价被执行人的财产。人民法院查询、扣押、冻结、划拨、变价的财产不得超出被执行人应当履行义务的范围。

人民法院决定扣押、冻结、划拨、变价财产，应当作出裁定，并发出协助执行通知书，有关单位必须办理。

第二百五十条 被执行人未按执行通知履行法律文书确定的义务，人民法院有权扣留、提取被执行人应当履行义务部分的收入。但应当保留被执行人及其所扶养家属的生活必需费用。

人民法院扣留、提取收入时，应当作出裁定，并发出协助执行通知书，被执行人所在单位、银行、信用合作社和其他有储蓄业务的单位必须办理。

第二百五十一条 被执行人未按执行通知履行法律文书确定的义务，人民法院有权查封、扣押、冻结、拍卖、变卖被执行人应当履行义务部分的财产。但应当保留被执行人及其所扶养家属的生活必需品。

采取前款措施，人民法院应当作出裁定。

第二百五十二条 人民法院查封、扣押财产时，被执行人是公民的，应当通知被执行人或者他的成年家属到场；被执行人是法人或者其他组织的，应当通知其法定代表人或者主要负责人到场。拒不到场的，不影响执行。被执行人是公民的，其工作单位或者财产所在地的基层组织应当派人参加。

对被查封、扣押的财产，执行员必须造具清单，由在场人签名或者盖章后，交被执行人一份。被执行人是公民的，也可以交他的成年家属一份。

第二百五十三条 被查封的财产，执行员可以指定被执行人负责保管。因被执行人的过错造成的损失，由被执行人承担。

第二百五十四条 财产被查封、扣押后，执行员应当责令被执行人在指定期间履行法律文书确定的义务。被执行人逾期不履行的，人民法院应当拍卖被查封、扣押的财产；不适于拍卖或者当事人双方同意不进行拍卖的，人民法院可以委托有关单位变卖或者自行变卖。国家禁止自由买卖的物品，交有关单位按照国家规定的价格收购。

第二百五十五条 被执行人不履行法律文书确定的义务，并隐匿财产的，人民法院有权发出搜查令，对被执行人及其住所或者财产隐匿地进行搜查。

采取前款措施，由院长签发搜查令。

第二百五十六条 法律文书指定交付的财物或者票证，由执行员传唤双方当事人当面交付，或者由执行员转交，并由被交付人签收。

有关单位持有该项财物或者票证的，应当根据人民法院的协助执行通知书转交，并由被交付人签收。

有关公民持有该项财物或者票证的，人民法院通知其交出。拒不交出的，强制执行。

第二百五十七条 强制迁出房屋或者强制退出土地，由院长签发公告，责令被执行人在指定期间履行。被执行人逾期不履行的，由执行员强制执行。

强制执行时，被执行人是公民的，应当通知被执行人或者他的成年家属到场；被执行人是法人或者其他组织的，应当通知其法定代表人或者主要负责人到场。拒不到场的，不影响执行。被执行人是公民的，其工作单位或者房屋、土地所在地的基层组织应当派人参加。执行员应当将强制执行情况记入笔录，由在场人签名或者盖章。

强制迁出房屋被搬出的财物，由人民法院派人运至指定处所，交给被执行人。被执行人是公民的，也可以交给他的成年家属。因拒绝接收而造成的损失，由被执行人承担。

第二百五十八条 在执行中，需要办理有关财产权证照转移手续的，人民法院可以向有关单位发出协助执行通知书，有关单位必须办理。

第二百五十九条 对判决、裁定和其他法律文书指定的行为，被执行人未按执行通知履行的，人民法院可以强制执行或者委托有关单位或者其他人完成，费用由被执行人承担。

第二百六十条 被执行人未按判决、裁定和其他法律文书指定的期间履行给付金钱义务的，应当加倍支付迟延履行期间的债务利息。被执行人未按判决、裁定和其他法律文书指定的期间履行其他义务的，应当支付迟延履行金。

第二百六十一条 人民法院采取本法第二百四十九条、第二百五十条、第二百五十一条规定的执行措施后，被执行人仍不能偿还债务的，应当继续履行义务。债权人发现被执行人有其他财产的，可以随时请求人民法院执行。

第二百六十二条 被执行人不履行法律文书确定的义务的，人民法院可以对其采取或者通知有关单位协助采取限制出境，在征信系统记录、通过媒体公布不履行义务信息以及法律规定的其他措施。

第二十二章 执行中止和终结

第二百六十三条 有下列情形之一的，人民法院应当裁定中止执行：

（一）申请人表示可以延期执行的；

（二）案外人对执行标的提出确有理由的异议的；

（三）作为一方当事人的公民死亡，需要等待继承人继承权利或者承担义务的；

（四）作为一方当事人的法人或者其他组织终止，尚未确定权利义务承受人的；

（五）人民法院认为应当中止执行的其他情形。

中止的情形消失后，恢复执行。

第二百六十四条 有下列情形之一的，人民法院裁定终结执行：

（一）申请人撤销申请的；

（二）据以执行的法律文书被撤销的；

（三）作为被执行人的公民死亡，无遗产可供执行，又无义务承担人的；

（四）追索赡养费、扶养费、抚养费案件的权利人死亡的；

（五）作为被执行人的公民因生活困难无力偿还借款，无收入来源，又丧失劳动能力的；

（六）人民法院认为应当终结执行的其他情形。

第二百六十五条 中止和终结执行的裁定，送达当事人后立即生效。

第四编 涉外民事诉讼程序的特别规定

第二十三章 一 般 原 则

第二百六十六条 在中华人民共和国领域内进行涉外民事诉讼，适用本编规定。本编没有规定的，适用本法其他有关规定。

第二百六十七条 中华人民共和国缔结或者参加的国际条约同本法有不同规定的，适用该国际条约的规定，但中华人民共和国声明保留的条款除外。

第二百六十八条 对享有外交特权与豁免的外国人、外国组织或者国际组织提起的民事诉讼，应当依照中华人民共和国有关法律和中华人民共和国缔结或者参加的国际条约的规定办理。

第二百六十九条 人民法院审理涉外民事案件，应当使用中华人民共和国通用的语言、文字。当事人要求提供翻译的，可以提供，费用由当事人承担。

第二百七十条 外国人、无国籍人、外国企业和组织在人民法院起诉、应诉，需要委托律师代理诉讼的，必须委托中华人民共和国的律师。

第二百七十一条 在中华人民共和国领域内没有住所的外国人、无国籍人、外国企业和组织委托中华人民共和国律师或者其他人代理诉讼，从中华人民共和国领域外寄交或者托交的授权委托书，应当经所在国公证机关证明，并经中华人民共和国驻该国使领馆认证，或者履行中华人民共和国与该所在国订立的有关条约中规定的证明手续后，才具有效力。

第二十四章　管　　辖

第二百七十二条　因合同纠纷或者其他财产权益纠纷,对在中华人民共和国领域内没有住所的被告提起的诉讼,如果合同在中华人民共和国领域内签订或者履行,或者诉讼标的物在中华人民共和国领域内,或者被告在中华人民共和国领域内有可供扣押的财产,或者被告在中华人民共和国领域内设有代表机构,可以由合同签订地、合同履行地、诉讼标的物所在地、可供扣押财产所在地、侵权行为地或者代表机构住所地人民法院管辖。

第二百七十三条　因在中华人民共和国履行中外合资经营企业合同、中外合作经营企业合同、中外合作勘探开发自然资源合同发生纠纷提起的诉讼,由中华人民共和国人民法院管辖。

第二十五章　送达、期间

第二百七十四条　人民法院对在中华人民共和国领域内没有住所的当事人送达诉讼文书,可以采用下列方式:

(一)依照受送达人所在国与中华人民共和国缔结或者共同参加的国际条约中规定的方式送达;

(二)通过外交途径送达;

(三)对具有中华人民共和国国籍的受送达人,可以委托中华人民共和国驻受送达人所在国的使领馆代为送达;

(四)向受送达人委托的有权代其接受送达的诉讼代理人送达;

(五)向受送达人在中华人民共和国领域内设立的代表机构或者有权接受送达的分支机构、业务代办人送达;

(六)受送达人所在国的法律允许邮寄送达的,可以邮寄送达,自邮寄之日起满三个月,送达回证没有退回,但根据各种情况足以认定已经送达的,期间届满之日视为送达;

(七)采用传真、电子邮件等能够确认受送达人收悉的方式送达;

(八)不能用上述方式送达的,公告送达,自公告之日起满三个月,即视为送达。

第二百七十五条　被告在中华人民共和国领域内没有住所的,人民法院应当将起诉状副本送达被告,并通知被告在收到起诉状副本后三十日内提出答辩状。

被告申请延期的，是否准许，由人民法院决定。

第二百七十六条 在中华人民共和国领域内没有住所的当事人，不服第一审人民法院判决、裁定的，有权在判决书、裁定书送达之日起三十日内提起上诉。被上诉人在收到上诉状副本后，应当在三十日内提出答辩状。当事人不能在法定期间提起上诉或者提出答辩状，申请延期的，是否准许，由人民法院决定。

第二百七十七条 人民法院审理涉外民事案件的期间，不受本法第一百五十二条、第一百八十三条规定的限制。

第二十六章 仲　　裁

第二百七十八条 涉外经济贸易、运输和海事中发生的纠纷，当事人在合同中订有仲裁条款或者事后达成书面仲裁协议，提交中华人民共和国涉外仲裁机构或者其他仲裁机构仲裁的，当事人不得向人民法院起诉。

当事人在合同中没有订有仲裁条款或者事后没有达成书面仲裁协议的，可以向人民法院起诉。

第二百七十九条 当事人申请采取保全的，中华人民共和国的涉外仲裁机构应当将当事人的申请，提交被申请人住所地或者财产所在地的中级人民法院裁定。

第二百八十条 经中华人民共和国涉外仲裁机构裁决的，当事人不得向人民法院起诉。一方当事人不履行仲裁裁决的，对方当事人可以向被申请人住所地或者财产所在地的中级人民法院申请执行。

第二百八十一条 对中华人民共和国涉外仲裁机构作出的裁决，被申请人提出证据证明仲裁裁决有下列情形之一的，经人民法院组成合议庭审查核实，裁定不予执行：

（一）当事人在合同中没有订有仲裁条款或者事后没有达成书面仲裁协议的；

（二）被申请人没有得到指定仲裁员或者进行仲裁程序的通知，或者由于其他不属于被申请人负责的原因未能陈述意见的；

（三）仲裁庭的组成或者仲裁的程序与仲裁规则不符的；

（四）裁决的事项不属于仲裁协议的范围或者仲裁机构无权仲裁的。

人民法院认定执行该裁决违背社会公共利益的，裁定不予执行。

第二百八十二条 仲裁裁决被人民法院裁定不予执行的，当事人可以根据双方达成的书面仲裁协议重新申请仲裁，也可以向人民法院起诉。

第二十七章 司法协助

第二百八十三条 根据中华人民共和国缔结或者参加的国际条约，或者按照互惠原则，人民法院和外国法院可以相互请求，代为送达文书、调查取证以及进行其他诉讼行为。

外国法院请求协助的事项有损于中华人民共和国的主权、安全或者社会公共利益的，人民法院不予执行。

第二百八十四条 请求和提供司法协助，应当依照中华人民共和国缔结或者参加的国际条约所规定的途径进行；没有条约关系的，通过外交途径进行。

外国驻中华人民共和国的使领馆可以向该国公民送达文书和调查取证，但不得违反中华人民共和国的法律，并不得采取强制措施。

除前款规定的情况外，未经中华人民共和国主管机关准许，任何外国机关或者个人不得在中华人民共和国领域内送达文书、调查取证。

第二百八十五条 外国法院请求人民法院提供司法协助的请求书及其所附文件，应当附有中文译本或者国际条约规定的其他文字文本。

人民法院请求外国法院提供司法协助的请求书及其所附文件，应当附有该国文字译本或者国际条约规定的其他文字文本。

第二百八十六条 人民法院提供司法协助，依照中华人民共和国法律规定的程序进行。外国法院请求采用特殊方式的，也可以按照其请求的特殊方式进行，但请求采用的特殊方式不得违反中华人民共和国法律。

第二百八十七条 人民法院作出的发生法律效力的判决、裁定，如果被执行人或者其财产不在中华人民共和国领域内，当事人请求执行的，可以由当事人直接向有管辖权的外国法院申请承认和执行，也可以由人民法院依照中华人民共和国缔结或者参加的国际条约的规定，或者按照互惠原则，请求外国法院承认和执行。

中华人民共和国涉外仲裁机构作出的发生法律效力的仲裁裁决，当事人请求执行的，如果被执行人或者其财产不在中华人民共和国领域内，应当由当事人直接向有管辖权的外国法院申请承认和执行。

第二百八十八条 外国法院作出的发生法律效力的判决、裁定，需要中华人民共和国人民法院承认和执行的，可以由当事人直接向中华人民共和国有管辖权的中级人民法院申请承认和执行，也可以由外国法院依照该国与中华人民共和国缔结或者参加的国际条约的规定，或者按照互惠原则，请求人民法院承认和执行。

第二百八十九条 人民法院对申请或者请求承认和执行的外国法院作出的发

生法律效力的判决、裁定,依照中华人民共和国缔结或者参加的国际条约,或者按照互惠原则进行审查后,认为不违反中华人民共和国法律的基本原则或者国家主权、安全、社会公共利益的,裁定承认其效力,需要执行的,发出执行令,依照本法的有关规定执行。违反中华人民共和国法律的基本原则或者国家主权、安全、社会公共利益的,不予承认和执行。

第二百九十条 国外仲裁机构的裁决,需要中华人民共和国人民法院承认和执行的,应当由当事人直接向被执行人住所地或者其财产所在地的中级人民法院申请,人民法院应当依照中华人民共和国缔结或者参加的国际条约,或者按照互惠原则办理。

第二百九十一条 本法自公布之日起施行,《中华人民共和国民事诉讼法(试行)》同时废止。